비즈니스 프로세스 관리

손 승 희

북넷

머리말

초기 정보화 사회에서 기업들은 타 기업보다 먼저 첨단 정보기술들을 도입함으로써 어느 정도의 경쟁력을 확보할 수 있었으나, 정보화 사회가 성숙기에 접어들면서 거의 모든 기업들이 동등한 수준의 정보기술들을 갖추어감에 따라서 정보기술 자체가 곧 기업의 경쟁력이라는 공식은 이제 옛말이 되었다. 이제는 정보기술 자체보다는 정보기술이 수행하는 비즈니스프로세스의 효과성과 효율성 향상을 통해서 근본적인 경쟁력을 확보할 수 있다는 의식이 확산되면서 비즈니스프로세스관리(BPM: business process management)에 대한 관심이 높아지고 있다.

기존의 업무(혹은 업무흐름)를 분석하여 효율적이고 효과적인 새로운 모습으로 바꾸어가는 비즈니스프로세스관리를 통해서 기업이 추구하는 목표가 보다 효과적으로 달성될 수 있기 때문에, 글로벌 무한경쟁에 직면한 많은 현대 기업들에게 비즈니스프로세스관리는 생존을 넘어서 지속 성장을 위한 핵심 전략으로 부상되고 있는 가운데 이미 많은 전공서적들이 봇물을 이루듯 쏟아지고 있다. 그럼에도 불구하고 본 교재를 출판하게 된 동기는 지난 수년 간 비즈니스프로세스 분석 · 설계 및 구현과 관련된 강의를 하면서 사용한 대부분의 서적들이 개념과 원리 그리고 작업과정만을 단순하게 소개하거나, 혹은 지나치게 기술적인 측면만이 강조되어 있어서 비즈니스프로세스관리를 처음 접하는 학생들의 지적 욕구를 채우기에 너무 원론적이거나 또는 난해함으로 접근하기 어렵다는 안타까움과 아쉬움에서 출발하였다.

본 저서는 저자의 이러한 고민으로부터 출발하여 비즈니스프로세스관리를 설명하되 피상적인 원리와 개념만을 설명 하지 않고 비즈니스프로세스 분석 · 설계 및 구현에 대한 기본개념과 원리를 포함하여 구체적인 작업과정과 작업내용을 저서의 내용에 담았다. 또한 비즈니스프로세스관리는 기술개발을 목적으로 하지 않기 때문에, 꼭 필요한 도구에 대한 설명만을 저서의 내용에 포함시켰으며, 설사 기술적인 배경지식이 부족하더라도 쉽게 이해하고 실무에서의 활용능력까지를 갖출 수 있도록 사례프로젝트를 수록하여 실제로 경험하도록 하였다. 따라서 너무 원초적이거나 이해하기 난해했던 학생들은 물론, 사례데이터는 많으나 체계적인 강의자료가 부족했던 교수자에게도 실질적인 도움이 될 수 있으리라 믿는다. 본 저서는 〈비즈니스프로세스관리〉, 〈시스템 분석 · 디자인〉 혹은 〈프로세스관리(경영)〉와 같이 비즈니스프로세스 분석 · 설계 및 구현을 핵심적으로 다루는 경상계열의 경영학, 경영정보학에서 주로 활용될 수 있으나, 비즈니스와 접목된 이공계열의 산업공학이나 소프트웨어공학의 일부 교과목에서도 활용될 수 있으리라 믿는다.

본 교재는 중간 및 기말평가를 포함하여 15주(혹은 16주)로 진행되는 한 학기 강의 일정에 맞추어 다음과 같이 3부 13장으로 구성하였다.

제1부 (제1장~제3장) 비즈니스프로세스관리 기초에서는 기초이론들과 기본개념 그리고 본 교재에서 핵심으로 다룰 비즈니스프로세스관리 프레임워크를 중심으로 기술하였다. 제1부를 통해서 비즈니스프로세스관리가 어떤 분야이며, 왜 필요한지? 그리고 구체적인 관리작업이 어떻게 진행되는지에 대해서 학습하게 된다.

제2부 (제4장~제10장) 비즈니스프로세스관리 이론에서는 비즈니스프로세스관리의 세부 작업과정(제4장~제9장)을 순차적으로 기술하였으며, 비즈니스프로세스를 수행하는 도구인 정보시스템을 개발하는 과정에 대해서 개괄적으로 기술하였다(제10장). 그러나 제10장은 비즈니스프로세스관리가 시스템개발로 이어진다는 가정 하에 정보시스템을 개발하는 과정과 방법에 대해서 기술하였기 때문에, 본 저서를 시스템 분석 · 설계 혹은 IT관련 교과목에 활용하는 경우에는 반드시 강의내용에 포함시켜야 하지만, 비즈니스프로세스관리와 프로세스관리(경영) 교과목에서는 생략할 수도 있다.

제3부 (제11장~제13장) 비즈니스프로세스관리 프로젝트에서는 비즈니스프로세스관리 프로젝트를 중심으로 기술하였다. 제11장에서는 비즈니스프로세스관리 프로젝트를 관리하는 프로젝트 관리자의 역할과 자질 그리고 관리자가 수행하는 기능을 중심으로 기술하였으며, 제12장에서는 마이크로소프트 유틸리티에 익숙한 사용자들을 감안하여 마이크로소프트 프로젝트를 이용하여 실제로 프로젝트를 관리하는 과정을 소개하였다. 마지막으로 제13장에서는 프로젝트 사례를 통해서 실제로 프로젝트를 수행하는 과정을 기술하였다.

비즈니스프로세스관리 이론과 개념 그리고 전체 작업과정과 작업내용을 학습하며, 프로젝트관리 도구와 프로젝트 실습을 15주(혹은 16주) 강의 일정으로 소화하기에는 무리가 따른다. 따라서 지난 수년 간의 강의 경험으로 볼 때, 강의분야와 진행강도에 따라서 다음과 같은 강의일정과 강의내용을 추천한다.

[강의분야 및 진행강도에 따른 추천 강의일정과 내용]

분야	경상계열		이공계열
교과목	비즈니스프로세스관리 시스템 분석 · 디자인 프로세스관리(경영)		산업공학 소프트웨어공학
진행강도	낮음(느슨한 진행) (경영학 전공)	높음(타이트한 진행) (IT관련 전공)	
제01주차	제01장	제01장/제02장	제01장/제02장
제02주차	제02장	제03장	제03장
제03주차	제03장	제04장	제10장
제04주차	제03장	제05장	제10장
제05주차	제04장	모델링도구실습	제04장/제05장
제06주차	제05장	제06장	모델링도구실습
제07주차	모델링도구실습	프로젝트관리실습(제12장)	제06장
제08주차	중간 평가: 이론		
제09주차	제06장	제07장/분석실습(제13장)	프로젝트관리실습(제12장)
제10주차	프로젝트관리실습(제12장)	제08장/재설계실습(제13장)	제07장/분석실습(제13장)
제11주차	제07장/분석실습(제13장)	제08장/재설계실습(제13장)	제07장/분석실습(제13장)
제12주차	제08장/재설계실습(제13장)	제09장	제08장/재설계실습(제13장)
제13주차	제08장/재설계실습(제13장)	제10장	제08장/재설계실습(제13장)
제14주차	제09장	제11장	제09장
제15주차	최종 프로젝트		
제16주차	최종 프로젝트 (프로젝트 최종 결과물을 통한 기말평가 권장)		

본 저서를 출간하면서 느끼는 저자의 생각은 비즈니스프로세스관리를 처음 접하는 학생이나 교수님께 실질적이고 현실적인 도움이 될 수 있으리라는 기대감과 설렘으로 가득하지만, 시중에 나와 있는 많은 출판물과 같은 평범한 또 하나의 출판물이 되지 않을까 하는 두려움과, 빨리 소개하고 싶은 생각에 서두르다 보니 부족한 부분은 없을까 하는 걱정이 앞선다. 그러나 평가는 독자들의 몫으로 돌리며, 더 좋은 책으로 다듬어가기 위해서 독자들의 냉정하고 아낌없는 충고와 조언을 함께 부탁한다.

마지막으로 컴퓨터 화면 속에만 있던 활자가 빛을 볼 수 있도록 도와 주신 북넷 류재식 사장님과 쉽지 않은 편집작업을 네 차례나 묵묵히 감당해 준 김미애 선생님 그리고 본 교재에 수록된 사례 프로젝트를 직접 수행하면서 아이디어를 제공하고 모델링 및 검증작업을 수행해 준 단국대학교 강장희 군에게 고마움을 전한다. 또한 독일 드레스덴대학교(TUD: Technische Universität Dresden) 교환교수로 머무르는 동안 본 저서의 마무리 작업과 교정작업을 편하게 할 수 있도록 연구실 등 작업환경을 제공해 준 Prof.Dr.Werner Esswein 교수에게 감사함을 전하며, 마지막으로 몇 번의 방학을 같이 하지 못했지만 묵묵히 지켜보며 격려해 준 사랑하는 아내와 두 딸 희수와 민수 그리고 부족하지만 책이 출판될 때마다 소중하게 간직하며 마음속으로 자랑스러워 하시는 부모님께 특별히 감사 드리며 본 교재를 바치고 싶다.

2011년 1월
엘베강변의 유서 깊은 도시 드레스덴에서
손 승 희

차 례

제 1 부 비즈니스프로세스관리 기초

제 1 장 IT세상 돌아보기: 과거 50년과 미래 50년

제 2 장 비즈니스프로세스관리의 이해

제 2 부 비즈니스프로세스관리 이론

제 8 장 비즈니스프로세스 재설계

제 9 장 비즈니스프로세스 구현 및 평가

제 10 장 비즈니스프로세스와 정보시스템 개발

제 3 부 비즈니스프로세스관리 프로젝트

제 11 장 비즈니스프로세스관리 프로젝트 관리

제 12 장 프로젝트 관리 도구: Microsoft Project 2007

제1부 비즈니스프로세스관리 기초

제1장 IT세상 돌아보기: 과거 50년과 미래 50년

1. 정보기술의 역사
2. 산업사회와 정보화 사회의 정보기술
3. 정보기술의 현대적 의미와 역할

"IT가 일상적인 인프라가 된다고 해서 경쟁우위를 점할 수 있는 기회가 줄어드는 것은 아니다. 오히려 더 증가하게 될 것이다."

(비제이 구르바자니, 캘리포니아 주립대학 교수)

학습 개요 및 목표

지식정보화 사회가 성숙기에 접어들면서 정보기술은 이제 더 이상 IT전문가들만의 전유물이 아니라 일상생활의 일부로서 그리고 기업의 일상적인 업무를 처리하기 위한 기본적인 도구로서 자리잡고 있지만, 정보기술이 일반화되고 보편화되면서 정보기술의 의미와 역할이 폄하되고, 심지어 정보기술 무용론까지 등장하고 있는 것이 사실이다. 그러나 정보기술은 더 이상 일상적인 업무를 자동화하기 위한 수단만이 아니며, 기업의 모든 핵심업무를 지원하고 새로운 가치를 창출할 수 있는 경쟁도구로서의 역할을 담당하기 때문에, 정보기술의 진정한 가치는 과거와 현재의 모습에 있는 것이 아니라 미래에 더 큰 가치가 있다고 할 수 있다.

본 장에서는 기업들이 정보기술을 본격적으로 도입하기 시작한 이후부터 현재까지 과거 50년 동안을 상기하며 과거 50년 동안의 정보기술의 의미와 역할에 대해서 살펴보고, 향후 50년 동안 정보기술의 의미와 역할이 어떻게 변화할 것인가에 대해서 고찰해 보고자 한다. 먼저 과거 50년 동안의 정보기술의 역사와 역할변천에 대해서 살펴보고, 현재의 기업환경과 기술적인 발전추이에 비추어 향후 50년 동안 어떻게 변화하고 어떤 역할을 수행해야 하는지? 그리고 정보기술의 활용방안에 대해서 살펴보기로 하겠다. 이어서 정보기술이 보편화되고 있는 현 시점에서 혹자의 주장처럼 정보기술의 의미와 역할이 정말로 의미 없는 것인지? 만일 정보기술의 의미가 퇴색되었다면 그 이유는 무엇이며, 정보기술이 수행한 역할을 대신할 새로운 도구와 방법은 무엇인지? 살펴보고자 한다.

본 장의 학습목표는 다음과 같다.

1. 과거 50년 동안의 정보기술의 역사적 발전과정을 이해한다.
2. 과거 50년 동안의 정보기술의 의미와 역할을 이해한다.
3. 향후 50년 동안의 정보기술의 의미와 기업에서의 역할을 이해한다.
4. 산업화 시대의 정보기술의 의미와 정보화 시대의 정보기술의 의미를 이해한다.
5. 미래 사회에서의 정보기술 역할과 가치에 대해서 이해한다.

2011년 IT트렌드 8대 이슈

10대 이슈	주요 내용
소셜 비즈니스 (social business)	• 기존의 다양한 산업분야에 소셜 네트워크가 결합된 새로운 비즈니스모델들이 출현함. • 소셜 네트워크 서비스가 기업의 마케팅 수단으로 등장함. • 소셜 네트워크가 기업용 솔루션에 포함되어 기업 영역으로 확대됨.
모바일 클라우드 서비스 (mobile cloud service)	• 고성능 모바일 디바이스 간에 정보를 공유할 수 있는 개인용 클라우드 서비스가 확대됨. • 클라우드를 매개체로 하는 새로운 형태의 기업용 솔루션(enterprise solution)들이 등장함. • 네트워크 속도의 증가에 따라 다운로드 형태의 서비스가 스트리밍 형태로 전환됨.
통합형 장치 (connected device)	• 다양한 장치와 서비스를 아우르는 통합형 앱스토어들이 등장함. • 대규모의 디바이스(M2M) 통신 응용 사례들이 다양한 형태로 나타남.
공개형 협력 (open collaboration)	• 조직 내부뿐만 아니라 외부와의 협력을 통해 제한된 자원의 한계를 극복하기 위한 새로운 협업 수단이 등장함. • 신 성장 동력 발굴을 위해 외부의 우수 아이디어를 확보하기 위한 오픈 이노베이션(open innovation)이 확대됨.
서비스 지향적 네트워크 (service-driven network)	• 데이터 트래픽의 급격한 증가로 4G 서비스가 앞당겨 지고 트래픽의 분산 기술이 보편화됨. • 망 중립성 추세 등에 편승하여 MVNO 등 다양한 서비스 형태가 등장함. • ALL-IP 기반의 융□복합형 통신 서비스가 활발하게 대두됨.
지속적 인텔리젼스 (continuous intelligence)	• 방대한 실시간 데이터의 수집과 분석에 대한 수요에 대응하는 솔루션들이 등장함. • 복잡한 기업환경에서 실시간으로 의사결정을 지원할 수 있는 솔루션들이 중요해질 것임.
하이브리드 웹 (hybrid web)	• 강력한 기능의 HTML5가 대부분의 브라우저에서 지원되면서 표준 웹으로 자리 잡을 것임. • 표준 웹 기반의 어플리케이션과 native application이 상호 보완적으로 공존할 것임.
몰입형 인터페이스 (immersive interface)	• 컴퓨팅 디바이스의 다양화에 따른 새로운 사용자 인터페이스가 제품 경쟁력의 핵심이 될 것임. • 증강현실, 위치기반기술(LBS)의 응용을 통해 사용자가 주인공이 되는 개념이 확산될 것임.

출처: 2011년 IT Mega Trend (삼성SDS)

1. 정보기술(IT: Information Technology)의 역사

이미 성숙기에 접어든 현대 정보화 사회에서 대부분의 사람들은 자신이 이용하고 있는 정보기술이 어떻게 만들어졌을까? 어떤 원리에 의해서 작동할까? 등의 기술적인 의미를 생각하기 보다는 필요할때 언제나 이용할 수 있는 "있는 사실"이라고 생각하고 있다. 기업에서도 마찬가지로 정보기술은 이제 더 이상 복잡하고 어려운 것이 아니라, 자신의 업무를 효율적으로 처리하기 위한 기본적인 도구라고 생각한다. 그러나 정보기술은 단순한 업무처리 도구와 일상생활을 영위하는데 필요한 수단 이상의 의미를 가지고 있으며, 무한경쟁시대에 새로운 가치를 창출하기 위한 수단으로서의 가치를 갖는다. 과거와 현재의 정보기술의 가치로부터 정보기술의 미래 가치에 대해서 고찰하고 IT의 역사에 대해서 살펴보고자 한다.

1.1 정보기술(컴퓨터)의 출현

역사상 "최초"라는 수식어는 언제나 큰 의미를 가져왔다. 수천년 동안 계속되어 왔던 농업사회에서 산업사회로 진입하게 된 계기는 역사상 최초의 기계가 발명되면서부터 이다. 19세기경부터 발명되기 시작한 최초의 기계들은 상대운동원리를 이용하거나, 운동방향을 바꾸어 유효한 일들을 하게 하는 단순한 도구들이었음에도 불구하고, 힘들여 일하지 않아도 많은 양의 일을 손쉽게 할 수 있었기 때문에, 사람들의 인식을 변화시키고 사회의 가치관을 변화시키기에 충분했다. 200년 가까이 지속되어온 산업사회에서 가장 중요한 사회적 가치는 기술과 자본이었으며, 누가 더 많은 자본과 기술력을 보유하고 있느냐에 따라서 개인과 기업의 경쟁력이 좌우되었다해도 과언이 아니었다. 산업사회의 수많은 발명품 중에서 가장 큰 발명품은 컴퓨터일 것이다.

컴퓨터의 역사는 고대 중국에서 만들어진 주판으로까지 거슬러 올라갈 수 있으나, 주판은 기계라기 보다는 계산을 하기 위한 일종의 수동식 도구였기 때문에, 1642년 파스칼이 개발한 최초의 기계식 계산기로부터 출발하는 것이 옳은 것이다. 덧셈과 뺄셈만이 가능했던 파스칼의 계산기는 라이프니츠에 의해서 곱셈과 나누셈까지 가능한 기계식 계산기로 발전하였으며, 1944년 에이컨에 의해서 최초의 기계식 자동계산기인 마크원(MARK-I)이 개발되었다. 그러나 마크원은 종이테이프를 이용한 자동제어방식을 이용한 것으로 오늘날 우리가 컴퓨터라고 부르는 정도의 기능과 성능을 보유하지 못했기 때문에, 일반적으로 최초의 컴퓨터로 기록되지는 못하였다.

"최초"라고 기록되고 있는 컴퓨터는 1946년 미국 펜실베니아 대학의 애커드와 머클리가 진공관을 이용하여 개발한 **에니악**(ENIAC: electronic numerical integrator and computer)이다. 개발 당시 에니악은 컴퓨터 내부에 18,000여 개나 되는 진공관이 들어있어 30톤 정도의 무게에 높이 2.5m, 길이 24m 그리고 깊이가 1m 정도에 이르는 대형 구조물과 같은 형상이었다.

최초의 컴퓨터인 에니악은 진공관을 이용한 컴퓨터였기 때문에, 무게가 무겁고 크기가 큰것이 단점이었으며, 또한 컴퓨터 내부에 들어 있는 진공관이 하나라도 고장이 나면 컴퓨터 전체가 작동되지 못한다는 것이 더 큰 단점이었다.

현대적 의미의 컴퓨터는 1947년 노이만에 의해서 진공관 방식이 아닌 프로그램 내장방식의 컴퓨터 원리가 개발되면서 본격적으로 개발되기 시작하였으며, 1949년 영국의 윌키스에 의해서 프로그램 내장방식을 이용한 **에드삭**(EDSAC: electronic delay storage automatic calculator)이 개발되었으며, 전자식 컴퓨터의 하나로 분류되는 에드박(EDVAC:

electronic discrete variable automatic computer)과 최초의 상업용 컴퓨터로 기록되는 유니박원(UNIVAC-I)을 거쳐 오늘날 우리가 사용하고 있는 컴퓨터에 이르고 있다.

1.2 정보기술의 이해

최초의 상업용 컴퓨터인 유니박원이 개발된 이후 기업에 컴퓨터가 본격적으로 활용되기 시작한 것은 불과 50여년 전에 불과하다. 지난 50여년 동안 기업과 사회전반에 컴퓨터가 보급되고 일반화되면서 현대사회는 상상을 초월할 정도로 변화하였다. 컴퓨터로 대표되는 초기의 정보기술은 단순하면서도 반복적으로 되풀이되는 일상적인 업무를 효율적으로 처리하기 위한 수단으로서 활용되었지만, 이미 정보화시대의 성숙기를 넘어서고 있는 현대사회에서 정보기술은 그 자체가 경쟁력의 원천이며, 개인과 기업에 새로운 가치를 창출하기 위한 핵심 도구로서의 역할을 담당하고 있다.

1) 정보기술의 개념

우리가 살고 있는 현대사회를 정보화 사회라고 부르는 이유는 기업과 일상생활에서 무의식적으로 다양한 형태의 정보기술이 활용되고 있기 때문이다. 이처럼 현대사회에서 중요한 역할을 담당하고 있는 정보기술은 좁은 의미에서 현실 세계에서의 단순한 관찰이나 측정을 통해서 수집한 데이터를 의사결정에 활용할 수 있는 가치있는 정보로 변환하는데 사용되는 기술로 이해할 수가 있다.

그러나 넓은 의미의 정보기술은 데이터를 수집하고 가공하는 기술은 물론, 수집한 데이터나 가공한 데이터를 저장하고 다른 사람들과 공유하는데 사용되는 제반 기술로 이해할 수 있다. 정보기술은 넓은 의미로 이해할 때, 정보기술은 데이터를 수집하고 가공하며, 저장하고 전파를 공유하는데 필요한 하드웨어, 소프트웨어, 데이터베이스, 정보통신과 네트워크, 사용자 및 다양한 업무규칙과 구성요소의 집합체로 정의할 수가 있다. 이들 구성요소들은 서로 연계되어 하나의 컴퓨터기반의 시스템을 이루며, 하나의 시스템을 통해서 가공 처리된 결과는 자체적인 의사결정에 활용되거나, 다른 컴퓨터시스템과 다양한 매체를 통해서 연결되어 결과를 공유하거나, 다시 입력데이터가 되어 다른 컴퓨터시스템의 가

그림 1-1 정보기술의 구성요소

(출처: R.Stair & G.Reynolds, 2008)

공처리 대상이 된다.

2) 정보기술의 구성요소

① 하드웨어

하드웨어(Hardware)는 데이터를 수집하고 가공 처리하며 이를 저장하고 전파하기 위해서 필요한 모든 물리적인 기계장치를 의미하며, 외부의 데이터를 읽어 들이기 위한 입력장치, 정보처리를 수행하는 중앙처리장치, 처리결과를 외부에 전달하기 위한 출력장치와 정보를 보관하기 위한 기억장치 등이 이에 속한다.

② 소프트웨어

소프트웨어(Software)는 하드웨어를 작동시키거나 특정 작업을 수행하기 위한 명령어의 집합으로 시스템소프트웨어(system software)와 응용소프트웨어(application software)로 구별된다.

시스템소프트웨어는 하드웨어를 효율적으로 사

그림 1-2 시스템소프트웨어의 예(OS)

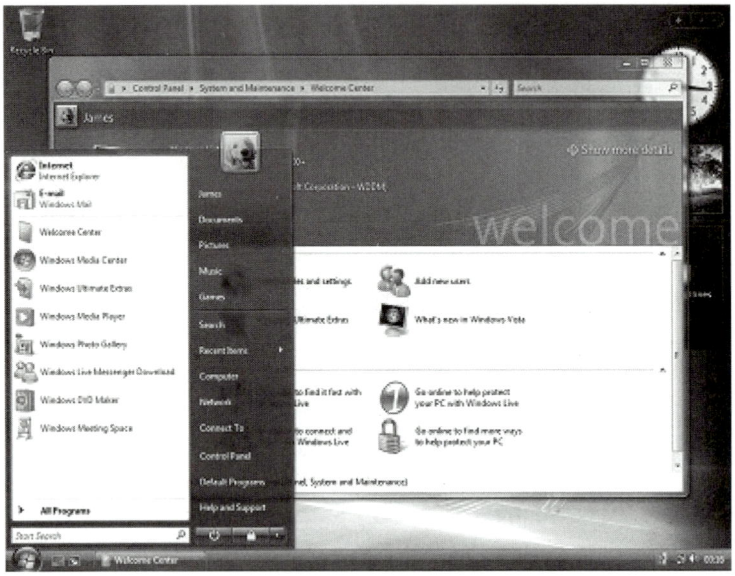

그림 1-3 응용소프트웨어의 예(uniERPII)

용하고, 사용자들이 컴퓨터시스템을 이용하여 작업하는데 편의를 제공하기 위해서 만들어진 소프트웨어로 Windows, UNIX, Linux와 같은 운영체제(OS: operating system)들이 이에 속하며, 응용소프트웨어는 전사적 자원관리시스템, 재고관리시스템, 급여계산시스템 등과 같이 최종 사용자의 특정 목적을 위해서 개발된 전용소프트웨어와, 워드프로세스, 스프레드시트, 통신시스템 처럼 모든 사용자들에게 공통적으로 사용되는 범용소프트웨어로 구분된다.

③ 데이터베이스

데이터베이스(Database)는 데이터를 수집하고 가공 처리한 결과를 체계적으로 보관하고 관리하였다가 필요한 시점에 필요한 형태로 활용하기 위해서 관련 데이터와 정보를 체계적으로 저장하고 지속적으로 관리하기 위한 장비와 기술을 말하며, 관련된 데이터나 정보를 조직화하여 저장하고 수정 · 변경 · 삭제하며, 필요한 시점에 추출하기 위한 소프트웨어를 데이터베이스관리시스템(DBMS: database management system)이라 한다.

④ 정보통신

정보통신(Telecommunications)이란, 개별 컴퓨터가 생성한 정보를 통신망을 이용하여 송 · 수신하는 환경을 의미하는데, 컴퓨터시스템이 데이터나 정보를 수집하고 가공 처리하며, 데이터베이스시스템이 가공 처리된 정보를 효율적으로 관리하기 위한 목적이라면, 통신시스템은 기업 활동의 다양성을 확보하고 효율성을 높이기 위해서 가공 처리하고 관리하고 있는 정보를 교환하고 공유하는 것을 지원하는 정보기술이라 할 수 있다.

⑤ 네트워크 및 인터넷

네트워크(Networks)는 컴퓨터와 주변장치들이 직접 연결된 대량의 데이터를 고속으로 송 · 수신할 수 있는 컴퓨터통신망으로 연결된 지역범위에 따라서 근거리 통신망(LAN: local area network)과 원거리 통신망(WAN: wide area networks)으로 나누어진다.

더 나아가서는 전 세계에 흩어져 있는 수만 개의 네트워크들을 상호연결한다는 의미의 인터넷(Internet: inter+networking)은 시간적, 공간적 제약없이 전 세계의 그 누구와도 언제든지 통신이 가능한 통신망의 일종이다.

2. 산업사회와 정보화 사회의 정보기술

2.1 산업사회의 정보기술: 과거 50년

산업사회와 정보화 사회를 구분하는 정확한 연대구분은 존재하지 않지만, 정보의 중요성이 강조되고 기업과 일상생활에서 정보기술을 본격적으로 활용하기 시작한 시점을 정보화 사회의 시작으로 본다면, 정보화 사회에 진입한 것은 불과 15년 전으로 거슬러 올라갈 수 있을 것이다. 이렇게 볼 때, 과거 50년을 대부분 지배해 온 사회는 산업사회이다. 산업화 사회에서 정보기술은 어떤 역할을 했을까?

1952년 최초의 상업용 컴퓨터인 UNIVAC이 개발되었지만, 오늘날 우리가 IT라고 부르는 개념의 정보기술은 아니었다. 1957년 개발된 UNIVAC-I의 후속모델인 UNIVAC-II의 경우에도 오늘날 우리가 사용하는 IT의 개념과는 다른 의미의 용어를 사용하였다. 데이터처리 개념(EDP: Electronic Data Processing)의 최초의 컴퓨터시스템은 1964년 개발된 IBM 360 메인프레임이다. 당시 개발된 IBM 360은 방대한 양의 데이터를 신속·정확하게 처리하고 전송하기 위한 목적으로 개발된 기계였기 때문에, 이는 오늘날 IT라고 부르는 개념과 동일한 것으로 이해될 수 있다. 이후 1968년 인텔 엔지니어인 Ted Hoff에 의해서 개발된 마이크로프로세서는 산업혁명 당시 개발된 최초의 기계들이 수천년 동안 계속되었던 농업사회의 기반을 무너트리고 산업사회로 진입하는 계기를 마련했듯이, 컴퓨터 역사에 있어서 일대 전환점을 가져오는 발명품으로 손꼽히고 있다. 마이크로프로세서가 개발되면서 소형·경량화 되기 시작하였고, 고성능의 시스템으로 발전하게 되었다. 또한 마이크로프로세서는 오늘날 우리들이 사용하는 데스크탑 컴퓨터, LAN, WAN, 네트워크와 인터넷, 많은 기업용 소프트웨어 등에 활용되면서 1970~80년대에 들어서면서 데이터처리의 개념에 통신의 개념이 추가된 컴퓨터시스템으로 이어졌다.

과거 50년 동안의 산업사회에서 컴퓨터의 역할을 한 마디로 요약하면, 업무활동 결과 "나타난 사실(after the facts)"을 반영하는 기록시스템으로서의 기계라고 할 수 있다. 즉, 과거 50년 동안 정보기술은 오늘날 우리가 생각하는 의미의 경영도구가 아닌, 데이터 중심의 기록을 저장하는 도구로서의 역할을 수행했다. 예를 들어, 종업원의 급여를 계산하는 경우, 종업원의 근무시간과 시간당 급여(시간급의 경우)를 입력 받아 내부적인 급여계산 방식에 따라서 급여가 계산되고 그 결과 급여명세서가 출력되는 것이 예가 될 것이며, 초기 컴퓨터시스템의 대표적인 활용분야였던 재고관리의 경우도 마찬가지로 제품을 생산하는데 필요한 원자재와 부품의 입 · 출고 내용의 기록과 완제품의 입 · 출고 내용 즉, 있는 사실(나타난 사실)을 기록하기 위한 목적으로 사용되었다.

1970~80년대에 들어서면서 시스템의 역할은 급여계산이나 재고관리 등과 같이 일상적으로 반복되는 업무를 처리하기 위한 목적(TPS: Transaction Processing System)에서 벗어나 급여계산이나 재고관리 등이 포함된 상위영역의 효율적인 관리 및 통제를 위해서 개별영역의 정보시스템(MIS: Management Information System)들이 개발되었다. 그러나 부분영역별 경영정보시스템을 통해서 생성된 경영정보들을 실제 의사결정에 활용하는데 많은 문제점들이 있었기 때문에, 의사결정이 필요한 시점에 필요한 형태의 유용한 정보를 생성하고 이를 통해서 과학적이고 합리적인 의사결정을 지원하기 위한 의사결정지원시스템(DSS; Decision Support System)으로 발전하였다.

1980년데 들어서면서 각종 응용소프트웨어 패키지, 통신 네트워크, 인터넷 등 정보기술이 발전하면서 기업환경이 변하고 업무처리 방식이 변하면서 다양한 활용분야에서 다양한 정보시스템들이 개발되기 시작하였다. 정보기술을 전략으로 활용하여 기업의 경쟁력을 향상시키고자 하는 전략정보시스템(SIS: Strategic Information Systems), 인공지능(AI: Artificial Intelligence), 전문가시스템(ES: Expert System) 등이 대표적인 예이다. 또한 정보통신기술의 발전으로 업무처리 환경이 오프라인에서 온라인으로 전환되면서 전자상거래시스템(EC: electronic commerce)이 등장하였고, 기업의 전사적인 자원을 효율적으로 관리하며 경영의 효율화를 도모하고자 하는 전사적 자원관리시스템(ERP: enterprise resource planning system)과 이에 연계된 공급사슬관리(SCM: supply chain management), 고객관계관리(CRM: customer relationship management)로 발전하였다.

2000년대 이후부터 모든 이질적인 정보기술들을 서로 융합하여 새로운 서비스를 창출하려는 정보기술 컨버전스(convergence)와 유비쿼터스(ubiquitous)가 최대의 화두로 떠오르고 있다.

과거 50년 동안 컴퓨터시스템은 실제로 데이터를 처리하는 기계였으며, 경영활동의 사후 결과를 반영하는 데이터에 관한 시스템이었다. 즉, 과거 컴퓨터시스템의 역할은 데이

그림 1-4 산업사회의 정보기술의 역할 변천

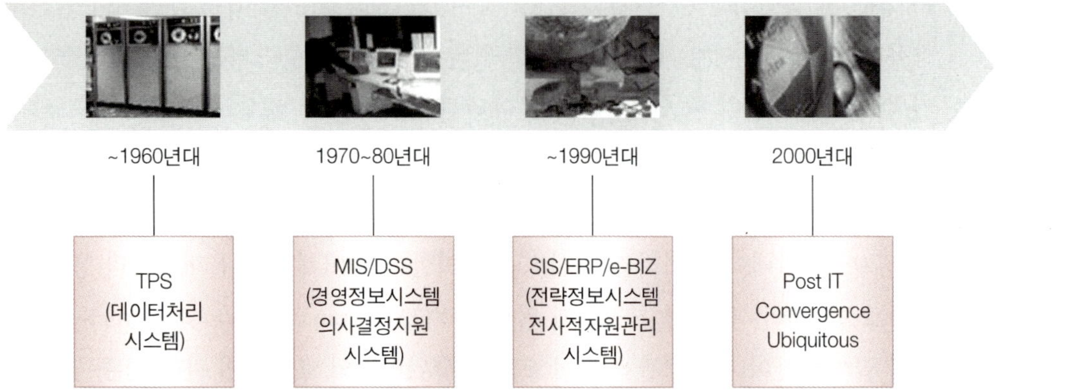

터의 저장과 처리 그리고 전송이라는 기본 기능을 수행하는 단순한 계산을 위한 기계였다. 이처럼 경영활동 결과 나타난 사실인 정적인 데이터를 처리하는 기능만을 수행하는 것이 가장 큰 목적이었기 때문에, 상황에 따라 변화하는 과정을 감지하거나, 추론이나 경영활동 자체를 변화시킬 수는 없었다. 컴퓨터가 상용화된 이후부터 지금까지 많은 변화와 역할이 변천되면서 다양한 정보시스템들이 개발되어 사용되었지만, 과거 50년의 모든 정보기술(IT)을 요약하면 다음과 같다.

- IT의 진정한 가치는 "T"에 있었으며, "T"만이 상품으로 간주했다.
- IT에서 "I"는 실제로 정보가 아닌 "데이터(I)"로 해석되었다.
- IT는 실제로 "DT"였다.

2.2 정보화 사회의 정보기술: 미래 50년

과거 50년 동안 그래왔던 것처럼, 미래 50년 동안에도 IT를 "DT"라고 이해하고 데이터를 처리하기 위한 기술로 받아들인다면 미래 50년 동안 달라질 것은 아무것도 없다. 그렇다면 다가올 미래 50년 동안에는 정보기술을 어떻게 이해해야 할까?

정보기술의 효과를 폄하하는 사람들의 주장을 요약하면, 정보기술이 도입되기 시작한 초기에는 정보기술의 경제적 희소가치 때문에, 기업들은 정보기술을 보유하고 있다는 것만으로 상대적으로 경쟁력이 향상될 수 있었지만, 지금은 거의 모든 기업들이 비슷한 정보기술들을 보유하고 있기 때문에, 더 이상의 희소가치는 거의 없다. 따라서 정보기술을 보유하고 있다는 사실이 기업의 경쟁력 향상에 도움이 되지 않으며, 정보기술은 더 이상 기업 경쟁력 향상에 도움이 되지 않는다는 것이다.

과거의 생각대로 정보기술의 핵심가치가 기술(technology)에 있으며, 정보기술이 데이터를 처리하기 위한 도구에 지나지 않는다면 타당한 주장이라 할 수 있다. 실제로 지금까지 정보기술을 물리적인 제품을 생산하는 기술로 인식하고 차별화된 기술개발에만 역점을 두었던 것이 사실이기 때문에, 더욱 타당한 주장으로 보인다. 그러나 산업사회를 거쳐 정보화 사회가 성숙기에 접어들면서 정보기술은 다음과 같이 이해되고 있다.

(1) 물리적인 세계의 기계와 차별화된 정보기술

정보기술은 지난 2세기 동안 사회전체를 변화시킨 여러 기술들(증기기관과 열차, 전신, 전화, 발전, 내연기관 등) 중에서 가장 최근의 계보에 해당된다. 그동안 사회를 변화시켰던 기술들은 선발 업체들에게 큰 기회를 제공했지만 이러한 기술들이 보편화되고 개발비용이 떨어지게 되어 누구나 이용 가능해지면서 일상적인 대상이 되어 더 이상 경쟁력의 도구가 되지 못했다. 대부분의 산업기술들은 물리적인 제품을 만들어내기 위한 것이기 때문에, 이러한 희소성의 원칙이 적용된다. 그러나 정보화 사회에서 정보기술은 물리적인 세계를 다루는 것이 아니며, 크기와 성능에 제한이 없고, 인간의 창의성과 혁신마인드에 따라서 지속적으로 기능이 확대될 수 있으며, 새로운 가치를 창출하기 위한 수단이다.

(2) 목적으로서의 정보기술이 아닌 수단으로서의 정보기술

정보기술은 그 자체가 목적이 아니라 경영활동을 지원하는 수단이다. 즉, 정보기술은 비즈니스로서의 정보기술과 비즈니스를 실행하기 위한 수단으로서의 정보기술은 구별된다. 정보기술 자체가 목적이라면 정보기술이 보편화되고 모든 사람들이 적은 비용으로 언제나 사용할 수 있는 것이라면 정보기술의 가치가 떨어지겠지만, 정보기술의 가치는 정보기술 자체가 아닌 정보기술이 지원하고 실행에 옮기는 비즈니스에 달려 있기 때문에, 정보기술의 가치는 일반적인 상품과 같이 희소성으로 판단할 문제가 아니다.

예를 들어, 정보기술 자체를 목적으로 하는 정보기술 인프라를 구축하는데 많은 비용을 투자했음에도 그다지 큰 경쟁력을 얻지 못했다면 이를 정보기술에 대한 투자의 실패라고 할 수도 있겠지만, 정보기술에 대한 투자와 비즈니스의 경쟁력은 다른 차원의 문제이다. 정보기술은 비즈니스프로세스와 실행의 원동력이며 실행수단이지 비즈니스의 일부 기능을 제공하는 별도의 어떤 것이 아니기 때문에, 정보기술 자체가 목적이 될 수 없으며, 정보기술과 비즈니스와 전략과의 유기적인 연계를 통해서 기업 전체의 경쟁력이 결정되는 것이다.

(3) 비즈니스에 종속적인 정보기술

정보기술은 비즈니스에 종속적이다. 과거 정보기술의 핵심적인 기능은 데이터의 저장, 데이터의 처리, 데이터의 전송에 있었지만, 정보화 사회에서의 정보기술은 정적인 데이터의 사후처리가 아닌 비즈니스 자체인 비즈니스프로세스 저장, 비즈니스프로세스 처리, 비즈니스프로세스 전송을 핵심으로 하는 컴퓨팅과 커뮤니케이션의 결합에 있다. 즉, 데이터처리가 아닌 비즈니스프로세스처리가 핵심이다. 기업의 경쟁력은 데이터의 사후처리를 통해서 얻어지는 것이 아니라, 민첩하고 차별성이 있으며, 기술적인 지원이 가능한 비즈니스프로세스를 통해서 추구하는 목적을 달성할 수 있고, 생존을 넘어 지속적인 성장을 할 수 있기 때문이다. 정보기술의 효과를 폄하하는 사람들이 간과했던 정보기술의 의미와 다가올 50년 동안 변화되어야 할 정보기술을 정리하면 다음과 같다.

- IT의 진정한 가치는 "T"에 있는 것이 아니며, 상품적 가치는 "D+T"에 있다.
- IT에서 "I"는 "비즈니스프로세스(P)"로 해석되어야 한다.
- IT는 실제로 "T for BPM(technology for business process management)"의 의미로 해석되어야 한다.

3. 정보기술의 현대적 의미와 역할

다양한 정보기술들이 도입되기 시작하였던 초기에는 정보기술 자체가 목적이었기 때문에, 첨단 정보기술의 개발자체가 목적이었다. 그러나 현대 정보화 사회에서 정보기술이 확대, 보급되고 일반화되면서 정보기술 자체의 개발이 목적이 아니라, 기업경영에 유용한 도구라는 인식이 팽배해지면서 정보기술은 더 이상 목적이 아닌 수단이 되어가고 있다. 첨단 정보기술을 개발하는 것을 목적으로 하는 IT기업이 아닌 일반기업에서는 정보기술은 예전과 다른 의미와 역할을 수행하고 있다. 현대사회에서 정보기술은 다음과 같은 역할을 수행하고 있다.

- 부가가치 창출 및 지원수단으로서의 정보기술
- 경쟁력의 원천으로서의 정보기술
- 경영혁신 도구로서의 정보기술

3.1 부가가치 창출 및 지원수단으로서의 정보기술

1) 부가가치 창출과정

기업의 부가가치는 수많은 부분활동들을 통해서 창출되며, 기업이 추구하는 목표를 달성하기 위해서 미리 정의된 부분업무들은 사슬형태의 연속된 흐름으로 수행된다. 이와 같은 부가가치 창출을 위한 사슬형태의 부분활동들을 가치사슬모형이라 한다.

마이클 포터의 가치사슬모형(value chain model)에 의하면, 기업에서 이루어지는 모든 부분활동들은 주활동과 지원활동으로 나뉘어진다. 부가가치 창출을 위한 주활동과 지원활동은 기업의 특성에 따라 차이기 있으나, 가장 일반적인 제조업의 경우 주활동은 다음과 같다.

- **주활동**
  - 입고 : 제품 생산에 필요한 원자재와 부품들의 기업 내부로의 유입활동
  - 생산 : 원자재 및 부품의 조립과 완제품 생산활동
  - 출고 : 완제품을 기업 외부로 유출하는 활동
  - 마케팅 : 제품의 홍보와 판매 촉진 및 유통 관련 활동
  - 서비스 : 판매 후의 설치 및 사후 서비스 관련 활동

완제품의 생산 이전의 주활동들은 유입활동과 유입물류(inbound logistics)라 하며, 생산활동 이후 완제품의 분배에 관련된 활동들은 유출활동 또는 유출물류(outbound

그림 1-5 마이클 포터의 일반적인 부가가치사슬모형

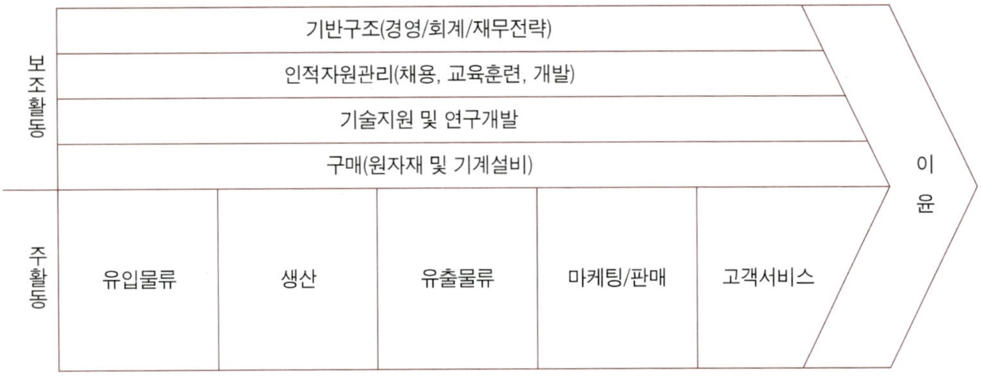

logistics)라고 한다. 그러나 이러한 주활동들이 효율적으로 이루어지기 위해서는 많은 지원활동들이 필요하며, 주활동을 지원하는 지원활동들을 정리하면 다음과 같다.

- **지원(보조)활동**
  - · 인적자원관리 : 채용, 교육훈련, 개발 등의 업무활동
  - · 기반구조 : 일반적인 관리활동의 전략 및 기획관련 활동
  - · 기술개발 : 제품 및 서비스, 프로세스 개발 활동
  - · 조달 : 원자재, 기계설비 등의 구매활동

정보기술이 도입되기 이전에는 대부분의 주활동과 지원활동들이 수작업으로 이루어졌으나, 기업에 정보기술들이 도입되기 시작하면서 거의 모든 주활동과 지원활동들이 수행되고 다양한 정보기술들이 이용되고 있다.

2) 업무처리 수단으로서의 정보기술 활용

현대 기업들의 대 내 · 외적 경영환경과 업무처리 환경이 급변하고 있는 상황에서 정보기술의 도입은 이제 선택이 아니라, 생존과 지속적인 성장을 위한 필수적인 요소이다. 많은 기업들이 앞다투어 첨단 정보기술을 도입하려는 이유는 부가가치 창출을 위한 부분적인 업무처리 과정에서 다음과 같은 효과를 얻을 수 있기 때문이다.

(1) 시간과 공간의 개념을 뛰어 넘는 의사소통 및 정보공유

정보기술의 발전으로 급속하게 보급된 인터넷과 통신망을 통해서 시간적 제약과 공간적 제약을 극복하고 의사소통과 정보공유가 가능하기 때문이다. 개인고객과 은행 간의 금융업무의 대부분이 은행업무 시간과 고객의 위치에 상관없이 인터넷뱅킹을 통해서 이루어지고 있으며, 인터넷을 통해서 제품을 판매하거나 서비스를 제공하는 것이 대표적인 예이다.

(2) 업무절차의 간소화 및 효율화

정보기술을 활용함으로써 업무처리에 대한 비용부담이 줄어들고 업무처리 방식이 간소화되고, 효율적으로 재구성될 수 있기 때문이다. 예를 들어, 실물기반의 제품 판매 방식에서 인터넷 판매방식으로 전환함으로써 기업 내의 구매처리 부서가 없어지고 고객이 직접 주문을 하게 되어 업무처리 절차가 간소화되고 업무처리 속도가 향상될 수 있다.

(3) 경영 환경변화에의 신속한 적응

정보기술의 보급으로 고객과 판매자와의 관계, 시장 및 고용구조 변화 등이 급속도로 변화하고 있는 가운데, 정보기술은 이처럼 급변하고 있는 경영 환경변화에 신속하게 대처할 수 있는 기술적 기반을 제공한다.

정보기술의 도입은 기업 내부의 효과뿐만 아니라, 동일 산업 내에서의 영향, 개별적인 기업 내에서의 영향과 기업의 전략적 차원에서도 긍정적인 효과가 있다.

① 동일 산업 내에서의 영향

동일 산업 내에서의 정보기술은 산업의 특성을 변화시킨다. 즉, 정보기술은 해당 산업 내에서 제공되는 제품과 서비스의 특성을 변화시킨다. 예를 들어, 물리적 제품의 비중보다 디지털제품의 비중이 높아지거나, 제품의 정보재적 성격이 강해지는 것은 이에 대한 좋은 예이다.

② 개별 기업 내에서의 영향

개별 기업 내에서 정보기술은 기업의 주요 경쟁세력 간의 관계에 영향을 미친다. 마이클 포터에 의하면, 개별 기업 차원에서 기업의 경쟁세력은 구매자, 공급자, 대체재, 잠재적 진입자, 경쟁업체로 구분되는데, 정보기술은 이들 경쟁세력 간의 관계를 변화시키며,

기업이 경쟁적 우위를 차지하기 위해서 어떤 전략을 추구할 것인가를 결정하는데 영향을 미친다.

③ **전략적 차원에서의 영향**

정보기술의 도입은 기업 경영활동에 변화를 가져오며, 경영 계층별과 기업의 업무(기능)를 수행하고, 통합하고 변화시키는 역할을 한다. 따라서 정보기술의 전략적 활용은 기업의 전략적 목표를 달성하는데 결정적인 역할을 담당한다.

3.2 경쟁력의 원천으로서의 정보기술

마이클 포터는 현대사회에서 경쟁이야말로 기업의 성공과 실패를 평가하는 가장 핵심적인 척도라는 주장과 함께 경쟁세력모형(five competitive forces model)을 발표하였다. 경쟁세력모형의 핵심은 기업이 경쟁적 우위를 차지하기 위해서 기업의 전략개발과 정보기술이 기업 경쟁력 향상에 어떻게 활용되는지를 보여주는 적절한 예이다.

1) 경쟁세력모형

마이클 포터의 경쟁세력모형은 기업이 부가가치를 창출하는데 부정적으로 작용하는 세력이 누구이며, 기업의 부가가치 창출을 위해서 이러한 경쟁세력에 어떻게 대처해야 하는지를 나타내는 것으로 마이클 포터는 구매자와 공급자, 잠재적 경쟁자, 대체재 그리고 산업내의 경쟁자이며, 이들 세력의 강도에 따라서 자사의 수익이 증가 또는 감소될 수도 있다는 것이다.

2) 경쟁무기로서의 정보기술의 활용

모든 기업들은 마이클 포터가 주장하는 5대 경쟁세력의 위협에 언제나 노출되어 있다. 기업의 생존과 성장은 이러한 위협세력에 어떻게 대처하느냐에 달려 있으며, 기존 기업들은 경쟁세력에 대응하기 위한 전략적 무기로서 다음과 같은 정보기술들을 활용할 수가 있을 것이다.

그림 1-6 마이클 포터의 경쟁세력모형

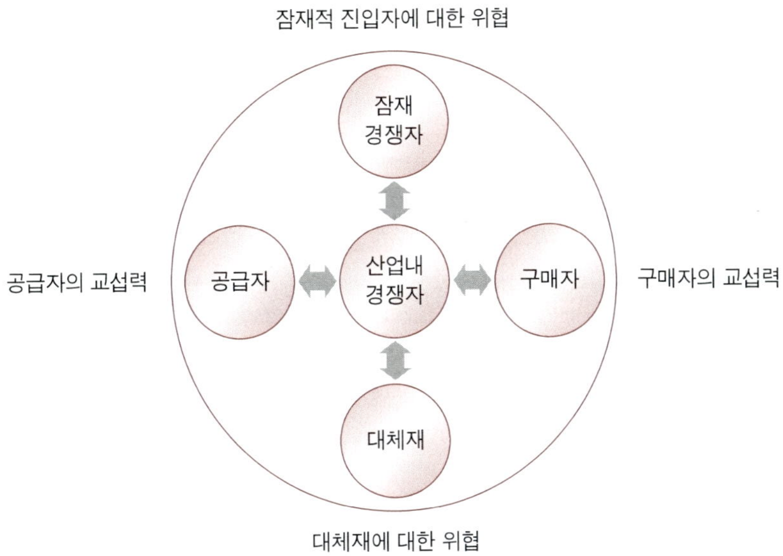

① 원가우위를 위한 전략적 활용

원가우위전략이란 경쟁사에 비해서 제품이나 서비스를 낮은 비용으로 제공하는 것을 말하는데, 비용이 수반되는 특정 부가가치 창출활동을 지원하기 위한 시스템을 구현하거나 첨단 정보기술을 도입함으로써 비용을 절감할 수가 있다. 과거에는 비용절감을 위한 업무가 반복적인 데이터 처리활동으로 제한되었으나, 이제는 더 이상 제한영역이 없으며, 기업의 모든 업무활동 영역에 첨단 정보기술이 도입되고 있기 때문에, 비용절감을 통한 원가우위를 차지하기 위해서 전략적으로 활용될 수가 있다.

② 차별화된 서비스를 창출하기 위한 수단으로서의 정보기술

기업의 경쟁력은 도구로 활용하는 기술에 있는 것이 아니라, 기술 위에서 제공되는 비즈니스프로세스의 품질에 의해서 결정되는 것이다. 정보기술도 기존의 기술처럼 경쟁사보다 먼저 보유하면 차별적인 경쟁력을 얻을 수는 있으나, 시간이 지남에 따라서 차별성이 떨어져 경쟁효과가 없어지는 것은 사실이다. 그러나 이는 정보기술 자체를 경쟁력의 원천으로 삼았기 때문이다. 예를 들어, UPS사의 경우 업계에서는 처음으로 화물추적시스템을 도입함으로써 경쟁력을 확보한 대표적인 사례이다. 또한 아메리칸 에어라인(american airline)의 경우, 항공 예약업무의 효율성을 제고하기 위해서 업계에서는 처음으로 자동예약시스템을 개발하여 도입하였다. 그러나 모든 항공사들이 자동예약시스템을 도입하게 되면서 업계에서의 차별성을 잃게 되어 경쟁력 향상에 도움이 되지 못하였

그림 1-7 UPS 화물 자동추적시스템

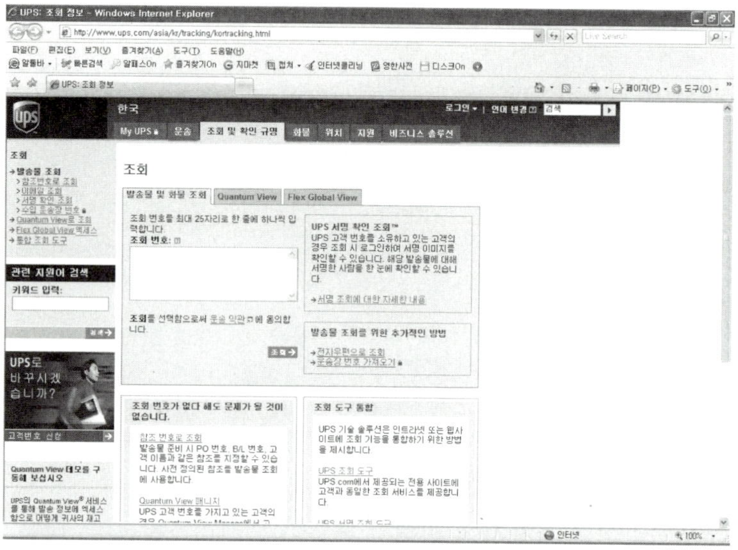

그림 1-8 AA항공예약 및 연계서비스

다. 그러나 항공예약뿐만 아니라, 자동차 렌탈, 호텔예약, 쇼핑 등과 연계하여 부가서비스를 제공함으로써 부가수익을 창출하고 있다. 아메리칸 에어라인의 예와 같이 정보기술 자체가 목적이 되거나, 궁극적인 경쟁력의 원천이 될 수 없다. 궁극적인 기업의 경쟁력은 기업의 비즈니스모델과 비즈니스프로세스에 달려 있다.

③ 새로운 산업창출 수단

정보기술은 무한한 가능성을 제공한다. 뛰어난 컴퓨터시스템 성능과 데이터베이스, 다양한 정보기술은 기존의 사업영역에 전략적으로 활용될 수 있을 뿐만 아니라, 전혀 새로운 사업영역을 개척하는데도 활용될 수가 있다.

3.3 경영혁신도구로서의 정보기술

1) 생명주기와 경영혁신

기업은 일종의 유기적인 조직체이기 때문에, 다음과 같은 생명주기에 따라서 도입-성장기, 고객만족 및 운영효율화 단계, 리뉴얼과 철수단계를 거치며 성장하고 발전한다. 모든 제품과 서비스마다 이와 같은 생명주기(product and services life-cycle)가 있는데, 중요한 것은 세부생명주기마다 창출되는 핵심가치와 핵심가치 창출을 위한 활동이 다르다는 것이다. 따라서 생명주기마다 적절한 혁신전략으로 접근해야 한다는 것을 의미한다.

예를 들어, 생명주기의 초기 단계인 도입-성장기에는 많은 초기비용이 투입되었음에도 불구하고 아직 제품이나 서비스를 통해서 창출된 가치가 소요비용을 충당하지 못하는 시기이며, 발전-성장기로 진입하기 위해서 다른 기업의 제품과 서비스와의 차별화 전략이 절실하게 요구된다. 도입-성장기의 대표적인 혁신전략은 제품혁신, 응용시스템 혁신, 플랫폼 혁신 등이 요구된다. 생명주기가 어느 정도 성숙기에 접어들어 목표로 하는 가치창출이 이루어지면 이를 지속적으로 유지하기 위한 다양한 혁신전략이 요구된다. 구체적으로 고객만족도를 향상시키기 위한 전략이나 가치창출 활동을 보다 효율적으로 수행하기 위한 운영활동 측면의 혁신전략이 요구되는데, 예를 들어, 가치공학 혁신, 시스템통합 혁신, 프로세스 혁신 등이 이에 해당된다. 마지막으로 시장이 쇠퇴기에 접어들면, 현재의

그림 1-9 생명주기와 영역별 혁신전략

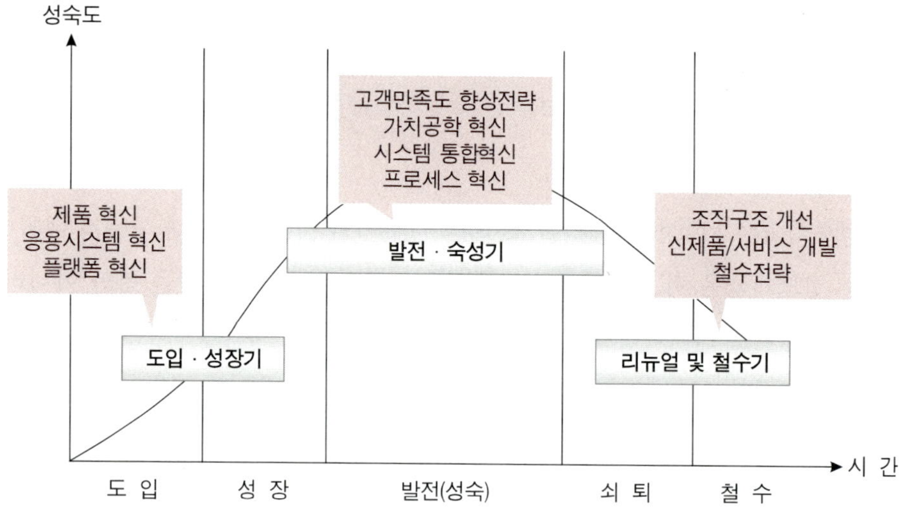

(출처: 손승희, 2007)

상태에서 최소비용으로 최대수익을 얻기 위한 전략, 새로운 제품과 서비스와 연계하기 위한 전략, 시장에서 철수하기 위한 적절한 전략들이 요구된다. [그림 1-9]는 생명주기에 따른 혁신전략을 정리한 것이다.

2) 혁신영역과 정보기술의 활용

앞에서 보는 같이 생명주기와 경영혁신 영역별 혁신방안들은 주로 경영환경변화에 적응하기 위해서 기업의 체질을 개선하고 새로운 사업기회를 모색하며 지속적인 부가가치 창출을 위한 활동에 주로 정보기술이 활용된다. 먼저 생명주기 단계와 혁신영역별로 활용되는 정보기술이 어떤 역할을 하는지 정리하면 다음과 같다.

① 도입-성장기

도입-성장기에는 새로운 제품과 서비스를 개발하여 부가가치 창출의 기반을 닦고 이를 시장에 출시하여 부가가치를 창출하는 활동들이 주로 수행된다. 이 단계의 경영활동은 기업의 경영환경변화와 경쟁업체의 상황 그리고 사회적 환경변화 등에 절대적으로 영향을 받기 때문에, 환경변화에 적응하여 새로운 부가가치 창출 기회를 포착하는 것이 중요하다. 도입-성장기의 혁신전략은 주로 차별화된 제품과 서비스를 제공하기 위한 전략들이며, 이러한 전략을 수행하는데 활용되는 정보기술은 기본 인프라를 구축하거나, 새로운 정보시스템을 구축하거나 새로운 기회를 포착하기 위한 수단으로 활용된다.

② 발전-성숙기

발전-성숙기에는 기업의 목표가 어느 정도 달성되는 단계이기 때문에, 현재의 부가가치 창출 수준을 지속적으로 유지하기 위해서 효율적인 업무처리, 기업의 조직관리, 비즈니스프로세스관리 등을 위한 정보기술들이 활용된다. 예를 들어, ERP시스템 도입은 기본적으로 글로벌 기업환경과 무한 경쟁속에서 살아 남기 위해서 기업이 낭비적 요소를 제거하고 업무효율성을 높이기 위한 전략적 도구로 활용된다. 더 나아가서 ERP시스템에 내장되어 있는 기능을 통해서 합리적인 판단근거를 제시하여 신속한 의사결정이 이루어지도록 함으로써 경영효율을 극대화하려는 것이 근본 목적이다. 특히, ERP시스템의 산업별 비즈니스프로세스를 통해서 부가가치 창출활동은 물론, 이와 연계된 모든 경영활동을 효율적으로 지원할 수 있는 공급사슬관리(SCM: supply chain management), 고객관계관리(CRM: customer relationship management) 등과 연계하여 경영혁신 도구로서의 역할이 더 증대될 것이다.

③ 리뉴얼 및 철수기

리뉴얼과 철수단계의 경영활동은 더 이상 부가가치 창출이 어려운 상황에서 새로운 경쟁력이 있는 제품을 개발하거나 새로운 서비스를 제공할 수 있는 기회를 모색하거나, 현재의 제품이나 서비스 제공을 중단하고 철수하기 위한 방안들이 수행되는데, 이러한 위기의 원인은 주로 기업환경변화로부터 기인하기 때문에, 리뉴얼과 철수단계에서도 정보기술의 역할은 더욱 커질 것이다.

단원요약

컴퓨터의 역사는 고대 중국에서 만들어진 주판으로까지 거슬러 올라갈 수 있으나, 주판은 일종의 수동식 도구였기 때문에, 1642년 파스칼에 의해서 만들어진 최초의 기계식 계산기로부터 출발하는 것이 옳다. 파스칼에 의해서 만들어진 계산기는 라이프니츠에 의해서 곱셈과 나누셈까지 가능한 계산기로 발전하였으며, 1944년 에이컨에 의해서 최초의 기계식 자동계산기인 마크원(MARK-I)으로 이어졌다. 그러나 마크원은 종이테이프를 이용한 자동제어방식으로 오늘날 우리가 컴퓨터라고 부르는 정도의 기능과 성능을 보유하지 못했기 때문에, 최초의 컴퓨터로 기록되지는 못하였다.

"최초"라고 기록될 수 있는 컴퓨터는 1946년 애커드와 머클리가 개발한 에니악(ENIAC)이었으나, 개발 당시 에니악은 내부에 18,000여 개나 되는 진공관이 들어 있었기 때문에, 30톤 정도의 무게에 가로와 세로가 24m와 2.5m에 달하는 거대한 구조물과 같은 기계였다. 현대적 의미의 컴퓨터 개발에 결정적인 역할을 했던 것은 1947년 폰 노이만에 의해서 만들어진 프로그램 내장 방식의 컴퓨터원리였으며, 프로그램 내장 방식을 이용하여 만들어진 최초의 컴퓨터인 에드삭(EDSAC: electronic delay storage automatic calculator)과 에드박(EDVAC: electronic discrete variable automatic computer) 그리고 최초의 상업용 컴퓨터로 기록되는 유니박원(UNIVAC-I)을 거쳐 오늘날 우리들이 사용하고 있는 컴퓨터에 이르고 있다.

최초의 상업용 컴퓨터인 유니박원이 개발된 이후 현재에 이르면서 다양한 형태의 컴퓨터들이 개발되어 기업에 사용되고 있으며, 오늘날 정보기술은 우리들에게 더 이상 전문가들의 전유물이 아닌 모든 사람들이 일상생활을 영위하고 기업에서 업무를 처리하는데 사용되는 도구로 인식되고 있다.

정보기술은 좁은 의미로 단순한 관찰이나 측정을 통해서 얻은 데이터를 가치있는 정보로 변환하는데 사용되는 기술로 이해되기도 하지만, 넓은 의미의 정보기술은 데이터를 수집하고 가공하는 기술은 물론, 수집한 데이터와 가공한 데이터를 저장하고 다른 사람들과 공유하는데 사용되는 제반기술로 이해할 수 있다. 정보기술을 넓은 의미로 이해할 때, 정보기술은 데이터를 수집 · 가공하며, 저장하고 전파를 공유하는데 필요한 하드웨어, 소프트웨어, 데이터베이스, 정보통신과 네트워크, 사용자 및 다양한 업무규칙 등의 구성요소의 집합체로 정의할 수가 있으며, 이들 구성요소들은 서로 연계되어 하나의 컴퓨터기반의 시스템을 이룬다.

1952년 최초의 상업용 컴퓨터인 유니박원이 개발된 이후 현재에 이르는 과거 50여 년 동안의 컴퓨터의 역할은, 업무활동 결과 "나타난 사실(after the facts)"을 반영하는 기록시스템으로서의 기계라고 할 수 있다. 즉, 과거 50년 동안 정보기술은 오늘날 우리가 생각하는 의미의 경영도구가 아닌, 데이터 중심의 기록을 저장하는 도구로서의 역할을 수행했다. 실제로 과거 50년 동안 컴퓨터시스템은 데이터를 처리하는 기계였으며, 경영활동의 사후 결과를 반영하는 데이터에 관한 시스템이었다. 과거 50년의 정보기술(IT)

을 요약하면 다음과 같다.

(1) IT의 진정한 가치는 "T"에 있었으며, "T" 만이 상품으로 간주했다.
(2) IT에서 "I"는 실제로 정보가 아닌 "데이터(I)"로 해석되었다.
(3) IT는 실제로 "DT"였다.

과거의 정보기술의 핵심가치가 기술(tech-nology)에 있었던 반면, 현대 정보화 사회에서 정보기술은 단순히 데이터를 처리하기 위한 도구가 아닌, 제품과 서비스에 새로운 가치를 부여하고 기업의 근본적인 경쟁력을 제고하는 도구로서의 역할을 담당하고 있다. 현대사회에서 정보기술은 더 이상 목적이 아니며, 비즈니스의 일부 기능을 제공하는 별도의 어떤 것도 아니며, 정보기술은 비즈니스를 수행하는 도구로서의 역할이 강조되고 있다. 기업의 경쟁력은 정보기술의 보유 여하에 따라서 결정되는 것이 아니라, 어떤 내용의 어떤 비즈니스를 수행하느냐에 따라서 달라지기 때문에, 정보기술의 효과에 대해서 부정적인 주장을 펴는 일부 사람들의 논리는 맞지 않다. 미래 정보화 사회에서 정보기술은 다음과 같아야 할 것이다.

(1) IT의 진정한 가치는 "T"에 있는 것이 아니며, 상품적 가치는 "D+T"에 있다.
(2) IT에서 "I"는 "비즈니스프로세스(P)"로 해석되어야 한다.
(3) 따라서 IT는 실제로 "T for BPM(technology for business process management)"의 의미로 해석되어야 한다.

정보기술의 도입 초기에는 정보기술 자체가 목적이었지만, 현대사회에서 정보기술은 더 이상 목적이 아니며, 다음과 같은 의미와 역할을 수행한다.

(1) 부가가치 창출과 지원수단으로서의 정보기술: 기업의 부가가치 창출을 위한 주활동과 지원활동을 지원하는 수단으로서 기업이 추구하는 목표를 효율적으로 달성하기 위한 업무처리 수단으로서의 기반을 제공한다.
(2) 경쟁력의 원천으로서의 정보기술: 마이클 포터가 주장하는 5대 경쟁세력에 대응하기 위한 수단으로서 다음과 같은 역할을 수행한다.
   · 원가우위를 차지하기 위한 전략적 도구
   · 차별화된 서비스를 창출하기 위한 수단
   · 새로운 산업을 창출하기 위한 수단
(3) 경영혁신 도구로서의 정보기술: 기업의 생명주기별로 기업의 경영활동을 혁신하기 위한 수단으로 활용된다.

제1장

연습문제

01 컴퓨터가 출현하게 된 배경과 컴퓨터의 역사적 출현 과정에 대해서 설명하시오

02 정보기술의 개념을 설명하고, 넓은 의미의 정보기술에 포함되는 구성요소들에 대해서 설명하시오

03 과거 50년 동안을 지배해 온 산업사회에서의 정보기술의 의미와 역할에 대해서 설명하시오

04 정보기술과 산업사회의 기술들을 비교 설명하시오

05 미래 정보화 사회에서의 정보기술의 역할에 대해서 설명하시오

06 부가가치 창출과 지원수단으로서의 정보기술의 의미와 역할에 대해서 설명하시오

07 제조업과 서비스업의 부가가치 창출과정을 도식화하여 주활동과 지원활동을 구분하여 설명하고, 각각의 활동들에서 활용되는 정보기술의 예를 들어보시오

08 마이클 포터의 경쟁세력모형에 대해서 설명하고, 각각의 경쟁세력에 대응하기 위한 전략에 대해서 설명하시오

09 경영혁신의 개념에 대해서 설명하시오

10 기업 혹은 제품의 생명주기에 대해서 설명하시오

11 기업의 경영활동들을 생명주기별로 나누어 구분하고, 세부적인 생명주기 단계에서 추구하는 목적이 무엇인지 설명하시오

12 기업의 생명주기별로 활용될 수 있는 정보기술의 예를 들어 보시오

제2장 비즈니스프로세스관리의 이해

"비즈니스프로세스를 자동화하기 전에 이를 개선하는 것이 더 중요하다.
The first rule of any technology is that automation applied to an efficient operation will magnify the efficiency. The second is that automation applied to an inefficient will magnify the inefficiency."

(빌 게이츠, 마이크로소프트)

학습 개요 및 목표

기업의 경영환경과 업무처리 환경이 급변하고 있는 현대사회에서는 경쟁사보다 제품을 더 빠르게 출시하거나("더 빠르게"), 더 좋은 품질을 제공하거나("더 좋게"), 비용우위를 확보하려는("더 싸게") 기존의 경영이론을 답습하는 전략을 통해서는 더 이상 총체적인 경쟁우위를 차지할 수 없는 상황이다. 경쟁사보다 "더 빠르게", "더 좋게", "더 싸게"라는 경영전략을 실행하는데 관련된 모든 경영활동들과 이를 지원하는 모든 활동들이 효율적으로 이루어질 때만이 기업이 추구하는 목표를 달성할 수가 있다. 이러한 맥락에서 새롭게 등장한 개념이 비즈니스프로세스관리와 비즈니스프로세스 경영이다.

본 장에서는 비즈니스프로세스관리에 대한 전반적인 내용들을 살펴보고자 한다.

먼저, 비즈니스프로세스의 개념으로부터 출발하여 비즈니스프로세스관리가 출현하게 된 역사적인 배경이 무엇이며, 비즈니스프로세스를 어떻게 정의할 것인지를 살펴보기로 하겠다. 이어서 비즈니스프로세스관리가 필요한 다양한 이유들과 비즈니스프로세스관리의 중요성과 성공적인 비즈니스프로세스관리를 위해서 필요한 요인들이 무엇인지 살펴보기로 하겠다.

본 장의 학습목표는 다음과 같다.

1. 비즈니스프로세스의 개념을 이해한다.
2. 비즈니스프로세스관리라는 개념이 등장하게 된 역사적 배경을 이해하고, 비즈니스프로세스관리의 개념을 정의한다.
3. 비즈니스프로세스관리의 필요성을 이해하고, 효율적인 비즈니스프로세스관리를 위한 성공요인이 무엇인지 이해한다.
4. 비즈니스프로세스관리에 관여된 이해관계자들을 구분하고, 그들의 역할을 이해한다.
5. 비즈니스프로세스관리방법론에 대해서 학습한다.

도입 사례 : BPM 기반 융합솔루션이 뜬다

비즈니스프로세스관리(BPM) 솔루션이 다른 IT 솔루션들과 결합하고, 시스템의 적용영역을 확대하면서 진화를 거듭하고 있다. 이는 BPM의 활용범위를 넓혀 다소 정체되어 있는 시장을 넓히겠다는 벤더들의 전략과 요구사항이 다양해지고 있는 고객사들의 이해가 맞아 떨어지기 때문이라는 분석이다.

관련업계에 따르면, BPM과 다른 IT 솔루션의 결합확대가 올해 업계의 중요한 이슈가 될 전망이다. 대표적인 BPM 기업인 핸디소프트(대표 황의관)는 올해 전사적 자원관리(ERP) 등 다른 솔루션과 BPM의 결합을 주된 화두로 꼽고 있다. 곽도훈 핸디소프트 부장은 "산업군별로 특화된 솔루션과 BPM을 결합시켜 BPM 기반의 다양한 솔루션을 만드는 것이 핵심 과제"라며 "특화 솔루션을 갖춘 IT 기업들과 협력해 결합제품을 만드는 방안을 적극적으로 검토하고 있다"고 말했다. ERP 전문기업인 영림원소프트랩(대표 권영범)은 오는 15일 BPM 기능이 추가된 ERP 신제품인 '케이시스템 버전5 제뉴인'을 발표한다. 김종호 영림원 전무는 "ERP에 BPM 기능을 탑재하는 것은 활용도 측면에서 ERP와 BPM이 시너지를 낼 수 있기 때문"이라며 "고객들도 이같은 요구를 해오고 있다"고 한다. 티맥스소프트(대표 문진일) 역시 자사의 BPM을 애플리케이션 프레임워크, 통합상품관리 솔루션 등 자사의 또 다른 솔루션들과 결합 공급하는 방안을 추진하고 있다.

BPM의 적용영역과 활용범위 또한 넓어지고 있다. 핸디소프트는 지난해 하반기에 이메일 등 기업 내에서 수시로 발생하는 비정형 업무까지 프로세스화해 관리할 수 있는 '오피스엔진'을 선보였다. 이 제품은 정형 업무 프로세스만을 관리했던 기존 BPM의 한계를 보완하고 정형 업무와 비정형 업무의 통합을 통해 프로세스 자동화를 가능하게 하는 것이 특징이다. BPM과 플랫폼을 한 서비스로서의 소프트웨어(SaaS) 방식의 업무처리 시스템도 관심을 모으고 있다. 맨인소프트(대표 정윤식)는 BPM을 기반으로 해 중소기업용 업무처리 시스템을 SaaS 방식으로 공급하는 '스마트웍스닷넷' 서비스를 최근 시작했다. 정윤식 맨인소프트 사장은 "웹 2.0과 BPM 기반의 업무처리 시스템을 SaaS 방식으로 서비스하는 스마트웍스는 쉽게 업무처리 시스템을 만들고 저장된 업무 패키지를 수정없이 사용할 수 있게 하는 것이 장점"이라고 말했다. 이 회사는 이미 출판, IT, 제약 등 다양한 분야의 10개 중소기업을 고객사로 확보했으며, 올해 고객사를 200개 이상으로 확대하고 해외 이용고객도 꾸준히 늘릴 계획이다.

출처: http://www.dt.co.kr/contents.htm (디지털타임스, 2009.1.6)

1. 업무와 비즈니스프로세스의 정의

1.1 업무와 비즈니스프로세스의 정의

1) 업 무

기업을 포함하여 모든 조직은 추구하는 목표를 달성하기 위해서 구체적인 일련의 작업들을 정의하고 이를 체계적으로 수행한다. 이처럼 목표를 달성하기 위해서 수행되는 체계적이고 구체적인 작업들을 개별업무(tasks, activities)라고 한다. 예를 들어, 기업이 추구하는 목표를 달성하기 위해서 정의된 구매업무, 생산업무, 영업 및 판매업무 등은 가장 상위의 기업업무에 해당된다. 이들 개별업무 내에 또 다른 하위업무가 있을 수 있으며, 업무의 복잡도에 따라서 하위업무를 구성하는 또 다른 하위업무들이 존재할 것이다. 예를 들어, 발주업무, 구매품 검사 및 구매품 입고처리 등은 구매업무의 하위업무에 해당될 것이며, 업체지정, 발주등록, 발주내역등록, 발주서 발행 등의 업무(transaction)들은 발주업무의 하위업무에 해당될 것이다.

2) 비즈니스프로세스

기업이 추구하는 목표는 이러한 업무들이 연속해서 수행됨으로써 달성되는데, 이들 업무들의 연속된 흐름을 비즈니스프로세스(business processes)라고 한다. 기업이 수행하는 모든 업무들은 더 많은 부가가치를 창출하기 위한 것이기 때문에, 기업이 수행하는 업무의 흐름은 결국 부가가치 흐름을 나타내며, 따라서 비즈니스프로세스는 기업의 부가가치 흐름을 나타내는 또 다른 방법이며, 기업의 부가가치를 창출하는 가장 기본적인 단위는 결국 업무인 셈이다.

기업의 규모와 업무처리 복잡도나 분야에 따라서 달라지겠지만, 비즈니스프로세스는 일반적으로 다음과 같은 특성을 갖는다.

그림 2-1 업무와 비즈니스프로세스

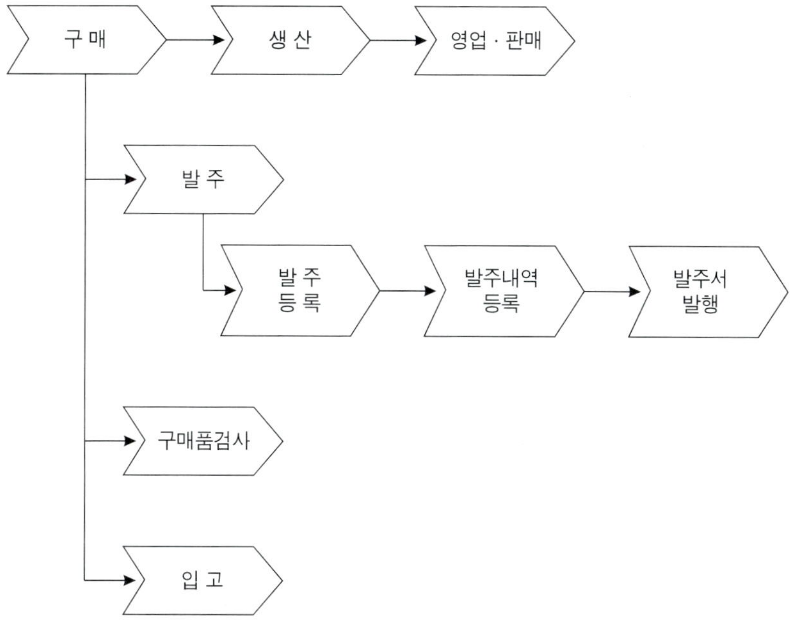

① 비즈니스프로세스는 규모가 크고 복잡하다.

비즈니스프로세스는 서로 관련된 업무들의 연속된 흐름을 의미하기 때문에, 일반적으로 규모가 크고 복잡하다. 물론 규모나 복잡도는 업무처리 범위와 내용에 따라서 달라지겠지만, 업무의 시작과 끝을 연결하는 종단간(end-to-end) 흐름은 상당히 길고 복잡하다.

② 비즈니스프로세스는 동적이다.

기업이 생산하는 제품이나 제공하는 서비스에 초점을 맞추는 경우에는 정적인 "무엇(what)"에 해당되지만, 비즈니스프로세스는 고객의 요구와 업무처리 환경과 방식에 따라 달리지는 "어떻게(how)"에 해당되기 때문에 동적이다.

③ 비즈니스프로세스는 기업 내부의 조직 간의 경계를 넘어 폭 넓게 분포되어 있다.

간단한 비즈니스프로세스의 경우에는 단일 조직 내에서 시작하여 끝나지만, 예를 들어, 주문처리 프로세스의 경우 고객으로부터의 주문을 접수 받는 일은 영업담당부서에서 이루어지고, 재고를 확인하는 작업은 재고관리부서와 연계되어 이루어지며, 주문제품의 발송과 회계처리는 또 다른 부서와 연계되어 처리된다. 이처럼 종단간 비즈니스프로세스는 경우에 따라서 기업의 부분조직 간의 경계를 넘어서 다양하게 분포되어 있다.

④ 동일 비즈니스프로세스라 하더라도 다양한 정보기술이 활용된다.

종단간 비즈니스프로세스는 부분조직의 경계를 넘어 다양하게 분포될 수 있기 때문에, 종단간 비즈니스프로세스의 부분프로세스 수행에 필요한 경우 다양한 정보기술들이 활용될 수 있다.

⑤ 시작에서 끝까지, 즉 종단간 비즈니스프로세스 전체를 수행하는 데는 상당한 시간이 요구된다.

예를 들어, 주문접수 → 재고확인 → 발송(혹은 생산주문) → 완제품 생산 → 회계처리 등으로 이어지는 고객주문처리 프로세스를 수행하는 데는 많은 시간이 요구된다. 다른 종단간 비즈니스프로세스도 전체 프로세스를 수행하는 데도 상당한 시간이 소요된다.

⑥ 비즈니스프로세스는 자동화될 수 있는 부분과 자동화될 수 없는 부분으로 구분된다.

모든 업무가 자동화 도구를 이용하여 처리되는 것이 아니기 때문에, 부분적으로 자동화될 수 있는 부분도 있지만, 업무의 성격 상 자동화 도구를 이용할 수 없는 부분이 존재한다.

⑦ 비즈니스프로세스는 "비즈니스" 측면과 "기술" 측면이 공존한다.

비즈니스프로세스 속에는 기본적으로 업무수행이라는 비즈니스 측면의 특성과, 업무수행을 지원하는 시스템적 측면의 특성이 공존한다. 예를 들어, 비즈니스프로세스는 단위업무처리 자체와, 이를 지원하기 위한 컴퓨팅시스템의 상호조화를 통해서 수행되기 때문에, 비즈니스와 기술이라는 양 측면의 특성을 모두 갖는다.

⑧ 비즈니스프로세스는 가시화하기 힘들다.

비즈니스프로세스는 추상적인 개념이기 때문에, 이를 문서화하거나 모델화하지 않는 한 명확하지 않으며, 구체적으로 인식하기 힘들다.

1.2 업무와 비즈니스프로세스의 분류

1) 업무주체에 따른 분류

기업이 수행하는 업무들을 분류하는 가장 기본적인 기준은 업무처리 주체 즉, 누가 업무를 처리하느냐에 따라 분류하는 것이다. 기업에서의 업무처리 주체는 기업 구성원이 될 것이며, 이들 기업 구성원들에게는 고유의 역할분담이 있기 때문에, 주체에 따른 업무의 분류는 결국 기업 구성원의 역할에 따른 분류이기도 하다. 기업 구성원은 자신들에게 분담된 역할에 따라서 기업의 나아갈 방향을 설정하거나 목표를 설정하는 등의 전략적인 의사결정을 주로 하는 최고경영층과, 확정된 목표를 효율적으로 달성하기 위해서 실제 작업자들을 관리하고 통제하는 관리적 역할을 담당하는 중간관리층(하위관리층 포함)과 실제 작업을 수행하는 일상적인 작업자들로 구분된다. 이처럼 업무주체 별 역할분담에 따라서 전략적인 업무와 관리적인 업무, 그리고 일상적인 업무로 구분된다. 특히, 실제 작업자들이 수행하는 일상적인 업무를 거래처리(transaction)라 하며, 급여계산, 주문처리 등이 대표적인 예에 해당된다.

그림 2-2 업무처리 주체의 역할에 따른 업무분류

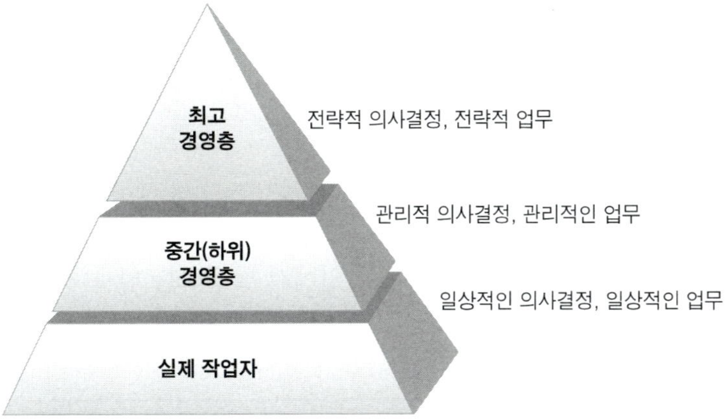

2) 기능에 따른 업무의 분류

기능에 따른 업무의 분류는 기업의 업무를 목표로 달성하기 위해서 정의된 업무 영역별로 분류하는 방법으로 기업이 추구하는 목표를 달성하기 위해서 정의된 핵심기능별로 세분화하여 이를 분류기준으로 하는 것이다. 기업의 목표를 달성하기 위해서 정의된 핵심업무들은 구매, 생산, 영업 및 판매, 회계, 재무, 인사 등으로 구별할 수 있으며, 이들 핵심영역에 따라 구매업무, 생산업무, 영업 및 판매업무, 회계업무, 재무업무, 인사업무 등으로 구분된다.

1.3 업무처리 방식

기업이 수행하는 모든 업무들은 업무의 복잡도와 성격에 따라서 수동으로 수행되거나 혹은 자동으로 수행된다. 경우에 따라서는 수동처리와 자동처리 방법을 병행하여 처리되기도 한다. 예를 들어, 종업원의 수가 적은 소기업의 경우에는 급여를 수작업으로 계산할 수도 있지만, 대부분의 경우에는 급여계산 프로그램을 이용하여 급여를 계산하게 된다. 예를 들어, 투자 분석가의 경우 주가의 흐름을 나타내는 차트를 수작업으로 작성할 수도 있지만, 수시로 변하는 주가의 흐름을 파악하여 신속한 의사결정을 내리기 위해서 자동화된 도구를 이용하여 주가의 흐름을 파악하고 주식의 매도 및 매수 시점을 계산하기도 한다. 기업의 업무를 자동으로 처리한다는 것은 업무처리시스템을 이용한다는 것을 의미하며, 업무처리시스템을 이용하는 경우에도 처리방식에 따라서 일괄처리방식과 온라인처리방식으로 구분된다.

① 일괄처리방식

일괄처리방식(batch processing)은 기업에서 발생하는 업무처리 내용이 발생할 때마다

그림 2-3 업무의 일괄처리방식

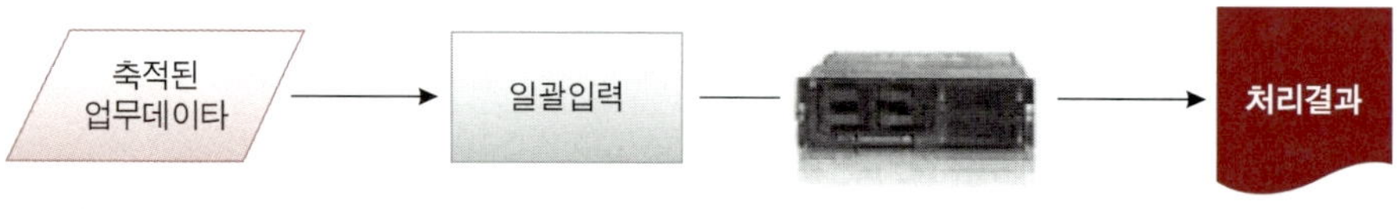

즉시 처리하는 것이 아니라, 업무의 성격에 따라서 일정기간 동안 축적하여 두었다가 처리하는 방식이다. 예를 들어, 일상적으로 발생하는 고객의 주문에 대해서 송장발송과 지불요청은 이에 대한 업무가 발생할 때마다 즉시 처리하는 것이 중요하지만, 종업원의 급여계산의 경우에는 근태기록카드를 비롯하여 급여계산에 필요한 자료를 일정기간 입력하였다가 일괄적으로 처리하는 것이 업무처리 비용절감을 위해서도 효율적일 것이다.

② 온라인처리방식

종업원 급여계산의 경우 급여계산을 위해서 필요한 자료를 수집하고 급여기록을 갱신하는데 시간이 필요할 뿐만 아니라, 급여계산이라는 업무의 성격 상 일정기간 후에 처리하여도 아무런 문제가 되지 않는다. 그러나 항공사의 좌석예약업무가 증권거래업무와 같이 처리내용이 발생할 때마다 즉시 처리해야 하는 경우에는 처리내용을 축적하지 않고 즉시 처리하여 처리된 내용이 반영되도록 하여야 한다. 이와 같이 업무내용을 처리하여 언제나 최신의 데이터 상태를 유지하도록 하는 업무처리 방식을 온라인처리방식(OLTP: online transaction processing)이라 한다. 예를 들면, 1장에서 설명한 항공사의 좌석예약현황, 증권회사의 증권거래시황, 외상매출금 수금현황, 송장처리, 주문발송 등이 이에 해당된다. 온라인처리방식은 일괄처리방식에 비해서 더 신속하며, 더 효율적인 대 고객서

그림 2-4 업무의 온라인처리방식

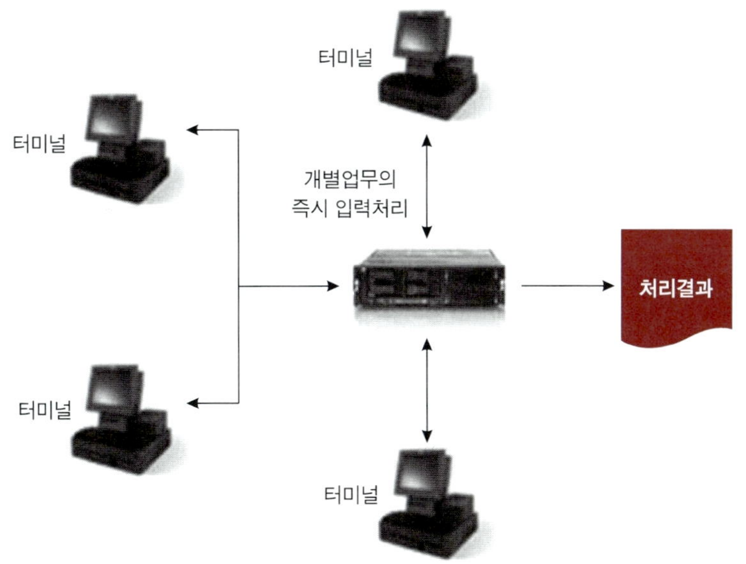

비스를 제공할 수 있다는 측면에서 유리하지만, 온라인처리를 위해서 인터넷과 같은 기본 인프라는 물론 개별 거래처리 응용시스템과 연계되어야 하기 때문에 별도의 비용이 수반된다.

1.4 업무처리 내용

기업에서 수행되는 모든 업무는 특히, 거래처리 업무는 필요한 데이터를 오류없이 입력받아 정해진 내용에 따라 입력 받은 데이터를 가공 처리하여 그 결과를 출력하는 것을 말한다. 예를 들어, 급여계산의 경우, 급여계산을 위한 입력 데이터는 종업원의 근무시간과 시간당 임금(시간급이라 가정한다면)이 될 것이며, 내부적인 급여계산 방식에 따라서 급여가 계산되고 그 결과는 급여명세서로 출력된다. [그림 2-5]에서 보는 바와 같이 모든 거래처리 업무는 필요한 데이터를 수집하고 이를 가공처리하며, 그 결과를 보고서 필요한 다른 형태로 출력하고 저장하는 것이 가장 기본적인 업무처리 내용이며, 필요한 데이터를 오류없이 입력하기 위해서 데이터의 편집 및 데이터 수정과 같은 작업이 요구되기도 한다. 이와 같은 데이터 수집, 데이터 편집 및 교정, 데이터 조작, 데이터 저장과 보고서 출력으로 이어지는 순환프로세스를 업무처리사이클(transaction processing cycle)이라 한다.

① 데이터 수집(data collection)

업무처리를 위해서 필요한 모든 데이터를 수집하는 것을 의미하며, 필요한 데이터를 수집하는 방법은 수작업으로 데이터를 수집하는 경우도 있지만, 터미널이나 POS장치, 스캐너와 같은 입력장치를 이용하여 자동으로 데이터를 수집하는 경우도 있다. 업무처리의

그림 2-5 급여계산 트랜잭션

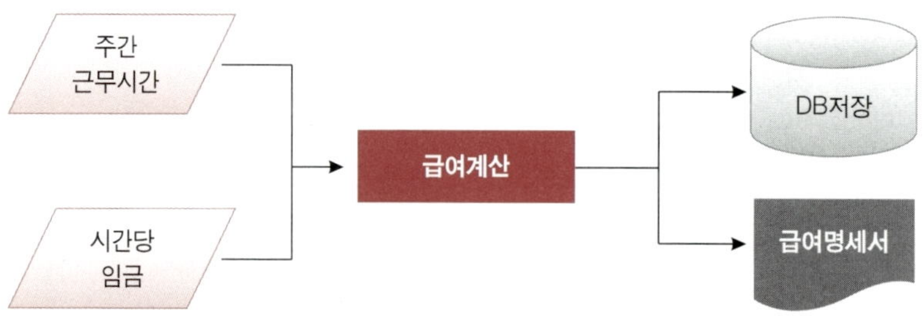

그림 2-6 업무처리 순환사이클 (R.Stair and G.Reynolds, 2008)

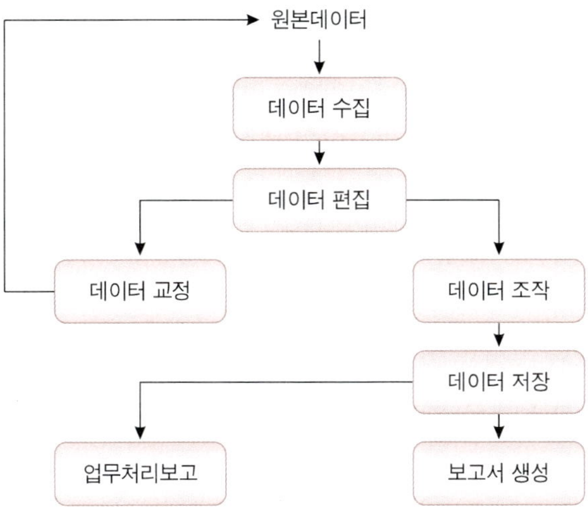

그림 2-7 업무처리 순환사이클 예 (주문처리프로세스)

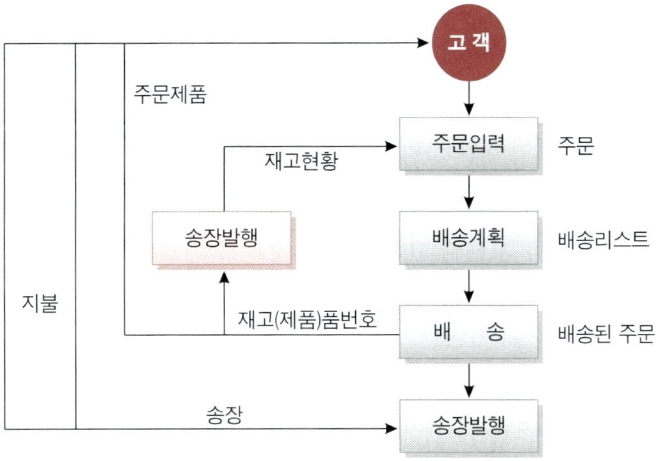

정확성은 일차적으로 입력 받은 데이터의 정확성에 의해서 좌우되기 때문에, 데이터의 정확성을 검증하는 것이 중요하다. 이런 관점에서 수동으로 데이터를 수집하는 것보다 특수한 입력장치를 이용하여 데이터를 자동으로 입력 받는 것이 업무처리의 정확성을 높이는 방법이 될 수 있다. 예를 들어, 편의점 계산대에서 스캐닝 장비를 이용하여 상품코드를 자동으로 스캐닝하여 가격을 검색하여 계산하고, 상세한 구매정보 등을 읽어 들여서 재고

데이터베이스를 자동으로 갱신함으로써 상품에 대한 주문시점을 계산하는 업무를 동시에 처리하는 것은 바로 이 때문이다.

② 데이터 편집 및 수정(data editing and correction)

업무처리에서 가장 중요한 것은 입력 데이터의 정확성 즉, 유효성과 완전성을 보장하는 것이다. 예를 들어, 종업원의 급여를 계산하기 위해서 필요한 데이터를 입력하는데 주당 근무시간을 40시간으로 입력해야 할 것을 잘못하여 400시간으로 입력했다고 가정해 보자. 주당 근무시간이 400시간이라는 것은 물리적으로 불가능한 시간임에도 불구하고 이를 근거로 계산된 급여를 지급했다면 큰 낭패가 아닐 수 없다. 또는 시간당 임금이 숫자로 표시되지 않고 문자로 표시되었다면 급여계산 자체가 되지 않을 것이다.

이처럼 데이터의 오류는 유효하지 않는 데이터를 바로 잡는 것뿐만 아니라, 부정확한 데이터를 바로 잡을 수 있는 기능은 매우 중요하다. 데이터 편집과정에서 발생한 부정확한 데이터와 유효하지 않는 데이터를 다시 입력 받는 것을 데이터 수정이라 한다.

③ 데이터 조작

데이터를 수집하고 편집하는 과정에서 정확하고 유효한 데이터를 입력 받았다면, 이를 근거로 정의된 업무내용을 처리하는 것은 업무처리의 본질이다. 데이터 조작(data manipulation)이란, 이처럼 정확하고 유효한 데이터를 분류 · 정렬하고, 계산하는 일련 작업을 말한다. 예를 들어, 종업원의 급여계산에서 주당 근무시간과 시간당 임금을 곱하여 기본임금을 계산하고 경우에 따라서 내부적으로 정해진 수당을 부가하고, 원천징수 및 기타 공제액을 계산하여 종업원에게 지급할 급여를 계산하는 작업을 말한다.

④ 데이터 저장 및 보고서 생성(data storage and reporting)

데이터 조작결과는 업무처리 데이터베이스에 저장되어 기존의 업무처리 결과가 갱신된다. 데이터베이스가 갱신되기 전에는 데이터의 정확성과 신뢰성 그리고 적시성이 보장되지 못하며, 데이터베이스가 갱신된 후에야 최신의 상태를 유지하게 되며, 의사결정이 필요한 모든 구성원들에게 정확한 정보를 제공할 수가 있다. 데이터 조작 후 최종결과는 업무내용에 따라서 미리 정의된 형태의 보고서로 출력된다. 예를 들어, 급여계산의 경우 급여명세서로 외상매출금 처리업무와 미결제금액 보고서와 같은 문서가 출력된다.

1.5 비즈니스프로세스의 변화

비즈니스프로세스를 좀더 체계적으로 구축하고자 하는 방법론에 대한 역사는 1911년 Frederick Winslow Taylor(테일러)의 저서 "Principle of Scientific Management"로 거슬러 올라간다. 테일러는 유능한 관리자들이 프로세스를 개선시키기 위해서 주로 사용했던 아이디어를 정리하면서 비즈니스프로세스의 변화를 위한 체계적인 방법론이 필요하다고 역설하였다. 테일러는 프로세스를 변화시키기 위한 주요 아이디어로 단순화, 일을 수행하는 가장 좋은 방식을 찾기 위한 체계적 연구, 일의 성과측정 및 보상 등으로 보았다.

테일러가 프로세스의 변화에 대한 필요성을 간파한 것은 이전까지 진행되었던 산업혁명의 결과 발명된 수많은 기계들로 인해서 업무처리 방식이 변하게 되고, 이를 효율적으로 처리하기 위한 새로운 방법이 필요했기 때문이다. 이를 통해서 얻을 수 있는 중요한 사실은, 새로운 기술은 새로운 프로세스를 만들어 낸다는 것이다. 예를 들어, 기차와 자동차, 전신 전화 등과 같은 교통 및 통신기술은 새로운 프로세스를 요구하게 되었다. 마찬가지로 컴퓨터와 소프트웨어, 인터넷, 웹 등 첨단 통신기술들 또한 새로운 프로세스를 만들어 낼 것이다. 테일러에 의해서 프로세스의 개선에 대한 필요성을 인식하기는 했지만, 비즈니스프로세스 관점으로의 연결은 기업을 시스템적 관점에서 관찰하고, 기업의 가치사슬과 연결시키면서라고 할 수 있다.

1) 시스템적 관점에서의 기업

시스템적 관점의 사고의 핵심은 모든 일들은 서로 연결되어 있으며, 프로세스의 흐름(flow)이나 피드백의 순환(feedback loop) 측면에서 모델화될 수 있다는 것이다. 즉, 시스템적 사고는 관계, 연관성, 흐름 등을 중시하며, 기업의 모든 업무들도 독립적으로 존재하는 것이 아니라 서로 연결되어 있으며, 어떤 형태로든 관련성이 있다는 것이다. 따라서 기업 구성원이나 부분 조직의 모든 활동은 더 큰 상위의 일부분이며, 그들이 행하는 모든 활동은 이로부터 생성되는 결과 즉, 성과를 통해서 측정되고 인정된다는 것이다. 시스템적 사고는 비즈니스프로세스를 이해하는데 매우 중요하지만, 여전히 비즈니스프로세스로 연결시키기에는 부족한 개념이다.

2) 시스템과 가치사슬

시스템적 사고와 더불어 비즈니스프로세스 개념을 이해하는데 중요한 개념은 가치사슬(value chain)이다. 마이클 포터는 기업의 경쟁력 향상을 위한 전략을 제시한 "competitive strategy"라는 저서로 유명하다. 그러나 비즈니스프로세스 관점에서 볼 때 1985년에 저술한 그의 두번째 저서인 "competitive advantage"라는 저서로 주목을 받았다.

마이클 포터는 가치사슬은 제품 디자인-생산-마케팅-배송-지원 등으로 연결되는 일련의 업무를 수행하기 위한 활동들을 포괄적으로 연결한 것이라고 정의하며, 마이클 포터의 가치사슬모형에 대해서는 이미 제1장에서 설명하였기 때문에, 주활동과 보조활동 등에 대한 설명은 생략하기로 하겠다. 마이클 포터의 가치사슬모형의 본질적 의미는 핵심업무인 생산과 관련된 모든 업무들은 하나의 가치사슬에 포함되며, 이는 기업이 추구하는 가치창출이라는 목표를 위해서 존재한다는 것이다. 또한 가치를 창출하기 위한 과정에 관련된 부분영역들을 포괄하여 하나의 비즈니스프로세스를 만들어 낸다는 것이다. 마이클

그림 2-8 가치사슬과 비즈니스프로세스

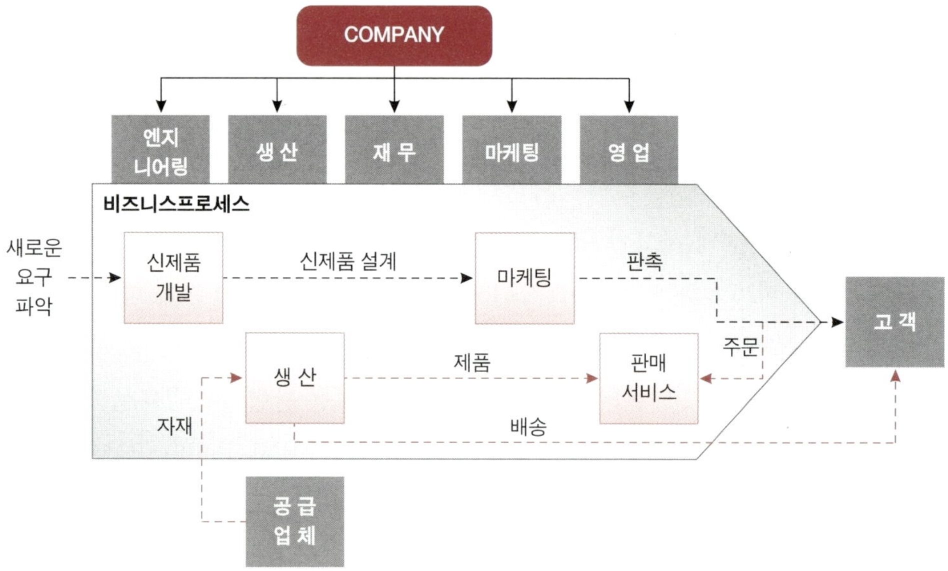

포터의 가치사슬 개념을 비즈니스프로세스를 적용한 도식을 통해서 비즈니스프로세스는 부분영역을 관통하여 수행되는 활동들이 집합된 하나의 프로세스라는 사실을 쉽게 이해할 수가 있다.

기업의 부분영역 체계(조직도)를 배경으로 작성된 가치사슬모형에서 각각의 네모상자는 부분프로세스를 의미하며, 부분프로세스들이 연결된 사슬을 통해서 상위의 비즈니스프로세스가 생성됨을 알 수 있다. 또한 전체 비즈니스프로세스는 배경도의 여러 개의 부분영역을 관통하고 있음을 보여주고 있다.

가치사슬 개념을 비즈니스프로세스에 적용하더라도 비즈니스를 시스템적 관점에서 바라보는 시각이 없다면 부분프로세스 사이의 연결을 시도하는 것이 아니라, 각각의 프로세스들을 각각의 부분영역에 할당하는 데만 집중했을 것이다. 따라서 이런 경우에 각 부분영역들에서는 나름대로 자체 표준절차를 수립하여 부서에 할당된 업무들을 효율적으로 처리하고 관리하려고 시도했을 것이다. 실지로 시스템적 사고가 등장하기 이전에는 이와 같은 부분프로세스의 효율화에 초점을 맞추었다. 이러한 환경에서는 각 영역별로 자신의 고유업무에만 관심을 가질 뿐, 전체 프로세스를 통해서 추구하는 목표가 어떻게 달성되는지? 목표를 달성하는데 어느 정도 도움이 되는지? 등은 별로 고려하지 않았다. 이것이 소위 "silo thinking"이라고 불리는 고립현상이다.

시스템적 사고의 등장 이후 기업 전산화 초기단계에서는 이러한 고립현상이 두드러져 급여 및 회계 등과 같은 영역은 전사적 차원에서 전산화 작업을 하였지만, 대부분의 영역들은 독자적으로 고유의 요구사항을 충족시킬 수 있는 전산화 작업을 추진하였다. 그 결과 부서 간의 시스템 단절 현상이 일어나게 되고, 호환성에 문제가 생기게 되었으며, 이로부터 비즈니스프로세스를 통합하여 전사적 차원의 전산화 작업을 시도하게 되는 계기가 되었다.

3) 1990년대 이후의 비즈니스프로세스에 대한 시각

1990년대 이후의 시대는 인터넷, 이메일, 웹 등으로 대별되는 시대이다. 산업혁명 이후 발명된 수많은 기계들로 인해서 새로운 프로세스가 생겨나거나 기존의 프로세스가 변화했던 것처럼, 새롭게 등장한 정보통신 기술과 방법들로 인해서 새로운 비즈니스프로세스가 생겨나고 변화되는 계기가 마련되었다. 예를 들어, 이전에는 기업구성원, 비즈니스파트너, 고객 등을 연결하는 수단이 전자문서교환(EDI: electronic data interchange)이었으며, 설치 및 유지보수 비용, 기본적인 기술인프라 부족으로 한계를 가졌으나, 인터넷이나 웹, 이메일 등을 통해서 업무처리 방식과 내용에 많은 변화를 초래하였다. 기업들은 이러한 환경에 적응하기 위한 새로운 비즈니스프로세스가 필요했으며, 기존의 비즈니스프로세스를 변화시켜야만 했다. 또 다른 변화의 요인은 무역자유화, 세계화 등에 힘입어 인수·합병하는 사례가 늘어나고, 외국으로의 사업영역 확대 및 국내 진출한 외국 기업들과의 비즈니스 사례들이 늘어나면서 비즈니스프로세스의 변화가 일어나게 되었다. 오늘날의 비즈니스프로세스에 대한 중요한 시각의 변화는 비즈니스프로세스는 기업이 추구하는 목표와 전략에 부합되어야 한다는 것이다. 즉, 기업의 목표와 선택, 전략의 범주 내에서 비즈니스프로세스의 가치가 있기 때문에, 비즈니스프로세스 개선과 같이 개선의 본질적인 이유도 모른채 프로세스를 재설계하는 것이 아니라, 기업이 추구하는 목표를 달성하는데 어느 정도 도움이 되는지? 선택한 전략에 부합되는지? 등을 고려하여 비즈니스프로세스를 재설계해야 한다는 시각이 중요하게 부각되고 있다.

1.6 비즈니스프로세스의 통합

1) 업무 및 데이터의 연계

기업에서 수행되는 모든 업무는 서로 유기적으로 연계되어 있다. 따라서 어느 한 업무를 처리하기 위해서 다른 영역의 업무처리 결과가 필요하며, 그 처리결과는 또 다른 업무를 처리하기 위한 중요한 데이터가 된다. 예를 들어, 영업 및 판매관리 영역에서 판매계획을 수립하여 예상되는 판매량이 결정되면, 생산관리 담당자는 이를 근거로 생산계획을 수립하고 필요한 부품 소요량을 계산하여 구매관리 담당자에게 구매를 요청한다. 구매관리 담당자는 구매요청에 근거하여 발주 관련업무를 처리하고 원자재 구매 관련발주 및 외주가공관리, 구매자재 검사 등의 업무를 처리하게 된다. 재고관리 부서의 핵심업무는 자재 및 완제품의 입·출고를 관리하는 것으로 생산계획에 의해서 제품생산과정이 완료되면 이에 대한 완제품 재고를 처리하며, 구매부서로부터 발주된 원자재가 도착되어 검사가 완료되면 원자재 입고업무를 처리하게 된다. 또한 영업 및 판매관리 영역으로부터 고객 주문에 대한 발송요청 건에 대해서 발송이 완료되면, 완제품 재고를 업데이트하는 일도 재고관리 부서에서 처리하는 주요 업무에 해당된다.

영업 및 판매관리 영역에서의 고객주문에 대해서 주문제품이 발송되거나, 구매관리 영역에서의 자재발주 결과 구매원자재가 입고되면 이에 대한 결제가 이루어져야 하기 때문에, 구매관리 영역과 영업 및 판매관리 영역의 업무는 회계관리 영역과 연계되어 있으며, 재고관리 영역에서의 현재 재고상황에 대한 재고자산을 파악하여 회계처리를 해야 하기 때문에, 재고관리 영역과 회계관리 영역의 업무도 서로 연계되어 있다. 이 이외에도 인사관리, 자산관리, 경영손익관리 영역의 업무들 또한 회계관리 영역의 업무와 상호간에 연계되어 자체 영역의 업무를 처리하기 위해서 다른 영역의 데이터를 활용하게 된다.

2) 전사적 업무처리: 비즈니스프로세스의 통합

[그림 2-9]에서 보는 바와 같이 기업의 모든 업무들이 서로 유기적으로 연계되어 있다. 이처럼 기업의 업무들이 서로 연계되어 있음은 기업이 추구하는 목표를 달성하기 위해서 정의된 모든 업무들이 사슬처럼 연결되어 있음을 의미하며, 이와 같은 사슬모양의 업무처리 흐름은 앞에서 설명한 것처럼 비즈니스프로세스라 한다. 기업의 업무들이 서로 연계된 것처럼, 업무를 처리하기 위한 데이터 역시 서로 연결되어 있기 때문에, 하나의 단위업무

그림 2-9 업무처리의 통합

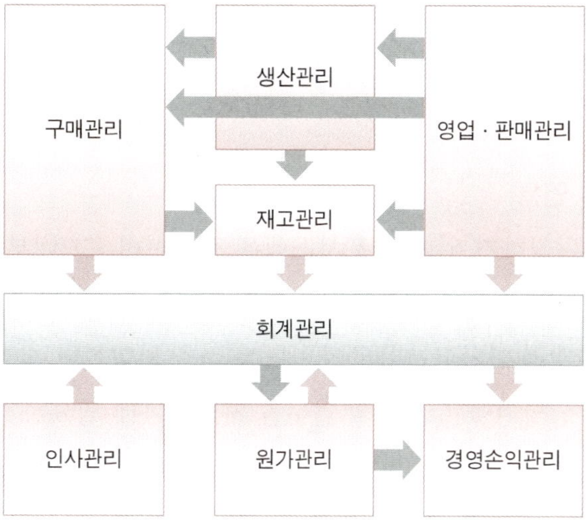

를 처리하기 위해서 데이터가 필요하며, 업무처리 결과 생성된 데이터는 서로 연계된 다른 업무를 처리하는데 필요하다. 이와 같이 데이터와 업무들이 서로 연계되어 있음에도 불구하고 지난 수십 년 동안 기업들은 데이터를 별도의 관리대상으로 분리시키고, 처리할 업무기능만을 자동화하는데 역점을 두었다. 그결과 주문처리시스템, 재고관리시스템과 같은 기능 중심의 응용시스템들이 개발되어 업무처리의 효율성은 향상되었으나, 업무기능과 데이터가 분리되는 문제가 발생하게 되었다.

① 기능의 연통(stovepipe)

개별 응용시스템은 한 업무영역이나 영역 내의 한 업무기능을 수행하기 위해서 만들어지는 것이 보통이다. 그결과 같은 영역 내부의 다른 업무나 다른 업무영역과는 사일로(silo)처럼 분리되는 문제가 발생하게 된다. 이러한 문제의 원인은 응용시스템을 개발할 때, 그것을 통해서 구현하려는 모든 기능들이 포함될 수 있도록 전사적인 비즈니스프로세스를 고려하지 않고 단지 개별업무만을 자동화하기 위한 목적으로 개발되기 때문이다.

실제로 기업의 업무 담당자들은 자신이 처리할 업무 전체가 프로세스화되어 구현된 것이 아니기 때문에, 하나의 비즈니스프로세스 중에서도 일부만을 수행할 의무가 있으며, 자신의 다른 업무는 다른 비즈니스프로세스의 일부에 속해 있게 된다. 따라서 그들은 불완전한 프로세스를 연결시키기 위해서 나름대로 스스로 만든 방법 예를 들면, 수작업에 의한 업무전달, 전화통화, 메일과 같은 방법으로 단절된 업무기능을 연결시키는 작업을 하게 된다. 따라서 응용시스템이 개발되었다 하더라도 사용빈도수가 적은 경우에는 시스템 내부에 저장된 데이터들이 불완전하고 부정확하게 되어 오히려 혼란만을 야기시키게 된다.

② 데이터의 연통

개별업무를 처리하기 위한 응용시스템은 정적이며, 그 내부에는 각각의 응용시스템이 업무를 처리하는데 필요한 데이터만을 저장하게 된다. 이는 존재하는 응용시스템의 수만큼 별도로 저장된 데이터그룹이 존재한다는 것을 의미한다. 따라서 기능의 연통에서와 마찬가지로 업무 담당자들은 자신의 업무를 처리하는데 필요하지만, 자신이 보유하지 못한 데이터가 필요한 경우 다량의 데이터를 복제하거나, 보고서를 작성하거나 추가 기록을 보관하는 등과 같은 임시방편을 고안해 내게 된다. 필요한 데이터를 복제함으로써 자신의 업무를 처리할 수는 없으나, 기업 전체의 데이터 관리측면에서 데이터의 중복, 데이터의 불일치, 논리적인 모순 등과 같은 심각한 문제를 초래하게 된다.

3) 통합업무 처리시스템에 대한 요구

기능의 연통과 데이터의 연통문제를 효과적으로 해결하는 방법은 기업이 처리할 전체 업무를 포괄하는 전사적 비즈니스프로세스를 구축하고 이를 통합하여 처리하며, 전사적 비즈니스프로세스를 수행하는데 필요한 생성된 모든 데이터를 통합하여 관리하는 것이다. 통합업무 처리시스템을 구축하는 기본전제는 기업이 수행할 모든 업무를 포함하는 전사적 비즈니스프로세스를 구현하는 것이다. 전사적 비즈니스프로세스를 구현하는 방법은 기능중심으로 구현하느냐? 프로세스 중심으로 구현하느냐?에 따라서 프로세스 수행의 효율성과 기능별 자원활용도가 달라지며, 전사적 비즈니스프로세스를 구현하는 방법은 기능 중심으로 업무흐름을 구현하는 방법과, 프로세스 중심으로 업무흐름을 구현한 두 가지 방법이 있다.

① 기능 중심의 업무흐름 구현

기능(업무영역)별로 구성된 조직단위에 따라서 업무처리 흐름을 구현하는 방식으로 업

그림 2-10 기능중심의 업무흐름

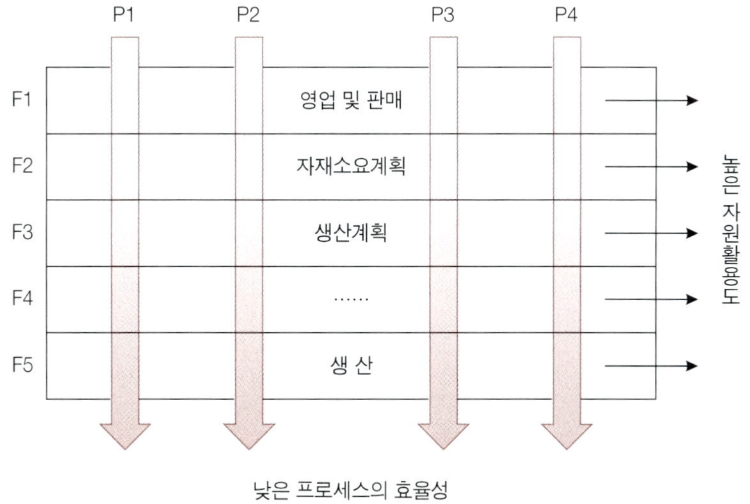

무영역 내에서의 인적자원과 물적자원, 기타 자원의 활용도가 매우 높게 나타나지만, 업무를 처리하기 위해서는 다른 기능들과의 조화와 상호연계가 필요하기 때문에, 프로세스 간의 효율성은 떨어지게 된다. 또한 이와 같은 기능 중심의 업무흐름을 통해서는 고객의 요구에 신속하고 유연하게 대처하는 것이 어렵다.

② 프로세스 중심의 업무흐름 구현

프로세스 중심의 업무흐름은 프로세스의 종단을 동일한 업무영역에 두지 않고 실제로 업무가 처리되는 흐름에 맞추어 신속하고 유연하게 프로세스가 처리되도록 구현하는 방식이다. 이러한 프로세스 중심의 업무흐름은 내부 자원활용도 면에서는 비효율적이라는 단점이 있지만, 프로세스 자체의 효율성과 특히, 외부 고객의 다양한 요구에 대해서 신속하고 유연하게 대처할 수 있다는 장점이 있기 때문에, 프로세스 중심의 업무흐름 구현방식이 더 많이 활용된다.

어떤 방법이 더 효율적이냐는 업무성격에 따라서 달라질 수 있다. 또한 비즈니스프로세스에 대한 평가는 자체 기업의 업무 효율성과 같은 기준에 의해서 평가되기도 하지만, 기업 자체의 평가보다는 외부의 고객에 의해서 평가되는 것이 보통이다. 외부 고객들은 대부분 다양한 요구를 가지고 있으며, 이를 충족시켜 주기를 원하기 때문에, 고객의 다양한 요구를 충족시키기 위해서는 신속하고 유연한 업무처리가 가능한 방식으로 구현하는 것

그림 2-11 프로세스 중심의 업무흐름

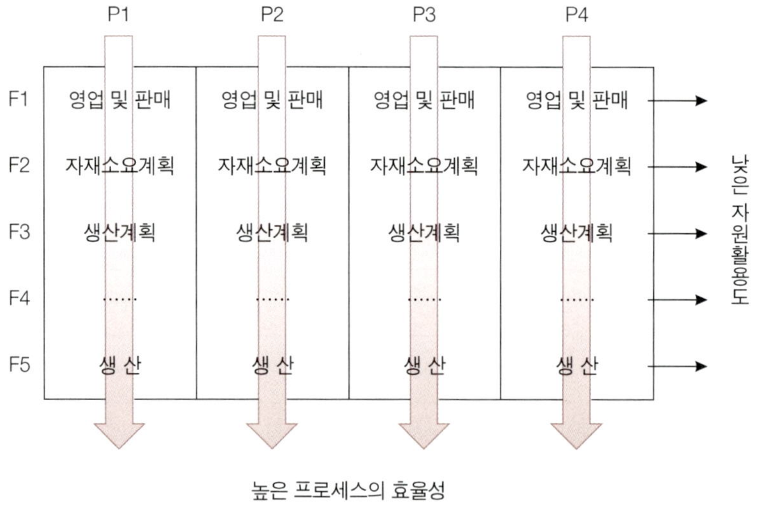

이 유리할 것이다.

2. 비즈니스프로세스관리의 개요

2.1 비즈니스프로세스관리의 출현과정

1) 비즈니스프로세스관리의 역사적 배경

최근 들어, 비즈니스프로세스관리가 주요 이슈로 등장하고 있지만, 사실 비즈니스가 존재한 이래 성공적인 비즈니스를 위해서 부분활동들을 효율적으로 관리한다는 측면에서 프로세스관리나 전체적인 비즈니스프로세스관리라는 개념은 존재해 왔다. 그러나 직접적인 출현배경은 1980년대 등장했던 전사적 품질경영(TQM: total quality management)에서 그 뿌리를 찾을 수가 있다. 전사적 품질경영은 기업에서 제공하는 제품과 서비스를 창출하는데 관여된 모든 활동들을 계획하고 관리하며 지속적으로 개선함으로써, 제품과 서비스의 질적 수준을 향상 시키기 위한 경영관리 기법이기 때문에, 전사적 품질경영을 비즈니스프로세스관리의 시작이라고 보아도 무방할 것이나, 전사적 품질경영이라는 표현 속에는 아직 비즈니스프로세스라는 용어의 표현이 등장하지는 않는다.

경영관리 기법 중에서 비즈니스프로세스(BP: business process)라는 표현이 처음으로 등장하기 시작한 것은 1990년대 초반 기업의 업무프로세스 재설계가 기업의 경쟁력을 높이기 위한 주요 수단으로 인식되면서 다양한 방법론들이 개발되어 활용되기 시작하면서이다. 그 중에서 대표적인 방법이 비즈니스프로세스 재설계(BPR: business process reengineering)이다. 비즈니스프로세스 재설계에 이르러 비즈니스프로세스라는 표현이 등장하였다는 점에서 비즈니스프로세스관리의 직접적인 모태로 볼 수 있다. 비즈니스프로세스 재설계 방법론에 이어서 1990년 중후반부터 등장한 전사적 자원관리(ERP: enterprise resource planning)는 기업의 모든 업무활동들을 정형화 · 표준화하여 통합하고, 표준화된 업무활동을 수행하는데 필요한 모든 자원을 효율적으로 관리하여 경영의 효율성을 증대시키고자 하는 관리기법이기 때문에, 비즈니스프로세스관리의 한 부분으로 이해할 수가 있다. 전사적 자원관리는 비즈니스프로세스 재설계 방법론의 한계점을 극복하고 기업이 직면한 모든 문제를 해결할 것이라는 기대 속에 빠르게 확산되어 현재에는 대기업은 물론, 중소기업에 이르기까지 널리 보급되어 있다.

그러나 전사적 자원관리기법은 기업의 프로세스를 표준화하고 선진프로세스를 벤치마킹하여 프로세스의 효율성을 증대시킬 수는 있지만, 기업환경과 업무처리 환경의 변화를 수용할 수 있도록 비즈니스프로세스 자체를 관리하거나 지속적으로 개선할 수 없다는 한계점으로 인해서 새로운 기법이 요구되었으며, 그 결과 다양한 경영관리기법들이 등장하였으며, 그 중에 대표적인 경영관리기법이 바로 비즈니스프로세스관리기법이다.

비즈니스프로세스관리는 기업의 목표를 달성하는데 필요한 부분활동들을 효율적으로 통합관리함으로써 추구하는 목표를 효율적으로 달성하는 기법이라는 점에서 사실 기존에 등장하였던 전사적 품질경영(TQM)과 비즈니스프로세스 재설계(BPR) 등과 비교할 때 근본적인 차이가 있는 경영기법은 아니다. 다른 경영관리기법들이 시대를 달리하면서 등장했다가 다른 기법으로 대체되거나 사라졌던 것처럼, 비즈니스프로세스관리기법도 환경이 변하고 시대가 달라지면 다른 개념으로 대체될 수도 있다. 비즈니스프로세스관리에 영향을 미친 중요한 아이디어와 기법들을 정리하면 [그림 2-12]와 같다. 그러나 [그림

그림 2-12 비즈니스프로세스관리에 영향을 미친 기법 및 아이디어

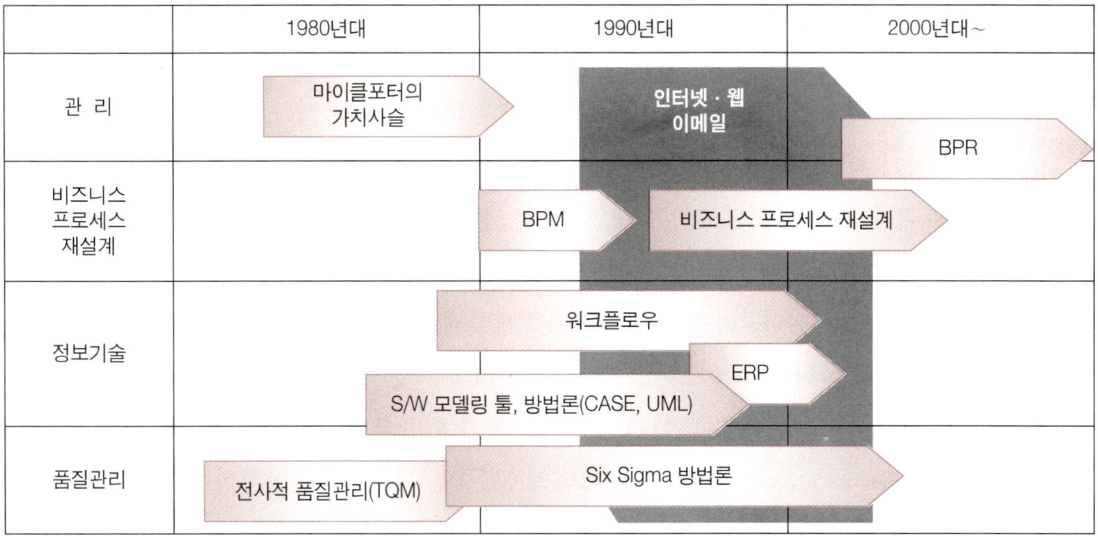

2-12]와 같은 관리기법들은 새로운 기술이 등장하고 비즈니스 환경이 변하게 되면, 새로운 아이디어가 등장하고 또 다른 기법이 등장하게 될 것이다.

- 관리적인 측면: 가치사슬
- 비즈니스프로세스 재설계 측면: PI, BPR
- 정보기술 측면: 워크플로우, S/W모델링 툴, 기법, ERP
- 품질관리 측면: 전사적 품질관리(TQM), Six Sigma

2) 비즈니스프로세스관리의 기술기대주기

일반적으로 새로운 기술이나 기법이 등장하였을 때 그 기술에 대한 기대가 어떤 과정을 거쳐서 변화하고 시장에 정착되고 기업에 활용되는지를 설명하기 위해서 기술기대주기 모델(technology hype cycle model)이 사용된다.

기술기대주기 모델에 의하면, 새로운 기술이나 기법이 등장하여 잠재적인 활용가능성이 있다고 평가되면(technology trigger), 이에 대해서 시장과 수요자의 기대가 급상승하여 정점에 이르게 된다. 그러나 대부분의 신기술이나 새로운 기법들이 그렇듯이 보급이 확대되면서 기대감과 실제 만족도 사이에 괴리가 발생하게 되어 거품이 붕괴되기 시작한다. 거품이 붕괴되어 기대수준이 거의 원점에 이르게 되고, 점차 시간이 지나면서 신기술의 기술적인 성능이 개선되거나 기법이 수정 · 보완되면서 잠재력이 실현되어 안정기에 접어들게 된다. 비즈니스프로세스관리기법을 기술기대주기 모델에 적용할때, 거품이 붕괴되어 기법의 본질적인 잠재력이 긍정적으로 평가되면서 안정기에 접어들고 있다고 할 수 있다.

[그림 2-13]은 비즈니스프로세스 관련 관리기법의 기술기대주기를 표현한 것이다.

3) 비즈니스프로세스관리의 오해와 진실

북극지방의 빙산에 대해서 일반적으로 사람들은 수면 위에 떠 있는 부분만을 보고 전체를 오해하는 경향이 있다. 그러나 수면 위에 떠 있는 부분은 빙산의 10% 정도에 지나지 않으며, 수면 아래 보이지 않는 부분이 90%에 달한다. 즉, 수면 위에 보이는 10%(인지된 부분)를 통해서 보이지 않는 90%(현실세계)를 추측한다면 이는 대단한 오해를 낳는다.

그림 2-13 비즈니스프로세스관리의 기술기대주기

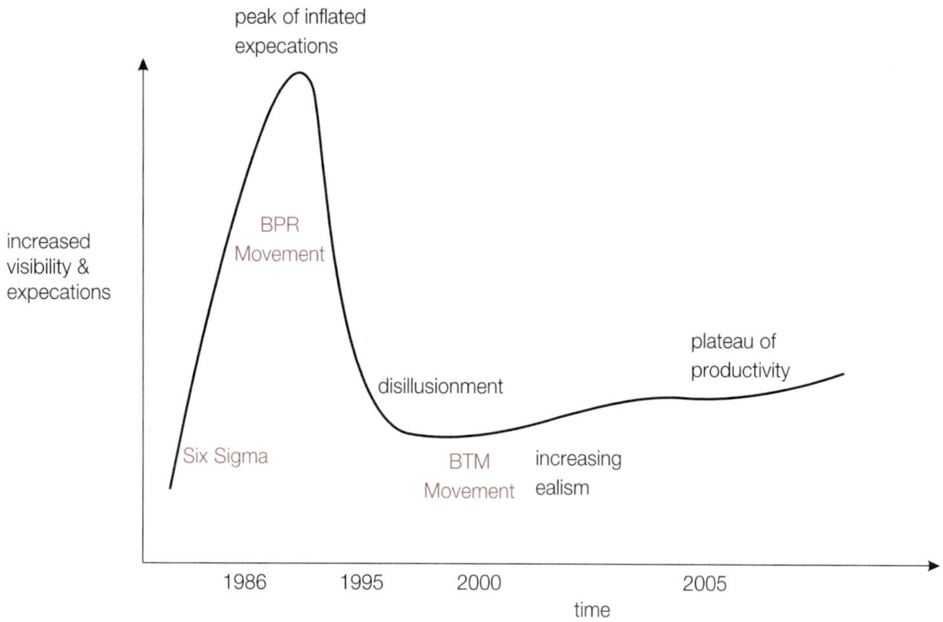

(출처: J.Jeston and J.Nelis, 2006)

기업에 있어서도 마찬가지로 정보기술 분야의 업체들은 기술적인 구현 측면만을 생각할 것이며, 프로세스 분석가는 프로세스에 대해서만 관심을 갖는다. 업무매니저에게는 단기적인 업무성과, 비용절감 등이 최대 관심사일 것이고, 프로젝트매니저는 성공적인 프로젝트의 종료만이 최대 관심사일 것이다. 그러나 이들의 눈에 보이는 것은 수면 위에 떠 있는 빙산에 불과하다. 수면 아래 감추어진 거대한 빙산이 현실이기 때문에, 수면 아래의 현실을 무시한 수면 위의 모습을 통해서 현실을 이해하고 평가할 수는 없다. 새롭게 등장하고 있는 비즈니스프로세스관리도 마찬가지이다. 기업이 추구하는 목표를 달성하기 위해서 정의된 각각의 비즈니스프로세스를 분석하고 효율적으로 재설계하여 실무에 적용함으로써 비즈니스프로세스 개선효과를 거둘 수 있다는 점에서는 분명 새로운 해법으로 평가되는 것이 사실이지만, 비즈니스프로세스관리에 대해서 다음과 같은 오해를 해서는 안될 것이다.

① 비즈니스프로세스관리방법은 기존의 그 어떤 비즈니스프로세스 개선 방법보다도 우수하다. 물론 비즈니스프로세스관리를 통해서 가시적인 개선효과를 거둘 수 있는 것은

그림 2-14 인지된 사실과 현실

사실이다. 비즈니스프로세스 재설계(BPR: business process reengineering)를 통해서 프로세스를 표준화하고 선진 프로세스를 도입했다는 것만으로 프로세스의 효율성이 자동으로 높아지는 것이 아닌 것처럼, 비즈니스프로세스관리기법을 도입했다고 해서 비즈니스프로세스가 자동으로 개선되는 것은 아니다. 비즈니스프로세스관리를 통해서 얻는 결과를 실무에 적용하여 프로세스 개선작업을 지속적으로 수행할 때만이 비즈니스프로세스 개선효과를 얻을 수가 있다.

② 비즈니스프로세스관리를 위해서는 언제나 첨단 정보기술을 활용해야만 한다. 그러나 이러한 주장은 비즈니스프로세스관리시스템 개업업체의 입장일 뿐이다. 비즈니스프로세스관리의 목적은 비즈니스프로세스의 효과와 효율성을 높이는 것이기 때문에, 비즈니스프로세스관리를 위해서 언제나 첨단 정보기술이 활용되어야 하는 것은 아니다. 사실 비즈니스프로세스관리와 기술과는 거의 무관한 것이다.

③ 비즈니스프로세스관리는 단순하다. 비즈니스프로세스관리의 대상이 기업의 목표를 달성하기 위해서 미리 정의된 비즈니스프로세스이기 때문에, 이를 관리하는 작업이 단순하다고 할 수 있다. 그러나 우리가 인지하는 비즈니스프로세스는 수면 위에 떠 있는 빙산에 불과하며, 생각보다 훨씬 더 복잡한 것이 비즈니스프로세스이다. 기업의 비전과 목표

를 달성할 부분업무들이기 때문에, 우선은 기업의 비전과 목표를 이해하여야 하고, 더 나아가서는 비즈니스프로세스관리에 참여하는 모든 이해관계자의 시각을 이해하여야 하며, 각각의 프로세스마다의 문제점과 개선방안을 도출하고 이를 실무에 적용하는 것까지를 포함하기 때문에, 비즈니스프로세스관리는 단순한 작업이 아니다.

④ 비즈니스프로세스관리는 외주용역을 통해서 관리시스템을 구축하여 도입하는 것만으로 충분하다. 외부의 아웃소싱을 통해서 관리시스템을 도입할 수는 있으나, 비즈니스프로세스 수행 주체는 내부의 구성원이기 때문에, 비즈니스프로세스관리의 궁극적인 효과는 내부 구성원들에 의해서 나타난다. 따라서 비즈니스프로세스관리는 외부 인력이 아닌, 내부 구성원들의 노력과 의지에 달려있다.

비즈니스프로세스관리의 핵심은 비즈니스프로세스를 수행하는 주체인 내부 구성원들과 이들이 수행하는 비즈니스프로세스를 관리하는 것이기 때문에, 비즈니스프로세스를 위해서 가장 중요한 것은 구성원들의 적극적인 참여와 이를 주도하는 비즈니스프로세스관리자의 리더십이다. 내부 구성원들은 자신들이 수행하는 비즈니스프로세스를 이해하고, 기존의 비즈니스프로세스에 대한 문제점 도출과 이를 개선해야 하는 이유를 인식해야 한다. 그리고 새로운 비즈니스프로세스를 정착시키기 위해서 노력해야 하며, 내부 구성원들이 비즈니스프로세스 개선을 위해서 적극적으로 참여할 수 있도록 독려하는 것은 비즈니스프로세스관리자의 중요한 임무 중에 하나이다. 비즈니스 관리자는 비즈니스프로세스가 수행되고 난 후의 문제점을 사후적으로 해결하는데 많은 시간을 할애하는 반면, 비즈니스프로세스관리자는 사후 문제점보다는 문제의 원인을 찾아내고 이를 개선하기 위한 새로운 프로세스를 설계하는데 더 많은 시간을 할애해야 할 것이다.

2.2 비즈니스프로세스관리의 개념

"비즈니스프로세스관리"란 무엇인가? 물음에 대해서 명확한 답을 내리기는 쉽지 않다. 기업이나 고객의 시각이 다르고, 프로세스분석가와 시스템개발자마다 입장이 다르고 시각이 다르기 때문에, 명료하게 정의를 내리기는 쉽지 않는 것이 사실이다. 그러나 한 가지 분명한 사실은 비즈니스프로세스관리라는 개념을 정의하는데 기술적 배경을 전제로 하지는 않으며, 기술적인 도구 그 자체는 더욱 아니라는 것이다. 비즈니스프로세스관리는 **기업의 핵심 비즈니스프로세스를 관리하고 통제하며, 지속적인 개선 작업을 통해서 기업이 추구하는 목표를 달성하기 위한 경영관리기법**이라고 정의할 수가 있으며, 개념 정의의 구체적인 의미는 다음과 같다.

① 비즈니스프로세스관리는 기업의 핵심 프로세스를 대상으로 한다.

기업 내부에 존재하는 모든 비즈니스프로세스들이 기업이 추구하는 목표를 달성하는데 기여하는 것은 사실이지만, 비즈니스프로세스관리의 대상은 모든 프로세스가 아니라 핵심프로세스에 제한된다. 기업의 부가가치 창출에 기여하는 핵심 프로세스만이 비즈니스프로세스관리의 대상이다.

② 비즈니스프로세스관리 작업의 핵심은 프로세스를 관리하고 통제하는 지속적인 작업이다.

비즈니스프로세스관리는 경영관리의 기본인 계획-실행-통제의 과정을 반복하면서 프로세스를 모니터링하고 이를 체계적으로 관리하는 작업을 일회성으로 수행하는 것이 아니라, 지속적으로 수행해 나가는 것을 의미한다.

③ 비즈니스프로세스관리의 핵심은 프로세스의 개선에 있다.

비즈니스프로세스관리의 목적은 지속적인 관리를 통해서 비즈니스프로세스를 효율화하고 이를 통해서 기업이 추구하는 목표를 효과적으로 달성하고자 하는데 있기 때문에, 비즈니스프로세스의 현상을 관리하거나, 나타난 문제점을 해결하는데 국한되어서는 안되며, 근본적이고 본질적인 개선에 최고의 가치를 두어야 한다.

④ 비즈니스프로세스관리의 적용 대상은 기업 전체 혹은 기업의 일부 조직의 프로세스이다.

즈니스프로세스관리의 대상은 기업 전체의 비즈니스프로세스를 대상으로 하거나 일부 조직의 부분 프로세스를 대상으로 할 수도 있다. 적용대상은 프로젝트 추진위원회에서 결정하거나 최고경영층의 전략적인 의사결정에 의해서 정해진다.

⑤ 비즈니스프로세스관리의 근본목적은 기업이 추구하는 목표를 달성하기 위한 보조 수단이다.

비즈니스프로세스관리는 그 자체가 목적이 아니며, 기업이 추구하는 전략적인 목표에서 도출된 기업성과 혹은 비즈니스프로세스 성과를 도출하기 위한 지원수단이다. 따라서 비즈니스프로세스관리를 통해서 기업의 본질적인 문제를 해결할 수 없다.

비즈니스프로세스관리는 프로세스를 개선하기 위한 기술적인 해법이나, 비즈니스 성과관리와 비즈니스프로세스 모델링, 비즈니스프로세스 재설계 등과 같은 맥락에서 이해하고 정의하기도 하지만, 앞의 개념을 정의로 볼 때, 비즈니스프로세스관리는 다음과 같은 의미를 갖는다.

- 비즈니스프로세스를 관리하기 위한 단순 소프트웨어 이상의 의미를 갖는다.
- 비즈니스프로세스를 개선하거나 재설계하는 것 이외에 관리적인 측면의 이슈들을 포함한다.
- 비즈니스프로세스를 단순히 모델화하는 것이 아니라 이를 실무에 적용하는 것이다.

2.3 비즈니스프로세스관리의 중요성과 적용분야

1) 비즈니스프로세스관리의 중요성

대부분의 사람들은 복잡한 현실 문제를 쉽게 해결하려는 경향이 있다. 기업의 복잡한 업무를 처리하는데 있어서도 마찬가지로 복잡한 업무를 처리하기 위한 시스템을 개발하거나 표준 패키지를 도입하여 업무처리에 활용하려는 경향이 있다. 오늘날 많은 기업들은 추구하는 목표를 쉽게 그리고 빠르게 달성하기 위해서 다양한 정보시스템들을 개발하여 활용하는 것은 바로 이 때문이다. 그러나 어떤 정보시스템은 효율적으로 운영되어 기업이 추구하는 목표를 달성하는데 크게 기여하지만, 어떤 정보시스템은 사용자들로부터 외면당하는 경우도 있다. 후자의 경우 대부분의 사용자들은 정보시스템이 도입되었음에도 불구하고 향상되지 않는 업무의 효율성이나 업무성과에 대해서 정보시스템이 이유라고 생각한다.

이러한 문제에 대해서 마이크로소프트의 빌 게이츠는 비즈니스프로세스의 효율성은 자동화 도구인 시스템에 의해서 결정되는 것이 아니라, 업무프로세스 자체에 의해서 결정된다고 주장한 바 있다. 빌 게이츠의 주장에 의하면, 비효율적인 비즈니스프로세스를 수행하는 정보시스템은 그 결과 역시 비효율적이어서 업무의 효율성 향상에 기여하지 못할 것이며, 효율적인 비즈니스프로세스를 수행하는 정보시스템은 효율적인 결과를 도출하여 업무 효율성을 향상시키는데 크게 기여하게 된다는 것이다. 이러한 논리라면 문제는 아주 간단하게 해결될 수가 있다. 정보시스템을 도입하기 전에 먼저 비즈니스프로세스를 효율적으로 개선하면 될 것이다. 그러나 다음과 같은 이유 때문에 비즈니스프로세스를 개선하는 작업은 현실적으로 쉽지 않다.

① 블랙박스 신드롬(Black-Box Syndrome)

정보시스템을 도입하기 전에 즉, 비즈니스프로세스를 자동화하기 전에 비즈니스프로세스 자체를 효율적으로 개선하는 것이 쉽지 않은 첫번째 이유는, 아무도 정보시스템 내부의 업무처리 과정에 대해서 알지 못하며, 업무처리 과정이 잘못 구현되었다 하더라도 업무처리 자체가 불가능한 것이 아닌 경우라면, 아무도 큰 관심을 갖지 않기 때문이다. 사용자 혹은 비즈니스프로세스관리자라 하더라도 이들에게 정보시스템 내부의 업무처리 과정은 마치 블랙박스와 같아서 시스템이 작동하는 원리를 분리하여 효율성 여부를 검토

그림 2-15 블랙박스와 비즈니스프로세스

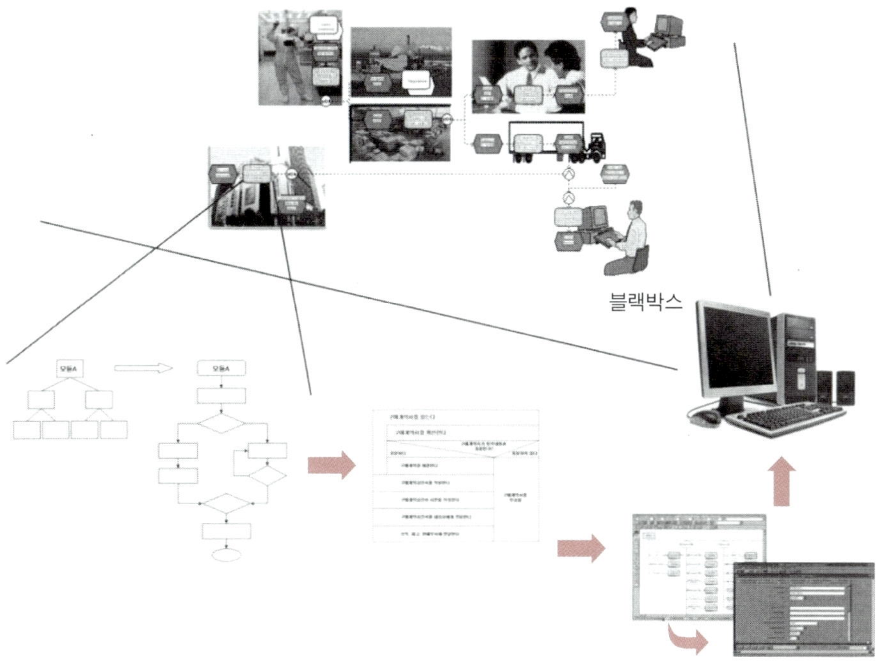

하지 않는다는 것이다.

② 엣지 신드롬(Edges Syndrome)

정보시스템을 구축하기 전에 비즈니스프로세스를 효율적으로 개선하는 작업이 쉽지 않은 두번째 이유는, 엣지 신드롬 때문이다. 엣지 신드롬이란, 비즈니스프로세스에는 많은 구성원들과 이들이 소속되어 있는 부분 조직들이 관여되어 있기 때문에, 그 누구도 비즈니스프로세스 개선을 요구하거나 강요하지 않으려고 행동한다는 것이다. 따라서 정보시스템에 문제가 있다고 판단되면 불필요한 비용을 지불하고 또 다른 시스템을 개발하여 문제를 해결하려고 하기 때문에, 비즈니스프로세스가 근본적으로 개선되지 못하는 것이다. 사실 비즈니스프로세스를 근본적으로 해결하는 것보다 새로운 시스템을 도입하는 것이 이들에게는 간단하고 편리한 해결방법일 것이기 때문이다.

앞에서 살펴본 바와 같이 기업이 추구하는 목표는 자동화된 도구에 있는 것이 아니라, 무엇을 자동화 했느냐에 달려 있는 것이다. 빌 게이츠의 주장처럼 효율적인 비즈니스프로세스로의 개선이 우선되어야 하며, 이를 수행할 적절한 자동화 도구를 선택한다면, 기업이 추구하는 목표를 효율적으로 달성할 수 있을 것이다.

2) 비즈니스프로세스관리의 적용분야

비즈니스프로세스관리의 적용분야는 기업이 직면하고 있는 환경이나 기업의 비즈니스프로세스에 대한 인식 정도가 기업마다 다르기 때문에, 비즈니스프로세스관리의 적용분야를 일률적으로 설명할 수는 없지만, 비즈니스프로세스관리가 요구되는 분야는 다음과 같다.

① 기업의 전사적 관점

- 지속적인 성장에 어려움이 있거나, 고성장을 위한 계획을 수립하는 것이 어려울 때
- 인수합병을 통해서 이질적인 비즈니스프로세스가 추가되어 통합해야 하는 경우
- 조직구조를 개편하거나 조직 구성원들의 역할을 재조정해야 하는 경우
- 기업이 수립한 전략이 변경되었을 경우
- 기업이 추구하는 목표나 목적달성이 더 이상 어려울 때
- 기업에 적용되는 규범/법규 등이 추가되거나 개정되는 경우 (예: sarbanes oxley)

- 비즈니스의 요구에 민첩하게 대응해야 하는 경우

② 경영활동의 관리적인 차원

- 경영정보가 부족하거나 신뢰성에 문제가 발생할 때
- 관리자가 비즈니스프로세스에 대한 더 많은 정보를 요구할 때
- 지속적인 성과를 얻을 수 있는 환경을 구축하고자 할 때
- 높은 성과를 창출하는 기업문화를 만들고자 할 때
- 기존의 시스템으로부터 최대의 투자 성과를 얻고자 할 때
- 예산상의 어려움에 직면할 때

③ 고용자 관점

- 고용자에게 더 많은 작업을 할당하고자 할 때
- 신규 고용자에 대한 교육훈련
- 내부 고용자의 만족도가 낮을 때
- 내부 고용자가 지속적으로 증가할 때
- 내부 고용자들이 변화하는 환경에 따른 업무 복잡도에 적응하지 못할 때

④ 고객/공급자/파트너 관점

- 만족도가 낮을 때
- 고객/공급자/파트너의 수가 기대 이상으로 증가할 때
- 요구에 대응하기 위한 리드타임이 길어질 때
- 고도의 고객만족도 향상을 기대할 때
- 고객을 분할하거나 고객 그룹을 재조정하고자 할 때
- 서비스의 질적 수준을 높이고자 할 때
- 주요 고객/공급자/파트너의 요구가 있을 때
- 종단간 비즈니스프로세스를 통합하고자 할 때

⑤ 제품과 서비스 관점

- 제품과 서비스를 창출하는데 필요 이상의 리드타임이 소요될 때
- 이해관계자들에 대한 서비스의 수준이 낮을 때
- 각각의 제품과 서비스를 창출하기 위한 프로세스가 유사하거나 공통된 부분이 존재

하여 이를 조정하고자 할 때

- 새로운 제품을 개발하거나 서비스를 제공하고자 할 때

⑥ 비즈니스프로세스 관점

- 종단 관점에서 비즈니스프로세스에 대한 가시성이 떨어질 때
- 비즈니스프로세스 사이에 단절이 심해서 많은 수작업이 요구될 때
- 프로세스에 관여된 이해관계자의 역할이 불분명할 때
- 비효율적인 재작업량이 많을 때
- 프로세스가 자주 변화되거나 전혀 변화가 없을 때
- 프로세스가 표준화되어 있지 않을 때
- 프로세스의 목표와 목적이 불분명할 때
- 종단간 프로세스 사이에 의사소통이 잘 되지 않을 때

⑦ 정보기술 관점

- 새로운 시스템을 도입하고자 할 때
- 비즈니스프로세스관리를 위해 자동화된 도구를 구입하고자 할 때
- 기존의 응용시스템이 폐기 단계에 있을 때
- 새로운 정보기술 기반구조를 도입하고자 할 때
- 기존의 정보기술이 비즈니스프로세스를 지원하는 정도가 기대 이하일 때
- 정보기술에 대한 비용부담이 높을 때
- 새로운 웹 서비스를 도입하고자 할 때

3. 비즈니스프로세스관리자

3.1 비즈니스프로세스관리의 유형

비즈니스프로세스관리라는 개념에는 ① 비즈니스프로세스를 관찰하여, ② 이를 정형화된 모델로 표현한 후, ③ 모델에 대한 문제점을 찾아내고, ④ 효율적으로 개선하여 실무에 적용한 후, ⑤ 실제로 개선효과가 있는지를 검증하는 일련의 작업을 내포하고 있으며, ⑥ 비즈니스프로세스는 그 자체가 목적이 아니라 목적을 달성하기 위한 수단이며, 비즈니스프로세스를 개선하여 실무에 적용했다고 해서 추구하는 목표가 자동으로 달성되는 것이 아니기 때문에, 비즈니스프로세스의 지속적인 관리까지를 포함하고 있다. 따라서 비즈니스프로세스를 관리한다는 표현 속에는 다음과 같은 두 가지 유형의 관리의미가 들어있다.

그림 2-16 비즈니스프로세스의 관리

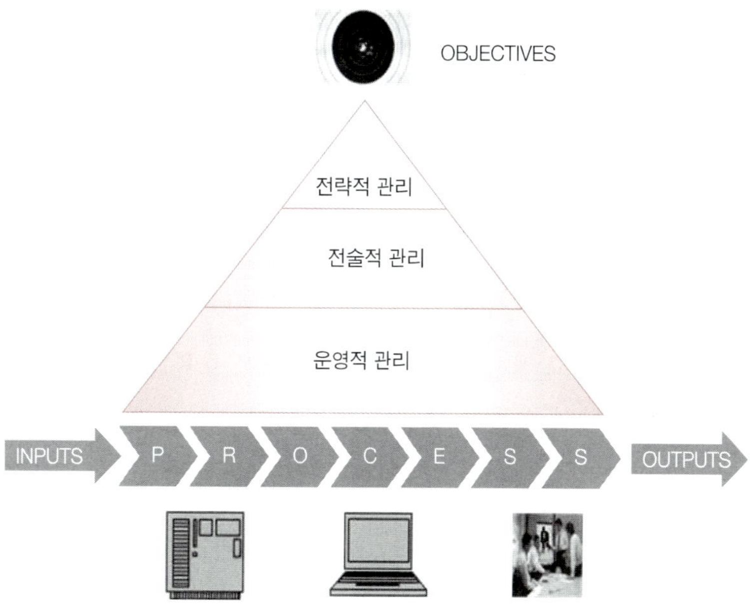

① 비즈니스프로세스의 관리(management of business processes)

비즈니스 성과를 높이기 위해서 비즈니스프로세스 자체를 관리 대상으로 하는 것으로 비즈니스프로세스를 통해서 추구하는 목표를 달성하는데 얼마나 기여하는지를 나타내는 효과(effectiveness)보다는 프로세스의 효율성(efficiency)에 역점을 두는 관리행위

② 비즈니스프로세스관리(business processes (improvement) management)

비즈니스프로세스 자체를 관리하기 보다는 장기적인 관점에서 기업이 추구하는 목표를 달성하는데 효과적인 비즈니스프로세스의 개발에 역점을 두는 관리행위

1) 비즈니스프로세스의 관리

비즈니스프로세스의 관리란, 기업 내부에 존재하는 수많은 비즈니스프로세스들이 효율적으로 수행되어 기업이 추구하는 목표가 효율적으로 달성될 수 있도록 관리하고 통제하는 과정을 의미한다. 따라서 비즈니스프로세스의 관리는 기업 내부의 일반적인 부분영역에서의 관리와 동일하며, 대부분 비즈니스프로세스 자체에 대한 수행 책임을 갖는 라인 매니저들에 의해서 관리된다. 비즈니스프로세스의 관리는 기업이 추구하는 목표를 효과적으로 달성하기 위해서 비즈니스프로세스를 개선하고자 하는 비즈니스프로세스관리와는 달리 외부 컨설턴트 혹은 내부 조직의 다른 영역 관리자가 비즈니스프로세스의 관리를 대신할 수가 없으며, 비즈니스프로세스의 관리는 비즈니스프로세스 수행에 대한 모든 책임과 권한이 있는 라인 매니저들에 의해서 관리된다. 비즈니스프로세스의 관리를 책임지는 라인 매니저들은 다음과 같다.

① 운영적 관리자

운영적 관리자(operational manager)는 비즈니스프로세스를 직접 수행하는 실제 작업자들과 밀접하게 연계되어 비즈니스프로세스를 실제 운영하는데 필요한 인적자원이나 시스템자원을 관리하고 배치하는 일과 프로세스가 효율적으로 수행될 수 있도록 관리하는 역할을 수행한다. 예를 들어, 추가 인력 투입이나 인력 재배치, 시스템 자원확보와 프로세스 수행시 에러가 발생하는 경우 이를 조정하는 역할들이 대표적이다.

② 전술적 관리자

전술적 관리자(tactical manager)는 비즈니스프로세스의 효율적 수행보다는 비즈니스

프로세스의 개선에 초점을 맞추어 현재 수행되고 있는 비즈니스프로세스가 기업이 추구하는 목표를 달성하는데 적정한지? 문제점은 없는지? 만일 문제점이 있다면 어떻게 개선해야 하는지? 등을 분석하는 것이 주된 역할이다.

③ 전략적 관리자

전략적 관리자(strategic manager)는 비즈니스프로세스의 운영적, 전술적 측면의 관리가 아닌 한 단계 높은 차원에서 현재의 비즈니스프로세스가 목표를 달성하는데 효과적인지? 보다 효과적인 다른 비즈니스프로세스는 없는지? 만일 있다면 어떤 형태로 개선해야 하는지? 등의 차원에서 비즈니스프로세스를 관리하게 된다.

이들 라인 매니저들은 서로 다른 시각으로 다른 관점에서 비즈니스프로세스를 바라보기 때문에, 이들이 관리하는 비즈니스프로세스의 종류가 다르다. 예를 들어, 전략적 관리자는 종단 관점의 비즈니스프로세스를 관리 대상으로 하지만, 전술적 관리자와 운영적 관리자는 종단간 비즈니스프로세스의 일부인 개별 프로세스와 부분 프로세스를 관리대상으로 한다.

예를 들어, 구매관리업무가 발주처리 → (필요한 경우) 구매품 검사 → 구매품 입고처리 등의 업무들로 나누어 진행된다면, 발주처리, 구매품 검사, 구매품 입고처리 등의 부분 프로세스들은 운영적 관리자와 전술적 관리자에게 관리책임이 있지만, 종단간 비즈니스프로세스에 해당되는 전체 구매관리 프로세스의 관리책임은 전략적 관리자에게 있다. 부분 프로세스에 대한 관리책임을 갖는 운영적 관리자는 자신에게 속한 부분 프로세스의 효율적 운영에 대해서만 관리책임이 있으며, 전술적 관리자에게는 효율적인 프로세스의 운영과 동시에 부분 프로세스의 부분적인 개선에 대해서 책임을 진다.

2) 비즈니스프로세스관리

비즈니스프로세스의 관리는 비즈니스프로세스들을 효율적으로 수행하여 단기적인 이익을 얻으려는 것이 목적이기 때문에, 프로세스관리자는 부분 프로세스와 전체 종단간 비즈니스프로세스라 하더라도 일별, 월별로 프로세스의 수행과정까지를 관리한다. 그러나 비즈니스프로세스관리는 일별, 월별로 프로세스의 수행과정과 그 결과를 모니터링하면서 관리하는 것이 아니라, 장기적인 관점에서 비즈니스프로세스를 개선하기 위한 목적으로 부분 프로세스와 전체 종단간 비즈니스프로세스를 모니터링하고 총체적으로 관리한다. 이처럼 비즈니스프로세스 자체를 개선하려는 목적으로 프로세스를 모니터링하는 역할을 수행하는 사람을 비즈니스프로세스관리자라 한다.

비즈니스프로세스관리자는 운영적, 전술적, 전략적 차원에서 프로세스를 관리하는 라인 매니저들 위에 군림하는 자가 아니라, 실제로 프로세스를 수행하는 실무 담당자들과 라인 매니저들을 지원하여 설정된 목표들이 효과적으로 달성할 수 있도록 지원과 역할을 하는 사람이며, 거시적인 관점에서 단기적인 이익보다는 장기적인 측면의 효과를 고려하는 관리자이다. 대부분의 비즈니스 라인 매니저들은 비즈니스 일상 즉, 프로세스가 계획대로 잘 수행되는지에 관심을 가지고 프로세스를 검토하고 관리 · 감독하며, 문제가 발생할 경우 이를 해결하는데 대부분의 시간을 보내는 반면, 비즈니스프로세스관리자는 프로세스를 개선하는 작업에 대부분의 시간을 할애한다.

비즈니스프로세스관리자와 비즈니스프로세스의 수행을 관리하는 라인 매니저들은 추구하는 목적이 다를 수밖에 없다. 비즈니스프로세스관리자는 프로세스 개선에 초점을 맞추어 장기적인 관점에서의 프로세스의 효과를 생각하는 반면, 라인 매니저의 경우 단기적인 이익에 초점을 맞추어 현재 실행되고 있는 프로세스에 결정적인 결함이 없는 한 프로세스 자체를 변화시키기거나 개선하는 데는 큰 관심을 갖지 않는다.

- **라인 매니저** : 효율적인 프로세스 수행 → 단기적인 효율(이익) 추구
- **비즈니스프로세스관리자** : 프로세스의 개선 → 장기적인 효과(목표 달성) 추구

현재의 상태를 유지하려는 비즈니스프로세스 라인 매니저와 이를 변화시키고 개선시키려는 비즈니스프로세스관리자 상호간에 윈-윈 할 수 있는 프로세스를 도출하고 이를 실무에 적용하는 것만이 비즈니스프로세스관리의 성공과 실패가 달려 있다.

4. 비즈니스프로세스관리를 위한 전제 조건

4.1 조직의 목표와 전략에 대한 올바른 이해

비즈니스프로세스관리의 핵심은 이미 수립되어 있는 조직의 전략과 목표를 달성하는 데 효과적인 비즈니스프로세스 모델을 개발하고 도입하여 목표가 효율적으로 달성되도록 하는 것이기 때문에, 조직의 전략이나 추구하는 목표는 "존재하는 사실"로 받아들이는 경우가 일반적이다. 또한 조직의 전략을 수립하고 목표를 설정하고자 하는 것이 비즈니스프로세스관리의 목적이 아니라, 설정된 전략과 목표를 달성하기 위한 효율적인 방법을 찾기 위한 것이기 때문에, 조직의 전략을 수립한다는 차원의 논의는 불필요하다. 그러나 비즈니스프로세스관리의 목적이 조직의 전략과 목표를 달성하기 위한 효과적이고 효율적인 비즈니스프로세스로의 개선인 점을 감안할 때 수립되어 있는 조직의 전략을 이해하고 설정된 목표를 올바르게 이해해야 하는 것은 성공적인 비즈니스프로세스관리를 위한 첫 번째 관문일 것이다. 따라서 조직의 전략을 이해하는 것부터 시작해야 한다. 어느 기업이든 추구하는 목표가 설정되어 있고, 또한 이를 달성하기 위한 전략들이 설정되어 있다. 그럼에도 불구하고 비즈니스프로세스관리자들이 조직의 목표와 전략을 바로 쉽게 이해하지 못하는 이유는 무엇일까?

① 조직의 목표와 전략이 명료하지 않다.

조직의 전략이나 비즈니스 전략들은 대부분 함축적이고 암시적으로 표현되어 있기 때문에, 모든 조직 구성원들이 명확하게 이해하기 어렵게 되어 있는 경우가 많다. 이러한 이유 때문에 조직이 추구하는 목표나 이를 달성하기 위한 전략은 이해관계자마다 다르게 해석되며, 이해관계자 사이에 잠재적인 분쟁거리로 남게 된다. 따라서 비즈니스프로세스가 조직이 추구하는 목표와 전략에 효과적으로 작용하고 효율적으로 수행될 수 있도록 하기 위해서는 추구하는 목표와 이를 위한 구체적인 전략들이 명료하게 정리되어야 한다. 또한 기업이 추구하는 목표와 전략에 대해서 모든 구성원들이 공유하고 공감하지 않는다면, 조직의 전략과 목표에 부합되도록 비즈니스프로세스를 개선하는 어떠한 작업도 불가능 하

그림 2-17 K공사의 경영목표와 경영전략

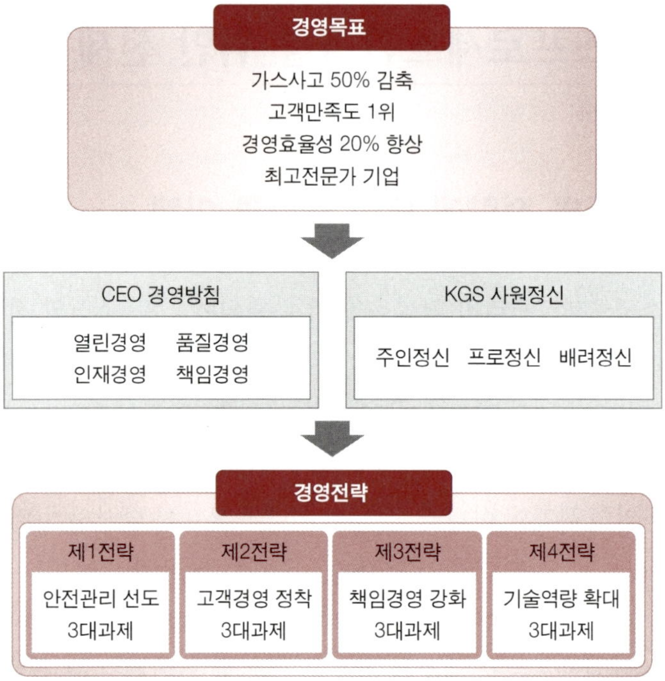

기 때문에, 조직의 전략과 목표를 명료하고 체계적으로 정리하는 작업이 선행되어야 한다. 만일, 조직의 전략과 목표가 설정되어 있지 않다면, 어떠한 비즈니스프로세스 개선작업도 착수할 수가 없기 때문에, 비즈니스프로세스를 개선하려는 작업자체를 연기하고 조직의 전략을 수립하고 목표를 설정하는 작업을 먼저 시작하여야 한다. 예를 들어, [그림 2-17]과 같이 정리된 K공사의 경영목표와 경영전략은 체계적으로 잘 정리된 조직의 목표와 전략의 예에 해당된다.

② 조직의 전략적 정보를 얻기가 쉽지 않다.

조직 구성원들이 조직의 목표를 정확하게 이해하지 못하는 이유는 조직의 목표와 전략에 관한 정보들이 산재해 있거나 있어도 이를 공유할 수 있는 환경이 마련되어 있지 않기 때문이다. 성공적인 비즈니스프로세스관리를 위해서는 성급하게 조직의 목표와 전략에 대해서 미리 가정하거나, 아마도 이럴 것이다라는 가정에서 비즈니스프로세스 자체에 대한 리뷰를 하는 것보다 조직의 목표와 전략에 관한 정보를 수집하고 이를 정리하여 체계적인 목표를 설정하고 전략을 수립하는 것이 선행되어야 한다.

③ 조직의 전략에 대해서 무관심하다.

기업에는 최상위 계층의 최고경영층에서부터 최하위 실무작업자까지 다양한 계층의 구성원들이 존재한다. 예를 들어, 최하위 실무작업자의 경우 실제 작업을 담당하기 때문에, 조직의 목표와 전략보다는 일상적으로 수행되는 자신의 업무에만 관심을 갖는 것이 보통이다. 최하위 실무작업자들이 수행하는 업무들을 관리하는 중간관리자의 경우에도 일상업무들이 차질없이 계획대로 진행되는 것에 관심이 있을 뿐 자신의 관리업무가 조직의 목표에 얼마나 부합되는지 등에 대해서 생각하는데 많은 시간을 할애하지 않는다. 조직이 궁극적으로 추구하는 목표를 설정하고 전략을 수립하는 일은 최고경영층의 고유업무임에는 틀림없다. 그러나 조직의 구성원들이 이를 공감하고 이를 숙지하고 이를 달성하기 위한 노력의 일환으로 자신의 업무를 수행하느냐? 아니면 조직의 목표나 전략 따위는 전혀 생각하지 않고 단지 자신에게 주어진 임무를 수행한다는 생각으로 업무를 수행하는 것과는 큰 차이가 있다.

조직의 목표를 설정하고 전략을 수립하는 것은 상위계층에서 담당해야 할 몫이라고 생각하고 자신의 업무만을 묵묵히 수행하는 실무작업자와 중간관리자들이 목표를 효과적으로 달성할 수 있는 더좋은 방법은 무엇일까? 전략적으로 어떤 방법이 더 효율적일까? 하는 등의 생각은 하지 않을 것이다. 만일 조직의 목표가 명확하게 설정되어 있고, 이를 달성할 전략들이 수립되어 있다면, 워크샵 등을 통해서 이를 공유하고 정확하게 이해할 수 있는 기회를 제공해야 할 것이다.

④ 조직의 목표와 전략이 단기적이고 미시적이다.

대부분의 비즈니스프로세스관리 프로젝트는 미리 정의된 "프로세스 개선을 위한 리스

그림 2-18 조직의 목표 및 전략

트"를 가지고 시작하는 것이 일반적이다. 그러나 프로세스 개선을 위한 리스트들은 대부분 프로세스를 수행하는 것과 관련된 것들이어서 단기적인 프로세스 운영측면의 개선 요구사항들만을 내포하고 있는 것들이 대부분이다. 비즈니스프로세스관리의 목적은 세부프로세스들이 추구하는 목표를 달성하는데 장기적으로 어떻게 개선되어야 하는지를 제안하는 것이기 때문에, 단기적이고 미시적인 리스트들에 초점을 맞추어서는 안될 것이다.

성공적인 비즈니스프로세스관리를 위해서는 조직의 목표와 전략이 명료하고 정확하게 정의되어 있어야 하며, 가능하면 구체적으로 문서화된 목표와 전략이 요구된다. 비즈니스프로세스관리를 위한 최소한의 요구사항은 조직의 목표와 조직의 전략, 그리고 목표달성을 위한 가이드라인이라 할 수 있다.

4.2 명료한 프로세스 아키텍처

앞 절에서 설명한 것처럼, 성공적인 비즈니스프로세스관리를 위해서는 명료하고 구체적으로 작성된 조직의 목표와 전략을 모든 구성원들이 이해하고 공유해야 함은 물론, 개별 프로세스들을 포함하여 모든 종단간 비즈니스프로세스들을 검토하고 문제점을 찾아내서 효율적으로 개선하는데 필요한 모든 관련 정보들이 확보되어야 한다. 그럼에도 불구하고 이러한 정보들을 일목요연하게 정리하여 체계적인 문서로 작성하여 보관하는 기업은 실지로 많지 않다.

그러나 비즈니스프로세스관리의 궁극적인 목적은 조직이 추구하는 목표를 효과적이고 효율적으로 달성될 수 있도록 업무처리 과정과 업무처리 방식을 개선하는 것이기 때문에, 어떠한 형태로든 현재의 업무처리 과정과 업무처리 방식을 이해하는 것은 필수적인 전제조건이다. 그러나 업무처리 과정과 업무처리 방식은 추상적이기 때문에, 이를 텍스트화된 문서로 작성하기에는 많은 문제점들이 있다. 따라서 일반적으로 업무처리 과정과 업무처리 방식을 모델화하여 표현하는데, 업무처리 과정과 업무처리 방식을 모델화하는 작업을 프로세스모델링(process modeling)이라 하며, 프로세스모델링 결과 작성된 모델을 프로세스모델(process model)이라 한다. 일반적으로 프로세스모델을 작성하는데 구조적 모델링 방법(structured modeling method)과 객체지향 방법(object-oriented modeling

[모델링 사례] 재고관리 업무처리 과정

공급업자로부터 부품이 도착되면, 함께 도착한 송장의 내용을 일지에 기록하고 송장바인더에 보관한다. 동시에 도착한 부품량 만큼 부품 재고장부를 갱신하며, 창고에서 부품 사용량을 통지하면 사용한 부품만큼 부품 재고장부를 갱신한다. 부품 재고장부의 내용(부품량과 최저 재고량)을 파악하여 일정 수준 이하로 재고가 내려가면 새로 주문한다. 송장일지에 기록된 대금 지불기한이 되면 부품대금을 지불한다.

method) 등이 주로 사용된다. 예를 들어 구조적 모델링 방법을 이용하여 작성한 재고관리 업무처리 과정을 표현한 프로세스모델의 예이다.

• 재고관리 업무처리 내용

· 재고증가처리 · 재고감소처리
· 주문처리 · 대금지불

[그림 2-19]는 구조적 프로세스 모델링 방법은 데이터의 흐름을 중심으로 업무처리 과정을 설명하는 방법이며, [그림 2-20]은 데이터의 관계를 중심으로 표현한 개체관계도이다. 이처럼 모델링 방법에 따라서 프로세스 자체를 나타내는 정확도가 달라진다. 구조적 모델링 방법은 데이터의 흐름을 중심으로 프로세스를 이해하고, 개체관계 모델링 방법은 데이터의 관계만을 알 수 있기 때문에, 보다 구체적으로 프로세스를 표현하고 정확하게 이해할 수 있는 체계적인 방법을 도입하여 개별 프로세스들과, 전체 종단간 비즈니스프로세스를 모델화하는 것이 필요하다. 프로세스 아키텍처는 프로세스의 목표를 효율적으로 프로세스를 수행하는 전략과 가이드라인, 프로세스모델을 작성하기 위한 방법론들이 포함된 포괄적인 프레임워크이다.

성공적인 비즈니스프로세스관리를 위해서 모든 기업은 이와 같은 포괄적인 프레임워크에 따라서 작성된 비즈니스프로세스모델을 가지고 있어야 함에도 불구하고 비즈니스프로세스모델을 작성하는데 현실적으로 많은 문제들이 제기되고 있다. 대부분의 문제는 다음과 같은 오해와 문제로부터 비롯되는 경우가 많기 때문에, 이러한 문제를 해결하지 않고서는 성공적인 비즈니스프로세스관리 작업을 수행할 수가 없다.

그림 2-19 재고관리 프로세스모델 – 자료흐름도(DFD)

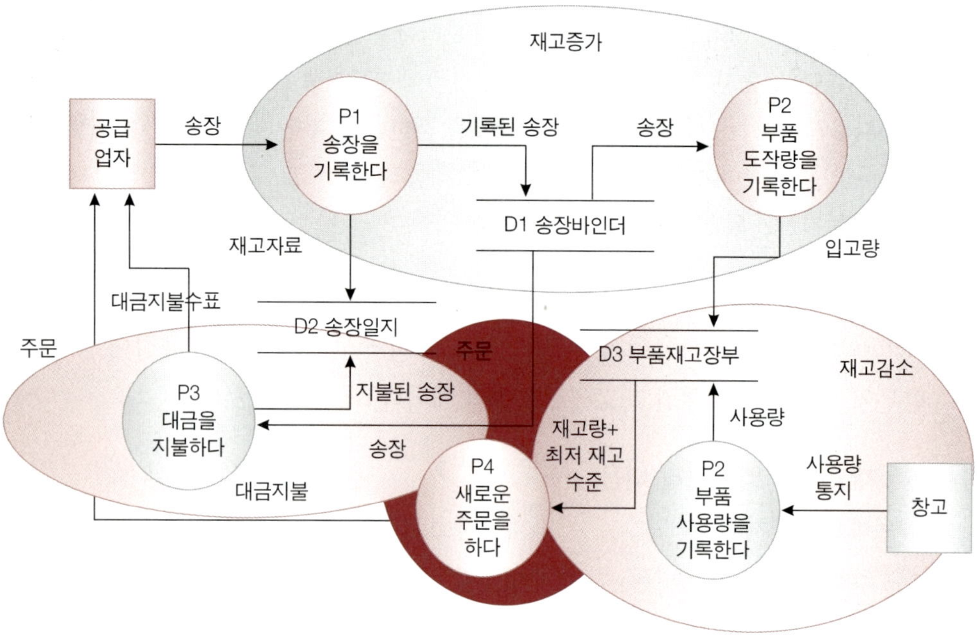

그림 2-20 개체관계도(ERD: Entity-Relationship Diagram)

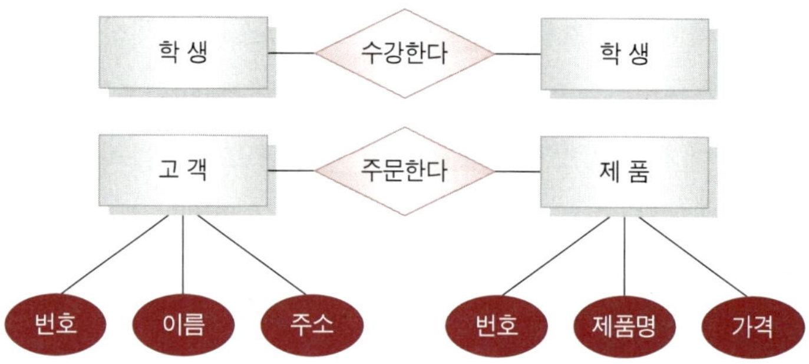

① **프로세스모델은 프로세스 아키텍처가 아니다.**

많은 사람들은 기업의 모든 업무처리 과정들이 정교하게 표현된 모델을 보고 프로세스 아키텍처가 있다고 혼돈하는 경우가 많다. 정교하게 작성된 프로세스모델에 대해서 자부심까지 갖는다. 그러나 프로세스모델은 현재의 모습을 그림으로 나타낸 것일 뿐이다. 비즈니스프로세스관리를 위해서는 단순한 그림에 불과한 프로세스모델이 필요한 것이 아니다. 단순한 그림인 프로세스모델에는 현재의 프로세스를 충분하게 검토하고 미래의 새로운 프로세스의 모습을 설계하는데 필요한 정보를 얻을 수가 없기 때문이다. 따라서 프로세스의 목적과 전략 그리고 가이드라인이 포함된 포괄적인 프로세스 아키텍처가 필요한 것이다. 그러나 중요한 것은 프로세스 아키텍처 자체가 아니라, 프로세스 아키텍처를 어떻게 활용하느냐 하는 것이다. 이미 프로세스 아키텍처를 가지고 있다면, 프로세스 아키텍처를 이용하여 다음과 같은 효과를 얻을 수가 있다.

- 프로세스의 목표와 프로세스 수행전략 등을 구성원들에게 전파하고 이를 이해시키기 위한 도구로 활용할 수 있다.
- 비즈니스프로세스관리 작업에 소요되는 시간과 비용을 줄일 수 있다.
- 비즈니스프로세스관리 작업 자체를 쉽게 빠르게 진행할 수 있다.

만일 그림에 불과한 프로세스모델을 갖는 것에 만족하고 체계적인 프로세스 아키텍처의 필요성을 느끼지 못한다면 이는 아직 프로세스 아키텍처의 의미와 중요성에 대해서 이해하지 못하는 것이다.

② 프로세스 아키텍처는 존재하지만 아무도 사용하지 않는다.

비즈니스프로세스 개선 효과는 프로세스 아키텍처를 이용하여 현재의 프로세스를 진단하고 개선하여 새로운 모습으로 구현함으로써 나타난다. 그러나 이미 존재하고 있는 프로세스 아키텍처를 이용하지 않는다면 현재의 모습을 제대로 진단할 수가 없기 때문에, 그 효과는 크게 반감된다. 따라서 프로세스 아키텍처를 모든 이해관계자들이 공감하고 이를 이용할 때만이 효과가 나타난다.

프로세스 아키텍처를 이용하지 않는 이유는 무엇일까? 많은 비즈니스프로세스관리 프로젝트 경험자들은 프로세스 아키텍처는 모든 구성원들이 공감하고 동의하는 것이어야 함에도 불구하고 실제로 프로세스를 수행하는 실무자와 관리자들은 프로세스 아키텍처 개발에서 제외되기 때문이라고 지적하고 있다. 이러한 문제를 해결하기 위해서는 모든 이해관계자들이 프로세스 아키텍처 선택에 참여하고 실제로 활용해야 할 것이다.

③ 프로세스 아키텍처에 대해서 모든 구성원들이 동의했음에도 불구하고 아무도 이를 지키지 않는다.

프로세스 아키텍처는 모든 이해관계자들이 아키텍처에서 정한 방법대로 활용될 때만

의미가 있기 때문에, 모든 구성원들이 동의했다 하더라도 이를 지키지 않는다면 아무런 의미가 없다. 만일 프로세스 아키텍처가 지켜지지 않는 타당한 이유가 있다면, 모든 구성원들의 동의하에 프로세스 아키텍처 자체를 변경하여 가능하면 모든 구성원들이 프로세스 아키텍처를 준수할 수 있도록 하는 것이 중요하다.

4.3 비즈니스프로세스관리의 성공요인

1) 비즈니스프로세스관리 프로젝트의 성공요인

비즈니스프로세스관리 프로젝트에는 프로세스를 직접 수행하는 내부 담당자는 물론, 경우에 따라서는 외부의 고객과 파트너와 벤더들이 포함되며, 종단간 비즈니스프로세스의 경우 특정 부서에 한정되는 것이 아니라, 기업의 다른 부서로까지 연결되기 때문에, 기업 내부의 전체 부서를 대상으로 해야 한다. 또한 참여하는 이해관계자들과 관련된 부서들의 관점이 다르고 서로 다른 이해관계를 갖기 때문에, 생각하는 것보다 훨씬 복잡하고

〈표 2-1〉 성공적인 비즈니스프로세스관리를 위한 10계명

리더십	모든 내부 조직구성원들과 외부 이해관계자들이 적극적으로 참여할 수 있도록 유도하고 지원함
프로젝트 매니저의 경험	비즈니스프로세스관리를 성공적으로 수행하기 위해서 관련 경험이 풍부한 비즈니스 프로젝트 매니저가 필요함
조직 전략과의 연계	비즈니스프로세스관리의 궁극적인 목적을 달성하기 위해서 조직 전략과 연계가 요구됨
프로세스 아키텍처	현재의 프로세스를 진단하고 미래의 개선된 프로세스를 도출하기 위해서 명확한 프로세스 아키텍처가 필요함
체계적인 방법론	성공적인 비즈니스프로세스관리를 위해서 체계적인 프로젝트 방법론이 요구됨
인적 변화관리	프로젝트 진행에 차질이 발생하지 않도록 프로젝트를 수행하는 모든 인적자원에 대한 철저한 관리가 필요함
이해관계자의 역할	프로젝트의 성공을 위해서 관련된 모든 이해관계자들이 맡은 역할을 수행해야 함
프로젝트 대상 분야 선정	최저의 비용과 노력으로 최대의 효과를 창출할 수 있는 적정 프로젝트 대상 분야를 결정함
지속적인 성과	지속적인 성과가 도출되지 않는다면 프로젝트의 의미가 없어지므로 분명한 프로세스 개선효과를 보여야 함
가치의 실현	지속적인 성과는 궁극적으로 기업의 부가가치 창출에 긍정적으로 기여할 수 있어야 함

어려운 작업이다. 따라서 비즈니스프로세스관리 프로젝트를 성공적으로 마치기는 쉽지 않다.

일반적인 프로젝트에서와 마찬가지로 비즈니스프로세스관리 프로젝트의 성공요인들도 프로젝트 상황이 다르고, 프로젝트 영향요인이 다르기 때문에 일률적으로 동일하지 않다. 그러나 그동안 수행되었던 많은 비즈니스프로세스관리 프로젝트들을 분석하여 주요 요인을 도출한 결과 〈표 2-1〉과 같은 요인들이 주요 성공요인으로 지적되고 있다.

〈표 2-1〉에서 열거한 10가지 성공요인을 "성공적인 프로젝트 수행을 위한 10계명"이라 부른다. 그러나 이는 비즈니스프로세스관리 프로젝트 자체를 성공적으로 수행하기 위한 성공요인들이며, 비즈니스프로세스를 실제로 작업현장에 구현하는 것은 기업의 환경과 정보기술은 혹은 비즈니스프로세스를 구현하는데 영향을 줄 수 있는 많은 요인들이 존재하기 때문에, 또 다른 차원의 문제이다.

2) 비즈니스프로세스 구현을 위한 성공요인

비즈니스프로세스관리 프로젝트를 진행하는 것과, 효율적으로 개선된 비즈니스프로세

그림 2-21 비즈니스프로세스 구현을 위한 성공요인

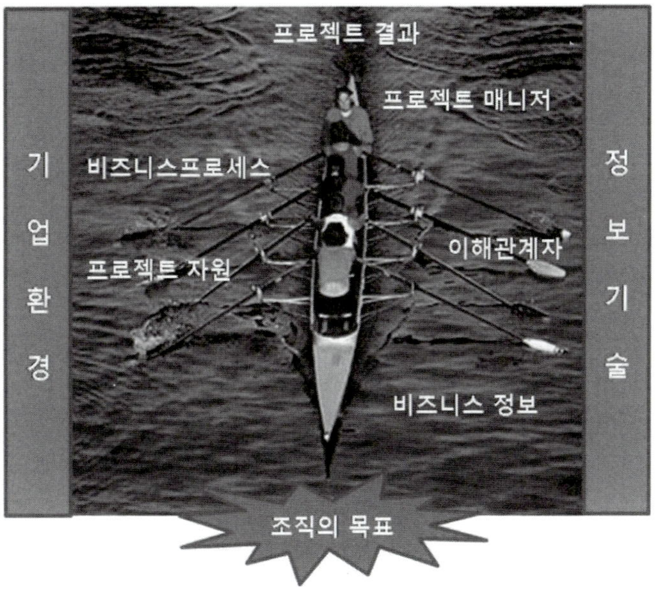

스를 구현하는 것은 다른 차원의 문제이다. 개선된 비즈니스프로세스로의 전환은 비즈니스 일상의 문제이기 때문에, 기업환경과 이를 수행하는 도구(information technology)와의 연관성이 매우 중요하다. 따라서 비즈니스프로세스의 구현을 위해서는 비즈니스와 정보기술 사이에 균형과 조화를 이루면서 신속하게 이루어져야 한다. 비즈니스프로세스 구현작업을 보통 카누 경기에 비유해서 설명하는데, 그 이유는 카누 경기에서 승리하기 위해서는(성공적인 비즈니스프로세스관리를 위해서는) 경기에(프로젝트에) 참여하는 모든 참여자들이(모든 프로젝트 참여 인력들이) 선두에서 지휘하는 사람과(프로젝트 매니저와) 호흡을 맞추어야 하며, 강 양변에(기업환경과 정보기술) 부딪치지 않도록 균형을 유지하면서 결승점을 향해(프로세스 개선효과 즉, 조직의 목표를 달성하기 위해서) 전속력으로 질주하는 모습이 비즈니스프로세스의 구현작업과 유사하기 때문이다.

4.4 비즈니스프로세스관리의 효과

비즈니스프로세스의 구현은 비즈니스프로세스관리 프로젝트를 수행한 결과 도출된 개선된 프로세스를 실무에 적용하는 것을 의미한다. 따라서 비즈니스프로세스를 구현한다는 것은 지금까지의 업무처리 방식의 변화를 의미하는 것이다. 대부분의 구성원들은 업무처리 방식의 변화에 대해서 민감하게 반응하는 것이 사실이며, 오랫동안 기존의 방식에 적응해 왔기 때문에, 조직의 목표를 달성하는 효과성에 대해서 많은 고민을 하지 않는 것은 사실이다. 실제로 업무처리 방식의 변화를 통해서 조직의 목표를 효과적으로 달성할 수 있다는 것을 인지하면서도 새로운 프로세스에 적응하기 위해서 노력해야 하기 때문에, 새로운 프로세스의 도입에 대해서는 주저하고 망설인다. 그럼에도 불구하고 정보화 시대에 적응하기 위해서 많은 정보기술들을 도입하고 있는 것은 대단히 이율배반적이다.

최근 기업들은 다양한 정보기술을 도입하여 나름대로 업무처리 효율성을 높이고자 많은 노력을 하고 있는 것은 사실이다. 마케팅 분야에서는 기업의 제품과 서비스를 고객들에게 홍보하기 위해서 기업 컨텐츠 관리시스템(ECM: enterprise content management system)을 도입하고 있으며, 영업분야에서는 고객관리를 위해서 고객관계관리시스템(CRM: customer relationship management system)을 도입하고 있으며, 기업 전체 업무를 통합하여 처리함으로써 업무의 효율성과 경영효율화를 달성하기 위해서 전사적 자원관

그림 2-22 부분적인 정보기술 도입

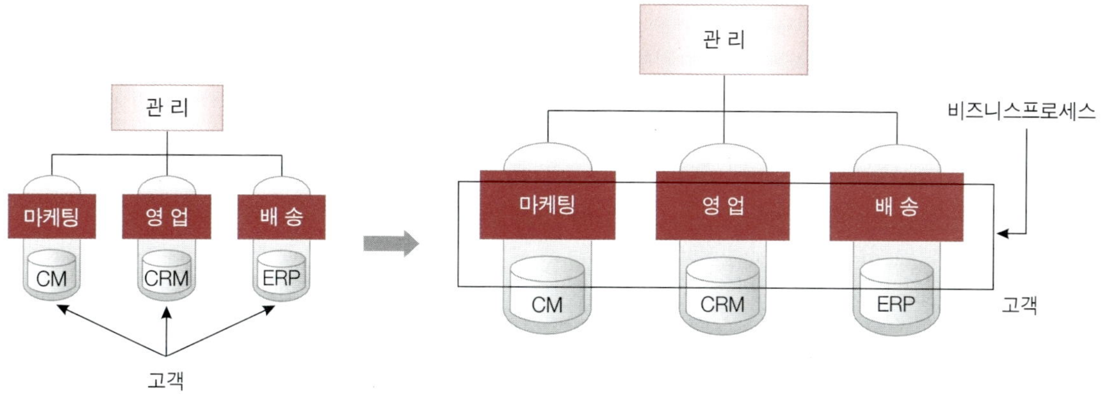

(출처: J. Jeston and J. Nelis, 2006)

리시스템(ERP: enterprise resource planning system)을 도입하고 있다. 이 이외에도 기업의 특성과 업무처리 방식 등 개별적인 특성에 따라서 다양한 정보시스템들을 도입하여 활용하고 있다. 그러나 기업들이 도입하고 있는 대부분의 정보시스템들은 부분영역의 특성을 고려하여 개발된 시스템들이며, 부분영역들의 이해관계가 상반되는 경우가 많기 때문에, 고객의 다양한 요구를 충족시킬 수가 없다.

또한 부분영역들에 도입된 정보기술들은 마치 연통과 같이 서로 소통되지 않고 개별적으로 작동하는 경우가 많다. 부분적으로 도입된 정보기술은 다른 영역들과 소통되지 않고 자신의 영역 내의 업무처리 효율성만을 고려하게 되어 조직이 추구하는 목표를 달성하는데 시너지 효과를 거둘 수가 없을 뿐만 아니라, 고객의 다양한 요구를 부분적으로만 충족시켜줄 뿐이다. 그러나 고객의 주문을 처리하는 과정은 세 영역에 걸쳐 있기 때문에, 모든 영역마다 고객의 요구가 존재한다. 제품과 서비스에 대한 요구, 신속한 배송에 대한 요구 등 고객이 갖는 다양한 요구를 모두 충족시키기 위해서는 부분영역에서의 단위업무로 보는 것이 아니라, 고객의 요구를 충족시키기 위해서 종단간 전체 비즈니스프로세스로 보고 이를 효율적으로 수행할 수 있어야 한다. 비즈니스프로세스관리의 효과는 부분적인 프로세스의 효율성을 넘어 전체 종단간 프로세스의 효율성 차원에서 프로세스를 통합하는 것을 의미한다. 종단간 비즈니스프로세스를 지원할 도구가 필요한 경우, 이를 지원할 도구의 지원으로 그 효과를 높일 수 있을 것이며, 이를 통해서 조직이 궁극적으로 추구하는 목표를 달성하는데 기여할 것이다.

단원요약

기업이 추구하는 목표를 달성하기 위해서 구체적으로 정의된 일련의 작업을 업무라고 하고 개별 작업들의 연속된 흐름을 비즈니스프로세스라 하는데, 비즈니스프로세스는 일반적으로 다음과 같은 특징을 갖는다.

(1) 비즈니스프로세스는 규모가 크고 복잡하다.
(2) 비즈니스프로세스는 동적이다.
(3) 비즈니스프로세스는 기업 내부의 조직 간의 경계를 넘어 폭 넓게 분포되어 있다.
(4) 동일 비즈니스프로세스라 하더라도 다양한 정보기술이 활용된다.
(5) 시작에서 끝까지 즉, 종단간 비즈니스프로세스 전체를 수행하는 데는 상당한 시간이 요구된다.
(6) 비즈니스프로세스는 자동화될 수 있는 부분과 자동화될 수 없는 부분으로 구분된다.
(7) 비즈니스프로세스는 "비즈니스" 측면과 "기술" 측면이 공존한다.
(8) 비즈니스프로세스는 가시화 하기 힘들다.

개별업무는 업무처리 주체인 최고경영층과 중간관리층 그리고 실제 작업자에 따라서 전략적 업무, 관리적인 업무 그리고 일상적인 업무로 구분되며, 업무기능에 따라서는 기업의 핵심영역이 구매, 생산, 영업 및 판매, 재무회계, 인사 등의 업무영역으로 구분된다. 이들 업무는 업무의 성격에 따라서 일괄처리방식(batch processing)과 온라인처리방식(OLTP: online transaction processing)으로 수행되며. 기본적인 업무는 업무처리 순환사이클에 의거해서 다음과 같은 내용이 포함된다.

(1) 데이터 수집
(2) 데이터 편집 및 수정
(3) 데이터 조작
(4) 데이터 저장 및 보고서 생성

기업에서 수행되는 모든 업무는 유기적으로 연계되어 있기 때문에, 어느 한 업무를 처리하기 위해서 다른 영역의 업무처리 결과가 필요하며, 그 처리결과는 또 다른 업무를 처리하기 위한 중요한 기초 데이터가 된다. 이와 같은 업무처리의 연계성 때문에, 기업의 모든 업무 즉, 비즈니스프로세스는 통합되어야 하며, 전사적 비즈니스프로세스가 통합되지 않을 경우 기능의 연통과 데이터의 연통 문제가 발생하게 된다. 전사적 비즈니스프로세스를 통합하는 방법은 기능 중심으로 통합하는 방법과 프로세스 중심으로 통합하는 방법이 있다.

비즈니스프로세스관리의 직접적인 출현배경은 전사적 품질경영(total quality management)에서 뿌리를 찾을 수 있으나, 전사적 품질경영에서는 비즈니스프로세스라는 표현은 등장하지 않았으며, 비즈니스프로세스라는 용어의 표현이 처음으로 등장한 것은 비즈니스프로세스 재설계(business process re-engineering)이며, 이로부터 전사적 자원관리로 이어져 기업의 전사적 업무를 통합하여 처리하고 효율적으로 관리하겠다는 관리기법이 등장하였다. 비즈니스프로세스 재설계 방법론이 처음 등장하였을 때, 기업의 모든 업무프로세스가 효율화되고 표준화되어 경영성과를 도출하고 그동안 기업 내부에 존재해왔던 비효율성의 문제를 모두 해결해 줄 수 있을 것이라는 기대에 부응하지 못했던 것처럼, 최근 비즈니스프로세스관리가 주요 이슈로 등장하고 있기는 하지만 비즈니스프로세스관리 기법을 통해서 최근 등장하고 있는 일련의 모든 문제를 해결 줄 수 있는 것은 아니지만, 기업의 종단간 업무프로세스를 통합하고 효율적으로 개선함으로써 기업이 추구하는 목표를 효율적으로 달성함은 물론, 지속적인 관리작업을 통해서 지속 가능한 성장으로의 기반을 마련할 수 있을 것이다. 비즈니스프로세스관리 기법을 도입할 수 있는 영역은 다음과 같다.

(1) 기업의 전사적 관점
(2) 경영활동의 관리적 관점
(3) 고용자 관점
(4) 고객 및 공급자, 파트너 관점
(5) 제품과 서비스 관점
(6) 비즈니스프로세스 관점
(7) 정보기술 관점

비즈니스프로세스관리(business process management)와 비즈니스프로세스의 관리(management of business processes)라는 개념을 구별하여야 한다.

(1) 비즈니스프로세스의 관리란, 기업 내부에 존재하는 수많은 비즈니스프로세스들이 효율적으로 수행되어 기업이 추구하는 목적이 효율적으로 달성될 수 있도록 관리하고 통제하는 관리과정을 의미하며, 주로 운영적 관리자, 전술적 관리자, 전략적 관리자와 같은 라인 매니저들에 의해서 관리된다.

(2) 비즈니스프로세스의 관리는 비즈니스프로세스들이 효율적으로 수행되도록 하여 단기적인 이익을 얻으려는 것이 목적이기 때문에, 개별 프로세스와 전체 프로세스를 일별과 월별로 관리하는 반면, 비즈니스프로세스관리는 장기적인 관점에서 종단간 비즈니스프로세스를 모니터링하고 총체적으로 관리하는 것이다.

효율적인 비즈니스프로세스관리를 위해서 먼저, 조직의 목표와 전략에 대한 올바른 이해가 있어야 하지만, 조직의 전략이 대부분 명료하게 나타나 있지 않으며, 조직의 전략적 정보를 얻기도 쉽지 않아서 조직의 목표와 전략을 이해하는 것이 쉽지 않다. 따라서 비즈니스프로세스관리를 위해서 조직의 목표와 조직의 전략은 목표달성을 위한 가이드라인이 존재하는 경우 이를 올바르게 이해하여야 하며, 조직의 목표와 조직의 전략은 목표달성을 위한 가이드라인이 존재하지 않는 경우, 워크샵 등을 통해서 모든 조직 구성원들이 공감할 수 있는 조직의 목표와 전략은 가이드라인을 먼저 설정해야 한다.

비즈니스프로세스관리를 위한 두번째 조건은 프로세스 아키텍처를 명료하게 설정하여야 한다. 비즈니스프로세스관리의 궁극적인 목표는 조직이 추구하는 목적과 전략이 효율적으로 달성될 수 있도록 장기적인 관점에서 업무처리 방식과 업무처리 내용을 개선하는 것이기 때문에, 현재의 업무처리 방식과 업무처리 내용을 정확하게 이해하기 위해서는 명료한 프로세스 아키텍처가 필요하기 때문이다. 프로세스 아키텍처는 단순한 프로세스 모델링 결과가 아니며, 프로세스 내에는 기능과 데이터와 조직 그리고 각종 자원요소 등이 포함되어 있는 복합적인 개념이며, 이를 정확하게 표현하기 위해서 프로세스 아키텍처가 요구된다.

비즈니스프로세스관리 프로젝트를 성공적으로 수행하기 위한 성공요인은 일반적으로 "성공적인 프로젝트 수행을 위한 10계명"이라 불리는 다음과 같은 요인들이다.

① 프로젝트 매니저의 경험
② 조직 전략과의 연계
③ 프로세스 아키텍처
④ 체계적인 방법론
⑤ 인적자원 변화관리
⑥ 이해관계자의 역할
⑦ 정확한 프로젝트 대상분야의 선정
⑧ 지속적인 성과도출
⑨ 가치의 실현
⑩ 지속적인 관리

제2장

연습문제

01 업무와 비즈니스프로세스의 개념을 정의하고, 비즈니스프로세스의 특징들에 대해서 설명하시오

02 업무와 비즈니스프로세스를 업무처리 주체와 업무처리 기능관점에서 분류하고 설명하시오

03 업무처리 순환사이클에 대해서 설명하시오

04 기능의 연통과 데이터의 연통 개념을 설명하고, 비즈니스프로세스의 통합이 왜 필요한지 설명하시오

05 비즈니스프로세스를 통합하는 두 가지 방법에 대해서 설명하고, 각 방법에 대한 장 · 단점을 비교 설명하시오

06 비즈니스프로세스관리기법에 대한 오해와 진실을 설명하시오

07 "기업의 핵심 비즈니스프로세스를 관리하고 통제하며, 지속적인 개선 작업을 통해서 기업이 추구하는 목표를 달성하기 위한 경영관리기법"이라는 비즈니스프로세스관리의 정의가 내포하는 의미에 대해서 설명하시오

08 비즈니스프로세스관리가 적용될 수 있는 분야들에 대해서 설명하시오

09 비즈니스프로세스관리(business process management)와 비즈니스프로세스의 관리(management of business process)의 차이점과 추구하는 목적 그리고 수행주체에 대해서 설명하시오

10 성공적인 비즈니스프로세스관리를 위한 두 가지 전제조건에 대해서 설명하시오

11 비즈니스프로세스관리 프로젝트의 성공을 위한 10가지 요인에 대해서 설명하시오

제3장 비즈니스프로세스관리 프레임워크

1. 비즈니스프로세스관리 프레임워크 개요
2. 비즈니스프로세스관리 프레임워크
3. BPMLC 프레임워크의 활용

"Without an agreed structured and systematic approach to the BPM project … a project will be chaotic and have very high risks associated with it."

(J.Jeston and J.Nelis)

학습 개요 및 목표

비즈니스프로세스는 업무처리 기능과 업무처리를 위해서 투입되고 산출되는 데이터와 업무처리 주체가 포함된 복합적인 개념으로 규모가 크고 매우 복잡하다. 업무처리 내용과 업무성격에 따라서 차이는 있지만 일반적으로 수백 · 수천 개에 이르는 개별 프로세스가 존재하며, 종단간 비즈니스프로세스의 수만 해도 수십 · 수백 개에 이르기도 한다. 또한 대부분의 비즈니스프로세스는 기업 내부 조직 간의 경계를 넘어 폭 넓게 분포되어 있을 뿐만 아니라 가시화하기도 매우 힘든 경우가 많다. 이러한 복잡한 비즈니스프로세스를 이해하는 것은 물론 이를 개선하고 실무에 적용하여 가시적인 성과를 도출해낸다는 것은 쉽지 않은 일이다. 따라서 복잡한 비즈니스프로세스를 이해하고 이를 개선하여 실무에 적용하여 장기적으로 지속되는 성과를 도출하기 위한 작업을 성공적으로 수행하기 위해서는 무엇보다도 체계적인 접근방법이 필요하다. 비즈니스프로세스관리 작업을 성공적으로 수행하기 위한 세부단계들을 정의하고 각 단계마다의 작업 내용과 산출물들을 정리한 체계적인 접근방법을 비즈니스프로세스관리 프레임워크(business process management framework)라고 한다.

본 장에서는 비즈니스프로세스관리 프레임워크에 대해서 살펴보기로 하겠다. 먼저 전통적인 비즈니스프로세스관리 프레임워크에서부터 최근 활용되고 있는 다양한 프레임워크들까지 전체적인 접근방법들에 대해서 살펴보고, 본 저서에서 사용하고자 하는 비즈니스프로세스관리 프레임워크인 BPMLC(business process management life cycle)와, BPMLC의 세부단계에 대해서 개괄적으로 살펴보기로 하겠다. BPMLC의 세부단계에 대해서는 본 저서의 제4장부터 제10장에 이르기까지 구체적으로 기술하였다.

본 장의 학습목표는 다음과 같다.

1. 비즈니스프로세스관리 프레임워크에 대한 개념을 학습한다.
2. 비즈니스프로세스관리 프레임워크의 필요성에 대해서 이해한다.
3. 비즈니스프로세스관리 프레임워크들의 장 · 단점을 이해한다.
4. BPMLC 프레임워크의 세부단계들과, 각 단계 사이의 연관관계를 이해한다.

1. 비즈니스프로세스관리 프레임워크 개요

비즈니스프로세스관리를 위해서 기업의 목표와 전략을 이해하고, 현재의 종단간 비즈니스프로세스 전체를 이해하여야 하며, 이를 바탕으로 기업의 목표와 전략에 부합한 새로운 프로세스로 개선해야 하기 때문에, 비즈니스프로세스관리 작업은 대단히 복잡하고 어려운 작업이다. 이러한 복잡한 작업을 성공적으로 수행하기 위해서는 관리작업 과정을 관리하고 관리작업 내용을 수행할 체계적인 방법론이 필요하다. 본 절에서는 비즈니스프로세스관리 프레임워크의 개념과 내용 그리고 이러한 프레임워크의 효용가치에 대해서 살펴보고자 한다.

1.1 비즈니스프로세스관리 프레임워크 개념

비즈니스프로세스관리 프레임워크란 기업의 전체 종단간 비즈니스프로세스와 그 일부를 대상으로 문제점을 찾아내고 이를 개선하여 실제 업무에 적용함으로써 장기적으로 기업이 추구하는 비전과 미션 그리고 목표를 효과적으로 달성하기 위한 체계적인 절차와 방법을 정의한 일종의 비즈니스프로세스를 개선하기 위한 계획이라 할 수 있다. 사회과학을 다루는 그 어떠한 분야의 프레임워크도 일률적으로 정의되고 획일적으로 설명될 수 있는 프레임워크는 존재하지 않는다. 비즈니스프로세스관리 프레임워크도 마찬가지로 다양한 이론과 방법들이 소개되고 있기 때문에, 일률적으로 정의하기는 쉽지 않다. 비즈니스프로세스관리를 위한 표준화된 방법론을 정의하기 어려운 또 다른 이유는, 관리대상인 비즈니스프로세스가 환경에 따라서 유연하게 변화될 수 있을 뿐만 아니라, 비즈니스프로세스관리를 기술적으로 접근하느냐? 기능적으로 접근하느냐?에 따라서 달라질 수 있기 때문이기도 하다.

비즈니스프로세스관리를 기존의 종단간 비즈니스프로세스와 그 일부를 분석하여 문제점을 도출하고, 기업이 추구하는 목표를 효율적으로 달성할 수 있는 형태로 재설계하고 조정하는 것이기 때문에, 기존의 정보시스템을 개발하는 절차와 유사하며, 또한 경영활동 상의 다양한 문제를 해결해가는 과정과 유사하다고 할 수 있다. 따라서 비즈니스프로세스관리 프레임워크는 정보시스템 개발을 위한 프레임워크와 유사한 방법과 절차에 따른다. 그러나 기존의 정보시스템을 개발하는 절차와 유사하기는 하지만, 비즈니스프로세스관리는 정보시스템을 개발하는 것과는 달리 반드시 기술적으로 구현하는 작업까지를 포함하지는 않는다는 점에서 차이가 있다. 물론 필요에 따라서 비즈니스프로세스관리 효과를 극대화하기 위해서 기술적인 도구의 지원이 필요하다면 기술적인 구현까지를 포함할 수는 있다.

따라서 비즈니스프로세스관리 프레임워크가 정보시스템 개발방법론과 유사하다는 점을 감안할 때, 비즈니스프로세스관리 프레임워크의 개념을 설명함에 있어서 정보시스템 개발방법론과 같은 맥락에서 개념을 설명할 수가 있다. 이러한 가정하에 정보시스템 개발을 위한 프레임워크를 설명하기 위한 핵심내용이 시스템을 투입하려는 대상과 시스템을 개발하는 과정에 있었듯이, 비즈니스프로세스관리 프레임워크의 개념은 궁극적으로 비즈니스프로세스관리 대상 영역에 포함된 비즈니스프로세스를 어떻게 이해하고 분석하느냐? 그리고 비즈니스프로세스관리 작업을 어떠한 과정과 절차에 의해서 수행하느냐?일 것이다. 이는 결국 비즈니스프로세스관리 범위(대상)와 비즈니스프로세스관리 작업절차라고 할 수 있다.

1) 비즈니스프로세스관리 범위(대상)

비즈니스프로세스관리는 효율적인 프로세스로의 전환을 의미하기 때문에, 비즈니스프로세스관리 범위는 결국 어떤 내용을 관리대상으로 삼아야 하느냐를 의미한다. 즉, 비즈니스프로세스관리 범위는 결국 관리 대상 영역내부의 비즈니스프로세스로 한정하고 이를 비즈니스프로세스를 구성하는 구성요소들을 의미한다고 할 수 있으며, 이는 결국 정보시스템을 개발하거나 기타 IT솔루션을 도입하기 위해서 업무를 분석하는 과정과 동일하다. 따라서 비즈니스프로세스관리 범위 대상은 비즈니스프로세스를 분석하기 위해서 활용되고 있는 비즈니스프로세스 모델링 대상과 동일하다. 그러나 비즈니스프로세스를 단순하게 기업이 수행하는 기능으로 본다면 문제는 간단하지만, 비즈니스프로세스는 기업이 수행하는 단위업무와 단위업무의 연속된 흐름 정도로 정의되는 간단한 개념이 아니기 때문에, 비즈니스프로세스를 모델링하는 방법에 따라서 어떤 내용들이 포함되는지를 파악하는 것이 필요하다. 다음은 비즈니스프로세스 모델링 기법들과, 이들 기법들에서 모델링 대상에 포함시키고 있는 모델링 요소들을 정리한 것이다.

(1) Zachmann 프레임워크

Zachmann 프레임워크는 1987년에 처음으로 등장한 개념으로 비즈니스프로세스를 설명하기 위한 다양한 과정을 소개하고 있다. Zachmann 프레임워크에 의하면, 비즈니스프로세스를 계획자, 소유자, 설계자, 개발자 관점으로 구분하여 비즈니스프로세스를 다음과 같은 요소들이 결합된 것이라고 설명하고 있다.

- Data(데이터) : 분석영역에서 투입되고 산출되는 주요 자료 → What
- Function(기능) : 처리되는 주요 업무 → How
- Network(네트워크) : 업무가 처리되는 장소 → Where
- People(사람) : 업무처리 주체로서의 조직구성원 → Who
- Time(시간) : 업무가 처리되는 시각 → When
- Motivation(동기) : 업무처리 목적과 전략 → Why

그림 3-1 Zachman 프레임워크에서의 모델링 대상

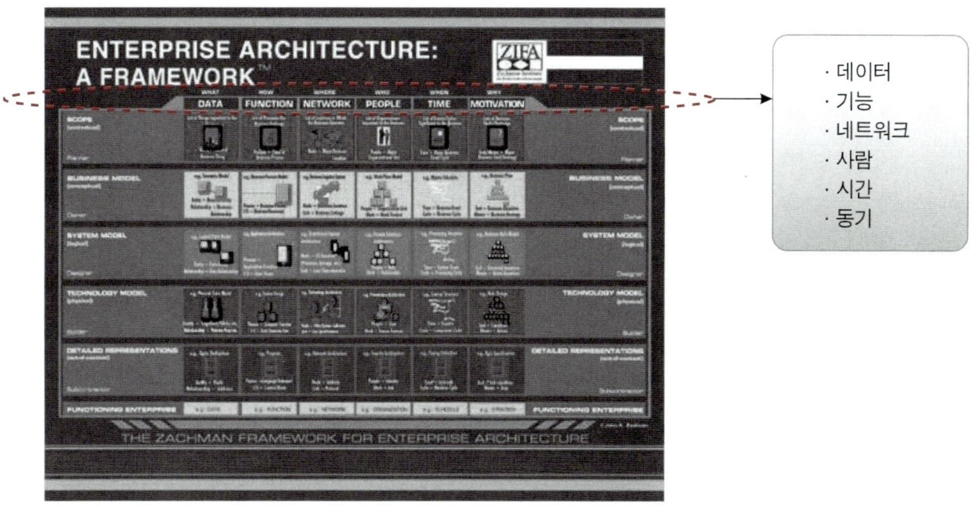

(출처: Zachman, 1987)

그러나 실제로는 시간이나 동기는 모델링 대상으로 부적절하며, 사람의 경우 네트워크 개념과 유사하기 때문에, 데이터, 프로세스(기능), 네트워크만을 주요 모델링 대상으로 한다. Zachmann 프레임워크의 경우 분할된 개별 모델링 영역을 표시하는데 뷰(view)라는 개념을 사용하고 있다.

(2) CIMOSA 아키텍처

CIMOSA(computer integration manufacturing pen system architecture)는 유럽연합(eurpean union)의 지원하에 이루어진 ESPRIT PROGRAM에서 개발된 아키텍처로서 원래의 목적은 CIM(computer integrated manufacturing)을 위한 아키텍처로 개발되었으나, 기업 모델링을 위한 일반적인 방법론으로 발전하였다. CIMOSA 아키텍처는 사용자와 시스템과의 분리, 기능과 통제의 분리, 기능과 정보의 분리의 일반적 개념을 기초로 비즈니스프로세스를 4개 영역으로 나누어 비즈니스프로세스를 설명하고 있다.

- Function(기능) : 업무의 기능과 예상되는 행동 묘사
- Information(정보) : 기업의 통합 정보 묘사
- Resource(자원) : 업무수행에 필요한 자원 묘사
- Organization(조직) : 기업의 조직구조 묘사

그림 3-2 CIMOSA 아키텍처에서의 모델링 대상

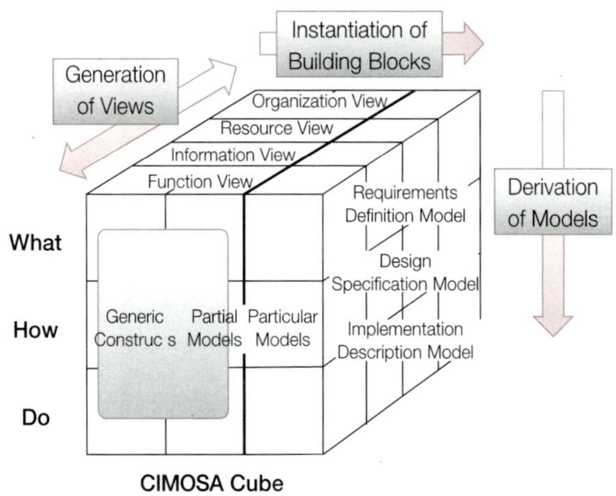

(출처: Vernadat, 1997)

(3) ARIS 아키텍처

ARIS(architecture of integrated information system) 아키텍처는 기업의 업무프로세스를 어떻게 정의하고 어떤 방식으로 기술할 것인가를 설명하기 위한 방법론으로 Scheer에 의해서 제안되었다. ARIS 아키텍처에 의하면 비즈니스프로세스를 다음과 같은 구성요소로 설명된다.

- Data/Knowledge/Information(지식정보) : 업무에 이용되거나, 업무를 통해 생성된다.
- Resource(자원) : 업무에 활용된다.
- Organization(조직) : 업무를 수행한다.
- Product/Service(제품/서비스) : 업무를 통해서 생산된다.
- Event(사건) : 업무를 야기시키거나, 업무를 통해 발생한다.

이와 같은 구성요소들을 근거로 ARIS 아키텍처는 비즈니스프로세스를 모델링 하기 위해서 세 개의 개별 영역(기능, 데이터, 조직)으로 나누고, 이들 개별 영역을 뷰(view)라는 개념을 이용하여 표현하고 있다. ARIS 아키텍처와 Zachman 프레임워크는 CIMOSA아키텍처와 다른 점은 이들 세 개의 영역에서 개별 모델이 작성되고, 작성된 개별 모델을 통합하여 전체의 비즈니스프로세스 모델을 완성한다는 것이다. 다음은 ARIS 아키텍처에서의 비즈니스프로세스 모델링 대상은 [그림 3-3]과 같다.

그림 3-3 ARIS 아키텍처에서의 모델링 대상

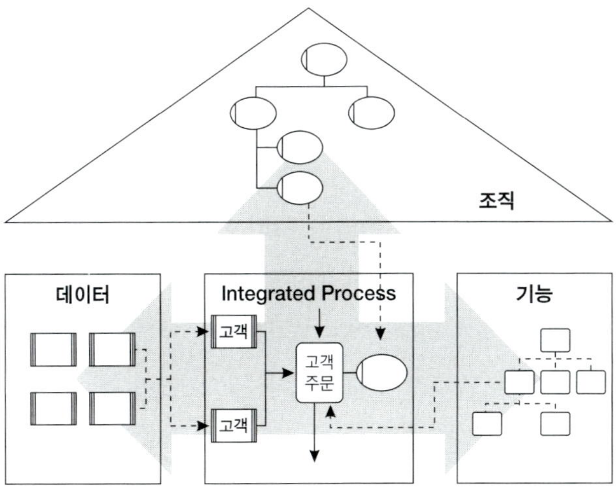

(4) OOA/OMT Method

OOA(object-oriented architecture) 또는 OMT와 같은 객체지향 모델링(object oriented modeling)에서는 다른 방법론에서처럼 모델링 영역을 뷰(view)로 분할하는 방법을 사용하지 않는다. 객체지향 모델링에서는 복잡한 업무를 파악하고 정의하며 구체적으로 기술하기 위해서 업무들은 수많은 컴포넌트들로 이루어져 있으며, 개별 컴포넌트끼리 연관관계를 맺음으로 서로 연결된다는 것을 전제로 하고 있다. 객체지향 모델링의 목적은 추상화 원리(principle of abstraction)를 이용하여 모델링 대상 객체의 복잡성을 줄이는 것이며, 모델링 대상의 정적인 구조와 동적인 행위에 초점을 맞추어 모델을 작성하는 것이 특징이다. OOA/OMT Method에서의 모델링 대상은 다음과 같다.

- Function(기능)
- information(정보)

(5) 기타 아키텍처

이 이외의 아키텍처의 개념과 이들 아키텍처에서의 모델링 대상은 다음과 같다.

① E-R model(entity-relationship model) : Chen에 의해서 제안된 가장 일반적인 모델링 기법으로 대상영역의 개체(entities)와 개체 사이의 관계 그리고 개체의 속성을 통해서 대상영역을 표현하는 모델링 기법이며, 모델링 대상이 데이터로 한정되어 있다는 점이 가장 큰 한계점이다. 그러나 또 다른 큰 한계점은 E-R model을 통해서 복잡한 비즈니스프로세스 전체를 설명할 수 없으며, 비즈니스프로세스 내부의 데이터의 구조와 서로의 연관관계만을 파악할 수 있다는 것이다.

② Petri Nets : high-level Petri Nets와 object-oriented Petri Nets 기법은 기능, 정보 그리고 자원만를 이용하여 기업의 업무를 모델링하고 있다.

③ IDEF suite : IDEF 모델링 기법은 CIM 분야의 기업 모델링을 위해서 개발된 기법으로 처음에는 기능 뷰만을 모델링 대상으로 하였으나, IDEF 2로 개선되면서 기능과 데이터까지를 모델링 대상으로 하고 있다.

④ IEM : 객체지향 모델링 기법에 기초를 둔 모델링 기법으로 기능과 데이터 측면을 모델화하는데 주로 사용된다.

⑤ SADT(structured analysis and design technique) : 구조적 분석 및 설계기법으로 알

려진 SADT 기법은 graphical notation을 이용하여 복잡한 시스템을 서브시스템으로 표현하는 모델링 기법으로, 이를 지원하는 많은 도구들이 개발되어 가장 많이 사용되고 있다.

앞에서 살펴본 것처럼, 비즈니스프로세스를 이해하기 위해서 작성하는 모델에 포함되는 내용들은 기법에 따라 매우 다양하지만, 공통적인 모델링 요소들을 정리하면 [그림 3-4]와 같다. 따라서 본 저서에서는 위와 같은 비즈니스프로세스 이해요소를 근거로 비즈니스프로세스를 다음과 같은 구성요소들로 이루어진 복합적인 개념으로 이해할 것이다.

- 기능 : 비즈니스프로세스를 수행하는 기본적인 업무활동
- 조직 : 비즈니스프로세스를 수행하는 구성원과 조직단위
- 데이터 : 비즈니스프로세스를 수행하기 위해서 투입되고 비즈니스프로세스 수행결과 산출되는 데이터
- 시스템 : 비즈니스프로세스를 수행하기 위해서 활용되는 시스템자원

그림 3-4 비즈니스프로세스의 이해요소

그림 3-5 비즈니스프로세스 모델의 예

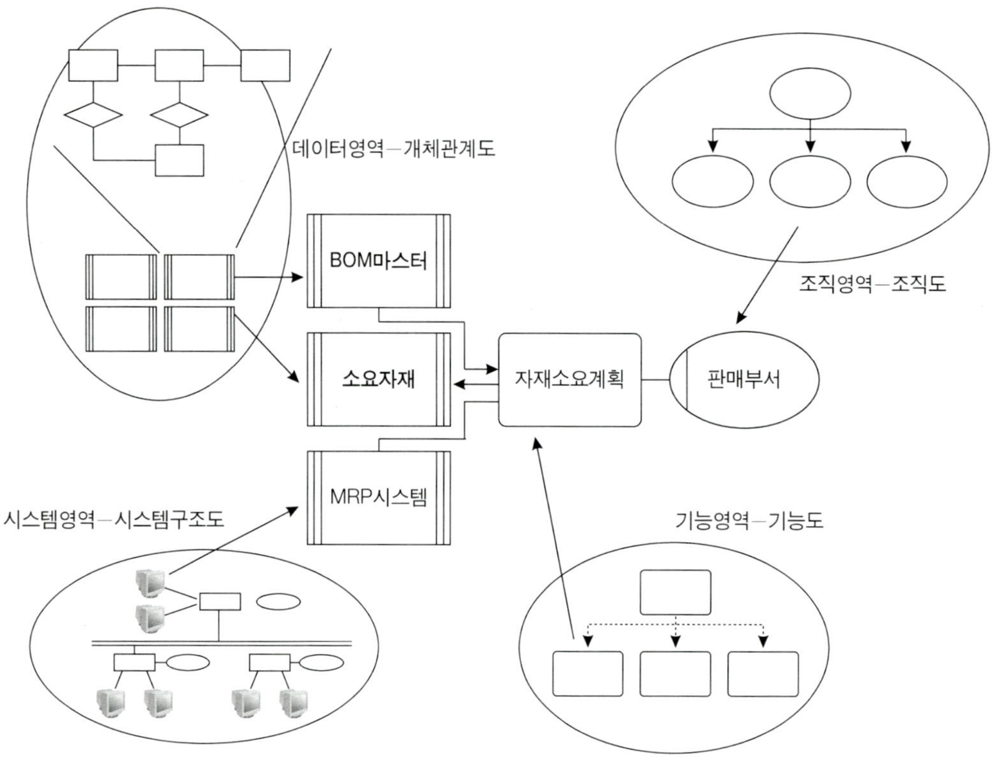

2) 비즈니스프로세스관리 절차

비즈니스프로세스관리 절차는 물리적인 시스템으로 구현하는 작업 대신 새로운 프로세스를 실무에 적용하는 작업까지만을 포함하는 것 이외에 기존의 정보시스템을 개발하는 과정과 유사하게 진행된다. 따라서 기존의 정보시스템 개발절차에 대해서 먼저 살펴보기로 하겠다.

(1) Zachmann 프레임워크

Zachmann 프레임워크의 모델링 절차는 전체 과정을 4단계로 나누고 있으며, 기존의 다른 아키텍처에서처럼 분석, 설계 및 구현과 같은 용어를 사용하고 있지는 않지만, 작업 내용으로 보아 비즈니스 모델링(business modeling)은 분석을 의미하며, 정보시스템 모델링(information systems modeling) 및 기술 모델링(technology modeling)은 설계를 의

그림 3-6 Zachmann 프레임워크에서의 모델링 절차

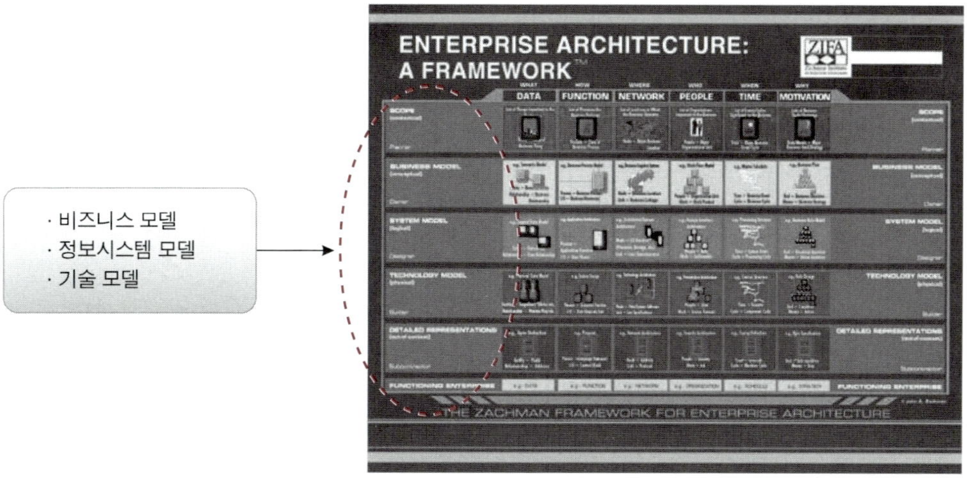

(출처: Zachmann, 1987)

미한다 할 수 있고, 마지막 단계인 기술 정의(technology definition)는 일반적인 구현단계에 해당된다.

(2) CIMOSA 아키텍처

CIMOSA 아키텍처는 앞에서 설명한 CIMOSA Cube에서 보는 것처럼, 시스템개발 라이프 사이클을 모델링 레벨(modeling level)이란 용어를 이용하여 다음과 같이 구분하고 있다.

- 요구정의 모델링 단계
- 설계 사양 모델링 단계
- 시스템구현 모델링 단계

요구정의 모델링 단계에서는 모델링 대상과 모델링 대상 영역의 구체적인 제한조건을 정리하여 모델을 작성하는 단계이며, 두번째인 설계 사양 모델링 단계에서는 전 단계에서 작성된 요구정의 모델을 이용하여 개별 뷰의 모델을 상세화하는 단계이며, 그 결과 설계 사양 모델이 작성된다. 세번째인 시스템 구축 단계에서는 설계 모델을 근거로 시스템을 직접 구현하거나 표준 패키지를 구입하는 의사결정을 내리게 되며, 설치와 운영단계를 거쳐 시스템 유지보수로 이어진다.

(3) ARIS 아키텍처

ARIS 아키텍처에서의 모델링 절차는 다음과 같이 3단계로 나누고 있으며, CIMOSA 아키텍처에서와 마찬가지로 시스템 레벨이란 용어로 표현하고 있다.

비즈니스 이슈

- 요구정의
- 설계사양
- 구현정의(정보기술)

이와 같은 시스템 레벨의 개념은 각각의 시스템 뷰에 해당되는 모델을 작성하는데 독립적으로 적용된다. 즉, 데이터 뷰의 데이터 모델을 작성하는데 있어서 요구분석단계, 설계 및 구현단계에 해당되는 모델을 작성하며, 기능 뷰와 조직 뷰에 있어서도 위의 단계별로 이에 해당되는 세부모델이 작성된다.

그림 3-7 ARIS 아키텍처에서의 모델링 절차

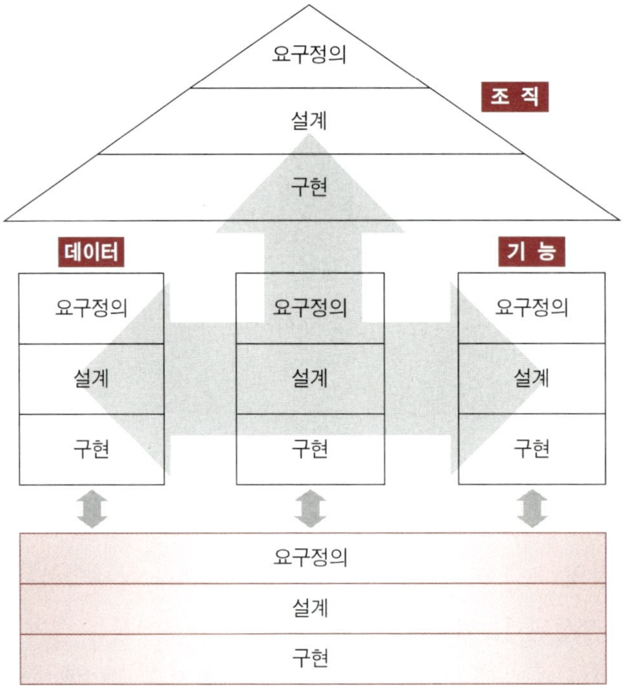

(4) OOA/OMT Method

객체지향 모델링 방법들은 다른 아키텍처와 달리 자원, 조직이나 인적요인 등이 모델링 대상에서 제외되고 정보와 기능 측면만을 모델링 대상으로 하기 때문에, 대상영역 전체를 설명하기에 부족한 면이 있으나, 모델링 절차에 있어서는 다른 아키텍처와 마찬가지로 요구분석과 디자인 레벨 그리고 구현 레벨까지를 포함하고 있다.

(5) 기타 아키텍처에서

앞 절에서 소개한 정보시스템 아키텍처 중에 E/R model과 Petri Nets의 경우에는 설계 사양 측면만이 포함되어 있다. IDEF Suite의 경우 특별히 업무분석을 위해서 개발된 만큼 요구정의만이 완전하게 포함되며, 설계 사양의 경우 제한적으로 포함되어 있다. IEM 아키텍처의 경우에도 구현을 제외한 나머지 모델링 절차를 포함하고 있다.

1.2 비즈니스프로세스 관리로드맵(BPM Roadmap)

비즈니스프로세스 관리로드맵이란, 앞 절에서 설명한 비즈니스프로세스관리 대상(범

그림 3-8 비즈니스프로세스관리 로드맵

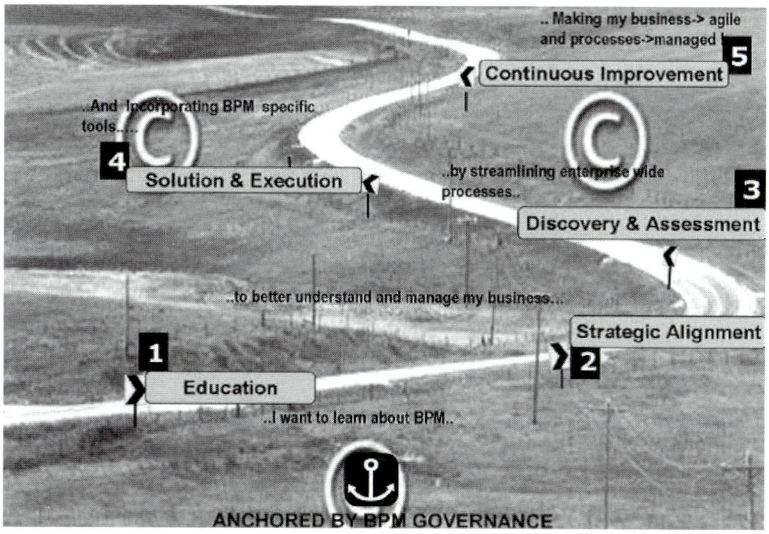

위)과 절차를 기준으로 전체적인 비즈니스프로세스관리 작업이 실무에서 어떠한 과정으로 진행되느냐를 나타내는 일종의 진행표로써 비즈니스프로세스관리 프레임워크마다 다양한 관리대상과 관리절차를 규정한 것만큼이나 다양하다.

비즈니스프로세스관리 로드맵은 구체적인 관리방법이나 관리내용 등을 포함하고 있지는 않지만 비즈니스프로세스관리를 위한 방향성과 여정을 제시하는 조감도 역할을 한다. 그러나 이러한 로드맵은 비즈니스프로세스관리 프레임워크와 밀접하게 관련되어 있기 때문에, 비즈니스프로세스관리 프레임워크를 선정한 이후에 구체적인 로드맵이 작성될 수 있다.

2. 비즈니스프로세스관리 프레임워크

2.1 비즈니스프로세스관리 성공요건

제2장에서 성공적인 비즈니스프로세스관리 프로젝트를 위한 10가지 성공요인은 비즈니스프로세스관리 프로젝트를 성공적으로 수행하기 위한 일반적인 조건이다. 그러나 이는 비즈니스프로세스관리 프로젝트 자체의 성공을 위한 필요 조건에 불과하며, 비즈니스프로세스관리 프로젝트를 통해서 개선된 프로세스들은 기업이 추구하는 목표에 효과적으로 작용할 뿐만 아니라, 개선된 프로세스들이 효율적으로 수행되도록 하기 위해서 10가지 성공요인 이외에 다음의 다섯 가지 조건들이 필요하다. 이는 비즈니스프로세스관리 프로젝트의 구성요소이자 본질이며, 비즈니스프로세스관리 프로젝트의 성공을 위한 필수조건이기도 하다.

- **프로세스** : 조직의 전략과 목표를 달성하는데 중요하게 작용하는 비즈니스프로세스를 대상으로 하며, 경우에 따라서는 비즈니스프로세스의 일부만이 대상이 될 수도 있다.
- **사람** : 프로세스를 수행하는 주체로서 현재의 프로세스를 분석하여 문제점을 도출하고 새로운 프로세스를 제안하는 비즈니스프로세스관리 프로젝트의 핵심역할을 담당

하는 사람들과, 실제로 비즈니스프로세스를 수행하는 주체를 포함한다.

- 이해관계자 : 비즈니스프로세스관리 프로젝트에 직 · 간접적으로 영향을 미칠 수 있는 사람들로서 내 · 외부의 모든 이해관계자들을 포함한다.
- 기술 : 비즈니스프로세스관리 프로젝트를 진행하는데 있어서 프로젝트 자체나 참여자들이 사용하는 시스템으로 비즈니스프로세스관리 자체를 기술적으로 접근해서가 아니라, 필요한 경우에는 기술적인 도구가 지원되어야 하기 때문이다.
- 프로젝트관리 : 비즈니스프로세스관리 프로젝트 계획단계에서 구현에 이르는 동안 인적자원관리, 비용 및 일정관리 등의 전체 프로젝트 과정을 관리하는 작업으로 프로젝트 관리자의 역할에 따라서 비즈니스프로세스관리 프로젝트의 성공과 실패가 좌우되는 중요한 요인이다.

위에서 설명한 네 가지 구성요소들은 책상에 비유되기도 하는데, 책상 다리의 길이가 다르거나 부실하다면 책상이 안정적으로 세워질 수 없기 때문에, 네 가지 구성요소들(책상 다리들)이 동일한 길이로 통일되어야 하며, 책상 위에 사물을 놓을 때에 전체 하중을 견딜 수 있을 정도의 강도를 가져야 할 것이다. 또한 책상 위에 사물을 놓기 위해서는 책상의 상판이 있어야 하는데, 책상의 상판은 책상의 다리를 고정시키고 흔들리지 않도록 하여 책상으로서의 구실을 할 수 있도록 하는 역할을 한다. 여기에서 책상의 상판은 비즈니스프로세스관리 프로젝트가 성공적으로 수행될 수 있도록 자원을 관리하고, 일정과 비용과 기타 프로젝트 요인들을 관리하는 것을 의미한다.

그림 3-9 비즈니스프로세스관리 프로젝트 성공을 위한 구성요소

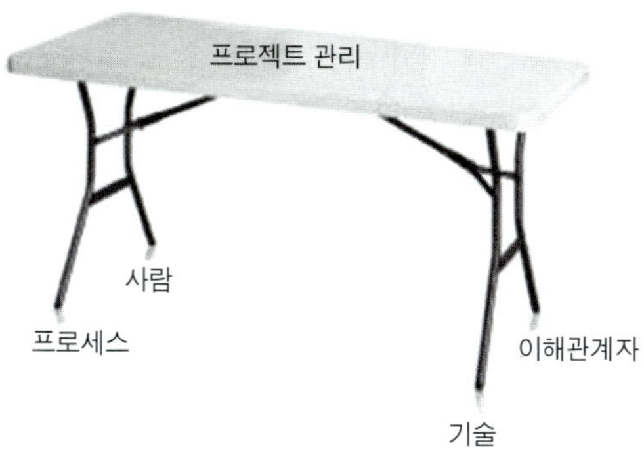

2.2 비즈니스프로세스관리 프로젝트 기반 요소

2.1에서 설명한 네 가지 성공 요건은 비즈니스프로세스관리 프로젝트를 효율적으로 수행하기 위한 요건이라면, 비즈니스프로세스관리 프로젝트가 목표로 하는 장기적인 관점에서 프로세스 개선효과를 얻기 위해서는 별도의 기반 요소들이 필요하다. 이는 [그림 3-9]에서 비유적으로 설명한 책상의 경우, 책상이라는 형태를 갖추기 위해서 튼튼하고 길이가 동일한 네 개의 다리와 상판이 있어야 하지만, 책상으로서의 역할을 다하기 위해서는 책상이 서 있는 기반은 중요하다 할 것이다.

예를 들어, 책상이 서 있는 위치의 기반이 부실하다면, 책상에 하중이 가해지는 경우 책상의 구실을 다하지 못하게 될 것이기 때문이다. 책상이 서 있는 위치의 기반이라 함은, 비즈니스프로세스관리 프로젝트를 수행하는데 영향을 미치는 환경을 의미하기 때문에 다양한 기업환경들이 포함된다. 비즈니스프로세스관리 프로젝트에 영향을 미치는 이러한 환경들이 잘 구축되어 있을수록 책상이 안정적으로 위치할 수 있지만(비즈니스프로세스관리 프로젝트가 성공적으로 수행될 수 있지만), 만일 그렇지 않다면 책상의 모양은 갖추었지만 책상으로서의 역할을 다하지 못할 것이다(비즈니스프로세스관리 프로젝트가 성공적으로 수행될 수 없다). 비즈니스프로세스관리를 통해서 장기적인 성과를 도출해내는 것도 어렵지만, 비즈니스프로세스관리 프로젝트 자체가 매우 복잡한 작업이다. 이는 프로젝트 팀

그림 3-10 비즈니스프로세스관리 프로젝트 성공기반

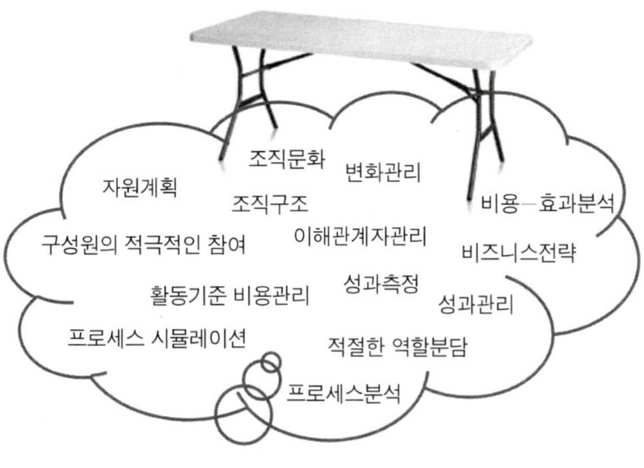

구성원들만의 노력으로 성공할 수 있는 것이 아니라, 프로젝트 자체에 영향을 미치는 많은 요인들이 있어서 프로젝트 자체를 성공적으로 수행하고 그 결과 지속적인 성과를 내도록 하는 것이 어렵다는 것이다.

성공적인 비즈니스프로세스관리 프로젝트 수행을 위한 기반은 [그림 3-10]에서 보는 바와 같이 전반적인 조직구조와 조직문화에서부터 조직구성원들의 역할분담, 적극적인 참여, 경영성과관리, 변화관리, 다양한 이해관계자들에 대한 관리, 비용-효과분석, 비용관리 등 다양한 환경요인들이 포함된다. 이는 비즈니스프로세스관리 프로젝트를 성공하기 위해서는 단순히 비즈니스프로세스관리 프로젝트 팀의 노력으로만 되는 것이 아니라, 프로젝트에 직접적으로 참여하는 팀 구성원들은 물론 프로젝트 수행 기반이 튼튼하게 구축되어 있어야 한다는 것이다.

2.3 비즈니스프로세스관리 프레임워크

1) 비즈니스프로세스관리 프레임워크 개요

비즈니스프로세스관리 프레임워크를 비즈니스프로세스를 효율적으로 개선해 나가기 위한 체계적인 절차와 방법 그리고 대상을 정의한 아키텍처라고 할 때, 비즈니스프로세스관리 프레임워크는 결국 비즈니스프로세스 개선과정이라 할 수 있다. 이런 의미에서 비즈

그림 3-11 비즈니스프로세스관리 순환사이클의 예

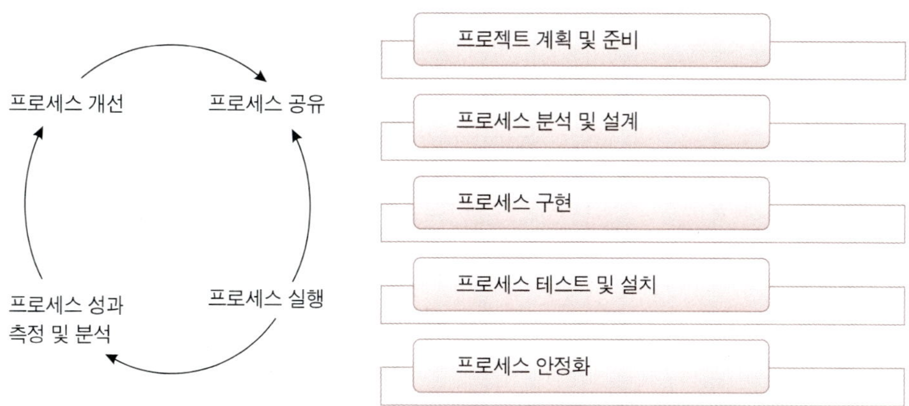

니스프로세스관리 프레임워크는 비즈니스프로세스관리 생명주기(BPMLC: business process management life-cycle)에 비유할 수 있을 것이다. 그러나 비즈니스프로세스관리 생명주기는 결국 비즈니스프로세스를 개선해 나가는 과정을 의미하기 때문에, 솔루션을 보유하고 있는 IT업체마다 서로 다른 형태를 보이고 있다. [그림 3-11]은 비즈니스프로세스관리 순환사이클에 대한 예를 보인 것이다.

다음은 본 저서에서 제안하는 비즈니스프로세스관리 프레임워크-이후부터 이를 BPMLC 프레임워크라고 부르기로 한다-나타낸 것이다. 이는 기존의 비즈니스프로세스관리 순환사이클들과 크게 다르지 않으나, 다른 점은 프로젝트를 진행하기 이전에 조직의 목표와 전략을 이해하는 단계 **조직의 목표와 전략**와 비즈니스프로세스를 분석하기 위한 체계적인 모델링 방법과 원칙 그리고 가이드라인을 정의하는 **프로세스 아키텍처** 단계가 포함되어 있다는 것이다.

BPMLC 프레임워크에 의하면, 비즈니스프로세스관리 프로젝트를 수행함에 있어서 다음의 9단계를 거치는데, 각 단계에서의 구체적이고 세부적인 작업내용들을 기술하는 것이 본 저서에서 다룰 핵심적인 내용이다. BPMLC 프레임워크의 9단계를 작업내용에 따라서 분류하면 비즈니스프로세스관리 프로젝트를 수행하기 위한 사전준비 단계(1단계~2

그림 3-12 BPMLC 프레임워크

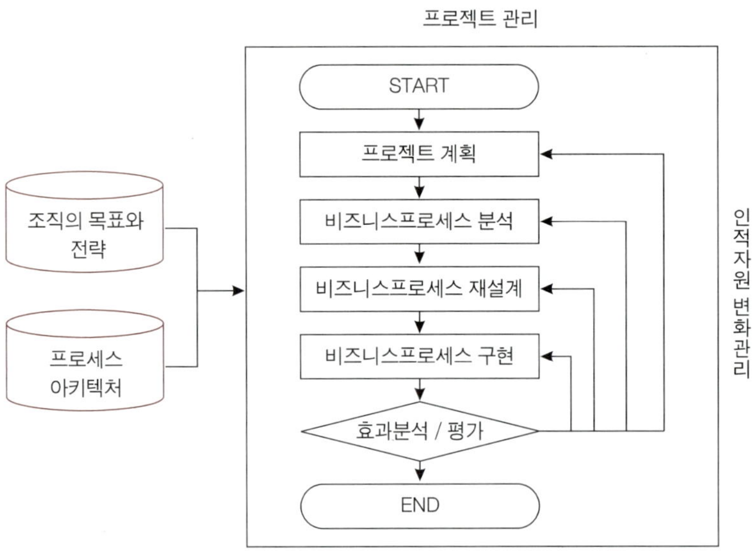

단계)와 실질적인 비즈니스프로세스 분석 · 재설계, 구현 및 평가단계(3단계~6단계) 그리고 비즈니스프로세스관리 프로젝트 수행을 위한 기반 구축단계(7단계~9단계)로 구분된다.

- **비즈니스프로세스관리 프로젝트를 위한 사전준비단계**
  1. 조직의 목표와 전략
  2. 프로세스 아키텍처

- **비즈니스프로세스 분석·재설계, 구현 및 평가단계**
  3. 프로젝트 계획
  4. 비즈니스프로세스 분석
  5. 비즈니스프로세스 재설계
  6. 비즈니스프로세스 구현 및 평가

- **비즈니스프로세스관리 프로젝트 수행기반 구축단계**
  7. 프로젝트 관리
  8. 인적자원 변화관리
  9. 정보기술 기반구조

2) 비즈니스프로세스관리 접근방법

앞에서 설명한 것처럼, 다양한 비즈니스프로세스관리 프레임워크들이 개발되어 사용되고 있는데, 이는 비즈니스프로세스를 개선하기 위한 접근방법이 다양하다는 것을 의미하는 것이다. 비즈니스프로세스관리 프레임워크마다 각기 다른 방법으로 접근하기 때문에, 어떤 방법은 효율적이고, 어떤 방법은 비효율적이라는 이분법적 평가는 중요하지 않다.

본 저서에서 소개한 BPMLC 프레임워크 또한 다른 프레임워크와 마찬가지로 접근방법이 있다. BPMLC 프레임워크의 접근방법은 STAGES → PHASES → STEPS에 따라서 비즈니스프로세스관리 프로젝트가 수행된다.

그림 3-13 BPMLC 접근방법

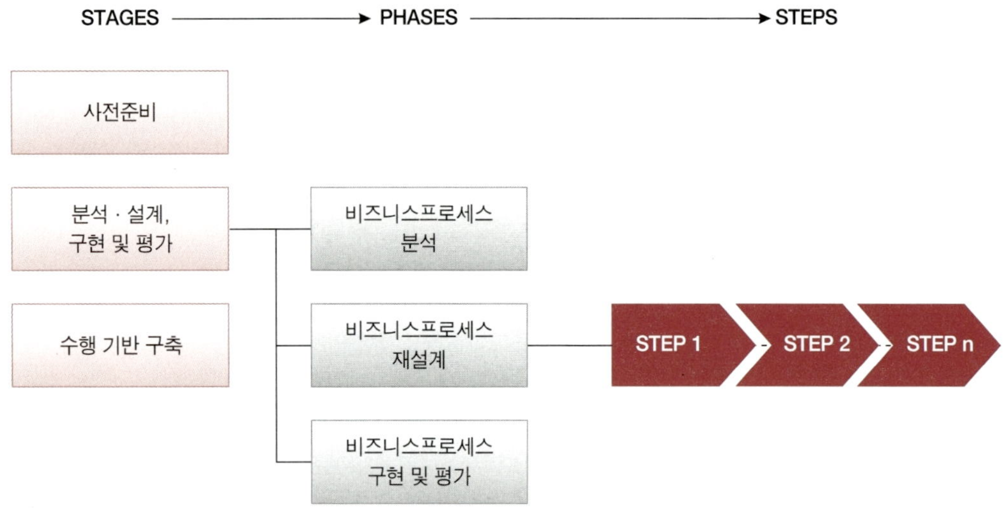

3) 비즈니스프로세스관리를 위한 사전준비

비즈니스프로세스관리를 위한 사전연구 단계에 포함되는 내용은 조직의 목표와 전략을 이해하는 작업과 프로세스를 분석하고 디자인 하기 위한 모델링 방법을 체계화하는 작업이다. 이 두 작업은 보통 프로젝트가 시작되고 난 후 수행되는 작업이지만, 비즈니스프로세스관리 프로젝트에서는 일반적으로 프로젝트가 진행되기 이전에 수행되는 것이 보통이다.

(1) PHASE 1: 조직의 목표와 전략

비즈니스프로세스관리 프로젝트를 수행하기 이전에 거쳐야 할 첫번째 단계인 **조직의 목표와 전략** 단계는 프로젝트 팀 구성원들이 숙지하고 공감하며 구체적으로 이해하여야 할 조직의 전략과 비전, 미션 그리고 전략적인 목표와 프로젝트를 수행할 수 밖에 없는 이유들에 대해서 이해하는 단계이다. 뿐만 아니라, 비즈니스프로세스관리 프로젝트를 통해서 이해관계자들이 장기적, 또는 단기적으로 추구하는 바가 무엇인지를 이해하는 단계이다. 중요한 것은 기업조직이 추구하는 전략은 단순한 계획(plan)이 아니며, 기업의 내부 구성원들과 외부 이해관계자들이 적극적으로 참여하는 가운데 원하는 프로세스를 창조, 개선해가는 과정이기 때문에, 단순히 희망하고 원하는 사항들을 관련된 사람들이 이해하

그림 3-14 BPMLC 프레임워크 STAGE 1

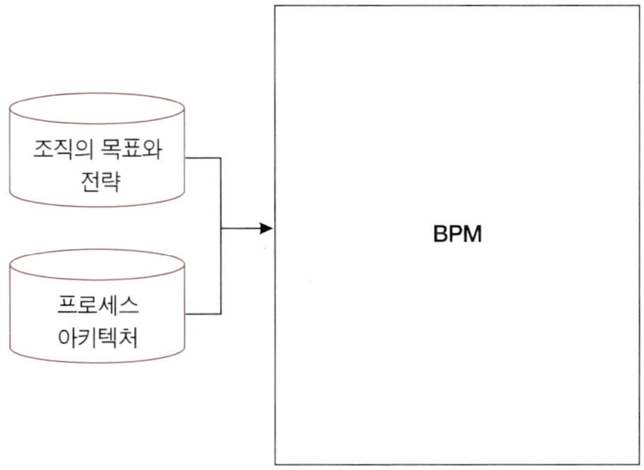

는 수준으로 끝나서는 안 된다는 것이다. 조직이 추구하는 목표와 선택한 전략에 대해서 모든 이해관계자들이 이해하고 공감하며 공유해야 한다. 특히, 비즈니스프로세스관리 프로젝트를 수행하는 팀 구성원들은 필수적으로 숙지하고 이해해야 하기 때문에, **조직의 목표와 전략** 단계는 프로젝트를 수행하기 이전에 거쳐야 하는 필수 단계이다.

(2) PHASE 2: 프로세스 아키텍처

프로세스 아키텍처 단계는 비즈니스프로세스를 분석하고 설계하는 과정에서 사용할 체계적인 모델링 방법과 규칙에 가이드라인을 정의하는 단계이다. 프로세스 아키텍처는 따라서 비즈니스프로세스관리 프로젝트의 본질적인 대상인 비즈니스프로세스를 이해하기 위한 필수적인 수단이며, 이를 모델링 하기 위한 도구이다. 프로세스 아키텍처는 단순한 그림을 그리는 도구나 방법이 아니라, [그림 3-5]와 같이 비즈니스프로세스 모델의 본질적인 내용(데이터, 기능, 조직, 시스템 등)들을 함축적으로 나타내고 이를 모든 사람들이 이해할 수 있고 의사소통을 위한 도구로서의 역할을 하기 때문에, 어떤 아키텍처에 의해서 프로세스를 이해하고 모델링 할 것인지를 먼저 정의해야 한다.

첫번째와 두번째 단계인 **조직의 목표와 전략** 그리고 **프로세스 아키텍처** 단계를 통해서 조직의 목표와 전략을 이해하고 프로세스 아키텍처가 정의된 후 비즈니스프로세스관리 프로젝트를 시작할 수가 있다.

4) STAGE 2: 비즈니스프로세스 분석 · 재설계, 구현 및 평가

비즈니스프로세스관리 프로젝트에서 가장 핵심적인 작업이 수행되는 단계로서 프로젝트 수행 대상인 종단간 비즈니스프로세스의 개선효과가 극대화 될 것으로 기대되는 대상 프로세스를 선정하고 프로세스 아키텍처에서 정한 방법론에 의해서 모델을 작성하여 개선하고 실제로 구현하는 작업들이 이루어진다. 물론 이러한 일련의 작업들을 수행하기 이전에 기본적인 계획을 수립해야 하는데, 프로젝트 계획수립 작업이 비즈니스프로세스 분석, 개선 및 구현 단계에서 이루어지는 이유는, 이미 선행된 **조직의 목표와 전략, 프로세스 아키텍처** 단계는 이미 설정된 조직의 목표와 전략을 이해하는 차원에서 이루어지며, 또한 프로세스 아키텍처를 개발하는 것이 아니라, 기존에 존재하고 정리되지 못한 아키텍처를 정의하고 체계화하는 작업들이기 때문에 본격적으로 프로젝트가 시작되는 단계가 바로 이곳이기 때문이다.

그림 3-15 BPMLC 프레임워크 STAGE 2

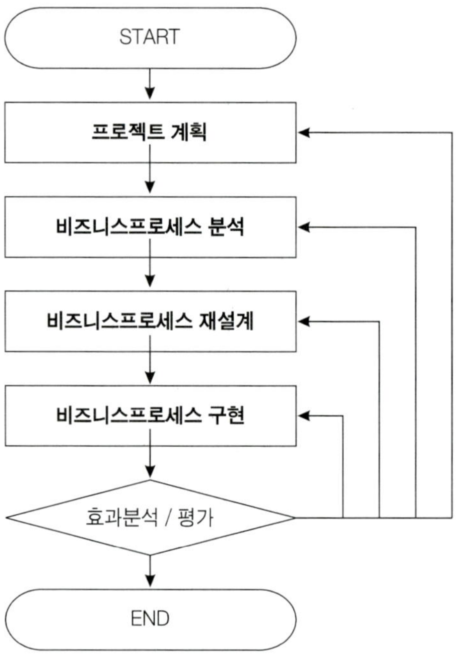

(1) PHASE 3: 프로젝트 계획수립

프로젝트 계획수립 단계는 일반적으로 프로젝트 계획을 수립하는 과정과 내용이 유사하다. 특히, 정보시스템을 개발하는 과정에서의 계획수립 단계는 문제를 이해하고 시스템을 정의하는 작업이 수행되는데, 정보시스템을 개발하는 경우 문제를 이해한다는 것은, 해당 영역에 대해서 단순히 문제점만을 열거하는 것이 아니라, 문제가 되고 있는 영역과 문제의 원인 그리고 문제해결의 범위와 문제해결을 통한 목표까지를 포함한다. 비즈니스프로세스관리 프로젝트 계획수립 단계에서도 이와 유사하게 진행되는데 비즈니스프로세스를 개선한다는 관점에서 비즈니스프로세스관리 프로젝트 계획내용은 다음과 같다.

- **대상 영역** : 조직의 비전과 미션과 목표를 달성하는데 문제가 되거나 효과적으로 작용하지 못하고 있는 영역이 있다면 그것을 선택하여 프로젝트 대상 영역을 결정한다.
- **대상 프로세스** : 대상 영역 내의 비즈니스프로세스와 대상 영역과 연계된 종단간 비즈니스프로세스 중에서 개선효과가 극대화될 수 있는 대상 프로세스를 선정하며 우선 순위를 결정한다.
- **프로세스 목표 설정** : 선택한 대상 프로세스의 목표와 프로세스 실행결과를 비교·분석하여 문제의 정도를 파악하고, 프로세스 개선작업을 통해서 달성하려는 구체적인 목표를 설정하며, 실제로 그 목표가 달성될 수 있는지를 검토한다.

대상 영역과 대상 프로세스 선정 그리고 프로세스 목표 설정은 일반적인 프로젝트와 달리 비즈니스프로세스를 개선하는 프로젝트이기 때문에 추가되는 작업내용이며, 이와 별도로 기업에서 수행되는 많은 프로젝트와 마찬가지로 프로젝트 자체에 대한 계획수립 내용이 포함된다. 이에는 다음과 같은 항목들이 포함된다.

- **프로젝트 팀 구성 및 인적자원계획** : 비즈니스프로세스관리 프로젝트에 참여하는 인력규모와 이들의 세부활동 내용, 개별과 소단위 팀 별 역할 등에 대한 내용들이 계획되어야 한다.
- **프로젝트 진행절차** : 프로젝트 진행절차는 선택한 비즈니스프로세스관리 프레임워크에 따라서 진행되기 때문에, 이는 프로젝트를 진행하는데 활용할 프레임워크를 선택하는 문제이다.
- **프로젝트 일정계획** : 비즈니스프로세스관리 프로젝트의 일정은 비용과 직결되기

그림 3-16 프로젝트 계획요소

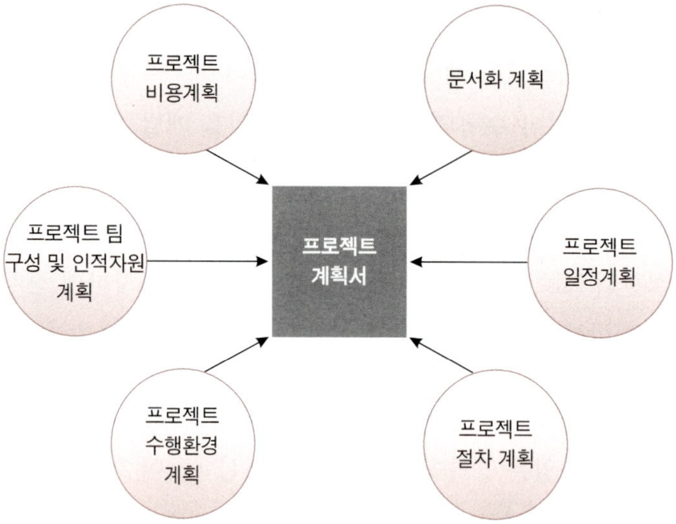

때문에, 전체 프로젝트에 대한 일정계획은 다른 일반적인 프로젝트에서와 마찬가지로 매우 중요하다. 프로젝트 매니저의 가장 중요한 역할 중에 하나는 정해진 기간 내에 전체 프로젝트가 종료될 수 있도록 개별과 소단위 팀별 작업일정을 관리하는 것이며, 전체 프로젝트 일정에 차질이 없도록 합리적인 일정계획이 수립되어야 한다.

- **프로젝트 비용계획** : 단기적인 개선효과를 위해서 진행하는 단기 프로젝트를 제외하고 대부분의 비즈니스프로세스관리 프로젝트는 장시간을 요하는 작업이며, 그럼에도 불구하고 개선효과가 불확실한 경우가 많다. 불확실하다는 의미는 비즈니스프로세스 개선효과를 측정하기 어렵다는 것을 의미하기도 한다. 이러한 비즈니스프로세스관리 프로젝트의 특성 상 프로젝트를 진행하기에 앞서 다양한 비용산정 방법을 이용하여 수립해야 한다.
- **문서화 계획** : 비즈니스프로세스관리 프로젝트는 일회성 프로젝트로 끝나는 것이 아니라, 지속적으로 진행되어야 할 장기적인 프로젝트이다. 기업환경이나 내부 업무처리 환경이 변하여 동일한 프로세스를 대상으로 비즈니스프로세스관리 프로젝트를 수행하는 경우와 효율적으로 개선한 프로세스 자체를 관리하는 경우 등에 대비하여 모든 작업내용들이 체계적으로 정리되고 문서화되어야 한다. 따라서 프로젝트가 진행되는 동안 생성될 문서들을 정의하고 어떤 형식으로 문서를 생성하며, 생성

된 문서들을 어떻게 관리할 것인가에 대한 구체적인 계획이 수립되어야 한다.

- **프로젝트 수행환경 계획** : 기타 프로젝트 자체에 영향을 미치는 다양한 요인들에 대한 계획을 수립해야 한다.

(2) PHASE 4: 비즈니스프로세스 분석

비즈니스프로세스 분석 단계의 핵심은 대상 영역의 대상 프로세스를 이해하는 것이다. 비즈니스프로세스를 올바르게 이해한다는 것은, 이미 정의된 프로세스 아키텍처에 의해서 작성된 단순한 그림(프로세스모델)만을 이해하는 것을 의미하는 것이 아니라, 조직부서와 조직구성원 그리고 이들의 역할, 투입되고 산출되는 수많은 데이터들과 비즈니스프로세스를 수행하기 위해서 필요한 기술적 자원 등을 이해하는 것이다. 따라서 비즈니스프로세스 분석단계에서 이러한 내용들을 올바르게 이해하기 위해서는 먼저 체계적이고 구체적인 프로세스모델이 작성되어야 한다.

이어서 작성된 현재의 비즈니스프로세스가 조직이 추구하는 비전과 미션 그리고 목표에 부합되는지? 그리고 프로세스 자체의 목표가 효과적으로 달성되고 있는지? 만일 그렇지 않다면 어느 부분이 문제인지? 그 원인은 무엇인지? 등에 대한 내용들을 분석하는 작업이 이루어져야 한다. 또한 단기적인 개선효과를 거둘 수 있는 부분과 그렇지 않은 부분들을 분리하여 어떤 절차와 방법으로 개선할 것인가? 프로세스를 개선하는 경우 달라질 수 있는 조직구조의 변화는 어떻게 할 것인가? 등을 결정해야 한다.

비즈니스프로세스 분석 단계의 작업은 대상 영역의 대상 프로세스를 중심으로 무엇이 문제이고, 문제의 원인이 무엇인지를 찾아 내는 작업이며 어떻게 개선할 것인가를 제안하는 단계는 아니기 때문에, 어떻게(how)의 관점이 아닌 어떤(what)의 관점에 초점이 맞추어져야 한다.

(3) PHASE 5: 비즈니스프로세스 재설계

IT분야에서 "설계(design)"라는 용어는 일반적으로 분석결과 도출된 문제를 해결하기 위한 방안을 개념적으로 정립하는 작업을 의미한다. 비즈니스프로세스관리 프로젝트에서도 마찬가지로 이전 단계인 비즈니스프로세스 분석 단계에서 도출한 문제를 해결하기 위한 새로운 프로세스를 개발하는 작업을 의미한다. 따라서 비즈니스프로세스관리 프로젝트 전체에서 가장 핵심이 되는 작업단계이다. 이 단계의 작업 결과에 따라서 업무처리

과정이 달라지거나, 업무처리 주체가 달라지기도 하기 때문에, 조직구조의 변화와 조직구성원의 역할이 변화될 수 있다. 따라서 이 단계의 작업결과에 기업의 최고 경영층은 물론 실제 프로세스 운영자 그리고 모든 비즈니스프로세스 관련 이해관계자들의 관심이 집중되는 이유는 바로 이 때문이다.

비즈니스프로세스 재설계 단계에서 새롭게 개발된 프로세스의 효과에 대해서는 이론적으로 밖에 증명할 수가 없다. 프로세스 개선효과는 실제로 프로세스가 수행되고 난 후 그 결과와, 프로세스 개선 이전의 결과를 비교하여 효과가 입증될 수 있기 때문이다. 그럼에도 불구하고 비즈니스프로세스의 개선효과가 전혀 입증되지 않는 상태에서 이를 실제 업무처리에 적용할 수가 없기 때문에, 프로세스의 성능 평가기준을 마련하여 개선효과를 입증하는 작업까지 이 단계에 포함되어야 한다. 프로세스 개선효과를 입증하기 위해서 시뮬레이션이나 활동기준 비용산정(ABC costing)과 같은 다양한 관점의 타당성 분석 등이 이용될 수 있다.

(4) PHASE 6: 비즈니스프로세스 구현 및 평가

IT분야에서의 "구현(implementation)"은 더 이상 이론적인 개념이 아니라, 분석 및 설계과정을 거친 후 물리적인 구현을 의미한다. 그러나 비즈니스프로세스관리 프로젝트에서의 구현은 시스템으로의 물리적인 구현을 의미하는 것이 아니라, 실제 업무처리에 재설계된 비즈니스프로세스를 적용한다는 것을 의미한다. 물론 프로세스를 수행하는 기술적인 도구가 필요하다면 지원도구로서의 시스템을 개발하는 것까지를 포함시킬 수는 있지만, 비즈니스프로세스 구현은 새로운 모습의 변화와 새롭게 설계된 비즈니스프로세스의 도입, 이에 따른 조직구조의 변화, 역할분담의 변화, 지원도구와 기술적 자원의 투입 등을 의미한다.

형식적인 비즈니스프로세스관리 프로젝트는 **비즈니스프로세스 구현** 단계로 종료된다고 할 수 있다. 그러나 비즈니스프로세스관리 프로젝트의 근본 목적은 단순히 프로세스를 새롭게 변화시키는 것이 아니라, 이를 통해서 기업의 비전과 미션과 전략에 부응하며, 추구하는 목표를 효율적으로 달성하며, 장기적으로 기업이 성장해가는 데 효과적으로 작용하는 프로세스를 개발하는 것이다. 따라서 형식적인 프로젝트는 종료되었지만, 실질적인 프로젝트는 다음과 같은 비즈니스프로세스 효과분석 및 평가 작업까지를 포함하다.

비즈니스프로세스 효과분석 및 평가 작업의 목적은 재설계한 비즈니스프로세스를 실무에 적용할 때 나타날 효과를 분석하고 검증하는 것이다. 이는 비즈니스프로세스관리 프로젝트의 최종 목적인 지속적인 성과를 도출하기 위한 전제 조건이기도 하다. 즉, 재설계한 비즈니스프로세스의 효과가 검증되지 못하면, 비즈니스프로세스관리 프로젝트가 형식적으로 종료되었기 때문에 성공적으로 수행되었다 하더라도 실제적인 프로젝트는 큰 의미가 없다. 즉, 비즈니스프로세스관리 프로젝트 자체는 실패한 것이라 할 수 있다. 재설계한 비즈니스프로세스의 효과분석 및 평가작업은 다음 단계에 따른다.

① 비교분석 및 평가 기준 설정

비즈니스프로세스관리의 목적은 개별 프로세스의 효과와 전체 종단간 비즈니스프로세스의 효율성 제고에 있다. 따라서 기존의 프로세스와 재설계한 프로세스의 비교관점을 미리 설정할 필요가 있다. 예를 들어, 기존의 프로세스와 재설계한 프로세스의 수행시간을 비교하거나, 프로세스를 수행하는데 소요되는 비용을 비교하는 것이 일반적이며, 조직의 목표를 달성하는데 문제시 되었던 개별 관점들을 비교 · 분석 및 평가의 기준으로 할 수 있다. 그러나 비즈니스프로세스관리 프로젝트의 목적은 단기적인 프로세스 효과보다는 장기적인 관점에서 조직의 목표와 전략에 부합되고 추구하는 목적을 효율적으로 달성할

그림 3-17 비즈니스프로세스 효과분석 및 평가

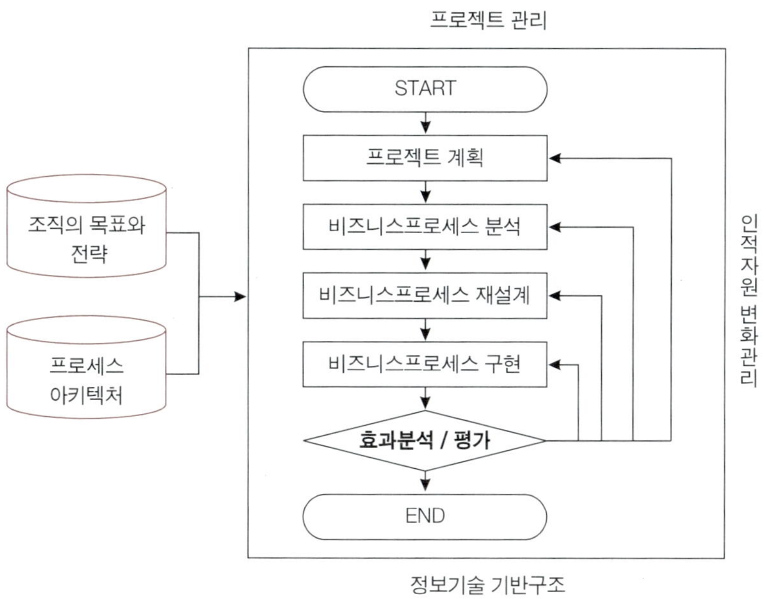

수 있도록 프로세스를 개선하는 것이기 때문에, 단기적인 효과를 도출하기 위한 측면에서 프로세스를 비교 · 분석하고 평가하는 것은 바람직하지 않다. 물론 단기적인 효과측면이 간과되어도 좋다는 의미는 아니며, 단기적인 효과와 장기적인 효과를 동시에 비교 · 분석하고 평가할 수 있는 기준이 비즈니스프로세스관리 프로젝트의 성격에 부합된다.

② 기존의 프로세스와 재설계한 프로세스의 비교분석

단기적인 프로세스 개선효과와 장기적인 측면의 프로세스 개선효과가 어느 정도인지 확인하는 작업이 수행된다. 비교 · 분석작업은 단순한 모델의 비교만을 의미하는 것이 아니라, 비즈니스프로세스관리 프로젝트의 목적과 앞에서 설정한 기준에 따라서 구체적인 비교 · 분석 항목별로 진행된다.

③ 분석결과 평가

비교 · 분석결과에 따라서 지금까지 진행해온 비즈니스프로세스관리 프로젝트 결과가 평가된다. 분석결과 어떤 비즈니스프로세스는 기대 이상의 효과가 도출되지 못하는 경우도 있으며, 어떤 비즈니스프로세스는 기대 이상의 효과를 거둘 수 있는 것으로 예상되기도 한다. 즉, 분석결과의 평가 여하에 따라서 재설계한 비즈니스프로세스를 실제 업무에 적용할 것인지? 기존의 비즈니스프로세스를 유지할 것인지를 판단하게 된다.

④ 비즈니스프로세스 실행

효과분석 및 평가 작업을 통해서 검증된 프로세스의 효과는 이론적인 검증이기 때문에, 실제 개선효과가 반영되어 나타나는 것은 아니다. 이론적으로 검증된 프로세스 개선효과는 재설계한 프로세스를 실무에 적용하여 구체적인 작업을 수행함으로써 나타난다. 비즈니스프로세스 실행 단계는 개선된 비즈니스프로세스를 실무에 적용하는 과정이다. 즉, 비즈니스프로세스 실행 단계는 지속적인 성과도출을 위해서 개선된 비즈니스프로세스를 실무에 적용하는 단계이다. 즉, **지속적인 성과도출을 위한 비즈니스프로세스의 실행** 단계는 지금까지 프로젝트 형식으로 진행해 왔던 비즈니스프로세스의 개선 프로젝트를 비즈니스 일상으로 전환하는 것을 의미한다. 그러나 개선된 비즈니스프로세스를 실무에 적용("프로젝트 → 비즈니스 일상")한다는 것은 단순히 새로운 비즈니스프로세스를 이용하여 업무를 처리하는 것만을 의미하지는 않는다. 비즈니스프로세스는 단순한 업무처리 방법이나 과정만을 나타내는 것이 아니라, 비즈니스프로세스를 수행하는 주체와 새로운 역할은 물론, 투입되고 산출되는 데이터 그리고 이를 위해서 사용되는 정보기술 기반구조를 포함하는 것이며, 더 나아가서 기존 시스템들과의 연계를 통해서 달라지는 시스템관점의 통합과 연계 등이 달라지게 된다. 비즈니스프로세스를 실무에 적용한다는 것은 다음과 같은 다양한 변화를 의미하는 것이다.

- 조직구조의 변화
- 조직구성원의 새로운 역할분담
- 업무처리 방식의 변화
- 투입-산출 데이터의 구조 변화
- 성과측정 방법 및 지표

따라서 비즈니스프로세스를 실무에 적용하여 개선효과를 거두기 위해서는 필요한 경우 기존의 조직부서를 통 · 폐합하거나 새로운 조직부서를 운영해야 하는 경우도 발생하게 된다. 기존의 조직부서가 통폐합되거나 새로운 조직부서가 생긴다는 것은 조직구성원들에게 새로운 역할이 분담되는 것이며, 이들이 활용하는 시스템자원의 변화를 의미하는 것이다. 그리고 근본적인 변화는 조직구성원들이 기존의 방식이 아닌 새로운 방식으로 업무를 처리하는 것을 의미하기 때문에, 새로운 비즈니스프로세스를 정착화시키는 작업은 쉽지 않다. 또한 새로운 비즈니스프로세스의 도입은 데이터의 구조변화를 의미하기 때문에, 기존의 데이터베이스와 내부 데이터 간의 관계 등 데이터구조를 변경해야 하기 때문에, 어렵고 힘든 작업이다. 이러한 이유들로 인해서 새로운 비즈니스프로세스를 도입한다는 것은 쉽지 않은 작업이지만, 비즈니스프로세스 개선의 궁극적인 목적이 이러한 변화를 통해서 기업이 추구하는 목표를 효과적으로 달성할 수 있는 기반을 마련하는 것이기 때문에, 기업의 입장에서는 이러한 변화의 내용들을 기업에 정착될 수 있도록 모든 노력을 기울여야 한다.

5) STAGE 3: 비즈니스프로세스관리 수행기반구축

비즈니스프로세스관리 프로젝트가 성공적으로 수행되어 기업의 목표를 효과적으로 달성할 수 있는 장기적인 기반을 마련하기 위해서는 다음과 같은 기반이 마련되어야 한다.

- 프로젝트 관리
- 인적자원 변화관리
- 정보기술 기반구조

(1) PHASE 7: 프로젝트 관리

기업에서 추진하는 많은 프로젝트들과 마찬가지로 비즈니스프로세스관리 프로젝트 또한 정해진 기간과 예산, 그리고 활용 가능한 프로젝트 자원을 이용하여 프로젝트를 성공적으로 마무리 하기 위해서 일정과 예산과 인적자원 그리고 기타 프로젝트 계획수립 단계에서 수립한 내용들이 계획대로 진행될 수 있도록 관리해야 한다.

프로젝트 관리에 있어서 프로젝트 매니저의 역량에 따라서 프로젝트의 성공과 실패가 달라진다고 할 수 있을 정도로 프로젝트 매니저는 중요한 역할을 담당한다. 프로젝트 매니저는 프로젝트의 경험을 바탕으로 정해진 기간과 비용 내에서 원하는 수준의 결과를 얻기 위해서 프로젝트의 진행과정에서의 세부 작업내용, 작업기간, 작업에 필요한 자원배분, 인적자원관리, 일정관리 등 프로젝트의 전체를 관리하고 통제하는 역할을 하게 된다. 이를 위해서 프로젝트 매니저는 다음과 같은 능력을 소유해야 한다.

그림 3-18 BPMLC 프레임워크 STAGE 3

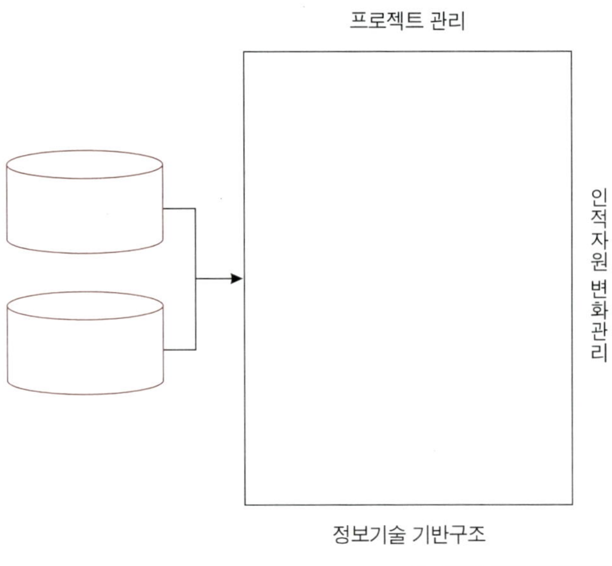

① 프로젝트 관리능력

비즈니스프로세스관리 프로젝트는 기업 내부의 많은 다른 프로젝트들과는 달리 장기적인 관점에서 비즈니스프로세스를 개선하려는 것이기 때문에, 단기적인 효율성을 강조하는 일반적인 프로젝트와는 다른 목적에서 출발한다. 따라서 일반적인 비즈니스 매니저들과 다른 능력을 요구하게 된다. 예를 들어, 일반적인 비즈니스 매니저의 경우에도 비즈니스프로세스관리 프로젝트를 수행할 수도 있겠지만, 일반적인 비즈니스 매니저가 프로젝트를 수행할 경우, 앞에서 설명한 ICEBERG 신드롬에서처럼 비즈니스프로세스를 단기적인 관점에서 보는 비즈니스 매니저들이 잠재적인 개선효과를 간과하기 쉽기 때문에, 비즈니스프로세스관리 프로젝트의 효과를 극대화할 수가 없다.

② 프로젝트 수행 경험

비즈니스프로세스관리 프로젝트의 성공적인 수행을 위해서는 일반 비즈니스 프로젝트와는 다른 프로젝트 수행기술이나 요구사항들이 요구된다. 이는 비즈니스프로세스를 보는 관점이 비즈니스프로세스관리 프로젝트 매니저와 일반 비즈니스 매니저의 시각이 다르기 때문이다. 일반 비즈니스 매니저의 경우, 비즈니스프로세스의 수행과 관련된 조직구조, 데이터구조, 업무처리 방식이나 순서 등에 대한 근본적인 사항을 있는 그대로를 전제로 하지만, 비즈니스프로세스관리 프로젝트 매니저의 경우에는 이러한 근본적인 사항들까지를 고려하여 장기적인 비즈니스프로세스 개선효과를 생각해야 하기 때문에, 거시적이고 장기적인 관점에서 복잡한 비즈니스프로세스를 관찰하고 분석할 수 있는 비즈니스프로세스관리 프로젝트를 수행한 경험이 절대적으로 중요하다.

③ 리더십

비즈니스프로세스를 개선하는 작업을 성공적으로 수행하기 위해서는 직접적으로 참여하는 모든 인력들과 이를 지원하는 경영진 그리고 비즈니스프로세스 변화에 영향을 받을 수 있는 모든 이해관계자들의 다양한 의견을 반영하며, 정해진 작업을 차질없이 수행해 나가야 하기 때문에, 리더십은 절대적인 덕목 중에 하나이다.

(2) PHASE 8: 인적자원 변화관리

다른 프로젝트에서와 마찬가지로 비즈니스프로세스관리 프로젝트 또한 많은 인원들이 참여하는 공동의 작업으로 이루어지는데, 이들 참여인원들이 프로젝트 초기부터 종료시점까지 함께 하는 것은 아니다. 도중에 새로운 인력이 프로젝트에 참여하기도 하고 참여하고 있던 인력이 도중에 하차하기도 한다. 이러한 경우에 프로젝트의 연속성과 일관성을 위해서 참여인력들의 역할이나 작업 내용 등이 자연스럽게 승계되어 전체 프로젝트 과정이 자연스럽게 이어지도록 해야 한다. 이를 위해서 인적자원의 변화관리는 프로젝트의 종료시점까지 계속되어야 한다.

인적자원 변화관리는 프로젝트를 진행하는 과정에서만의 문제가 아니라, 프로젝트 종료 후 프로젝트 결과에 따라서 달라지는 인적자원 구성 및 역할 등을 포함한다. 따라서 프로젝트 매니저의 리더십은 프로젝트 자체의 수행을 위해서 필요하기도 하지만, 프로젝트 종료 후, 변화될 인적자원의 구성과 새로운 역할분담 등을 위해서도 필요하다. 비즈니스프로세스관리 프로젝트 수행결과 새로운 비즈니스프로세스의 설계 및 개발은 이론적으로 상대적으로 쉬운 작업이지만, 이를 실제로 적용하고 새로 개발된 프로세스에 따라서 비즈니스가 진행되도록 하는 것은 쉽지 않은 작업이다. 모든 조직구성원들이 공동의 목적을 이루기 위해서 노력하도록 격려하고 지원하기 위해서 조직구성원 개개인을 파악하고 관리하는 것이야말로 비즈니스프로세스관리 프로젝트가 추구해야 할 최종적인 목표라 할 수 있다.

(3) PHASE 9: 정보기술 기반구조

정보기술 기반구조는 프로젝트 종료 후에 새롭게 개발된 비즈니스프로세스를 수행하

그림 3-19 비즈니스프로세스관리 프로젝트 기반요소의 관계

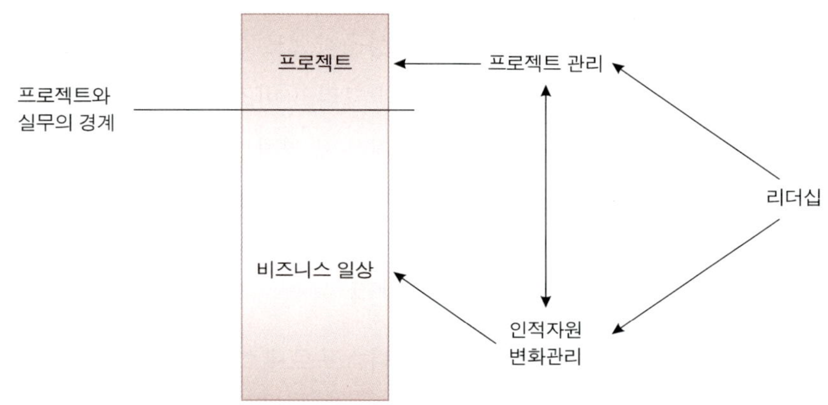

는데 있어서 결정적인 역할을 하지만, 프로젝트 자체의 성공적인 수행을 위해서도 절대적으로 필요한 사항이다. 예를 들어, 프로젝트 진행과정에서 참여 인력 사이의 원활한 의사소통을 위해서 의사소통 도구가 필요하며, 또한 복잡한 작업이 공동으로 진행되기 때문에, 공동작업결과의 일관성이나 유효성을 확보하기 위해서도 다양한 정보기술이 지원되어야 한다.

비즈니스프로세스관리 프로젝트의 경우 정보시스템 개발 프로젝트처럼, 언제나 기술적인 시스템으로 구현되어야 하는 것은 아니다. 그럼에도 불구하고 현실적으로는 비즈니스프로세스 개선결과 새로운 프로세스를 수행할 시스템이 필요하기 때문에, 새로운 시스템을 구현하거나 기존의 시스템을 변형하는 작업으로 이어지는 것이 보통이다. 따라서 비즈니스프로세스관리 프로젝트의 성공을 위해서 정보기술 기반구조는 필수적인 요소이다.

3. BPMLC 프레임워크의 활용

3.1 점진적인 비즈니스프로세스관리 프로젝트

기업 내의 많은 프로젝트들은 일회성으로 끝나는 것이 아니라, 업무처리 환경이 변하거나 기존의 시스템으로 업무처리가 불가능한 경우에는 새로운 정보시스템을 개발하기 위한 또 다른 새로운 프로젝트가 시작된다. 비즈니스프로세스관리 프로젝트는 3 STAGE → 9 PHASES → STEPS 단계를 거치면서 수행되는데, 이러한 비즈니스프로세스관리 프로젝트 또한 일회성으로 끝나는 것이 아니라, 새로운 요구가 발생하고 환경이 변하거나 추구하는 목적이나 기업이 추구하는 전략이 수정되면 이를 위한 비즈니스프로세스관리 프로젝트가 시작된다.

비즈니스프로세스관리 프레임워크를 순환 사이클에 비유하여 설명한 이유는 바로 어떤 프레임워크라 하더라도 일회성 프로젝트로 끝나지 않고, 프로세스를 개선해야 하는 결정이 내려지면 동일한 프로젝트 3 STAGES → 9 PAHSES → STEPS의 단계를 거치는 프

그림 3-20 점진적인 비즈니스프로세스관리

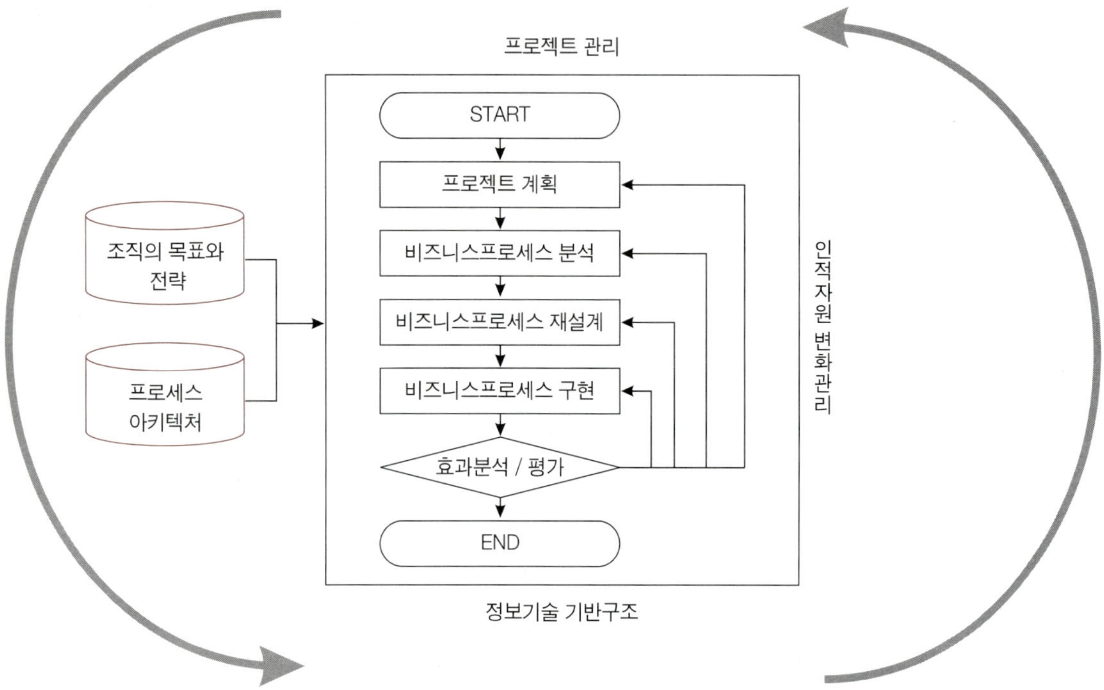

레임워크 사이클이 진행되기 때문이다. 본 저서에서 소개한 BPMLC 프레임워크를 활용함에 있어서도 조직의 목표와 전략이나 프로세스 아키텍처 자체가 변하지 않았다면, 본격적인 프로젝트 단계로 진입하여 프로젝트가 수행되며, 조직의 목표와 전략이 달라지거나 프로세스 아키텍처를 달리 규정해야 할 필요성이 제기되면, 프로세스 아키텍처를 재정립하는 단계부터 프로젝트가 진행된다.

3.2 비즈니스프로세스관리 프로젝트 접근방법

IT분야의 그 어떤 방법론이라도 방법론에서 규정한 절차에 따라서 작업을 진행하는 것은 쉽지 않으며, 어떤 경우에는 방법론에서 정한 규정과 절차를 변형하여 활용할 필요가 있다. 현재 대부분의 기업활동들이 프로젝트 기반으로 이루어지기 때문에, 기업 내부에서는 수많은 프로젝트들이 수행된다. 프로젝트를 재정적으로 지원하는 최고경영자 관점에서 보면 장기적인 관점에서 기업이 추구하는 목표를 효과적으로 달성하기 위해서 비즈니스프로세스관리가 필요하다는 생각보다는, 비즈니스프로세스관리 프로젝트라 하더라도 수많은 프로젝트의 하나라고 생각할 것이다. 그렇기 때문에 최고경영자는 비즈니스프로세스를 개선함으로써 얻게 되는 단기적인 효과에 더 많은 관심을 가질 수 밖에 없으며, 검증된 프로젝트에 재정적 지원을 하려는 경향이 있다. 최고경영자의 관심이 높다고 하더라도 프로젝트 비용과 프로젝트 일정, 프로젝트 가용자원에 한계가 있기 때문에, 프로젝트 방법론에서 정한 규정과 절차에 따라서 프로젝트를 진행하는 것은 쉽지 않다. 다시 말하자면, 이론적인 비즈니스프로세스관리 프로젝트 프레임워크를 개발하고 이에 따라서 프로젝트가 진행되는 것이 가장 이상적이지만, 모든 비즈니스프로세스관리 프로젝트에 정형화된 프레임워크를 적용할 수는 없다는 것이다.

현실적으로는 정형화된 비즈니스프로세스관리 프로젝트 프레임워크를 기본으로 하되 상황에 따라서 프레임워크를 활용하는 방법이 달라져야 한다는 것이다. 일반적으로 비즈니스프로세스관리 프로젝트 프레임워크를 활용하는데 영향을 미치는 요인은 조직의 성숙도와 조직의 비즈니스프로세스관리 프로젝트 수행 경험이다. 단기적인 효과가 아닌 장기적인 측면에서 종단간 비즈니스프로세스 그 일부에 대한 심도 있는 분석 · 설계작업을 할 만큼 성숙된 기업의 경우와 이미 비즈니스프로세스관리 프로젝트를 수행한 경험이 있는 경우가 아니라면 체계적인 프레임워크를 상황에 맞게 변형하여 활용하는 것이 효율적이다.

가장 이상적인 경우에는 프로젝트를 시작하기에 앞서 조직의 비전과 미션과 목표를 설정하고 비즈니스프로세스 개선작업을 추진하며, 조직의 목표와 전략에 부합되는 프로세스 아키텍처를 개발한 연후에 프로젝트를 시작하는 것이다. 이러한 과정을 거친 후 비즈니스프로세스관리 프레임워크를 활용하는 방법에는 두 가지 방법이 있다.

- 전략지향적 프로젝트
- 운영주도적 프로젝트

1) 전략지향적 비즈니스프로세스관리 프로젝트

전략지향적 활용방법(strategy-driven approach)은 최고경영층의 내부 프로젝트와 기타 경로를 통해서 기업이 설정한 비전과 미션 그리고 목표를 달성하는데 비즈니스프로세스를 재설계할 필요성이 있다는 의지를 가지고 비즈니스프로세스관리 프로젝트를 시작하는 것이다. 이러한 방법은 하향식 접근방법(top-down approach)이며, 전략적 차원에서 기업의 비즈니스프로세스를 관리하는 것이다.

따라서 전략지향적 프레임워크를 활용하는 경우는 다음의 세 가지 경우 중에 하나에 해당되는 경우이다.

- 종단간 비즈니스프로세스와 그 일부가 조직의 비전이나 미션 그리고 추구하는 목표에 부합되지 않을 경우
- 비즈니스 환경이나 비즈니스 영역이 달라지는 등 기업의 비전이나 미션 그리고 목표가 수정되는 경우
- 기업의 전략은 주기적으로 쇄신되기 때문에, 전략수정 및 변경주기에 따라서 기업의 전략이 수정되는 경우

전략지향적 비즈니스프로세스관리 프레임워크 활용은 결국 기업전략의 변화에 있다. 따라서 이 경우에는 **조직의 전략과 목표 및 프로세스 아키텍처** 단계의 작업을 거쳐 프로

그림 3-21 전략지향적 비즈니스프로세스관리 프로젝트

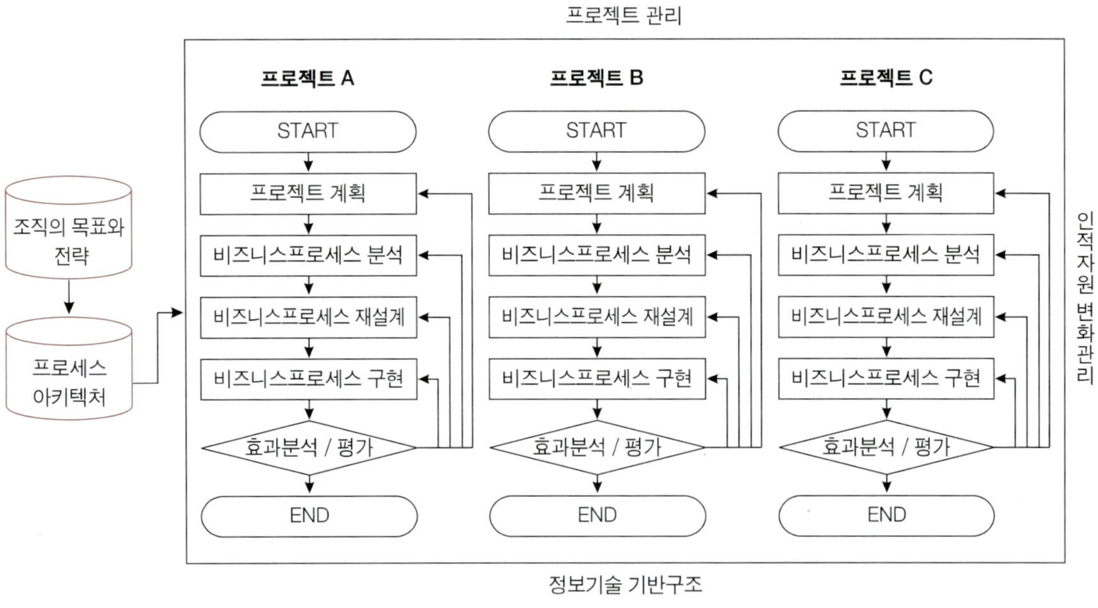

젝트를 시작하게 된다. 그리고 프로젝트의 진행은 내부 비즈니스프로세스 영역과 전략적인 의사결정에 따라 정해진 영역에서의 개별 프로젝트가 진행된다.

2) 운영지향적 비즈니스프로세스관리 프로젝트

운영지향적(operational-initiative approach) 비즈니스프로세스관리 프로젝트는 전략지향적 접근방법과 달리 조직의 목표와 전략, 그리고 프로세스 아키텍처가 변하지 않은 상황에서 비즈니스프로세스의 실제 운영상의 문제를 해결하기 위해서 프로젝트를 진행하는 것이다. 즉, 프로젝트가 시작되는 이유가 상위경영층에 있는 것이 아니라, 중간관리층이나 실제 작업자 측면에서 비즈니스프로세스를 수행하는 과정에서 제기되는 문제점들로 인해서 시작된다는 점이 다르다.

따라서 운영지향적 비즈니스프로세스관리 프로젝트는 전략지향적 비즈니스프로세스관리 프로젝트에서처럼 전체 프로젝트 과정이 수행되는 것이 아니다. 예를 들어, 조직의 목표와 전략이 달라지는 것이 아니기 때문에, 조직의 목표와 전략을 다시 수립하거나 재정립해야 할 필요가 없으며, 프로세스 아키텍처 또한 이미 규정된 절차와 방법이 정해져

그림 3-22 운영지향적 비즈니스프로세스관리 프로젝트

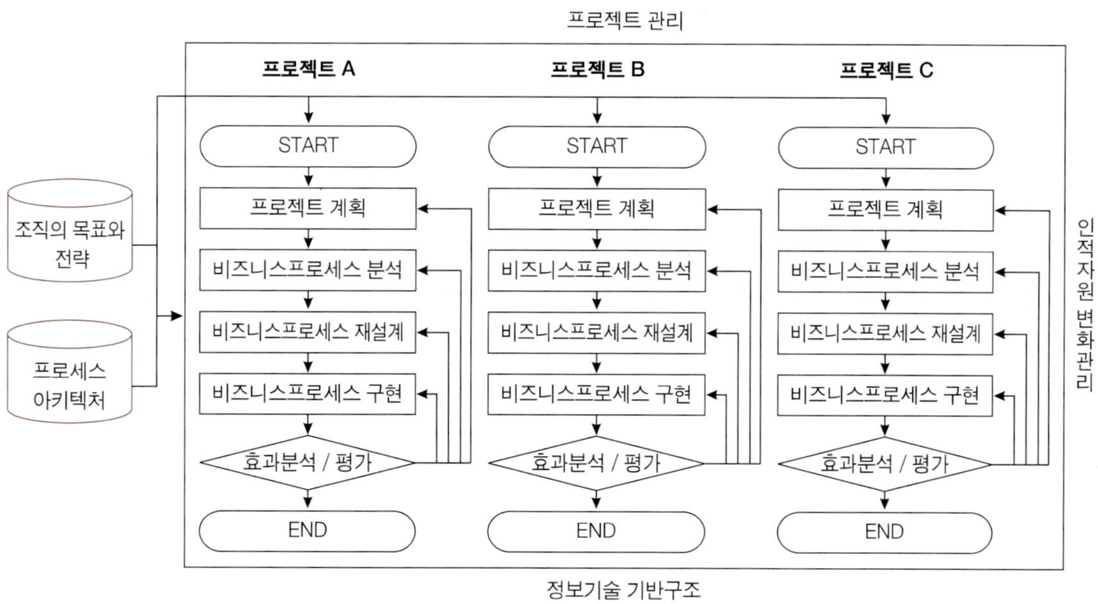

〈표 3-1〉 전략지향적 vs. 운영지향적 비즈니스프로세스관리 프로젝트의 차이

	전략지향적 비즈니스프로세스관리 프로젝트	운영지향적 비즈니스프로세스관리 프로젝트
대상 영역	조직의 전략	비즈니스 단위 혹은 영역
프로젝트 개시원인	조직 전략의 변화	조직, 비즈니스 단위 혹은 개별 영역에서의 요구
방 법	하향식(Top-Down)	상향식(Bottom-Up)
프로젝트 진행	조직의 목표와 전략 단계부터 순차적으로	프로젝트 계획 단계부터 순차적으로
포트폴리오 요구	필요함	필요하지 않음

있기 때문에, 이를 활용할 뿐 새로운 프로세스 아키텍처를 정의할 필요가 없다. 프로젝트가 본격적으로 시작된 이후에도 필요에 따라서 세부단계(PHASES)와 세부과정(STEPS)을 생략할 수도 있다. 운영지향적 비즈니스프로세스관리 프로젝트도 전략지향적 비즈니스프로세스관리 프로젝트에서와 마찬가지로 영역별로 세부프로젝트들이 진행된다. 다음은 운영지향적 비즈니스프로세스관리 프로젝트의 진행과정을 [그림 3-22]와 같이 나타낸 것이다.

전략지향적 비즈니스프로세스관리 프로젝트와 운영지향적 비즈니스프로세스관리 프로젝트의 차이를 정리하면 〈표 3-1〉과 같다.

3.3 비즈니스프로세스관리 프로젝트 활용방법

1) 프로젝트 수행목적에 따른 활용방법

비즈니스프로세스관리 프로젝트 프레임워크 활용방법은 비즈니스프로세스관리 프로젝트의 유형과 관련이 있다. 비즈니스프로세스관리 프로젝트 유형은 결국 비즈니스프로세스 개선전략과 프로젝트 목적과 같은 개념이다. 일반적으로 비즈니스프로세스관리 프로젝트 목적은 다음과 같이 분류된다.

- 일상적인 비즈니스 수행을 위한 프로젝트
- 시범 적용을 위한 프로젝트

그림 3-23 비즈니스프로세스관리 프로젝트의 유형

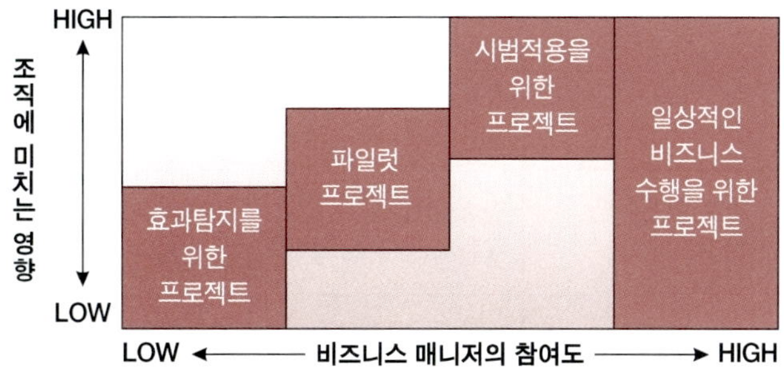

(출처: J. Jeston and J. Nelis, 2006)

- 파일럿 프로젝트
- 개선효과를 탐지하기 위한 프로젝트

이들 프로젝트의 목적에 따라서 프로젝트 결과가 조직에 미치는 영향 정도가 다르며, 프로젝트를 진행하는데 필요한 정보의 양이나 정보의 원천이 다르며, 또한 비즈니스 매니저의 참여 정도가 달라지는 것은 당연하다. 프로제트의 목적에 따라 조직에 미치는 영향 정도와 비즈니스 매니저의 참여 정도 그리고 가용 정보의 양을 기준으로 프로젝트의 유형을 시나리오 별로 구분하면 [그림 3-23]과 같다.

또한 프로젝트를 유형별로 특징을 정리하면 〈표 3-2〉와 같다.

2) 비즈니스프로세스관리 프레임워크의 세부단계 생략

[그림 3-23]과 〈표 3-2〉와 같이 비즈니스프로세스관리 프로젝트는 접근방법과 프로젝트의 유형에 따라서 프로젝트의 목적이 달라지고 프로젝트의 진행과정이 달라진다. 이는 이론적으로 정립된 비즈니스프로세스관리 프레임워크가 상황과 프로젝트 목적에 따라서 달리 적용될 수 있음을 의미한다. 예를 들어, 조직이 추구하는 목표와 전략이 명확하다면 **조직의 목표와 전략** 단계는 조직의 목표와 전략을 점검하는 정도로 지나갈 수도 있으며, 종단 간 일부 프로세스모델을 작성하기 위한 규정과 절차, 방법론이 규정되어 있다면 이 또한 리뷰하는 정도로 생략할 수도 있다. 또한 주기적으로 비즈니스프로세스관리 프로젝트를 진행하였거나 다른 IT솔루션을 도입하기 위해서 대상 영역에 대한 분석이 구체적으로 이루어졌다면, **비즈니스프로세스 분석** 작업을 생략하고 곧바로 **비즈니스프로세스 재**

〈표 3-2〉 프로젝트 유형별 특징

	효과탐지 프로젝트	파일럿 프로젝트	시범적용 프로젝트	일상적 비즈니스 수행 프로젝트
프로젝트 형태	프로젝트	프로젝트 프로그램	프로그램 조직 내부의 자체	조직 내부의 자체
비즈니스 프로세스 관리 경험	필요 없음 제한적	필요 없음 제한적(소수의 경험)	프고젝트와 프로그램에 대한 다수의 경험	조직 내에서의 경험
프로세스 관리 성숙도	기초단계	기초단계 미성숙 단계	미성숙 단계 정의단계 관리단계	관리단계 최적화 단계
프로젝트 수행동기	소규모 운영적 문제발생	대규모의 운영적 문제 전략적 이슈	인수 혹은 합병과 같은 전략적 이슈	운영적 문제로부터 전략적 이슈까지의 모든 문제
대상조직 규모	제한적	중간 정도	관련 프로세스 내의 모든 이들에게 잠재적인 영향	프로젝트의 형태에 따라서 유동적
프로젝트수행 단위	개별 단위 부서	부분 비즈니스프로세스	부분 프로세스 전체 조직	프로젝트의 규모에 따라 유동적

설계 작업을 착수할 수도 있다.

BPMLC 프레임워크는 이론적인 프로젝트 절차 모형이기 때문에, 프로젝트 목적과 유형 그리고 상황에 따라서 개별 STAGES, PHASES와 STEPS를 생략하며 진행할 수 있다. 그러나 어떤 과정을 생략한다는 것은 그 과정에 해당되는 작업을 생략하는 것을 의미하는 것이 아니기 때문에, 프로젝트의 성공을 위해서 이미 작업된 것이나 이미 알려진 내용을 리뷰하고 점검하는 과정은 반드시 거쳐야 할 것이다.

단원요약

비즈니스프로세스관리 프레임워크란 기업의 전체 종단 간 비즈니스프로세스와 그 일부를 대상으로 문제점을 찾아내고 이를 개선하여 실제 업무에 적용함으로써 장기적으로 기업이 추구하는 비전과 미션 그리고 목표를 효과적으로 달성하기 위한 체계적인 절차와 방법을 정의한 일종의 비즈니스프로세스를 개선하기 위한 계획이라 할 수 있다. 이는 기존의 정보시스템을 개발하는 절차와 유사하며, 또한 경영활동 상의 다양한 문제를 해결해가는 과정과 유사하다. 따라서 비즈니스프로세스관리 프레임워크는 정보시스템 개발을 위한 프레임워크와 유사한 방법과 절차에 따른다. 그러나 기존의 정보시스템을 개발하는 절차와 유사하기는 하지만, 비즈니스프로세스관리는 정보시스템을 개발하는 것과는 달리 반드시 기술적으로 구현하는 작업까지 포함하지는 않는다는 점에서 차이가 있다.

비즈니스프로세스관리 범위는 정보시스템을 개발하거나 기타 IT솔루션을 도입하기 위해서 업무를 분석하는 과정과 동일하며, 따라서 비즈니스프로세스관리 범위와 대상은 비즈니스프로세스를 분석하기 위해서 활용되고 있는 비즈니스프로세스 모델링 대상과 동일하다. 그러나 비즈니스프로세스를 단순하게 기업이 수행하는 기능으로 본다면 문제는 간단하지만, 비즈니스프로세스는 기업이 수행하는 단위 업무와 단위 업무의 연속된 흐름 정도로 정의되는 간단한 개념이 아니기 때문에, 비즈니스프로세스를 모델링하는 방법에 따라서 어떤 내용들이 포함되는지를 파악하는 것이 필요하다. 비즈니스프로세스관리 대상(범위)은 방법론마다 다르지만, 일반적으로 다음과 같은 내용들이 포함된다.

- 데이터/정보/지식
- 조직
- 기능
- 시스템

비즈니스프로세스관리 절차(과정)는 물리적인 시스템으로 구현하는 작업 대신 새로운 프로세스를 실무에 적용하는 작업까지만을 포함하는 것 이외에 기존의 정보시스템을 개발하는 과정과 유사하게 진행되며, 일반적인 절차는 다음과 같다.

- 비즈니스프로세스 분석
- 비즈니스프로세스 설계
- 비즈니스프로세스 구현 및 평가

비즈니스프로세스관리 프로젝트를 통해서 개선된 프로세스들은 기업이 추구하는 목표에 효과적으로 작용할 뿐만 아니라. 개선된 프로세스들이 효율적으로 수행되도록 하기 위해서 다음의 네 가지 조건들이 필요하다. 이는 비즈니스프로세스관리 프로젝트의 구성요소이자 본질이며, 비즈니스프로세스관리 프로젝트의 성공을 위한 필수조건이기도 하다.

- 프로세스
- 사람
- 기술
- 프로젝트관리

또한 성공적인 비즈니스프로세스관리 프로젝트 수행을 위해서 전반적인 조직구조와 조직문화에서부터 조직구성원들의 역할분담, 적극적인 참여, 경영성과관리, 변화관리, 다양한 이해관계자들에 대한 관리, 비용-효과분석, 비용관리 등 다양한 환경요인들에 대한 여건이 마련되어야 한다. 이는 비즈니스프로세스관리 프로젝트를 성공하기 위해서는 단순히 비즈니스프로세스관리 프로젝트 팀의 노력으로만 되는 것이 아니라, 프로젝트에 직접적으로 참여하는 팀 구성원들은 프로젝트 수행 기반이 튼튼하게 구축되어 있어야 한다는 것을 의미한다. 본 저서에서 사용되는 비즈니스프로세스관리 프레임워크는 BPMLC 프레임워크를 사용하기로 하며, 이는 다음과 같은 세부 작업내용을 포함하고 있다.

그림 BPMLC 프레임워크

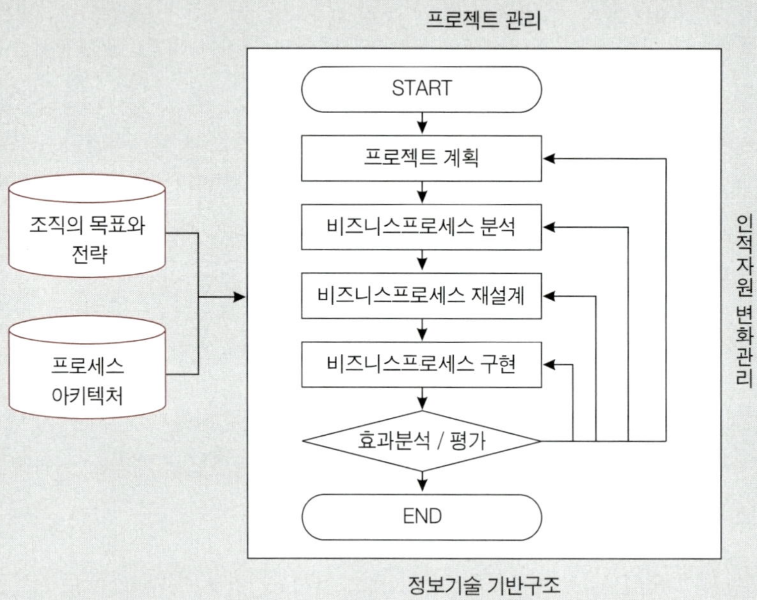

비즈니스프로세스관리 프로젝트는 3 STAGE → 9 PHASES → STEPS 단계를 거치면서 수행되는데, 이러한 비즈니스프로세스관리 프로젝트는 일회성으로 끝나는 것이 아니라, 새로운 요구가 발생하고 환경이 변하거나 추구하는 목적과 기업이 추구하는 전략이 수정되면 이를 위한 비즈니스프로세스관리 프로젝트가 또다시 시작되기 때문에, 점진적으로 프로젝트 과정을 반복한다.

이론적으로 정해진 비즈니스프로세스관리 프로젝트 프레임워크에 따라서 프로젝트가 진행되는 것이 가장 이상적이지만, 모든 비즈니스프로세스관리 프로젝트에 정형화된 프레임워크를 적용할 수는 없다.

이는 상황에 따라서 프레임워크를 활용하는 방법이 달라져야 한다는 것을 의미하는데, 일반적으로 비즈니스프로세스관리 프로젝트 프레임워크를 활용하는데 영향을 미치는 요인은 조직의 성숙도와 조직의 비즈니스프로세스관리 프로젝트 수행 경험이다. 단기적인 효과가 아닌 장기적인 측면에서 종단간 비즈니스프로세스와 그 일부에 대한 심도 있는 분석 · 설계작업을 할 만큼 성숙된 기업의 경우와 이미 비즈니스프로세스관리 프로젝트를 수행한 경험이 있는 경우가 아니라면 체계적인 프레임워크를 상황에 맞게 변형하여 활용하는 것이 효율적이다. 일반적인 프로젝트 접근방법은 다음의 두 가지 프로젝트의 유형에 따라서 달라진다.

- 전략지향적 프로젝트
- 운영지향적 프로젝트

비즈니스프로세스관리 프레임워크의 활용 또한 상황에 따라 달라질 수 있는데, 현실적으로 프로젝트를 수행하는 목적에 따라 다양한 시나리오로 구분하여 프레임워크를 활용하는 것은 일반적이다. 일반적으로 구분되는 시나리오의 형태는 다음과 같다.

- 일상적인 비즈니스 수행을 위한 프로젝트(business as usual)
- 시범 적용을 위한 프로젝트(in the driver's seat)
- 파일럿 프로젝트(pilot project)
- 개선효과를 탐지하기 위한 프로젝트(under the radar)

그림 BPMLC 프레임워크 접근방법

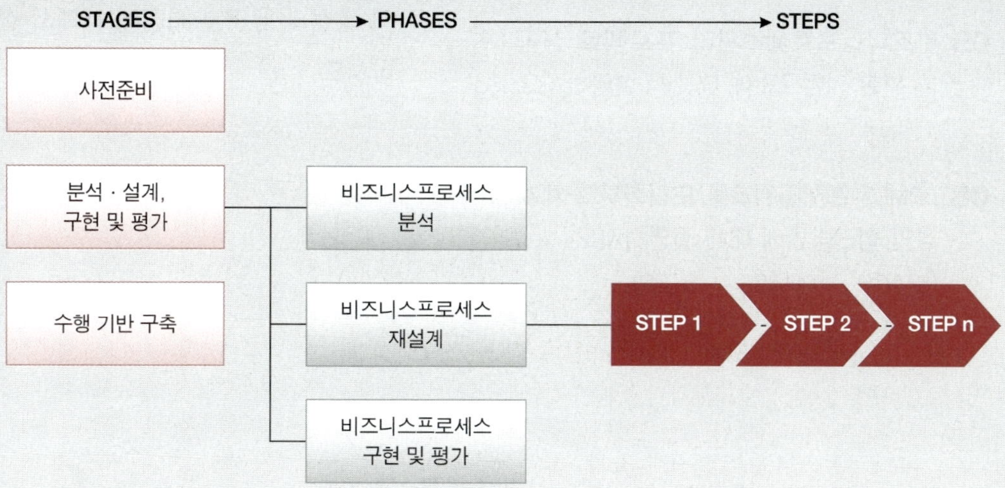

제3장

연습문제

01 비즈니스프로세스관리 프레임워크와 정보시스템 개발방법론과의 공통점과 차이점에 대해서 설명하시오

02 정보시스템 개발방법론들에 대한 자료를 수집하여 방법론마다 규정하고 있는 분석대상(범위)에 대해서 설명하시오

03 정보시스템 개발방법론들에 대한 자료를 수집하여 방법론마다 규정하고 있는 분석절차(과정)에 대해서 설명하시오

04 비즈니스프로세스관리 프로젝트 성공을 위한 4대 구성요소에 대해서 설명하시오

05 비즈니스프로세스관리 프로젝트 성공을 위한 기반요소에 대해서 설명하시오

06 BPMLC 프레임워크를 도식화하고 체계적인 접근방법에 대해 설명하시오 (STAGE → PHASE → STEP)

07 BPMLC 프레임워크의 STAGE 1~4까지를 설명하시오

08 점진적 비즈니스프로세스관리의 의미를 설명하고, 일반적인 비즈니스프로세스관리 프로젝트가 점진적 순환사이클로 진행될 수 밖에 없는 이유에 대해서 설명하시오

09 비즈니스프로세스관리 프로젝트의 두 가지 접근방법을 설명하고 차이점에 대해서 설명하시오

10 비즈니스프로세스관리 프로젝트 유형을 시나리오 별로 구분하여 프로젝트의 목적과 유형별 특징에 대해서 설명하시오

제2부 비즈니스프로세스관리 이론

제4장 조직의 목표와 전략

1. 조직의 목표와 전략단계의 의미와 중요성
2. 조직의 목표와 전략 세부 단계

"The goal should be to ensure that BPM projects have a clear link to the organization's strategy and add value to it."

(John Jeston and Johan Nelis)

학습 개요 및 목표

지식정보화 사회가 성숙기에 접어들면서 첨단 정보기술들이 개발되고 일반 기업들에 확대 보급되면서 기업환경과 업무처리 환경이 급변하고 있다. 이러한 상황에서 모든 기업들은 업무처리 방식을 효율적으로 변화시킴으로써 제품과 서비스를 좀더 효율적으로 생산하고 제공하여 더 많은 부가가치를 창출하려고 노력하고 있다. 모든 기업의 업무처리 담당자와 관리자들은 조직이 추구하는 목표를 달성하는데 기여하는 것이 자신들의 역할이며, 업무의 일부라고 생각하고 있다. 성숙되지 못한 조직의 경우에는 자신이 담당하는 업무와 조직이 추구하는 목표를 별개의 것으로 생각하고 업무의 효과와 효율성을 생각하지 않고 자신들이 지금까지 해왔던 익숙한 방식으로 업무를 처리하려는 성향이 짙다. 그러나 조직이 추구하는 목표와 이를 달성하기 위한 전략은 모든 조직구성원들의 업무와 밀접한 관계가 있으며, 조직이 설정한 목표와 이를 달성하기 위한 전략을 무시하고 자신의 업무만을 열심히 수행하는 경우, 조직의 목표와 전략에 부합된다면 결국 조직의 궁극적인 목표가 달성되지만, 그렇지 못하다면 조직구성원 개개인이 열심히 일하는 것과 조직의 목표를 달성하는 것은 별개의 것이거나, 또는 목표를 달성하더라도 많은 비효율적인 요소들이 내포되어 있는 것이다.

본 장에서는 비즈니스프로세스관리 프로젝트를 수행하기에 앞서 조직의 목표와 전략에 대해서 살펴보고자 한다. 그러나 비즈니스프로세스관리 프로제트의 목적은 조직이 추구하는 새로운 목표를 설정하거나 전략을 수립하려는 것이 아니라, 조직의 목표와 전략을 고려하여 비즈니스프로세스를 효율적으로 재설계하는 것이기 때문에, 조직의 목표와 전략을 수립하는데 초점을 맞추는 것이 아니라, 프로젝트를 추진하는 구성원들이 조직의 목표와 전략을 인지하고 공유하기 위해서 이를 검증하고 확인하는 작업에 초점을 맞추었다.

본 장의 학습목표는 다음과 같다.

1. 비즈니스프로세스를 재설계하는데 있어서 조직의 목표와 전략의 중요성에 대해서 이해한다.
2. 조직의 목표와 전략을 확인하고 체계화하기 위한 다양한 방법들에 대해서 학습한다.
3. 조직의 목표와 전략과 비즈니스프로세스와의 관계에 대해서 학습한다.

1. 조직의 목표와 전략단계의 의미와 중요성

비즈니스프로세스관리 프로젝트가 기업의 많은 다른 프로젝트들과 다른 점은 기업의 비전과 미션과 목표, 그리고 이를 달성하기 위한 전략을 고려하여 진행된다는 점이며, 비즈니스프로세스관리 프로젝트의 궁극적인 목적은 조직이 추구하는 목표를 달성하는데 긍정적으로 작용할 수 있도록 비즈니스프로세스를 효율적으로 재설계하는 것이다. 따라서 이를 위해서는 조직이 추구하는 목표와 전략을 확인하는 작업은 비즈니스프로세스관리 프로젝트를 수행하기 위한 전제 조건인 셈이다. 본 절에서는 조직의 비전과 미션과 목표 그리고 전략의 의미와 중요성과 이러한 조직의 비전과 미션과 목표가 비즈니스프로세스관리 프로젝트를 수행하는데 왜 필요한지에 대해서 살펴보기로 하겠다.

1.1 조직의 목표와 전략의 의미

M.Weber는 기업조직은 "특정 목적을 가지고 그 목적을 달성하기 위해서 상호작용하는 구성원들의 집단"이라고 정의하였으며, C.J.Bernard는 "공동의 목표를 달성하기 위해서 노력할 두 사람 이상의 인간들이 상호작용하는 집합체"라고 정의하였다. 이처럼 기업조직은 사람들의 집단과 프로세스(목표를 달성하기 위한 상호작용 즉, 직무와 업무)로 정의되고 있는 것이 보통이다. 이와 같은 정의로 볼 때, 기업에서 이루어지는 모든 활동들은 조직이 추구하는 목표에 부합되어야 한다는 것을 의미한다. 비즈니스프로세스관리 또한 기업에서 이루어지는 많은 활동들 가운데 일부이기 때문에, 비즈니스프로세스관리 작업도 조직의 목표와 전략에 부합되어야 함을 의미하는 것이다. 그렇다면 비즈니스프로세스관리 프로젝트를 수행함에 있어서 **조직의 목표와 전략**은 어떤 의미가 있을까?

BPMLC 프레임워크에서 첫번째 단계에 해당되는 **조직의 목표와 전략**의 목적은 조직이 추구하는 목표를 설정하고 전략을 수립하는 것이 아니라, 이미 설정되어 있는 조직의 목표와 전략을 정리하고 체계화하여 비즈니스프로세스관리 프로젝트 팀 구성원들이 인지

그림 4-1 조직의 목표와 전략 프레임워크

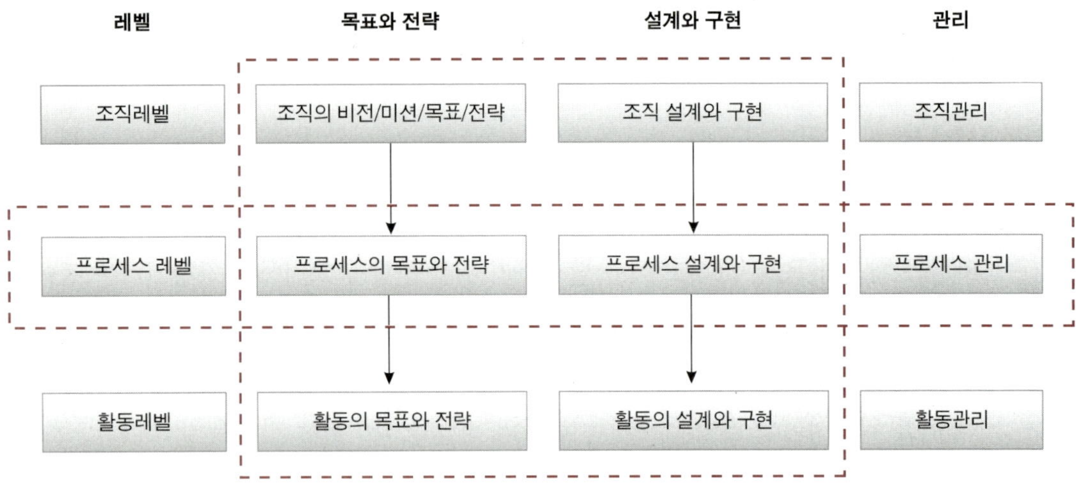

하고 공유하도록 하는 것이다. 따라서 BPMLC 프레임워크에서의 조직의 목표와 전략은 기업을 경영하는 최고경영자들이 조직관리 차원에서 전략적으로 결정되는 기업의 방향성을 제시하고 구체적인 목표를 설정하며 이를 달성하기 위한 세부전략을 수립하는 것과 구별되며, 또한 비즈니스프로세스 내부의 수많은 세부활동들이 지양하는 목표와 전략들과도 구별된다. 비즈니스프로세스관리 차원에서 이루어지는 조직의 목표와 전략은 따라서 조직관리 차원에서의 목표설정과 전략수립이 구별되며, 또한 활동관리 차원에서의 목표설정과 전략수립도 구별된다. BPMLC 프레임워크에서의 조직의 목표와 전략의 의미는 [그림 4-1]과 같다.

[그림 4-1]에서 보는 바와 같이, 프로세스레벨은 각각의 프로세스마다 프로세스를 통해서 달성하려는 목표와 이를 달성하기 위한 전략들이 존재한다. 그러나 프로세스의 목표와 전략은 조직레벨에서 이미 설정된 비전/미션/목표와 전략의 범주 안에 속한 것이어야 하며, 따라서 조직레벨에서 이미 정해진 조직의 비전, 미션과 목표와 전략의 범주에서 벗어나 그 어떤 프로세스의 목표와 전략도 무의미한 것이다.

비즈니스프로세스를 효율적으로 개선하는 것이 궁극적인 목적이기는 하지만, 비즈니스프로세스는 기업이 추구하는 목표를 달성하기 위한 하나의 수단에 불과하다.

예를 들어, 조직의 목표와 전략단계의 작업을 통해서 단기적인 이윤추구가 아닌 장기적인 관점에서의 프로세스 개선효과를 얻기 위해서 기업의 목표와 이를 달성하기 위해서 추구하는 전략적인 의도 - 비즈니스프로세스관리 프로젝트에서 추구해야 할 - 가 어디에 있는지를 파악할 수가 있다. Hamme&Prahalad는 "strategic intent(1994)"라는 저서에서 기업이 추구하는 전략적 의도(Strategic Intent)를 다음과 같이 세 가지로 구분하고 있다.

- Sense of Direction : 장기적인 관점에서 시장점유율이나 경쟁자와의 경쟁에서 기업이 도달하고자 하는 경쟁적 위치 등과 같이 기업이 달성하고자 하는 구체적인 전략적인 의도
- Sense of Discovery : 구체적이지는 않지만 향후 미래의 경쟁력 향상에 긍정적으로 작용할 요인들을 발견하려는 전략적 의도
- Sense of Destiny : 기업이 추구하는 목표달성을 위해서 조직구성원들에게 동기를 부여하고 구성원들이 함께 도달해야 할 목표의식을 갖게 하려는 전략적 의도

1.2 조직의 목표와 전략단계의 필요성

비즈니스프로세스 자체를 설계하고 효율적으로 개선하는 것 자체가 궁극적인 목적이 아니라, 비즈니스프로세스를 효율적으로 개선하는 것 자체가 궁극적인 목적이기는 하지만, 비즈니스프로세스는 기업이 추구하는 목표를 달성하기 위한 하나의 수단에 불과하다. 즉, 기업 입장에서 볼 때 비즈니스프로세스를 효율적으로 재설계하는 것은, 설정된 목적을 효과적으로 달성하기 위해서 존재하는 많은 대안들 중에서 가장 효율적인 방법을 선택하기 위한 하나의 전략적 의사결정과정에 불과한 것이다. 이렇게 볼 때, 기업을 경영한다는 것은 결국, 기업이 추구하는 목표(objectives)를 달성하기 위해서 효율적인 비즈니스프로세스를 결정하고 개별 프로세스를 수행하는데 필요한 첨단 정보기술을 도입하고, 적절한 인적자원을 배치하여 효율적으로 프로세스가 수행되도록 하는 것이다. 또한 개별 프로세스들이 수행됨으로써 얻게 되는 정보들을 수집하고 변화되는 외부 환경들을 분석하여 추구할 목표를 수정하는 것이 궁극적인 경영자의 의무이자 책임이다.

기업에서 특정 업무를 수행하는 방법은 개인과 지원환경에 따라서 여러 가지가 있을 수 있다. 이는 업무를 처리하기 위한 다양한 비즈니스프로세스가 존재한다는 것을 의미한다. 즉, 개인적인 성향이나 주변환경, 지원도구 등에 따라서 실행 가능한 비즈니스프로세

그림 4-2 조직의 목표와 전략

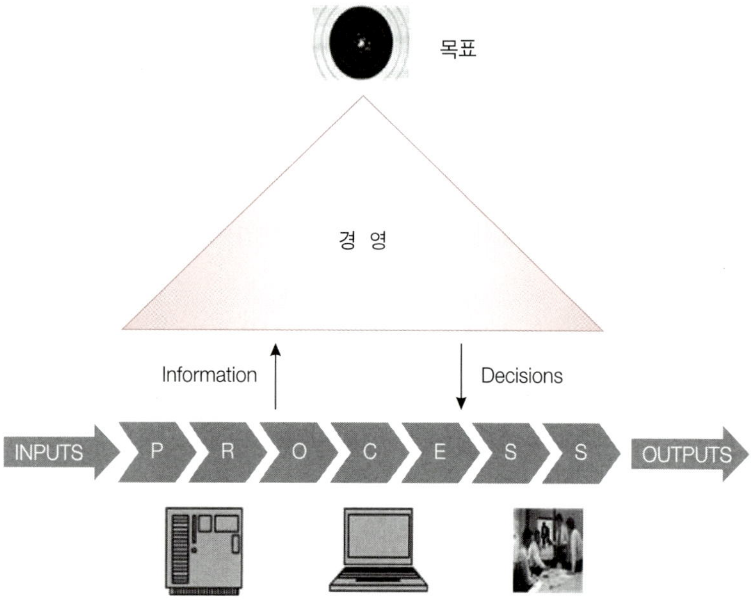

스도 있지만, 어쩔 수 없이 다른 방법으로 업무를 처리하는 경우도 있다는 것이다.

개인적인 성향이나 주변환경과 지원도구 등과 같은 이러한 환경들이 목표를 효과적으로 달성할 수 있는 비즈니스프로세스의 형태를 결정하는 중요한 요인임에는 틀림없다. 조직의 목표와 전략단계의 필요성에 대해서 사례를 통해서 알아보도록 하자.

CASE study

A항공사는 비행관련 비즈니스프로세스를 효율적으로 재설계하려는 BPM 프로젝트를 수행하기로 결정하고, 프로젝트를 시작하기 전에 비행업무와 관련된 이해관계자들이 전략적으로 추구하는 바가 무엇인지를 파악하기 위해서 비행업무와 관련된 모든 이해관계자들이 참여하는 회의를 소집하였다. 회의에 참석한 어떤 마케팅 팀원은 비행관련 모든 비즈니스프로세스들에 대한 요구사항들을 체계적으로 정리하여 보고하기도 하였으며, 또 다른 팀원은 다양한 파트너와의 협업이나 부가서비스 제공, 지불시스템 등에 대한 전반적인 비즈니스프로세스를 근본적으로 변화시켜야 한다는 구체적인 의견을 제시하였다. 의견을 수합한 마케팅 팀장은 곧바로 현재의 비행관련 비즈니스프로세스의 문제점과 이를 개선하기 위해서 필요한 요구사항들을 정리하도록 지시하였다.

시사점 지협적이고 부분적인 문제를 해결하기 보다는 전체의 목표를 먼저 생각하라!

비즈니스프로세스관리 프로젝트를 위와 같은 회의결과로부터 출발한다면, 프로젝트 자체는 진행될 수 있으나, A항공사가 궁극적으로 추진하려던 비즈니스프로세스관리 프로젝트는 결코 성공할 수가 없을 것이다. 그 이유를 간단하게 설명하면, 비즈니스프로세스 재설계 방향이 A항공사가 추구하는 목표와 일치되는지를 확인하는 절차를 거치지 않고 비즈니스프로세스 재설계 방향이 특정 부서의 특정 개인이 느끼는 문제점을 토대로 정해졌기 때문이다. 앞에서 마케팅 관련 업무의 효율성을 높이기 위해서 새로운 정보시스템을 개발하는 프로젝트의 경우라면 전혀 문제되지 않을 것이다. 그러나 비즈니스프로세스관리 프로젝트는 구체적인 어떤 현상에 대한 문제를 해결하기 위함이 아니라, 전체적인 종단간 비즈니스프로세스와 그 일부를 개선하려는 것이 목적이기 때문에, 부분이 아닌 전체 즉, 조직이 추구하는 목표와 전략에 부합되는지를 먼저 살펴보아야 한다는 것이다.

CASE study

B배송업체는 비즈니스프로세스를 전략적으로 개선하는 프로젝트를 진행하였다. 프로젝트 관리자는 수익률 향상을 최우선 목표를 설정하였으며, 이를 위해서는 체계적인 전사적 자원계획과 업무자동화가 이루어져야 한다는 것을 인식하였다. 이에 따라서 새로운 전사적 자원관리시스템(ERP시스템)을 도입하고 모든 비즈니스프로세스를 새로운 ERP시스템에 적합한 형태로 전환하였다. 프로젝트가 종료된 후 주문처리 속도가 향상되고 수익률이 향상될 것으로 기대하였으나, 현실은 기대와는 전혀 달랐다. 결론적으로 비즈니스프로세스관리 프로젝트는 실패로 끝나고 말았다.

실패의 원인을 분석한 결과, 새로운 ERP시스템이 구현되기 이전에는 상황에 따라 배송처리 업무가 신속하게 처리되어 대부분의 배송 건에 대해서 24시간 이내에 처리가 완료되었으나, 새로운 ERP시스템이 도입된 이후에는 모든 배송 건에 대해서 ERP시스템 내부의 프로세스에 따라서 처리하다 보니 배송처리 속도가 예전보다 오히려 늦어졌다는 것을 발견하였다.

시사점 효율적인 비즈니스프로세스는 상황과 전략에 따라 다를 수 있기 때문에, 추구하는 목표와 전략을 고려하여 비교하고 평가하라!

위의 두 사례가 주는 가장 큰 교훈은 비즈니스프로세스관리 프로젝트의 목적은 부분적이고 지협적인 문제를 해결하려는 것이 아니며, 어떠한 경우에도 자신이 처한 상황이나 추구하는 목표와 전략을 무시하고 해답을 찾을 수가 없다는 것이다. 어떠한 형태의 비즈니스프로세스관리 프로젝트를 진행하더라도 자신이 처한 상황이 고려되어야 하고, 조직이 추구하는 비전과 미션의 목표와 전략을 바탕으로 조직의 목표와 전략을 문서화하고,

이에 부합되는 효율적인 프로세스를 설계하고 구현하도록 해야 할 것이다.

조직의 목표와 전략을 문서화하는데 포함되어야 할 중요한 요인으로는 현재의 비즈니스프로세스의 강점과 약점, 가능성과 제약조건 등이다. 조직이 추구하는 목표와 전략을 열거하거나, 예상되는 효과를 열거하는데 가장 범하기 쉬운 실수는 조직의 전략이 비즈니스프로세스에 미치는 영향을 간과한다는 것이다. 조직의 목표나 전략 자체는 쉽게 수립할 수 있으나, 조직이 추구하는 목표는 결국 개별 비즈니스프로세스들이 효율적으로 수행되어야 이루어질 수 있기 때문에, 조직의 전략과 비즈니스프로세스는 별개의 것으로 생각할 수는 없다.

2. 조직의 목표와 전략 세부 단계

앞에서 설명한 것처럼, 조직의 목표와 전략단계는 조직이 추구할 목표를 설정하고 전략을 수립하는 것이 목적이 아니라, 조직의 목표와 전략, 비즈니스프로세스관리를 위한 세부작업 과정, 비즈니스프로세스관리 대상인 개별 비즈니스프로세스와 조직의 목표와 전략이 이들 비즈니스프로세스와 어떤 관계가 있으며, 어떻게 상호작용하는지를 기술하려는 것이다. 따라서 비즈니스프로세스관리 프로젝트를 수행하기 위한 2단계 사전준비 (조직의 목표와 전략, 프로세스 아키텍처) 중에 첫번째 단계에 해당되는 작업이다. 앞의 사례연구에서 살펴본 바와 같이 조직의 목표와 전략단계의 작업이 선행되지 않을 경우, 기업이 추구하는 궁극적인 목표보다는 지협적이고 부분적인 문제의 해결로 끝나게 되어 프로젝트 자체가 실패로 끝나는 결과를 초래하게 된다.

2.1 조직의 목표와 전략 세부 작업단계

조직의 목표와 전략단계의 세부 작업단계는 프로젝트의 규모와 성격과 대상 비즈니스프로세스의 복잡도에 따라 차이가 있으나 일반적으로 [그림 4-4]와 같이 진행된다. 각각

그림 4-3 BPMLC_PAHSE1: 조직의 목표와 전략

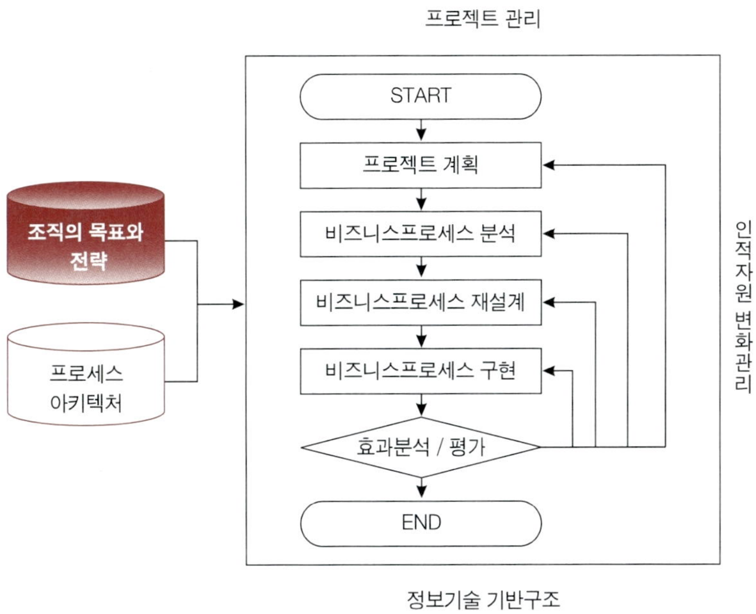

의 세부 단계작업에 소요되는 시간이나 깊이 등은 프로젝트마다 기업에 따라 다르지만, 중요한 것은 각각의 과정들에 대해서 다음 단계로 넘어가기 전에 심도 있는 논의가 필요하다는 것이다.

그러나 이 모든 과정을 반드시 거쳐야 하는 것은 아니며, 프로젝트의 수행목적에 따라서 BPMLC 프레임워크가 다르게 활용될 수 있기 때문에, 프로젝트 유형과 프로젝트를 수행하는 시나리오에 따라서 세부 작업단계에 대한 접근방법이 달라진다.

- 전략지향적 프로젝트의 경우, 현재의 조직목표를 달성하는데 비즈니스프로세스가 부합되지 못하거나 조직의 목표와 전략이 달라지는 경우에 해당되기 때문에, 조직의 전략은 프로젝트 시작점으로 매우 중요하며 특별한 주의가 요구된다. 하지만 운영지

그림 4-4 조직의 목표와 전략단계의 세부절차

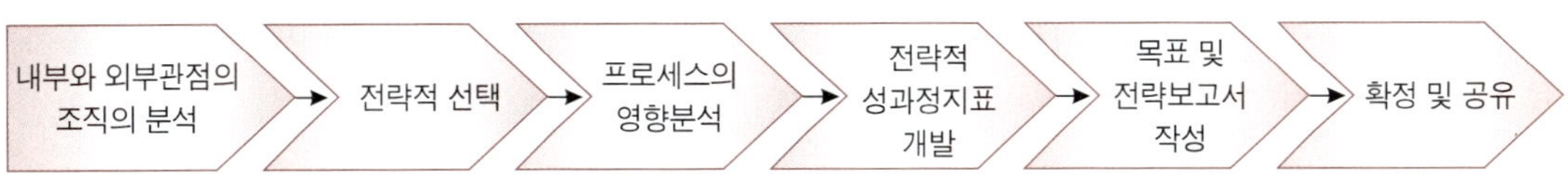

향적 프로젝트의 경우에 있어서 조직의 목표와 전략과 프로세스 아키텍처가 달라지지 않은 상황에서 보다 효율적인 비즈니스프로세스로 재설계하기 위해서 프로젝트가 진행되는 것이기 때문에, 조직의 전략은 프로젝트를 수행하는데 있어서 참고해야 할 사항정도로 간주된다.

- 조직의 목표와 전략에 대한 주의와 이를 이해하고 체계화하기 위한 노력 정도는 프로젝트 수행 시나리오에 따라서 매우 다르다. 예를 들어, 비즈니스프로세스 개선효과를 탐지하기 위한 프로젝트 → 파일럿 프로젝트 → 시범적용을 위한 프로젝트 → 일상적인 비즈니스 프로젝트 순으로 조직의 목표와 전략에 대한 주의와 노력의 정도가 더 요구된다.

1) 내부관점과 외부관점의 조직의 분석

조직의 목표와 전략단계의 첫번째 작업은 조직을 대 내 · 외적 관점에서 폭넓게 이해하는 것이다. 조직을 대 내 · 외적 관점에서 이해한다는 것은, 조직의 내부의 강 · 약점과 제약사항 혹은 특별히 보유하고 있는 기술이나 능력들을 이해하고 외부의 경쟁적 상황이나 환경 등에 대해서 정확하고 구체적으로 이해하는 것을 의미한다. 자체 조직에 대해서 대내 · 외적 요인들을 어느 정도 정확하고 구체적으로 이해해야 하는지는 프로젝트를 수행하는 목적과 프로젝트를 수행하는 시나리오에 따라서 달라진다.

예를 들어, 비즈니스프로세스 개선효과를 탐지하기 위한 목적에서 프로젝트를 수행하는 경우보다는 비즈니스프로세스의 시범적용을 위해서 프로젝트를 수행하는 경우에 정도가 더 자세하고 구체적이어야 하며, 일상적인 비즈니스 수행을 위한 프로젝트의 경우에는 모든 가능한 대 내 · 외적인 환경들을 이해해야 한다. 이는 조직에 미치는 영향 정도가 다르기 때문이다. 기업의 대 내 · 외적 환경을 분석하고 체계적으로 정리하는데 사용되는 도구들은 다음과 같다.

- SWOT 분석 : SWOT 분석은 기업의 내부 강점(strength)과 약점(weakness) 그리고 외부의 기회요소(opportunity)와 위협요소(threats)를 분석하여 분석결과에 따라서 내부의 강점을 더 강하게 하고 약점을 보완하기 위한 전략, 그리고 외부의 위협요소를 피하고 기회요소를 적극활용하기 위해 전략을 수립하기 위한 분석모형으로 일반적으로 SWOT 분석결과는 [그림 4-5]와 같이 정리된다.

[그림 4-5]와 같이 정리된 SWOT 분석결과는 산업분석과 연계하여 다양한 경영전략, 마케팅전략, 경쟁전략을 수립하는데 활용된다. 예를 들어, 한편으로 대외적인 환경요인인 기회 및 위협요소를 분석하고, 다른 한편으로는 내부의 강점과 약점 등 역량을 분석하여 산업분석 결과와 연계하여 주요 추진전략과제와 주요 성공요인을 도출하는 등 전략수

그림 4-5 SWOT 분석결과 정리모형

기회	■기회요소	강 화	유 지
위협	■위협요소	방 어	수 확
외부 환경 / 내부 역량		■내부의 약점	■내부의 강점
		약 점	강 점

그림 4-6 SWOT 분석모형의 활용

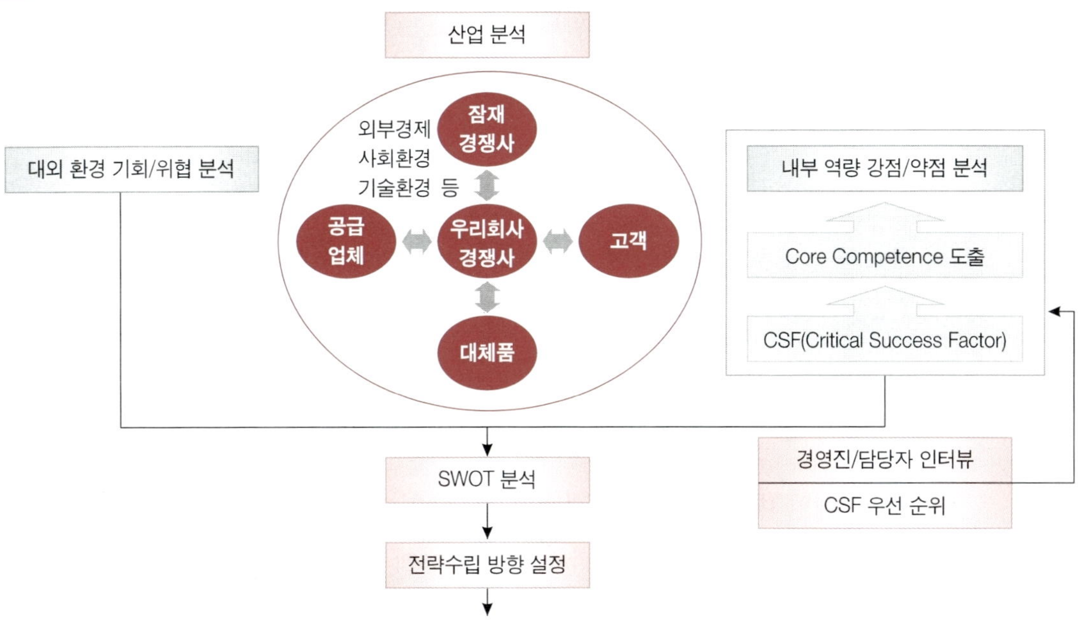

립 방향을 설정하는데 활용할 수가 있다. [그림 4-6]은 SWOT 분석모형의 활용 예를 도식화하는 것이다.

- **핵심역량분석(core competencies analysis)** : 기업의 핵심역량이란, 기업에 따라 그리고 업종에 따라서 다르다. 일반적으로 기업의 핵심역량이란, 장기적인 관점에서 경쟁업체보다 더 좋은 제품과 서비스를 저렴한 가격조건으로 더 빨리 제공할 수 있는 능력을 의미하며 기업의 전략모델에 해당된다. 이러한 핵심역량이 무엇인지를 파악하는 것은 기업이 설정한 목표를 달성하기 위한 가장 효율적인 방법이 무엇인지를 결정하는데 절대적으로 필요하다.
- **경쟁세력모형(competitive forces model)** : 마이클 포터가 주장한 경제세력모형 또한 기업의 대 내 · 외적 환경을 분석하기 위해서 실무에서 많이 활용되는 도구이다. 포터의 경쟁세력모형은 기업의 수익에 영향을 미치는 5대 세력(경쟁자, 대체재, 공급자, 수요자(고객), 잠재적 시장 진입자)을 경쟁세력으로 규정하고 이들 간의 경쟁구도와 각 주체들의 힘에 의해서 기업의 수익구조가 결정된다는 모형으로 주로 SWOT 분석결과를 보완하기 위한 모형으로 사용된다. 경쟁세력모형은 SWOT 분석과 산업분석 결과를 보완하여 5대 경쟁세력으로 규정한 경쟁세력에 대해서 우위를 차지할 수 있는 전략을 수립하는데 주로 활용된다. SWOT 분석결과를 보완하기 위해서 마이클 포터의 경쟁세력 모형을 주로 활용한다.

SWOT 분석과 경쟁세력모형 그리고 핵심역량분석 등의 다양한 방법으로 분석한 조직환경은 내부관점과 외부관점으로 구분하여 정리하며, 이는 조직의 전략과 목표를 설정하기 위한 필수작업에 해당된다. 비즈니스프로세스관리 프로젝트를 진행하는데 있어서 조직의 목표와 전략은 프로세스 재설계를 통해서 도달해야 할 방향성을 제시하기 때문에, 프로젝트를 시작하기 위해서 필요한 매우 중요한 기준점이 된다.

2) 전략적 선택

첫번째 단계인 **내부관점과 외부관점에서의 조직의 분석** 결과 기업의 경쟁적 우위를 차지하기 위한 여러 가지 대안들이 마련되면, 두번째 단계인 **전략적 선택** 단계에서는 여러 가지 대안 중에서 기업이 수행할 전략이 선택되고 체계적으로 정리된다. 전략적인 선택은 프로젝트의 수행목적과 시나리오 유형에 따라서 달라지는데, 예를 들어 비즈니스프로세스의 시범적용을 위한 프로젝트의 경우에는 다음과 같은 항목들에 대한 구체적인 답을 찾는 과정이라 할 수 있다.

- **전략적 선택을 위한 질문**
  - **비전 :** 기업이 궁극적으로 추구하는 바는 무엇인가? (What … to be?)
  - **미션 :** 기업이 무엇을 수행해야 하는가? (What … to do?)
  - **목적 :** 미션 수행결과 도달해야 할 목적이 무엇인가? (What … to accomplish?)
  - **전략적 의도 :** 어떻게 목적에 도달할 수 있는가? (How are …going?)
  - **목표 :** 어떤 목표(결과)를 얻어야 하는가? (What results … to deliver?)
  - **구현전략 :** 어떤 방법으로 설정한 목적과 목표를 달성할 것인가? (What methods or approach are used…?)

이와 같은 질문에 대한 해답을 찾는 과정은 Treacy and Wierma(1997)의 모형과 Kaplan and Norton (2004) 모형에 따른다.

(1) Treacy and Wierma 모형

Treacy and Wierma 모형은 모든 기업은 다음과 같은 세 가지 대안 중에서 전략적 선택을 해야 한다는 가정에서 출발한다.

- **고객만족전략 :** 최고의 고객만족을 위한 전략
- **비용우위전략 :** 최소의 비용을 유지하기 위한 전략
- **제품우위전략 :** 최상의 제품을 제공하기 위한 전략

그러나 현실적으로 위의 세 가지 전략을 동시에 수행하는 것은 이론적으로 불가능 하기 때문에, 이들 세 가지 대안 중에서 한 가지를 선택하거나 세 가지 대안 모두에 대해서 중간적인 위치에서 접근해야 한다는 것이 Treacy and Wierma 모형의 핵심이다. 프로세스 관점에서 어느 한 대안을 선택하더라도 개별적인 비즈니스프로세스에 미치게 된다. 따라서 비즈니스프로세스관리 관점에서 앞의 대안 중에서 전략적 선택을 해야 하는 경우 조직의 비전과 미션과 목표가 추구하는 전략이 무엇인지 먼저 이해해야 한다.

비즈니스프로세스는 결국 전략적 선택을 통해서 원하는 결과를 얻기 위한 효율적인 방

법을 선택하는 것이라 할 수 있기 때문에, 비즈니스프로세스를 분석하고 재설계하는데 있어서 선택한 전략에 대한 정확한 이해와 구체적인 정리작업이 선행되어야 한다. 예를 들어, 조직의 목표와 전략에 대한 전략적 선택이나 이에 대해서 체계적으로 정리하지 않고 비즈니스프로세스관리 프로젝트를 수행하는 경우에는 비즈니스프로세스가 조직이 추구하는 목적을 달성하는데 어떻게 기여하는지? 어느 정도 기여하는지에 대해서 전혀 알 수 없기 때문에, 비즈니스프로세스관리 프로젝트의 수행목적이 무의미해 진다.

(2) Kaplan and Norton 모형

Kaplan and Norton이 제시한 전략맵(strategy map)은, 기업의 성과를 측정하기 위한 균형성과표(balanced score card)의 네 가지 측정영역(재무관점, 고객관점, 비즈니스프로세스관점, 성장관점)의 성과들과 비즈니스프로세스 간의 관계를 중심으로 기업이 설정한 전략적 목표와 연계하여 기업이 부가가치를 창출해가는 과정을 설명한다. Kaplan and Norton 모형에서는 조직의 목표를 달성하는데 가장 중요한 역할을 하는 것이 프로세스이기 때문에, 계획하고 통제하고 관리해야 할 가장 중요한 대상을 프로세스로 보고 기업의 목표와 전략을 수립하는 작업과 균형성과표를 통해서 성과를 측정하기 위한 방법이 동시에 고려된다는 점이 가장 큰 특징이다.

3) 프로세스의 영향분석

프로세스의 영향분석 단계에서는 조직의 전략이 비즈니스프로세스에 미치는 영향을 간단하게 점검하는 과정이다. 프로세스의 영향을 분석하는 작업은 따라서 앞 장에서 설명한 네 가지 시나리오 모두에 적용된다. 조직의 전략이 비즈니스프로세스에 미치는 영향을 분석한다는 것은 첫번째 단계에서의 작업내용과 거의 유사하다. 즉, 기업의 대 내 · 외적 환경분석 결과들이 각각의 비즈니스프로세스에 어떤 영향을 어느 정도 미치는지를 파악하는 것이기 때문에, 프로세스의 영향을 분석하는 방법들은 앞에서 설명한 방법들을 포함해서 다음과 같은 방법들이 사용되며, 조직의 분석차원이 아닌 프로세스 영향 분석차원에서 각각의 방법들이 갖는 의미는 다음과 같다.

- 전략적 선택
- 경쟁세력

• SWOT 분석

(1) 전략적 선택(Strategic Choice)

전략적 선택은 주로 비즈니스프로세스 관점에서 이루어져야 한다. 무엇보다도 모두가 공감하고 모두가 인정하는 전략적 선택이 이루어지는 것이 중요한데, 이는 전략적 선택결과를 지원하기 위한 비즈니스프로세스에 대한 동의를 의미하는 것이기 때문에, 공감대가 형성되지 않는 전략적 선택을 통해서는 조직이 달성하려는 목적을 달성할 수가 없기 때문이다.

그러나 현실적으로 기업의 모든 구성원들마다 서로 다른 이해관계를 가지며, 동일한 비즈니스프로세스에 대해서 요구하는 수준과 추구하는 목적이 다르기 때문에, 모두가 공감하는 전략적 선택을 하기란 쉽지 않다. 예를 들어, 기업이 추구하는 전략적 선택 대안을 세 가지로 압축하면 앞에서 설명한 것처럼 고객만족, 비용우위, 제품우위로 요약될 수 있는데, 고객만족을 최우선 목표로 인식하는 이해관계자가 있는 반면, 고객만족보다는 제품우위와 비용우위를 최우선 과제로 인지하는 이해관계자가 있다. 이러한 상황에서 모두가 공감하는 전략적 선택을 하기란 쉽지 않다는 것이다. 이처럼 이해관계가 다른 상황에서 합리적인 전략적 선택을 하기 위해서는 각각의 대안들이 비즈니스프로세스에 어떠한 영향을 미치는가를 정확하게 분석하고 그 결과를 토대로 선택이 이루어져야 한다는 것이다.

CASE study

A사는 자사의 전략을 분석하고, 부가가치 창출 관점에서 모든 비즈니스프로세스를 점검하였다. 그 결과 자사의 전략과 비즈니스프로세스가 경쟁사와 비교하여 차별화된 점이 거의 없음을 발견하였다. 그러나 자사의 강점과 약점들을 분석하는 중에 자사가 가지는 강점 중에 하나를 특화하여 새로운 제품과 서비스를 제공할 수 있다는 것을 발견하고 새로운 제품을 개발하는 프로젝트를 추진하였다. 그 결과 관련 시장에서 선도적인 역할을 하지는 못했지만, 돌파구를 마련하는데 성공하였다.

시사점 모든 조직은 자사의 강점을 정확하게 이해할 때, 전략적 선택의 폭이 넓어지며, 자사의 강점을 관련 프로세스와 연결함으로써 쉽게 경쟁력을 향상시킬 수 있다.

(2) 경쟁세력(Competitive Forces)

비즈니스프로세스에 미치는 영향을 분석하는 또 다른 중요한 방법은 마이클 포터가 주장한 5대 경쟁세력들을 정확하게 이해하고 이들 경쟁세력들이 자사의 비즈니스프로세스에 어떤 영향을 미치는지? 즉, 어떤 방법으로 비즈니스프로세스를 수정하고 재설계하여야 경쟁세력에 대항할 수 있는가를 분석하는 것이다. 예를 들어, 공급자와 관련된 비즈니스프로세스의 경우, 공급자와 관련된 비즈니스프로세스 임에도 불구하고 공급자와 직접 연결되지 않는 일반화된 형태로 재설계하는 경우 공급자의 교섭력을 약화시킬 수 있다. 구매자의 교섭력은 특정 구매자와 특정 구매그룹에 국한된 비즈니스프로세스가 아닌 일반화된 형태로 재설계함으로써 그 세력을 약화시킬 수가 있다.

이처럼, 마이클 포터의 5대 경쟁세력은 조직의 전략을 결정하는데 다양한 대안들을 비교 · 분석하고, 각각의 대안들이 비즈니스프로세스에 미치는 영향을 평가하는데 유용하게 사용된다. 이러한 비교분석을 "What if?" 분석이라고 하는데, 예를 들어, 경쟁이 더 치열해지거나 시장에 대체재가 나타나면 자사의 비즈니스프로세스에는 어떤 영향이 있을까? 관련 법규가 변경되면 자사의 비즈니스프로세스는 어떤 형태로 바뀌어야 할까? 또는 구매자의 교섭력이 커지거나 작아지면 비즈니스프로세스에는 어떤 영향이 있으며, 어떻게 변화시켜야 하는가? 이러한 다양한 상황에 대해 "What if?" 시나리오들은 조직의 전략을 결정짓는 주요한 영향요인들이기 때문에, 다양한 상황에 따른 정확한 이해없이는 조직의 전략을 올바르게 변화시킬 수가 없기 때문이다. 따라서 비즈니스프로세스를 효과적으로 변화시키려는 프로세스관리자는 프로세스에 영향을 미치는 경쟁세력들에 대한 정확한 이해를 바탕으로 조직의 전략을 선택해야 한다.

(3) SWOT 분석

SWOT 분석기법은 조직의 내부관점의 강점과 약점 그리고 외부관점에서의 기회요소와 위협요소를 추출하기 위해서 사용되기도 하지만, 비즈니스프로세스 자체의 강점과 약점을 분석하는데 유용하게 사용되기도 한다. 예를 들어, 강점을 가지고 있는 비즈니스프로세스를 특화하여 내부에서 직접 수행하는 기업의 핵심 비즈니스프로세스로 할 수 있으며(in-sourcing), 반대로 취약한 비즈니스프로세스의 경우 외주 형식으로 외부에서 수행되도록 하는 방법(out-sourcing)을 고려해 볼 수도 있기 때문이다.

4) 전략적 성과측정지표 개발

어떠한 형태로든 전략적 선택이 이루어지면 이는 비즈니스 모델의 변화와 비즈니스프로세스의 변화를 의미한다. 이러한 변화는 조직구조의 변화, 조직구성원의 역할변화, 정보기술 기반구조 변화 등으로 이어지기 때문에, 상당한 위험이 따르게 마련이다. 따라서 전략적 선택에 따라서 전략이 실행되는 경우 이에 대한 결과를 측정하는 것은 당연하다. 전략적 선택에 대한 성과를 측정하는 목적은 다음과 같다.

- 선택한 전략의 실행과정을 측정하고 관리하기 위해서 성과를 측정함
- 중간관리층에게 정확하고 구체적인 목표를 할당하기 위해서 성과측정이 필요함
- 프로젝트의 결과를 평가하기 위해서 성과측정이 필요함

가장 일반적으로 사용되고 있는 성과측정방법은 균형성과표(BSC: balanced-score card)를 이용한 성과측정방법이다. 균형성과표는 조직의 비전과 목표와 연계하여 추구하는 목표를 정량화하여 측정할 수 있는 방법으로 다음과 같은 관점에서 성과를 측정하는 것이 일반적이다.

- 재무관점의 성과
- 고객관점의 성과
- 비즈니스프로세스 관점의 성과
- 성장관점의 성과

균형성과표는 최상위 수준에서 조직이 추구하는 목표를 분류하는 가장 이상적인 방법으로 평가되고 있으며, 비즈니스프로세스 관점의 성과를 제외한 나머지 네 개의 항목은 단기적인 이익에 초점이 맞추어져 있지만, 비즈니스프로세스 관점의 성과는 비즈니스프로세스의 개선을 통해서 얻을 수 있는 장기적인 효과에 초점이 맞추어져 있다.

5) 목표 및 전략보고서 작성

비즈니스프로세스관리 프로젝트의 첫번째 작업인 조직의 목표와 전략 단계에서 이루어진 모든 작업과정과 주요 의사결정들은 조직의 전략보고서라는 문서로 작성되는데, 전략보고서에 포함되는 핵심 내용은 우선 전략적 선택 결과인 조직이 추구하는 목표가 포함

된다. 조직이 추구하는 목표는 조직의 전략이며, 이는 조직이 달성하려는 목표들을 단순히 열거한 것이 아니라, 이러한 목표들을 어떻게 달성할 수 있는지까지를 포함하는 것으로 조직의 전략과 이를 실행에 옮기기 위한 가이드라인까지를 제공하는 것이다. 따라서 전략보고서에는 "조직의 목표(overall objectives)"와 "일반적 실행원칙(general principles: strategic choice)"을 포함해야 한다.

① 조직의 목표

조직의 목표는 전체 조직과 조직의 일부에서 구체적으로 달성하려는 목표이며, 예를 들어, "수익률 10% 향상"과 "불량률 1% 이하" 등과 같이 표현되는 것이다.

② 일반적인 실행원칙

일반적인 실행원칙은 조직의 비전과 전략 그리고 프로세스 아키텍처로부터 도출되는 것으로 모든 조직구성원들이 이해할 수 있도록 간단 명료한 형태로 기술되어야 한다. 예를 들어,

- (수익률 10% 향상 목표를 달성하기 위해서) 비용을 절감하는 것을 최우선 전략으로 한다.
  - 비용을 절감하는 것을 최우선 전략으로 결정했다는 의미는 현재의 비즈니스프로세스를 새로운 형태로 재설계하겠다는 의미임
- 고객의 모든 요구와 모든 질의에 대해서 단일 접촉점을 갖도록 한다.
  - 단일 접촉점의 의미는 모든 비즈니스프로세스를 종단간 비즈니스프로세스로 전환한다는 의미임

6) 확정 및 공유

조직의 목표와 전략의 최종단계는 지금까지의 모든 작업결과를 확정하는 것이며, 이를 모든 이해관계자들에게 전파하고 공유하도록 하는 것이다. 모든 작업결과를 공식적으로 확정하는 작업은 형식적인 작업에 불과하지만, 프로젝트의 수행을 위해서 절대적으로 필요하며 큰 의미를 갖는다. 조직이 추구하는 목표와 이를 실행하기 위한 전략적 의사결정들에 대해서 모든 구성원들이 공감하며, 이를 준수해야 한다는 의사표시라는 점에서 큰 의미를 갖는다. 전략보고서가 확정되고 공식적으로 발표되는 순간부터 조직이 추구하는 목표와 전략에 대한 수정이나 변경과 일체의 변화에 대해서 프로젝트 관리자는 철저하게

변화관리를 해야 하며, 변화된 내용들에 대해서 모든 프로젝트 구성원들은 숙지해야 하며, 이어지는 모든 작업과정에서 준수해야 할 사항으로 추가된다.

2.2 조직의 목표와 전략단계의 결과물 활용

조직의 목표와 전략 단계의 결과는 향후 이어지는 비즈니스프로세스 프로젝트를 수행하기 위한 기초로서 프로젝트의 목표와 프로젝트를 수행하기 위한 가이드라인과 프로젝트를 수행하는 구성원들이 공동으로 노력하여 달성하고자 하는 방향성을 제시한다. **조직의 목표와 전략** 단계의 주요 산출물은 다음과 같다.

- **조직의 목표와 전략에 관련된 문서**
  비전과 미션
  목적
  전략적 의도
  목표
  구현전략

- **비즈니스 모델에 관련된 결과물**
  고객(고객의 유형 및 타입)
  제품과 서비스
  공급자와 파트너
  가용자원

위의 결과들은 BPMLC 프레임워크의 다른 단계의 작업을 위한 기초자료로 다음과 같이 활용된다.

- 조직이 전략적으로 선택한 목적과 이를 위해서 달성하려는 목표들을 이용하여 프로세스 아키텍처를 개발한다.
- 프로젝트의 범위가 정해지거나, 프로젝트를 수행할 비즈니스 영역이 확정되면, 프로젝트 팀은 선택범위와 영역 내에서 부가가치가 창출되는 과정과, 부가가치 창출에 기

여하는 프로세스 그리고 이들 프로세스가 도달해야 할 목표에 대해 정확하게 이해해야 한다.

- **조직의 목표와 전략**단계의 주요 작업결과는 비즈니스프로세스관리 프로젝트를 통해서 개선된 비즈니스프로세스가 도달해야 할 목표와 이를 통해서 도달해야 할 비전과 미션이 무엇인지를 나타내는 것이기 때문에, BPMLC 프레임워크의 핵심 단계인 "프로세스 설계"에서의 프로세스 설계기준을 제공한다.

이 이외에도 프로젝트의 유형과 목적에 따라서 BPMLC 프레임워크의 다른 단계에서 활용될 수 있으며, **조직의 목표와 전략** 단계의 결과가 BPMLC 프레임워크의 다른 세부단계에서 활용되는 관계는 [그림 4-7]과 같다.

그림 4-7 조직의 목표와 전략 단계의 결과물 활용

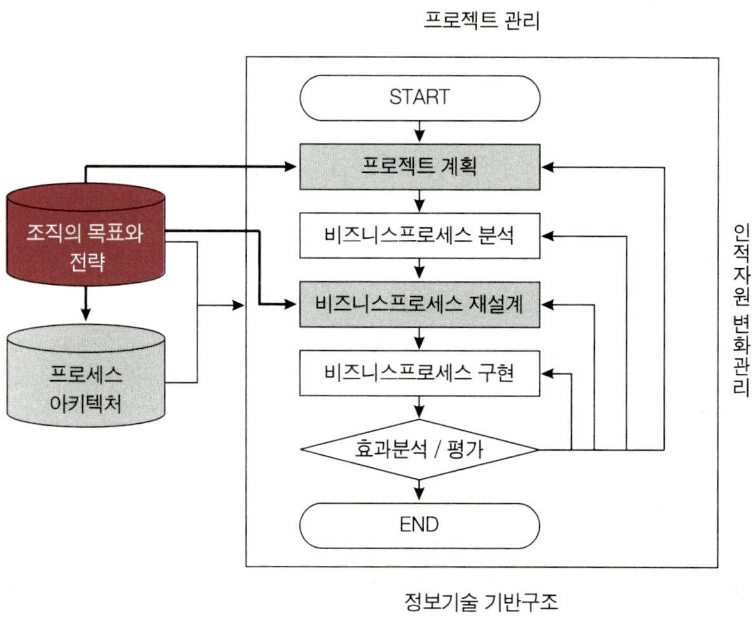

단원요약

BPMLC 프레임워크의 첫번째 단계인 조직의 목표와 전략의 목적은 조직이 추구하는 목표를 설정하고 전략을 수립하는 것이 아니라, 이미 설정되어 있는 조직의 목표와 전략을 정리하고 체계화하여 비즈니스프로세스관리 프로젝트 팀 구성원들이 인지하고 공유하도록 하는 것이다. 즉, 조직의 목표와 전략 단계에서는 상위 레벨인 조직레벨에서 정해진 비전과 미션과 목표와 전략을 확인하고 체계화하는 작업이며, 기업이 추구하는 방향성과 기업이 의도하는 전략적인 방향을 확인할 수 있다는 점에서 큰 의미를 갖는다. 즉, 조직의 목표와 전략 단계의 작업을 통해서 기업의 목표와 이를 달성하기 위해서 추구하는 전략적인 의도 - 비즈니스프로세스관리 프로젝트에서 추구해야 할 - 가 어디에 있는지를 파악할 수가 있다. 일반적으로 기업이 추구하는 전략적 의도(strategic intent)를 다음과 같이 세 가지로 구분하고 있다.

- Sense of Direction
- Sense of Discovery
- Sense of Destiny

조직의 목표와 전략단계의 세부작업단계는 프로젝트의 규모와 성격 그리고 대상 비즈니스프로세스의 복잡도에 따라 차이기 있으나 일반적으로 다음과 같은 과정으로 진행된다. 각각의 세부단계작업에 소요되는 시간이나 깊이 등은 프로젝트마다 또는 기업에 따라 다르지만, 중요한 것은 다음 과정들에 대해서 다음 단계로 넘어가기 전에 심도 있는 논의가 필요하다는 것이다.

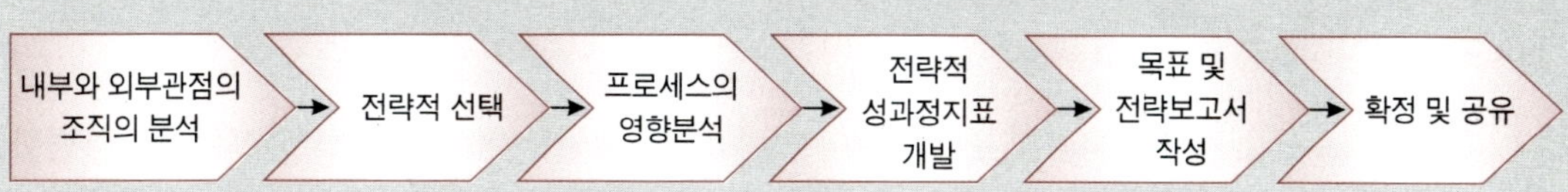

조직의 목표와 전략단계의 첫번째 작업은 조직을 대 내·외적 관점에서 폭넓게 이해하는 것이다. 조직을 대 내·외적 관점에서 이해한다는 것은, 조직의 내부의 강점과 약점 그리고 제약사항이나 특별히 보유하고 있는 기술이나 능력들을 이해하고 외부의 경쟁적 상황이나 환경 등에 대해서 정확하고 구체적으로 이해하는 것을 의미한다. 자체 조직에 대해서 대 내·외적 요인들을 어느 정도 정확하고 구체적으로 이해해야 하는지는 프로젝트를 수행하는 목적과 프로젝트를 수행하는 시나리오에 따라서 달라진다. 조직의 대 내·외적 관점에서 분석하기 위해서 사용되는 도구와 방법들은 다음과 같다.

- SWOT 분석
- 핵심역량분석

- 경쟁세력모형

두번째 단계인 전략적 선택 단계에서는 여러 가지 대안 중에서 기업이 수행할 전략이 선택되고, 체계적으로 정리된다. 전략적인 선택은 프로젝트의 수행목적과 시나리오 유형에 따라서 달라지는데, 예를 들어 비즈니스프로세스 시범적용을 위한 프로젝트의 경우에는 다음과 같은 항목들에 대한 구체적인 해답을 찾는 과정이라 할 수 있다. 이와 같은 질문에 대한 답을 찾는 방법은 Treacy and Wierma 와 Kaplan and Norton 에 의해서 제시되었다.

- 비전과 미션과 목표
- 전략적 의도
- 구현전략

세번째의 프로세스의 영향분석 단계에서는 조직의 전략이 비즈니스프로세스에 미치는 영향을 간단하게 점검하는 과정이다. 프로세스의 영향을 분석하는 작업은 앞 장에서 설명한 네 가지 시나리오 모두에 적용된다. 조직의 전략이 비즈니스프로세스에 미치는 영향을 분석한다는 것은 첫번째 단계에서의 작업내용과 거의 유사하다. 즉, 기업의 대 내 · 외적 환경분석결과들이 각각의 비즈니스프로세스에 어떤 영향을 어느 정도 미치는지를 파악하는 것이기 때문에, 프로세스의 영향을 분석하는 방법들은 앞에서 설명한 방법들을 포함해서 다음과 같은 방법들이 사용된다.

- 전략적 선택(Strategic Choice)
- 경쟁세력(Competitive Forces)
- SWOT 분석(SWOT Analysis)

어떠한 형태로든 전략적 선택이 이루어지면 이는 비즈니스 모델의 변화와 비즈니스프로세스의 변화를 의미하며, 이러한 변화는 조직구조의 변화, 조직구성원의 역할 변화, 정보기술 기반구조 변화 등으로 이어지기 때문에, 상당한 위험이 따르게 마련이다. 따라서 전략적 선택에 따라서 전략이 실행되는 경우 이에 대한 결과를 측정하기 위한 전략적 성과측정지표가 개발되어야 한다. 가장 일반적으로 사용되고 있는 성과측정방법은 균형성과표(BSC: balanced-score card)를 이용한 성과측정방법이다. 균형성과표(BSC)는 조직의 비전과 목표와 연계하여 추구하는 목표를 정량화하여 측정할 수 있는 방법으로 다음과 같은 관점에서 성과를 측정하는 것이 일반적이다.

- 재무관점의 성과
- 고객관점의 성과
- 비즈니스프로세스 관점의 성과

● 성장관점의 성과

비즈니스프로세스관리 프로젝트의 첫번째 작업인 조직의 목표와 전략단계에서 이루어진 모든 작업과정과 주요 의사결정들은 조직의 전략보고서라는 문서로 작성되는데, 전략보고서에 포함되는 핵심 내용은 우선 전략적 선택 결과인 조직이 추구하는 목표가 포함된다. 조직이 추구하는 목표는 조직의 전략이며, 이는 조직이 달성하려는 목표들을 단순히 열거한 것이 아니라, 이러한 목표들을 어떻게 달성할 수 있는지까지를 포함하는 것으로 조직의 전략과 이를 실행에 옮기기 위한 가이드라인까지를 제공하는 것이다. 따라서 전략보고서에는 조직의 목표(overall objectives)와 일반적 실행원칙(general principles: strategic choice)을 포함해야 한다. 구체적인 작업결과는 다음과 같다.

● 조직의 목표와 전략에 관련된 문서
- · 비전과 미션
- · 목적
- · 전략적 의도
- · 목표
- · 구현전략

● 비즈니스 모델에 관련된 결과물
- · 고객(고객의 유형 및 타입)
- · 제품과 서비스
- · 공급자와 파트너
- · 가용자원

조직의 목표와 전략의 최종 단계는 지금까지의 모든 작업결과를 확정하는 것이며, 이를 모든 이해관계자들에게 전파하고 공유하도록 하는 것이다. 모든 작업결과를 공식적으로 확정하는 작업은 형식적인 작업에 불과하지만, 프로젝트의 수행을 위해서 절대적으로 필요하며 큰 의미를 갖는다. 조직이 추구하는 목표와 이를 실행하기 위한 전략적 의사결정들에 대해서 모든 구성원들이 공감하며, 이를 준수해야 한다는 의사표시라는 점에서 큰 의미를 갖는다. 전략보고서가 확정되고 공식적으로 발표되는 순간부터 조직이 추구하는 목표와 전략에 대한 수정이나 변경 혹은 일체의 변화에 대해서 프로젝트 관리자는 철저하게 변화관리를 해야 하며, 변화된 내용들에 대해서 모든 프로젝트 구성원들은 숙지해야 하며, 이어지는 모든 작업과정에서 준수해야 할 사항으로 추가된다.

제4장

연습문제

01 비즈니스프로세스관리 프로젝트를 진행함에 있어서 조직의 목표와 전략을 확인해야 하는 이유에 대해서 설명하시오

02 비즈니스프로세스관리 프로젝트가 추구하는 세 가지 전략적 의도에 대해서 설명하시오

03 조직의 목표와 전략단계의 전체 세부단계에 대해서 간단하게 설명하시오

04 대 내·외적 관점에서 조직을 분석하는 방법들은 외부환경을 분석하기 위한 방법과 내부환경을 분석하기 위한 방법으로 나누어 간단하게 설명하시오

05 기업의 전략적 선택을 위해서 제시되는 두 가지 선택모형을 비교·설명하시오

06 프로세스의 영향을 분석하기 위한 세 가지 방법론 ① 전략적 선택, ② 경쟁세력, ③ SWOT 분석에 대해서 설명하시오

07 전략적 성과측정지표가 필요한 이유에 대해서 설명하고, 일반적으로 사용되고 있는 균형성과표에 대해서 설명하시오

08 조직의 목표와 전략단계의 최종 보고서에 포함되는 세부사항들을 정리하시오

09 조직의 목표와 전략 단계의 최종보고서 확정이 갖는 의미에 대해서 설명하시오

10 조직의 목표와 전략단계와 전체 BPMLC 프레임워크의 다른 단계와의 관계에 대해서 설명하시오

제5장 프로세스 아키텍처

1. 프로세스 아키텍처 개요
2. 프로세스 모델링 아키텍처
3. 프로세스 아키텍처 단계의 결과물 활용

"... Without a shared sense of purpose and mission, effective governance structure, and executive leadership and commitment, enterprise architecture will only have a minimal impact. Good enterprise architecture is a tool for executive management to improve enterprise efficiency and agility and to align {with the business}...."

(Nelson, 2003)

학습 개요 및 목표

비즈니스프로세스관리 프로젝트의 핵심 대상인 종단간 프로세스(경우에 따라서는 종단간 프로세스의 일부인 개별 프로세스일 수도 있음)는 설정된 조직의 목표를 달성하기 위해서 조직구성원들이 수행하는 구체적인 세부활동들이다. 비즈니스프로세스관리 프로젝트는 결국 조직구성원들의 이러한 구체적인 세부활동들이 이루어지는 절차와 내용을 효율적으로 재설계하는 것을 의미하기 때문에, 모든 작업을 시작하기 전에 조직구성원들의 활동을 이해하여야 한다. 그러나 문제는 조직구성원들의 이러한 활동들은 추상적인 개념이기 때문에, 이를 이해하고 확인하는 것이 쉽지 않다는 것이다. 이처럼 추상적인 조직의 모든 활동들을 이해하기 위해서는 추상적인 개념의 활동들을 구체적인 모습으로 전환하는 작업이 요구되는데, 추상적인 업무를 구체적인 모습으로 전환하는 작업을 프로세스 모델링이라하며, 추상적인 업무를 구체적인 모습으로 전환한 결과를 프로세스모델이라 한다. 프로세스 모델은 추상적인 업무를 체계적인 모델링 방법론에 따라 표현한 일종의 그림이며, 그 그림은 사용하는 방법론과 지원도구에 따라서 다른 모습으로 표현된다.

프로세스 모델을 작성하는 과정과 프로세스 모델에 표현하고자 하는 내용은 물론 프로세스 모델을 작성하기 위한 일반적인 원칙(general Principles), 프로세스 가이드라인(process guideline), 그리고 프로세스 모델(process model)에 대한 전반적인 체계를 프로세스 아키텍처(PA: Process Architecture)라 하는데, 본 장에서는 프로세스 모델을 작성하기 위한 방법론에 대해서 살펴보고자 한다. 먼저 구체적인 프로세스 모델을 작성하기 위한 아키텍처의 개념과 내용 그리고 이러한 프로세스 아키텍처가 왜 필요한지에 대해서 살펴보기로 하겠다. 이어서 여전히 실무에서 많이 사용되고 있는 대표적인 프로세스 아키텍처인 구조적 프로세스 모델링 방법과 통합프로세스 관점에서의 프로세스 모델링 아키텍처에 대해서 살펴보기로 하겠다.

본 장의 학습목표는 다음과 같다.

1. 프로세스 아키텍처의 개념과 내용 그리고 필요성에 대해서 이해한다.
2. 구조적 프로세스 모델링 아키텍처와 통합프로세스 모델링 아키텍처에 대해서 이해한다.
3. 프로세스 아키텍처를 이용하여 실제 업무프로세스로 모델을 작성하는 방법을 숙지한다.

1. 프로세스 아키텍처 개요

1.1 프로세스 아키텍처의 의미

아키텍처(architecture)라는 용어는 일반적으로 건축물의 구조를 나타내는 것으로 주로 건축공학분야에서 사용되는 개념이다. 그러나 정보기술 분야에서 사용되는 아키텍처라는 용어의 개념은 기술적인 작업과정이나 작업내용, 작업방법을 체계적으로 설명하는 방법론(methodology)과 프레임워크(framework)의 의미로 주로 사용된다. 이러한 맥락에서 **프로세스 아키텍처**(PA: process architecture)단계는 프로세스 모델을 체계적으로 작성하기 위한 일종의 프로세스 모델링 방법론 혹은 프로세스 모델링을 위한 프레임워크를 정의하는 단계라고 할 수 있다.

그림 5-1 BPMLC_PHASE2: 프로세스 아키텍처

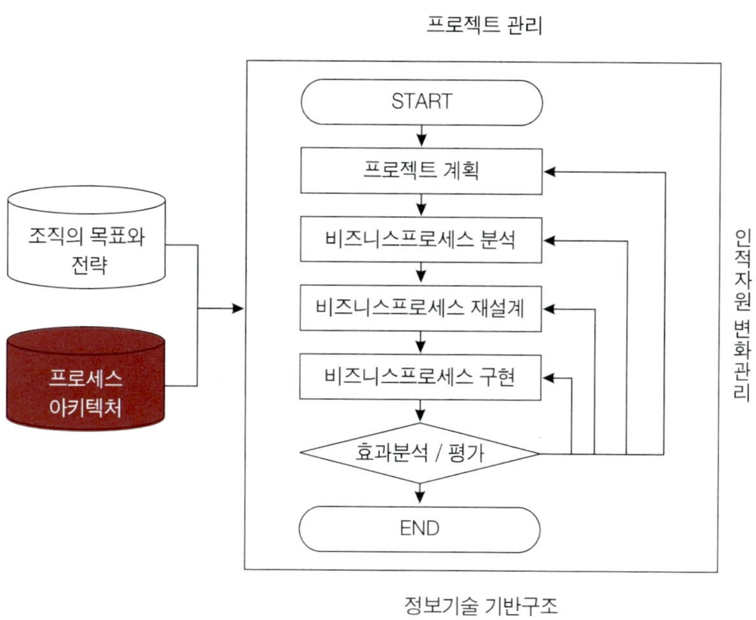

프로세스 아키텍처의 의미가 일종의 프로세스 모델링 방법론(프레임워크)이라는 개념으로 인식되고 있다는 사실은 프로세스 아키텍처를 구체적이고 명확하게 정의하기 어렵다는 것을 의미한다. 시스템 개발방법론이나 프로세스 재설계방법론의 종류가 다양하듯이 프로세스 아키텍처도 다양하게 정의될 수 있다는 것을 의미하는 것이다.

따라서 프로세스 아키텍처를 정의하는 것은 큰 의미가 없으며, 프로세스 아키텍처가 내포하고 있는 의미들을 이해하는 것이 더 중요하다. 다양한 프로세스 아키텍처들을 종합하여 볼 때, 프로세스 아키텍처가 내포하고 있는 의미 즉, 프로세스 아키텍처가 갖추어야 할 요건들을 정리하면 다음과 같다.

- 프로세스 아키텍처에는 프로세스 모델 작성규칙과 원리들이 포함되어 있어야 한다.
- 프로세스 아키텍처에는 기업 내의 비즈니스프로세스를 설계하고 이를 구현하기 위한 기본자료들을 내포하고 있어야 한다.
- 프로세스 아키텍처를 통해서 작성하려는 대상인 비즈니스프로세스는 기업의 전략과 목표에 부합되는 것이어야 한다.
- 프로세스 아키텍처를 통해서 작성하려는 비즈니스프로세스는 비즈니스 아키텍처,

그림 5-2 프로세스 아키텍처

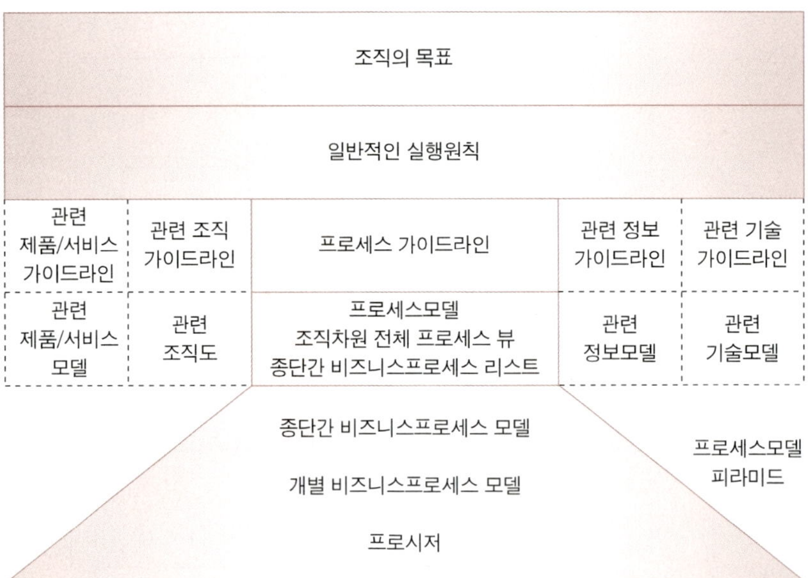

(출처: J.Jeston and J.Neilis, 2006)

정보기술 아키텍처와 연계되어야 한다.

- 프로세스 아키텍처를 통해서 작성하려는 비즈니스프로세스는 쉽게 이해할 수 있어야 하며, 모든 이해관계자들에 관련된 것이어야 한다.
- 프로세스 아키텍처는 비즈니스와 기업의 변화, 프로세스의 평가를 쉽게 수용할 수 있어야 한다.

프로세스 아키텍처의 의미는 비즈니스프로세스 모델을 체계적으로 작성하기 위한 기술적이고 논리적인 개념을 포함하고 있으며, 이는 앞장에서 설명한 조직의 목표와 전략에 부합되는 비즈니스프로세스를 대상으로 하기 때문에, 조직의 목표와 전략과도 연계되어 있어야 한다. 프로세스 아키텍처의 의미는 [그림 5-2]와 같이 도식화될 수 있다.

1.2 프로세스 아키텍처의 구성요소

조직의 목표(overall objectives)는 조직의 목표와 전략단계에서 확인한 전체 조직 또는 일부 조직단위에서 구체적으로 달성하려는 목표이며, 일반적인 실행원칙(general principles)은 조직의 목표를 달성하기 위해서 실행해야 할 원칙을 의미한다. 프로세스 아키텍처는 앞장에서 도출한 조직의 목표와 일반적인 실행원칙을 기반으로 다음과 같은 구성요소로 이루어져 있다.

① 프로세스 가이드라인

프로세스 가이드라인(process guidelines)은 조직의 목표를 달성하기 위해서 선택한 일반적인 실행원칙을 비즈니스프로세스로 전환하는데 필요한 표준, 방법, 전략, 도구 등을 의미한다. 따라서 프로세스 가이드라인은 비즈니스프로세스를 개발하기 위한 가이드라인을 제시하기 위해서 절대적으로 필요하다. 프로세스 가이드라인의 범위는 조직의 목표를 달성하는 것과 관련된 제품이나 서비스에 대한 가이드라인은 물론, 관련 조직에 대한 가이드라인, 관련 정보에 대한 가이드라인과 관련 정보기술에 대한 가이드라인을 포함한다.

② 프로세스 모델

프로세스 모델은 조직의 목표를 달성하기 위해서 선택한 실행원칙을 수행하는 활동들을 도식화한 일종의 그림으로 최상위 레벨의 종단간 비즈니스프로세스 모델과, 이에 속하는 일부 개별 프로세스 모델과 최하위 레벨의 프로시저를 포함한다. 최상위의 프로세스 모델로부터 최하위의 프로시저에 이르기까지의 프로세스 모델에는 관련 제품이나 서비스에 대한 프로세스 모델은 물론, 관련 조직과 정보 및 정보기술 전반에 대한 내용들을 포함한다.

③ 아키텍처에 적용되는 원칙

프로세스 아키텍처는 최상위의 종단간 비즈니스프로세스 모델로부터 최하위 프로시저에 이르는 프로세스 모델을 작성하기 위한 체계적인 방법론이기 때문에, 아키텍처 자체에 적용되는 많은 원리원칙들이 존재한다. 프로세스 아키텍처에 적용되는 구체적인 원리원칙들은 다음과 같다.

- 프로젝트 아키텍처 자체가 목적이 아니며, 프로젝트 아키텍처는 비즈니스의 목표를 달성하는데 지원역할을 담당할 뿐이다.
- 프로세스 아키텍처는 작성되는 프로세스 모델이나 관련 문서작업의 결과가 아니다. 즉, 프로세스 아키텍처는 프로세스 모델을 작성하고 관련 문서를 작성하는 논리를 설명하는데 초점이 맞추어져야 한다.
- 프로세스 아키텍처는 상황에 따라서 달라질 수 있으며, 점진적으로 발전할 수 있다.
- 모든 상황에 적용되는 프로세스 아키텍처가 존재하는 것이 아니라, 경우에 따라 적절한 프로세스 아키텍처를 결정하는 것이 중요하다.
- 최상의 프로세스 아키텍처는 조직의 목표와 전략에 부합되는 아키텍처이다.

1.3 프로세스 아키텍처 결정 시 고려사항

프로세스 아키텍처 단계는 조직의 목표와 전략단계에서와 마찬가지로 비즈니스프로세스관리 프로젝트의 조직적인 관점에 초점이 맞추어져 있기 때문에, 가장 적절한 프로세스 아키텍처를 결정하는데 다음과 같은 사항들을 고려해야 한다.

① 비즈니스프로세스관리 프로젝트 유형

제3장에서 기술한 바와 같이 비즈니스프로세스관리 프로젝트는 자체 프로젝트와 외부 자문을 통해서 기업이 설정한 비전과 목표를 달성하는데 비즈니스프로세스를 재설계하는 작업이 필요하다는 의지에서 출발한 전략지향적 프로젝트와, 비즈니스프로세스를 실제 운영하는 중에 발생하는 비효율적인 문제를 해결하기 위해서 시작되는 운영지향적 프로젝트 유형으로 구분된다.

특정 비즈니스프로세스를 효율적으로 재설계하기 위한 목적의 운영지향적 프로젝트의 경우에는 조직의 비전과 미션, 목표 그리고 프로세스 아키텍처가 변하지 않는 상황에서 특정 비즈니스프로세스를 재설계하려는 것이기 때문에, 어떤 상황에서 프로젝트가 진행되느냐에 프로세스 아키텍처의 필요성 여부가 결정된다. 따라서 어떤 목적으로 비즈니스프로세스관리 프로젝트를 진행하느냐는 프로세스 아키텍처에 관한 첫번째 주요 고려사항이다.

② 비즈니스프로세스관리 프로젝트 시나리오

또한 비즈니스프로세스관리 프로젝트 시나리오에 따라서 대상 프로세스와 개별 프로세스의 모델링 대상이 결정된다. 프로세스 아키텍처의 모델링 방법과 기법이 다르기 때문에, 모델링 대상에 대한 정의와 정확한 이해가 요구된다. 따라서 프로세스 아키텍처를 결정하기에 앞서 비즈니스프로세스관리 프로젝트 시나리오를 고려할 필요가 있다.

③ 도구의 자동화 정도와 인지도

프로세스 아키텍처는 대상 프로세스를 모델화하기 위한 방법론과 도구까지를 포함한다. 모델링 도구는 단순한 그림을 그리기 위한 것이 아니며, 대상 프로세스가 내포하고 있는 복잡한 의미를 표현할 수 있어야 한다. 또한 방대한 양의 대상 프로세스를 모델링하기 위해서는 수작업이 아닌 자동화된 도구이어야 하기 때문에, 프로세스 아키텍처를 결정함에 있어서 도구의 자동화 정도는 중요한 선택 기준이 된다. 이와 함께 선택하려는 도구의 인지도가 어느 정도인지 살펴보아야 한다. 도구의 인지도가 높다는 것은 일반적으로 통용된다는 것을 의미하며, 유사한 사례를 통해서 다양한 자료를 습득할 수가 있다는 것을 의미하기 때문에, 전체 프로젝트의 실패 위험을 줄일 수가 있을 것이다.

④ 조직(구성원)의 성숙도

그러나 아무리 훌륭한 도구라 하더라도 조직(구성원)이 모델링 도구를 잘 다루지 못한다면, 대상 프로세스를 제대로 모델링 할 수가 없다. 모델링 도구는 모델을 작성하기 위한 도구에 불과하며, 어느 정도 조직(구성원)이 효과적으로 활용할 수 있느냐에 따라서 모델의 정확성이 결정되기 때문에, 조직(구성원)의 도구 활용능력에 따라서 신중하게 결정해야 한다.

2. 프로세스 모델링 아키텍처

2.1 구조적 프로세스 모델링 아키텍처 : 자료흐름도

버블차트(bubble chart), 버블 다이어그램(bubble diagram), 작업흐름도(workflow diagram)이라고 불리는 자료흐름도(DFD: data flow diagram)는 모델링 대상 영역의 업무를 처리하는 과정에서 투입되고 산출되는 데이터의 흐름을 가장 보편적으로 모형화할 수 있는 방법이며, 다음과 같은 특징을 갖는다.

- 자료흐름의 제어가 아닌 자료흐름 자체를 중심으로 한다. 즉, 시스템의 작동상태를 데이터의 처리관점이 아닌 데이터의 흐름에 초점을 둔다.
- 간단한 심벌을 이용한 그림 중심으로 자료흐름도를 표현하기 때문에, 자료흐름도 표현에 사용되는 심벌을 이해한다면, 전체적인 자료흐름을 쉽게 이해할 수 있다.
- 표현방법이 간단하기 때문에, 의사소통을 위한 도구로 활용될 수 있다.
- Top-Down방식의 하향식 분할원리에 의해서 자료흐름을 분석한다.

1) 자료흐름도의 구성요소와 의미

자료흐름도를 작성하는 방법은 Yourdon&DeMarco가 제안한 방법이 가장 일반적으로 사용되는데, Yourdon&DeMarco가 제안한 자료흐름도의 구성요소는 프로세스, 자료흐름, 자료저장소와 단말로 이루어져 있으며, 각 구성요소의 의미와 표현방법은 [그림 5-3]과 같다. Yourdon&DeMarco가 제안한 자료흐름도의 경우 이와같은 네 가지 구성요소를 이용하여 데이터의 변환과정과 데이터의 흐름, 데이터의 저장 및 데이터의 입력과 출력을 모델로 작성하며, 이와같은 구성요소로 작성된 자료흐름도의 예는 [그림 5-4]와 같이 나타나며, 이는 메타자료흐름도(Meta DFD)의 의미를 갖는다.

Yourdon&DeMarco의 자료흐름도를 작성하는데 사용되는 구성요소는 다음과 같은 구체적인 의미를 가지며, 자료흐름도를 작성하는데 유의해야 할 내용을 정리하면 다음과

그림 5-3 자료흐름도의 구성요소와 의미

구성요소	의 미	표기방법
프로세스	입력데이터를 출력데이터로 변환하는 과정	○
자료 흐름	데이터의 변환과정 사이의 논리적인 연관관계	──→
자료저장소	시스템상의 데이터 저장장소	═
단말	최초의 입력과 최후에 출력되는 점	□

그림 5-4 Yourdon&DeMarco의 표기방법을 이용한 Meta DFD

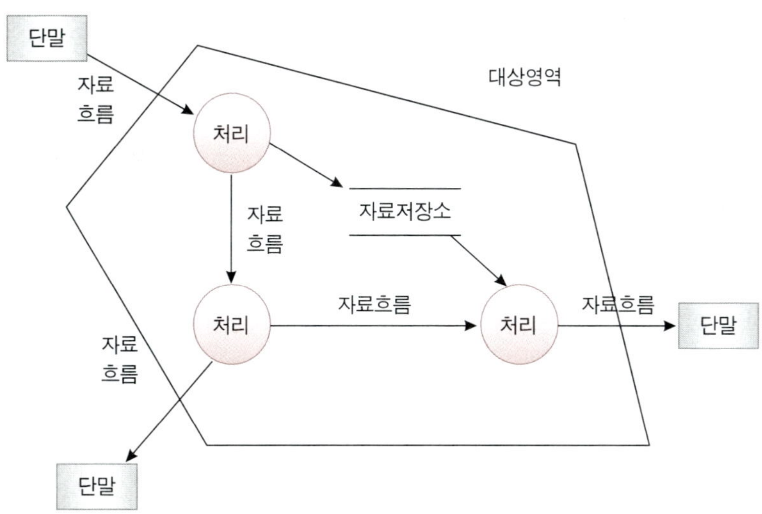

같다.

① 프로세스

프로세스는 입력데이터를 출력데이터로 전환하는 업무처리 자체를 의미하며, 프로세스의 처리 주체가 누구인지는 중요하지 않다. 즉, 어떤 일을 수행하는지에 초점이 맞추어지기 때문에, 업무처리의 명확한 명칭이 요구되며, 명확한 명칭을 부여할 수 없다면 프로세스에 해당되지 않는다. 프로세스를 규명함에 있어서 특히 주의해야 할 점은, 업무처리 과정에서 어떤 변환형태를 프로세스로 볼것인가 하는 것이다.

② 자료저장소

자료저장소는 데이터의 저장장소이며, 어떤 형태로 존재하느냐? 즉, 저장장소의 물리적인 형태와는 무관하며, 따라서 파일이나 데이터베이스 또는 캐비닛에 보관하는 경우도 자료저장소에 해당된다.

③ 자료흐름

자료흐름은 프로세스로의 데이터의 입력, 프로세스로부터의 데이터 출력을 의미하며, 프로세스 간의 논리적인 연관 관계를 나타낸다. 프로세스에 정확한 명칭을 부여해야만 하듯이, 자료흐름을 나타내는 표기에도 구체적인 명칭을 표시할 수 있으며, 자료흐름에 표시된 명칭은 다음과 같은 의미를 갖는다.

- 자료흐름의 명칭이 자료저장소의 명칭과 동일하다면, 이는 자료저장소에 저장된 모든 레코드가 이용된다는 것을 의미한다.
- 자료흐름의 명칭이 자료저장소의 명칭과 다르다면, 이는 자료저장소에 저장된 자료항목의 일부만이 프로세스에 사용된다는 것을 의미한다.
- 만일 자료흐름의 명칭이 없다면, 이는 자료저장소에 저장된 모든 레코드가 이용된다는 것을 의미한다.

또한 자료흐름과 관련하여 자료흐름이 자료저장소에 연결되어 있으면, 이는 데이터의 추가와 삭제 또는 갱신됨을 의미하고, 자료저장소로부터 자료흐름이 나온다면, 이는 자료를 활용한다는 것을 나타낸다.

④ 단말(Terminator)

단말은 시스템과 외부개체 사이의 의사소통 경로를 나타내며, 예를 들어, 시스템 외부에 존재하는 외부조직이나, 시스템개발 영역에 속하지 않는 기업의 내부조직 또는 내부시스템이 이에 속한다.

2) 자료흐름도의 작성원칙

자료흐름도를 통해서 해당 영역의 모든 업무처리 내용과 데이터의 흐름 및 데이터의 입력과 출력관계, 외부단말과의 의사소통경로 등이 표시되기 때문에, 해당 분석영역을 정확하게 이해하기 위해서는 다음과 같은 일관된 기본지침에 따라 자료흐름도가 작성되어야 한다.

① 명칭을 부여한다.

자료흐름도 상의 모든 프로세스, 자료흐름, 자료저장소 그리고 단말에는 구체적이고 명확한 명칭을 부여하여야 한다. 또한 의미없는 명칭이나 구체적이지 못한 명칭은 분석가와 개발자를 혼돈스럽게 하기 때문에, 단말에 부여된 명칭을 제외하고 기타 구성요소에 부여된 명칭은 서로 구별되어야 하며, 중복되지 않아야 한다. 만일 구체적인 명칭을 부여할 수 없다면, 자료흐름도 상의 논리적인 오류가 있음을 의미한다.

② 식별번호를 부여한다.

또한 프로세스 및 자료저장소에 식별번호를 부여하여 각각의 프로세스와 자료저장소를 구별하며, 경우에 따라서는 프로세스를 적정수준으로 계층화하여 표시한다.

③ 간단하게 작성한다.

한 장의 자료흐름도에 너무 많은 프로세스와 자료흐름을 표시하는 경우 전체 흐름을 식별하기 어렵기 때문에, 한 장의 자료흐름에 너무 많은 프로세스와 자료저장소를 표시하지 않도록 한다. 분석내용이 많을 경우, 자료흐름도의 내용을 적절하게 분할하여 계층구조로 나타낸다.

④ 일관성을 유지한다.

자료흐름도를 작성하는데 논리적인 일관성을 유지한다. 논리적인 일관성을 유지하기 위해서 다음과 같은 자료흐름도의 작성원칙을 준수한다.

- 프로세스에 입력되고 출력되는 데이터 사이에는 **데이터보존의 원칙**을 적용한다. 예를 들어, 입력데이터가 없음에도 불구하고 데이터가 출력되는 경우나, 입력되는 데이터는 있으나 출력되는 데이터가 없는 경우 또는 읽기만 하거나 쓰기만 하는 자료저장소와 같은 경우가 대표적으로 데이터보존의 원칙에 위배된 사례이다.
- 원하는 데이터를 출력하기 위해서 필요한 최소한의 데이터만 입력되도록 하는 **입력데이터 최소의 원칙**에 따른다. 불필요한 데이터가 입력되는 경우는 데이터의 낭비를 의미한다.
- 프로세스는 자신에게 입력되는 데이터와 자신으로부터 출력되는 데이터 이외의 다른 자료와 다른 프로세스와 별개의 것으로 생각하는 독립성의 원칙에 따른다. **독립성의 원칙**은 시스템 설계 또는 개발 후 야기되는 문제를 해결하는데 해당 영역의 문제를 독립적으로 해결하기 위해서 지켜져야 할 중요한 원칙이다.
- 입력되는 모든 데이터는 입력되는 순서에 따라 처리되어 출력되도록 하는 **지속성의 원칙**에 따른다.
- 출력된 데이터는 이어지는 프로세스에 투입됨과 동시에 없어지지만, 자료저장소에 저장된 데이터는 없어져서는 안 된다는 **데이터 영구성의 원칙**을 준수한다.

3) 자료흐름도의 작성절차

지금까지 자료흐름도의 구성요소와 의미 그리고 자료흐름도를 작성하기 위한 논리적인 원칙들을 설명하였는데, 현실적으로 이와같은 원칙을 준수하며 자료흐름도를 정확하게 작성한다는 것은 쉽지 않은 일이다. 따라서 자료흐름도를 효율적으로 작성하기 위한 절차가 필요하며, 일반적인 작성절차는 다음과 같다.

- 모든 입 · 출력 및 업무처리(프로세스)를 파악한다.
- 파악된 입 · 출력 사이의 관계 즉, 데이터의 흐름을 파악한다.
- 프로세스와 자료흐름 그리고 단말에 구체적인 명칭을 부여한다.
- 자료흐름을 제어하는 정보는 표시하지 않는다.
- 검토하고 보완하여 자료흐름도를 완성한다.

그림 5-5 판매관리부서의 자료흐름도 단면

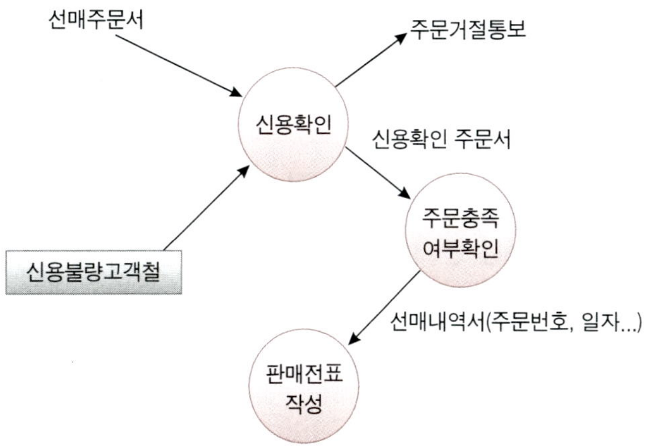

4) 자료흐름도의 작성 사례

앞과 같은 자료흐름도의 구성요소와 의미, 작성원칙과 작성절차에 따라서 작성된 자료흐름도의 구체적인 사례를 살펴보기로 하자. 자료흐름도로 작성할 업무흐름이 다음과 같다면 [그림 5-5]와 같은 자료흐름도가 작성될 것이다.

[업무흐름의 예] : 매매 의사가 있는 고객으로부터 주문서가 접수되면, 판매담당 직원은 고객의 신용불량 고객철에 보관된 데이터를 이용하여 우선 고객의 신용상태를 확인하고, 주문을 수락할 것인지? 거절할 것인지를 결정한다. 신용상태가 양호한 경우에는 주문내역서에 기록된 내용을 기초로 판매전표가 작성된다.

[그림 5-5]와 같이 업무흐름이 복잡하지 않는 경우에는 모든 업무내용을 한 장의 종이에 나타낼 수 있으나, 분석영역의 복잡도와 규모에 따라서 한 장의 종이에 전체 자료흐름을 표현할 수 없을 때에는 자료흐름도를 적정부분으로 계층화하여 단계적으로 세분화하는 작업이 필요하다. 이처럼 자료흐름도의 내용을 계층구조로 나누어 세분화해 나가는 작업을 자료흐름도의 상세화라하는데, 자료흐름도를 상세화하는 목적은 한 장의 종이에 나타낸 자료흐름도의 구성요소가 많을수록 업무의 내용과 자료흐름을 이해하기 힘들기 때문에, 전체 업무흐름을 이해하기 쉽게 하기 위함이다. 자료흐름도를 상세화하는 과정은 먼저 전체 업무를 개괄적으로 이해할 수 있도록 주요 업무기능을 중심으로 하여 배경도를 작성하고 Top-Down 방식으로 구체적인 하부업무기능을 표시하는 방법으로 진행된다.

어느 정도까지 세분화할 것인가는 업무의 복잡도에 따라 분석가가 결정할 문제이지만, 대부분의 경우 3~4단계 정도의 수준까지 세분화하는 것이 바람직하다.

2.2 통합프로세스 모델링 아키텍처 : eEPC(extended Event Process Chain Diagram)

1) 기능요소와 기능요소의 표현

기업이 추구하는 전략적 목표는 미리 정의된 일들을 효율적으로 수행함으로써 달성되며, 전략적 목표를 달성하기 위해서 수행되는 일들은 구체적인 행위로 나타난다. 이들 일들을 포함해서 구체적인 일들을 기능이라 한다. 이는 구조적 프로세스 모델링 아키텍처에서의 프로세스와 유사하며, 행위(Activity), 태스크(Task)와 같은 용어와도 같은 개념으로 사용된다. 또한 기능이란 용어는 행위의 중요성이나 복잡도 크기에 상관없이 동일하게 표시되기 때문에, 재고관리나 판매관리 등과 같이 복잡하고 많은 하부행위들로 이루어진 것이나, 데이터 입력이나 재고확인 등과 같은 단일행위로 이루어진 것들도 동일하게 표시된다. 해당 영역에서 어떤 기능들이 수행되는지를 파악하기 위해서 기능의 중요도나 하부기능의 포함관계에 상관없이 위와 같이 표시하였지만, 해당 영역을 정확하게 분석하기 위해서는 이들 기능들의 규모에 따라서 다음과 같은 종류의 기능들로 세분화할 필요가 있다.

- 단위기능 : 더 이상 분해될 수 없는 최소한의 단위행위
- 기능묶음 : 더 이상 분해될 수 없는 단위행위 또는 단위들의 묶음들로 이루어진 복잡한 규모의 행위
- 하위기능 : 기능묶음에 포함된 모든 종속적인 행위

단위기능이나 기능묶음은 조직의 목표를 달성하기 위해서 수행되며, 시간과 비용이 발행되는 모든 행위를 기능이라 정의하며, 종류에 상관없이 다음과 같은 네모상자로 표현된다.

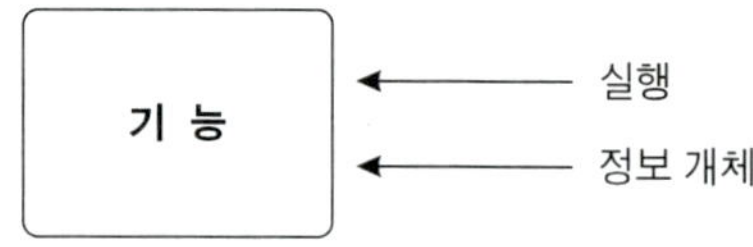

예를 들어, 주문을 수행하는 업무흐름을 다음과 같이 가정해보자.

그림 5-6 주문프로세스의 예

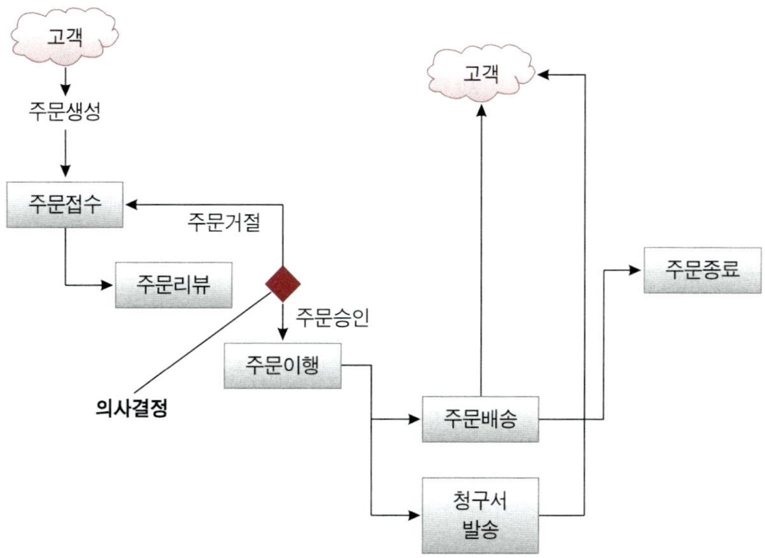

[그림 5-6]에서 주문접수, 주문리뷰, 주문이행, 주문배송, 청구서 발송 등과 같이 시간과 비용이 발생되는 행위들이 기능에 해당되며, 이들 모두는 기능들이며, 네모상자로 표현된다.

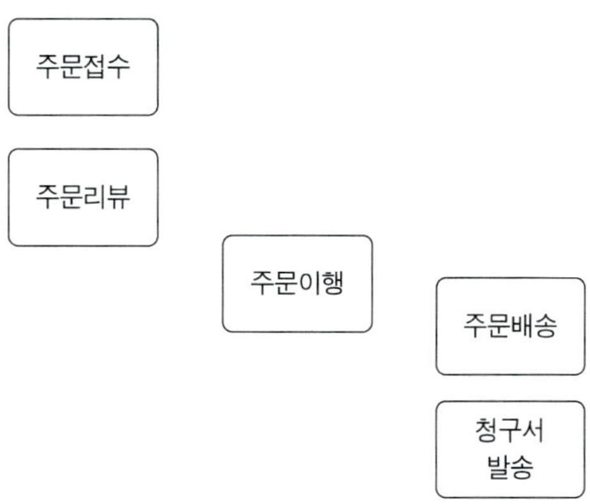

2) 프로세스 모델 작성 절차

통합프로세스 모델링 아키텍처에 의해서 프로세스 모델(eEPC: extended even-process-chain diagram)을 작성하기 위해서는 먼저 최상위 기능묶음을 추출하고, 기능묶음에 속하는 하부기능 및 단위기능을 추출하는 작업이 필요하다.

(1) 최상위 기능묶음의 추출

해당 영역에서 수행되는 모든 기능은 기업의 목표를 달성하기 위해서 정의되는데, 기업이 추구하는 목표를 기업의 부가가치를 높이는 것이라 한다면, 최상위의 기능묶음은 기업의 부가가치를 창출해가는 과정 속에서 발견할 수가 있다. 예를 들어, 제조기업의 경우 부가가치는 제품을 생산하기 위해서 필요한 원자재를 구매하고, 제품을 생산하며, 생산된 완제품을 판매함으로써 얻어지기 때문에, 이 기업의 부가가치가 창출되는 과정은 구매-생산-판매가 될 것이다. 실제로 구매, 생산, 판매업무는 복잡하고 많은 부분업무들로 이루어져 있기 때문에, 구매, 생산, 판매업무를 부분업무들로 세분화하여야 어떤 과정을 거쳐 부가가치가 창출되는지 파악할 수 있겠지만, 아무튼 사례기업의 경우 부가가치 창출 흐름속에서 구매, 생산, 판매가 중요한 역할을 담당하기 때문에, 이들 구매, 생산, 판매에서 최상위 기능묶음을 찾을 수가 있다.

부가가치란 결국에는 기업이 추구하는 목적이기 때문에, 추구하는 목적에 가까이 가는 과정에서 중요한 역할을 담당한다면, 이러한 활동영역을 최상위 기능묶음으로 볼 수 있다. 예를 들어, 본 저서에서 다루고 있는 비즈니스프로세스관리과정에서 조직의 목표와

그림 5-7 최상위 기능묶음의 예

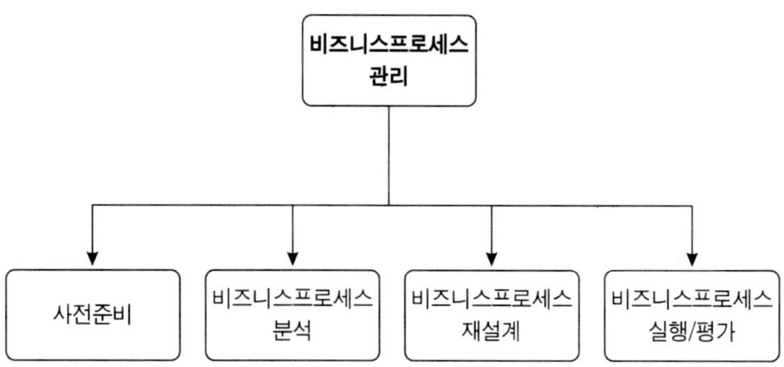

전략을 수립하고(경우에 따라서는 확인하는 것으로 대체됨), 프로세스 아키텍처를 결정하고, 프로젝트를 위한 사전계획을 수립계획, 프로세스분석과 설계, 실행 및 평가하는 작업들은 비즈니스프로세스관리 과정 중의 한 단계들이기 때문에, 이들 단계의 작업들은 최종적인 비즈니스프로세스관리목적에 더 가까이 다가가는 것이기 때문에, 비즈니스프로세스관리의 최상위 기능묶음으로 간주할 수 있다.

(2) 하부기능의 추출 및 기능의 계층구조

최상위 기능묶음은 분석영역의 가장 큰 행위그룹으로 대상 영역의 업무영역을 의미하며, 이들 업무영역들은 많은 부분영역으로 세분화되거나, 기능묶음에 많은 하부기능과 단위기능들이 포함되어 있는 경우가 일반적이다. 최상위 기능묶음에 속하는 소단위 기능묶음과 하부기능을 추출하는 방법은 하향식 접근방법을 이용하여 상위기능을 수행하기 위해서 필요한 부분기능이 무엇인지를 생각하여 결정한다.

예를 들어, 비즈니스프로세스관리 프로젝트의 최상위 기능묶음에 속하는 사전준비에

그림 5-8 기능의 계층구조의 예(비즈니스프로세스관리)

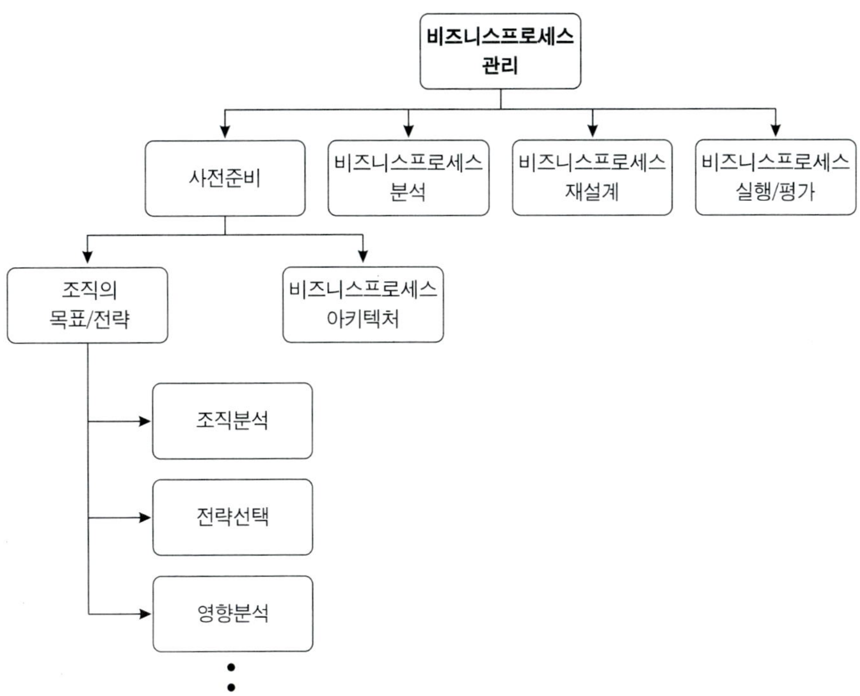

는 앞장에서 설명한 바와 같이 **조직의 목표와 전략**, **프로세스 아키텍처** 단계로 구성되어 있으며, 조직의 목표와 전략 단계는 세부 작업단계에서 도식화한 것처럼, 조직분석 → 전략적 선택 → 프로세스의 영향분석 → 전략적 성과측정지표 개발 → 목표 및 전략보고서 작성 → 확정 및 공유과정을 거친다. 이들 개별과정은 모두 조직의 목표와 전략단계의 하위 작업들로 하부기능(단위기능)에 속한다.

(3) 통합프로세스 모델 작성원칙

최상위 기능묶음과 소단위 기능묶음 그리고 단위기능들을 추출하여 위와 같은 계층구조로 나타낸 모델을 기능도(function tree)라 한다. 그러나 이와같은 기능도는 업무수행을 위해서 필요한 기능의 계층구조만을 나타내기 때문에, 업무를 처리하는데 필요한 기능들이 무엇인지만을 파악할 수가 있다. 따라서 추출된 기능들이 어떤 순서로 수행되는지? 즉, 업무처리 내용과 순서를 정확하게 파악하기 위해서는 작성된 기능도 외에 추출한 기능들의 수행순서를 나타내는 모델이 작성되어야 한다.

통합프로세스 모델은 이미 추출된 정적인 기능도를 업무처리 순서에 따라서 동적인 흐름으로 나타낸 것이기 때문에, 새로운 기능을 추출할 필요없이 추출한 모든 기능묶음과 단위기능은 프로세스로 표현한다. 그러나 기능도는 모든 기능의 계층구조만을 표현한 것이기 때문에, 실제 업무흐름은 이와 다를 수 있다. 또한 어떤 경우에 어떤 개별 기능이 수행되는지? 기능이 수행하고 난 후 어떤 결과가 도출되는지? 등을 표현하기 위해 다음과 같은 별도의 구성요소가 필요하다.

① 이벤트(Event)

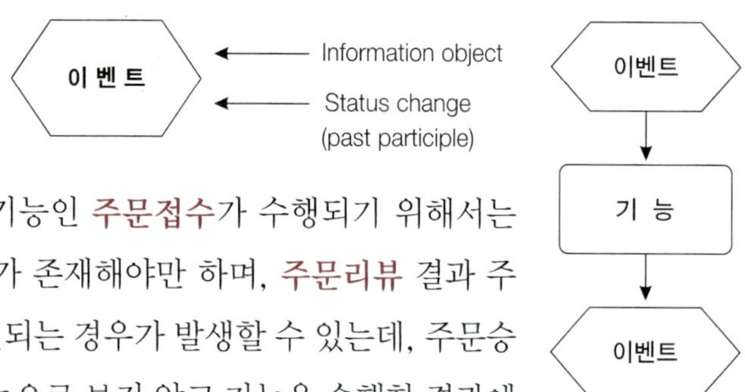

이벤트는 프로세스의 시작점과 업무처리 과정에서 발생하는 결과를 나타낸다. 예를 들어, 주문처리프로세스의 경우, 첫번째 기능인 **주문접수**가 수행되기 위해서는 고객으로부터의 주문생성 데이터가 존재해야만 하며, **주문리뷰** 결과 주문이 승인되는 경우와 주문이 거절되는 경우가 발생할 수 있는데, 주문승인이나 주문거절의 경우, 이를 기능으로 보지 않고 기능을 수행한 결과에 따라서 자동적으로 나타나는 결과를 의미한다. 따라서 이벤트는 비즈니스프로세스를 시작하는 사건, 비즈니스프로세스가 수행되는 과정의 많은 기능들이 수행된 결과, 비즈니스프로세스가 종료되는 시점의 최종결과들이 이벤트로 표현된다. 비즈니스프로세스는 기본적으로 이벤트와 기능묶음과 단위기능(function)의 연속된 흐름으로 표현된다.

② 의사결정 규칙

[그림 5-9]의 주문프로세스에서 보는 바와 같이, 비즈니스프로세스 수행중인 경우에 따라서는 의사결정을 해야 하거나, 의사결정의 결과에 따라서 업무흐름의 방향이 바뀌기도 한다. 이와같은 프로세스의 흐름과 방향을 제어하기 위해서 별도의 논리적 규칙들이 필요하다.

- AND 연산자 : 기능수행 결과 두 가지 이상의 사건이 동시에 발생하는 경우나 하나의 사건에 대해서 두 가지 이상의 기능이 동시에 수행되는 경우에 사용된다.
- OR 연산자 : 기능수행 결과 두 가지 이상의 사건 중에 하나 이상이 발생하는 경우에 사용된다. 이경우 AND 연산자에서처럼, 하나의 사건에 대해서 하나 이상의 기능이 수행되는 경우는 이론적으로는 가능하지만, 스스로 판단할 수 없는 시스템의 특성상 논리적으로 불가능 하기 때문에 이러한 경우는 잘못된 표현방법이다.
- XOR 연산자 : 기능수행 결과 여러 가지 사건 중에 한 가지 사건만이 발생하는 경우에

그림 5-9 의사결정 규칙(AND, OR, XOR)

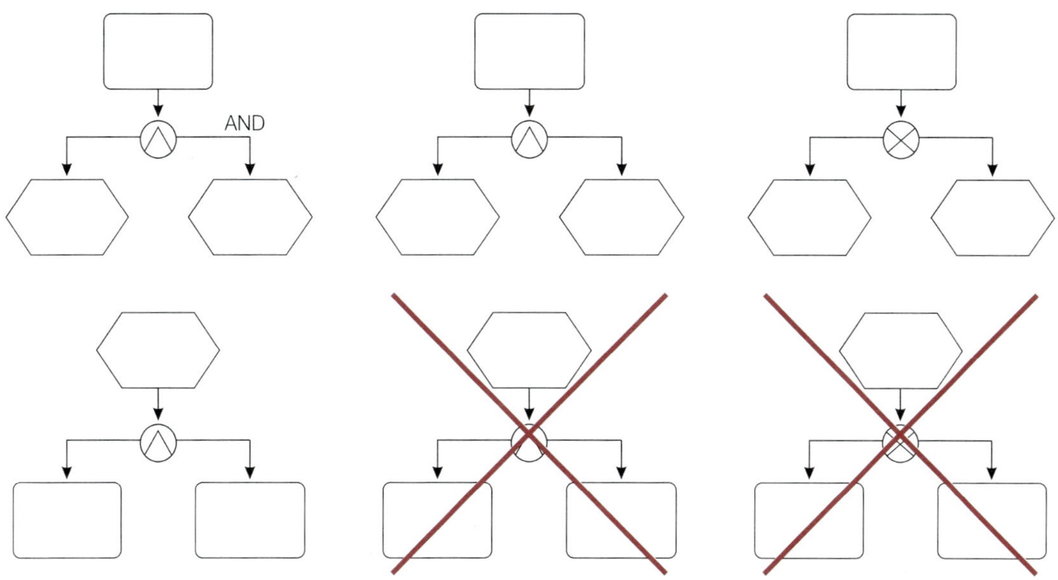

사용된다. 예를 들어, 재고확인 작업 수행결과는 상황에 따라서 두 가지 결과가 발생할 수 있다. 재고부족이나 재고충족. 그러나 재고부족과 재고충족은 동시에 발생될 수 없으며, 이 중에 한 가지 결과만이 나타날 수 있다.

(4) 프로세스 모델

일상적인 업무흐름을 나타내는 프로세스 모델에서는 첫번째 기능이 수행되기 위해서 이벤트가 필요하며, 이벤트에 따라서 기능이 수행된다. 기능 수행결과에 따라서 또 다른 이벤트가 생성되며, 이로부터 이어지는 기능이 수행된다. 업무의 논리적 흐름은 각각의 업무를 처리하고 난 후의 결과에 의해서 어떤 업무는 동시에 수행되기도 하고, 어떤 업무들은 서로 배타적으로 수행되기도 하는데, 이와같은 논리적 연관관계는 앞의 의사결정 규칙들을 이용하여 표시한다. [그림 5-10]은 의사결정 규칙들을 이용하여 전체 프로세스 모델을 작성한 예를 보인 것이다.

그림 5-10 통합프로세스 모델의 도식화

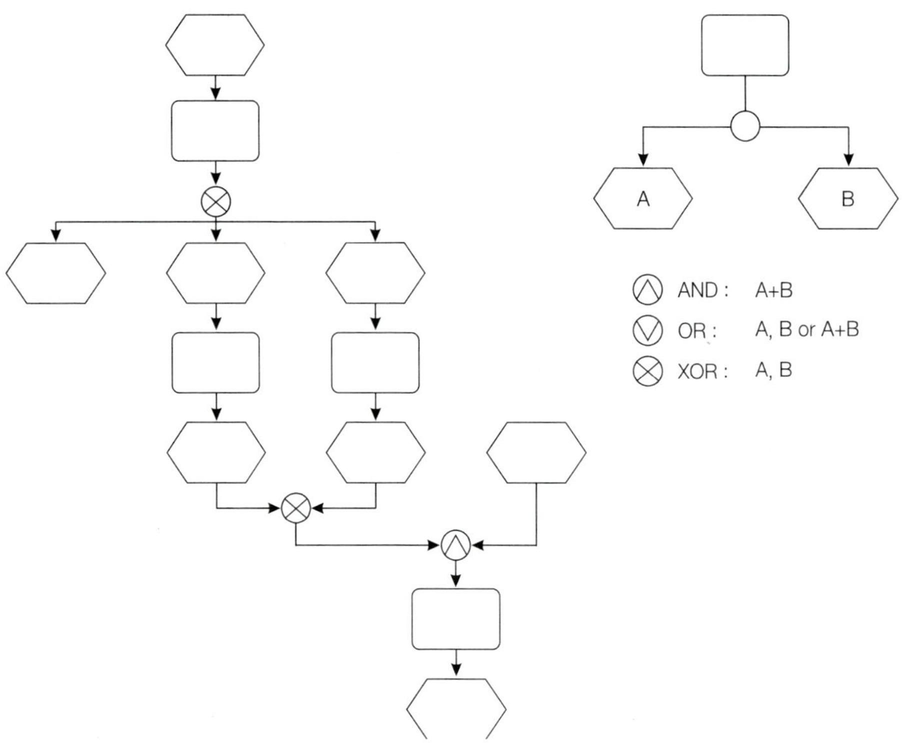

(5) 통합프로세스 모델(extended eEPC)

[그림 5-10]과 같은 형태의 프로세스 모델은 통합프로세스 모델링 아키텍처 관점에서 단순히 이벤트-기능의 연속된 흐름만을 표시한 것이며, 통합프로세스 모델은 단순 프로세스 모델에 조직관점과 데이터 관점의 의미를 추가한 것을 말한다.

① 조직관점의 프로세스 모델 보완

모든 조직은 추구하는 목표를 달성하기 위해서 정의된 개별 조직단위(organization unit)가 존재하며, 이는 상위의 또는 하위의 조직단위로 계층화되어 업무수행과 보고, 지휘와 감독체계를 갖는다. 또한 모든 조직단위는 이를 구성하는 구성원이 존재하며, 각각의 구성원마다 직책과 역할이 있으며 조직구성원들 중에 조직단위를 책임지는 대표자가 존재한다. 기업의 조직구조는 일반적으로 [그림 5-11]과 같이 표현된다.

조직단위는 업무를 수행하는 주관부서이며, 주관부서에 속하는 구성원이 해당 업무를 구체적으로 수행하는 책임을 맡기 때문에, 비즈니스프로세스의 효율성과 효과성의 평가 기초가 되는 프로세스의 분석작업을 위해서는 비즈니스프로세스의 수행주체에 대한 설명이 필수적일 것이다. 조직관점에서의 프로세스 모델의 보완은 프로세스 모델을 다음과 같이 확장함으로써 이루어진다.

그림 5-11 조직구조의 일반적인 레벨

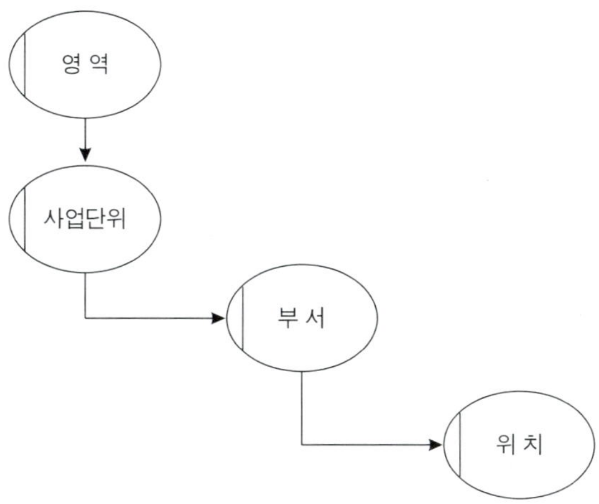

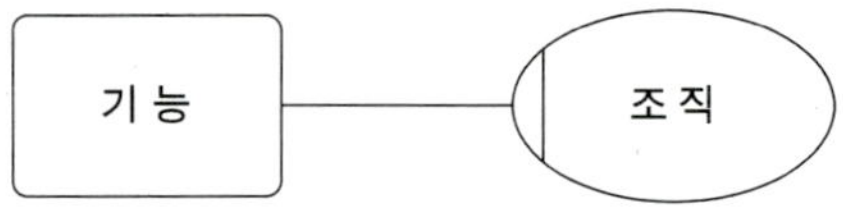

이와같은 모형은 개별적인 업무기능이 어느 조직부서와 조직단위에서 처리되는지? 즉, 업무기능을 조직단위에 할당하는 것을 의미한다. 이는 단순한 업무기능의 연속된 흐름만으로 이해할 수 없었던 업무처리를 위한 인건비는 물론 업무수행을 지휘 감독하는 책임부서, 직접적으로 업무를 수행하는 부서 등을 파악함으로써 비즈니스프로세스의 구현내용과 장기적인 효과를 극대화할 수 있는 방안을 제안할 수가 있기 때문에, 조직관점에서의 프로세스 모델을 보완하는 작업은 비즈니스프로세스관리 프로젝트에서 매우 중요한 의미를 갖는다.

조직과 기능과의 관계는 〈표 5-1〉과 같은 조직단위-기능 할당 매트릭스를 통해서 구체화할 수가 있다. 실제 업무에서는 기능과 조직 간의 관계를 정확하게 규명하고 모델화하기 위해서 상세한 수준의 구체적인 기능과 기능할당 매트릭스가 작성되어야 한다. 고객주문과 관련된 업무기능과 이를 담당하는 조직단위 간의 관계는 〈표 5-1〉과 같다.

[그림 5-12]는 조직단위-기능할당 매트릭스를 통해서 기능 수행주체로서의 조직단위를 동시에 표현한 통합프로세스 모델의 일부를 예로 보인 것이다. 조직단위를 상위의 조직부서와 하위의 조직단위 그리고 하위조직 단위 별 담당자까지 세분화하여 할당한다면, 업무의 소속 책임관계를 명확하게 밝힐 수 있을 것이다.

② 데이터관점의 프로세스 모델 보완

기능들의 연속된 흐름인 단순한 프로세스 모델을 통해서는 업무기능의 연속된 흐름만

〈표 5-1〉 조직단위-기능할당 매트릭스의 예

조직단위 / 기 능	발 송	영 업	구 매	생 산	회 계
고객주문확인		◎			
구매주문접수			◎		
생산계획수립				◎	
구매대급지불					◎
제품발송처리	◎		◎		
배송관리			◎		

그림 5-12 기능과 조직과의 관계모델(주문프로세스의 예)

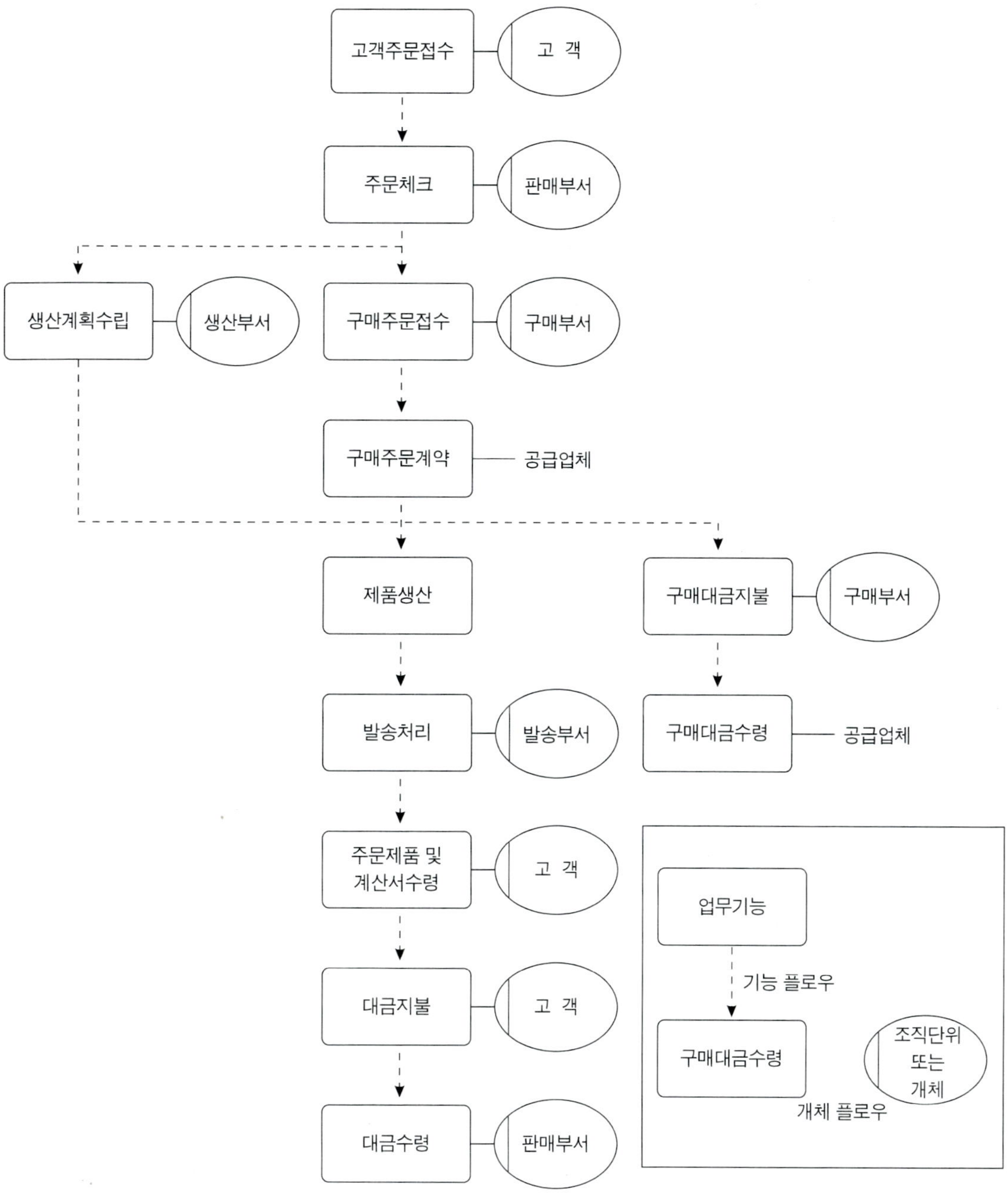

그림 5-13 기능과 데이터와의 관계모델(주문프로세스의 예)

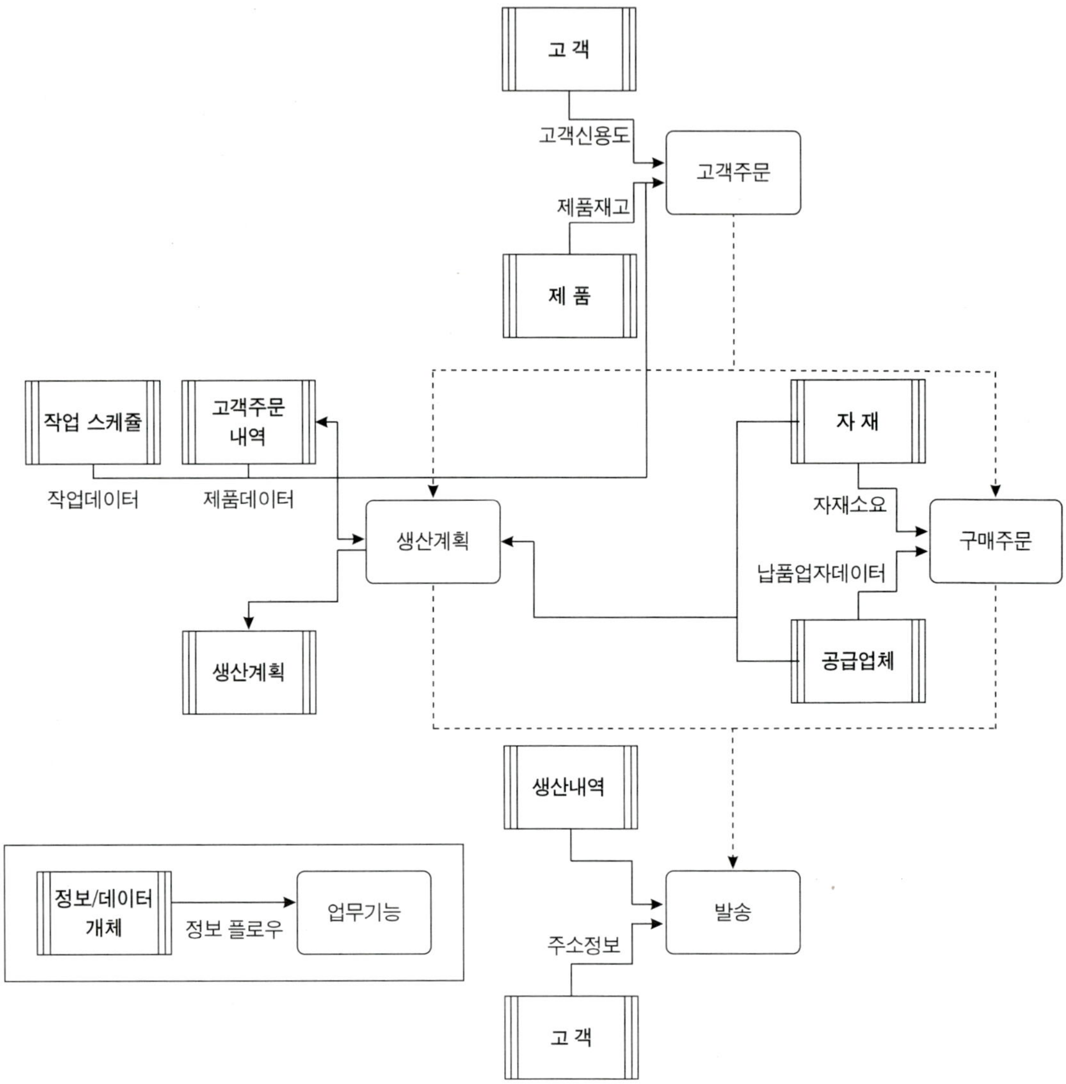

〈표 5-2〉 기능별 데이터할당 매트릭스

구 분 / 업무기능	데이터	
	입력데이터	출력데이터
생산계획수립	생산주문내역, 작업스케쥴	생산계획
구매주문처리	자재소요, 납품업자데이터	구매주문서

을 알 수가 있다. 업무흐름에서 중요한 사실은 업무흐름과 동시에 어떤 데이터가 흘러가는지 파악하는 것이다. 기능은 입력데이터를 받아 이를 출력데이터로 가공(처리)하는 역할을 하기 때문에, 모든 기능은 입력데이터가 필요하고, 또 기능이 처리된 후에는 반드시 출력데이터가 생성된다. 따라서 데이터관점에서 프로세스 모델을 보완하는 것은 전체 비즈니스프로세스 모델을 이해하는데 매우 중요하다. 데이터와 기능과의 관계는 〈표 5-2〉와 같은 기능별 데이터할당 매트릭스를 통해서 확인하며 모델로 구현한다.

③ 기능-데이터-조직 통합프로세스 모델

비즈니스프로세스를 이해하는데 필요한 기능과 조직과 데이터 모두를 도식화한 모델을 통합프로세스 모델(eEPC: extended event-process-chain diagram)이라 한다. 통합프로세스 모델은 업무처리와(기능), 이를 처리하는 주체(조직) 그리고 업무를 처리하기 위해서 투입되고 산출되는 정보(데이터)를 포괄하는 것으로 **누가 어떤 업무를 처리하는데 어떤 데이터가 필요하고 어떤 데이터가 산출되는지?** 총체적으로 파악할 수 있는 프로세스 모델이다. [그림 5-14]는 고객주문처리프로세스의 일부를 기능-조직-데이터관점을 통합하여 작성한 통합프로세스 모델의 예에 해당된다.

3. 프로세스 아키텍처 단계의 결과물 활용

프로세스 아키텍처는 프로젝트 대상 영역의 추상적인 종단간 비즈니스프로세스와 이에 속하는 개별프로세스를 구체화하여 정형화된 모델로 표현하기 위한 방법론과 도구 및 도구의 활용방법을 정의하는 단계로 다음과 같은 최종 결과물들이 도출된다.

- 비즈니스프로세스를 분석하기 위한 모델링 방법론(모델링 도구 포함)
- 비즈니스프로세스 모델링 원리와 가이드라인
- 개괄적인 조직관계도와 종단간 비즈니스프로세스와 같은 모델개요

이와같은 최종 결과물들은 **프로젝트 계획수립** 단계에서 프로젝트 대상영역을 개괄적

그림 5-14 기능-조직-데이터 통합프로세스 모델의 예

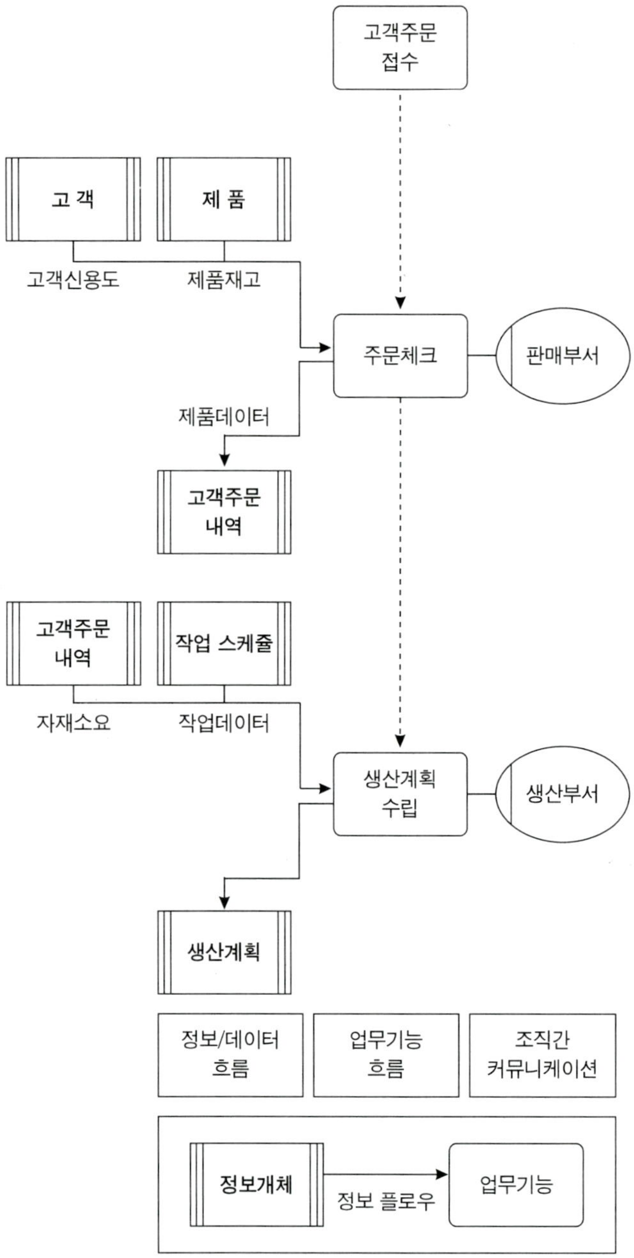

으로 이해하는데 활용되며, 비즈니스프로세스 분석단계와 비즈니스프로세스 재설계 단계에서 대상 종단간 비즈니스프로세스와 이에 속하는 개별 프로세스들을 구체적으로 이해하는데 주로 활용된다. [그림 5-15]는 프로세스 아키텍처 단계의 결과물들이 활용되는 BPMLC 프레임워크의 세부단계를 나타낸 것이다. 프로세스 아키텍처 단계의 결과물들은 비즈니스프로세스 분석과 재설계작업을 위해서 프로세스를 이해하는데 핵심적인 역할을 하기 때문에, 프로젝트의 규모와 성격 그리고 비즈니스프로세스에 따라서 적절한 프로세스 아키텍처가 선택되고 모델링 방법론과 모델링 원칙들이 정의되어야 한다. 이를 위해서는 프로세스 아키텍처의 다음과 같은 위험요소를 미리 고려해야 한다.

- 프로세스 아키텍처를 지나치게 기술적으로 설명한다.
- 비즈니스프로세스를 지나치게 구체적으로 모델링 한다.
- 프로세스 아키텍처에서 정한 모델링 원칙과 방법론을 수시로 변경한다.

그림 5-15 프로세스 아키텍처 단계의 결과물 활용

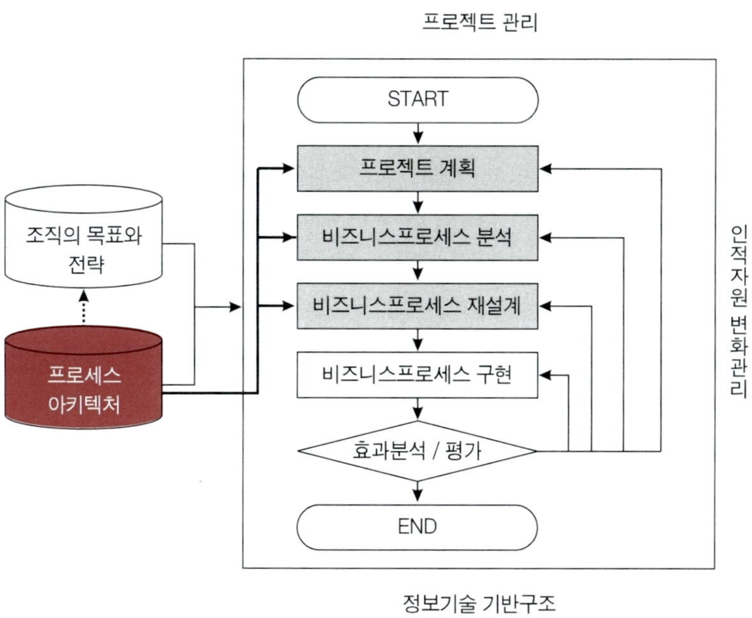

단원요약

정보기술 분야에서 아키텍처는 작업과정이나 작업내용, 작업방법을 체계적으로 설명하는 방법론과 프레임워크의 의미로 주로 사용된다. 이러한 맥락에서 프로세스 아키텍처는 프로세스 모델을 체계적으로 작성하기 위한 일종의 프로세스 모델링 방법론과 프로세스 모델링을 위한 프레임워크라고 할 수 있으며, 다음과 같은 요소들로 구성되어 있다.

- **프로세스 가이드라인:** 조직의 목표를 달성하기 위해서 선택한 일반적인 실행원칙을 비즈니스프로세스로 전환하는데 필요한 표준, 방법, 전략 및 도구
- **프로세스 모델:** 프로세스가이드라인에 의해서 작성된 최상위 종단간 비즈니스프로세스 모델과 이에 속하는 개별 프로세스 모델 그리고 최하위 레벨의 프로시저

어떤 프로세스 아키텍처를 선택하느냐에 따라서 관리대상 영역을 이해하고 분석하는데 결정적인 영향을 미치기 때문에, 프로세스 아키텍처를 선택하는데 있어서 특히 신중해야 하며, 일반적으로 다음과 같은 요인들을 고려해야 한다.

- **비즈니스프로세스관리 프로젝트 유형:** 비즈니스프로세스관리 프로젝트가 전략적인 측면과 운영지향적인 측면에서 비롯된 것인지를 고려해야 한다.
- **비즈니스프로세스관리 프로젝트 시나리오:** 각각의 시나리오마다 분석 대상영역에 대한 이해와 모델의 정확성이 달라지기 때문에, 비즈니스프로세스관리 프로젝트 시나리오를 고려할 필요가 있다.
- **도구의 자동화 정도와 인지도:** 프로세스 아키텍처는 프로세스 모델링 방법론과 도구까지를 포함하기 때문에, 대상 프로세스가 내포하고 있는 복잡한 의미와 내용을 체계적으로 모델링 하기 위해서 자동화 도구를 사용해야 한다. 도구의 자동화 정도와 선택하려는 도구의 인지도가 어느 정도인지 살펴보아야 한다.
- **조직(구성원)의 성숙도:** 프로세스 모델은 단순한 그림이 아니기 때문에, 조직(구성원)의 업무이해도와 모델링 도구의 활용 능력 등 성숙도에 따라서 선택할 수 있는 프로세스 아키텍처가 달라진다.

일반적으로 사용되는 프로세스 아키텍처는 구조적 프로세스 모델링 아키텍처가 사용되는데, 이는 데이터의 흐름을 중심으로 모든 업무를 자료흐름도로 나타내는 방법으로 다음과 같은 절차에 따라서 자료흐름도를 작성한다.

① 모든 입출력과 업무처리(프로세스)를 파악한다.
② 파악된 입·출력 사이의 관계 즉, 데이터의 흐름을 파악한다.
③ 프로세스와 자료흐름 그리고 단말에 구체적인 명칭을 부여한다.
④ 자료흐름을 제어하는 정보는 표시하지 않는다.
⑤ 검토하고 보완하여 자료흐름도를 완성한다.

통합프로세스 모델링 아키텍처는 대상영역의 업무를 기능과 조직과 데이터 관점에서 각각의 개별 모델을 작성하고 이를 통합하여 통합프로세스 모델로 완성하는 방법이다. 통합프로세스 모델에는 기능과 조직과 데이터 측면이 포함되어 있기 때문에, 업무처리 주체(조직단위 및 구성원)와 업무를 처리하기 위해서 투입되고 산출되는 데이터를 통합적으로 이해할 수가 있다. 이는 비즈니스프로세스의 모니터링은 물론, 지속적인 프로세스관리를 위해서 주요한 관리항목을 제공하기도 한다.

통합프로세스 모델을 작성하는 절차는 다음과 같다.

① **최상위 기능묶음의 추출:** 기업이 추구하는 목표가 달성되어 가는 과정을 중심으로 최상위 기능묶음을 추출한다.
② **하부기능의 추출과 계층구조:** 최상위 기능묶음을 세분화하여 기능묶음에 포함되어 있는 소단위 기능묶음과 하부기능들을 추출하고 이를 체계적인 계층구조를 결정한다. 모든 추출된 기능들의 계층구조를 모델화한 결과를 기능도(function tree)라 한다.
③ **개별 모델의 작성:** 통합프로세스 모델의 구성요소인 기능과 데이터와 조직 관점에서 개별모델을 작성한다. 특히, 기능관점에서의 모델을 eEPC(extended event-process-chain Diagram)라 하는데, 이는 이벤트와 기능들이 연속된 체인모양으로 연결되어 있으므로 인해서 붙여진 명칭이다.
④ **통합프로세스 모델 작성:** 작성된 개별 모델을 통합하여 최종적인 통합프로세스 모델로 완성한다.

제5장

연습문제

01 프로세스 아키텍처의 일반적인 의미와 정보기술 분야에서의 의미를 설명하시오

02 비즈니스프로세스관리를 위해서 프로세스 아키텍처가 필요한 이유에 대해서 설명하시오

03 프로세스 아키텍처의 구성요소에 대해서 설명하시오

04 프로세스 아키텍처를 선택하는데 있어서 고려해야 할 사항에 어떤 것들이 있는지 설명하시오

05 구조적인 프로세스 모델링 아키텍처인 자료흐름도(DFD: data flow diagram)의 구성요소와 의미를 설명하시오

06 자료흐름도의 작성과정과 작성원칙에 대해서 설명하시오

07 통합프로세스 모델링 아키텍처에 대해서 간략하게 설명하시오

08 통합프로세스 모델링 아키텍처의 기능 관점에서 기능도(function tree)와 업무흐름도(eEPC)를 작성하는 과정에 대해서 설명하시오

09 통합프로세스 모델링 아키텍처의 기능 관점에서 업무흐름도를 작성하는데 사용되는 의사결정규칙에 어떤 것들이 있는지 설명하고, 업무흐름도에서 어떤 역할을 하는지 설명하시오

10 통합프로세스 모델링 아키텍처에 따라서 작성된 개별 모델(기능모델, 조직모델, 데이터모델)을 최종적인 통합프로세스 모델로 완성하기 위해서 사용되는 기술적인 방법에 대해서 설명하시오(조직단위-기능할당, 기능별 데이터할당 등)

11 비즈니스프로세스를 이해하고 재설계하는데 필요한 적절한 프로세스 아키텍처 단계의 결과물들을 산출하기 위해서 고려해야 할 위험요소들에 대해서 설명하시오

제6장 프로젝트 계획수립

1. 프로젝트 계획수립
2. 타당성 분석
3. 프로젝트 일정계획 및 관리
4. 프로젝트 계획수립 단계의 결과물 활용

"It's very difficult for an organization to determine where to start a BPM Project. The organization may know it has operational inefficiencies and issues within a particular business unit; however, how and where to start can be a very difficult decision."

(John Jeston and Johan Nelis)

학습 개요 및 목표

어떤 일을 시작하기 전에 사람들은 왜 이 일을 해야만 하는가? 구체적으로 어떤 일을 어떻게 할 것인가? 이 일을 시작하기 전에 어떤 준비를 해야 하는가? 등을 생각하게 된다. 일은 열심히 했지만 실패했다면 여러 가지 원인이 있겠지만, 철저한 사전준비가 부족한 것도 중요한 원인 중에 하나일 것이다. 비즈니스프로세스관리 프로젝트 또한 마찬가지이다. 비효율적인 비즈니스프로세스라 하더라도 이상없이 작동하고 있다면, 앞장에서 설명한 것처럼 블랙박스 신드롬 때문에, 이를 수정하거나 개선하려는 필요성을 느끼지 못할 수도 있으며, 설사 필요성을 인식한다고 하더라도 단기적인 효율성 향상에 크게 기여하는 것이 아니고, 장기적인 효과성 또한 불투명하기 때문에, 절박한 마음을 갖지 않을 수도 있다. 이러한 상황에서 프로젝트를 위한 사전준비가 제대로 될 수가 없을 것이다.

본 장에서는 비즈니스프로세스관리 프로젝트를 성공적으로 수행하기 위해서 누가 언제 어떤 비즈니스프로세스를 대상으로 할 것인지를 미리 정의하고 전체적인 프로젝트 계획을 수립하는 문제에 대해서 살펴보고자 한다. 본 장의 주요 내용으로는 대상 비즈니스프로세스를 선정하는 일과, 프로젝트를 위한 팀을 구성하는 일, 경제적 · 기술적으로 타당성이 있는지를 검증하는 일 등이 될 것이다. 물론 비즈니스프로세스관리 프로젝트 또한 일반적인 프로젝트의 한 범주에 속하기 때문에, 일반적인 프로젝트에 적용되는 일반적인 계획수립 내용이 포함될 것이다.

본 장의 학습목표는 다음과 같다.

1. 일반적인 프로젝트 계획수립 과정의 절차에 대해서 이해한다.
2. 프로젝트 대상이 되는 비즈니스프로세스관리를 추출하는 방법에 대해서 학습한다.
3. 경제적인 타당성을 검증하는 방법을 이해한다.
4. 프로젝트 일정계획 수립과 일정관리 방법을 이해한다.
5. 기타 비즈니스프로세스관리 프로젝트 계획수립의 주요 내용을 이해한다.
6. 프로젝트 계획서를 작성하는 방법을 이해한다.

1. 프로젝트 계획수립

1.1 프로젝트 계획수립 단계의 개요

프로젝트라 함은, 비즈니스프로세스관리 프로젝트의 범위를 설정하고 실행에 옮기기 위한 기본 프레임을 작성하는 것을 의미한다. 정의할 프로젝트의 내용은 근본적으로 전략지향적, 운영지향적 프로젝트 성격 중에서 어떤 관점에서 진행되느냐에 따라서 달라지게 된다. 운영지향적 프로젝트의 경우에는 조직의 목표와 전략과 연계되는 것이 아니라, 프로세스의 실제 운영상의 문제로 인해서 프로젝트가 시작되기 때문에, 대상 프로세스가 구체적이고 명확하게 결정되어야 하며, 조직의 목표와 전략 단계보다는 프로세스 아키텍처 단계로부터 시작하여 대상 프로세스를 분석하고 재설계하는 방법까지를 포함시켜야 한다. 그러나 전략지향적 프로젝트의 경우에는 구체적인 대상 프로세스는 물론 대상영역까

그림 6-1 BPMLC_PHASE3: 프로젝트 계획수립

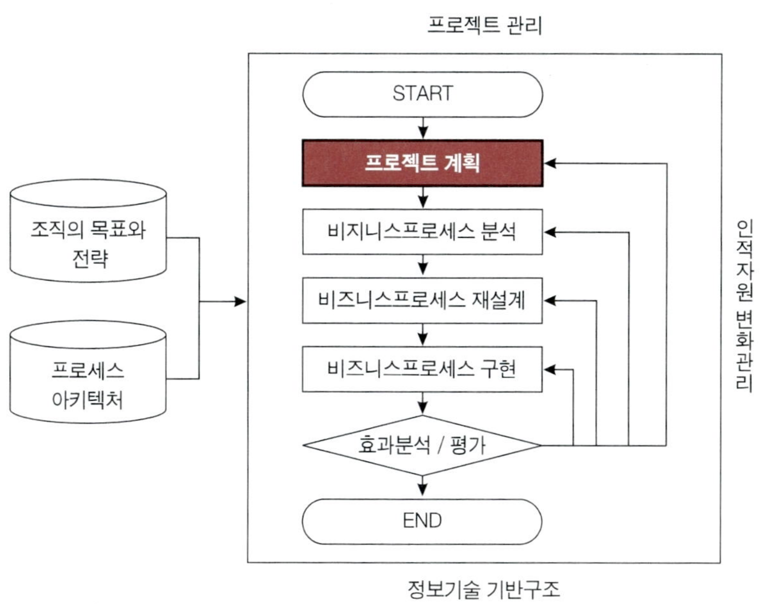

지 불명확 하기 때문에, 조직의 목표와 전략을 고려하여 어떤 영역의 어떤 프로세스를 대상으로 할 것인지부터 결정하여야 한다. 어떤 관점에서 프로젝트가 시작되더라도 계획수립 단계에서는 프로젝트를 성공적으로 수행하기 위해서 필요한 단계와 작업내용을 구체화해야 하며, 이에는 프로젝트 범위, 프로젝트 팀 구성, 이해관계자의 기대, 대상 프로세스선정, 대상 프로세스의 목표 등이 구체적으로 결정되고 명시되어야 한다.

프로젝트 계획수립 단계를 거쳐서 최종적으로 산출되는 결과물들은 다음과 같다.

① 프로젝트와 관련된 프로젝트에 참여하는 이해관계자
② 프로세스 선정 및 평가를 위한 매트릭스
③ 종단간 비즈니스프로세스 리스트
④ 프로젝트 대상 개별 비즈니스프로세스 리스트
⑤ 프로젝트관리를 위한 계획
- 프로젝트 팀 구성 및 인적자원 계획
- 프로젝트 비용계획
- 프로젝트 일정계획
- 문서화 계획

1.2 프로젝트 계획수립의 세부단계

프로젝트 계획수립 단계는 BPMLC 프레임워크의 두번째 STAGE의 첫번째 단계에 해당되며, 프로젝트를 성공적으로 수행하기 위해 [그림 6-2]와 같은 과정으로 진행된다.

1) 구성원 및 프로젝트 팀 간의 의사소통

비즈니스프로세스관리 프로젝트의 다른 세부단계에서와 마찬가지로 프로젝트 계획수립 단계에서도 전과정의 계획수립 단계에서 구체적으로 구성될 프로젝트 팀을 포함하여 프로젝트에 관련된 모든 구성원들 간의 의사소통은 절대적으로 중요하다. 프로젝트를 시작하는 동기와 목적, 조직의 목표와 전략, 프로세스 아키텍처 등에 대한 모든 의사결정 내용과 산재한 많은 정보들에 대해서 공통적으로 인지하는 공감대가 형성되어 있어야 할 것

그림 6-2 프로젝트 계획수립 단계의 세부절차

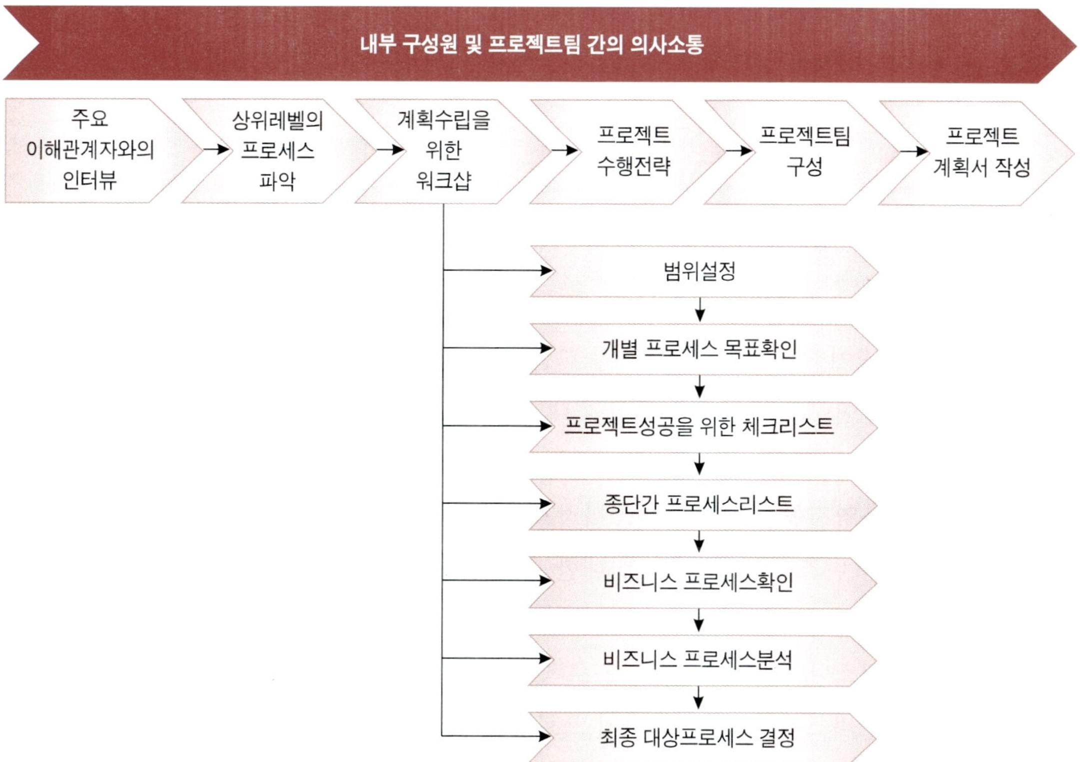

이며, 또한 계획수립 과정의 세부단계에서 산출되는 모든 결과물에 대해서도 공통적인 이해가 있어야 한다. 이는 어느 한 세부단계에서 결정된 내용에 대해서 다른 구성원들이 인지하지 못하는 경우에는 마치 달려갈 목표가 어디인지 모른채 무작정 달리는 것과 마찬가지이기 때문이다.

상호의사소통을 통해서 공유해야 할 내용은 전체적인 프로젝트의 동기와 목적, 프로젝트 범위와 프로젝트 계획서 등 본질적인 내용은 물론 그러한 내용들이 지속적으로 업데이트 될 때마다 모든 구성원들에게 공지되어 공통의 사실을 인지하고 있어야 한다. 뿐만 아니라, 전체 계획수립 단계가 진행되는 동안 다음과 같은 내용들에 대한 의사소통이 이루어져야 한다. 이러한 의사소통 내용은 프로젝트의 일관성과 체계적인 진행 및 관리를 위해서 절대적으로 필요하다.

- 프로젝트가 내부구성원들과 프로젝트 관련 이해관계자들에게 미치는 영향

- 프로젝트와 관련하여 변화된 모든 내용
- 변화된 내용을 전파하고 공유하는 방법
- 프로젝트 관련 이해관계자들에게 전파하고 공유해야 할 정보의 내용

2) 주요 이해관계자와의 인터뷰

프로젝트 계획수립 단계는 최고경영자와 프로젝트 책임자와의 논의를 거친 후, 기업 내부에서 실제 프로세스를 운영하는 주요 이해관계자와의 인터뷰 단계로부터 시작한다. 내부의 핵심 이해관계자와 인터뷰를 하는 목적은, 프로젝트 계획을 수립함에 있어서 현재의 비즈니스 현황과 프로세스 환경에 대한 기초정보를 수집하고, 비즈니스프로세스를 실제로 운영하는 실제 담당자들의 다양한 관점과 다양한 의견을 수렴하기 위함이다.

실제 운영지향적 측면의 비즈니스프로세스관리 프로젝트의 경우, 인터뷰의 핵심 내용은 종단간 비즈니스프로세스에 대한 전반적인 사항들이 아니라, 단기적이고 비즈니스프로세스의 실제 운영과정에서 제기되는 문제점들을 파악하는 것이다. 그러나 전략지향적 측면의 비즈니스프로세스관리 프로젝트의 경우에는 조직의 목표를 달성하는데 장기적인 측면에서 비즈니스프로세스관리 프로젝트가 어떻게 기여할 수 있는지에 대한 내용들을 주요 인터뷰 내용으로 한다.

비즈니스프로세스관리 프로젝트의 접근방법에 상관없이 주요 이해관계자와의 인터뷰 단계를 통해서 최종적으로 얻게 되는 결과들은 다음과 같다.

- 비즈니스프로세스관리 프로젝트에 대한 주요 이해관계자들과의 통일된 의견 도출
- 이해관계자 관점에서의 프로세스와 비즈니스에 대한 개괄적인 정보
- 비즈니스프로세스관리 프로젝트를 통해서 얻게 되는 개괄적인 장점

주요 이해관계자와의 인터뷰 단계에서는 비즈니스프로세스관리 프로젝트에 합류하게 될 프로젝트 팀원을 선별하기 위한 작업도 동시에 이루어지는 경우가 일반적이다. 인터뷰는 주로 기업 내부의 프로세스 담당자들을 중심으로 진행되지만, 프로젝트 팀에 동참하게 될 팀 구성원들은 내부뿐만 아니라, 외부이해관계자들이 참가하는 경우가 많기 때문에, 프로젝트 팀 구성원을 선별하기 위한 목적이라면 내부이해관계자들과의 인터뷰 이외에 브레인스토밍과 같은 별도의 과정을 거치게 된다.

내부이해관계자들의 인터뷰와 동시에 외부이해관계자들을 포함시키기 위한 브레인스토밍을 거친 후, 프로젝트에 참여할 인원을 최종적으로 결정하며, 결정된 프로젝트 팀 구성원들은 프로제트를 진행하는 동안 비즈니스프로세스를 분석하고 재설계하는 과정에 동참하게 된다. 그러나 먼저 이어지는 상위 레벨의 프로세스 파악과 계획수립을 위한 워크샵 단계에서 보다 적극적으로 동참하게 된다.

3) 상위 레벨의 프로세스 파악

비즈니스프로세스관리 프로젝트가 시작되었음에도 불구하고 프로젝트 팀원들이 기업내의 비즈니스프로세스들이 어떻게 작동하고 운영되고 있는지 알지 못한다면, 우선 기업내의 어떤 비즈니스프로세스들이 있으며, 이들 각각의 프로세스들이 어떻게 운영되고 있는지를 파악하는 작업이 가장 먼저 이루어져야 할 것이다. 일반적으로 비즈니스프로세스관리 프로젝트를 위해서 구성된 팀원들 대부분(혹은 일부)은 프로세스를 실제로 운영하는 담당자들이 아니기 때문에 전반적인 비즈니스프로세스를 이해하지 못하는 경우가 많다. 이러한 경우 상위 레벨의 프로세스 파악단계는 기업이나 대상영역의 비즈니스가 어떻게 수행되는지? 프로세스 사이에 어떤 관련성이 있는지? 어떤 문제가 있는지? 또 어떤 면에서 개선의 여지가 있는지? 등을 파악하기 때문에 대상영역과 대상영역 내의 비즈니스프로세스를 이해하기 위해서 매우 중요한 단계이다.

상위 레벨의 프로세스 파악단계에서는 프로세스 자체에 대한 이해뿐만 아니라, 프로세스를 실제 운영함에 있어서 어떤 시스템이 활용되고 있으며, 혹시 문제가 있는 것은 아닌지? 등을 파악하는 작업도 동시에 이루어 진다. 그러나 상위 레벨의 프로세스 파악단계에서의 프로세스 분석작업은 BPMLC 프레임워크의 비즈니스프로세스 분석단계에서 이루어지는 대상 프로세스 분석작업 만큼 구체적이거나 상세한 수준까지를 요구하지는 않는다.

4) 계획수립을 위한 워크샵

전반적인 비즈니스와 구체적인 프로세스 운영에 관련된 내부이해관계자와의 인터뷰 혹은 브레인스토밍을 통해서 결정된 프로젝트 팀 구성원들은 워크샵을 개최하여 다음과 같은 내용들을 논의하고 결정하게 된다.

- 프로제트 범위 결정
- 개별 프로세스 목표확인
- 프로젝트 성공을 위한 체크리스트 결정
- 종단간 비즈니스프로세스 리스트 작성
- 개별 비즈니스프로세스 확인
- 비즈니스프로세스의 개괄적인 분석
- 최종 대상프로세스 결정

(1) 프로젝트 범위 설정

프로젝트 범위를 설정하는 것은 일반적인 프로젝트에서 대상영역을 설정하는 방법과 유사하게 진행된다. 일반적인 프로젝트에서 대개 문제가 있거나, 기회요소가 존재하거나, 최고경영자와 프로제트 매니저의 결정에 의해서 수정되어야 할 요소들이 존재하는 대상영역을 프로젝트 범위로 설정하는 것처럼, 비즈니스프로세스관리 프로젝트에서도 마찬가지로 이러한 요인들이 존재하는 대상을 프로젝트 범위로 설정한다. 프로젝트 범위에 따라서 프로젝트 비용과 기간과 프로젝트에 소요되는 자원이 달라지기 때문에, 프로젝트 계획을 수립하는데 가장 기본적인 전제가 된다. 그러나 프로젝트 대상영역을 결정하는데 문제가 제기되는 영역만을 포함할 것인지? 또는 프로젝트를 수행함으로써 새로운 기회요소를 포착할 수 있는 영역까지를 포함할 것인지? 그리고 이해관계자의 요구사항들까지 반영할 것인지에 따라서 프로젝트 대상영역은 달라지게 된다. 문제유형에 따라서 해결방법이 달라지고 또 이에 따라서 프로젝트 범위와 수행전략이 달라지기 때문에, 프로젝트

〈표 6-1〉 문제유형과 수행전략

문제유형	수행전략
문제점	MUST CHANCE 제기되는 문제를 해결하기 위해서 프로세스를 반드시 재설계해야 한다.
기획요소	CAN CHANGE 새로운 기획요소를 포착하기 위해서 대상영역 내의 프로세스를 수정하는 것까지 감수할 수 있다.
요구사항	WANT TO CHANGE 최고경영자와이해관계자의 요구사항을 반영하기 위해서 대상영역 내의 프로세스를 수정하기를 원한다.

그림 6-3 비즈니스프로세스관리 프로젝트 대상

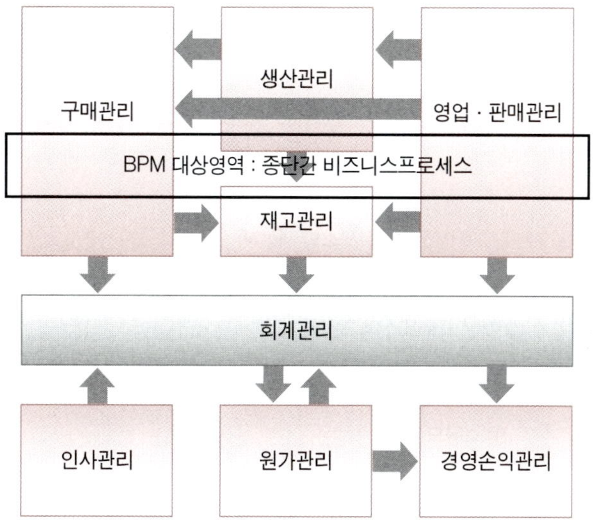

범위는 신중하게 결정되어야 한다.

비즈니스프로세스관리 프로젝트의 범위를 설정하는 것과 일반적인 프로젝트의 범위를 설정하는 것과 다른 점은 대상이 비즈니스프로세스라는 것이다. 일반적인 프로젝트의 경우에는 업무영역별로 구분되는 기능영역이 대상인 반면, 비즈니스프로세스관리 프로젝트의 경우에는 업무영역별로 구분되는 영역이 아니라, 업무영역을 관통하는 종단간 비즈니스프로세스이거나 종단간 비즈니스프로세스 내의 개별 프로세스를 대상으로 한다. 따라서 비즈니스프로세스관리 프로젝트 범위는 대상영역을 의미하는 것이 아니라, 대상이 되는 비즈니스프로세스 리스트에 해당된다고 할 수 있다. [그림 6-3]은 일반적인 프로젝트의 범위와 비즈니스프로세스관리 프로젝트의 범위를 동시에 표시한 것이다.

프로젝트 대상이 되는 비즈니스프로세스 리스트가 프로젝트 넓이(width)라면, 종단간 비즈니스프로세스와 이에 속하는 개별 프로세스는 프로젝트 깊이(depth)에 해당된다. 프로젝트 깊이에 따라서 작업내용이 달라지며, 이는 전체 조직에 미치는 영향범위가 달라진다. 프로젝트 깊이에 따른 조직에의 영향 정도와의 관계는 [그림 6-4]와 같다.

(2) 개별 프로세스 목표확인

프로젝트 계획을 수립하기 위해서 프로젝트 범위에 해당되는 대상 비즈니스프로세스

그림 6-4 프로젝트 깊이와 조직에의 영향 정도

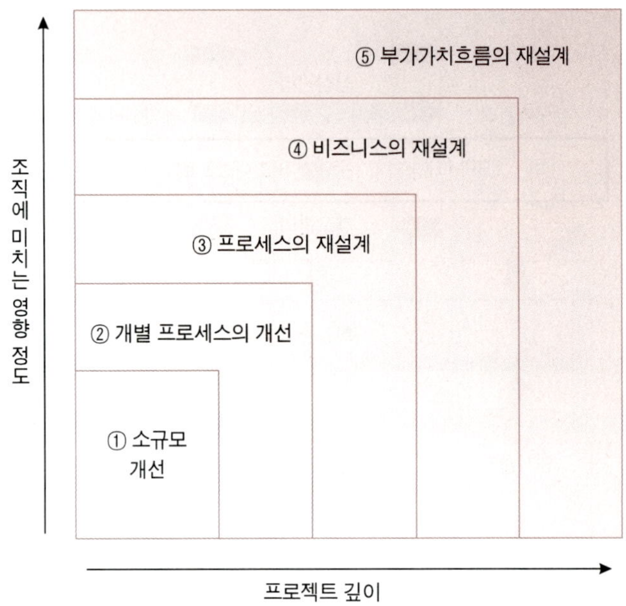

(출처: J.Jeston and J.Nelis, 2006)

리스트가 결정되면, 개별 프로세스의 목표를 확인하는 작업에 착수하게 된다.

프로젝트 대상이 되는 프로세스의 목표를 확인하는 목적은, 만일 개별 프로세스를 통해서 달성하려는 목표를 알지 못한다면, 조직이 추구하는 목표와의 관계는 효과성과 연계시킬 수가 없을 뿐만 아니라, 프로세스 자체에 대한 가장 기본적인 정보조차도 얻을 수가 없기 때문이다. 물론 전략지향적 비즈니스프로세스관리 프로젝트의 경우에는 개별 프로세스보다는 종단간 비즈니스프로세스를 주로 대상으로 하기 때문에, 이미 프로세스의 목표에 대해서 알고 있는 경우가 많지만, 운영지향적 비즈니스프로세스관리 프로젝트의 경우에는 각각의 프로세스에 대한 목표를 확인하는 작업이 프로젝트 목표확인 단계에서 이루어지게 된다.

(3) 프로젝트 성공을 위한 체크리스트 결정

프로젝트의 성공과 실패에 따른 결과는 너무 크지만, 성공과 실패의 원인은 사소한 원인으로부터 시작되는 경우가 많다. 따라서 프로젝트 성공을 위한 체크리스트를 작성하고 관리하는 프로젝트 관리작업이 중요하다. 〈표 6-2〉는 일반적으로 알려진 프로젝트

〈표 6-2〉 프로젝트 성공을 위한 체크리스트

체크리스트	내 용
시 간	계획된 시간 내에 프로젝트를 종료할 수 있는가?
비 용	소요되는 비용과 예산 범위 내에서 프로젝트를 수행할 수 있는가?
품 질	문제 유형에 따라 다르지만 문제를 해결하거나, 새로운 기회요소를 포착하거나 요구사항을 충실하게 반영할 수 있는가?
프로젝트의 이해도	프로젝트 관련 내 · 외부이해관계자들이 프로젝트 배경과 프로젝트 목표에 대해서 어느 정도 이해하고 있는가?
프로젝트 매니저의 능력	프로젝트 매니저가 프로젝트 수행에 필요한 능력과 자질을 어느 정도 갖추고 있는가?
프로젝트 지원	프로젝트에 필요한 인적자원, 물적자원, 기술적 자원을 지원받을 수 있는가?
프로젝트의 일관성	프로젝트가 일관성 있게 진행될 수 있는 기반이 어느 정도 갖추어져 있는가?

성공을 위한 체크리스트를 정리한 것이다.

프로젝트 성공을 위한 체크리스트를 관리하는 것도 중요하지만, 일반적인 프로젝트 실패요인을 별도로 관리하는 것도 실패하지 않기 위한 좋은 방안이다.

(4) 종단간 비즈니스프로세스 리스트 작성

종단간 비즈니스프로세스는 기업 전체의 업무흐름을 가장 상위의 레벨에서 확인할 수 있는 일종의 부가가치 흐름도에 해당된다. 이미 전략적인 차원에서 기업의 종단간 비즈니스프로세스 리스트가 작성되어 있다면, 이를 검토하는 작업이 이루어지는 것으로 대신할 수 있을 것이나, 만일 종단간 비즈니스프로세스 리스트가 작성되어 있지 않다면, 기업 전체의 부가가치 흐름 → 핵심 비즈니스프로세스 → 개별프로세스 순으로 레벨 다운하면서 전체 종단간 비즈니스프로세스를 확인하고 리스트를 작성한다.

이러한 과정을 통해서 작성되는 종단간 비즈니스프로세스 리스트는 리스트를 작성하는 것이 목적이기 때문에, 리스트 자체만으로 충분한 의미를 가지며, 비즈니스프로세스 분석단계에서 각각의 종단간 비즈니스프로세스와 개별프로세스에 대한 구체적인 내용들이 기술된다[그림 6-5 참조].

그림 6-5 종단간 비즈니스프로세스 리스트 도출

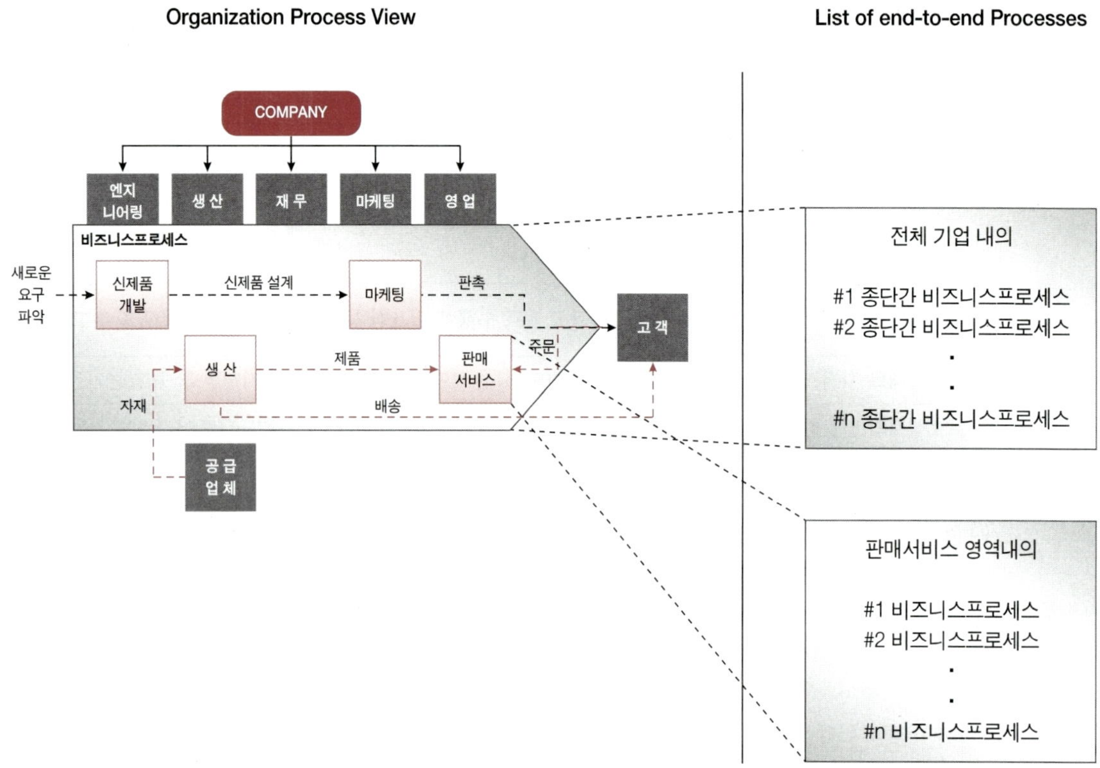

(5) 개별 비즈니스프로세스 확인

비즈니스프로세스관리 프로젝트 대상이 종단간 비즈니스프로세스라 하더라도 구체적인 분석과 재설계 작업은 개별 프로세스 단위로 진행되기 때문에, 종단간 비즈니스프로세스 리스트 작성에 이어서 이에 속하는 개별 프로세스들을 일일이 확인하는 작업이 필요하다. 같은 종단간 비즈니스프로세스인 주문처리프로세스라 하더라도 국내 주문처리프로세스와 국외 주문처리프로세스가 다를 것이고, 국내 주문처리프로세스 또한 개인 주문처리프로세스, 법인 주문처리프로세스, 대리점 주문처리프로세스 등 각각의 프로세스로 구분되는 것과 같이 하나의 종단간 비즈니스프로세스라도 업무성격과 내용의 상황에 따라서 많은 프로세스로 구분될 수 있기 때문에, 종단간 비즈니스프로세스에 속하는 모든 프로세스들을 확인하는 작업은 쉽지 않다. [그림 6-6]은 매트릭스를 이용한 프로세스 선별 방법인 프로세스 선별 매트릭스(process selection matrix : PSM)를 소개한 것이다.

그림 6-6 프로세스 선별 매트릭스

좌측의 메인 프로세스는 종단간 비즈니스프로세스에 해당되는데, 동일한 종단간 비즈니스프로세스라 하더라도 [그림 6-6]에서 보는 바와 같이 시나리오에 따라서 각각의 모습이 다름을 알 수 있다. 메인 프로세스는 시나리오 S1의 경우에는 프로세스 1 → 프로세스 5 → 프로세스 7의 모습으로 나타나고, 시나리오 S2의 경우에는 프로세스 2 → 프로세스 4 → 프로세스 7의 모습을 띠게 된다. 그리고 시나리오 S3의 경우에는 프로세스 3 → 프로세스 4 → 프로세스 6의 모습이 된다. 이처럼 종단간 비즈니스프로세스 리스트를 통해서는 시나리오 별로(예를 들어, 상황, 제품, 고객 등) 개별 프로세스들이 확인되지 않기 때문에, 이러한 방법을 통해서 종단간 비즈니스프로세스에 속하는 개별 프로세스들을 확인하는 과정이 필요하다.

(6) 비즈니스프로세스의 개괄적인 분석

종단간 비즈니스프로세스에 속하는 개별 프로세스를 확인한 후, 이어지는 작업은 개별 프로세스를 개괄적으로 분석하는 작업이다. 프로세스의 개괄적인 분석이란, 프로세스 평가기준에 의해서 정확하고 구체적으로 분석하는 것이 아니라, 개별 프로세스가 창출하는 부가가치의 규모와 기업전체의 부가가치 창출에 기여하는 정도와 프로세스를 운영하는데 관여하고 있는 내부구성원의 수 그리고 개별 프로세스 자체를 운영하는데 필요한 시간요소와 비용요소를 개괄적으로 분석하는 것을 의미한다.

비즈니스프로세스의 개괄적인 분석작업 결과는 **비즈니스프로세스 분석**단계에서의 구체적인 분석을 위한 기초자료로 사용되기 때문에, 이 단계에서는 구체적인 수준까지의 분석을 요구하지는 않는다. 예를 들어, 프로세스 선별 매트릭스의 시나리오 S1에서 프로세스 1, 프로세스 5, 프로세스 7에 소요되는 시간과 비용이 다른 시나리오의 개별 프로세스들과 비교할 때 어느 정도인지? 어느 한 프로세스에서 필요 이상으로 정체되어 있는지? 혹시 전체 프로세스를 수행하는데 문제는 없는지? 등과 같은 수준의 분석작업이 이루어진다. 이러한 개괄적인 분석을 통해서 어느 프로세스를 프로젝트 대상으로 할 것인지를 결정할 수 있기 때문이다

이렇게 볼 때 개별 프로세스의 개괄적인 분석작업은 **비즈니스프로세스 분석**단계의 작업과 유사하지만, 문제의 원인을 찾는 작업이나 개별 프로세스가 꼭 필요한지? 불필요한 것은 아닌지? 좀더 효율적인 작업이나 프로세스를 통해서 달성하려는 목표를 위해서 새로운 프로세스가 필요한 것은 아닌지? 등과 같은 본질적인 분석작업이 아닌 개별 프로세스 자체의 현상을 이해하는데 초점을 맞춘다는 것이 **비즈니스프로세스 분석**단계의 작업과 다르다.

비즈니스프로세스의 개괄적인 분석작업의 궁극적인 목적은, 프로젝트 대상 프로세스들을 확인한 후, 어떤 프로세스의 재설계작업이 유용한지? 기업이 추구하는 목표를 효과적으로 달성하는데 더 가치가 있는지를 결정하는 것이기 때문에, 개별프로세스마다의 성격과 프로세스 자체의 가치에 따라서 분류하는 작업이 매우 중요하다. 실제 프로젝트에서 주로 활용되고 있는 분류방법은 비용 대비 창출되는 부가가치를 기준으로 분류하는 방법과, 프로세스 자체의 성격을 기준으로 분류하는 방법이 활용된다.

먼저 프로세스를 수행하는데 투입되는 비용 대비 창출되는 부가가치 정도를 기준으로 분류할 때, 모든 프로세스는 정의 프로세스와 부의 프로세스로 구분된다.

- **정의 프로세스**(asset processes) : 프로세스 수행 후 비용 대비 더 많은 금전적인 가치를 창출하는 프로세스
- **부의 프로세스**(liable processes) : 프로세스 수행 후 부가가치 대비 더 많은 비용이 수반되는 프로세스

프로세스 자체의 성격을 기준으로 분류되는 프로세스의 종류는 다음과 같다.

- **인지적 프로세스(identifiable processes)** : 다른 기업과 차별화된 자체의 업무를 수행하기 위해서 차별적으로 존재하는 프로세스
- **우선적 프로세스(prior processes)** : 외부로 노출되지는 않지만 기업의 목표를 달성하는데 절대적으로 필요한 프로세스
- **배경적 프로세스(background processes)** : 기업의 일상적인 업무를 수행하는데 있어서 없어서는 안될 기본적인 프로세스
- **의무적 프로세스(mandated processes)** : 기업의 부가가치 창출과 직접적으로 연관되지 않지만 외부와의 상호작용을 하는데 있어서 필요한 프로세스

프로젝트 대상 프로세스는 비용 대비 부가가치 창출과 프로세스 자체의 성격, 그리고 프로젝트의 성격에 따라서 대상 프로세스들이 신중하게 결정되어야 하며, 결정된 대상 프로세스를 기반으로 구체적인 프로젝트 계획이 수립된다.

(7) 최종 대상프로세스 결정 및 계획수립을 위한 기초자료 마련

개별 프로세스의 개괄적인 분석작업을 통해서 비즈니스프로세스관리 프로젝트를 위한 최종 대상 프로세스가 결정된다. 또한 계획수립을 위한 워크샵의 최종 결론으로 다음과 같은 산출물들이 생성되며, 이는 프로젝트 계획수립과 비즈니스프로세스 분석 및 비즈니스프로세스 재설계 단계를 위한 기초자료로 활용된다.

- 종단간 비즈니스프로세스 리스트
- 종단간 비즈니스프로세스에 속하는 개별 프로세스 리스트
- 프로세스 분석과 재설계를 위한 개별 프로세스에 대한 개괄적인 분석자료
- 개별 프로세스에 대한 이해관계자들의 주요관심 이슈 목록
- 종단 간 혹은 개별 프로세스에 대한 문제점, 기회요소, 요구사항 리스트
- 프로젝트 수행을 위한 팀 구성원

5) 프로젝트 구현전략

프로젝트 구현전략을 수립한다는 것은 막대한 비용과 시간을 투자하여 프로젝트를 수

행한 결과 얻을 수 있는 효과를 극대화하기 위한 방법을 찾는 것이다. 이에 대한 대답은 의외로 간단하다. 즉, 프로젝트 효과를 극대화하기 위해서는 먼저 내용에 맞는 최적(optimal)의 해결방법이 필요하고, 최상(best)의 방법으로 이를 수행하되, 이를 가능하면 최단(shortest)의 시간 내에 완료하는 것이다.

그러나 최적의 해결방법은 기업의 모든 상황들에 대한 모든 이해관계자들의 관점이 반영되어야 하는데 현실적으로 모든 이해관계자들의 관점이 반영되기 쉽지 않으며, 최상의 방법으로 프로세스가 구현되어야 함에도 프로세스를 구현하는데 필요한 기본정보나 조직구성원들의 능력이나 동기부여와 조직의 성숙도에 따라서 최상의 방법으로 수행되지 못하는 경우가 많다. 또한 프로젝트 완료 후 이를 일상적인 비즈니스로 전환하여 효과를 거두기까지 기본인프라의 부족, 구성원들의 인식 부족 등으로 가시적인 효과를 거두는 시간이 장기화되는 경우도 속출하기 때문에, 이론적으로 '최적(optimal)-최상(best)-최단(shortest)'이라는 기본적인 수행전략을 세우는 것이 쉽지 않는 것이 사실이지만, 이는 프로젝트의 목적 달성을 위해서 필연적으로 해결해야 할 핵심과제 중의 하나이다.

[그림 6-7]에서 보는 바와 같이 프로세스 구현전략의 핵심은 프로젝트의 시작과 동시에 프로세스 구현계획을 동시에 수립하며, 프로젝트가 진행되는 중에 수시로 확인하여 최

그림 6-7 프로젝트 구현전략

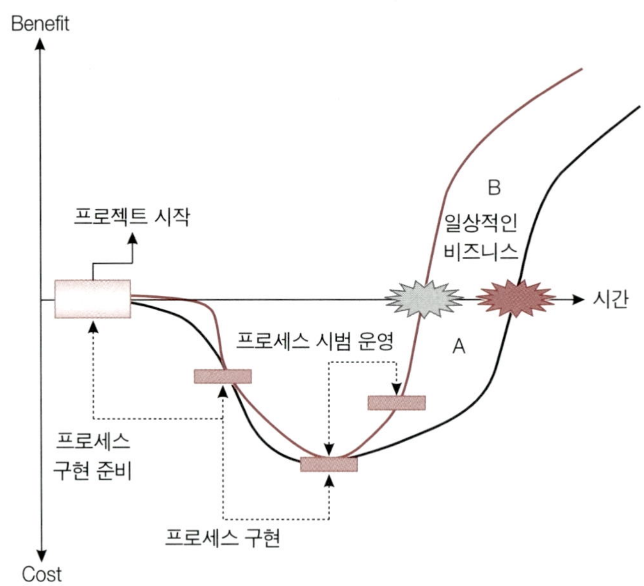

적 · 최상의 방법을 도출하는 것이다. 이를 통해서 프로세스 시범운용 단계는 물론, 일상적인 비즈니스로 전환하는 단계를 단축하여 프로젝트 단계에서의 비용(A)과 프로젝트 종료 후의 효과(B)를 이끌어내는 것이다. 이를 위해서는 단순하게 일정만을 앞당기는 것이 아니라, 프로젝트 진행의 전 과정을 확인하는 작업과 무엇보다도 프로젝트 일정계획과 관리작업이 선행되어야 할 것이다. 프로젝트 일정계획과 관리에 대해서는 다음 절에서 구체적으로 다루기로 하겠다.

6) 프로젝트 팀 구성

비즈니스프로세스관리 프로젝트는 현재의 프로세스를 분석하고 재설계하는 작업과 사용자의 요구사항들을 파악하고 정의하는 작업 그리고 프로세스 구현과 장기적인 효과를 도출하기 위한 세부계획 등 체계적인 활동들이 포함되기 때문에, 이러한 일련의 작업을 수행할 프로젝트 팀을 구성하는 것이 매우 중요하다. 프로젝트 팀의 구성은 단순하게 프로젝트에 참여하는 사람들의 모임이 아니라, 장기적인 성과를 도출하기 위한 프로세스의 재설계라는 공통의 목적을 가지고 각자 자신들에게 할당된 업무를 수행하며, 다른 작업자들과의 긴밀한 협조와 의사소통이 필요하기 때문에, 기업의 다른 조직과 같은 체계적인 구조를 갖추는 것이 필요하다.

기업 내부의 수많은 프로젝트 팀 구성과 다른 점은 프로젝트의 핵심이 비즈니스프로세스의 분석과 재설계에 있기 때문에, 프로세스를 중심으로 팀이 구성된다는 것이다. 즉, 프로젝트 진행에 필요한 기본적인 정보기술 지원과 문서작성 및 관리, 인적자원 변화관리, 프로젝트 의사결정 등과 같은 기본적인 하위 팀들과 함께 종단간 비즈니스프로세스별로 팀을 구성하는 것이 효율적이라는 것이다.

개발계획서를 수립하는 계획담당자는 구성된 프로젝트 팀 조직에 따라서 참여하는 인원들이 구체적으로 어떤 일을 해야 하며, 언제까지해야 하는지? 그리고 자신의 작업결과는 누가 이용하는지에 대한 내용들을 구체적이고 상세하게 작성해야 한다. 또한 프로젝트에 참여하는 팀 구성원들을 효율적으로 관리하고 통제하기 위해서 프로젝트에 참여하는 구성원들의 수준과 경험 등도 정리할 필요가 있다.

〈표 6-3〉 프로젝트 계획서의 핵심내용

- I. 프로젝트 요약
  - A. 프로젝트 개요와 프로젝트 오너
  - B. 비즈니스 요구사항
  - C. 프로젝트의 전략적 의미 요약
  - D. 비용 - 효과 분석
  - E. 주요 성공요인
  - F. 초기 프로젝트 위험분석
- II. 프로젝트의 배경
  - A. 현재의 프로세스 개괄적인 분석
  - B. 현재의 프로세스의 문제점
- III. 프로젝트 목표
  - A. 비즈니스의 목표
  - B. 프로젝트의 목표
  - C. 프로젝트 성공을 위한 세부 요인
- IV. 프로젝트 범위
  - A. 프로젝트의 주요 투입 - 산출물
  - B. 프로젝트에 포함될 영역과 배제될 영역
  - C. 프로젝트에 영향을 받을 종속적 영역
  - D. 이해관계자 분석
  - E. 제약조건
- V. 프로젝트 접근방법
  - A. 프로젝트의 내용과 성격에 따라서 제시할 다양한 옵션 기술
- VI. 프로젝트 일정계획 및 관리
- VII. 프로젝트 수행을 위한 필요 자원항목 및 규모

7) 프로젝트 계획서 작성

프로젝트 계획수립 단계의 작업은 프로젝트 계획서를 작성하는 것으로 최종 마무리된다. 프로젝트의 성격에 따라서 프로젝트 계획서의 내용은 달라지겠지만, 일반적으로 프로젝트 계획서에 포함되어야 할 내용들을 정리하면 〈표 6-3〉과 같다.

2. 타당성 분석

2.1 경제적 타당성 분석

1) 경제적 타당성의 의미와 내용

비즈니스프로세스관리 프로젝트는 막대한 비용과 장기간의 기간이 소요되는 어려운 작업임에도 불구하고 장기적인 측면에서의 효과성은 불투명한 것이 일반적이다. 따라서 막대한 비용이 투입되고 필요한 자원을 지원해야하는 최고경영자의 입장에서 비즈니스프로세스관리 프로젝트가 최선의 대안인지 고민하게 된다. 소요되는 비용을 산정하고, 비즈니스프로세스관리 프로젝트를 통해서 장기적으로 얻게 될 효과를 최고경영자가 직접 비교, 분석하는 것은 아니지만, 최고경영자의 의사결정에 따라서 비즈니스프로세스관리 프로젝트가 계속 진행될 수도 있고, 경우에 따라서는 중도에 포기하거나 중단해야 하는 경우도 발생할 수가 있다. 이런 의미에서 비즈니스프로세스관리 프로젝트에 소요되는 비용과 프로젝트를 통해서 얻게 될 효과를 비교, 분석하는 경제적 타당성 분석작업은 프로젝트의 진행에 관한 의사결정을 하는데 중요한 판단근거를 제시하게 된다. 또한 경제적 타당성 분석을 위해서 필요한 자원과 산정한 소요비용은 프로젝트 계획서에 포함되는 주요한 내용들이기 때문에, 최종적인 프로젝트 계획서를 작성하기 위해서도 반드시 필요하다.

비즈니스프로세스관리 프로젝트에 소요되는 일반적인 비용항목들을 정리하면 〈표 6-4〉와 같다.

2) 비용산정 방법

경제적 타당성 분석작업은 프로젝트 비용과 프로젝트를 통해서 비즈니스프로세스가 일상적인 프로세스로 정착된 후 지속적으로 창출될 장기적인 효과를 비교, 분석하는 작업이기 때문에, 비용과 효과를 수치화하여야 하는데, 〈표 6-4〉와 같이 일반적으로 수치화하기 어려운 항목들로 인해서 비산술적인 방법으로 비용을 산정하는 방법들이 주로 사용

〈표 6-4〉 소요비용 항목과 개별요인

항 목	개별 요인	개 요
프로젝트	대상프로세스의 유형	대상프로세스의 유형과 복잡도에 따라 해결방법이 다르기 때문에, 소요되는 비용이 달라진다. 따라서 소요비용을 산정하는데 절대적으로 고려해야 할 요인이다.
	대상영역의 복잡도	
	프로젝트 기간	일반적으로 프로젝트 기간과 소요비용과는 직접적인 관련성이 있는 것으로 알려져 있기 때문에, 프로젝트 기간이 얼마나 소요되는지를 고려하여 비용을 산정해야 한다.
프로세스	프로세스의 규모	대상프로세스에 따라서 기간과 기타 투입자원이 결정되기 때문에, 프로세스의 규모는 절대적인 고려요인에 해당된다.
	프로세스의 신뢰도	프로세스의 어떤 요인까지를 대상으로 할 것인지에 따라서 향후 프로세스의 구현에 영향을 미치기 때문에, 어떤 요인까지를 포함할 것인지에 따라서 비용을 달리 산정해야 한다.
인적자원	프로젝트 참여인원	전체 프로젝트 비용 중에서 가장 큰 비중을 차지하는 항목으로 정확한 참여인원 산정 및 투입은 프로젝트의 성공/실패는 물론 효율적인 비용투입을 위해서 중요한 항목에 해당된다.
	참여자의 전문성	프로젝트 참여자의 전문성 정도에 따라서 프로젝트의 성공확률은 높아지기 때문에, 객관적으로 입증된 전문가를 투입해야 하며, 이를 근거로 비용을 산정한다.
기타자원	소프트웨어	프로젝트를 위해서 필요한 소프트웨어와 하드웨어 장비들은 비교적 쉽게 파악할 수 있기 때문에, 비용 또한 손쉽게 산정할 수 있다.
	하드웨어	
	프로젝트 도구	비즈니스프로세스관리 프로젝트는 일회성 프로젝트가 아니라 지속적인 관리작업을 통해서 지속적인 성과를 창출할 때만이 의미가 있기 때문에, 이를 위한 도구를 활용하는데 소요되는 비용까지를 포함한다

된다.

(1) 하향식 비용산정 방법

하향식 비용산정 방법은 프로젝트 비용에 영향을 미치는 요인들이 수치화될 수 없는 요인들이 많기 때문에, 프로젝트에 영향을 미치는 요인들을 일일이 수치화하지 않고 프로젝트 비용항목 전체에 대해서 주관적인 판단에 의해서 경험적으로 비용을 산정하는 방법이다.

① 과거의 유사한 사례 프로젝트에 의한 비용산정

프로젝트의 유형과 대상 프로세스의 복잡도 등과 유사한 과거의 프로젝트를 조사하여 이에 소요되었던 비용을 토대로 자체 프로젝트의 규모와 기간, 참여인원 등을 고려하여 전체적인 비용을 산정하는 방법이다.

② 전문가의 감정에 의한 비용산정

프로젝트 비용을 자체적으로 산정하기 어려운 경우, 외부의 전문가에게 프로젝트 비용 산정을 의뢰하여 비용을 산정하도록 하는 방법이다. 전문가의 감정에 의한 비용산정 방법은 편리하기는 하지만, 판단근거를 정확하게 알 수 없기 때문에, 전문가의 주관적인 판단에 따라서 차이가 많을 수 있기 때문에 다수의 전문가에게 감정을 의뢰하는 것이 효과적이다.

③ 델파이 방식에 의한 비용산정

자체적으로 비용을 산정하는 경우나 외부 전문가의 감정에 의한 비용산정이라 하더라도 결국에는 자체의 주관적인 판단에 의해서 결정되기 때문에, 프로젝트 비용에는 차이가 많다. 따라서 익명의 다수 참여자들이 프로젝트 비용을 산정하고 조정자를 두어 비용을 산정하기 위한 항목들을 고려하여 비용을 조정하는 과정을 반복하면서 최종적인 프로젝트 비용을 산정하는 방법이다. 그러나 이와같은 방법도 결국에는 주관적인 판단에 의존할 수밖에 없기 때문에, 비용산정을 위한 개별 항목들을 수치화하여 전체 비용을 산정하는 것에는 정확도가 떨어질 수밖에 없다.

(2) 상향식 비용산정 방법

하향식 비용산정 방법은 비과학적이고 비합리적인 판단근거에 의해서 비용이 산정될 수밖에 없다. 상향식 비용산정 방법은 이러한 모순을 없애기 위해서 프로젝트 비용에 영향을 미치는 모든 요인들을 묶음으로 보지 않고, 개별요인 또는 항목별로 개별비용을 산정하여 이를 합산하는 방식으로 전체 프로젝트 비용을 산정하는 방법이다. 그러나 앞에서 설명한 것처럼 개별항목들 중에 수치화할 수 없는 항목들이 존재하기 때문에, 이들 항목들에 대한 비용을 산정하기 위해서는 불가피하게 하향식 비용산정방법을 부분적으로 활용할 수밖에 없다.

상향식 비용산정 방법이나 하향식 비용산정 방법 모두 프로젝트 비용을 객관적인 수치를 근거로 하는 것이 아니기 때문에, 정확성 면에서 한계가 있으며, 따라서 어떤 프로젝트 비용산정 방법이 효율적이라고 단언할 수가 없다. 또한 중요한 것은 프로젝트 종료 후 장기적인 측면에서 지속적인 성과를 창출하는 것이기 때문에, 프로젝트 종료 후 투입된 비용과, 프로젝트 이전의 부가가치 창출 규모 그리고 프로젝트 종료 후에 장기적으로 창출되는 부가가치의 규모를 비교, 분석하는 사후적인 방법이 대안이 될 수 있을 것이다. 그러나 이는 프로젝트 초기단계에서 프로젝트의 계속적인 진행여부를 결정할 의사결정에는 무의미하기 때문에, 프로젝트 매니저의 경험과, 최고경영자의 주관적인 직관이 중요한 의사결정 변수가 될 수밖에 없다.

2.2 프로세스 구현 타당성 분석

프로세스 구현 타당성 분석은 비즈니스프로세스관리 프로젝트를 진행하는데 있어서 경영층의 제한된 재정적 지원, 참여자의 능력, 필요한 기술적 자원 등을 고려하여 비즈니스프로세스를 분석하고 재설계하며, 이를 비즈니스 일상으로 구현할 수 없다면, 결국에는 해당영역의 문제를 해결할 수가 없기 때문에, 프로젝트를 계속 진행하는 것은 무의미할 것이다. 따라서 프로세스 구현 가능성에 대한 타당성 분석이 이루어져야 한다. 프로세스 구현을 위한 기술적인 구현 가능성에 대한 분석은 크게 세 가지로 구분되며, 그 내용은 다음과 같다.

1) 프로세스 분석 및 재설계 위험성 분석

프로세스 분석 및 재설계 위험성 분석은, 대상영역의 비즈니스프로세스를 분석하고 효율적이고 효과적인 프로세스로 재설계하여 이를 일상의 비즈니스프로세스로 구현하기 위해서 필요한 현재의 기술수준, 프로젝트 참여자의 능력, 필요한 하드웨어와 소프트웨어 장비 등을 고려하여 프로세스를 최종적으로 구현가능한지? 구현하지 못할 때의 위험은 어느 정도인지를 검증하려는 것이다. 이러한 프로젝트 위험성을 분석하는 방법으로는 다음과 같은 방법들이 주로 사용된다.

- **사례연구** : 사례연구를 통해서 기존의 유사한 프로젝트를 추적하여 제약요소들을 감안하여 위험 정도를 비교, 분석하는 방법이다.
- **최악 사례연구** : 최악 사례연구는 과거의 유사한 프로젝트 중에서 가장 실패한 경우를

찾아 자체의 프로젝트와 비교함으로써 자체 프로젝트가 실패할 경우 초래될 수 있는 최악의 상태를 예측하기 위한 방법이다.

- 시뮬레이션 : 자체 프로젝트에 대한 항목별 가상 시나리오를 작성하여 시나리오 별로 프로젝트 결과를 비교, 분석하는 방법이다.

2) 자원가용성 분석

비즈니스프로세스관리 프로젝트를 종료하고 이를 지속적으로 관리하기까지 필요한 모든 자원이 지원되어야 하기 때문에, 실제로 필요한 모든 자원을 지원받을 수 있는지의 여부를 분석해야 하는데, 자원가용성 분석은 이처럼 프로젝트에 필요한 모든 자원을 확보하고 지원받을 수 있는지를 검토하기 위한 것이다. 구체적인 자원가용성 분석 내용은 다음과 같다.

① 인적자원 가용성

프로젝트의 성공과 실패는 얼마나 능력 있고 경험 있는 참여자들을 확보하느냐에 달려있다고 해도 과언이 아니기 때문에, 프로젝트를 성공적으로 수행하기 위해서 우수한 인력을 확보할 수 있는지 검토해야 한다.

② 기술적 자원가용성

프로젝트의 전 과정은 수작업으로 이루어지는 것이 아니기 때문에, 여러 가지 다양한 소프트웨어와 하드웨어 장비 그리고 각종 도구를 사용하게 되는데, 프로세스를 분석하고 재설계하며 비즈니스 일상으로 구현하기 위해서 필요한 기술적 자원을 확보할 수 있는지의 여부를 검토하는 것도 필요하다.

③ 물적자원 가용성

물적자원 가용성 분석은 주로 경영층의 투자의지는 확고한가? 프로젝트가 종료될 때까지 지속적으로 지원 가능한가? 등을 주로 분석대상으로 하며, 이러한 투자 및 지원의지는 프로젝트 계획서 작성과정에서 최고경영층을 어느 정도 설득하였느냐에 달려있다.

3. 프로젝트 일정계획 및 관리

프로젝트 오너와 프로젝트 관리자의 관심은 얼마나 많은 비용이 소요되느냐? 또는 얼마나 많은 인력이 필요할 것인가?라는 사실도 중요하지만, 프로젝트 효과를 도출하는 기간을 단축하고, 이를 장기적으로 지속시키는 것이라 할 수 있다. 즉, 원하는 결과를 정해진 시간 내에 얼마만큼 시간을 단축하여 결과를 도출할 수 있도록 하는 것이 중요하다. 따라서 비즈니스프로세스관리 프로젝트를 주도하는 관리자에게 일정계획을 어떻게 수립하느냐? 그리고 정해진 일정계획에 따라 필요한 세부단계의 작업이 차질없이 진행되도록 어떻게 관리하고 통제하느냐는 매우 중요하다.

3.1 프로젝트 일정계획

1) 프로젝트 일정 산정방법

프로젝트의 추진일정은 일반적으로 후방위 스케쥴링(backward scheduling)과 전방위 스케쥴링(forward scheduling) 방법으로 결정된다.

(1) 후방위 스케쥴링 방법

후방위 스케쥴링 방법은 프로젝트 종료 후에 일상적인 비즈니스로 전환되는 일자를 기준으로 세부단계의 작업일정을 역으로 계산하는 방법으로 후방위 스케쥴링 방법을 이용하여 추진일정을 계획하는 경우 원하는 날짜에 비즈니스 일상으로 전환하기 위해서 현재로부터 가질 수 있는 최대의 여유시간을 산정할 수 있기 때문에, 최초의 작업을 언제 시작해야 하는지 알 수 있다는 장점이 있다. 그러나 추진일정을 역방향으로 계산한 결과 최초의 작업이 이미 시작되었어야 하는 경우도 발생할 수 있는데, 이 경우에는 정해진 시간 내에 작업을 완료하기 위해서 세부작업들을 소홀히 할 수가 있기 때문에, 프로젝트 일정은 맞출 수 있으나 실질적인 프로젝트 효과를 얻지 못할 수 있다는 단점이 있다.

(2) 전방위 스케쥴링 방법

후방위 스케쥴링 방법과는 반대로 전방위 스케쥴링 방법은 프로젝트 팀이 구성되고 프로젝트의 세부절차들이 결정되면, 참여할 인력규모와 세부단계마다 필요한 소요시간을 고려하여 프로젝트 종료시한을 결정하는 방법으로 프로젝트 기간이 유동적일 수밖에 없는 단점이 있다. 일반적으로 전방위 스케쥴링 방법과 후방위 스케쥴링 방법을 혼합하여 효율적이고 효과적인 프로젝트 일정계획을 수립하는 것이 일반적이다.

2) 프로젝트 일정계획 요소

전방위 스케쥴링 방법이나 후방위 스케쥴링 방법으로 추진일정을 계획하더라도 중요한 것은 정해진 시간 내에 프로젝트의 세부작업들을 효율적으로 마무리 하기 위해서 세부추진일정을 정확하게 계획하는 것이기 때문에, 프로젝트 관리자는 일정계획을 정확하게 수립하기 위해서 다각적인 노력이 필요하며, 프로젝트 추진일정을 정확하게 계획하기 위해서 프로젝트 관리자는 다음과 같은 요인들을 고려해야 한다.

① 참여인력과 세부작업 사이의 관계

인적자원계획에 의해서 프로젝트에 참여하는 인력이 결정되고, 세부절차계획에 의해서 작업내용들이 결정되는데, 정확한 일정계획을 수립하기 위해서는 이들 참여인력과 세부작업 사이에 존재하는 상관관계를 제대로 파악하여야 한다. 참여인력과 작업 그리고 세부일정 사이에는, 정해진 세부작업은 더 많은 인력을 투입한다 하더라도 이들 사이의 의사소통과 의사결정의 미묘한 문제가 발생하기 때문에, 참여인력이 많이 투입될수록 프로젝트 일정이 단축된다는 식의 단순논리가 적용되지 않는다. 따라서 정확한 프로젝트 일정을 계획하기 위해서는 참여인력과 세부작업 사이의 관계를 파악해야 한다.

② 개별적인 세부작업의 소요시간

전체 비즈니스프로세스관리 프로젝트는 개별적인 세부작업을 통해서 완성되기 때문에, 전체 프로젝트 일정은 개별적인 세부작업에 소요되는 시간에 따라서 결정된다. 따라서 개별적인 세부작업에 얼마의 시간이 소요되는지를 정확하게 파악할 때 정확한 일정계획을 수립할 수가 있다. 그러나 개별적인 세부작업에 소요되는 시간산정은 경험적인 문제이며, 대상 프로세스의 규모와 복잡도 그리고 프로젝트의 목표를 고려하여 경험적으로 산정해야 한다.

③ 개별적인 세부작업들 간의 관계

프로젝트의 수 많은 세부작업들이 순차적으로 이루어지는 것은 아니다. 경우에 따라서는 병행될 수도 있기 때문에, 정확한 일정계획을 수립하기 위해서는 개별적인 세부작업들 간의 선 후행 관계와 병행 가능한 세부작업이 있다면 이를 고려하여야 한다.

3) 프로젝트 일정계획의 표현

프로젝트 일정계획 요소들을 고려하여 추진일정이 확정되면, 세부작업의 진척상황을 정확하게 파악하고 측정할 수 있도록 체계적인 형태로 표현하는 것이 필요하다. 프로젝트 일정계획을 표현하는 가장 일반적인 방법은 간트차트(gantt-chart)를 이용하는 방법이다.

간트차트는 전체 작업을 세부작업으로 나누고 정해진 단위(월, 주, 일)별로 세부작업을 가로막대로 표시하는 방법이며, 세부작업에 소요되는 기간을 막대의 길이로 표현한다. 이와같은 간트차트는 특정 작업과 중복된 업무를 쉽게 파악할 수 있으며, 또한 전체 작업의 종료시점을 정확하게 알 수 있다. 간트차트를 이용하여 프로젝트 추진일정을 나타내는 방법은 특정 업무를 위해서 소요되는 시간은 알 수 있으나, 간트차트 자체를 통해서 가장 빠

〈표 6-5〉 프로젝트 세부작업내용

표 기	작업내용	소요시간(단위: 일)	선행 작업
A1	프로젝트 계획수립	6	-
A2	대상 프로세스 확인	4	A1
A3	개별 프로세스 분석	4	A1
A4	프로세스 평가지표	3	A1
A5	프로세스 재설계	7	A2, A3, A4
A6	프로세스 구현	3	A5
A7	프로세스 교육훈련	4	A4
A8	프로젝트 평가	2	A6, A7

그림 6-8 간트차트로 표시한 프로젝트 추진일정표

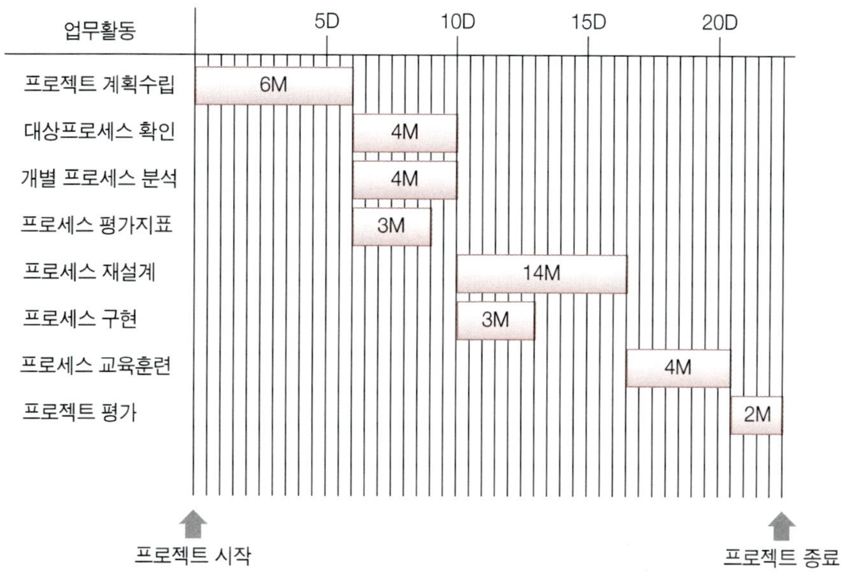

른 완료시간이나, 가장 늦은 완료시간과 여유시간을 알 수가 없기 때문에, 전체 프로젝트 추진과정을 통제하기 위한 수단으로서는 부적절하다. 예를 들어, [그림 6-8]은 〈표 6-5〉와 같은 프로젝트 세부작업내용을 간트차트로 표현한 추진일정표의 예를 보인 것이다.

프로젝트 추진일정을 이와 같이 간트차트를 이용하여 표시하는 경우 관리자는 세부작업활동에 소요되는 시간을 가로막대(bar)로 표시하며, 다른 작업과 병행해서 수행될 수 있는 작업의 경우에는 병행할 수 있는 작업시간 만큼의 가로막대를 평행으로 표시함으로써 전체적인 작업소요시간을 계산할 수 있다. 이와같은 간트차트는 추진일정을 변경해야 하는 경우에는 간트차트를 다시 작성해야 하기 때문에, 추진일정의 변경에 어려움이 있으며, 보다 큰 문제는 전체 프로젝트를 관리하는데 얼마만큼의 여유시간이 있는지 등과 같은 측면을 알 수 없다는 것이다. 간트차트를 통해서 업무활동의 수행순서는 표시되지 않으나 각 업무활동의 시작과 종료시점이 표시되기 때문에, 작업종료를 기준으로 해당 업무가 어느 정도 진척되고 있는지를 쉽게 파악할 수 있으며, 따라서 상대적으로 간단한 프로젝트나 대규모 프로젝트의 일부분을 표시하고 관리하는데 적합하다.

추진일정의 변경에 따른 재작성의 어려움과 같은 문제점을 해결하기 위해서 현실적으로 VISIO이나 PROJACKS와 MS Project 등과 같은 자동화된 도구를 이용하여 프로젝트

그림 6-9 Microsoft Project을 이용한 프로젝트 간트차트의 예

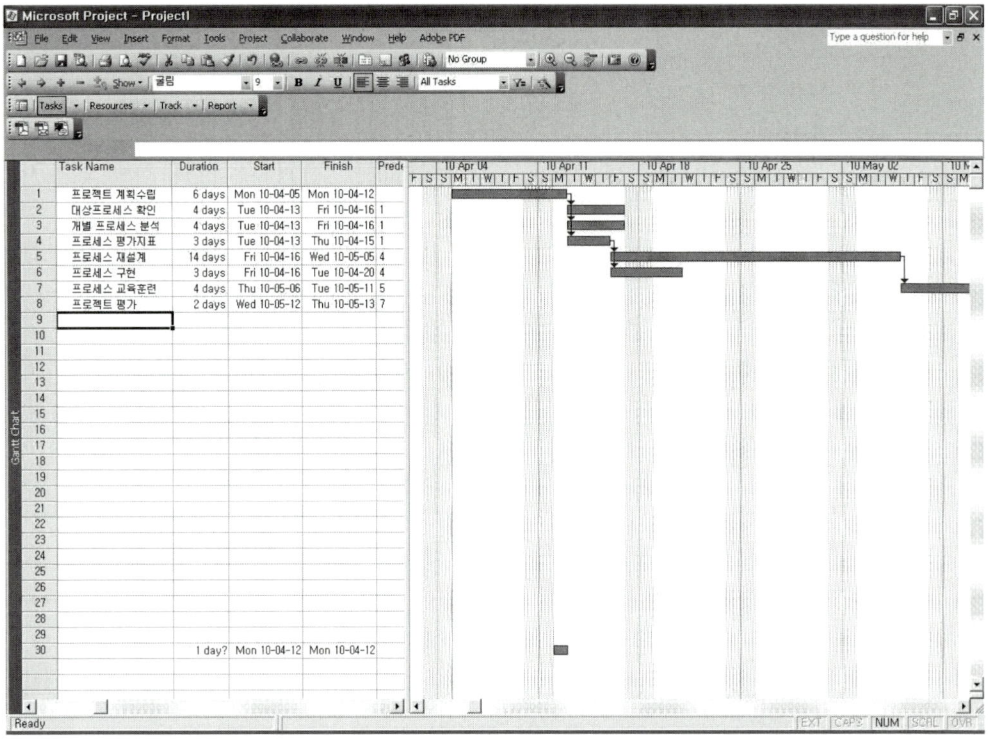

일정계획을 작성하게 되는데, [그림 6-9]는 Microsoft Project를 이용하여 작성한 일정계획의 예이다.

3.2 프로젝트 일정관리 및 통제

프로젝트 일정관리 및 통제의 목적은 계획된 자원을 이용하여 최소의 비용과 노력으로 프로젝트를 완료하는 것이다. 이를 위해서 수립된 일정계획에 의해서 정해진 세부작업이 차질없이 이루어져야 하기 때문에, 프로젝트 관리자는 계획된 시간에 계획된 작업이 이루어질 수 있도록 지속적인 관리노력이 필요하다. 일반적으로 프로젝트 일정을 관리하고 통제하는 방법으로는 **중점경로방식**(CPM: critical path method)과 **프로그램 평가 및 검토기술**(PERT: program evaluation and review technique) **방식**이 이용된다.

그림 6-10 PERT Chart를 이용한 추진일정표

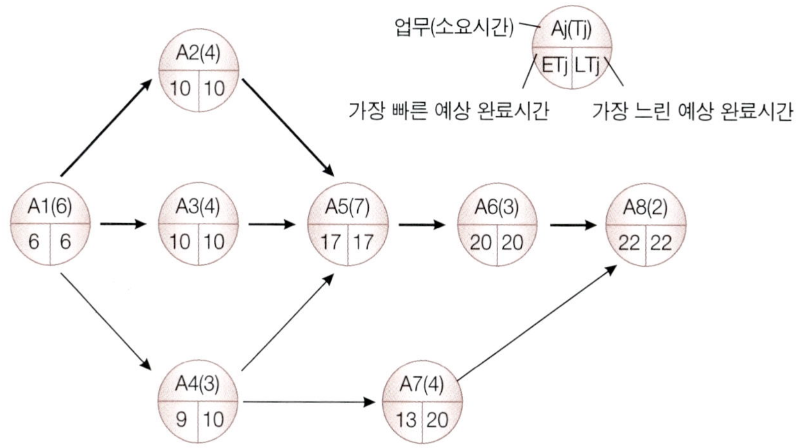

전체 프로젝트를 소단위 작업활동으로 구분한다는 점에서 CPM이나 PERT는 간트차트와 동일하지만, 간트차트가 특정 업무활동에 소요되는 시간만을 보여주는 반면, CPM이나 PERT는 상호의존적인 업무활동 간의 순서를 시각적으로 보여준다는 점에서 차이가 있다. [그림 6-10]은 Microsoft Project를 이용하여 작성해 보였던 간트차트의 내용을 PERT Chart를 이용하여 재구성한 프로젝트 추진일정표이다.

PERT Chart는 세부적인 업무활동을 원으로 표시하고, 원의 상단에는 업무활동과 소요시간을 표시하며, 원 하단 좌측에는 가장 빨리 완료될 것으로 예상되는 시간을 그리고 원 하단 우측에는 가장 늦게 완료될 것으로 예상되는 시간을 각각 표시한다. 가장 빨리 완료될 것으로 예상되는 시간(ETj)과 가장 늦게 완료될 것으로 예상되는 시간(LTj)은 다음과 같은 공식에 의해서 계산한다.

- 가장 빨리 완료될 것으로 예상되는 시간(ETj)
  ① j = 0, ETj = 0
  ② j = j+1, ETj = max { ETj + Atj }
  ③ j = n, STOP
- 가장 늦게 완료될 것으로 예상되는 시간(LTj)
  ④ j = n, LTj = ETj
  ⑤ j = j−1, LTj = min { LTj − Atj }

⑥ j = 0, STOP

이와같은 공식에 의해서 가장 빨리 완료될 것으로 예상되는 시간(ETj)과 가장 늦게 완료될 것으로 예상되는 시간(LTj)의 차이가 영(0)보다 큰 경우에는 해당되는 작업수행에 여유가 있음을 의미하지만, 만일 차이가 없거나 영(0)보다 작은 경우에는 해당되는 작업수행에 여유가 없음을 의미한다. 해당되는 작업수행에 여유시간이 있는 경우에는 해당되는 작업이 지연되더라도 전체 프로젝트 일정에 영향을 미치지 않지만, 만일 여유시간이 없는 경우에는 해당되는 작업이 지연되면 해당 작업일정이 지연되고 이어지는 작업부터 연쇄적으로 지연되어 결국 전체 프로젝트 일정을 맞추지 못하는 경우가 발생한다. 이처럼 가장 빨리 완료될 것으로 예상되는 시간과 가장 늦게 완료될 것으로 예상되는 시간이 동일하여 여유시간이 전혀없는 업무활동을 이은 경로를 **중점경로**(critical path method)라 하며, 이같은 중점경로 상에 있는 업무활동의 지연은 전체 프로젝트 일정의 지연으로 이어지기 때문에, 특별한 관리가 필요하다. [그림 6-10]에서 중점경로는 두꺼운 선으로 표시하였으며, 중점경로 상의 업무활동은 A1-A2-A3-A5-A6-A8이며, 따라서 이들 업무활동들은 전체 프로젝트 일정을 준수하기 위해서 중점 관리대상이 된다.

4. 프로젝트 계획수립 단계의 결과물 활용

프로젝트 계획수립 단계의 핵심은 비즈니스프로세스관리 프로젝트를 성공적으로 완료하기 위한 구체적인 프로젝트 계획을 수립하는 것이다. 프로젝트 계획수립 결과, 프로젝트 팀, 프로젝트 비용과 일정계획, 프로젝트 대상범위, 프로젝트 대상범위 내의 종단간 비즈니스프로세스 및 이에 속하는 개별 프로세스, 프로세스의 목표, 프로세스가 기업이 추구하는 목표에 미치는 영향정도에 따른 중요도, 개괄적인 프로젝트 계획서 등이 최종 결과물로 산출된다.

이러한 결과물들은 [그림 6-11]에서 보는 바와 같이 프로젝트를 진행하는 전체 프로젝트 기간동안의 전과정은 물론, 형식적인 프로젝트 종료 후, 재설계된 비즈니스프로세스

그림 6-11 프로젝트 계획수립 단계의 결과물 활용

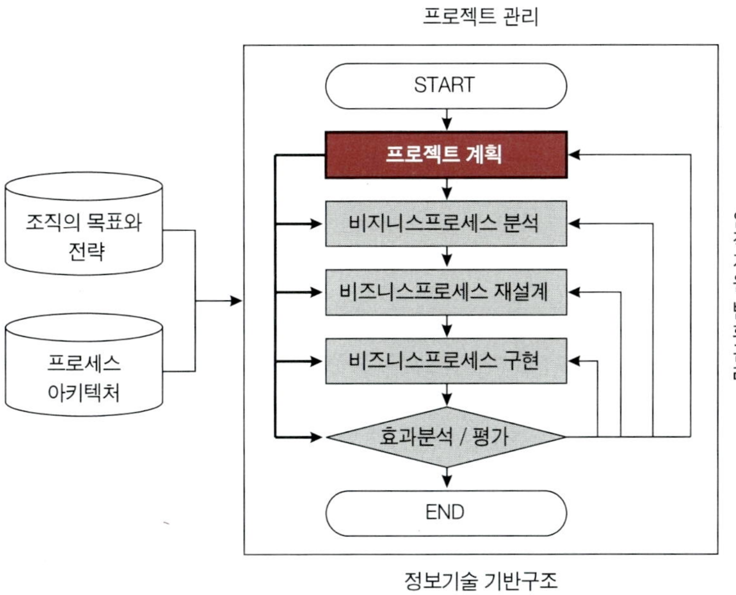

를 일상적인 비즈니스프로세스로 전환하여 운영하는 동안까지도 활용된다.

- 프로젝트의 세부단계의 작업은 프로젝트 팀 구성원에 의해서 수행된다.
- 프로젝트의 세부단계의 작업들마다 계획된 일정계획에 의해서 수행된다.
- 프로젝트의 모든 작업기간과 작업내용은 계획된 비용계획 내에서 수행된다.
- 프로젝트의 목표와 이해관계자들의 관심과, 요구사항 혹은 기회요소들은 비즈니스 프로세스 재설계방향을 결정하는데 영향을 미친다.
- 프로젝트의 목표와 이해관계자들의 관심과, 요구사항 혹은 기회요소들은 비즈니스 프로세스 구현에도 영향을 미친다.

이처럼 프로젝트 계획수립 내용은 프로젝트 전과정에 영향을 미치기 때문에, 프로젝트 계획이 얼마나 현실적으로 실현 가능하며 체계적이고 효율적으로 작성되었느냐에 따라서 프로젝트의 성공과 실패가 나뉘기 때문에, 프로젝트 계획을 수립함에 있어서 다음과 같은 위험요소들을 고려해야 한다.

- 비즈니스 혹은 비즈니스프로세스와 직접, 간접적으로 관련된 핵심 이해관계자들이

누락되어서는 안 된다.

- 비즈니스프로세스 운영 담당자와 같은 프로젝트에 참여해야 할 필수 참여자들이 누락되어서는 안 된다.
- 프로젝트 대상 범위 설정은 초기단계에 범할 수 있는 가장 큰 위험요소 중에 하나이며, 모든 이해관계자들의 동의 하에 프로젝트 대상 범위가 설정되어야 한다.
- 프로젝트 수행에 필요한 비용과 일정에 무리가 있어서는 안 된다.

단원요약

프로젝트 계획수립 과정의 핵심은 프로젝트를 정의하는 것을 말하는데, 프로젝트 정의란, 비즈니스프로세스관리 프로젝트의 범위를 설정하고 실행에 옮기기 위한 기본 프레임을 작성하는 것을 말한다. 프로젝트 계획수립 단계는 주요 이해관계자와의 인터뷰, 상위 레벨의 프로세스 파악, 계획수립을 위한 워크샵, 프로젝트 수행전략, 프로젝트 팀 구성 그리고 프로젝트 계획서 작성단계를 거친다. 이 모든 과정에서 내부구성원 및 프로젝트 팀 간의 의사소통 과정이 필요하다. 세부단계별 주요 내용은 다음과 같다.

① 주요 이해관계자와의 인터뷰

기업 내부에서 실제로 프로세스를 운영하는 담당자와 외부의 주요 이해관계자와의 인터뷰를 통해서 비즈니스 현황과 프로세스 환경에 대한 기초 정보를 수집하고 다양한 관점의 의견을 수렴하는 단계

② 상위 레벨의 프로세스 파악

기업 내부에 어떤 비즈니스프로세스들이 있으며, 이들 각각의 프로세스들이 어떻게 운영되고 있는지를 파악하는 과정

③ 계획수립을 위한 워크샵

주요 이해관계자들과의 인터뷰와 상위 레벨의 프로세스를 파악한 후, 구체적인 프로젝트 계획을 수립하기 위한 다음의 내용들을 결정하기 위한 단계

- 프로젝트 범위 설정 : 상위 레벨의 프로세스를 파악한 후, 문제가 있거나 새로운 기회요소를 포착할 수 있고 경영층이나 최종 사용자의 요구사항을 반영할 필요가 있을 경우의 프로세스를 포괄하는 대상영역을 결정하는 과정
- 개별 프로세스 목표 확인 : 개별 프로세스마다의 목표를 확인하고 기업이 추구하는 목표와의 관계를 효과성과 연계시키기 위한 기본정보를 수집하는 과정

- 프로젝트 성공을 위한 체크리스트 : 프로젝트를 성공으로 이끌기 위해서 관리해야 할 요인들을 도출하는 과정
- 종단간 비즈니스프로세스 리스트 작성 : 기업 전체의 부가가치 창출흐름으로부터 핵심 비즈니스프로세스를 확인하고, 이에 속하는 종단간 비즈니스프로세스를 확인하는 과정
- 비즈니스프로세스 확인 : 종단간 비즈니스프로세스에 속하는 서브 프로세스들을 확인하는 과정으로 프로세스 선별 매트릭스(PSM)를 이용한다.
- 비즈니스프로세스의 개괄적인 분석 : 종단간 비즈니스프로세스와 이에 속하는 개별 프로세스를 확인한 후, 각각의 프로세스마다 프로세스의 성격에 따라서 기업 전체의 부가가치 창출에 기여하는 정도, 프로세스를 운영하는데 관여하고 있는 내부 구성원의 수 그리고 개별 프로세스 자체를 운영하는데 필요한 시간요소와 비용요소를 개괄적으로 분석하는 과정
- 최종 대상 프로세스 결정 : 프로젝트의 최종 대상 프로세스를 결정하는 과정으로 최종 결정된 대상 프로세스를 고려하여 프로젝트 계획서가 작성된다.

④ 프로젝트 구현전략

프로젝트의 효과를 극대화하기 위한 최적의 구현내용을, 최상의 방법으로 그리고 가능하면 최단의 기간 내에 구현하기 위한 전략을 구체화하는 단계

⑤ 프로젝트 팀 구성

프로젝트를 수행하기 위해서 필요한 정보기술 지원, 문서작성 및 관리, 프로젝트 의사결정 등과 같은 기본적인 팀들과, 프로젝트의 핵심 대상 프로세스를 중심으로 비즈니스프로세스 별로 팀을 구성하는 단계

⑥ 프로젝트 계획수립 단계의 최종결과는 프로젝트 계획서로 완성되는데, 프로젝트 계획서에 포함될 주요 내용은 다음과 같다.

- 프로젝트 요약
- 프로젝트 배경 및 목표
- 프로젝트 범위
- 프로젝트 접근방법
- 프로젝트 일정계획 및 관리
- 프로젝트 수행을 위한 필요 지원항목 및 규모

비즈니스프로세스관리 프로젝트는 막대한 비용과 시간이 소요되는 어려운 작업임에도 장기적인 측면에서 효과성이 불투명한 것이 일반적이기 때문에, 프로젝트를 시작하기 전에 반드시 타당성 분석과정

을 거친다. 타당성 분석내용은 경제적 타당성과 프로세스 구현 타당성으로 구분된다. 경제적 타당성 분석은, 프로젝트에 소요되는 비용과 이를 통해서 얻게 될 효과를 비교, 분석하는 것으로 프로젝트 및 프로세스 자체에 대한 항목들은 물론 인적자원과 기타 소요자원과 관련된 다양한 항목들을 고려하여 비용을 산정해야 한다. 그러나 비용을 산정함에 있어서 항목들 대부분이 정량화할 수 없는 것들이어서 주관적인 판단에 의해서 경험적으로 비용을 산정하는 하향식 비용산정 방법을 이용한다. 또는 비과학적이고 비합리적인 하향식 비용산정 방법의 단점을 보완하기 위해서 상향식 비용산정 방법을 이용하기도 하는데, 이는 개별 항목들을 모두 정량화할 수 있을 때 가능하기 때문에, 이 역시 정확성 면에서 문제가 있는 방법이어서 혼합 방법에 의해서 비용을 산정하고 경제적 타당성을 분석하는 경우가 일반적이다.

프로세스 구현 타당성 분석은 프로세스를 분석하고 재설계하는 작업의 위험성 분석과 자원가용성 분석을 주요 내용으로 하며, 자원가용성은 인적자원, 기술적 자원 그리고 물적자원까지를 포함한다. 정해진 기간 내에 프로젝트가 완료되기 위해서 구체적인 일정계획이 수립되어 있어야 하며, 체계적으로 관리되어야 한다. 일정계획은 전방위 스케쥴링 방법과 후방위 스케쥴링 방법을 혼합하여 일정계획을 수립하며, Gantt Chart와 같은 형식으로 표현하고, CPM(critical path method)과 PERT Chart를 이용하여 체계적으로 관리한다.

제6장

연습문제

01 프로젝트 계획수립을 위한 세부단계에 대해서 설명하시오

02 프로젝트 계획을 수립하기 위한 세부단계 중에서 주요 이해관계자와의 인터뷰가 필요한 이유에 대해서 설명하시오

03 프로젝트 계획수립을 위한 워크샵에서 주로 다루어지는 내용들에 대해서 설명하시오

04 프로젝트 범위를 설정하는데 제기되는 문제의 유형과 프로젝트 수행전략과의 관계에 대해서 설명하시오

05 프로젝트 성공을 위한 주요 체크 리스트 중에서 일반적인 프로젝트 수행에 관련된 내용과 프로세스 자체에 관련된 내용을 구분하여 설명하시오

06 기업의 부가가치 흐름과 종단간 비즈니스프로세스와의 관계, 그리고 이에 속하는 개별 프로세스의 도출 과정을 설명하시오

07 종단간 비즈니스프로세스에 속하는 개별 프로세스를 확인하기 위한 프로세스 선별 매트릭스(PSM: Process Selection Matrix)에 대해서 간략하게 설명하시오

08 개별 프로세스의 유형을 비용 대비 창출되는 부가가치 정도와 프로세스 자체의 성격에 따라서 체계적으로 분류하고 간단하게 설명하시오

09 프로젝트 계획서에 필수적으로 포함되어야 할 내용들을 항목별로 정리하고 간단하게 설명하시오

10 프로젝트 타당성 분석의 내용과 타당성 분석이 필요한 이유에 대해서 설명하시오

11 프로젝트의 비용산정 방법에 대해서 상향식과 하향식 방법을 비교, 설명하시오

12 프로젝트 일정계획을 수립하는 두 가지 방법에 대해서 설명하시오

13 프로젝트 일정계획을 표현하는 다양한 방법들과 관리하는 방법들을 조사하여 비교하시오

제7장 비즈니스프로세스 분석

1. 비즈니스프로세스 분석단계의 개요
2. 비즈니스프로세스 분석의 세부 절차
3. 비즈니스프로세스 분석단계의 결과물 활용

"두통을 호소하는 환자에게 진통제만을 처방하는 의사는 없다. 유능한 의사라면 두통이라는 증상의 원인이 무엇인지를 찾아 이에 적절한 처방을 할 것이다. 마찬가지로 종단간 혹은 개별 비즈니스프로세스에 대한 정확한 이해가 없다면, 이를 재설계하려는 그 어떤 작업도 의미가 없을 것이다."

(손승희, 2010)

학습 개요 및 목표

일반적으로 어떤 문제가 발생했을 때 그 발생 원인은 다양하고 여러 가지 요인들이 복합적으로 작용하는 경우가 많다. 두통이라는 증상만을 본다면 진통제가 가장 효과적인 처방인 것처럼 보이지만, 두통의 원인이 고혈압이거나, 과도한 스트레스로 인한 것이거나, 소화불량으로 인한 것이라면 진통제를 복용함으로써 두통을 잠시 멈출수는 있겠지만, 두통의 근본문제를 해결하지는 못할 것이다. 비즈니스프로세스관리의 궁극적인 목표는 기업이 추구하는 목표가 보다 효과적으로 달성될 수 있도록 비즈니스프로세스를 재설계하는 것이기 때문에, 이를 위해서는 프로젝트 대상영역 내의 많은 비즈니스프로세스들을 이해하는 것으로부터 출발한다. 이러한 이해없이는 그 어떤 문제점도 찾을 수가 없을 것이며, 또한 그 해결 방법 또한 제시되지 못할 것이다.

본 장에서는 비즈니스프로세스관리 프로젝트의 핵심인 비즈니스프로세스 재설계 작업(가장 효과적인 처방)을 위해서 대상영역 내의 종단간 혹은 개별 비즈니스프로세스를 이해하는(정확한 진단) 과정을 살펴보고자 한다. 먼저, 비즈니스프로세스를 이해하고 진단하는 작업을 수행하는 분석가의 역할과 자질을 살펴보고, 비즈니스프로세스를 이해하기 위한 여러 가지 기술적인 방법들과 그 과정을 소개하고자 한다. 이어서 비즈니스프로세스 분석 단계 이후에 이어지는 재설계 작업과 연계하여 비즈니스프로세스를 평가하기 위한 평가지표에 대해서도 살펴보기로 하겠다. 비즈니스프로세스 평가지표는 재설계는 물론 지속적인 관리를 위해서 매우 중요한 의미를 갖는다.

본 장의 학습목표는 다음과 같다.

1. 프로세스 분석가의 역할과 자질을 이해한다.
2. 비즈니스프로세스 분석을 위한 기술적인 방법과 과정을 이해한다.
3. 비즈니스프로세스의 수준별(종단간 비즈니스프로세스, 개별 비즈니스프로세스, 활동, 관리) 모델링 방법과 다양한 평가지표에 대해서 이해한다.
4. 비즈니스프로세스에 대한 문제의 원인을 분석하는 방법을 이해한다.

1. 비즈니스프로세스 분석단계의 개요

비즈니스프로세스 분석단계는 프로젝트 대상영역 내의 종단간 비즈니스프로세스 및 이에 속하는 개별 비즈니스프로세스에 대한 현재의 모습을 정확하게 이해하고 문제점과 문제의 원인에 대해서 분석하는 과정이다. 비즈니스프로세스 분석의 핵심 내용은 **프로세스 아키텍처** 단계에서 정의한 비즈니스프로세스 모델링 방법론을 이용하여 모든 종단간 비즈니스프로세스와 이에 속하는 개별 프로세스들을 모델화하는 작업이 핵심이다.

비즈니스프로세스관리 프로젝트는 비효과적이고 비효율적인 현재의 비즈니스프로세스를 효율적이고 효과적인 모습으로 재설계하려는 것이기 때문에, **비즈니스프로세스 분석**단계는 **비즈니스프로세스 재설계** 단계와 함께 비즈니스프로세스관리 프로젝트의 핵심을 이루는 단계이다. 특히 비즈니스프로세스 재설계는 철저한 분석결과를 근거로 하기 때문에, 비즈니스프로세스 분석작업의 오류(분석해야 할 내용이 누락되거나 분석대상을 잘못 분

그림 7-1 BPMLC_PHASE4: 비즈니스프로세스 분석

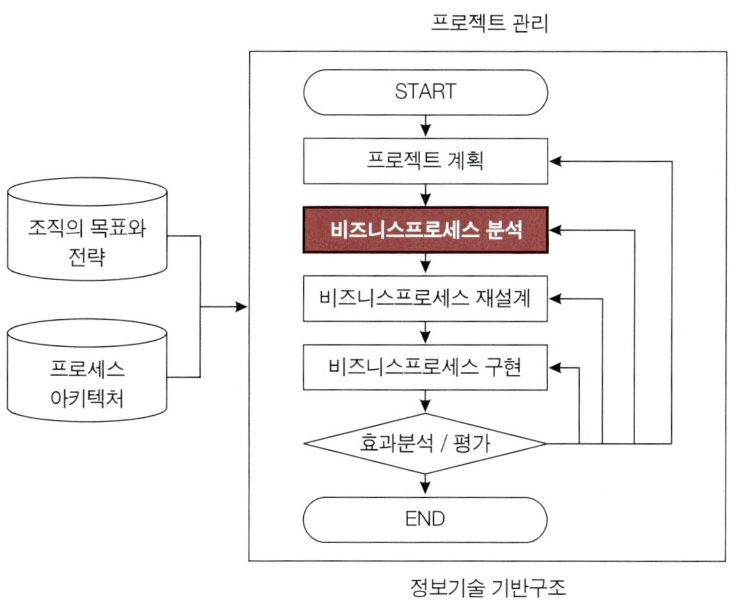

석하는 경우)는 곧 비즈니스프로세스관리 프로젝트 전체의 실패로 이어지기 때문에, 비즈니스프로세스 분석가의 역할은 매우 중요하며, 특별한 자질을 요구한다.

1.1 비즈니스프로세스 분석가의 역할과 자질

현재의 비즈니스프로세스를 정확하게 이해하고 문서로 작성한다는 것은 쉬운 일이 아니다. 비즈니스프로세스를 잘못 이해하였거나, 제대로 이해했다 하더라도 이를 체계적으로 정리하는 작업 또한 쉽지 않다. 또한 문서로 작성하는 과정에서의 작은 실수는 비즈니스프로세스관리 프로젝트의 실패로 연결될 만큼 중요하고 어려운 작업이다. 따라서 비즈니스프로세스 분석가는 프로젝트 팀에서의 가장 중요한 핵심요원에 속하며, 이들이 수행하는 작업결과는 **비즈니스프로세스 재설계** 단계의 기초자료로 활용된다. 비즈니스프로세스 분석가의 작업내용은 **조직의 목표와 전략**단계에서 도출된 목표와 전략에 따라서 달라지지만, 주요 분석작업 내용은 다음과 같다.

① 비즈니스프로세스 운영 및 운영 상의 문제점

비즈니스프로세스 운영이나 운영 상의 문제점은 비즈니스프로세스 분석가가 분석하게 될 가장 핵심적인 내용으로 현재의 비즈니스프로세스에서의 업무처리 방식과 투입되고 산출되는 데이터와 업무의 흐름을 파악하여 새롭게 설계될 비즈니스프로세스가 어떤 모습이어야 하는지를 파악하는 것이다.

② 비즈니스프로세스의 품질

새롭게 설계될 비즈니스프로세스 중에서 문제를 해결하는데 직접적으로 이용되지는 않지만, 설계될 비즈니스프로세스의 품질을 결정하게 되는 비즈니스프로세스의 신뢰성, 구현용이성, 사용자 편리성 등과 같은 내용들을 파악하는 것이다. 또한 시스템 개발로 이어지는 경우 개발될 시스템의 품질을 결정하는 시스템의 신뢰성, 유지보수 용이성, 효율성, 사용자 편리성 등과 같은 요구조건들이 이에 해당된다.

③ 기술적인 기반구조

비즈니스프로세스를 운영하는데 사용되는 하드웨어나 외부의 타 시스템들은 프로젝트 종료 후에 비즈니스프로세스를 구현하기 위해서 필요하기 때문에, 비즈니스프로세스를 운영하는데 활용되는 모든 기술적인 기반구조 또한 분석대상이 된다.

④ 비즈니스프로세스 운영자의 요구조건

비즈니스프로세스를 실제로 운영하는 담당자들은 자체적인 문제와 보다 효율적인 업무처리를 위해서 필요한 요구조건들을 갖는다. 실제 운영자들의 문제나 요구조건들이 경우에 따라서는 비록 조직의 목표와 전략과 무관해보이는 경우라 하더라도 분석가의 판단 여부에 따라서 실제 비즈니스프로세스 운영자의 비효율성이 조직의 목표를 달성하는데 저해되거나, 이를 재설계함으로써 조직의 목표를 달성하는데 효과적이라면 실제 비즈니스프로세스 운영자들이 직면하는 문제 또한 조직의 목표와 전략이 무관하지 않기 때문에, 중요한 분석내용에 포함된다.

비즈니스프로세스 분석단계에서 구체화되어야 할 분석결과들은 해당영역의 문제해결에 직접적으로 관여되거나, 또는 문제해결에는 직접적으로 관여되지 않지만 비즈니스프로세스의 품질을 결정하거나, 이를 통해서 최종적인 조직의 목표를 달성하는데 영향을 미치기 때문에, 비즈니스프로세스 분석가는 가능한 한 모든 내용들을 파악하고 체계적으로 정리하여야 한다. 따라서 비즈니스프로세스를 분석하는 과정에서 분석가는 다음과 같은 역할을 하게 된다.

1) 사용자의 요구를 찾아내고 일목요연하게 정리하며 이를 기록하는 역할

현재의 업무처리 방식이나 현재 운영되고 있는 비즈니스프로세스에 대해서는 실제 운영자가 가장 잘 알고 있기 때문에, 분석가는 어떠한 형태로든 실제 운영자로부터 도움을 받아 이를 분석하고 운영자들이 요구하는 사항들을 정리할 수밖에 없다. 그러나 현재의 업무처리 방식이나 현재의 비즈니스프로세스를 운영하고 있는 담당자들 자신이 자신의 문제를 정확하게 알지 못하거나 구체적으로 표현하지 못하는 경우가 많기 때문에, 분석가는 비즈니스프로세스 운영자와의 회의나 면담, 설문조사 또는 직접 관찰하는 방법을 통해서 이들의 요구를 찾아내고 이를 일목요연하게 정리하며 체계적인 문서로 작성하는 기록자로서의 역할을 담당하게 된다.

2) 프로세스 운영자와 관리자 사이의 중재자로서의 역할

비즈니스프로세스 분석작업은 초기의 사전연구와 비즈니스프로세스 계획수립 결과를 기초로 하며, 작업결과는 비즈니스프로세스 재설계, 더 나아가서는 지속적인 비즈니스프로세스관리를 위한 기초로 사용된다. 즉, 분석가는 실제 운영자 또는 프로젝트 관리자와 실제 비즈니스프로세스관리자 사이에 위치하여 이들을 연결하는 중재자로서의 역할을 담당하게 된다. 비즈니스프로세스관리 프로젝트에는 일반적으로 다양한 관점을 가진 다양한 이해관계자들이 참여하게 되며, 이들은 각자 자신의 관점에서 자신의 견해만을 주장하는 것이 보통이다. 그러나 이들의 작업은 경우에 따라서 다른 사람의 작업을 위한 기초가 되기도 하며, 다른 사람의 작업과 통합되어야 하는 경우도 있다. 비즈니스프로세스 분석가는 다양한 관점의 다양한 이해관계를 조정하며 중재하는 역할을 하는데 중요한 역할을 해야 한다.

분석가는 프로젝트 대상영역 내의 종단간 비즈니스프로세스나 이에 속하는 개별 프로세스마다 조직의 목표를 달성하는데 어떤 문제가 있는지? 문제의 원인은 무엇인지? 어떻게 해결할 수 있는지? 실제 프로세스 운영자의 요구가 무엇인지? 등을 파악해 내기는 쉽지 않다. 문제점과 요구사항들을 찾아내고 이를 정리하며 체계적으로 문서화하는 역할과 모든 이해관계자들의 견해를 중재하는 중재자로서의 역할을 제대로 수행할 수 있는 능력을 갖추기는 쉽지 않다. 비즈니스프로세스 분석가가 자신의 역할을 담당하기 위해서는 다음과 같은 자질이 요구된다.

① **업무영역에 대한 전문적인 지식** : 해당영역을 이해하고 문제를 파악하며 문제의 원인이 무엇인지? 사용자의 요구가 무엇인지?를 파악하기 위해서는 해당영역에 대한 전문적인 지식을 소유하고 있어야 한다.

② **논리적이고 조직적인 사고** : 해당 영역의 문제들과 실제 운영자의 요구들은 대부분 부분적이며, 단편적으로 파악되기 때문에, 이를 조합하여 전체를 이해하고 분석하기 위해서는 조직적이고 논리적인 사고 능력을 갖추어야 한다.

③ **문제해결을 위한 독창적인 아이디어** : 분석가는 해당영역의 문제와 운영자의 요구만을 파악하는 것이 아니라, 이를 해결하기 위한 구체적인 해결 방법 예를 들어, 새로운 비즈니스프로세스의 모습을 제시해야 하기 때문에 문제해결 방안을 제시할 수 있는 독창적인 아이디어를 가지고 있어야 한다.

④ 원만한 인간관계 : 분석가는 많은 비즈니스프로세스의 실제 운영자들과 이들 프로세스의 관리자와 많은 이해관계자 사이의 견해를 중재하는 역할을 담당해야 하기 때문에, 원만한 인간관계를 소유하고 있어야 한다.

⑤ 비즈니스프로세스 분석을 위한 전문기술 및 풍부한 경험 : 그러나 무엇보다도 유사영역에 대한 분석경험이 중요하기 때문에, 풍부한 경험을 가지고 있어야 할 것이며, 또한 비즈니스프로세스 분석을 위한 다양한 전문기술을 소유하고 있다면, 파악한 문제를 분석하고 체계적으로 정리하는 데 많은 도움이 될 것이다.

1.2 비즈니스프로세스 분석의 문제점

새롭게 설계될 비즈니스프로세스에 대한 실제 운영자의 시각은 기존의 업무처리 방식과 비교하여 얼마나 효율적인지? 새로운 업무처리 방식을 얼마나 쉽게 배우고 이용할 수 있을지? 등에 초점이 맞추어진 반면, 비즈니스프로세스관리자와 프로젝트 스폰서의 관점에서는 새로운 비즈니스프로세스가 조직의 목표에 얼마나 부합되는지? 에 많은 관심을 가지기 때문에, 상반된 시각을 가지고 있다. 비즈니스프로세스 실제 운영자들의 관점에서 그들의 요구와 문제점들이 해결되는 것도 중요하지만 비즈니스프로세스관리 프로젝트의 목적을 고려할 때, 최종적으로 재설계되는 비즈니스프로세스의 효과성에 관심을 갖는 시각에서의 요구사항들이 고려되는 것도 매우 중요하다. 이처럼 이해관계자마다 주요 관점이 다르기 때문에, 해당영역에 존재하는 동일문제에 대해서 서로 다른 시각을 가지고 있으며, 자신의 입장만을 고려해서 주장하게 된다. 따라서 모든 이해관계자들의 입장을 대변하는 중재자가 필요하다.

모든 이해관계자들을 중재한다는 것은, 비즈니스프로세스 분석가가 작성하게 될 최종 분석보고서에 그들의 입장을 최대한 반영하는 것을 의미하기 때문에, 모든 이해관계자의 입장을 포괄하는 최종 보고서를 작성한다는 것은 현실적으로 쉬운 작업이 아니다. 비즈니스프로세스 분석작업이 현실적으로 어려운 이유들을 정리하면 다음과 같다.

1) 분석작업 자체의 어려움

비즈니스프로세스를 분석하여 체계적으로 정리하기 위해서 분석가는 우선 프로세스 운영자들과의 대화를 통해서 그들이 원하는 사항을 추출해 낼 수 있는 기술이 필요하며, 또 이를 위해서는 운영자들이 처리하는 업무를 알아야 하기 때문에, 업무에 관련된 지식을 가지고 있어야 한다. 또한 프로세스 운영자들 간의 이해관계가 상반될 때에는 이를 조정하여야 하기 때문에 상호의견을 중재하는 기술도 요구되며, 파악된 내용들을 문서로 작성하는 기술이 필요하다. 또한 분석을 위해서 사용되는 기법에 대한 전문지식도 요구되기도 한다. 이처럼 비즈니스프로세스 분석을 위해서 다양한 기술과 지식과 기법이 요구되기 때문에, 비즈니스프로세스를 분석하는 작업이 현실적으로 쉽지 않다.

2) 분석내용의 다양성과 복합성

비즈니스프로세스 분석가가 분석을 위해서 필요한 기술과 기법과 전문지식을 가지고 있다 하더라도 실제 프로세스 운영자들의 문제점과 요구사항들을 파악하고 체계적으로 정리하는 작업이 현실적으로 어려운 이유는 비즈니스프로세스에 대한 효율성과 효과성을 동시에 고려해야 한다는 것이다. 즉, 분석해야 할 내용이 다양하고 복잡하기 때문에, 비즈니스프로세스 분석작업이 현실적으로 쉽지 않다. 비즈니스프로세스 분석가에게 우선 대상영역을 정확하게 이해하고, 업무에 대한 전문지식과 조직적이고 논리적인 사고를 이용하여 다양하고 복합적인 문제와 요구사항들을 정리하고 체계적으로 분석할 수 있는 자질이 요구되는 것은 바로 이 때문이다.

3) 분석 내용(요구사항)의 부정확성

대부분의 경우 프로세스 운영자들은 자신의 문제를 제대로 알지 못하며, 따라서 분석가와의 회의나 면담 또는 설문조사에서 그들의 문제점들과 요구사항들을 제대로 표출하지 못하는 경우가 많다. 이런 상황에서 프로세스 운영자들은 분석가가 알아서 해 주리라고 생각하여 분석가에게 의존하게 되고, 새롭게 설계될 비즈니스프로세스에 대한 막연한 기대감만을 가지고 있는 경우가 많다. 이러한 상황에서 부정확하고 추상적인 막연한 프로세스 운영자들의 생각을 정리해야 하는 분석가의 작업은 어려울 수밖에 없다. 부정확한 의사표출로 인해서 잘못된 요구와 문제점을 파악한다면, 이어지는 **비즈니스프로세스 재설계** 단계에서의 작업은 잘못된 요구와 문제점을 바탕으로 하기 때문에, 비즈니스프로세스 관리 프로젝트는 실패할 수밖에 없을 것이다.

4) 분석 내용(요구사항)의 변경

부정확한 요구의 표출은 분석가의 경험과 대화기술 그리고 전문지식을 통해서 극복할 수 있지만, 더욱 근본적인 문제는 운영자의 요구가 수시로 변경되며 일관성이 없다는 것이다. 방법론이나 분석기법에 따라서 운영자의 요구나 프로세스의 문제점들을 일회적 작업으로 끝나지 않고 어느 정도 지속적으로 반영될 수는 있으나, 비즈니스프로세스 분석결과없이는 재설계가 이루어질 수 없기 때문에, 분석작업은 재설계 작업이 이루어지기 전에 종료되어야 한다. 그러나 운영자의 요구나 프로세스에 대한 문제점들은 분석단계가 종료되고 재설계 단계로 진입해서까지 새로운 요구와 문제점들이 도출되기도 하는데, 이러한 요구사항의 변경이나 추가적인 문제점 도출 등은 비즈니스프로세스 작업을 더욱 어렵게 만든다.

5) 최종 분석보고서 작성의 어려움

분석가가 작성하는 최종 보고서의 내용에 따라서 재설계 작업이 이루어지기 때문에, 재설계에 필요한 모든 내용을 포함하고 있어야 할 뿐만 아니라, 모든 이해관계자들의 다양한 입장들을 포괄해야 하기 때문에, 최종 보고서를 작성하는 일 또한 매우 어려운 작업이다. 그러나 최종 보고서의 핵심은 비즈니스프로세스관리 프로젝트의 목적이 조직의 목표와 전략에 더욱더 부합될 수 있도록 비즈니스프로세스를 재설계하는 것이기 때문에, 프로세스의 실제 운영자의 이해관계보다는 조직의 목표와 전략에 관한 이해관계에 초점을 맞추어 작성되어야 할 것이다. 그러나 조직의 목표와 전략에 부합된다면, 모든 프로세스들이 실제 작업담당자들에 의해서 실제로 운영되기 때문에, 이들의 이해관계 또한 무시해서는 안될 것이다.

1.3 비즈니스프로세스 분석을 위한 의사소통 방법

비즈니스프로세스는 추상적인 개념이기 때문에 이를 정확하게 이해하기란 쉽지 않다. 따라서 일반적으로 대상 비즈니스프로세스에 대한 부분적인 모델을 작성함으로써(abstraction) 프로젝트 대상영역 내의 전체 비즈니스프로세스들을(scope of modeling) 이해하게 된다. 해당영역에 대한 모델을 작성함에 있어서 해당영역 전체를 대상으로 모델링하지 않고 우선 전체영역을 개별영역으로 세분화하여 문제영역을 분할하는 것은 모델의 복잡도를 줄이기 위해서이다. [그림 7-2]는 비즈니스프로세스 모델을 작성하는 과정을 설명한 예이다.

그러나 프로젝트 대상영역을 분할하여 모델링 대상을 체계적으로 세분화하는 작업은 현실적으로 쉽지 않으며, 또한 이러한 작업들이 자동화된 도구를 이용하여 이루어지기 때문에, 최종 결과인 영역별 모델이 만들어지기 위해서는 모델링 방법과 모델링 도구의 선정도 매우 중요하게 작용한다.

비즈니스프로세스 분석결과 작성된 프로세스 모델에는 앞에서 설명한 프로세스 운영상의 문제점들과 운영자들의 요구사항들이 체계적이면서 중복되지 않고 필요한 모든 내용들이 포함되어야 하기 때문에, 운영자들이 요구하는 문제해결을 위해서 필요하다면 운

그림 7-2 비즈니스프로세스 모델링 과정

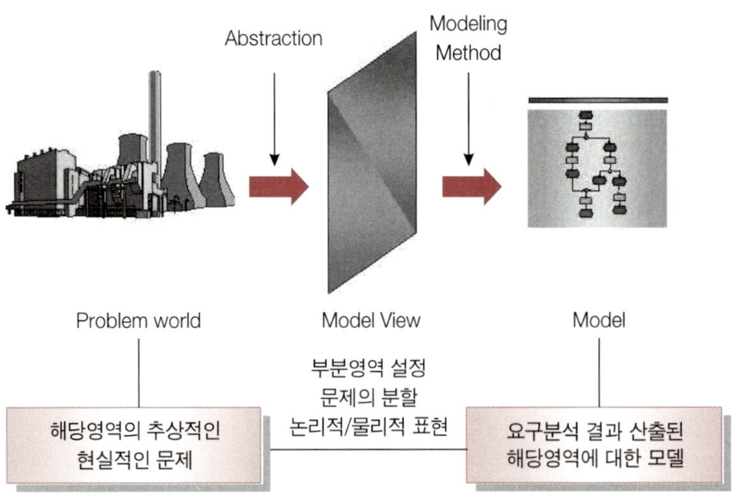

영자들이 생각하지 못하고 있는 모든 가능한 요구사항들까지 얻어내야 할 것이다. 이를 위해서는 체계적인 절차와 논리적인 접근방법이 필요하며, 자동화된 도구의 지원을 받아야 한다. [그림 7-3]은 비즈니스프로세스 자체의 문제점들과 운영자들의 요구사항들을 분석하기 위한 체계적인 접근방법과 접근원리를 설명한 것이다.

비즈니스프로세스 분석을 위한 원리는 분석작업의 어려움을 극복하기 위한 분석가들의 오랜 노력의 결정체로 모델링 기법과 원리를 설명하는 것이다. 따라서 분석원리는 분석작업의 효율성의 문제로 귀결되며 지금까지 소개된 분석원리로는 전체를 분석대상으로 하지 않고 부분영역을 설정하여 문제를 분할하고 분할된 영역별로 문제를 이해하고 분석내용들을 정리하는 방법이 기초원리로 통용되고 있다.

분석을 위한 효율적인 접근방법도 접근방법의 분석작업을 하는 과정에서 제기되는 어려움을 효율적으로 극복하기 위한 해결방안을 제시하는 것으로 [그림 7-3]에서와 같이 다양한 접근방법이 소개되고 있다. 예를 들어, 분석가와 프로세스 운영자들이 비즈니스프로세스에 대한 시각과 배경지식의 차이로 인해 발생되는 의사소통의 문제점을 해결하기 위한 방법으로는 분석가와 운영자들이 공통적으로 이해할 수 있는 모델링 방법론과 모델링 도구를 이용하는 방법이 있을 것이다. 문제의 복잡도를 줄이는 방법으로는 부분영역

그림 7-3 비즈니스프로세스 분석을 위한 접근방법

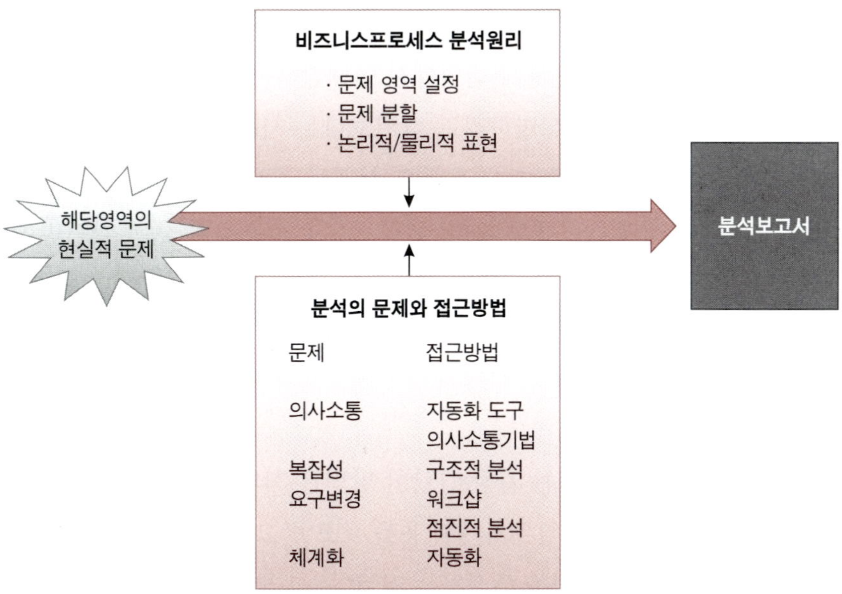

을 설정하고 문제를 분할하는 원리와 함께 구조적 분석방법 등을 이용함으로써 문제의 복잡도를 줄일 수가 있을 것이다. 또한 수시로 변경되고 추가되는 운영자의 요구를 반영할 수 있도록 조직적인 제도나 체제를 갖추는 것이 필요하며, 부분적으로 작성된 분석결과의 모델을 통합하고 관리하기 위해서 고도의 자동화된 도구를 이용하는 것도 효과적인 접근방법일 것이다.

비즈니스프로세스의 문제점들과 운영자들이 요구하는 사항들을 분석하기 위한 효율적인 접근방법이나 접근원리 등은 그 자체의 의미보다는 운영자들이 생각하고 있으나 제대로 표출하지 못하는, 또는 생각하지 못하고 있는 잠재적인 사항들까지도 얻어내기 위한 것이다. 그러나 운영자들이 생각하는 요구라 하더라도 이를 알아낸다는 것은 쉽지 않다. 분석가의 역할은 운영자가 생각하지 못하는 내용들까지도 파악하여 문제해결의 실마리를 제공해야 하기 때문에, 분석작업은 어려울 수밖에 없는데, 운영자들이 요구하는 사항들을 반영한 완벽한 최종 분석보고서를 도출하기 위해서는 효율적인 접근방법도 중요하고 접근원리 또는 자동화된 도구도 중요하지만, 무엇보다도 분석가와 운영자 사이의 상호의사소통이 중요하다. 따라서 분석에 앞서 분석가는 어떤 용어를 이용할 것인가? 어떤 방법으로 의사소통을 할 것인가?에 대해서 고민해야 한다.

비즈니스프로세스 분석가와 프로세스 운영자는 업무에 대한 배경지식과 프로세스 운영에 대한 경험 등이 다르다. 이처럼 서로 다른 배경을 가진 운영자와 효율적으로 의사소통하기 위해서 분석가는 먼저 운영자와의 대화에서 사용할 언어선택에 유의해야 한다. 분석가는 전문 용어보다는 운영자 집단에서 이해할 수 있는 일반적인 언어를 선택하여야 한다. 즉, 전문용어를 쉽게 설명하려고 하기보다는 사용자들이 일상적으로 사용하는 용어를 이용하려는 노력이 필요하다. 용어를 선택하는 문제뿐만 아니라, 분석가는 효율적인 방법으로 운영자에게 접근해야 하며, 현실적으로 사용될 수 있는 접근방법에는 다음과 같은 방법들이 있다.

1) 회 의

운영자의 요구를 파악하는 가장 간단한 방법은 회의를 통한 방법으로 운영자와 분석가가 한 자리에 모여 그들의 업무처리 내용을 보고 받고 그들의 문제가 무엇인지? 그리고 그들이 원하는 것이 무엇인지를 분석하는 것이다. 그러나 이를 위해서는 운영자들 스스로가 자신의 업무처리 방식과 문제점들에 대해서 상세하게 인지하고 있어야 하기 때문에, 일회적인 회의를 통하여 현재의 상황에 대한 자료를 수집하고 분석하여 총체적인 운영자의 요구를 요약 정리하기란 쉽지 않다. 또한 운영자의 요구가 불명확하고 수시로 변하며 새로운 요구사항들이 추가되는 등의 상황이 발생한다면, 회의를 통해서 운영자의 요구를 파악해 내기는 더욱 쉽지 않을 것이다. 따라서 분석가는 운영자와의 회의를 시작하기 전에 회의의 목적과 진행방법 등에 대해서 사용자에게 미리 알려서 회의에서 자신의 역할을 숙지하고 자신의 업무에 대해서 미리 생각하고 정리할 수 있도록 해야 할 것이다.

회의를 통해서 운영자의 요구를 효율적으로 파악하기 위해서 분석가는 운영자와의 회의를 개최하기 전에 회의를 어떤 방식으로 진행할 것인지? 회의 참석자는 누구이며, 기업 내에서 어느 위치에 있는지? 그리고 그들과의 원활한 의사소통을 위해서 어느 정도의 배경지식을 가지고 있어야 하는지? 등에 대해서 미리 파악하고 계획해야 한다. 다음은 분석가가 운영자와의 회의를 준비하는 과정에서 유의해야 할 내용을 정리한 것이다.

[회의 진행 가이드라인]

- 회의에 참석할 참석자의 범위를 정한다.
- 회의 참석자들에게 회의의 목적을 미리 전달하여 참석자들이 스스로의 업무처리 내용을 미리 정리하도록 하며, 회의에서 자신들이 어떤 역할을 해야 하는지 미리 생각하도록 한다.
- 회의장소와 시간 그리고 회의가 얼마나 걸릴 예정인지 참석자에게 미리 알려주어야 하며, 회의를 위해서 참석자가 어떤 준비를 해야 하는지 알려 주도록 한다.
- 회의의 진행은 참석자들이 자유스러운 분위기에서 자신의 입장을 자유롭게 이야기할 수 있도록 해야 하며, 평소 자신이 생각하고 있었던 문제점과 이를 해결하기 위한 아이디어들을 소신 있게 말할 수 있도록 회의를 진행해야 한다. 이를 위해서는 브레인스토밍(brainstorming) 방식의 회의진행이 적절하다.
- 회의가 자유스러운 분위기에서 자신의 의견을 소신 있게 말하는 것은 좋으나, 본 주제에서 벗어난 방향으로 흘러갈 경우, 회의 진행자는 이를 적절하게 통제해야 하며, 모든 회의내용을 프로토콜 형식의 회의록으로 남겨서 회의가 끝난 후 참석자들에게 배포하여 회의내용을 공지하는 것이 필요하다. 이는 사용자의 의견을 듣고 분석가가 일방적으로 운영자의 의견과 요구사항을 정리하기 보다는 이를 정리하여 운영자에게 검증 받음으로써 오해의 여지를 없애기 위해서도 필요하다.

2) 인터뷰

회의를 통해서 운영자의 요구를 분석하는 방법은 분석가와 다수의 운영자들이 동시에 참석한 가운데 이루어지며, 브레인스토밍 방식으로 회의가 진행된다고는 하지만, 대부분의 참석자들이 다수의 의견에 따를 수 있으며, 자신의 요구사항을 소신 있게 피력하기 어렵기 때문에, 분석가와 사용자의 1:1 대화를 통해서 특정 프로세스 운영자의 업무처리 방식과 문제점 그리고 그들의 요구사항을 파악하는 인터뷰 방식도 대안이 될 수 있다. 회의를 통한 방식은 다수의 참석자를 대상으로 하기 때문에, 분석가가 사용하는 용어나 접근방법은 일반적이지만, 인터뷰를 통한 방식은 운영자의 수준과 특성에 맞게 그리고 더욱 편안한 분위기 속에서 진행될 수 있다. 인터뷰를 통한 분석방법도 회의를 통한 방법과 마찬가지로 분석가는 누구를 인터뷰 대상으로 할 것인가? 어떤 방식으로 인터뷰를 진행할 것인가? 인터뷰에서 어떤 내용들을 질의할 것인지? 사전에 준비해야 한다. 다음은 인터뷰를 준비하는 과정에서 분석가가 유의해야 할 내용들을 정리한 것이다.

[인터뷰 진행 가이드라인]

- 인터뷰 대상을 선정한다. 인터뷰 대상은 현재의 업무처리 상황과 문제점, 그리고 어느 정도의 해결방안까지도 가장 잘 알 수 있는 위치에 있는 운영자이어야 한다.
- 인터뷰 대상과 미리 협의하여 인터뷰 내용과 시간, 장소, 인터뷰를 통해서 어떤 역할을 해야 하는지를 정하여 미리 알려줌으로써 인터뷰에 참여하는 참가자가 인터뷰에 준비할 수 있는 시간적 여유를 주어야 한다.
- 인터뷰를 어떤 방식으로 진행할 것인지 미리 계획하여 인터뷰가 순조롭게 진행될 수 있도록 준비한다.
- 인터뷰에 사용될 질문은 질문자가 미리 숙지하며, 인터뷰 상황에서 돌발적인 질문이 나오지 않도록 하며, 질문자의 주관이나 의견이 개입되지 않는 객관적인 내용만을 질문하도록 한다. 그리고 응답자가 질문의 내용을 이해하지 못하는 경우에는 그 응답자의 수준과 특성을 고려하여 쉽게 설명하거나 구체적인 사례를 들어 보충 설명하여 응답자의 대답을 유도해야 한다.
- 인터뷰 결과는 반드시 문서화하여 응답자와 함께 확인하며, 내용을 다시 정리한다.

3) 설문조사

회의나 인터뷰를 통한 분석방법은 회의 참석자는 인터뷰 응답자와 시간과 장소 등을 미리 협의하여 정해진 시간과 장소에 참석자와 인터뷰 응답자가 마주보며 분석작업이 이루어진다. 이처럼 회의나 인터뷰를 통한 방법은 물리적인 한계가 있으며, 예를 들어, 종단간 비즈니스프로세스 전체를 분석해야 하는 경우처럼 분석범위가 넓은 경우 대규모의 참석자들이 회의에 참석해야 하기 때문에, 회의가 원활하게 진행되지 않을 수도 있으며, 또는 수없이 많은 인터뷰 과정을 거치는 불편함이 있기 때문에, 이러한 경우에는 설문조사방식을 이용할 수 있으며, 설문조사방식은 분석가 입장에서 한번에 다수 의견을 동시에 들을 수 있기 때문에 가장 편리한 방법이다.

그러나 설문조사는 대부분 익명으로 진행되기 때문에, 회의나 인터뷰와 같이 실명으로 밝힐 수 없는 내용들을 익명으로 더 소신 있게 밝힐 수도 있지만, 반대로 응답자의 성의 있는 대답을 기대하기 어렵다는 문제점이 있다. 분석가의 가장 중요한 임무가 운영자의 요구를 정확하게 파악하여 재설계단계로 전달하는 것임을 감안할 때, 사용자의 부정확하고 성의없는 답변은 새롭게 설계될 비즈니스프로세스의 품질에 결정적으로 부정적인 영향을 미치게 되며, 결국에는 운영자들로부터 외면당하는 결과를 초래할 것이기 때문에, 설문조사방식을 사용하는 것은 가능하면 자제하는 것이 바람직하다.

4) 업무관찰

프로세스 운영자들이 어떻게 업무를 처리하고 있는지? 그들의 문제가 무엇인지? 또 그들이 요구하는 것이 무엇인지? 가장 정확하게 파악할 수 있는 방법 중에 하나는 운영자들이 업무를 처리하는 과정을 실제로 보고 현재의 상황과 문제점 그리고 해결방법을 논의하는 업무관찰을 통한 방법이다.

회의나 인터뷰 또는 설문조사를 통한 방법은 운영자들이 처리하는 업무를 간접적으로 경험하는 것이기 때문에, 분석가의 경험과 노하우 그리고 운영자보다 정확하지는 않지만, 분석가가 가지는 업무지식을 이용하여 직접 보고 느끼며 체험하는 과정을 거쳐 문제점을 분석하고 해결방법을 운영자와 함께 논의하는 업무 관찰방법은 현실적으로 가장 보편적으로 사용되는 방법이다.

5) 프로토타이핑

운영자의 요구는 복잡하고 다양할 뿐만 아니라, 운영자들 스스로도 그들의 요구를 일목요연하게 정리하는 것은 쉽지 않다. 따라서 회의나 인터뷰 또는 설문조사와 같은 일회적인 접촉을 통해서 프로세스의 문제점이나 운영자의 요구를 정확하게 파악할 수는 없는 것이다. 또한 운영자의 요구는 수시로 변하며, 새로운 요구들이 생겨나기 때문에, 운영자의 모든 요구를 충족시키는 효과적이고 효율적인 비즈니스프로세스를 설계하기는 더욱 쉽지 않다. 이러한 문제를 해결하기 위해서 다양하고 복잡하며, 수시로 변하는 운영자의 요구를 운영자와의 일회적인 접촉을 통해서 일괄적으로 파악하기 보다는 우선 일차적으로 파악된 운영자의 기초적인 요구사항을 정리하여 이를 운영자들에게 검증 받고 새로이 추가되거나 변경되는 요구사항들을 점차적으로 분석하여 새로운 비즈니스프로세스에 반영하며, 이러한 과정을 반복하여 프로세스에 대한 문제점들과 실제 운영자들의 요구사항들을 파악하는 방법이다.

이러한 프로토타이핑 방법은 분석의 작업이 재설계 단계로 넘어가기 전에 모든 문제점들과 요구사항들이 완벽하고 정확하게 그리고 일관성 있게 마무리된다는 것을 전제로 한다. 다양하고 복잡하고 수시로 변하는 요구를 일회적인 작업을 통해 마무리한다는 것이 현실적으로 어렵기 때문에, 분석작업을 반복적으로 수행하여 요구의 변화를 수용하여 보다 더 정확하게 파악하기 위해서 유용하지만, 이 방법은 비즈니스프로세스 분석과 재설계 작업이 동시에 병행해서 진행되는 것이기 때문에, 업무기능만을 분석대상으로 하는 것이 아니라면 현실적으로는 활용하기에 무리가 있으며, 회의, 인터뷰, 설문조사 또는 업무관찰 방법의 대안 내지는 상호보완적인 방법으로 평가할 수 있다.

2. 비즈니스프로세스 분석의 세부 절차

비즈니스프로세스 분석단계의 목적은, 현재의 비즈니스프로세스를 정확하게 이해하려는데 있다. "비즈니스프로세스를 이해한다"는 말의 의미는, 현재의 비즈니스프로세스가 실제로 어떻게 운영되고 있는지? 어떤 문제가 있는지? 문제가 있다면, 문제가 있다는 사실을 판단하는 근거(평가기준)는 무엇인지? 등을 포함한다. 즉, 비즈니스프로세스를 이해한다는 의미는 구체적인 상황이나 조건부 상태의 모습(as-if 또는 should be)이 아니라, 현재의 있는 모습 그대로(as-is) 이해하는 것을 의미한다. 또한 중요한 것은 현재의 비즈니스프로세스의 구체적인 내용들을 파악하려는 것이 아니라, 비즈니스프로세스를 명확하게 이해하고 문서화하는 것으로 충분하다. 이는 비즈니스프로세스의 구체적인 모습을 이해할 필요가 없다는 것을 의미하는 것이 아니라, 지나치게 구체적인 수준까지를 요구하지 않는다는 것이다.

비즈니스프로세스 분석단계에서 산출되는 결과물들은 주로 비즈니스프로세스 모델과 관련된 내용들로 다음과 같은 것들이 있다.

[비즈니스프로세스 분석작업의 결과물]

① 현재의 비즈니스프로세스 모델
- 기업조직 관계도
- 비즈니스 관계도
- 종단간 비즈니스프로세스 리스트
- 종단간 비즈니스프로세스 모델
- 개별 비즈니스프로세스 상세모델

② 비즈니스프로세스 재설계 단계의 작업을 하는데 작업의 우선순위를 정할 수 있을 정도의 비즈니스프로세스 평가기준
- (종단간) 비즈니스프로세스 레벨
- 활동레벨
- 관리레벨

③ 비즈니스프로세스 재설계 우선순위

④ 최종 분석보고서

이러한 분석결과들을 도출하기 위한 세부작업 절차는 [그림 7-4]와 같다.

그림 7-4 비즈니스프로세스 분석단계의 세부절차

2.1 구성원 및 프로젝트 팀 간의 의사소통

비즈니스프로세스관리 프로젝트의 다른 단계에서와 마찬가지로 **비즈니스프로세스 분석**단계에서도 프로젝트 팀 구성원 사이의 긴밀한 의사소통은 물론 프로젝트 팀 구성원들과 프로젝트에 직접 참여하지는 않지만 비즈니스프로세스와 관련된 많은 이해관계자 사이의 의사소통은 매우 중요하다. 따라서 비즈니스프로세스 분석작업의 전 과정을 통해서 도출되는 모든 내용들과, 중요한 의사결정 사항들은 긴밀한 협조와 정보공유가 이루어져야 한다. 이는 프로젝트에 참여하는 사람들에게는 자신의 업무가 다음 단계의 어떤 단계로 이어지는지? 언제 어떤 작업에 어떤 방식으로 참여하게 되는지? 등을 공지하는 성격이 되기도 하지만, 성공적인 프로젝트 수행을 위해서는 프로젝트 팀 외부영역으로부터의 적극적인 지원이 필요하기 때문에, 프로젝트 팀 외부의 이해관계자들에게도 그들의 작업 진행과정과 내용에 대해서 충분한 의사소통이 있어야 할 것이다.

상호의사소통을 통해서 공유해야 할 내용은 계획수립 단계에서 최종 확정한 프로젝트의 목표와 범위의 상세한 프로젝트 계획 등과, 프로젝트 범위가 조정되거나 계획이 수정되는 등의 내용들이 포함된다.

2.2 프로젝트 범위 리뷰

프로젝트 범위는 이미 **프로젝트 계획수립** 단계의 워크샵을 통해서 결정되었으며, 모든 프로젝트 팀 구성원들과 프로젝트 이해관계자들에게 공지된 사실이다. 그러나 비즈니스프로세스 분석을 위한 워크샵을 개최하기 이전에 다시 한번 점검하는 단계를 거친다. 프로젝트 범위를 다시 한번 점검하는 이유는 다음과 같다.

① **비즈니스프로세스 재설계** 단계에서 기존의 비즈니스프로세스를 더욱 효과적인 프로세스로 재설계하기 위해서 어떤 종단간 비즈니스프로세스가 포함되어야 하며, 또 이들 종단간 비즈니스프로세스들이 어떻게 운영되고 있는지를 이해하기 위해서이다.

② 프로젝트 범위에 속하는 비즈니스프로세스와 프로젝트 범위에 속하지 않는 비즈니스프로세스를 구분하고, 프로젝트 범위에 속하지 않는 비즈니스프로세스라 하더라도 프로세스의 통합을 통해서 관련된 이해관계자들의 비즈니스프로세스에 영향을 미칠 수 있다는 당위성을 인식시킬 필요가 있기 때문이다.

③ 프로젝트 범위 내의 종단간 비즈니스프로세스를 명확하게 구분하여 이들 사이의 중복이나 단절의 문제를 최소화함으로써 프로젝트가 가장 합리적으로 수행될 수 있도록 하기 위함이다.

즉, 프로젝트 범위를 점검하는 궁극적인 목적은 프로젝트 범위 자체를 확정하려는 것이 아니라, 프로젝트 범위를 확인함으로써 프로젝트 범위 내의 대상 비즈니스프로세스를 명확하게 구분하기 위함이라 할 수 있다.

2.3 프로세스 이해를 위한 워크샵

비즈니스프로세스 분석 단계에서 수행되는 가장 중요한 작업 중에 하나는 프로젝트 범위 내의 모든 종단간 비즈니스프로세스와, 이에 속하는 개별 비즈니스프로세스를 정확하게 이해하기 위해서 추상적인 비즈니스프로세스를 구체화하는 작업이다. 이와같은 추상적인 비즈니스프로세스를 구체화하는 작업을 프로세스 모델링이라 하는데, 이는 추상적인 비즈니스프로세스를 단순하게 그림으로 표현하는 것이 아니라, 비즈니스프로세스에 포함되는 모든 업무처리 기능 자체는 물론 개별기능(활동)마다 소요되는 시간과 비용들까지 표현해야 하기 때문에 많은 시간이 소요될 뿐만 아니라, 비즈니스프로세스 실제 운영자들이 모델링 작업에 참여해야 하기 때문에 거센 저항에 부딪치기도 한다. 이러한 저항에 부딪칠 때마다 비즈니스프로세스 분석작업이 필수적이라는 사실을 인식시켜야 한다. 프로세스 이해를 위한 워크샵을 실시하는 이유는 바로 이러한 저항 세력에 대한 근거자료를 제공하는 것은 물론, 프로세스를 모델링하면서 직면하게 될 많은 저항과 어려움을 극복함으로써 프로세스를 정확하게 이해하기 위해서이다. 프로세스를 이해하기 위한 워크샵에서는 다음과 같은 이유에서 프로세스를 정확하게 이해해야 한다는 전제로부터 출발한다.

- 현재의 비즈니스프로세스에 대한 사실적인 자료 수집
- 재설계 가능하거나 재설계할 필요가 있는 대상 비즈니스프로세스 추출
- 재설계 정도 결정 (소규모의 변화, 효율성 제고를 위한 재설계, 효과증대를 위한 전면적인 프로세스 혁신)
- 비즈니스프로세스 사이의 상호작용과 다른 비즈니스프로세스 사이의 영향관계 이해
- 현재의 비즈니스프로세스를 운영하는데 활용되고 있는 기존의 시스템과 애플리케이션 이해
- 이어지는 비즈니스프로세스 재설계 단계에서의 비즈니스프로세스 구현전략을 위한 사전정보 수집

프로세스를 이해하기 위한 워크샵을 시작하기 전에 위와 같은 이유들로 인해서 프로세스 모델링 작업이 필수적이며 전체 프로젝트를 성공적으로 수행하는데 중요한 사실을 인

식하는 것이 매우 중요하다. 그러나 프로세스를 이해하기 위한 워크샵에서는 모든 비즈니스프로세스를 정확하고 구체적으로 이해하려는 것이 아니라, 대상 비즈니스프로세스에 대해서 소규모의 변화가 필요한지? 효율성 제고를 위해서 재설계가 필요한지? 또는 효과 증대를 위한 전면적인 프로세스 혁신이 필요한지를 구분하고 이에 따라서 적절한 수준에서 프로세스를 이해하는 것으로 충분하다.

이를 위해서 모든 비즈니스프로세스를 대상으로 하되, 다음과 같은 관점에서 프로세스를 이해하는 것이 필요하다.

- 대상 비즈니스프로세스가 원래의 프로세스 목표를 달성하고 있는가?
- 대상 비즈니스프로세스가 비즈니스 요구사항들을 충족시키고 있는가?
- 대상 비즈니스프로세스가 기업이 추구하는 목표를 달성하는데 얼마나 중요한가?

2.4 비즈니스프로세스 분석

비즈니스프로세스 분석은 프로젝트 대상영역 내의 종단간 비즈니스프로세스와 이에 속하는 개별 프로세스들을 이해하는 과정으로 비즈니스프로세스를 분석하기 위해서는 **프로세스 아키텍처** 단계에서의 프로세스 모델링을 위해서 활용되는 도구와 기법, 모델링 가이드라인에 해당되는 프로세스 아키텍처가 전제되어 있어야 한다. 또한 **프로젝트 계획 수립** 단계로부터는 다음과 같은 내용들이 기본자료로 활용된다.

- 프로젝트에 관련되어 있거나 직접 참여하는 이해관계자 리스트
- 프로젝트에 관련되어 있거나 직접 참여하는 이해관계자들의 관점과 요구사항
- 프로세스 선별 매트릭스
- 프로세스 목표
- 우선 분석대상 프로세스리스트
- 프로젝트 관리 요소
  - · 프로젝트 팀
  - · 프로젝트 범위
  - · 프로젝트 계획서 (분석단계에서 수행되어야 할 내용)

· 일정계획
· 문서화 계획
- 잠재적인 프로젝트 효과 및 비즈니스프로세스 구현전략

이와같은 초기정보들에 근거하여 비즈니스프로세스 분석작업은 다음과 같은 과정으로 진행된다.

① 조직관계도 작성
② 비즈니스프로세스 관계도 작성
③ 종단간 비즈니스프로세스와 개별프로세스 리스트 작성
④ 종단간 비즈니스프로세스 모델 작성
⑤ 개별프로세스 상세 모델 작성

1) 조직관계도 작성

조직관계도(organizational relationship map)는 기업 내부의 주체인 조직단위들과, 외부의 주체인 비즈니스 파트너, 고객, 공급업체, 기반구조 등과의 관계를 설명하는 일종의 조직 배경도이며, 이를 통해서 기업 내부의 업무흐름뿐만 아니라, 외부와의 업무협조와 업무흐름을 이해할 수 있다. 조직관계도를 통해서 구체적인 부가가치 흐름은 파악할 수

그림 7-5 조직관계도의 예(제조기업)

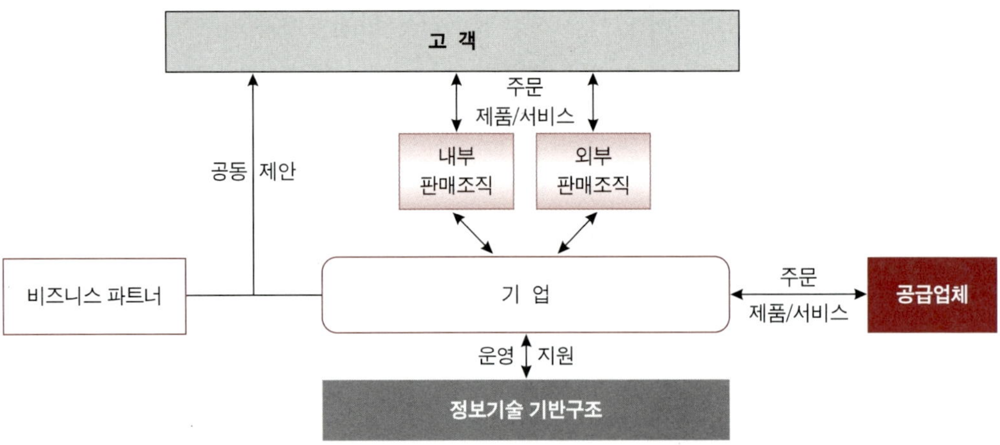

없으며, 따라서 프로젝트 대상영역을 확인할 수도 없다. 그러나 비즈니스프로세스를 분석하기 전에 조직배경도를 작성하는 이유는, 가장 거시적인 관점에서 기업의 부가가치 창출에 관여된 주체들을 도출하고, 이들 주체들 사이에 어떤 관계가 있으며, 구체적이지는 않지만 기업의 부가가치 창출 배경을 이해하려는데 있다. [그림 7-5]는 제조기업에서의 조직관계도의 예를 보인 것이다.

[그림 7-5]의 조직관계도에서 보는 바와 같이, 기업은 공급업체에 서비스를 요청하거나 필요한 부품이나 원자재들을 주문하고 납품 받아 제품을 생산하게 된다. 비즈니스 파트너와 공동으로 제품을 생산하는 경우 기업과 비즈니스 파트너가 공동으로 고객에게 제품을 판매하기도 한다. 고객은 기업 내부의 판매조직과 외부의 위탁 판매조직을 통해서 주문을 하고 제품과 서비스를 제공받는다.

2) 비즈니스프로세스 관계도 작성

비즈니스프로세스 관계도는 조직관계도에서 표시한 기업 내부와, 부분적으로 외부와 연결된 모든 종단간 비즈니스프로세스들을 포함하고 있는 전체 비즈니스프로세스 개요에 해당되는 모델이다. 비즈니스프로세스 관계도를 통해서도 아직은 구체적인 부가가치 창출 흐름을 인식할 수는 없지만, 기업의 부가가치를 창출하는 핵심 비즈니스프로세스가 무엇이며, 이를 지원하기 위한 지원프로세스가 무엇인지를 확인할 수가 있다. 따라서 비즈니스프로세스 관계도를 작성하는 근본적인 목적은 이를 통해서 프로젝트 대상이 되는 종단간 비즈니스프로세스 리스트를 작성하기 위해서이다. [그림 7-6]은 앞에서 작성한 조직관계도를 바탕으로 기업 내부의 비즈니스프로세스 관계도를 작성한 것이다.

이와같은 비즈니스프로세스 관계도는 다음과 같은 부가적인 정보를 제공하기 때문에, 분석해야 할 직접적인 대상은 아니지만, 비즈니스프로세스를 분석하기 전에 작성하는 것이 좋다.

- 비즈니스프로세스 사이의 연관관계에 대한 정보를 제공한다.
- 최고 경영자에게 프로젝트 대상 프로세스가 부가가치 창출에 얼마나 기여하는지? 기업의 목표를 달성하는데 얼마나 중요한지? 등을 설명하여 프로젝트 지원을 이끌어 낼 수 있다.
- 비즈니스프로세스 관계도의 배경인 기능지향적 사고에서 프로세스 지향적 사고로 전

그림 7-6 비즈니스프로세스 관계도의 예

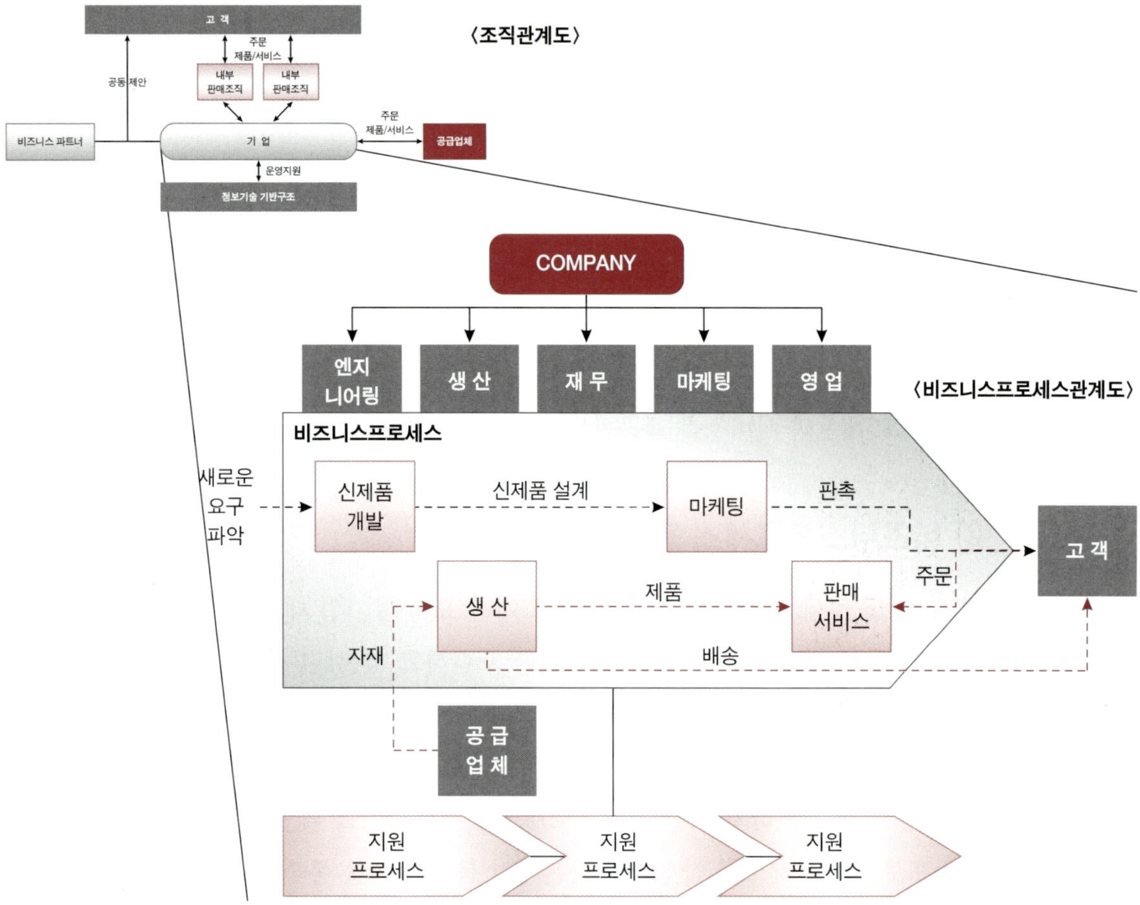

환하는 계기를 마련할 수가 있다.

3) 종단간 비즈니스프로세스 및 개별프로세스 리스트 작성

종단간 비즈니스프로세스 리스트 작성단계는, 조직관계도로부터 비즈니스프로세스 관계도를 작성하고 나면 프로젝트 대상 범위가 구체적으로 드러나는데, 이에 속하는 모든 종단간 비즈니스프로세스 리스트를 작성하는 단계이다. 이를 통해서 분석대상 프로세스가 무엇인지?가 구체화된다.

그림 7-7 종단간 비즈니스프로세스 및 개별프로세스 리스트 작성 예

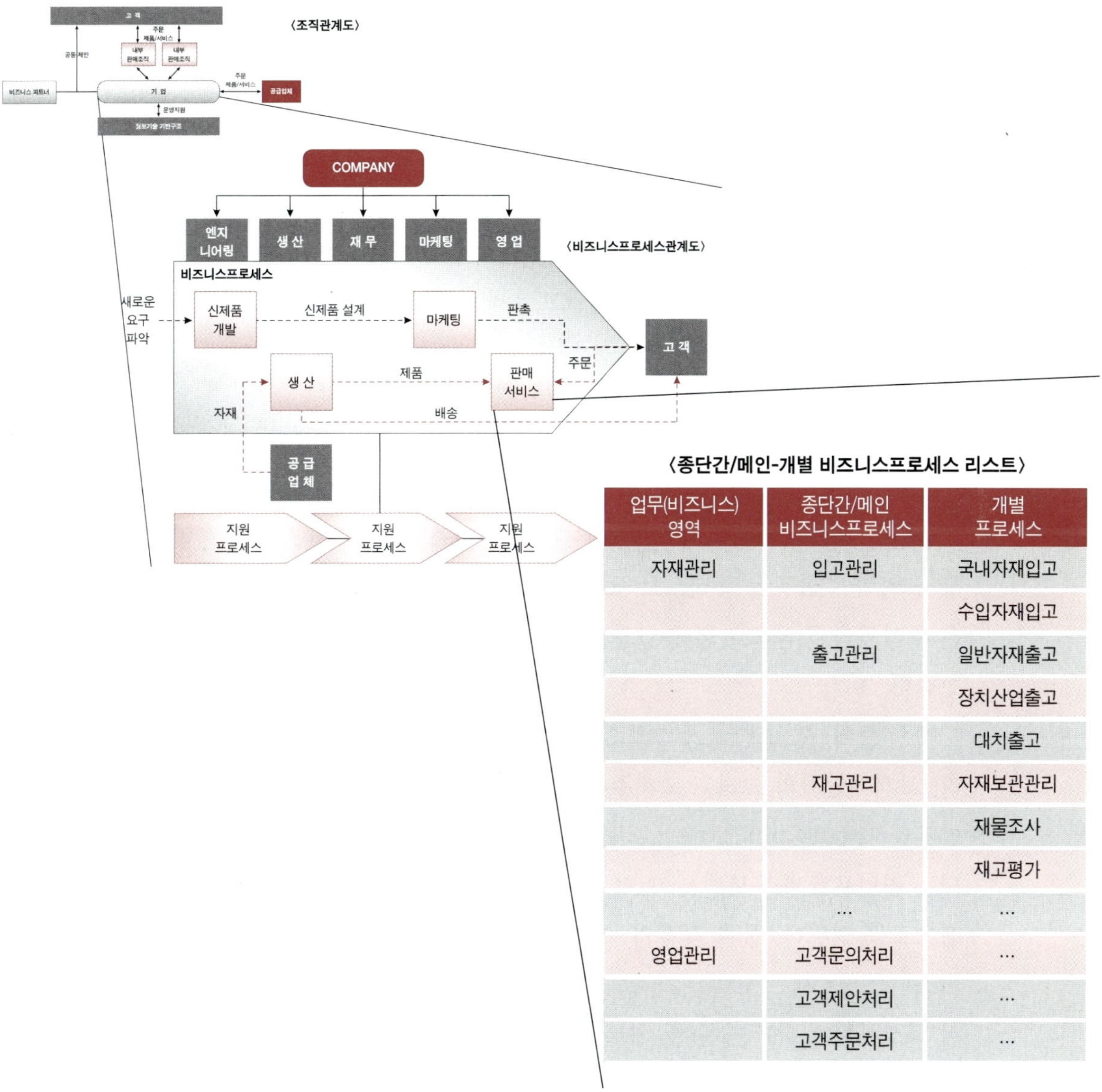

〈종단간/메인-개별 비즈니스프로세스 리스트〉

업무(비즈니스) 영역	종단간/메인 비즈니스프로세스	개별 프로세스
자재관리	입고관리	국내자재입고
		수입자재입고
	출고관리	일반자재출고
		장치산업출고
		대치출고
	재고관리	자재보관관리
		재물조사
		재고평가
	…	…
영업관리	고객문의처리	…
	고객제안처리	…
	고객주문처리	…

종단간 비즈니스프로세스 리스트를 도출하는 방법은 앞장에서 설명한 프로세스 선별 매트릭스를 이용하여 동일한 종단간 비즈니스프로세스라 하더라도 다양한 시나리오와 프로젝트 접근방법의 상황에 따라서 서로 구별되는 종단간 비즈니스프로세스 리스트가 작성된다.

예를 들어, 자재관리 영역의 종단간 비즈니스프로세스는 입고관리프로세스, 출고관리프로세스, 재고관리프로세스, 마감관리프로세스, 관세환급프로세스 등으로 구성되어 있으며, 입고관리프로세스는 국내자재 또는 수입자재이냐에 따라서 다시 국내자재 입고관리프로세스와 수입자재 입고관리프로세스로 구분된다.

이와같은 업무성격이나 상황을 고려하여 업무 영역별로 종단간 비즈니스프로세스를 도출하여 리스트를 작성하고, 프로세스 선별 매트릭스에 의해서 상황이나 시나리오 등을 고려하여 세부 종단간 비즈니스프로세스를 구분하여 상세 리스트를 작성한다. 이와 같이 작성되고 상세화된 종단간 비즈니스프로세스에 속하는 개별프로세스 리스트를 동시에 작성한다.

4) 종단간 비즈니스프로세스 모델 작성

종단간 비즈니스프로세스 모델은 종단간 비즈니스프로세스를 수행하는데 필요한 가장 상위의 주활동을 중심으로 표시한 모델이다. 따라서 종단간 비즈니스프로세스 모델은 주활동을 중심으로 한 종단간 비즈니스프로세스들을 개괄적으로 이해하기 위해서 작성한다.

예를 들어, 영업관리 영역에 속하는 대표적인 종단간 비즈니스프로세스는 **고객문의처리**, **고객제안처리** 그리고 **고객주문처리**라고 가정해 보자(물론 영업프로세스는 영업관리 영역에 속하는 종단간 비즈니스프로세스의 한 예에 해당된다.) 종단간 비즈니스프로세스에 해당되는 영업프로세스 모델은 세 가지 주활동(고객문의처리, 고객제안처리, 고객주문처리)을 중심으로 작성된다. 물론 각각의 주활동에는 많은 세부활동들이 포함되어 있지만, 종단간 비즈니스프로세스 모델은 각각의 종단간 비즈니스프로세스를 개괄적으로 이해하기 위해서 작성하는 것이기 때문에, 세부적인 활동들까지 표시할 필요가 없다. 그러나 종단간 비즈니스프로세스 모델은 단순하게 주활동들을 연속된 흐름으로 나열하는 것이 아니라, 종단간 비즈니스프로세스를 정확하게 이해하기 위해서는 주활동을 중심으로 모델을 작성하되, 어떠한 경우에 주활동들이 수행되며, 주활동 수행 후 어떤 결과가 도출되는지를 중심으로 모델을 작성해야 한다.

영업프로세스의 경우, 첫번째 주활동인 고객문의 처리는 구체적인 고객의 문의가 접수되거나, 영업 팀의 자체적인 판단에 의해서 **고객문의 처리가** 필요하다고 판단되면 고객문의 처리활동을 개시한다. 이 활동의 주체는 영업 팀이며, 이 활동을 위해서 필요한 각종 영업데이터가 필요할 것이다. 고객문의 처리작업의 결과 고객문의가 취소되는 경우도 있을 수 있으며, 구체적인 제안서를 작성하여 이를 고객에게 제안할 필요도 있을 것이다. 제안서를 작성하여 고객에게 제안할 필요가 있는 경우 **고객제안 처리** 활동이 개시될 수 있다. 고객제안 처리 활동은 제안처리 팀에서 담당하며, 고객제안 처리작업의 결과는 고객에게 제안하는 것이 불가능한 경우와 가능한 경우 둘 중에 한 가지일 것이다. 제안이 가능

그림 7-8 종단간 비즈니스프로세스 모델의 예(영업프로세스)

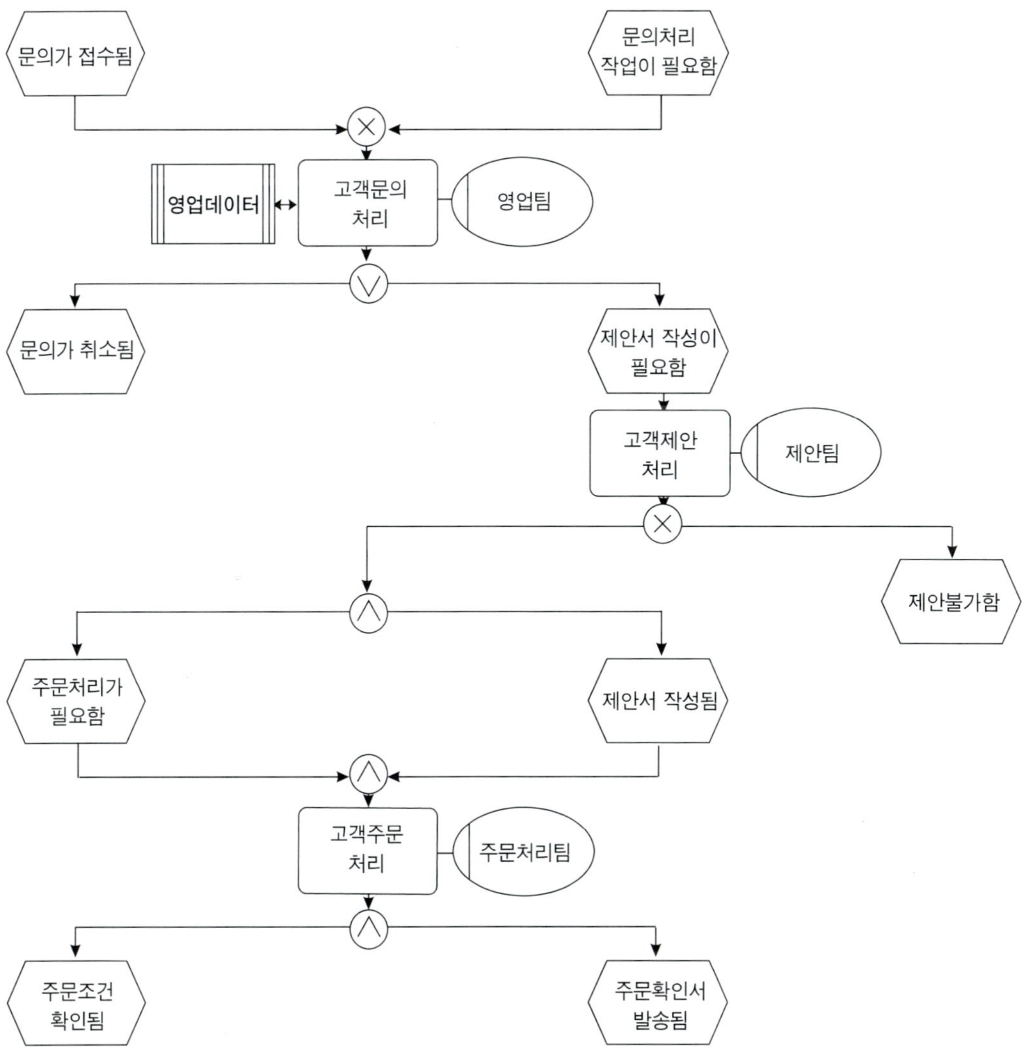

하다면, 고객제안 처리작업결과를 근거로 주문서가 작성되고 동시에 주문으로 **고객주문 처리** 활동을 시작한다. 고객주문 처리작업은 주문처리 팀에서 담당하며 고객주문 처리작업의 결과는 주문조건을 확인함과 동시에 주문서가 작성되어 고객에게 발송된다.

[그림 7-8]은 영업관리 영역의 대표적인 종단간 비즈니스프로세스인 영업프로세스를 모델로 작성한 예이다. 모델링 방법은 **프로세스 아키텍처** 단계에서 소개한 통합프로세스 모델링 아키텍처인 ARIS(architecture of integrated systems)를 이용한 것이다.

5) 개별 프로세스 상세 모델 작성

종단간 비즈니스프로세스는 주활동 중심의 프로세스 흐름만을 나타내는 것이기 때문에, 주활동이 구체적으로 어떻게 수행되는지를 알 수가 없다. 예를 들어, 영업프로세스에 속하는 주활동 중에 하나인 고객문의 처리작업은 고객의 문의가 접수되거나 자체 판단에 의해서 고객문의 처리가 필요하다고 판단되면 고객문의 처리작업이 시작되고, 이 작업의 주체는 영업 팀이며, 영업데이터가 필요하다는 것과, 작업결과 고객제안 처리작업으로 이어지거나 문의가 취소되는 경우가 발생될 수도 있다는 것 이외에는 고객문의 처리작업이 어떻게 수행되는지에 대해서는 전혀 알 수가 없다. 그럼에도 불구하고 종단간 비즈니스프로세스 모델을 작성하는 이유는 프로세스의 개괄적인 이해를 위한 것이며, 이러한 종단간 비즈니스프로세스 모델을 통해서는 어떠한 작업도 할 수가 없다.

예를 들어, 영업프로세스가 기업이 추구하는 목표를 달성하는데 비효과적이며 비효율적으로 운영되고 있다는 자체 분석결과 영업프로세스의 효과성과 효율성을 높이기 위해서 비즈니스프로세스관리 프로젝트가 진행되고 있다고 가정해 보자. BPMLC 프레임워크의 **비즈니스프로세스 재설계** 단계에서 이를 부분적으로 수정하거나 전면적인 재설계 작업을 시도할 것이다. 이러한 작업 이전에 수행되는 **비즈니스프로세스 분석**단계에서 부분수정이나 전면 재설계를 위해서 **어느 프로세스의 어떤 부분이 왜 문제이며 해결방법은 무엇인가?** 고민할 것이다.

이러한 작업을 위해서 조직관계도 → 비즈니스관계도 → 종단간 비즈니스프로세스 및 개별 프로세스 리스트 작성 → 종단간 비즈니스프로세스 모델을 작성하게 되는데, 위의 영업프로세스 모델은 영업관리 영역의 종단간 비즈니스프로세스에 해당되는 모델이다. 그러나 이와같은 종단간 비즈니스프로세스 모델을 통해서는 어떤 부분이 왜 문제이며, 해결방법은 무엇인지 전혀 알 수가 없다. 이유는 종단간 비즈니스프로세스에는 주활동들이 내포하고 있는 구체적인 세부활동이 표시되지 않았기 때문이다. 예를 들어, 영업프로세스의 주활동 중에 고객문의처리와, 고객제안처리나 고객주문처리 과정을 부분 수정하거나 전면적인 재설계를 했다고 하더라도 이러한 작업이 전혀 불필요하다는 판단 하에 삭제하는 경우가 아니라면 수정이나 전면적인 재설계 후에도 고객문의처리, 고객제안처리, 고객주문처리 주활동은 여전히 존재할 것이기 때문에, 재설계 전과 재설계 후의 영업프로세스 모델의 모습은 전혀 변하지 않을 것이다. 개별 프로세스 모델을 작성하는 이유는 바로 종단간 비즈니스프로세스에 포함된 세부활동을 이해하고 이를 분석하기 위한 기본자료를 추출하기 위함이다. 개별 프로세스 모델을 작성하는 방법은 종단간 비즈니스프로세스 모델을 작성하는 방법과 동일하다. 통합프로세스 아키텍처인 ARIS 방법론을 이용하여 개별 프로세스 모델을 작성해 보기로 하겠다. 예를 들어, 영업프로세스에 속하는 고객문의 처리작업을 다음과 같이 가정하면, 고객문의처리 프로세스 모델은 [그림 7-9]와 같이 작성된다.

[고객문의 처리작업]

고객문의가 접수되면, 영업담당 직원이 이를 확인하고 고객이 문의한 제품을 확인한 후, 해당 제품에 대한 가격/세금 등을 결정하며, 기타 문의 조건 등을 확인하여 배송가능한지 검토한다. 만일 배송 가능하다면 고객문의서를 작성하고, 이어서 고객의 문의가 제안이나 주문으로 이어질 가능성에 대해서 검토한다. 가능성이 있다고 판단되면 고객제안처리업무로 이관한다.

2.5 비즈니스프로세스 평가

종단간 비즈니스프로세스에 속하는 개별 비즈니스프로세스 상세모델을 작성하는 목적은, 종단간 비즈니스프로세스 단위와 개별 프로세스 단위 혹은 개별활동 단위별로 분석하여 기업이 추구하는 목표를 달성하는데 어떤 부분이 왜 문제이며, 문제가 얼마나 심각한 수준인지 즉, 프로세스가 조직에 미치는 영향 정도를 분석하고 재설계를 마친 후 재설계 전과 재설계 후의 프로세스를 비교, 분석하기 위해서 활용할 기본 데이터를 추출하는데

그림 7-9 개별 프로세스 모델의 작성 예 (영업프로세스〉〉고객문의처리 프로세스 모델)

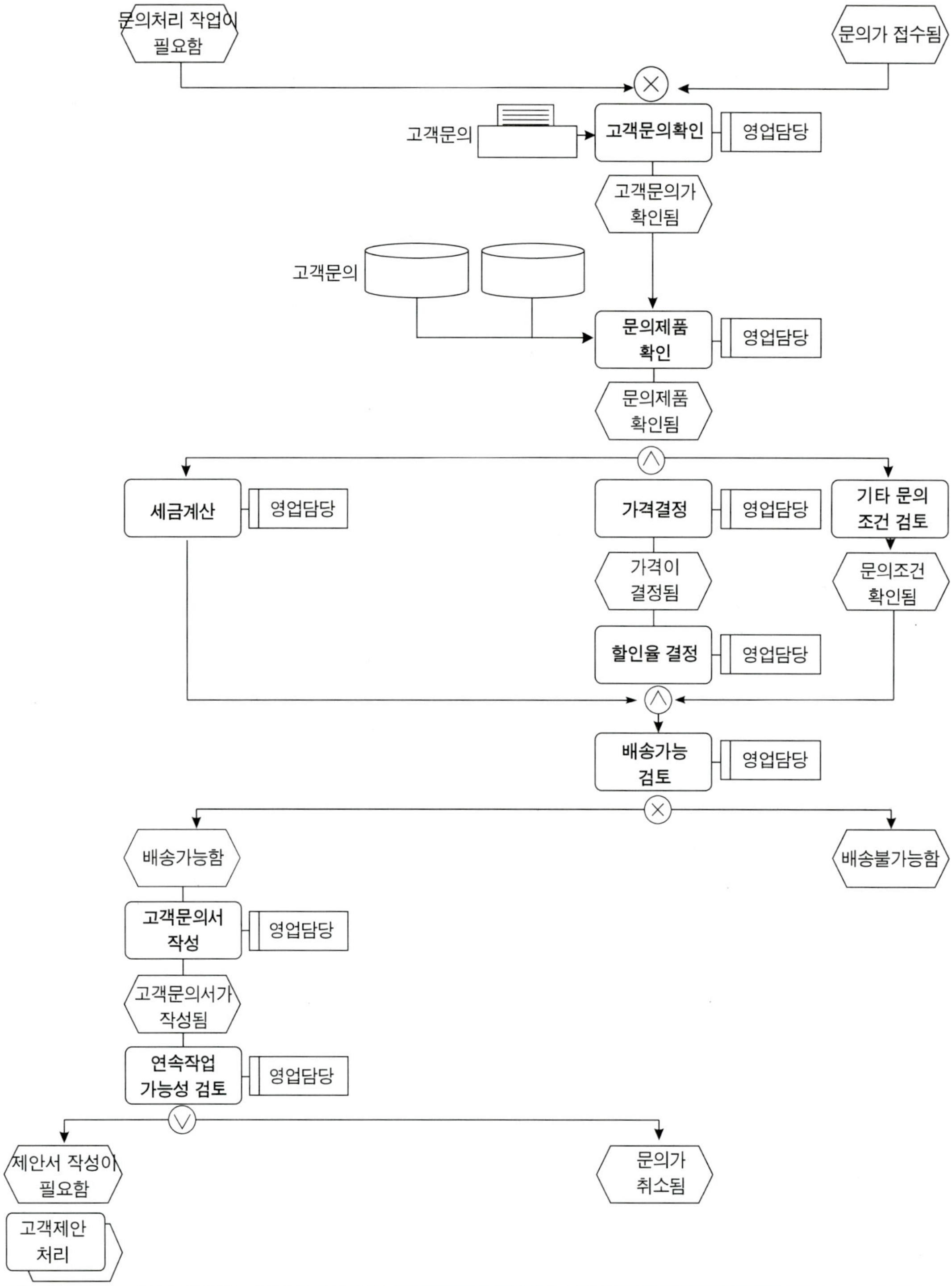

있다. 따라서 개별 비즈니스프로세스 모델을 작성하는 수준에서는 단순한 모델링 작업에 그쳐서는 안되며, 세부활동 단위별 구체적인 평가기준이 필요하다. 이러한 세부활동 단위별 구체적인 평가기준은 **비즈니스프로세스 재설계** 단계의 작업을 통해서 새롭게 설계한 비즈니스프로세스와 기존의 비즈니스프로세스를 비교, 분석하기 위한 기초자료를 수집하는데 활용되기도 하며, 다른 한편으로는 **비즈니스프로세스 재설계** 단계의 작업을 수행하는데 있어서 기업이 추구하는 목표에 미치는 영향 정도 즉, 문제의 심각성 정도에 따라서 작업의 우선순위를 정하기 위한 의미도 포함되어 있다.

1) 비즈니스프로세스 평가기준

일반적으로 비즈니스프로세스에 대한 평가는 기업이 추구하는 목표에 기여하는 정도에 따른 효과성과, 비즈니스프로세스 자체의 효율성을 중심으로 이루어지며, 대표적인 평가방법은 비용 대비 효과분석(cost-benefits analysis)이다. 여기에서 효과성은 비즈니스프로세스가 기업이 추구하는 목표에 기여하는 정도를 의미하기 때문에, 기업이 추구하는 목표와 연계하여 평가 가능하며, 효율성은 비즈니스프로세스 자체의 비용 대비 효과를 의미하기 때문에, 비즈니스프로세스의 트랜잭션과 연계하여 평가 가능하다. 그러나 효과성에 대한 평가나 효율성에 대한 평가 모두 업무를 처리하는 과정을 설명하는 비즈니스프로세스를 대상으로 하는 것이기 때문에, 가장 기본적인 평가기준은 비즈니스프로세스 운영과 관련된 비용 즉, 트랜잭션 관련 비용(cost)과 시간(time)이라 할 수 있으며, 비용과 시간에 포함되는 세부항목들은 다음과 같다.

[비즈니스프로세스 운영 레벨의 평가기준]

① 시간(time)
- 대기시간(waiting time)
- 준비시간(orientation time)
- 처리시간(processing time)

② 비용(COST)
- 재료비(material cost)
- 인건비(personal cost)
- 기타 비용(other cost)

이와같은 평가기준을 통해서 전체 시간과 전체 비용, 활동기준 비용(activity-based cost)에 대한 분석자료를 추출할 수 있을 뿐만 아니라, 예를 들어 어디에서 병목현상이 발생하고 있는지? 비용 대비 활동이 비효율적으로 수행되고 있는 곳은 어디인지?를 파악할 수가 있다.

그러나 비즈니스프로세스를 효과성과 효율성을 포괄적으로 분석하고 평가하기 위해서는 이와같은 트랜잭션 관련 비용과 시간에 대한 평가도 필요하지만, 관리측면의 평가도 필요하기 때문에, 비즈니스프로세스를 정확하게 분석하기 위해서는 다음과 같은 다양한 평가기준이 필요하다.

[비즈니스프로세스관리 레벨의 평가기준]

① 비즈니스프로세스에 대한 고객만족도
② 비즈니스프로세스 효과성에 대한 정도
- 프로세스 수행을 위해서 필요한 자원의 활용 정도
- 프로세스의 변화에 대한 적응성 정도
- 고객을 유지하는 정도

③ 비즈니스프로세스의 생산성 추이
④ 비즈니스프로세스로부터 산출되는 보고서의 종류와 수
④ 비즈니스프로세스 담당자의 만족도
② 비즈니스프로세스 담당자의 이직과 전직

비즈니스프로세스 운영 레벨의 평가기준과 비즈니스프로세스관리 레벨의 평가기준들은 대부분 비즈니스프로세스 분석을 위한 워크샵에서 수집된 기본정보를 통해서 결정되는데, 경우에 따라서는 비즈니스프로세스 실제 운영 담당자나 관리자들과의 인터뷰를 통해서 기본정보를 수집하거나 다양한 설문이나 회의 또는 관리자에게 보고서 등을 통해서 수집된 정보가 최종 결정된다.

2) 비즈니스프로세스 활동별 평가데이터 입력

비즈니스프로세스 운영 및 관리 레벨의 평가기준들에 대한 기본적인 데이터를 파악한 후, 이어지는 작업은 이미 작성된 비즈니스프로세스 모델에 수집한 기본 데이터를 입력하

그림 7-10 활동별 속성(평가데이터) 입력 창

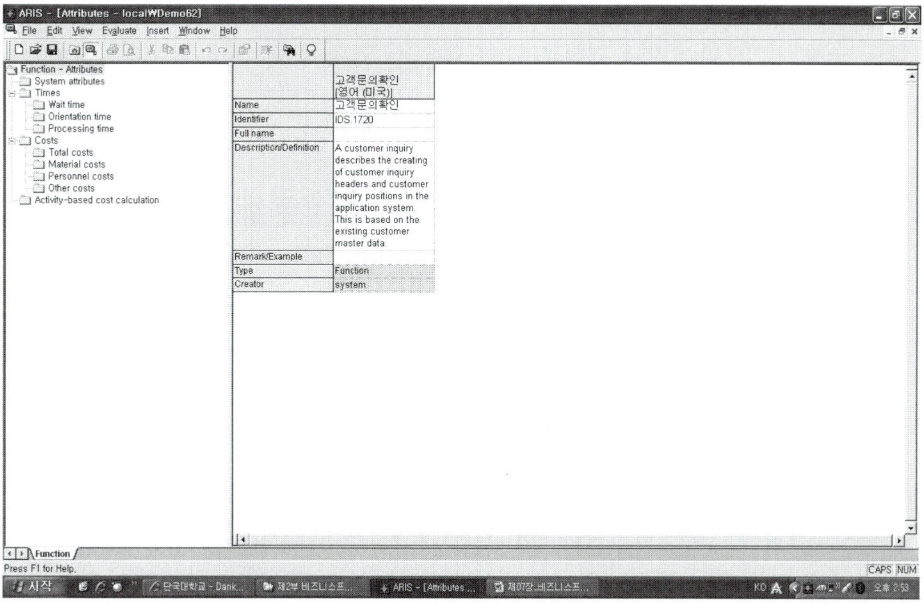

그림 7-11 개별활동별 속성(평가데이터) 실제 입력

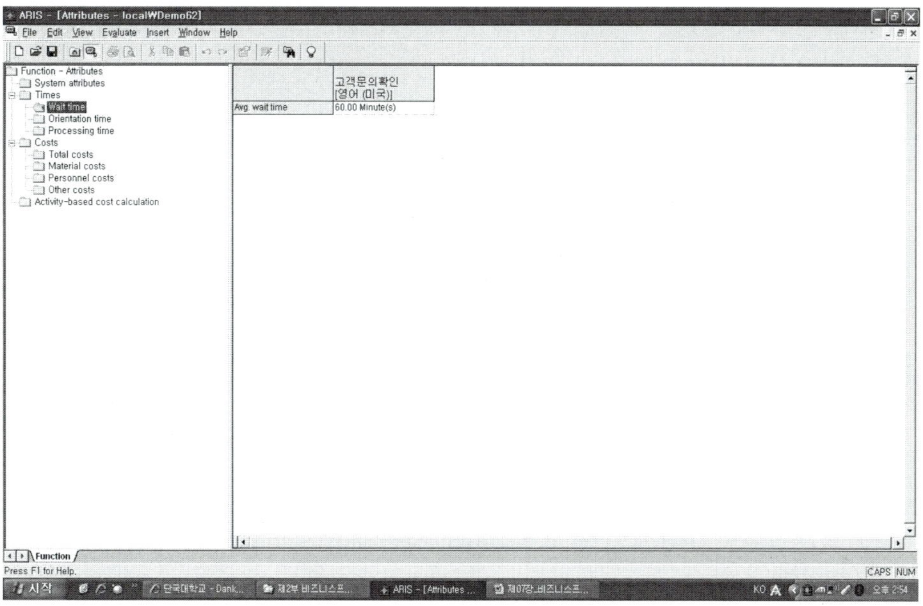

여 비즈니스프로세스를 보완하는 작업이다. 비즈니스프로세스 모델의 보완 작업은 활동 단위별로 비용과 시간 데이터를 입력하는 것을 의미하는데, 이러한 작업은 비즈니스프로세스 모델링 작업에 활용되는 도구에 따라서 입력 방법이 달라진다. 본 저서에서 소개하고 있는 비즈니스프로세스 모델링 도구인 ARIS Tool에 근거하여 활동별 시간과 비용 데이터를 입력하는 방법은 다음과 같다.

ARIS Tool에서 제공하는 비즈니스프로세스 모델링 방법론에 의해서 비즈니스프로세스 모델을 작성하는 과정에서 개별활동별로 활동의 속성을 입력하도록 되어 있는데, [그림 7-10]은 개별활동의 속성을 입력하는 입력창의 모습이며, [그림 7-11]은 ARIS Tool을 이용하여 개별활동별로 평가데이터를 입력하는 모습이다.

비즈니스프로세스 모델의 모든 활동들에 대한 평가데이터를 입력하고 나면 비즈니스프로세스 전체 세부활동에 대한 세부항목별 비용(시간과 비용)이 산정된다. 입력된 세부항목별 비용들에 기초하여 문제점을 분석하게 되고, 이는 우선순위를 결정하는 기준이 된다. 그러나 입력된 평가데이터는 **비즈니스프로세스 재설계** 단계에서 기존의 비즈니스프로세스(as-is)와 재설계된 비즈니스프로세스(to-be)를 비교하여 비즈니스프로세스의 효율성과 효과성을 검증하는 근거로 활용된다.

2.6 문제 원인 분석

1) 원인 분석

비즈니스프로세스의 세부활동별 평가데이터 입력 후 이어지는 **문제점 분석**단계에서는 비즈니스프로세스의 근본원인을 분석하는 작업이 수행된다. 비즈니스프로세스의 근본원인의 의미는 비즈니스프로세스의 비효과성 원인과 비효율성 원인이 무엇인지를 밝히는 것을 의미한다. 특히, 비즈니스프로세스관리 프로젝트의 목적은 기업이 추구하는 목표를 효과적으로 달성할 수 있는 효과적인 비즈니스프로세스를 구축하는 것이기 때문에, 비즈니스프로세스의 비효과성의 근본원인이 어디에 있는지를 찾는데 초점을 맞추어야 한다. 비즈니스프로세스에 대한 근본원인을 정확하게 밝혀내지 못한 상태에서는 그 어떠한 비즈니스프로세스 재설계 작업도 수행할 수가 없기 때문에, 핵심평가 데이터가 입력된 비즈니스프로세스 모델을 근거로 근본원인을 찾는 작업은 매우 중요하다.

그러나 비즈니스프로세스의 문제점을 분석하기 위한 정형화된 방법이 없을 뿐만 아니라, 기업환경과 상황마다 혹은 비즈니스프로세스의 종류와 성격에 따라 문제점을 분석하는 방법이 다르기 때문에 비즈니스프로세스의 문제점을 분석하기는 현실적으로 쉽지 않다. 가장 일반적으로 사용되는 방법은 비즈니스프로세스를 이해하기 위한 워크샵에서 다양한 문제점들을 도출하기도 하고, 경우에 따라서는 비즈니스프로세스를 일상적으로 운영하는 실제 담당자들과의 회의와 업무관찰 등을 통해서 문제점을 도출하기도 한다. 그러나 비즈니스프로세스의 근본문제점을 분석하는데 있어서 중요한 사실은 내부의 프로젝트 팀과 비즈니스프로세스 실제 운영자들의 경우에는 주로 효율성에 더 큰 관심을 갖기 때문에, 비즈니스프로세스의 효과성에 대한 문제점을 분석하기 위해서는 그 어떠한 경우라도 외부의 이해관계자들이 포함되어야 하며, 상향식과 하향식 접근방법을 통해서 다각적으로 접근해야 한다는 것이다.

문제의 원인을 밝히기 위한 회의나 업무관찰과 워크샵 등에서 비즈니스프로세스의 근본문제를 도출하기 위해서는 모든 대상 비즈니스프로세스를 다음과 같은 관점에서 바라보는 것이 필요하다.

- 비즈니스프로세스의 개별활동이 이해관계자의 요구에 부합되는가?
- 비즈니스프로세스의 개별활동이 기업이 추구하는 목표에 부합되는가?
- 비즈니스프로세스의 개별활동이 적정한 흐름으로 수행되고 있는가?
- 비즈니스프로세스의 개별활동들 사이의 단절이나 재작업 혹은 보충작업이 필요한가?
- 작업오류나 재작업이 요구되는 개별활동들이 있는가? 있다면 어떤 활동인가?
- 작업오류나 재작업이 요구되는 원인이 자체적인 원인인가? 아니면 이전 작업 혹은 입력 데이터로부터 야기된 것인가?
- 작업오류나 재작업이 요구되는 활동의 문제의 원인을 어떻게 제거할 수 있는가?
- 문제의 근본 원인이 비즈니스프로세스 실제운영자의 업무숙련도, 업무태만 혹은 요구되는 기술부족에서 야기되는가?
- 내부의 비즈니스프로세스 운영자의 숙련도나 기술수준에 맞는 비즈니스프로세스의 모습은 어떤 모습인가?

- 비즈니스프로세스를 효율적이고 효과적으로 운영하는데 기업의 지원은 충분한가?

2) 우선 순위 결정

비즈니스프로세스와 이에 속하는 개별활동 단위별로 근본문제를 파악한 결과는 다양한 비즈니스프로세스 및 개별활동들에서 다양한 원인들이 도출될 수 있다. 그러나 프로젝트의 목표와 프로젝트 비용 그리고 시간적 한계가 있기 때문에, 모든 도출된 원인들에 대해서 재설계 작업이 이루어지는 것은 아니며, 문제의 심각성과 문제해결 가능성 그리고 문제해결로 얻을 수 있는 프로젝트 효과성에 근거하여 재설계 작업의 우선순위가 결정된다. 우선순위를 결정하기 위한 요인들은 다음과 같다.

① 긴급한 정도(Urgency) : 기업이 추구하는 목표와의 부합정도를 고려하여 어느 정도 긴급하게 해결해야 할 문제인지를 결정하고 이를 근거로 우선순위를 결정한다.

② 효율성 정도(Efficiency) : 비즈니스프로세스 운영의 효율성은 기업이 추구하는 목표에 긍정적으로 작용하기 때문에, 비즈니스프로세스의 효율성 정도를 고려하여 우선순위를 결정한다.

③ 이해관계자의 관심도(Stakeholders'view) : 비즈니스프로세스를 운영하는 운영자 및 비즈니스프로세스에 직 · 간접적으로 관련된 이해관계자의 의견 또한 우선순위를 결정하는데 영향을 미치는 요인에 속한다.

④ 해결 가능성(Possibility) : 그러나 문제의 근본원인을 도출하는 목적은 이를 해결하여 효과적인 비즈니스프로세스로 재설계하기 위한 것이기 때문에, 문제의 심각성과 프로젝트 일정 및 비용계획과 기업의 상황 및 환경을 고려하여 어느정도 해결 가능성이 있는지를 고려하여 우선순위를 결정한다.

우선순위를 결정하는 데는 비즈니스프로세스 재설계 작업의 성격과 방향성에 대한 내용도 일부 포함될 수 있는데, 이는 문제점 분석과 우선순위를 통해서 언급될 수 있는 비즈니스프로세스 재설계 작업의 방향성은 다음과 같다.

① 현재의 비즈니스프로세스 유지
- 현재의 비즈니스프로세스 내주
- 현재의 비즈니스프로세스 외주

② 현재의 비즈니스프로세스 변화
- 현재의 비즈니스프로세스의 소규모 변화
- 다른 비즈니스프로세스와의 연계
- 현재의 비즈니스프로세스의 전면적인 재설계

③현재의 비즈니스프로세스 제거

3) 최종 비즈니스프로세스 분석 보고서

비즈니스프로세스 분석 단계에서 수행되는 모든 작업결과들은 최종보고서 형태로 작성되어 프로젝트 팀과 프로젝트 이해관계자들에게 공지하여야 하며, 최종보고서에 포함되어야 할 내용들은 〈표 7-1〉과 같다.

〈표 7-1〉 비즈니스프로세스 분석 최종보고서 샘플

1. 비즈니스프로세스 분석 단계의 목적
2. 워크샵과 비즈니스 분석 단계에서 도출된 프로세스 관련 핵심 이슈
3. 프로젝트 관련 핵심 이해관계자 리스트
4. 비즈니스프로세스 분석 단계의 핵심 도출 사항
   (1) 종단간 비즈니스프로세스 모델
   (2) 개별 비즈니스프로세스 모델 및 상세모델
   (3) 비즈니스프로세스 평가기준
   (4) 비즈니스프로세스 평가데이터가 입력된 최종모델
5. 비즈니스프로세스 재설계 우선순위

3. 비즈니스프로세스 분석단계의 결과물 활용

비즈니스프로세스 분석단계에서는 이어지는 비즈니스프로세스 재설계 단계의 작업 대상과 내용과 방법을 결정하기 위해서 종단간 비즈니스프로세스 리스트 및 이에 속하는 개별 비즈니스프로세스 모델을 작성하고, 프로세스들이 포함하고 있는 개별활동 단위별로

그림 7-12 비즈니스프로세스 분석 단계의 결과물 활용

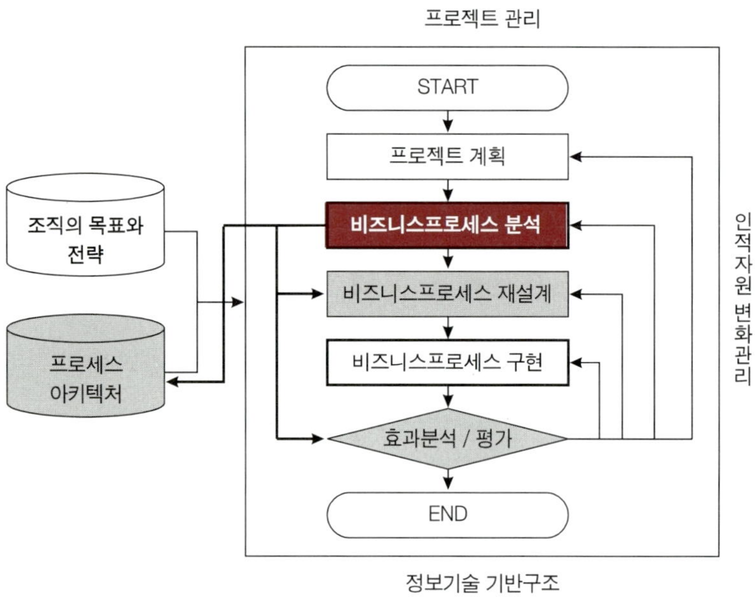

속성(평가데이터)을 입력하여 최종 비즈니스프로세스 모델을 완성하였다. **비즈니스프로세스 분석**단계의 최종 결과물들은 **비즈니스프로세스 재설계** 단계와 **비즈니스프로세스 평가**단계의 작업을 수행하는데 기초자료로 활용되며, 또한 비즈니스프로세스 모델링 과정에서 얻어진 지식은 프로세스 아키텍처의 모델링 가이드라인과 모델링 원칙을 수정하거나 변경하는데 활용될 수가 있다.

비즈니스프로세스 분석단계의 작업결과에 따라서 이어지는 **비즈니스프로세스 재설계** 및 **비즈니스프로세스 평가**단계의 작업의 실제 효용가치가 결정되기 때문에, 비즈니스프로세스를 분석하는 작업을 수행함에 있어서 다음과 같은 사항들을 주의해야 한다.

- 지나치게 정교한 비즈니스프로세스 모델 작성은 지양한다.
- 지나치게 상세한 비즈니스프로세스 평가기준은 도출하지 않는다.
- 모든 이해관계자들에게 비즈니스프로세스를 이해시키되, 정해진 시간을 준수한다.

단원요약

비즈니스프로세스 분석단계는 프로젝트 대상영역 내의 종단간 비즈니스프로세스 및 이에 속하는 개별 비즈니스프로세스에 대한 현재의 모습을 정확하게 이해하고 문제점과 문제의 원인에 대해서 분석하는 과정이다. 이러한 작업을 수행하는 사람을 비즈니스프로세스 분석가라고 하는데, 비즈니스프로세스 분석가는 프로젝트에서 다음과 같은 역할을 담당한다.

- 비즈니스프로세스의 현재 상태를 분석하고 이를 체계화하고 일목요연하게 정리하는 역할
- 비즈니스프로세스 실제 운영자와 관리자를 연결하는 중재자로서의 역할

비즈니스프로세스 분석가의 가장 중요한 역할은 현재의 비즈니스프로세스를 정확하게 이해하고 모델화하고, 현재의 비즈니스프로세스가 갖는 문제점과 문제의 근본원인이 무엇인지? 그리고 재설계 단계의 작업 방향성을 제시하는 것이기 때문에, 다음과 같은 특별한 자질이 요구된다.

- 업무영역에 대한 전문적인 지식
- 논리적이고 조직적인 사고
- 문제해결을 위한 독창적인 아이디어
- 원만한 인간관계
- 비즈니스프로세스 분석을 위한 전문기술 및 풍부한 경험

그러나 이러한 자질을 소유했다 하더라도 비즈니스프로세스를 분석하는 작업이 현실적으로 쉽지 않은 이유는, 분석작업 자체가 어려울 뿐만 아니라, 분석해야 할 내용이 다양하고 복잡하며, 대부분의 분석 내용들이 부정확하며, 최종 보고서로 작성하는 것이 쉽지 않기 때문이다.

따라서 비즈니스프로세스 분석가들은 비즈니스프로세스를 직접 운영하는 담당자들과, 비즈니스프로세스에 관련된 이해관계자들은 다양한 방법으로 의사소통을 해야 하는데, 일반적으로 사용되는 의사소통 방법은 다음과 같다.

- 회의
- 인터뷰
- 업무관찰
- 설문조사
- 프로토타이핑

비즈니스프로세스 분석단계의 목적은 있는 모습 그대로의(AS-IS) 현재의 비즈니스프로세스를 이해하려는 것으로 세부절차는 다음과 같다.

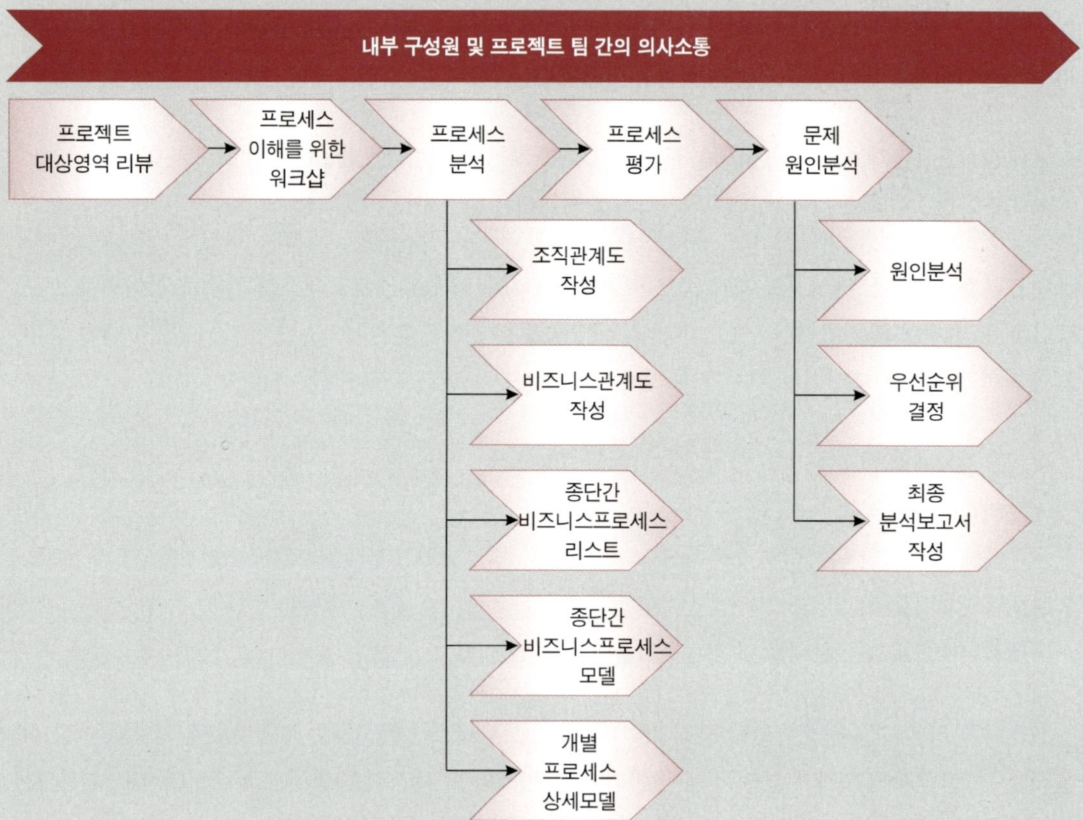

비즈니스프로세스 분석단계에서 도출되는 최종 결과는 다음과 같다.

- 현재의 비즈니스프로세스 모델
  - 기업조직 관계도
  - 비즈니스관계도
  - 종단간 비즈니스프로세스 리스트
  - 종단간 비즈니스프로세스 모델
  - 개별 비즈니스프로세스 상세모델

- 비즈니스프로세스 재설계 단계의 작업을 하는데 작업 우선순위 정할 수 있을 정도의 비즈니스 프로세스 평가기준
  - · (종단간) 비즈니스프로세스 레벨
  - · 활동레벨
  - · 관리 레벨
- 비즈니스프로세스 재설계 우선순위
- 최종 분석보고서

제7장

연습문제

01 비즈니스프로세스 분석가의 자질과 역할에 대해서 설명하시오

02 비즈니스프로세스 분석가가 비즈니스 프로세스 관련 이해관계자들과 의사소통하는 방법들을 열거하고 장·단점에 대해서 설명하시오

03 비즈니스프로세스 분석단계가 왜 필요하며, 작업결과 어떤 결과물들이 최종적으로 산출되는지 설명하시오

04 비즈니스프로세스 분석단계의 세부 작업절차에 대해서 설명하시오

05 비즈니스프로세스를 이해하기 위한 워크샵에서 중점적으로 다루어지는 내용들에 대해서 설명하시오

06 실질적인 비즈니스프로세스 분석작업 과정에 대해서 설명하시오

07 실질적인 비즈니스프로세스 분석작업 과정에서 작성되는 다음의 모델유형에 대해서 설명하고, 이들 모델이 작성되는 이유에 대해서 설명하시오

(1) 조직관계도

(2) 비즈니스관계도

(3) 종단간 비즈니스프로세스 모델

(4) 개별 비즈니스프로세스 모델

(5) 활동 단위별 속성(평가데이터)이 입력된 최종 비즈니스프로세스 모델

08 비즈니스프로세스 평가기준에 대해서 설명하시오

09 비즈니스프로세스 분석결과 도출된 우선순위를 결정하는 요인들에 대해서 설명하시오

10 비즈니스프로세스 분석단계에서 도출된 작업결과에 따라서 비즈니스프로세스 재설계 작업의 방향성과 내용이 결정되는데, 비즈니스프로세스 분석결과 예상할 수 있는 재설계 방향성과 내용에 대해서 설명하시오

제8장 비즈니스프로세스 재설계

1. 비즈니스프로세스 재설계 단계의 개요
2. 비즈니스프로세스 재설계 방법론
3. 비즈니스프로세스 재설계 패턴(유형)
4. 비즈니스프로세스 재설계 단계의 결과물 활용

"Continuous improvement is exactly the right idea if you are the world leader in everything you do. It is a terrible idea if you are lagging the world leadership benchmark. It is probably a disastrous idea if you are far behind the world standard."

(J.Jeston and J.Nelis, 2003)

학습 개요 및 목표

비즈니스프로세스는 업무처리 기능은 물론, 데이터, 조직구조와 조직구성원 그리고 비즈니스프로세스를 수행하는데 필요한 시스템적 요소들을 포함하고 있기 때문에, 비즈니스프로세스 재설계를 통해서 데이터 항목과 데이터 구조의 변경, 조직구조와 조직구성원의 역할변화, 지원시스템의 폐기와 구축 등 기업에 미치는 영향범위가 광범위 하기 때문에, 비즈니스프로세스 재설계는 단순한 작업이 아니다. 특히, 약간의 비효율적 요소와 기업이 추구하는 목표를 달성하는데 비효과적인 요소를 내포하고 있다고 하더라도 이를 해체하여 새롭게 구성하려는 시도는 쉽지 않다. 이에 대해서 블랙박스 신드롬과 엣지 신드롬을 통해서 그 이유를 설명한 바 있다. 그럼에도 불구하고 기업이 추구하는 목표를 달성하는데 현재의 비즈니스프로세스가 비효과적이라면, 그리고 비즈니스프로세스를 재설계하는 작업을 할 가치가 있다고 판단되면 프로젝트 스폰서의 과감한 결단에 의해서 비즈니스프로세스에 대한 대 수술이 시작된다.

본 장에서는 현재의 비즈니스프로세스를 효율적으로 개선하고 더 나아가서 기업이 추구하는 목표를 달성하는데 보다 효과적으로 작용할 비즈니스프로세스를 새롭게 재설계하는 과정과 방법에 대해서 살펴보고자 한다. 먼저, 비즈니스프로세스 재설계 작업과정에 대해서 살펴보고, 이어서 일반적으로 통용되고 있는 비즈니스프로세스 재설계 방법론과 실제 프로젝트에서 자주 발견되는 비즈니스프로세스 재설계 유형에 대해서 살펴보기로 하겠다.

본 장의 학습목표는 다음과 같다.

1. 비즈니스프로세스 재설계 단계의 작업과정에 대해서 이해한다.
2. 비즈니스프로세스 재설계 방법론을 이해한다.
3. 실제 프로젝트에서 자주 발견되는 비즈니스프로세스 재설계 유형에 대해서 학습한다.
4. 비즈니스프로세스 재설계 단계에서 최종적으로 도출되는 결과물과 결과물의 활용에 대해서 이해한다.

1. 비즈니스프로세스 재설계 단계의 개요

1.1 비즈니스프로세스 재설계 단계의 필요성

비즈니스프로세스 재설계 단계는 비즈니스프로세스 분석 및 비즈니스프로세스 구현 단계 사이에 위치하며, 비즈니스프로세스 분석 작업결과를 통해서 도출된 종단간 비즈니스프로세스나 이에 속하는 개별 비즈니스프로세스를 새롭게 설계하는 단계이다. **비즈니스프로세스 재설계** 단계의 목적은, 설정된 프로젝트 범위내의 종단간 비즈니스프로세스와 이에 속하는 개별 비즈니스프로세스들을 비즈니스프로세스 실제 운영자 및 비즈니스프로세스에 관련된 모든 이해관계자들의 현재와 미래의 기대에 부응할 수 있도록 가능한 한 효율적으로 개선하고, 효과적으로 재설계하는 것이다.

그러나 비즈니스프로세스 재설계 작업의 핵심인 효율성(efficiency)과 효과성

그림 8-1 BPMLC_PHASE5: 비즈니스프로세스 재설계

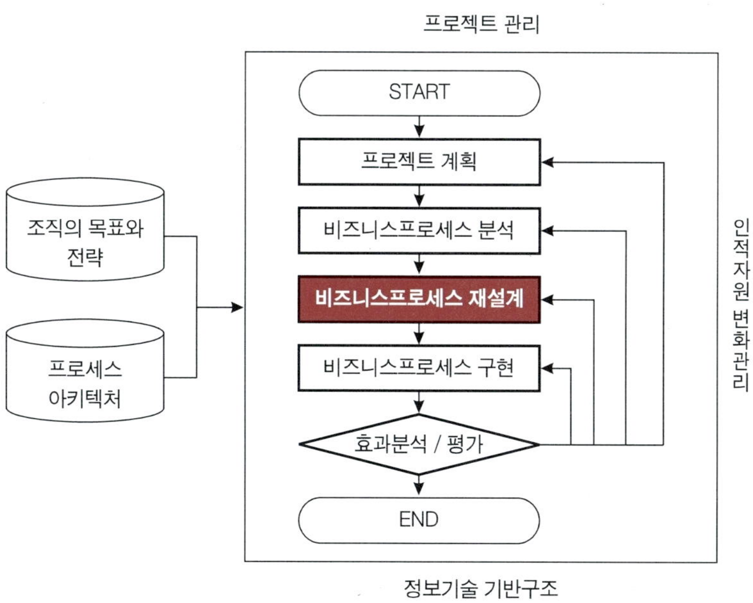

(effectiveness)에 대한 이해정도는 이해관계자마다 다르기 때문에, **비즈니스프로세스 재설계** 단계의 가장 큰 문제는 비즈니스프로세스를 어느 정도 수준으로 재설계할 것인가? 하는 것이다. 이는 프로제트의 접근방법과 프로젝트 시나리오에 따라서 프로젝트 일정과 비용 그리고 요구하는 효율성과 효과성 수준에 따라서 재설계 작업이 제한되기 때문이다. 예를 들어, 일정과 비용에 제한 받지 않고 모든 가능한 요구수준에 도달할 수 있다면 최고의 효율성과 효과성을 제공할 수 있는 형태로 재설계하는 것이 가장 이상적일 것이다. 그러나 실제 프로젝트에서는 비용과 일정과 프로젝트 매니저의 능력과 경험 등의 한계로 인해서 비즈니스프로세스 재설계 수준이 제한되는 것이 현실이기 때문에, 비즈니스프로세스 재설계 작업을 시작하기 전에 어느 정도 수준으로 재설계할 것인가를 먼저 결정해야 한다.

프로젝트에 대한 제약조건에 따라서 비즈니스프로세스 재설계 수준을 달리 결정한다는 것은, 프로젝트에 대한 제약조건에 따라서 비즈니스프로세스 재설계 수준이 달라진다는 것을 의미하며, 이로부터 비즈니스프로세스 재설계의 딜레마에 빠지게 된다. 비즈니스프로세스 재설계 딜레마란, 프로젝트의 제약조건과 상황을 고려하여 비즈니스프로세스 재설계 수준을 낮게 결정하는 경우에는 비즈니스프로세스의 부분적인 개선작업에 해당되는 부분적인 효과만을 얻는데 불과하며, 비즈니스프로세스 재설계 수준을 높게 결정하는 경우에는 프로젝트의 제약조건과 상황이 프로젝트 자체를 지원할 수 없기 때문에, 비즈니스프로세스관리 프로젝트 자체가 실패로 끝날 수 있다는 것이다.

그림 8-2 비즈니스프로세스 재설계 딜레마

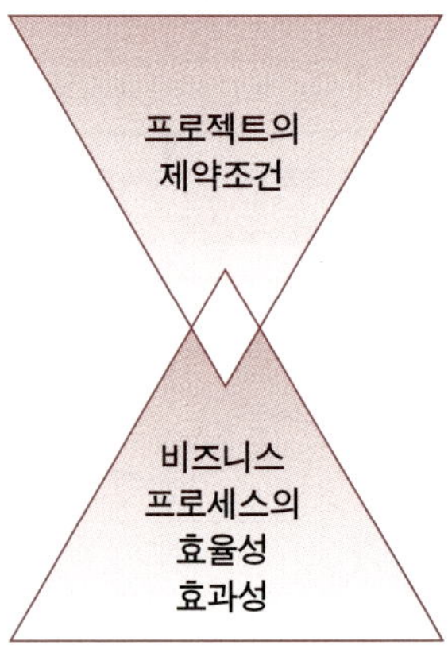

그러나 프로젝트의 제약조건이나 상황 등과 같은 현실적인 영향요인을 고려하더라도 비즈니스프로세스관리 프로젝트의 궁극적인 목적은 기업이 추구하는 목표를 효과적으로 달성할 수 있는 비즈니스프로세스를 개발하는 것이기 때문에, 비즈니스프로세스의 효과를 극대화할 수 있는 방향으로 진행함은 당연한 사실이다. 이러한 사실은 비즈니스프로세스의 중요성과 효과에 대해서 설명한 빌 게이츠의 주장을 통해서 잘 알 수 있다.

> The first rule of any technology is that automation applied to an efficient operation will magnify the efficiency. The second is that automation applied to an inefficient operation will magnify the inefficiency.
>
> (Bill Gate, CEO of Microsoft)

1.2 비즈니스프로세스 재설계 단계의 산출물

비즈니스프로세스 재설계 단계를 거쳐 산출되는 결과물들은 비즈니스프로세스 재설계 작업이 비즈니스프로세스의 부분적인 개선작업 수준에서 진행되느냐? 전면적인 재설계 수준에서 진행되느냐에 따라서 달라지는데, 일반적으로 다음과 같은 결과물들이 산출된다.

- 재설계된 비즈니스프로세스 모델(들)
- 재설계된 비즈니스프로세스 모델 관련 문서(들)
- 재설계된 비즈니스프로세스 모델에 포함된 개별 활동 단위 별 분석결과
- 재설계된 비즈니스프로세스 모델과 기존의 모델 사이의 차이분석
- 재설계된 비즈니스프로세스 모델의 구현전략 개요

1.3 비즈니스프로세스 재설계 단계의 세부 절차

비즈니스프로세스 재설계 단계는 BPMLC 프레임워크의 두번째 STAGE의 세번째

PHASE에 해당되며, 비즈니스프로세스 재설계 작업을 위한 세부절차는 비즈니스프로세스 재설계 방법론에 따라서 다양하다. 동일한 방법론이라 하더라도 프로젝트 접근방법과 프로젝트 시나리오에 따라서 적용하는 세부절차가 다르기 때문에, 일률적으로 표준화된 세부절차를 제시하기는 쉽지 않다. 이는 프로젝트 시나리오에 따라서 방법론과 적용되는 세부절차가 다르기 때문이다.

예를 들어, 시범적용을 위한 프로젝트, 파일럿 형식의 프로젝트와 일상적인 비즈니스프로세스관리 프로젝트의 경우, 현재의 조직구조에 상관없이 필요하다면 현재의 조직구조를 변경하는 것까지를 포함하여 작업범위와 수준을 결정할 수 있지만, 효과탐지를 위한 프로젝트 성격으로 진행되는 경우에는 현재의 조직구조를 변경하는 것이 어렵기 때문에, 재설계 작업범위와 수준 그리고 작업과정을 결정하기가 쉽지 않다.

또한 프로젝트의 접근방법에 따라서도 재설계 작업방법론과 작업내용 그리고 세부작업절차가 다르다.

예를 들어, 전략지향적 프로젝트의 경우, 현재의 비즈니스프로세스를 효과적으로 재설

그림 8-3 비즈니스프로세스 재설계 단계의 세부절차

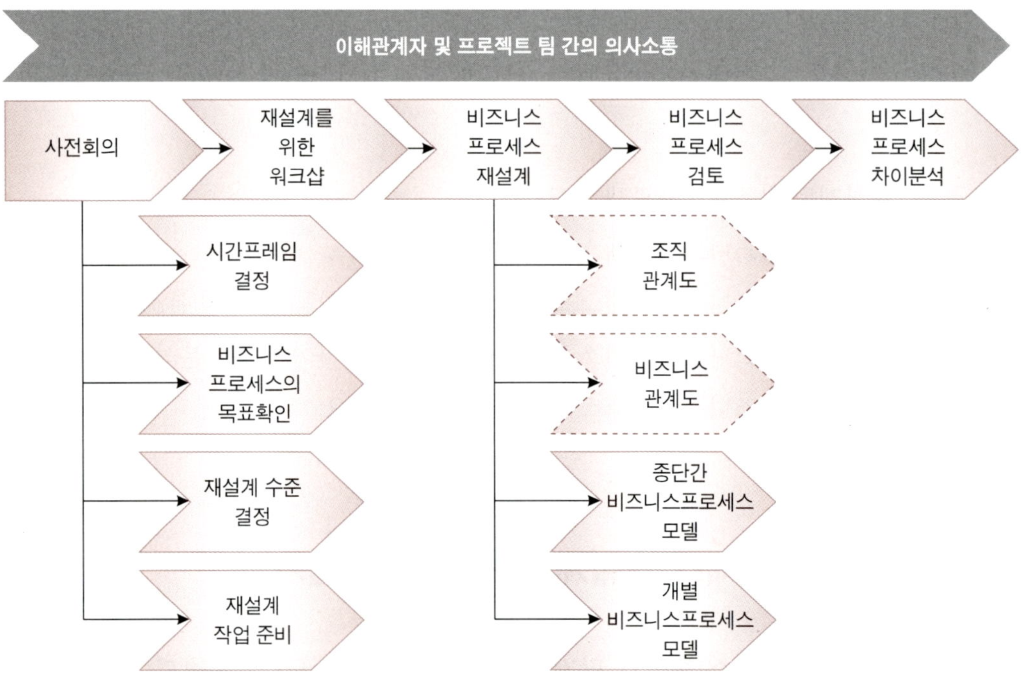

계하는데 현재의 조직구조가 장애가 된다면, 이를 변경하는 것까지를 포함하는 세부작업 절차를 정의할 수 있지만, 운영지향적 프로젝트의 경우, 현재의 비즈니스프로세스와 조직구조가 상반되거나 비효과적이라 하더라도 이를 사실 그 자체로 인정하고 부분적으로 효율성을 높이기 위한 작업내용과 세부작업절차를 정의해야 할 것이다. **비즈니스프로세스 재설계** 단계의 가장 일반적인 세부절차를 도식화하면 [그림 8-3]과 같다.

1) 이해관계자 및 프로젝트 팀 간의 의사소통

비즈니스프로세스관리 프로젝트를 수행하는 과정의 모든 단계들에 **이해관계자 및 프로젝트 팀 간의 의사소통** 단계가 포함되어 있다. **비즈니스프로세스 재설계** 단계에서도 마찬가지로 이해관계자와 프로젝트 팀 간의 의사소통 단계가 포함되어 있는데, 비즈니스프로세스 재설계 작업을 수행하는데 이해관계자들과 프로젝트 팀 구성원들 간에 재설계 범위와 재설계를 위한 다양한 방법들에 대한 정보를 공유하고 각각의 방법들에 대한 비용대비 효과를 정확하게 이해하는 것은 매우 중요하다. 이러한 의사소통을 통해서 이해관계자들은 언제나 자신의 의견이나 요구사항들이 어떻게 반영되고 있으며, 어떤 내용들을 추가로 요구할 것인지? 그리고 그들의 요구가 반영되지 못했다면 그 이유는 무엇인지?에 대한 정보를 제공받을 수 있기 때문이다.

이해관계자와 프로젝트 팀 간의 의사소통 단계는 **비즈니스프로세스 재설계** 단계의 일부가 아니라, 비즈니스프로세스 재설계 작업이 이루어지는 전 과정동안 진행되는 것이기 때문에, 비즈니스프로세스 재설계에 대한 모든 내용들에 대한 상태와 진행과정에 대한 정보를 제공받을 수 있을 뿐만 아니라, 프로젝트의 목표와 비즈니스프로세스 재설계 방향과 구체적인 방법 그리고 전체적인 비즈니스에 미치는 영향에 대해서도 이해할 수 있도록 한다.

2) 사전회의

비즈니스프로세스 재설계 작업을 본격적으로 시작하기 전에 워크샵 형식으로 **사전회의** 단계를 거친다. 사전회의에는 프로젝트를 직접 수행하는 핵심 이해관계자와 최고경영자 그리고 최고경영층을 구성하는 이해관계자들이 참석하는데, 사전회의의 목적은, 주로 기업이 추구하는 목표와, 설정된 프로젝트 대상 범위 내의 종단간 비즈니스프로세스와 이에 속하는 개별 비즈니스프로세스들의 목표, 그리고 기타 재설계될 비즈니스 영역에 대한 정보를 확인하고 다시 한번 상기하고자 하는 것이다. 더 나아가서 **프로젝트 계획수립** 및 **비즈니스프로세스 분석**단계를 통해서 수집된 정보를 이용하여 비즈니스프로세스 재설계 작업을 보다 효과적이고 효율적으로 수행하기 위한 형식적인 프레임워크를 결정하기 위한 목적도 포함되어 있다.

사전회의에서 다루어질 핵심 내용들은 다음과 같다.

- 비즈니스프로세스 재설계 작업에 소요되는 시간 프레임
- 비즈니스프로세스에 대한 목표 확인
- 비즈니스프로세스 재설계 작업의 수준
- 본격적인 비즈니스프로세스 재설계 준비

(1) 시간 프레임 결정

사전회의에서 가장 중요하게 다루어질 내용은 시간 프레임을 결정하는 것이다. 비즈니스프로세스 재설계 작업은 분석단계에서 도출한 비즈니스프로세스들에 대한 문제점과 이해관계자들의 다양한 요구사항들을 반영하여 기존의 비즈니스프로세스를 효율적이고 효과적인 비즈니스프로세스로 전환하는 창의적인 작업이기 때문에, 다양한 문제점들과 다양한 요구사항들을 반영하여 새로운 비즈니스프로세스를 만들기 위해서는 충분한 시간을 필요로 하는 것이 사실이다. 그러나 **프로젝트 계획수립** 단계에서 정한 한정된 프로젝트 시간 범위 내에 비즈니스프로세스 재설계 작업을 완수하기 위해서는 비즈니스프로세스 재설계 작업에 어느 정도의 시간을 할애할 수 있는지를 먼저 결정하는 것이 필요하다. 그러나 시간 프레임을 결정하는 데는 비즈니스프로세스 재설계 작업의 정도 즉, 기존의 비즈니스프로세스의 문제점을 해결하는데 어느 정도 수준에서 타협할 것인가? 그리고 이해관계자들의 요구사항을 어느 정도 수준까지 반영할 것인가에 달려있기 때문에, 시간 프레임 결정은 결국 비즈니스프로세스 재설계 작업의 정도를 결정하는 것과 의미를 같이 한다고 할 수 있다.

따라서 비즈니스프로세스 재설계 시간 프레임을 결정하기 위해서는 프로젝트를 직접 수행하는 팀 구성원들과 비즈니스프로세스 이해관계자들 간의 적정수준의 타협점을 찾는 것이 매우 중요하며, 적정수준의 타협점을 찾는데 현재의 비즈니스프로세스와 이에 대한 문제점을 정확하게 이해하고 있는 이해관계자들과, **비즈니스프로세스 분석** 단계에서

종단간 비즈니스프로세스와 이에 속하는 개별 비즈니스프로세스 모델을 작성하는데 참여했던 이해관계자들이 핵심적인 역할을 하게 된다.

(2) 비즈니스프로세스 목표 확인

BPMLC 프레임워크의 이전 단계에서 확인한 종단간 비즈니스프로세스와 이에 속하는 개별 비즈니스프로세스의 목표는 기업이 추구하는 목표를 달성하는데 어떻게 기여하는지? 그리고 얼마만큼 기여하는지에 대한 관점에서의 비즈니스프로세스들의 목표에 해당된다. 그러나 **비즈니스프로세스 재설계** 단계의 사전회의에서 확인하려는 비즈니스프로세스의 목표는 재설계와 관련하여 대상 비즈니스프로세스를 재설계하는데 있어서 달성하려는 목표를 의미하기 때문에, 여기에서 확인하려는 비즈니스프로세스 목표는, 비즈니스프로세스 자체의 목표가 아니라, **비즈니스프로세스 분석**단계에서 확인한 비즈니스프로세스의 문제점으로부터 출발하여 비즈니스프로세스 재설계 작업을 하는데 어디에 초점을 맞추어야 하는지에 대한 목표를 의미한다. 예를 들어, 비즈니스프로세스의 비용을 단축하는데 초점을 맞출 것인가? 아니면 비즈니스프로세스의 수행시간을 단축하는데 초점을 맞출 것인가?와 같은 재설계의 목표와 방향성 차원에서의 목표를 의미한다.

비즈니스프로세스 재설계 작업의 목표는 이전 단계인 **비즈니스프로세스 분석**단계에서 도출한 분석결과에 달려있다. 가장 일반적인 비즈니스프로세스 재설계 작업의 목표는 비용절감에 초점을 맞추는 것이다. 그러나 비용절감은 곧 비즈니스프로세스의 품질저하로 이어지는 경우가 많기 때문에, 비즈니스프로세스 재설계 방향과 목표를 비용절감에 둘 것인가? 비즈니스프로세스의 품질에 둘 것인가?는 신중하게 결정해야 할 문제이다. 일반적으로 비즈니스프로세스 목표를 확인하고 재설계 방향성과 목표를 결정하기 위해서는 다음과 같은 내용들에 대해서 신중하게 검토하고 결정해야 한다.

① 전략적인 측면

비즈니스프로세스 재설계와 관련하여 기업의 목표와 전략 그리고 프로젝트의 방향성을 중심으로 다음과 같은 측면을 고려하여 결정해야 한다.

- 프로젝트가 기업이 추구하는 목표와 전략에 어느 정도 부합되는가?
- 진행되는 프로젝트가 일회성 사업인지? 지속적으로 진행되는 사업인지?
- 프로젝트를 통해서 내부의 비즈니스프로세스를 개선하려는 사업인지? 비즈니스프로

세스를 혁신적으로 개혁하려는 사업인지?

② 프로젝트 추진 목적과 동기

프로젝트를 추진하는 동기에 따라서 비즈니스프로세스 재설계 작업의 방향성과 개별 비즈니스프로세스 목표가 결정된다. 프로젝트 추진 동기는 다음과 같이 구분된다.

- 현재의 비즈니스프로세스의 병목현상을 해소하기 위한 목적에서 추진된다.
- 새로운 제품과 서비스를 제공하는데 효과적인 비즈니스프로세스로 전환하기 위해서 추진된다.
- 고객과 공급업자에 대한 서비스 수준을 향상시키기 위해서 추진된다.
- 비즈니스프로세스 운영비용을 절감하기 위해서 추진된다.
- 비즈니스프로세스의 품질을 향상시키기 위해서 추진된다.

③ 프로젝트 추진계획

프로젝트를 추진하는 계획 또한 비즈니스프로세스 재설계 방향성과 비즈니스프로세스 목표를 세분화할 수 있다.

- 프로젝트를 수행하는데 필요한 자원을 어느 정도 확보할 수 있는가?
- 프로젝트 결과 도출된 새로운 비즈니스프로세스에 대해서 이해관계자들의 기대수준은 어느 정도인가?
- 프로젝트를 수행하는데 기업의 지원 가능한 범위는 어느 정도인가?

④ 프로젝트의 성공기준

프로젝트 계획수립 단계에서 이미 확인된 사실이지만, 다음과 같은 여건들에 대한 수정이나 변화된 내용이 있다면, 비즈니스프로세스 재설계 목표와 방향성을 결정하는데 고려해야 한다.

- 프로젝트에 영향을 미칠 수 있는 내 · 외부 이해관계자들이 프로젝트에 대해서 어떤 부분에 어느 정도의 기대를 하고 있는가?
- 프로젝트의 성공과 실패를 판단하는 기준은 무엇인가?

⑤ 프로젝트 여건

프로젝트를 수행하기 위한 기본적인 여건에 따라서 비즈니스프로세스 재설계 방향성과 목표가 달라진다.

- 이전 단계에서 결정된 시간 프레임
- 비즈니스프로세스 재설계 결과로부터 이어지는 구현방향성, 예를 들어 새로운 비즈니스프로세스를 구현하기 위해서 새로운 시스템이 구현되어야 하는 경우 처럼 비즈니스프로세스의 구현방향이나 여건이 어느 정도까지인지?
- 프로젝트에 참여하는 팀 구성원들의 변화와 비즈니스프로세스 실제 운영 담당자들이 얼마나 자주 바뀌는지?

이처럼 비즈니스프로세스 재설계 작업에 영향을 미치는 여러 가지 여건이나 조건들에 의해서 작업범위가 달라지고 따라서 비즈니스프로세스 재설계 작업의 목표가 달라지기 때문에, 다양한 여건과 조건들에 대한 검토가 먼저 이루어져야 할 것이다.

(3) 재설계 수준 결정

앞에서 확인된 비즈니스프로세스 재설계 작업의 방향성과 목표에 따라서 비즈니스프로세스 재설계의 구체적인 수준이 결정되기 때문에, 앞에서 재설계하려는 비즈니스프로세스의 목표에 따라서 비즈니스프로세스 재설계 수준을 결정한다. 일반적인 비즈니스프로세스 재설계 수준은 다음과 같다.

- 비즈니스프로세스의 유지
- 비즈니스프로세스의 변화
- 비즈니스프로세스의 제거

(4) 재설계 작업 준비

사전회의의 이전 단계들을 통해서 시간 프레임이 결정되고 프로젝트 대상 범위 내의 비즈니스프로세스들에 대한 재설계 방향성과 목표 그리고 재설계 수준이 결정되면 본격적인 재설계 작업이 시작된다. 그러나 재설계 작업을 시작하기 전에 **재설계를 위한 워크샵** 단계를 거치는데 재설계 작업준비란, 이어지는 재설계를 위한 워크샵을 준비하는 작업을 의미한다.

3) 재설계를 위한 워크샵

재설계를 위한 워크샵 단계는 본격적인 비즈니스프로세스 재설계 작업을 하기 전에 작업에 필요한 사항들을 준비하기 위한 단계이다. **재설계를 위한 워크샵** 단계에서는 비즈니스프로세스 재설계 작업이 효율적으로 진행될 수 있도록 지금까지 도출한 비즈니스프로세스 관련 모든 정보들을 확인하고 체계적으로 정리하여 실질적인 비즈니스프로세스 재설계 작업자들에게 제공하는데 목적이 있다.

재설계를 위한 워크샵 단계를 통해서 체계적으로 정리해야 할 비즈니스프로세스 관련 주요 정보들은 다음과 같다.

- 조직관계도
- 조직관계도로부터 도출된 비즈니스관계도
- 비즈니스관계도에 포함된 종단간 비즈니스프로세스 모델
- 비즈니스프로세스 모델을 결정하는 프로세스 선별 매트릭스
- 비즈니스프로세스 분석단계에서 도출된 종단간 비즈니스프로세스 모델에 속하는 개별 비즈니스프로세스 모델
- 개별 비즈니스프로세스 모델에 포함되어 있는 모든 기능의 평가기준

그러나 위와 같은 정보들은 이미 이전 단계로부터 도출된 내용들로 프로젝트 문서화 계획에 의해서 체계적으로 정리되었다면 손쉽게 얻을 수 있으며, 이를 프로젝트 참여자들에게 제공하는 것은 어려운 일이 아니기 때문에, 이미 도출된 정보들을 체계적으로 정리하기 위한 별도의 재설계를 위한 워크샵을 거칠 필요가 없을 것이다.

재설계를 위한 워크샵 단계에서 이미 도출된 정보들을 체계적으로 정리하는 것보다 더 중요한 사안은, 이미 도출된 정보들을 체계적으로 정리함으로써 재설계 작업을 수행하는데 다음과 같은 점들을 숙지하고 정확하게 이해하기 위함이다.

- 프로젝트 대상 비즈니스프로세스들 중에서 어느 비즈니스프로세스가 기업의 목표와 전략과 연계되며, 그 접점은 어디인가?
- 새롭게 설계될 비즈니스프로세스의 목표가 무엇이며, 비즈니스프로세스 별로 구체적인 평가기준은 무엇인가?

- 재설계 작업을 수행하는데 있어서 어떤 조건들이 어떻게 합의되었는가?
- 재설계 작업을 하기 위한 시간적 여유는 얼마나 있는가?
- 재설계 작업 범위와 깊이는 어느 정도로 해야 하는가?

4) 비즈니스프로세스 재설계

재설계를 위한 워크샵 단계를 거쳐 본격적인 비즈니스프로세스 재설계 작업을 시작하는 비즈니스프로세스 재설계 단계는 결국 현재의 비즈니스프로세스를 기업이 추구하는 목표와 전략을 고려하여 효율적이고 효과적인 미래의 비즈니스프로세스로 새롭게 만드는 과정이기 때문에, 전체 비즈니스프로세스관리 프로젝트를 통틀어서 가장 핵심적인 부분에 해당된다.

비즈니스프로세스 재설계 단계에서는 현재의 종단간 비즈니스프로세스 모델과 이에 속하는 모든 개별 비즈니스프로세스 모델을 새롭게 작성하게 된다. 비즈니스프로세스 재설계 작업내용과 방법은, 지금까지 소개된 비즈니스프로세스 재설계 방법론에 따라서 그리고 비즈니스프로세스관리 프로젝트의 접근방식과 프로젝트 시나리오 그리고 앞에서 도출한 비즈니스프로세스 재설계 작업의 수준, 프로젝트의 제한 여건에 따라서 다양하게 이루어지는데 이에 대해서는 다음 절에서 구체적으로 살펴보기로 하겠다.

그러나 어떤 방법론에 따라서 재설계 작업을 하더라도 재설계된 비즈니스프로세스를 통해서 기업이 추구하는 목표가 효과적으로 달성되고, 비즈니스프로세스가 효율적으로 운영될 수 있도록 하기 위해서는 다음과 같은 원칙들을 준수하여 기업의 목표와 전략에 부합하는 **최적의 비즈니스프로세스**(optimized business processes) 모습을 도출하는 것이 중요하다.

① 비즈니스프로세스관리 프로젝트 수행원칙

- 가능한 한 많은 재설계 방법과 유형을 고려한다.
- 제시된 재설계 방법과 유형에 대해서 속단하지 않는다.
- 내부의 이해관계자는 물론 고객, 공급자, 비즈니스 파트너, 심지어는 경쟁자들을 포함하여 비즈니스프로세스에 관련된 외부의 모든 이해관계자들의 의견까지를 수렴한다.
- 재설계 작업자들의 능력을 과소평가하거나 과대평가하지 않는다.

- 재설계 작업 결과에 대한 구현방법에 가능한 한 영향을 받지 않는다.
- 가능한 한 기술적인 요인을 배제한다.
- 할 수 있는 것과 할 수 없는 것, 그리고 해야 할 것과 해서는 안될 것들을 구별한다.

② 비즈니스프로세스 재설계 작업원칙

- 재설계 대상 비즈니스프로세스를 통합적인 시각으로 통찰한다.
- 종단간 비즈니스프로세스와 이에 속하는 개별 비즈니스프로세스들을 기업의 목표와 전략, 그리고 비즈니스프로세스의 목표와 연계하여 생각한다.
- 모든 비즈니스프로세스는 기업의 목표와 전략에 부합되도록 설계되어야 한다. 즉, 비즈니스프로세스의 효과성 향상을 최우선으로 한다.
- 동일한 효과를 창출하는 비즈니스프로세스는 내부의 효율성을 고려하며, 효율성과 효과성이 상충될 때에는 효율보다 효과를 우선적으로 고려한다.
- 종단간 비즈니스프로세스는 물론 모든 개별 비즈니스프로세스 간의 단절을 확인한다.
- 모든 비즈니스프로세스 (개별 활동 포함)에 대해서 누가 어떻게 처리하는지 확인한다.
- 비즈니스프로세스에 대한 문제점들과, 모든 이해관계자들의 요구사항들이 올바르게 파악되었는지 확인하고 반영한다.
- 최고의 비즈니스프로세스가 아니라 우리에게 최적인 비즈니스프로세스를 개발한다.
- 연관된 비즈니스프로세스 참조모델(reference model)이 존재하는 경우 적극활용한다.
- 내규로 정해진 비즈니스 수행 원칙들을 준수한다.

5) 비즈니스프로세스 검토

비즈니스프로세스 검토 단계는 재설계된 비즈니스프로세스에 대한 효율성과 효과성, 그리고 타당성을 검증하는 단계로써 재설계된 비즈니스프로세스를 구현하기 전에 논리적 모순과 프로세스의 일관성을 검토하여 최종적으로 구현할 최적의 비즈니스프로세스를 결정하기 위한 과정이다.

재설계된 비즈니스프로세스들에 대한 효율성과 효과성, 타당성, 논리적 모순, 프로세스의 단절과 일관성 등에 대한 검토는 시뮬레이션을 통해서 검증하는 것이 일반적이다. 일반적으로 시뮬레이션은 비즈니스프로세스를 재설계하는 것 만큼의 노력이 요구되며, 시뮬레이션 과정을 생략하거나 과소평가하여 가볍게 처리해서는 안 된다. 시뮬레이션을 수행하기 위해서 먼저 비즈니스프로세스를 평가하기 위한 기준들이 마련되어 있어야 한다. BPMLC 프레임워크에서 정한 평가기준은 시간과 비용이지만 시뮬레이션을 수행하는 도구에 따라서 다양한 평가항목에 대한 시뮬레이션 결과를 얻을 수 있다. 예를 들어, [그림 8-4]는 ARIS Tool을 이용하여 비즈니스프로세스 모델을 시뮬레이션 하는 경우 가능한 시뮬레이션 항목을 나타낸 것이다. 이어지는 [그림 8-5]에서는 종단간 비즈니스프로세스와 이에 속하는 개별 비즈니스프로세스 모델마다 해당되는 모델과 동시에 구체적인 평가항목(비용과 시간)에 대한 시뮬레이션 결과를 나타낸 것이다.

일반적인 시뮬레이션 도구와 마찬가지로 ARIS Tool의 경우에도 시뮬레이션 자동 실행 기능에 의해서 시뮬레이션 결과가 자동으로 수정되기 때문에, 비즈니스프로세스 모델에 포함된 활동별 비용과 시간 조건이 달라지면 그 결과를 즉시 확인할 수 있다. 이러한 시뮬

그림 8-4 가능한 시뮬레이션 항목 예시 (ARIS Tool의 경우)

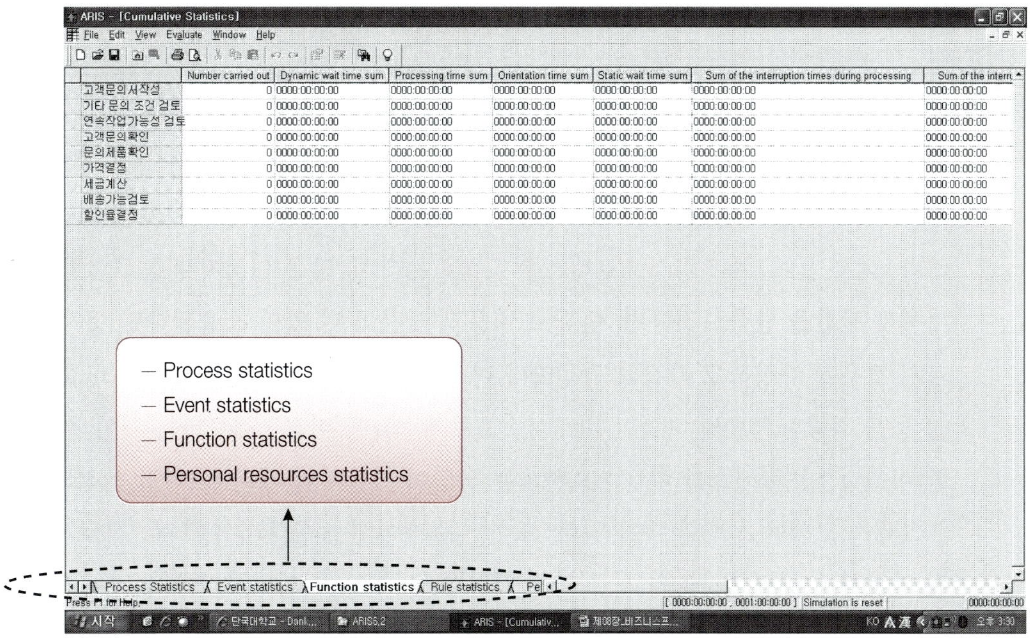

그림 8-5 비즈니스프로세스 시뮬레이션 결과 예시

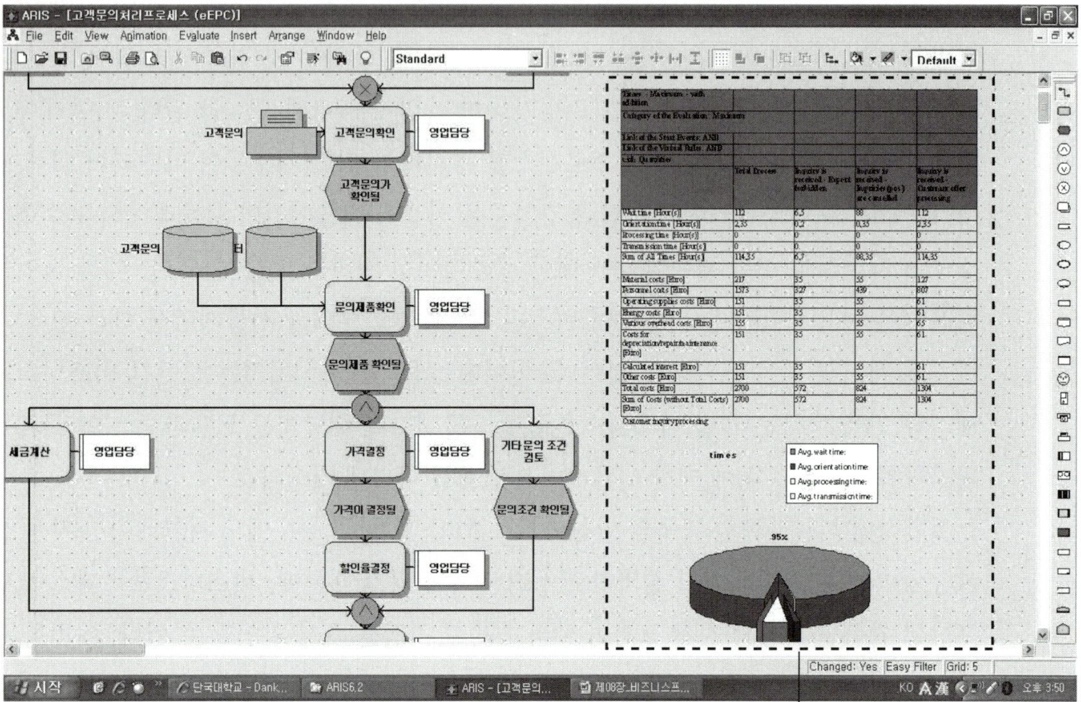

시뮬레이션 결과 표와 그래프 :
활동기반 비용(Activity-Based Costing) – 비용과 시간

레이션 실행 기능을 이용하여 재설계된 비즈니스프로세스들에 대한 검증 작업이 가능한 것은 물론, 시뮬레이션을 통해서 비즈니스프로세스에 대한 가상분석(what-if) 또한 가능하다. 예를 들어, **비즈니스프로세스를 운영하는데 더 많은 인적자원을 투입한다면, 소요비용과 시간을 단축시킨다면, 반대로 비용과 시간이 더 많이 소요된다면** 등과 같이 여러 가지 경우를 가정하고 각각의 경우마다 비즈니스프로세스 모델의 효율성과 효과성, 타당성 등을 검증함으로써 다양한 비즈니스프로세스들을 비교·검토하는 것이 가능하고, 또한 비즈니스프로세스를 수정·보완하는 작업이 가능하기 때문에, 가장 최적의 비즈니스프로세스 모델을 선택할 수가 있다. 또한 시뮬레이션을 통해서 비즈니스프로세스에 관련된 다양한 이해관계자들의 서로 다른 다양한 요구조건마다 시뮬레이션 조건으로 구성하여 실행시켜 봄으로써 비즈니스프로세스 자체의 효율성과 효과성, 그리고 타당성은 물론

그림 8-6 시뮬레이션 순환과정

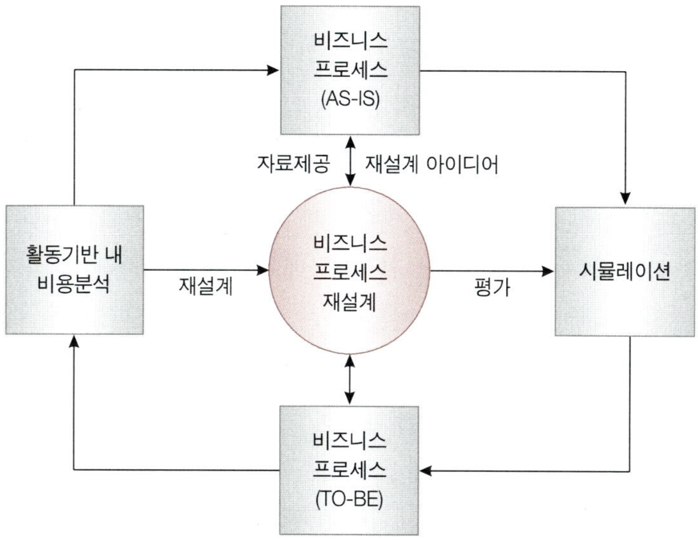

이해관계자들의 다양한 요구조건에도 부합되는 최적의 비즈니스프로세스를 구현할 수가 있다.

비즈니스프로세스 검토 단계를 거치는 근본적인 이유는 새롭게 설계한 비즈니스프로세스의 효율성을 증대 시키기 위한 것이기 때문에, 비즈니스프로세스 검토를 위한 시뮬레이션은 일종의 순환과정으로 [그림 8-6]과 같이 진행된다.

현재의 비즈니스프로세스에 대한 다양한 기본자료들과 재설계 아이디어를 통해서 비즈니스프로세스를 재설계하는 과정을 거치며, 재설계된 비즈니스프로세스를 시뮬레이션을 통해서 평가하고 검토하며, 비즈니스프로세스에 대한 활동 단위별로 평가기준에서 정한 비용분석을 실시한다. 활동기반 비용분석 결과에 따라서 비즈니스프로세스를 재설계하는 자료로 활용되거나, 수정할 필요가 없다고 판단되면 비즈니스프로세스 구현 후, 일상적인 비즈니스프로세스 운영과정에서의 활동단위 별 운영비용을 산정하는 기본자료로 활용된다.

6) 비즈니스프로세스 차이분석

비즈니스프로세스 검토단계의 작업은 비즈니스프로세스에 포함된 활동단위 별 시뮬레이션을 통해서 비즈니스프로세스의 효율성과 효과성을 검증하기 위한 목적으로 수행되는 반면, **비즈니스프로세스 차이분석** 단계는 비즈니스프로세스 자체의 효율성과 효과성 이외에 새롭게 설계된 비즈니스프로세스를 구현하는데 영향을 주거나 받을 수 있는 영향 요인을 도출하기 위해서 기존의 비즈니스프로세스와 새롭게 설계된 비즈니스프로세스의 차이점을 도출하는데 초점을 둔 작업과정이라 할 수 있다.

비즈니스프로세스 차이분석 단계를 통해서 도출된 차이점들은 조직구조와 구성원들의 역할분담 정의, IT부문의 시스템 활용 및 배치 그리고 사용자 교육자료를 만드는 작업자들에게 유용한 자료로 활용되기 때문에, 기존의 비즈니스프로세스와 새롭게 설계된 비즈니스프로세스의 차이점에 영향을 미칠 수 있는 모든 항목들은 포함되어야 하지만, 분석수준을 구체적인 수준까지 상세화할 필요는 없다. 예를 들어, **비즈니스프로세스 차이분석** 단계에서 도출되는 정보들은 다음과 같다.

- 기존의 비즈니스프로세스에 대한 개요
- 새롭게 설계된 비즈니스프로세스에 대한 개요
- 비교 대상 비즈니스프로세스의 핵심적인 변화 내용
- 영향요인별로 핵심 변화 내용과 비즈니스프로세스 구현에 요구되는 사항
  · 조직구조와 조직구성원의 역할에 대한 변화
  · 지원되는 IT시스템에 대한 변화

2. 비즈니스프로세스 재설계 방법론

비즈니스프로세스는 기업이 추구하는 목표를 달성하기 위해서 이미 정의된 업무들의 연속된 흐름이며, 비즈니스프로세스 재설계란 이러한 연속된 업무의 흐름을 효과적이고 효율적인 형태로 재구성하는 것을 의미한다. 이러한 개념 정의로 볼 때, 비즈니스프로세스 재설계의 의미는 결국 기업이 추구하는 목표를 가장 효과적으로 달성할 수 있는 비즈니스프로세스를 찾아내고 그 비즈니스프로세스가 가장 효율적으로 운영될 수 있는 방법을 찾는 것이라 할 수 있다. 이러한 작업은 기업의 모든 환경들(비즈니스환경과 IT기술 기반

구조, 조직과 조직구성원들의 성숙도)을 고려하여 우리에게 맞는 최적의 비즈니스프로세스 형태를 찾는 것이기 때문에, 고도의 독창성이 요구되는 작업이다. 따라서 정형화된 방법이 있을 수 없으며 다양한 방법론이 존재할 수 있다. 본 절에서는 실무에서 자주 거론되는 비즈니스프로세스 재설계 방법론들에 대해서 살펴보기로 하겠다.

2.1 ERP시스템 기반의 재설계

1) ERP시스템 기반의 재설계 개요

ERP시스템 공급업체들은 "자신의 제품에는 최상의 프로세스들(best processes)이 구현되어 있다"고 주장한다. 이는 ERP시스템 개발업체들이 산업유형별로 전 세계의 다양한 비즈니스프로세스들에 대해서 연구하여 공통적으로(혹은 평균적으로) 가장 효율적으로 운영되는 비즈니스프로세스를 ERP시스템의 모듈로 구현했기 때문이다. ERP시스템 기반의 비즈니스프로세스 재설계는 이러한 ERP시스템 공급업체들이 구현한 비즈니스프로세스 그대로를 혹은 약간의 수정을 거친 후 자사의 비즈니스프로세스로 받아들이겠다고 결정할때 고려대상이 된다.

ERP시스템 기반의 재설계의 경우, ERP시스템 공급업체들이 모듈화해서 제공하는 비즈니스프로세스가 언제나 자사에서도 최적일 수는 없을 것이다. 이는 기업마다 비즈니스 환경과 비즈니스프로세스 관련 이해관계자들의 관심과 요구사항들이 언제나 동일한 것이 아니기 때문에, ERP시스템 기반의 재설계는 자사의 환경과 비즈니스프로세스 관련 이해관계자들의 관심과 요구사항들을 검토한 후 신중하게 결정해야 한다. 그러나 현실적으로 복잡한 비즈니스프로세스를 재설계하는 작업이 쉽지 않기 때문에, ERP시스템 기반의 재설계는 훌륭한 대안이 될 수 있을 것이다. 예를 들어, 재고관리 프로세스를 재설계한다고 가정할 때, ERP시스템에서 제공되는 재고관리 프로세스를 참조하여 재설계한다면 최소한 다른 경쟁업체들이 사용하는 재고관리 수준은 유지할 수 있기 때문에, 최소한의 효율성과 효과성은 유지할 수가 있을 것이다.

또한 ERP시스템 개발업체가 제공하는 표준 비즈니스프로세스를 이용하여 재설계하는 경우, 참조모델을 이용하여 비즈니스프로세스의 변화를 즉각 수용하여 프로세스 운영자들이 원하는 내용으로 재설계하고 동시에 시뮬레이션을 통해서 검증해 볼 수 있기 때문에, 재설계에 소요되는 비용과 시간을 단축시킬 수 있다는 장점이 있다. 그러나 ERP시스템 기반의 재설계는 표준이 되는 비즈니스프로세스(ERP시스템이 제공하는 표준 비즈니스프로세스)를 미리 결정하고, 자사의 비즈니스프로세스를 맞추는 것이기 때문에, 평균적인 재설계 수준에 머무를 수 있다는 단점과, 자사의 특수한 상항을 충분히 고려하지 못한다는 단점과 ERP시스템 제공업체와의 장기적인 종속관계가 성립될 수 있다는 단점이 있다. 따라서 ERP시스템이 제공하는 비즈니스프로세스는 표준 프로세스일 뿐이기 때문에, 그 자체를 도입하는 것으로 자사의 비즈니스프로세스가 언제나 효과적이며 효율적으로 재설계 되는 것은 아니라는 비판적인 시각을 가질 필요가 있다. 그러나 비즈니스프로세스 재설계 작업에 소요되는 시간과 투입되는 인력과 비용을 고려할 때, ERP시스템 기반의 재설계는 훌륭한 대안이 될 수 있다는 사실을 부정할 수 없다.

2) ERP시스템의 모듈(비즈니스프로세스) 구성

ERP시스템의 모듈구성은 ERP시스템 개발업체가 나름대로 정한 표준 프로세스를 모듈화하여 제공하는 일종의 표준 비즈니스프로세스라고 할 수 있다. 이는 ERP시스템 개발업체에 따라 약간의 차이가 있는 것이 사실이지만, 본질적인 큰 차이는 거의 없다. 따라서 세계 ERP시스템 시장을 주도하고 있는 SAP사와 Oracle사 그리고 BAAN 등 대기업 중심의 ERP시스템 그리고 중소기업 중심의 국내 개발업체인 삼성의 uniERP 등을 중심으로 ERP시스템의 구성요소에 대해서 살펴보기로 하겠다.

(1) SAP사의 R/3시스템 모듈 구성

세계 최대의 ERP시스템 개발업체인 SAP사는 약 10조 원(2006년 기준)에 달하는 매출을 기록하는 업체로 전 세계 96,000여 개의 사업장에 SAP사의 대표적인 ERP시스템인 R/3 시스템이 설치되어 있으며, R/3 시스템에 내장되어 있는 산업별 레퍼런스 모델 종류만도 25개에 달하고 있으며 설치, 운영되고 있는 산업영역은 거의 모든 산업에 걸쳐있다고 해도 과언이 아닐 정도로 확산되어 있다. 전 세계 시장점유율 59%를 차지하고 있으며, 우리나라에서의 시장점유율은 약 40% 정도에 이르고 있다.

[그림 8-7]은 SAP사의 R/3시스템 모듈구성도를 나타낸 것이다. 정보기술 환경의 변화

그림 8-7 SAP사 R/3시스템 모듈구성

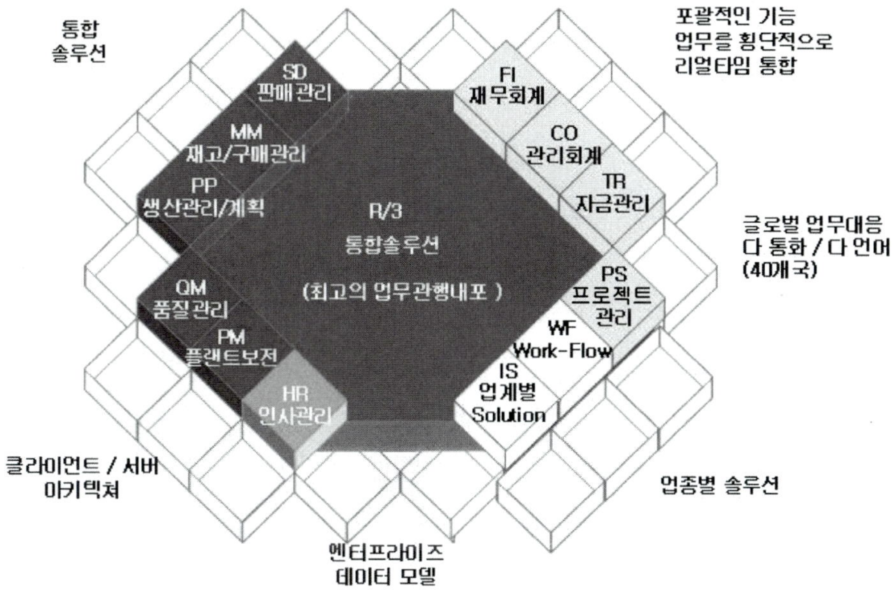

와 업무처리 환경 등이 변화함에 따라서 특정 모듈의 추가 및 삭제와 일부 모듈의 기능이 향상될 수 있으며, SAP사가 제공하는 R/3시스템의 모듈구성은 곧 우리가 살펴보고자 하는 종단간 비즈니스프로세스를 의미한다.

- **영업판매모듈**(SD) : 판매관리, 납품 및 선적관리, 대금청구
- **자재관리**(MM) : 재고관리, 구매관리, 지불요청 및 검사
- **생산계획**(PP) : 재고생산방식 및 반복생산방식의 생산관리
- **재무회계**(FI) : 총계정원장, 보조장부, 특수장부처리
- **관리회계**(CO) : 간접비용, 제조비용, 이익
- **자산관리**(TR) : 유동성관리
- **인력관리**(HR) : 인력관리일반, 급여명세, 채용
- **품질관리**(QM) : 품질계획 및 검사
- **설비관리**(PM) : 작업계획 및 유지보수 계획
- **프로젝트 관리**(PS) : 프로젝트 관리 및 비용관리
- **워크플로**(WF) : 워크플로 관리

- **산업별 솔루션**(IS) : 전자산업, 화학, 금융, 자동차산업, 보험업, 우주항공분야 등

(2) BAAN/SSA 사의 ERP시스템 모듈 구성

BAAN/SSA사의 ERP시스템 역시 SAP R/3시스템 모듈구성과 큰 차이는 없다. SAP사의 R/3 시스템과 비교하여 모듈구성이 단조롭지만, [그림 8-8]과 같이 다양한 산업별 표준 비즈니스프로세스 모델을 제공하는 것이 특징이다.

(3) 삼성 uniERP시스템의 모듈 구성

삼성 uniERPII시스템의 경우, 전사적 자원 및 프로세스의 최적화에서 더 나아가 기업 외부의 파트너와의 긴밀한 협업관계를 유지하고, 단순한 기능 확장이 아니라 지역이나 업종 혹은 사업부 단위별로 특화된 전문 애플리케이션을 제공하며, 제공된 애플리케이션을 고객의 요구에 맞춰 적절한 모듈을 제공할 수 있는 uniERPII 시리즈 (uniERP → uniERPII Premier 2.0 → uniERPII 3.0 → uniLITE 4.0)를 개발하여 제공하고 있다. [그림 8-9]는 삼성의 uniERP 모듈구성과 주요기능을 도식화한 것이다.

그림 8-8 BAAN/SSA ERP시스템의 구성요소와 산업별 비즈니스프로세스 모델

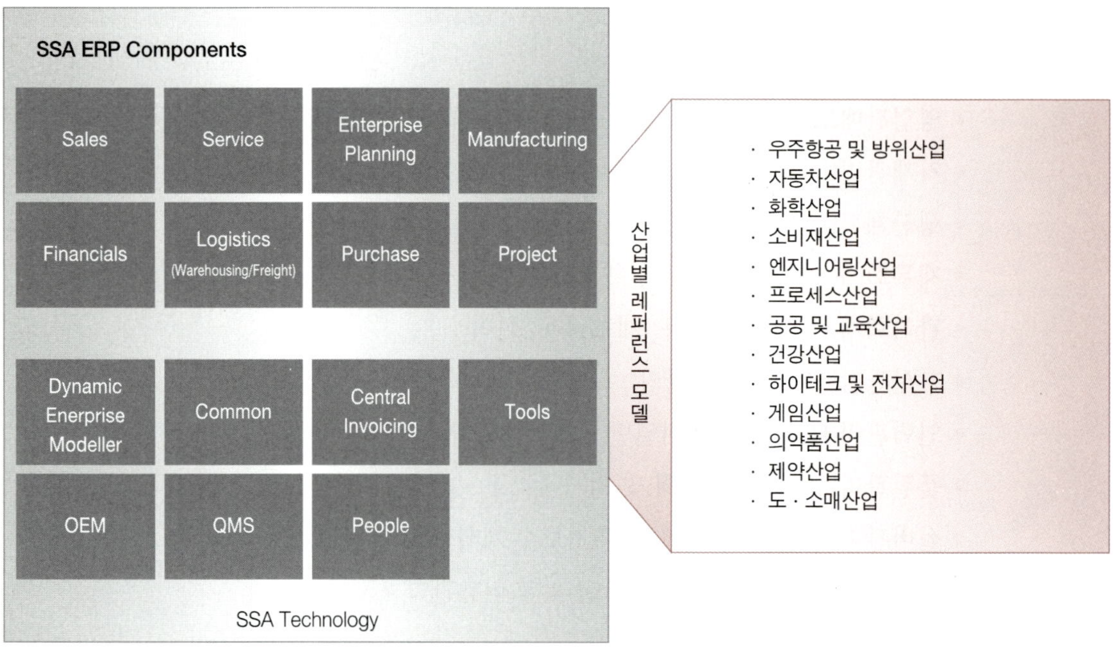

그림 8-9 special uniERPII 모듈구성과 주요기능

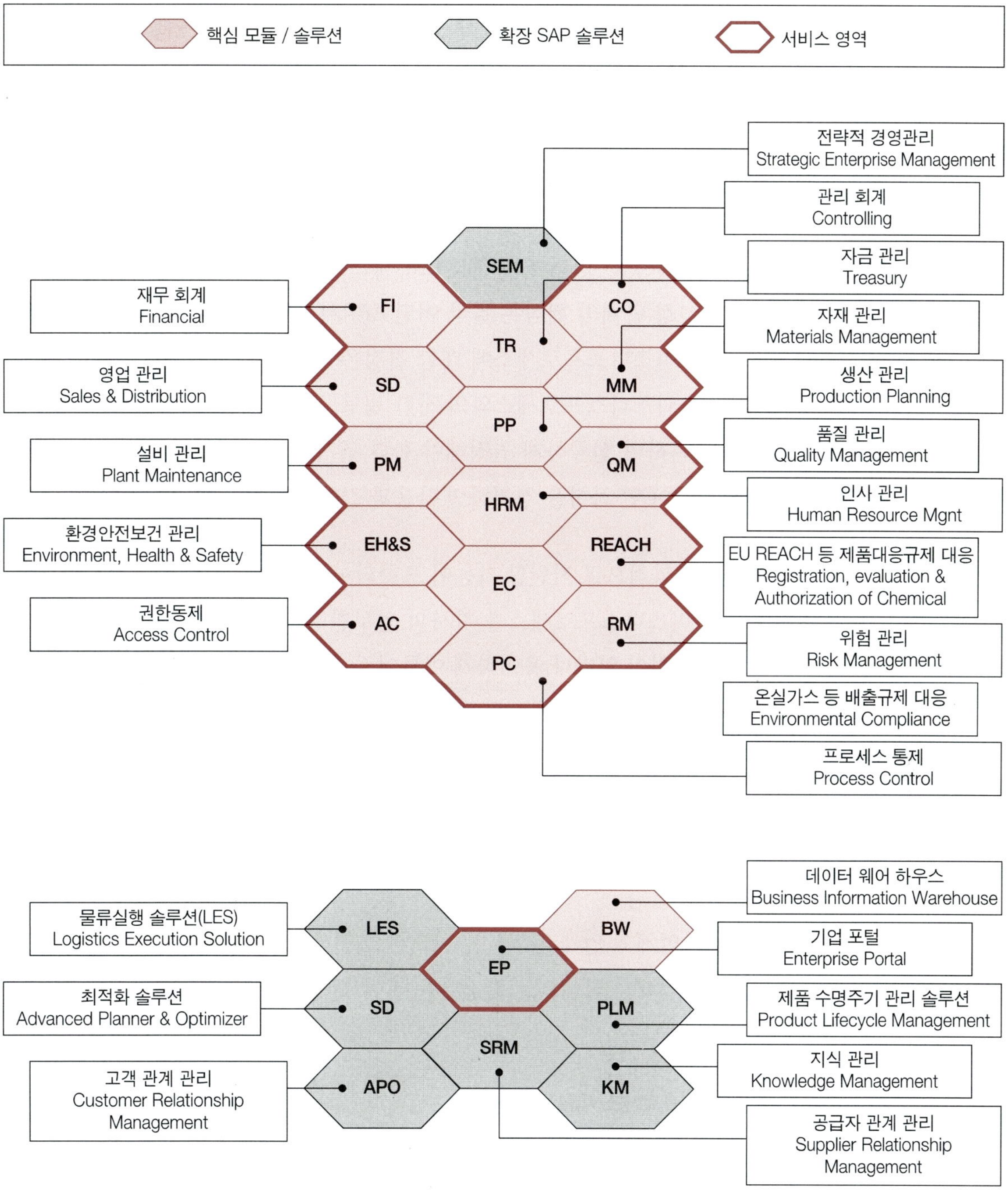

3) ERP시스템 기반의 비즈니스프로세스 재설계 절차

ERP시스템 기반의 비즈니스프로세스 재설계 절차는 결국 ERP시스템 도입 절차에 준하여 진행되는데, ERP시스템 제공업체마다 시스템 도입절차에 대한 구현프로세스를 제공하고 있다. 그러나 일반적으로 [그림 8-10]과 같은 절차에 따른다.

(1) 표준 비즈니스프로세스 선정

표준 비즈니스프로세스 선정 단계는 대상 ERP시스템의 선정을 의미한다. 따라서 **표준 비즈니스프로세스 선정** 단계의 핵심은 결국 어떤 ERP시스템을 표준으로 할 것인지를 결정하는 것이다. 표준 비즈니스프로세스에 대한 결정은 기업의 환경과 자사의 비즈니스프로세스의 목표, 대상 비즈니스프로세스와의 적합 정도, ERP시스템 제공업체의 지원능력 등을 종합적으로 고려하여 신중하게 결정해야 한다. 일반적으로 표준 비즈니스프로세스를 결정하는데 고려해야 할 사항을 정리하면 다음과 같다.

- 자사의 업무를 효과적으로 지원할 기능이 포함되어 있는가?
- 제공하는 표준 비즈니스프로세스를 자사의 업무환경과 비즈니스프로세스의 목표에 맞게 변환하는 작업이 얼마나 용이하게 이루어질 수 있는가?
- 제공하는 표준 비즈니스프로세스가 얼마나 효율적으로 구성되어 있는가?
- 최신 정보기술들을 얼마나 수용하고 있으며, 어느 정도 호환성을 제공하는가?
- 경쟁업체와 유사한 ERP시스템 기반 비즈니스프로세스 재설계 사례가 있는가? 있다면 현재 재설계된 비즈니스프로세스에 대한 평가(만족도, 효과성과 효율성 등)는 어떠한가?
- ERP시스템 제공업체의 업계 신뢰도는 어느 정도인가?
- ERP시스템 제공업체의 국내외 시장점유율은 어느 정도인가?

그림 8-10 ERP시스템 기반 비즈니스프로세스 재설계 절차

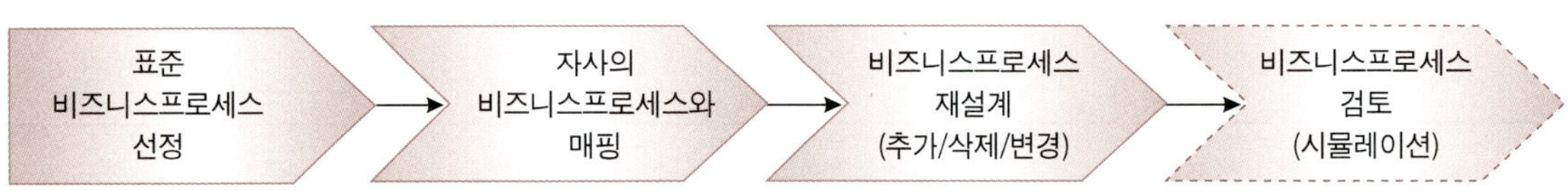

(2) 자사의 비즈니스프로세스와의 매핑

ERP시스템 기반의 비즈니스프로세스 재설계 방법의 유용성은 결국 대상이 되는 ERP 시스템에서 제공하는 비즈니스프로세스가 자사의 업무처리 기능을 얼마나 포함하고 있으며, 얼마나 효과적인지? 그리고 얼마나 효율적인지에 따라 결정된다. **표준 비즈니스프로세스 선정** 단계에서 자사의 기업환경과 비즈니스프로세스 환경, 제공업체의 신뢰도와 표준 비즈니스프로세스의 효율성을 바탕으로 대상 표준 비즈니스프로세스가 이미 선정되었기 때문에, 자사의 **비즈니스프로세스와의 매핑** 단계에서는 자사의 비즈니스프로세스 모델과 표준 비즈니스프로세스 모델을 정확하게 비교 · 검토하는 작업이 필요하다.

자사의 비즈니스프로세스 모델은 BPMLC 프레임워크의 **비즈니스프로세스 분석**단계에서 종단간 비즈니스프로세스 모델과 이에 속하는 개별 비즈니스프로세스 모델이 이미 작성되었기 때문에, 이미 작성된 비즈니스프로세스 모델을 활용하며, 비교 대상인 표준 비즈니스프로세스 모델은 ERP시스템 내에 구현된 비즈니스프로세스 모델을 활용한다.

그림 8-11 비교 대상 비즈니스프로세스와의 매핑

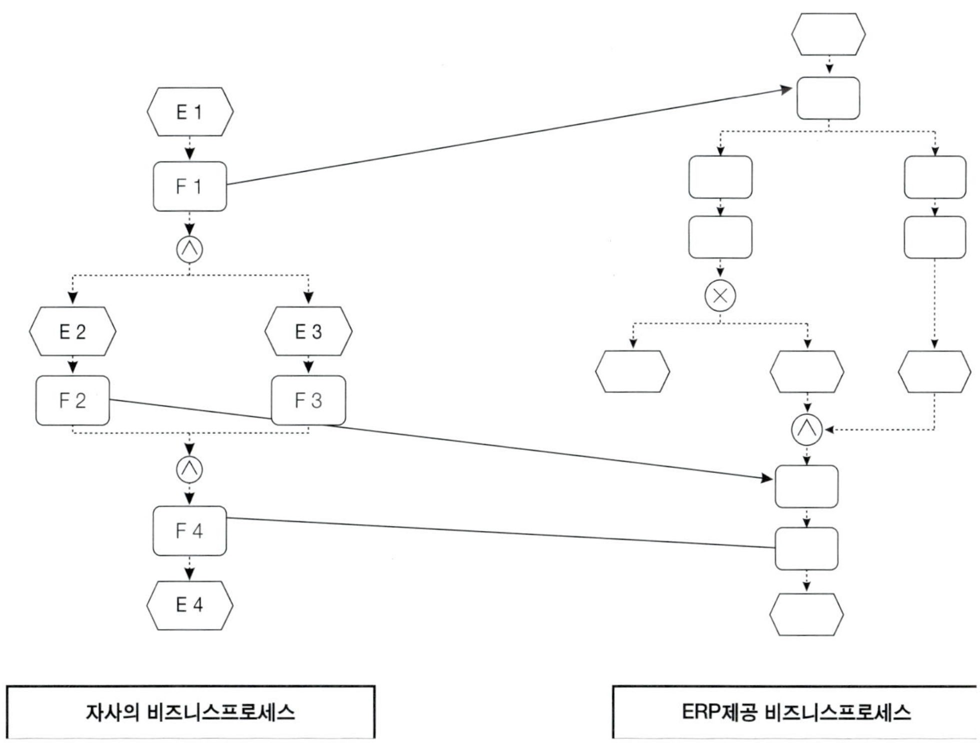

구체적인 매핑 과정에서 주의할 점은, 비교 대상 비즈니스프로세스 모델들이 어느 정도 매핑이 되느냐 보다는 표준 비즈니스프로세스가 자사의 업무처리에 얼마나 적합한지를 보아야 한다는 것이다. 즉, 비교 대상 비즈니스프로세스의 매핑률보다는 자사의 특성상 중요하게 다루어지는 업무처리 기능들과의 매핑 정도를 고려해야 한다는 것이다. [그림 8-11]은 자사의 비즈니스프로세스와 표준 비즈니스프로세스의 매핑 관계를 나타낸 것이다. 자사의 비즈니스프로세스 기준에서 볼 때 매우 높은 매핑률을 나타내고 있는 것은 사실이다. 그러나 자사의 F1이나 F2 기능은 상대적으로 비중이 적으며, F3 기능이 매우 중요하다고 가정할때, 이와 같은 매핑 정도는 높은 수준의 매핑 수준이 아니라는 것이다. 또한 이러한 매핑을 통해서 불필요한 기능이나 매핑이 된다고 하더라도 수정이 불가피한 경우에는 수정, 삭제와 추가하는 적절한 방법이 요구된다.

(3) 비즈니스프로세스 재설계

자사의 비즈니스프로세스와의 매핑 단계의 작업을 통해서 자사의 업무처리 환경과 업무의 비중에 따라서 모든 비교 대상 비즈니스프로세스들이 매핑되면, 그결과 종단간 비즈니스프로세스와 이에 속하는 개별 비즈니스프로세스마다 어떤 부분을 어떻게 수정하고 삭제해야 하는지? 그리고 어떤 부분을 어떻게 추가해야 하는지 나타나게 되는데, 도출된 결과에 따라서 구체적인 재설계 작업을 수행한다.

① 수정하고 삭제해야 하는 경우

자사의 비즈니스프로세스와 표준 비즈니스프로세스와의 매핑 결과 불필요한 기능에 대해서는 삭제하고, 매핑 내용이 부적절하거나 처리내용이 다른 경우에는 자사의 비즈니스프로세스의 수정이나 표준 비즈니스프로세스를 수정하여 최종 비즈니스프로세스로 결정한다.

② 추가해야 하는 경우

표준 비즈니스프로세스에 자사의 실제 업무기능을 지원하는 기능이 없을 경우에는 표준 비즈니스프로세스의 전체 흐름과 자사의 비즈니스 환경과 업무처리 환경을 고려하여 효율적인 비즈니스프로세스를 새롭게 개발해야 한다.

자사의 비즈니스프로세스와 표준 비즈니스프로세스의 매핑 정도와 매핑 내용에 따라서 추가 · 수정 · 삭제작업을 거쳐서 최종적인 비즈니스프로세스를 확정한다. 수록된 S기업

CASE study

S기업의 ERP시스템 기반 비즈니스프로세스 재설계

국내 굴지의 S기업은 양적인 성장에만 지나치게 치중한 나머지 일본의 경쟁업체와 비교하여 제품의 품질은 현격하게 저하되고, 비용은 상대적으로 높아 경쟁력에 심각한 상황을 맞이하면서 품질, 원가, 납기, 서비스 측면의 비즈니스프로세스를 재설계하기로 결정하였다. 이를 위해서 ERP시스템이 제공하는 비즈니스프로세스를 이용하여 자사의 비즈니스프로세스를 재설계하기로 결정하고 다음과 같이 비즈니스프로세스 재설계 작업을 본격적으로 시작하였다.

- **사전준비** : 비즈니스프로세스 재설계를 위한 프로젝트 팀을 구성하여 자사의 경영환경과 재설계 대상 비즈니스프로세스를 선정하여 프로젝트 팀뿐만 아니라, 모든 내부 구성원들과의 광범위한 공감대를 형성해 주력하는 등 철저한 프로젝트 수행준비에 만전을 기했다.
- **표준 비즈니스프로세스 선정** : 대상이 되는 ERP시스템 제공업체 리스트를 작성하고 내부환경과 업체마다의 장점과 단점, 그리고 프로젝트 목표와 가장 부합하는 대상 ERP시스템 제공업체를 선정하였다. 최종적으로 선정된 ERP시스템은 SAP R/3시스템이었으며, 선정 이유는 SAP R/3시스템이 국·내외 시장을 거의 점유하고 있으며, 그룹 계열사 중에 상당수의 기업들이 SAP R/3시스템을 사용하고 있기 때문에, 그룹 내부의 비즈니스프로세스의 일관성과 호환성이 높게 평가되었으며, 그러나 무엇보다도 SAP사의 표준 비즈니스프로세스에 대한 높은 신뢰도와 SAP사의 노하우를 통해서 장기적으로 자사의 비즈니스프로세스관리에 도움이 될 것이라는 점이 높이 평가되었기 때문이다.
- **비즈니스프로세스 재설계** : 자사의 비즈니스프로세스를 분석하여 문제점을 해결할 수 있는 효율적이고 효과적인 비즈니스프로세스를 재설계하는 작업과 비즈니스프로세스별로 시나리오를 작성하여 SAP R/3시스템에서 제공하는 비즈니스프로세스와의 일대일 매핑 작업을 수행하였다. 매핑 결과 지원되는 업무기능이 없거나 지원방식이 다른 경우는 새로운 비즈니스프로세스를 개발하여 추가하고, 불필요한 업무기능이나 부적절한 업무기능이 있을 경우에는 이를 삭제하거나 변경하는 작업을 실시하였다.
- **비즈니스프로세스 검토** : 최종적으로 생성된 비즈니스프로세스를 시뮬레이션 방법을 이용하여 검토하는 작업을 수행하여 기존의 비즈니스프로세스와 비교하여 새로운 비즈니스프로세스가 얼마나 효과적인지? 얼마나 효율적인지? 등을 비교·검토함과 동시에 새로운 비즈니스프로세스 도입에 따른 조직구조와 조직구성원의 새로운 역할분담, 시스템 기반 구조 정비 등과 같은 작업을 병행하였다.
- **비즈니스프로세스 재설계** : 성과: SAP R/3시스템을 기반으로 비즈니스프로세스를 재설계한 S기업은 비즈니스프로세스의 표준화와 단순화를 통해서 업무처리 속도가 현격하게 향상되었으며, 고객의 주문에 대해 납기가 지연되는 등의 문제 또한 현저하게 줄어들어 고객만족도가 크게 향상되었다. 또한 비즈니스프로세스의 유연성과 기민성 덕분에 물류관리 및 물류비용이 상당부분 절감되는 효과를 거두었으며, 재고수준 또한 줄어 들어 생산부분의 효율성이 크게 향상되었다.

사례는 ERP시스템을 기반으로 자사의 비즈니스프로세스를 재설계한 실제 사례에 해당된다.

2.2 Six Sigma를 이용한 비즈니스프로세스 재설계

1) Six Sigma의 개념

기업의 업무처리 결과 산출된 결과물들을 조사하여 결함을 찾으려는 시도는 1900년대 초반부터 시작되었다. 이러한 움직임은 Quality Assurance 혹은 Quality Control 이라 불리며 계속되어 오다가 1980년대 들어서 가격이 저렴하면서도 품질이 좋은 자동차를 생산하는 일본 자동차 회사들을 연구하기 시작하면서 본격화 되었다. 1980년대 전사적 품질관리(TQM: total quality management)와 JIT(just in time) 등 다양한 품질관리 방법론들이 소개되었으며, Six Sigma는 이러한 품질관리 방법론들을 포괄하여 새로운 방법론으로 자리를 잡고 있으며, 기본적인 개념은 [그림 8-12]와 같은 표준 종형 곡선과 관련된 통계적 기법에서 출발하고 있다.

예를 들어, 정밀기계부품을 생산하는 기업의 핵심부품인 축의 길이를 1M 길이로 절단해야 하는 작업을 가정해 보자. 아무리 첨단 절단기기를 이용하여 정확하게 절단한다 하더라도 약간의 차이를 보일 수 있다. 실지로 절단된 축의 길이를 보통의 측정도구로 측정

그림 8-12 표준 종형 곡선의 특징

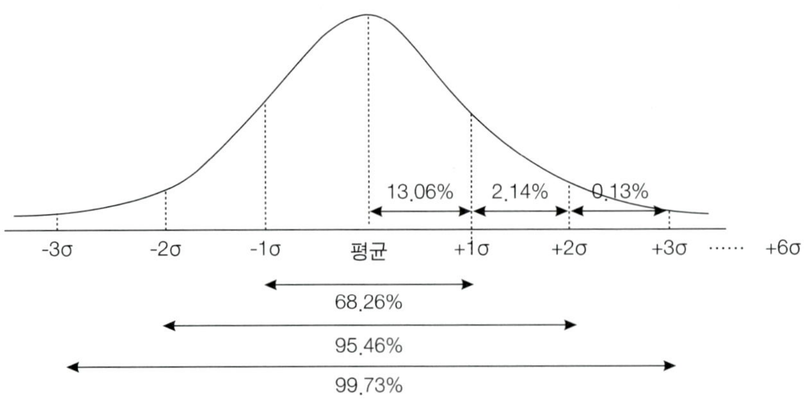

하면 1M인 것처럼 보이지만, 정밀 측정도구를 활용하여 측정하는 경우 어떤 것은 99.80cm 혹은 100.15cm로 약간의 차이가 있을 수 있다. 이러한 차이를 설명하기 위해서 통계학자들이 위와 같은 종형 곡선을 이용하여 설명한다. [그림 8-12]에 표시된 표준 종형곡선에서 68.26%가 표준편차의 2배 내에 위치하며, 편차의 99.73%가 표준편차의 6배 이내에 들어오게 된다. 세 개의 시그마(편차)가 평균 오른쪽에 표시되어 있는데, 평균 오른쪽에 0.13%에 해당되는 부분에 3개의 시그마를 더 표시한다고 가정하는 경우, 평균 오른쪽에 6개의 시그마가 표시될 것이고, 6개의 시그마(Six Sigma)를 넘어가는 경우는 극히 일부에 해당될 것이다. [그림 8-12]의 경우 Six Sigma의 범주 내에 들어오는 경우는 99.99966%에 해당된다. 이러한 수치로 계산하면 백만 개의 축을 절단하는 경우 3.4개 만이 이 범위를 벗어나게 되어 불량으로 기록될 것이다.

Six Sigma 적용범위를 확대하여 프로세스 성과를 측정하여 프로세스의 문제점을 개선하려는 방법이 Six Sigma 기반의 비즈니스프로세스 재설계 기법이라 할 수 있다. Six Sigma 기법을 이용하여 관리자는 자체의 프로세스를 변화시킬 수 있을 뿐만 아니라, 이를 지속적으로 유지하기 위한 수단으로도 활용할 수가 있는 경영기법으로 활용되고 있다. Six Sigma를 소개하는 대부분의 저술에서 핵심적으로 다루는 Six Sigma의 핵심 내용은 다음과 같다.

① **프로세스관리** : 기업이 추구하는 목표와 전략과 연계하여 가장 효과적인 프로세스를 조직화하고 통합한다.

② **프로세스 개선** : 개별 프로세스 수준에서 점진적으로 프로세스의 질을 향상시키고 유지 보수한다.

③ **프로세스 재설계** : 일상적으로 운영되는 프로세스의 효과성과 효율성을 높이기 위해서 점진적인 개선보다 단기간에 걸쳐 대폭적인 변화가 가능하다.

2) Six Sigma 기반의 비즈니스프로세스 재설계 절차

Six Sigma 기법을 이용한 비즈니스프로세스 재설계 절차는 일반적으로 다음과 같은 절차에 따라서 진행된다.

- Define(정의)
- Measure(측정)

그림 8-13 Six Sigma 기법을 이용한 프로젝트 절차

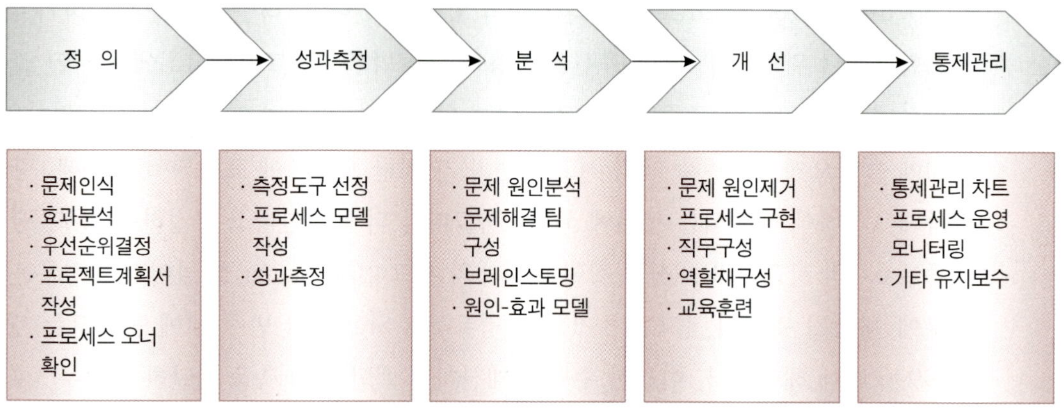

- Analyze(분석)
- Improve(개선)
- Control(통제관리)

(1) 정 의

Six Sigma 기법을 이용한 비즈니스프로세스 재설계 작업은 프로젝트 헌장(project charter) 초안을 작성하는 것으로부터 출발한다. 프로젝트 헌장에는 개선되어야 할 비즈니스프로세스에 대한 간단한 기술과 함께 프로젝트의 목표와 범위 그리고 주요 일정과 프로젝트 팀 구성 및 구성원들의 역할과 책임 등이 기술된다. 이와 같은 내용은 일반적인 시스템개발 프로젝트와 BPMLC 프레임워크에서 설명한 프로젝트 계획수립 단계에 해당되기 때문에, 일종의 프로젝트를 정의하는 작업단계라 할 수 있다. 그러나 Six Sigma 기법을 이용한 비즈니스프로세스 재설계 방법론에서의 정의단계는 일반적인 의미의 프로젝트 계획수립 작업에서 행해지는 모든 내용들은 특별히 프로세스를 정의하고 개괄적인 문제점과 문제해결 방안에 대한 윤곽을 파악하는데 초점을 맞추는 것이 특징이다.

프로세스를 정의하기 위한 Six Sigma 접근법은 SIPOC(supplier, input, processes, output, customer)로 요약된다. 만일 [그림 8-14]와 같은 프로세스가 고객주문처리프로세스라고 한다면, 공급자는 고객주문을 처리하는데 필요한 데이터와 정보를 제공하는 주체일 것이며, 투입은 실제로 주문 데이터와 정보가 이에 해당될 것이다. 프로세스는 현재

그림 8-14 Six Sigma 기반의 프로세스 정의

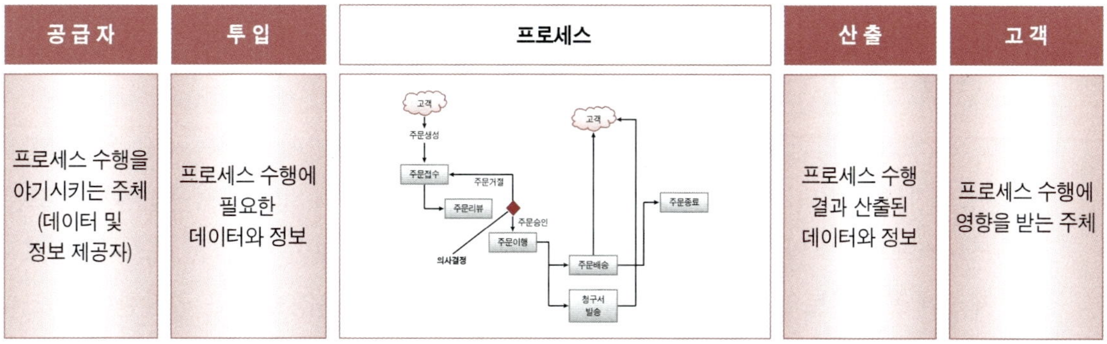

(고객주문처리프로세스)

고객주문을 처리하는 과정을 도식화한 것이다. 산출은 주문처리결과 생성된 데이터와 정보이며, 고객은 주문한 고객이 될 것이다.

만일 [그림 8-14]와 같은 고개주문 처리프로세스의 목표가 고객만족도 향상에 있다면, Six Sigma 팀에서는 고객만족도에 영향을 미치는 요인들을 고객과의 인터뷰나 자체연구를 통해서 도출하고 이를 중심으로 모든 가능한 영향요인들을 [그림 8-15]와 같은 CTQ(critical-to-quality) 차트에 정리한다. 이렇게 작성된 CTQ 차트를 통해서 의외의 평

그림 8-15 CTQ(Critical-To-Quality) 차트

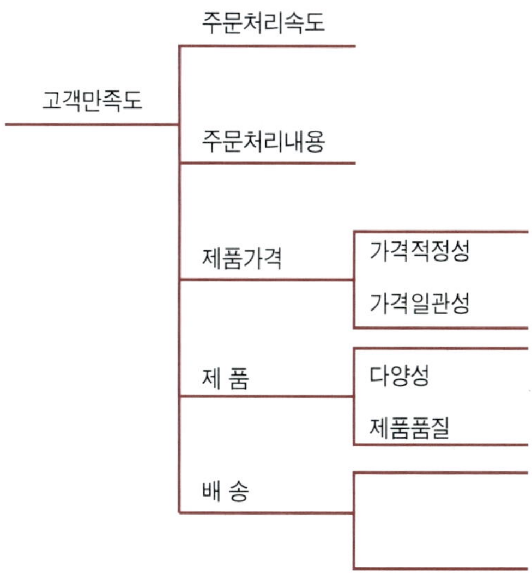

가항목과 평가기준을 이끌어 낼 수 있으며, 이를 통해서 고객만족도를 향상시킬 수 있는 다양한 해결 방법들을 이끌어 낼 수가 있다.

(2) 측 정

Six Sigma 기반의 비즈니스프로세스 재설계 작업의 두번째 단계는 주요 요구사항들이 어느 정도 만족되고 있는지를 평가하는 것이다. 그러나 Six Sigma 접근법에서는 모든 비즈니스프로세스의 요구사항 모두를 측정대상으로 하는 것이 아니라, 비즈니스프로세스 재설계 프로젝트의 성격에 부합되는 항목들을 중심으로 측정할 것을 권장한다. 비즈니스프로세스 재설계 프로젝트의 근본목적은 기업의 목표와 전략에 부합하여 부가가치 창출에 직접적으로 작용하여 프로세스의 효과성과 효율성을 향상시킬 수 있는 새로운 비즈니스프로세스를 만드는 것이기 때문에, 비즈니스프로세스의 효과성과 효율성을 고려하여 다음과 같은 측정원칙을 갖는 것이 합리적이다.

원칙1 : 개선의 여지가 있는 프로세스 산출만을 측정한다.
원칙2 : 개선의 가치가 있는 것만을 측정한다.
원칙3 : 도출되는 문제가 없는 경우에는 측정하지 않는다.

이러한 원칙이 적용되는 비즈니스프로세스에 대해서 다음과 같은 항목들을 측정하게 된다.

- 비즈니스프로세스에 투입되는 데이터와 정보로부터 기인한 문제점
- 비즈니스프로세스로부터 산출되는 데이터와 정보로부터 기인한 문제점
- 비즈니스프로세스 내의 세부활동단위에 소요되는 시간, 가치, 원가
- 비즈니스프로세스의 목표 달성 수준
- 비즈니스프로세스 수행 인력 배치의 적절성

(3) 분 석

간단한 비즈니스프로세스의 경우 비즈니스프로세스를 정의하고 성과를 측정하는 단계로부터 이미 그 문제점과 해결방법을 직감하는 경우가 많다. 그러나 복잡한 비즈니스프로세스의 경우에는 문제의 원인이 복합적이며 다양하기 때문에, 비즈니스프로세스의 정의 및 성과 측정단계에서 쉽게 드러나지 않는다. 이러한 경우에는 비즈니스프로세스 내의 개

그림 8-16 Cause-Effect 다이어그램

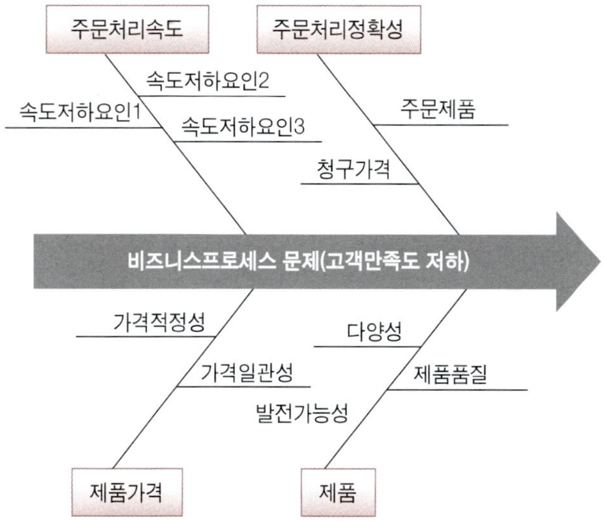

별 활동 단위별로 각각의 활동들이 전체 비즈니스프로세스 내에서 어떻게 부가가치 창출에 기여하는지? 어느 정도 기여하는지? 비즈니스프로세스를 통해서 달성하려는 목표가 달성되지 못한다면 어떤 문제가 있는지? 그리고 문제의 원인은 무엇인지? 등을 고려하여 정확하게 분석하는 작업이 필요하다.

문제의 원인을 체계적으로 분석하기 위해서 Six Sigma 접근법에서는 [그림 8-16]과 같은 Cause-Effect 다이어그램 또는 fishbone 다이어그램을 이용한다. Cause-Effect 다이어그램은 특히, 비즈니스프로세스가 길고 복잡한 경우, 어떤 활동이 최종 산출에 어떤 영향을 미치는지? 그리고 각각의 요인에 다시 영향을 미치는 요인들을 체계적으로 정리하기 어려울 때 유용하게 사용되는 분석도구이다. Six Sigma 접근법에서는 [그림 8-17]과 같은 3단계 분석법을 제시한다.

첫번째 단계에서는 모든 가능한 문제의 원인들을 파악하기 위해서 브레인스토밍과 같은 방법을 이용하여 가능한 많은 문제의 원인들을 도출한다. 그러나 도출된 문제의 원인 모두를 고려한다는 것이 현실적으로 힘들기 때문에, 합리적인 수로 제한할 필요가 있다. 따라서 이어지는 두번째 단계에서는 가능한 원인의 수를 합리적인 수로 제한하는 작업이 이루어진다. 이를 위해서 보통 전문 분석도구를 이용한다. 마지막 세번째 단계에서는 합리적인 수로 제한된 문제의 원인들에 대해서 데이터를 수집하고 분석하여 문제의 비중과

그림 8-17 Six Sigma 기반의 문제원인 분석 절차

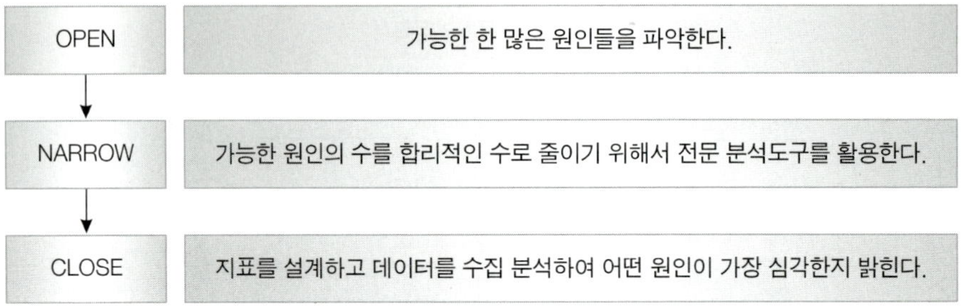

심각성 정도를 구분하여 어떤 문제를 해결할 것인지? 어떤 문제를 먼저 해결할 것인지? 등과 같은 개선단계의 작업을 위한 우선순위를 결정하게 된다.

(4) 개 선

비즈니스프로세스에 대한 데이터가 수집되고 분석되면 프로젝트 팀은 개선방법을 찾기 시작한다. 이는 분석결과 작성된 우선순위 리스트를 참조하게 되며, 우선순위에 따라서 기업이 추구하는 목표를 달성하는데 가장 크게 기여하는 비즈니스프로세스와, 비즈니스프로세스 개선효과가 극대화될 것으로 판단되는 대상들에 대해서 먼저 개선한다. 어떻게 개선하느냐는 비즈니스프로세스 분석결과 도출된 문제점을 해결하는데 초점을 맞추어야 한다. 예를 들어, 고객만족도를 저하시키는 요인이 주문처리의 부정확성으로부터 기인된 것이라면, 주문처리가 부정확한 이유가 제품가격에 대한 것인지? 배송에 대한 것인지에 따라서 합리적인 해결방안이 강구될 것이다.

(5) 통제관리

통제관리 단계에서는 개선된 비즈니스프로세스의 상태를 지속적으로 유지하거나, 향상시키기 위해서 노력하는 단계이다. 즉, 비즈니스프로세스의 실제 운영결과가 Six Sigma의 이론적 근거가 되는 표준 종형곡선의 Six Sigma(표준 종형곡선의 오른쪽 $+6\sigma$ = 비즈니스프로세스의 목표가 효율적으로 달성되는 수준)에 접근하도록 유지하는 것이다.

Six Sigma 기반의 비즈니스프로세스 재설계의 한계점은 기업이 추구하는 목표와 전략에 어느 정도 부합되는지에 대한 비즈니스프로세스의 효과성보다는 비즈니스프로세스의 운영 효율성에 초점이 맞추어져 있기 때문에, 비즈니스프로세스의 운영에 따른 문제점을

해결하는 데는 유용하지만, 비즈니스프로세스의 효과성을 높이는 데는 한계가 있다는 것이다.

2.3 워크플로우 기반의 비즈니스프로세스 재설계

1) 워크플로우 개요

(1) 워크플로우 개념

BPR(business process re-engineering)이 유행했던 1990년대 초반 기업들은 기업구성원들 간의 데이터(문서) 이동을 자동화하는데 많은 관심을 가졌다. 기업 활동 중에 생성되는 수많은 데이터 이동을 자동화하고 관리하는 시스템을 워크플로우(workflow) 시스템(또는 워크플로우 엔진)이라 불렀는데, 이는 오늘날 다양한 형태의 업무자동화를 위한 초석이 되었다. 1993년 창설된 워크플로우 소프트웨어 사용자 및 판매자 단체인 WfMC(workflow management coalition)에 의하면, 워크플로우와 워크플로우 시스템을 다음과 같이 정의하고 있다.

[워크플로우 및 워크플로우 시스템 정의]

① **워크플로우** : 정해진 규칙에 따라 문서와 정보가 전달되고, 업무가 수행되는 과정에서 전체 혹은 부분적으로 비즈니스프로세스를 자동화는 것

② **워크플로우 시스템(워크플로우 엔진)** : 구체적인 워크플로우를 수행하는 소프트웨어 즉, 워크플로우 수행을 정의, 생성, 관리하는 시스템

(2) 워크플로우 관점에서의 비즈니스프로세스

워크플로우 관점에서 비즈니스프로세스를 수행하는 주체는 워크플로우 엔진이라고 불리는 워크플로우 시스템이다. 이는 일종의 업무활동을 지원하는 정보시스템이며, 워크플로우 시스템을 구현하기 위해서 비즈니스프로세스를 [그림 8-18]과 같이 이해한다.

워크플로우 시스템은 비즈니스프로세스를 수행하는 주체이며, 비즈니스프로세스가 어디에 정의되느냐에 따라서 구체적인 프로세스가 정의된다. 프로세스란 비즈니스프로세

그림 8-18 워크플로우 관점의 비즈니스프로세스

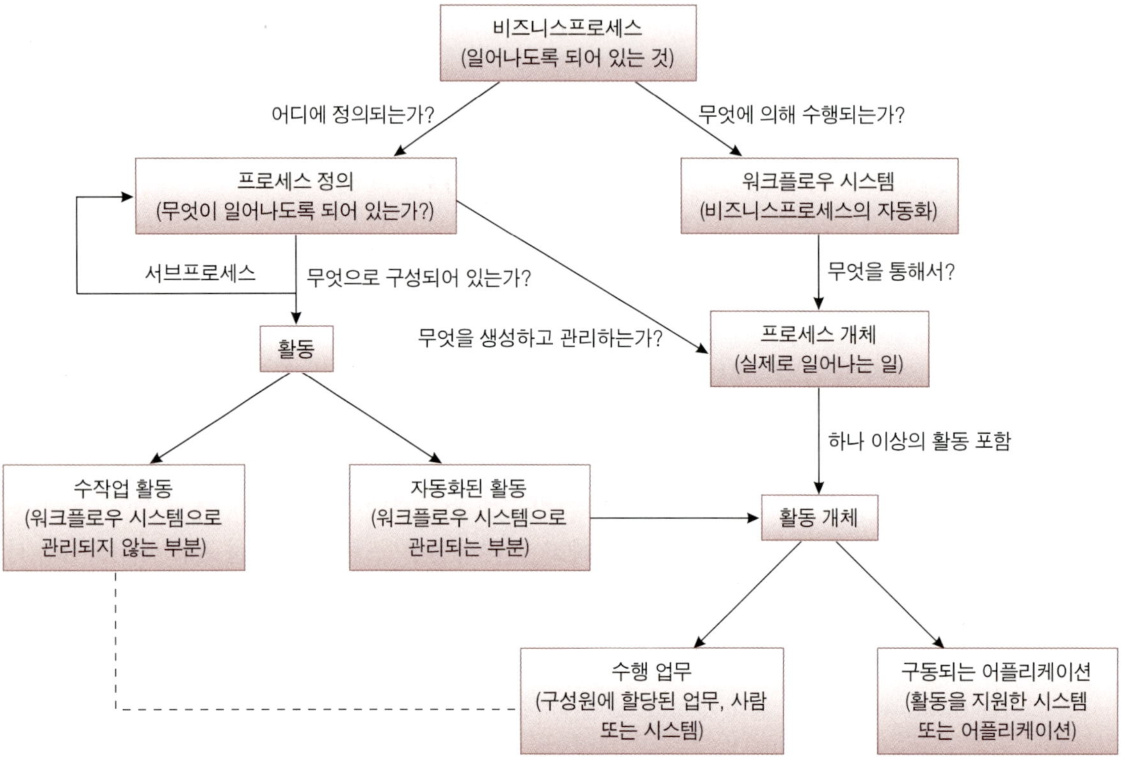

(출처: WfMC(www.wfmc.org)

스에서 무엇이 일어나도록 되어 있느냐를 의미하는 것이다. 프로세스는 구체적인 많은 활동들로 이루어져 있으며, 각각의 활동들로 구성된 프로세스를 서브프로세스라 정의한다. 또한 구체적인 활동 중에서는 워크플로우 시스템을 통해서 관리될 수 있는 자동화된 활동도 있지만, 수작업을 통해서 수행되는 활동은 워크플로우 시스템을 통해서 관리되지 않는 부분에 해당된다. 워크플로우 시스템은 정의된 프로세스를 통해서 생성되고 관리되는 프로세스 개체들로 구성되는데 이를 활동개체라고 하며, 이는 워크플로우 시스템을 통해서 수행되는 자동화된 활동들을 의미한다. 활동개체는 기업 구성원에 할당된 구체적인 업무와 시스템을 의미하는 수행업무와 업무활동을 지원하는 구체적인 시스템 또는 어플리케이션으로 구성된다.

비즈니스프로세스를 이해하기 위한 기본개념을 비즈니스프로세스를 재설계하는데 어떻게 정의해야 하며, 또 어떤 개별 프로세스들로 세분화되는지? 개별 프로세스들이 구체적으로 어떤 활동들로 이루어져 있으며, 어떤 부분을 자동화할 수 있고 어떤 부분이 자동화할 수 없는 부분인지? 그리고 정의된 프로세스를 통해서 어떤 데이터와 정보가 생성되며, 데이터와 정보를 생성하기 위해서 어떤 구성원들에게 어떤 시스템이 배치되고 업무가 할당되는지? 등을 할 수 있기 때문이다.

2) 워크플로우 기반의 비즈니스프로세스 재설계

워크플로우 시스템의 핵심 아이디어는 비즈니스프로세스 수행과정에서 생성된 데이터와 정보의 자동생성 및 자동이동시키기 위해서 업무를 체계적으로 정의하는 것이다. 이는 곧 업무의 흐름과 데이터 처리속도 그리고 데이터의 이동속도를 향상 시키는 것을 의미한다. 따라서 워크플로우 관점에서 비즈니스프로세스를 정의하고 체계화하는 자체가 비즈니스프로세스 재설계인 셈이다. 워크플로우 시스템 도입을 통해서 상당부분의 비즈니스프로세스가 자동화됨으로써 비즈니스프로세스의 효율성 향상에 크게 기여할 수가 있다. 워크플로우 기반의 비즈니스프로세스 재설계 절차는 다음과 같이 진행된다.

(1) 비즈니스프로세스 분석

워크플로우 기반의 비즈니스프로세스 재설계 첫번째 단계 역시 많은 다른 비즈니스프로세스 재설계 방법과 마찬가지로 현재의 비즈니스프로세스를 분석하는 작업으로부터 시작한다. 현재의 비즈니스프로세스를 정확하게 이해하기 위해서 프로세스 아키텍처에서 결정한 프로세스 모델링 방법론에 따라서 모든 비즈니스프로세스를 그림형태로 표현한다. 다른 비즈니스프로세스 분석방법과 다른 점은 워크플로우 시스템의 핵심이 종이 문서를 없애거나 데이터의 흐름을 자동화하려는 것이기 때문에, 비즈니스프로세스를 다음과 같은 관점에서 분석하게 된다.

- 비즈니스프로세스와 개별 프로세스의 흐름은 어떤 순서인가?
- 언제, 어디서, 누구에 의해서 어떤 형태의 데이터가 필요하고 생성되는가?
- 어느 시점에 데이터가 워크플로우 시스템에 입력되는가?
- 워크플로우 시스템에 어떤 형태로 입력되는가? (수작업, 온라인, 스캐닝 등)

예를 들어, 다음과 같은 간단한 고객주문 처리업무를 가정해 보자

① 고객주문 처리업무

A사의 고객주문 처리업무는 수작업으로 이루어지는데 먼저 고객이 주문서를 보내오면, 담당직원은 고객정보를 확인하고 주문서 내용을 검토하여 주문을 수락할 것인지? 거절할 것인지? 결정하여 주문이 승인되면 고객에게 주문결과를 통보한다.

그림 8-19 A사의 고객주문처리프로세스 (AS-IS)

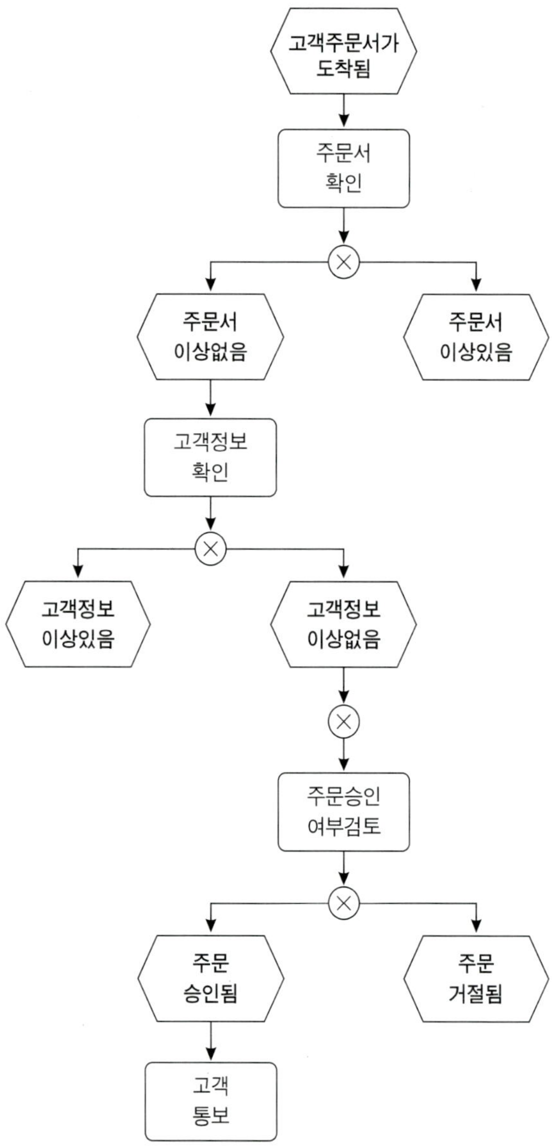

② 고객주문 처리프로세스 모델

프로세스 아키텍처 단계에서 소개한 ARIS Tool을 이용하여 고객주문 처리업무를 모델링 한 결과는 [그림 8-19]와 같다.

A사의 고객주문 처리작업이 수작업으로 이루어지기 때문에, [그림 8-19]의 모델에서 화살표 흐름은 고객이 보내온 주문서가 이동하는 경로에 해당된다. 보통의 경우 주문처리 담당자들은 주문이 접수되어 고객정보를 확인하고 주문정보를 확인한 후 곧 바로 다음 작업자에게 전달하는 것이 아니라, 확인할 주문서 묶음 전체를 모두 확인한 후에야 다음 작업자에게 전달하는 일괄처리방식(batch processing)으로 전달된다. 또한 A사와 같이 전통적인 수작업 방식의 업무처리에서 종이 문서의 경우 한 사람에게 한 장의 종이 문서만이 전달될 수 있기 때문에, 동시에 이루어지는 작업의 경우 이를 복사하여 전달하는 수밖에 없다.

A사의 고객주문처리의 경우, 가장 큰 문제점은 업무의 흐름에 따라 종이 문서가 이동한다는 것과, 이동하는 방식이 일괄처리 방식이라는 것이다. 작업자들은 원본인 고객주문서가 도착해야만 자신의 업무를 수행할 수 있기 때문에, 실제 업무를 처리하는데 소요되는 시간은 짧지만 대기시간이 너무 길다는 것이다.

A사의 고객주문 처리프로세스 분석데이터(AS-IS)를 나타내는 〈표 8-1〉과 같이 실제 작업처리 시간은 불과 0.9 시간에 불과하지만 이를 위해서 12시간을 대기해야 한다는 것이다. 이는 [그림 8-20]에서 보는 바와 같이 전체 프로세스 처리시간의 89%에 해당되는 시간으로 프로세스의 비효율성을 극명하게 나타내고 있다.

그림 8-20 A사 고객주문 처리프로세스 시간분석(AS-IS)

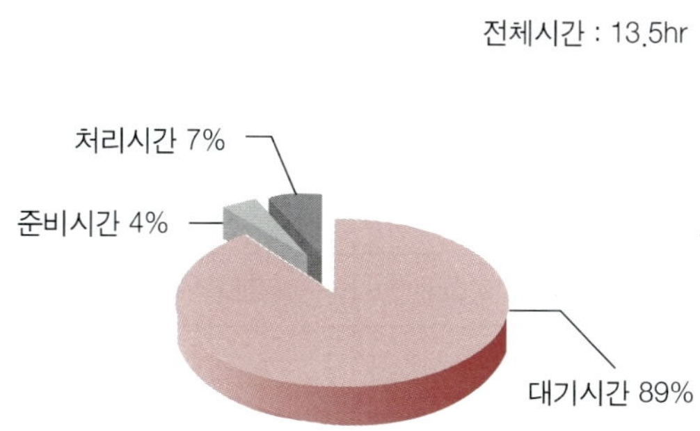

(2) 비즈니스프로세스 재설계

비즈니스프로세스 재설계 단계는 분석단계에서 도출한 근본원인에 대한 해결방법을 모색하고 비즈니스프로세스를 효율적으로 새롭게 하는 단계이다.

비즈니스프로세스 분석단계에서 도출한 문제의 근본원인은 종이 문서의 일괄적인 이동과, 일괄적으로 이동된 문서가 도착해야만 작업을 시작할 수 있다는 것이었다. 이러한 문제의 근본원인을 제거하고 프로세스를 효율적으로 새롭게 재구성하기 위해서 다음과 같은 해결 방법을 가정해 보자.

- 고객이 보내온 원본 주문서가 없어도 작업이 가능해야 한다.
- 불필요한 작업을 제거한다.
- 필요한 작업이라면 프로세스의 길이와 상관없이 추가한다.
- 순차적인 작업이 아닌 경우에는 동시에 병행한다.

고객이 보내온 원본 주문서가 없어도 작업이 가능하다는 의미는 원본 주문서가 없어도 된다는 것을 의미하는 것이 아니라, 이는 주문서를 직접 받을 때까지의 대기시간을 최대한 줄이기 위해서 작업담당자에게 도착하지 않더라도 작업담당자가 직접 주문서를 확인할 수 있도록 한다는 것을 의미한다. 불필요한 작업이 있다면 제거하고 필요한 경우라면 프로세스의 길이와 상관없이 추가하도록 한다. 이는 프로세스의 물리적 길이는 길다고 해서 프로세스 처리시간이 길다는 것을 의미하지는 않는다는 것이다.

〈표 8-1〉 A사의 고객주문처리프로세스 분석데이터(AS-IS)

		고객정보 확인	주문서 확인	주문승인여부 검토	고객통보	합계
처리시간	대기시간	0	4 hr	4 hr	4 hr	12 hr
	준비시간	0	0.2 hr	0.2 hr	0.2 hr	0.6 hr
	처리시간	0.2 hr	0.5 hr	0.1 hr	0.1 hr	0.9 hr
		0.2 hr	4.7 hr	4.3 hr	4.3 hr	13.5 hr
처리비용	재료비	–	–	–	–	–
	인건비	100	200	100	100	500
	기타 비용	50	50	–	–	100

〈표 8-1〉의 처리시간 분석데이터와 같이 세부업무들을 처리하는데 소요되는 시간이 전체 시간에 비해서 짧기 때문에, 새로운 업무가 추가된다고 하더라도 전체 대기시간과 준비시간을 줄일 수 있다면 이는 프로세스 효율성 향상에 기여하는 바가 클 것이기 때문이다. 또한 고객주문서 원본이 작업순서에 따라서 순차적으로 이동되기 때문에, 작업이 순차적으로 이루어 질 수밖에 없었지만, 작업자가 필요한 시간에 언제라도 직접 고객주문서를 확인할 수 있도록 함으로써 병행처리가 가능하도록 한다는 것이다.

이와 같은 재설계 기준과 원칙을 A사의 고객주문처리프로세스 재설계에 적용하는 경우 다음과 같은 해결방법을 제시할 수 있다.

- 고객정보 확인작업과 주문서 확인작업이 순차적으로 이루어질 필요가 없으며, 동시에 처리하도록 하거나 동일 담당자에게 두 가지 확인작업을 하도록 함으로써 대기시간을 최대한 줄인다.
- 이를 위해서는 고객 정보확인 및 주문서 확인 작업자 모두가 고객이 보내온 주문서가 필요하기 때문에, 작업자마다 필요한 주문서를 직접 확인할 수 있도록 주문입력시스템을 개발하여 주문이 접수될 때마다 실시간으로 주문서를 입력하도록 한다.
- 주문서 입력작업 후에 진행되는 모든 작업마다 고객주문서가 필요한 경우 저장된 주문데이터를 호출하여 활용하도록 한다.

[그림 8-21]은 이와 같은 비즈니스프로세스 재설계 원칙과 기준을 적용하여 문제를 해결할 수 있도록 비즈니스프로세스를 재설계한 것이다.

비즈니스프로세스 분석단계에서 모델링 한 모델과 비교할 때, 주문입력 작업이 추가된 것과, 주문서 확인작업과 고객정보 확인작업을 동시에 처리되도록 한 것 이외에 극명한 차이는 없어 보인다. 그러나 새롭게 설계된 고객주문 처리프로세스에 대한 분석데이터를 살펴보면 너무 큰 차이를 발견할 수가 있다. 〈표 8-2〉는 A사의 재설계된 고객주문처리프로세스 분석데이터를 정리한 것이다.

전체 주문 처리프로세스 처리시간이 13.5시간에서 3.9시간으로 약 60% 정도 단축된 것을 알 수 있다. 이는 실질적인 업무처리 시간이 줄어든 것이 아니라, 오히려 0.9시간에서 1.3시간으로 증가하였지만, 각각의 작업을 수행하는데 필요한 준비시간과 대기시간이 현저하게 줄었기 때문이다. 주문입력작업을 추가하여 작업시간은 늘어났지만, 이로 인해서

그림 8-21 A사의 고객주문 처리프로세스(TO-BE)

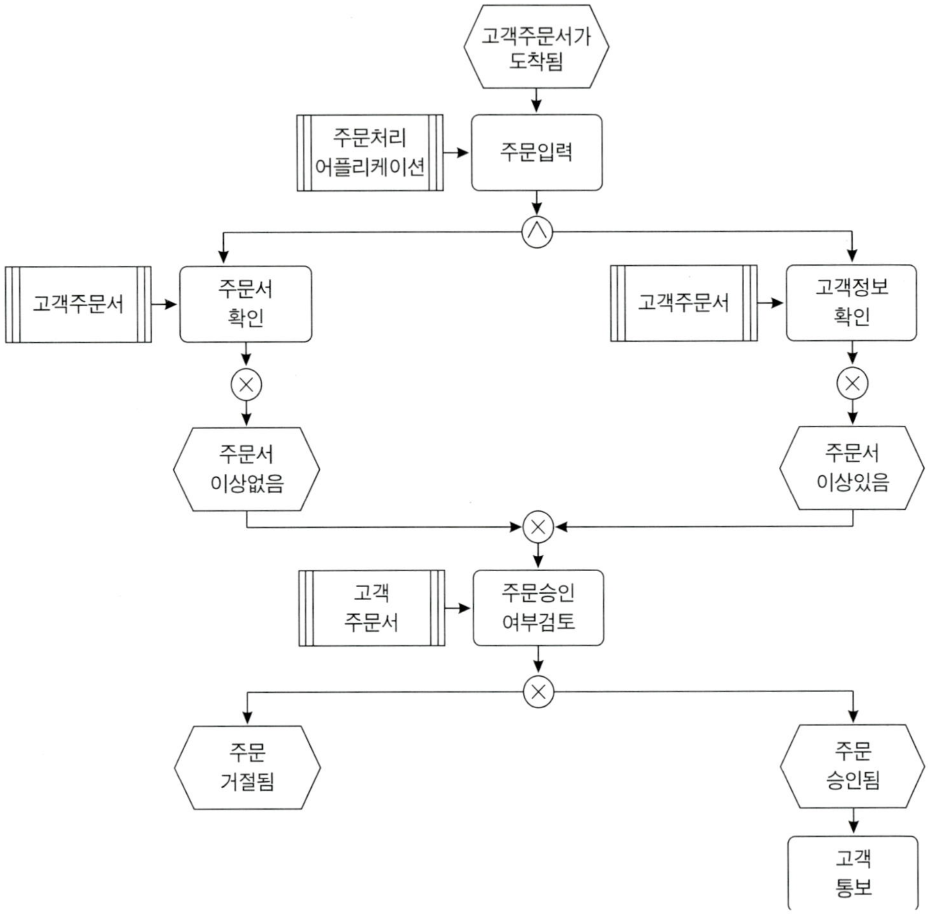

그림 8-22 A사 고객주문처리프로세스 시간 분석 (TO-BE)

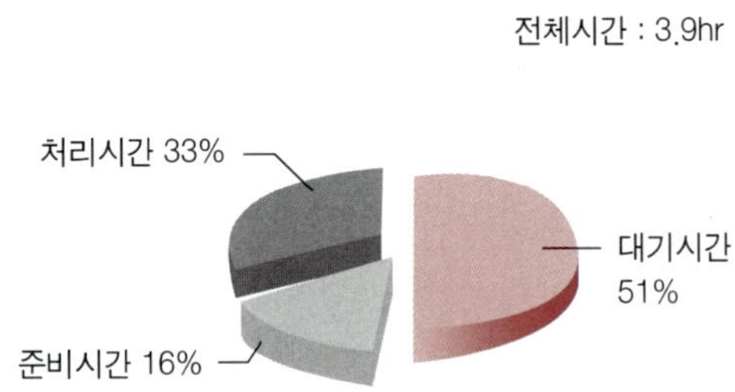

〈표 8-2〉 A사의 고객주문 처리프로세스 분석데이터(TO-BE)

		주문 입력	고객정보 확인	주문서 확인	주문승인여부 검토	고객 통보	합계
처리시간	대기시간	0	0.5 hr	0.5 hr	0.7 hr	0.8 hr	2.0 hr (0.5 hr)
	준비시간	0	0	0.2 hr	0.2 hr	0.2 hr	0.6 hr (0.0 hr)
	처리시간	0.5 hr	0.2 hr	0.5 hr	0.1 hr	0.1 hr	1.3 hr (0.2 hr)
		0.5 hr	0.7 hr	1.2 hr	1.0 hr	1.1 hr	3.9 hr (0.7 hr)
처리비용	재료비		–	–	–	–	–
	인건비		100	200	100	100	500
	기타 비용		0	0	0	0	0

(괄호) 안의 시간은 병행처리결과 합계에서 제외된 시간 (중복되는 시간) 임

대기시간 및 준비시간을 줄일 수 있었기 때문이다.

3) 워크플로우 기반의 비즈니스프로세스 재설계 방법론의 한계

워크플로우 접근법은 전통적인 종이 문서를 효율적으로 전달하기 위한 목적에서 시작했기 때문에, 문서의 흐름과 정보의 흐름에 초점이 맞추어져 있다. 즉, 워크플로우 접근법은 전달하려는 문서(데이터와 정보)의 형태를 조정함으로써 문서의 흐름을 원활하게 하여 작업속도를 높이고자 하는 것이 가장 큰 관심사이고 최대목표라고 할 수 있다. 이런 관점에서 볼 때, 워크플로우 접근법은 기업이 추구하는 목표를 효과적으로 달성할 수 있는 효과적이고 효율적인 비즈니스프로세스를 개발하려는 비즈니스프로세스관리 프로젝트와는 출발자체가 다르다고 할 수 있다.

그러나 비즈니스프로세스관리 프로젝트가 추구하는 비즈니스프로세스의 효율성은 문서의 흐름과 정보의 원활한 흐름을 통해서 향상될 수 있기 때문에, 워크플로우 접근법은 비즈니스프로세스의 효과성까지는 아니더라도 효율성 향상을 위해서 상당부분 기여할 수 있다. 이런 맥락에서 워크플로우 접근법은 비즈니스프로세스관리 프로젝트의 핵심인 **비즈니스프로세스 재설계** 단계의 훌륭한 대안이 될 수 있기 때문에, 비즈니스프로세스를

재설계하는 많은 다른 방법론들과 상호보완적인 수단으로서 활용가치는 매우 높다 할 수 있다.

2.4 기타 비즈니스프로세스 재설계 방법론

ERP시스템 기반의 비즈니스프로세스 재설계 및 Six Sigma 기반의 비즈니스프로세스 재설계와 워크플로우 기반의 비즈니스프로세스 재설계 방법론이 일반적으로 가장 많이 활용되는 방법이기는 하지만, 프로젝트의 접근방법이나 프로젝트 시나리오에 따라서 다양한 방법이 활용될 수 있으며, 다음은 비즈니스프로세스를 재설계 작업에 적용할 수 있는 방법론들을 정리한 것이다.

① 시스템개발 생명주기(SDLC: system development life-cycle)의 일부로서의 비즈니스프로세스 재설계 : 시스템개발 생명주기의 시스템 분석 및 설계 과정을 활용하여 비즈니스프로세스를 재설계하는 방법으로 시스템 구축이 최종 목표인 시스템 개발 생명주기와 달리 비즈니스프로세스만을 재설계하고 구현한다는 점이 다르다.

② BPR(business process re-engineering)방법론에 의거한 비즈니스프로세스 재설계 : 기업의 모든 활동을 부가가치 창출관점에서 급진적으로 재구성함으로써 기업의 프로세스 운영을 효율화 하기 위한 차원에서의 비즈니스프로세스 재설계 방법

③ PI(process innovation) 방법론에 의거한 비즈니스프로세스 재설계 : 비즈니스프로세스의 효율성을 극대화 하기 위해서 프로세스를 분석하고 설계하는 방법

3. 비즈니스프로세스 재설계 패턴(유형)

비즈니스프로세스 재설계 작업자마다 서로 다른 방법론에 근거하여 비즈니스프로세스를 재설하게 될 것이다. 그러나 어떤 방법론을 이용하느냐에 상관없이 모든 작업자들이 목표로 하는 일반적인 접근방법은 언제나 존재하기 마련이다. 이러한 일반적인 접근방법을 비즈니스프로세스 재설계 패턴(유형)이라 부른다. 재설계 패턴은 비즈니스프로세스가 가지는 문제점에 따라서 다를 것이다. 그러나 어떤 작업자는 비즈니스프로세스의 자동화에 초점을 맞추기도 하고, 어떤 작업자는 비즈니스프로세스의 단순화에 초점을 맞추기도 한다. 또 어떤 작업자는 비즈니스프로세스가 창출하는 부가가치에 모든 초점을 맞추어 재설계 작업을 진행하기도 한다. 이와 같은 단순화, 자동화, 부가가치 극대화와 같은 사고는 분명 비즈니스프로세스 재설계 방법론과는 다른 것이며, 어느 방법론을 이용하더라도 재설계 원칙으로 삼을 수 있는 것이다. 비즈니스프로세스 재설계 패턴은 결국 방법론이나 재설계 대상에 상관없이 적용되는 일종의 재설계 원칙이라 할 수 있다.

이처럼 비즈니스프로세스 재설계 패턴을 재설계 원칙으로 본다면, 재설계 패턴은 재설계 작업 전에 선택되어야 하는데, 일반적으로 선택할 수 있는 비즈니스프로세스 재설계 패턴은 다음과 같다.

- 비즈니스프로세스 리엔지니어링
- 비즈니스프로세스 단순화
- 비즈니스프로세스 부가가치 극대화
- 비즈니스프로세스 자동화

그러나 이러한 원칙들을 선택하는데 있어서 중요한 것은 반드시 어느 한 원칙만을 선택해야 하는 것이 아니라, 프로젝트의 성격과 도출된 문제의 내용과 종류에 따라서 여러 가지 원칙을 동시에 선택 · 적용함으로써 프로젝트의 성과를 극대화시킬 수가 있다.

3.1 비즈니스프로세스 리엔지니어링 → 근본적이고 혁신적인 변화추구

비즈니스프로세스 리엔지니어링은 1990년 초반 수없이 쏟아져 나온 BPR 관련 개념으로부터 출발하고 있다. 리엔지니어링 패턴의 핵심은 기존의 비즈니스프로세스와 기업의 가치사슬은 전통적인 산업사회의 기업환경과 업무처리 사고에서 만들어진 것이기 때문에, 효율성과 효과성이 떨어질 수밖에 없다는 가정 하에 모든 비즈니스프로세스와 기업의 가치사슬 구조가 백지상태에서 새롭게 재설계되어야 한다는 것이다.

비즈니스프로세스 리엔지니어링은 따라서 기업 내의 모든 비즈니스프로세스와, 이들 프로세스들의 목적과 운영방법에 대해서 의문을 품고 새로운 환경에 맞는 최고의 목적을 달성할 수 있는 최적의 프로세스와 최선의 운영방법을 찾는데 주력하는 것이다. 일부기업들은 이러한 접근방법을 시도하여 실지로 상당한 효과를 거두기도 하였다. 리엔지니어링 패턴을 도입한 기업들은 기업 내의 주요 비즈니스프로세스를 재설계하고 기존의 프로세스들이 기초하고 있는 가정들을 근본적으로 변화시키는 새로운 프로세스를 개발하여 생산성과 효율성을 높이는데 성공한다.

그러나 비즈니스프로세스의 규모가 크고(재설계 대상 비즈니스프로세스가 광범위 한 경우) 복잡한 경우에 리엔지니어링 패턴의 재설계는 기업 내의 업무 혼란을 야기시킬 수 있으며, 장기적으로 재설계 효과를 거둘 수 있을 수 있으나, 비즈니스프로세스가 정착되어 정상적으로 운영되기까지의 불확실성이 너무 크기 때문에, 기업 구성원들은 물론 관리자들까지도 과격하고 급진적인 리엔지니어링 패턴의 재설계를 꺼리는 것은 사실이다. 또한 비즈니스프로세스의 근본적이고 혁신적인 리엔지니어링을 위해서는 많은 시간과 노력이 요구되며, 실패와 혼란을 초래할 수 있다는 위험성이 내포되어 있지만, 성공하는 경우 생산성과 효율성 측면에서 주요한 돌파구를 마련할 수도 있다는 장점이 있다. 리엔지니어링 접근법은 비용 대비 효과의 불투명성 그리고 실패 위험성에도 불구하고 비즈니스프로세스의 규모가 작거나, 업무자체가 표준화되어 있지 않거나, 비정형화된 업무의 경우 비즈니스프로세스 자체를 표준화하고 정형화하는데 매우 유용하다.

3.2 비즈니스프로세스 단순화 → 중복성 제거 및 슬림화 추구

비즈니스프로세스 단순화는 모든 기존의 비즈니스프로세스 내의 중복된 활동들을 제거하여 단순화함으로써 비즈니스프로세스의 효율성을 상당부분 증대시킬 수 있다는 가정하에 출발하는 재설계 패턴이다. 비즈니스프로세스 단순화는 비즈니스프로세스의 규모가 큰 경우 세부활동의 중복성의 문제가 발생할 가능성이 더 높기 때문에, 크고 복잡한 규모의 비즈니스프로세스를 대상으로 하는 재설계 작업에 더 유리하다.

비즈니스프로세스 단순화를 위해서는 기존의 모든 종단간 비즈니스프로세스와, 이에 속하는 모든 개별 비즈니스프로세스들, 그리고 이에 속하는 모든 세부활동들이 파악되어야 하며, 모든 비즈니스프로세스들이 어디에서 시작하는지? 또 어디로 연결되는지? 등에 대한 비즈니스프로세스들 간의 연관관계와 개별 활동 단위별로 구체적으로 점검하는 작업이 필요하다. 구체적인 점검내용은 다음과 같다.

- 이 활동이 정말 필요한가?
- 이 활동에서 다른 곳에서는 얻을 수 없는 특별한 데이터나 정보가 있는가?
- 이 활동에서 대기하는 시간이나 준비하는 시간이 지나치게 많은 것은 아닌가?
- 다른 활동과 병행 처리될 수 있는 가능성은 없는가?
- 불필요한 업무가 순환되는 것은 아닌가?

꼭 필요한 활동이라 하더라도 불필요하게 흐름을 복잡하게 하거나 다른 활동과 크게 중복되는 활동이라면 이를 제거하거나 업무를 조정하는 작업이 필요하며, 중복되거나 업무의 흐름을 복잡하게 하더라도 그 활동을 통해서만 얻을 수 있는 데이터나 정보가 있다면 제거해서는 안 될 것이다. 다른 점검 사항들에 대해서도 위와 같은 기준에 맞추어 꼭 필요한 활동들로 이루어진 최적의 흐름을 유지할 수 있는 비즈니스프로세스 흐름을 만드는 것이 단순화의 목적이다.

3.3 비즈니스프로세스 부가가치 극대화 → 기업의 목표와의 연계강화

일반적으로 기업에서 수행되는 대부분의 활동들은 20%의 부가가치 창출활동과, 80%의 비부가가치 창출활동으로 구성되며, 80%의 비부가가치 활동은 다시 가치구동활동과 정말 가치없는 활동으로 구성된다고 알려져 있다. 이런 비즈니스 현실을 감안할 때, 비부가가치 활동 특히, 정말 가치없는 활동이 많을수록 비즈니스프로세스의 효과성은 떨어질 수밖에 없다. 비즈니스프로세스관리 프로젝트의 최대 목표는 기업이 추구하는 목표를 효과적으로 달성할 수 있는 비즈니스프로세스를 창출하는 것임을 감안할 때 비즈니스프로세스 부가가치 극대화는 가장 핵심적인 재설계 패턴이며, 그 어떤 재설계 패턴보다 우선순위가 높다고 할 수 있다.

비즈니스프로세스 부가가치 극대화는 종단간 비즈니스프로세스나 이에 속하는 비즈니스프로세스 또는 개별 활동들이 기업이 추구하는 부가가치 창출에 어느 정도 기여하는지에 따라서 프로세스 혹은 활동을 제거하려는 목적에서 출발한다. 따라서 비즈니스프로세스 부가가치를 극대화하려는 패턴은 고객관점(비즈니스프로세스로부터 산출되는 데이터나 정보를 활용하는 모든 사람과 다른 비즈니스프로세스를 지칭함)과 기업이 추구하는 부가가치 창출 관점에서 모든 비즈니스프로세스와 이에 속하는 활동들을 바라보는데, 이는 타성에 젖어 무의식적으로 업무를 수행하는 부서 및 부서 구성원들에게 매우 중요하다.

비즈니스프로세스 부가가치 극대화 관점에서 재설계 담당자는 모든 비즈니스프로세스와 세부활동들에 대해서 다음과 같은 기준으로 평가하며, 이 중에서 세 가지 기준을 충족하는 경우에 부가가치 창출에 기여한다고 간주하지만, 만일 세 가지 기준에 충족되지 못하면 과감하게 새로운 모습으로 변화시키는 작업이 진행된다.

- 비즈니스프로세스 이용자가 해당 활동에 대해서 가치를 지불할 용의가 있는가?
- 비즈니스프로세스나 세부활동이 기업의 부가가치를 가시적으로 변화시킬 수 있는가?
- 비즈니스프로세스나 세부활동이 제대로 작동하는가?

비즈니스프로세스 부가가치 극대화는 결국 비즈니스프로세스 이용자에게 가치를 주지 못하는 비부가가치 활동을 골라내고 이 중에서 가치 구조활동이 아닌 순수하게 제거되어야 할 활동들을 골라낼 수 있기 때문에, 기업 내부의 모든 비즈니스프로세스와 이에 속하는 세부활동들을 체계적으로 점검하고 재설계하는데 강력한 방법이라 할 수 있다.

3.4 비즈니스프로세스 자동화 → 비즈니스프로세스 운영의 효율성 추구

비즈니스프로세스 자동화는 비즈니스프로세스의 실제 운영상의 효율성 향상을 위해서 소프트웨어 어플리케이션 시스템에 초점을 맞추는 재설계 패턴이다. 이는 보통 시스템 개발자들에 의해서 수행되는 것이 보통이지만, 비즈니스프로세스관리 측면에서 볼 때 비즈니스프로세스를 수행하는 모든 어플리케이션들은 비즈니스프로세스를 수행하는 도구일 뿐이며, 본질은 어플리케이션 시스템이 수행하는 비즈니스프로세스에 있다고 할 수 있기 때문에, 비즈니스프로세스관리 관점에서의 재설계 작업과 병행되는 것이 보통이다. 비즈니스프로세스 자동화 방법에는 워크플로우 기반의 재설계 방법과 ERP시스템 기반의 비즈니스프로세스 재설계 방법 등이 있으며, 이 이외에도 XML기반의 비즈니스프로세스 언어시스템 개발 등을 들 수 있다.

모든 비즈니스프로세스 자동화 패턴의 핵심은 상호 유기적으로 연계된 비즈니스프로세스 내의 모든 구체적인 세부활동과 투입되고 산출되는 모든 데이터의 흐름을 자동화함으로써 업무의 흐름과 데이터의 흐름을 개선한다는 것이다. 이는 비즈니스프로세스 운영의 효율성 향상에 매우 큰 효과가 있는 것은 사실이다. 그러나 비즈니스프로세스 자체의 효과성을 검증하는 데는 분명 한계가 있다. 따라서 비즈니스프로세스 자동화와 함께 모든 대상 종단간 비즈니스프로세스와 이에 속하는 개별 비즈니스프로세스 그리고 세부활동 단위별로 기업이 추구하는 목표와 전략에 어느 정도 부합되는지? 등에 대한 효과성 검증이 필수적으로 수행되어야 한다.

4. 비즈니스프로세스 재설계 단계의 결과물 활용

비즈니스프로세스 재설계 단계의 목적은 이전 **비즈니스프로세스 분석**단계에서 추출한 프로젝트 대상 내의 모든 비즈니스프로세스들을 기업이 추구하는 목표에 부합되도록 효과적으로 재설계함은 물론, 비즈니스프로세스 내의 모든 세부활동들이 효율적으로 수행될 수 있도록 재설계하는 것이다. 이를 위해서 **비즈니스프로세스 분석**단계에서 분석한 문제유형에 따라서 재설계 방법과 패턴에 모든 해당 비즈니스프로세스들과 세부활동들을 재설계한 모델이 생성된다. 물론 재설계된 비즈니스프로세스 모델 관련 문서들과, 기존의 비즈니스프로세스 모델과 새롭게 설계된 비즈니스프로세스 모델을 구체적으로 비교할 수 있는 기초 데이터들이 포함된다.

이 같은 **비즈니스프로세스 재설계** 단계의 작업결과는 직접적으로 **비즈니스프로세스 구현 및 평가**단계에서의 구현 및 기존 모델과 새로운 모델의 비교 · 평가작업을 위해서 활

그림 8-23 비즈니스프로세스 재설계 단계의 결과물 활용

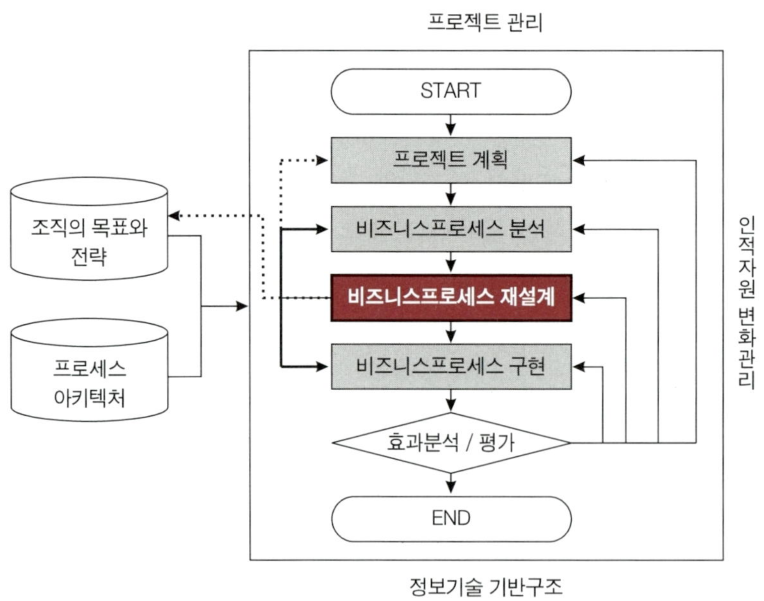

용된다. 또한 재설계한 비즈니스프로세스가 효율적으로 잘 운영되는지? 결과적으로 재설계된 비즈니스프로세스가 기업이 추구하는 목표를 달성하는데 얼마나 더 많은 기여를 하는지?에 대한 지속적인 관리를 위해서도 중요한 기준으로 활용된다.

마지막으로 **비즈니스프로세스 재설계** 단계의 작업 결과물들을 통해서 어느 정도 효과적이고 효율적인 비즈니스프로세스가 재설계되느냐는 다음과 같은 위험요소들을 어느 정도 제거하느냐에 달려있다.

- 프로젝트 대상 비즈니스프로세스들이 제대로 선정되지 못한다.
- 프로젝트를 수행하는 기업의 기대 수준은 현실적이어야 하며, 조직 및 조직구성원들의 성숙도 이상의 것을 기대해서는 안 된다.
- 너무나 많은 재설계 방법론들과 패턴들을 이용해서는 안 된다.
- 재설계 팀에 모두 맡겨서는 안 되며, 기업의 재설계 요구수준은 분명하고 명확해야 한다.
- 비즈니스 및 비즈니스프로세스 이해관계자들의 기대와 요구들을 충분히 고려하지 않는다.
- 재설계는 재설계 담당자 및 비즈니스프로세스 운영자의 독창적이고 창의적인 아이디어와 문제해결 능력으로부터 나오는 것이기 때문에, 비즈니스프로세스 방법론과 도구에 너무 의존하지 않는다.

단원요약

비즈니스프로세스 재설계 단계는 비즈니스프로세스 분석과 비즈니스프로세스 구현 및 평가 단계 사이에 위치하며, 비즈니스프로세스 분석단계에서 도출한 종단간 비즈니스프로세스와 이에 속하는 개별 비즈니스프로세스들을 기업이 추구하는 목표와 전략을 고려하여 비즈니스프로세스 실제 운영자 및 비즈니스프로세스에 관련된 모든 이해관계자들의 현재와 미래의 기대에 부응할 수 있도록 효과적이고 효율적인 모습으로 재설계하는 단계이다.

그러나 단기적인 효율성과 장기적인 효과성을 동시에 고려하여 최고의 효율성과 효과성을 제공할 수 있는 형태로 비즈니스프로세스를 새롭게 재설계하는 작업은 쉽지 않다. 특히, 프로젝트의 비용과 일정, 기타 프로젝트 제약조건들에 따라서 재설계 수준이 달라질 수 있는 재설계 딜레마에 빠질 수 있으나, 이를 극복하고 이상적인 비즈니스프로세스를 재설계하는 것은 프로젝트 팀의 능력에 달려 있으며, 비즈니스프로세스 재설계 단계의 작업은 다음과 같은 절차에 따른다.

① 이해관계자 및 프로젝트 팀 간의 의사소통

비즈니스프로세스 이해관계자들과 프로젝트 팀 간의 재설계 범위와 재설계를 위한 다양한 방법론과 재설계 유형들에 대한 정보를 공유함은 물론 이해관계자들의 기대와 요구사항들을 반영하기 위해서 필요한 단계이다.

② 사전회의

본격적인 재설계 작업을 시작하기 전에 워크샵 형태로 진행되는 사전회의에서는 비즈니스프로세스 재설계 작업에 소요되는 시간프레임, 재설계 작업의 목표확인, 재설계 작업수준, 본격적인 재설계를 위한 준비 사항들을 논의한다.

- **시간프레임 결정**: 계획된 프로젝트 일정 내에 재설계 작업을 완수하기 위한 시간 프레임을 결정하는데, 이는 분석단계에서 도출한 문제의 심각성과 이해관계자들의 요구사항 그리고 재설계 수준에 따라 결정한다.
- **비즈니스프로세스 목표 확인**: 비즈니스프로세스 재설계 작업을 하는데 있어서 어디에 초점을 맞추어야 하는지를(예를 들어, 시간단축, 비용절감, 효율성 향상, 비용 대비 효과증대 등) 확인한다. 이를 위해서는 기업의 목표와 전략의 전략적인 측면, 프로젝트 추진 동기와 목적, 프로젝트 추진계획, 프로젝트 성공기준, 프로젝트 여건 등을 구체적으로 검토해야 한다.
- **재설계 수준 결정**: 확인된 재설계 방향성과 목표에 따라서 재설계 작업의 수준을 결정한다. 일반적인 재설계 수준은 비즈니스프로세스의 유지, 변화, 제거 등이 있다.
- **재설계 작업 준비**: 재설계 작업을 위한 워크샵을 준비하는 과정이다.

③ 재설계를 위한 워크샵

본격적인 재설계 작업을 시작하기 전에 재설계 작업에 필요한 사항들을 준비하는 단계이며, 이 단계에서 준비해야 할 사항들은 다음과 같다.

· 조직관계도
· 조직관계도로부터 도출된 비즈니스관계도
· 비즈니스관계도에 포함된 종단간 비즈니스프로세스 모델
· 비즈니스프로세스 모델을 결정하는 프로세스 선별 매트릭스
· 종단간 비즈니스프로세스 모델에 포함된 개별 비즈니스프로세스 모델
· 개별 비즈니스프로세스 모델에 포함된 세부기능과 기능의 평가기준

④ 비즈니스프로세스 재설계

비즈니스프로세스관리 프로젝트 중에서 가장 핵심적인 부분으로 기존의 비즈니스프로세스 모델을 효과적이고 효율적인 모습으로 재설계하는 과정으로 구체적인 프로젝트 수행원칙과 재설계 작업원칙에 따라서 진행한다.

⑤ 비즈니스프로세스 검토

재설계된 비즈니스프로세스에 대한 효율성과 효과성 그리고 타당성을 검증하는 단계로써 재설계된 비즈니스프로세스를 구현하기 전에 논리적 모순과 프로세스의 일관성을 검토하여 최종적으로 구현할 최적의 비즈니스프로세스를 결정하기 위한 과정이다. 일반적으로 비즈니스프로세스 검토단계는 시뮬레이션 도구를 이용하여 비즈니스프로세스 모델에 포함된 세부활동 별로 다양한 평가기준(비용과 시간 등)에 따른 분석이 이루어진다.

⑥ 비즈니스프로세스 차이분석

비즈니스프로세스 검토 단계의 작업이 비즈니스프로세스의 효율성과 효과성을 검증하는 반면, 비즈니스프로세스 차이분석 단계에서는 비즈니스프로세스를 구현하는데 영향을 주거나 받을 수 있는 요인들을 도출하기 위한 작업과정에 해당된다.

비즈니스프로세스 재설계 작업은 비즈니스환경과 IT기반구조, 조직과 조직구성원의 성숙도, 추구하는 목표 등을 고려하여 최적의 비즈니스프로세스를 설계하는 작업이며, 이러한 작업을 위한 다양한 방법론이 존재한다. 일반적으로 활용되고 있는 재설계 방법론은 다음과 같다.

① ERP시스템 기반의 재설계

ERP시스템 공급업체들은 산업유형별로 전 세계의 다양한 비즈니스프로세스들을 연구하여 공통

적, 평균적으로 가장 효율적으로 운영되는 비즈니스프로세스를 ERP시스템 모듈로 구현하기 때문에, ERP시스템에서 제공하는 비즈니스프로세스를 참고하여 비즈니스프로세스를 재설계하는 방법이다. 현실적으로 복잡한 비즈니스프로세스를 분석하고 재설계하는 작업이 쉽지 않기 때문에 훌륭한 대안이 될 수 있으며, ERP시스템을 기반으로 재설계하는 경우 검증된 비즈니스프로세스를 도입하는 것이기 때문에, 최소한의 효율성과 효과성을 유지할 수 있다. 그러나 비즈니스프로세스의 효율성과 효과성을 높이기 위해서는 자사의 비즈니스프로세스와 가장 유사한 ERP시스템을 선정해야 하며, 선정 후에도 시스템이 제공하는 형태와 자사의 비즈니스프로세스의 형태를 비교하여 매핑하는 작업을 거쳐야 하며, 추가 · 삭제 · 변경 작업을 거쳐서 최적의 비즈니스프로세스를 개발해야 한다.

② Six Sigma 기반의 재설계

품질관리의 기법인 Six Sigma 기법을 비즈니스프로세스에 적용하여 프로세스의 성과를 측정하여 Six Sigma의 범주 내에 들어 올 수 있는 수준의 비즈니스프로세스 형태로 재설계한다는 기본 이념을 가진 재설계 방법론이다. Six Sigma 기반의 재설계 작업은 구체적으로 비즈니스프로세스 정의 → 성과측정 → 비즈니스프로세스 분석 → 비즈니스프로세스 개선 → 통제관리 등의 과정으로 진행된다.

③ 워크플로우 기반의 재설계

비즈니스프로세스에 투입되고 산출되는 데이터의 흐름을 자동화한다는 차원에서 비즈니스프로세스를 분석하고 재설계하는 방법으로 비즈니스프로세스 내의 작업처리 속도를 크게 향상시킬 수 있는 방법이다.

비즈니스프로세스 재설계 작업자마다 서로 다른 방법론을 이용하여 재설계 작업을 하지만 공통적으로 추구하는 재설계 패턴(유형)은 존재하기 마련이다. 예를 들어, 어떤 작업자는 비즈니스프로세스의 자동화에 초점을 맞추기도 하고, 어떤 작업자는 단순화와 부가가치를 극대화하는데 초점을 맞추기도 한다. 이처럼 비즈니스프로세스 재설계를 위한 방법론은 다르지만, 재설계 작업자들이 공통적으로 추구하는 재설계 접근방법을 재설계 패턴이라 한다. 일반적인 재설계 패턴에는 다음과 같은 유형들이 있다.

① 비즈니스프로세스 리엔지니어링

모든 비즈니스프로세스와 세부활동들에 대한 의구심으로부터 출발하여 모든 비즈니스프로세스와 세부활동을 근본적이고 혁신적으로 재설계하고자 하는 재설계 유형이다.

② 비즈니스프로세스 단순화

비즈니스프로세스와 세부활동들의 중복성 제거를 최우선 목표로 하여 비즈니스프로세스와 이에 속하는 세부활동들을 가능한 한 슬림화하고자 하는 재설계 유형이다.

③ 비즈니스프로세스 부가가치 극대화

이는 기업의 목표와 연계하여 모든 비즈니스프로세스와 세부활동들이 부가가치 창출에 어느 정도 기여하는지를 파악하여 비부가가치 창출 활동을 제거하여 부가가치 창출에 기여하도록 재설계 하고자 하는 재설계 유형이다.

④ 비즈니스프로세스 자동화

비즈니스프로세스를 수행하는 어플리케이션에 초점을 두고 모든 비즈니스프로세스들이 효율적으로 운영될 수 있도록 재설계하고자 하는 재설계 유형이다.

제8장

연습문제

01 비즈니스프로세스 재설계 딜레마에 대해서 설명하시오

02 비즈니스프로세스 재설계 결과 산출되는 결과물에 어떤 것들이 있는지 설명하시오

03 비즈니스프로세스 재설계 단계의 세부절차 중에서 사전회의를 통해서 결정되는 주요 사항들에 대해서 설명하시오

04 비즈니스프로세스 재설계 단계의 재설계를 위한 워크샵에서 도출되는 비즈니스프로세스 관련 주요 정보들에 어떤 것들이 있는지 설명하시오

05 비즈니스프로세스 재설계 작업을 효율적으로 진행하고 의미 있는 결과를 도출하기 위해서 고려해야 할 프로젝트 수행원칙과 재설계 작업원칙에 대해서 설명하시오

06 비즈니스프로세스 재설계 방법론 중에서 다음의 방법론의 장점과 단점을 비교 설명하시오

(1) ERP시스템 기반의 재설계

(2) Six Sigma 기반의 재설계

(3) 워크플로우 기반의 재설계

08 ERP시스템 기반의 비즈니스프로세스 재설계 절차에 대해서 설명하시오

09 Six Sigma 기반의 비즈니스프로세스 재설계 절차에 대해서 설명하시오

10 워크플로우 관점에서의 비즈니스프로세스를 정의하시오

11 비즈니스프로세스 재설계 패턴(유형)에 어떤 것들이 있는지 설명하시오

제9장 비즈니스프로세스 구현 및 평가

1. 비즈니스프로세스 구현 및 평가 단계의 개요
2. 비즈니스프로세스 구현
3. 비즈니스프로세스 평가

"비즈니스프로세스관리는 언제나 구체적인 시스템개발을 전제로 하지는 않는다. 그러나 새롭게 설계된 비즈니스프로세스들이 시스템 어플리케이션을 통해서 수행되기 때문에, 시스템 개발작업으로 이어지는 것은 자연스러운 일이다."

(손승희, 2010)

학습 개요 및 목표

비즈니스프로세스는 기업이 추구하는 목표를 달성하기 위해서 정의된 업무들이 처리되는 연속된 흐름이라는 사실은 여러 차례 언급한 바 있다. 그런데 기업의 업무들은 경우에 따라서는 수작업으로 처리되기도 하지만, 대부분의 업무들은 자동화된 어플리케이션 소프트웨어를 이용하여 처리되는 경우가 일반적이다. 비즈니스프로세스관리 프로젝트 자체는 물리적인 시스템을 구현하고자 하는 것이 아니라, 시스템이 수행하는 비즈니스프로세스를 기업이 추구하는 목표를 보다 효과적으로 달성할 수 있는 형태로 새롭게 하고, 비즈니스프로세스 내의 모든 세부활동들이 효율적으로 작동되도록 재설계함으로써 기업이 추구하는 목표를 효과적으로 달성하도록 하고자 함이다. 그러나 대부분의 비즈니스프로세스들이 자동화된 어플리케이션 소프트웨어를 통해서 처리되는 것이 현실이기 때문에, 비즈니스프로세스관리 프로젝트는 필연적으로 시스템 개발작업과 병행되는 것이 사실이다.

본 장에서는 비즈니스프로세스 재설계 단계를 통해서 새롭게 설계된 비즈니스프로세스와 이에 속하는 세부활동들을 구현하는데 기술적인 측면의 구현과 비기술적인 측면의 구현으로 나누어 살펴보고자 한다. 먼저 비기술적인 측면의 구현은 새롭게 설계된 비즈니스프로세스와 이에 속하는 세부활동들이 지원하기 위한 조직구조와 조직구성원의 역할 분담에 대해서 살펴보기로 하겠다. 기술적인 구현의 핵심인 정보시스템 개발에 대해서는 다음 장에서 구체적으로 살펴보기로 하고, 본 장에서는 비즈니스프로세스관리 프로젝트 범주 내에서 비즈니스프로세스의 수행도구로서의 정보시스템 개발에 대해서 개괄적인 과정과 절차에 대해서 살펴보기로 하겠다. 마지막으로 기존의 비즈니스프로세스와 새롭게 설계된 비즈니스프로세스의 효과분석 및 평가방법에 대해서도 학습하기로 하겠다.

본 장의 학습목표는 다음과 같다.

1. 비즈니스프로세스의 비기술적 측면의 구현과 기술적 측면의 구현 의미를 이해한다.
2. 비즈니스프로세스의 비기술적 측면의 구현 내용과 방법에 대해서 이해한다.
3. 비즈니스프로세스의 기술적 측면의 개괄적인 구현과정을 이해한다.

1. 비즈니스프로세스 구현 및 평가단계의 개요

1.1 비즈니스프로세스 구현 및 평가단계의 필요성

비즈니스프로세스 구현 및 평가단계는 BPMLC 프레임워크의 최종 단계이며, 지속적인 성과가 나타나는지를 관리하는 부분을 제외한 비즈니스프로세스관리 프로젝트 전체의 최종 작업단계에 해당된다.

이 단계를 통해서 비즈니스프로세스관리 프로젝트는 프로젝트 단계를 형식적으로 종료하고 실질적인 비즈니스 일상으로 전환된다. 그러나 비즈니스프로세스 재설계 작업을 통해서 비즈니스프로세스의 형태와 세부활동 그리고 이를 수행하는 조직구성원과 투입되고 산출되는 데이터 구조의 형태가 바뀌었기 때문에, 새로운 모습의 비즈니스프로세스들이 정상적으로 작동하기 위해서는 새로운 조직구성원의 역할분담이 필요할 것이다. 따

그림 9-1 BPMLC_PHASE6: 비즈니스프로세스 구현 및 평가

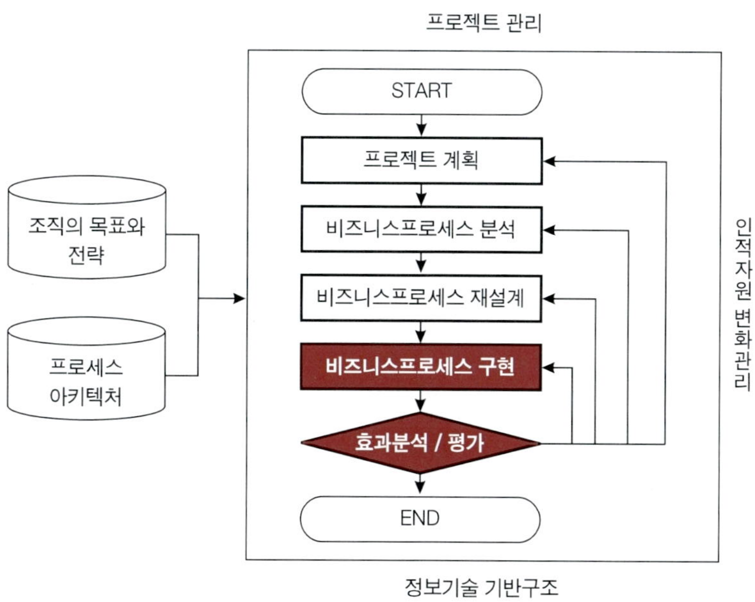

라서 새로운 조직구조와 조직구성원의 역할을 재조정하는 작업을 하기 위해서 이 단계가 필요하다.

또한 비즈니스프로세스가 어느 수준으로 재설계되었느냐에 따라서 기존의 비즈니스프로세스를 유지하거나 제거하는 수준으로 재설계되었다면 기존 운영도구를 수정하는 수준에서 끝나겠지만, 만일 새로운 비즈니스프로세스가 추가되거나 기존의 소프트웨어를 통해서 지원할 수 없는 새로운 내용들이 추가되었다면, 새롭게 설계된 비즈니스프로세스가 비즈니스 일상으로 전환하여 정상적으로 작동하도록 하기 위해서 새로운 어플리케이션 소프트웨어가 필요할 수도 있다. 이러한 경우의 비즈니스프로세스 재설계 결과는 새로운 어플리케이션 소프트웨어 개발로 이어지는데, 이러한 경우에 새로운 운영도구로서의 어플리케이션 소프트웨어를 개발하거나, 표준 소프트웨어를 구입해야 하기 때문에, 이 단계의 작업은 필수적이라 할 수 있다.

1.2 비즈니스프로세스 구현 및 평가단계의 산출물

비즈니스프로세스 구현 및 평가단계를 거쳐 산출되는 결과물들은 비즈니스프로세스가 정상적으로 작동하도록 하기 위한 목적의 산출물들과, 프로젝트의 평가를 위한 산출물과 그리고 지속적인 관리를 위해서 필요한 산출물이 산출되는데, 구체적인 산출물들을 정리하면 다음과 같다.

① 비즈니스프로세스 구현을 위한 산출물

- 새롭게 설계된 비즈니스프로세스에 따른 업무 및 개별 활동 정의
- 새롭게 설계된 비즈니스프로세스(업무 및 개별 활동) 운영자 및 역할구분
- 새로운 비즈니스프로세스에 따른 조직구조

② 비즈니스프로세스 구현을 위한 산출물(시스템으로 구현하는 경우)

- 소프트웨어 분석(선택) 및 디자인
- 소프트웨어 개발 및 테스트
- 소프트웨어 설치
- 하드웨어 상세화 및 사양분석

- 하드웨어 구입 및 테스트

③ 비즈니스프로세스 평가를 위한 산출물

- 새로운 비즈니스프로세스의 성과관리 및 평가지표

2. 비즈니스프로세스 구현

비즈니스프로세스 재설계 단계의 작업 결과 도출된 새로운 비즈니스프로세스를 구현하는 방법은 크게 두 가지로 구분된다. 첫번째는 새롭게 설계된 비즈니스프로세스를 정상적으로 운영하는데 필요한 기술적인 요인들을 구현하는 것과, 두번째는 새롭게 설계된 비즈니스프로세스를 정상적으로 운영하는데 필요한 비기술적인 기반을 구축하는 것이다. 첫번째의 경우는 비즈니스프로세스를 수행하는 자동화된 시스템을 구현하는 것이며, 두번째의 비기술적인 기반구조를 구현하는 것은 새롭게 설계된 비즈니스프로세스에 맞도록 업무와 역할을 재조정하며, 조직구조를 변경하는 것을 의미한다.

새롭게 설계된 비즈니스프로세스를 운영하는데 새로운 시스템 개발이 요구되지 않는다면, 새로운 비즈니스프로세스에 맞도록 조직구조를 변경하고, 새로운 업무와 역할 분담을 조정하는 것으로 끝나겠지만, 만일 새롭게 설계된 비즈니스프로세스를 운영하는데 새로운 시스템이 필요한 경우라면 비기술적인 측면의 구현과 기술적 측면의 시스템 개발 작업이 동시에 진행되는 것이 일반적이다. 본 절에서는 비기술적인 측면의 비즈니스프로세스 구현(조직관점)과 기술적인 시스템 구현(기능관점) 측면으로 나누어 구체적으로 살펴보고자 한다.

2.1 조직관점의 비즈니스프로세스 구현

조직관점의 비즈니스프로세스 구현작업의 핵심내용은 새롭게 설계된 비즈니스프로세스에 맞도록 조직구조를 변경하고, 새로운 업무와 활동에 대한 역할을 재조정하는 것이

그림 9-2 조직관점의 비즈니스프로세스 구현 절차

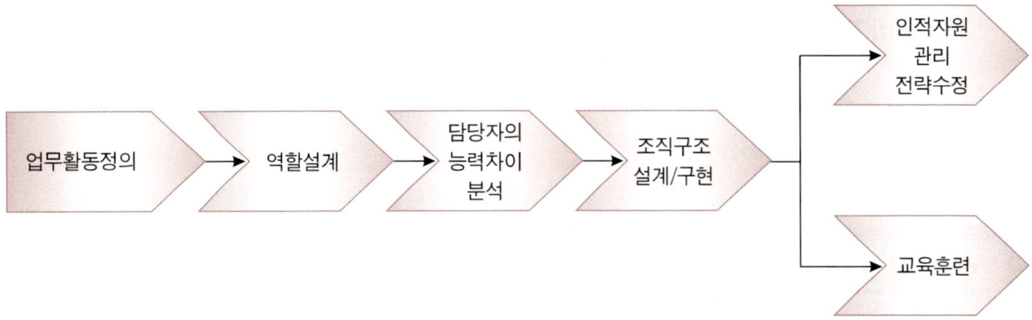

며, [그림 9-2]와 같은 절차에 따라 진행된다.

1) 업무활동 정의

업무활동은 종단간 비즈니스프로세스와 이에 속하는 개별 비즈니스프로세스의 일부로서 기업이 추구하는 부가가치 창출에 직접적으로 기여하거나 비즈니스프로세스관리 프로젝트 초기단계에 문서화된 비즈니스프로세스의 목적달성에 관련된 모든 활동을 의미한다.

업무활동들은 비즈니스프로세스 재설계 작업을 통해서 새로운 업무활동들이 추가 · 삭제되거나 변경되는 것이 일반적이기 때문에, 새롭게 설계된 비즈니스프로세스가 효율적으로 운영되기 위해서는 이를 수행하는 운영자들이 이를 정확하게 이해하여야 하며, 또는 업무처리 방식이 새롭게 변경되어 이에 필요한 새로운 능력이 요구되는 경우, 필요한 자질과 능력에 따라서 역할이 재조정되어야 하기 때문에, 새롭게 업무활동을 정의하는 작업이 먼저 선행되어야 한다.

업무활동 정의는 이어지는 업무활동들을 업무담당자들에게 구체적으로 할당하고, 특별한 자질이나 능력이 있다면 이를 파악하기 위한 것이기 때문에, 비즈니스프로세스 내의 모든 개별 업무활동들을 추출하여 업무활동의 유사성을 근거로 특정 업무기능으로 그룹화하여 각각의 업무기능들에 대해서 간단하게 기술하는 것으로 충분하다.

그림 9-3 업무활동 정의

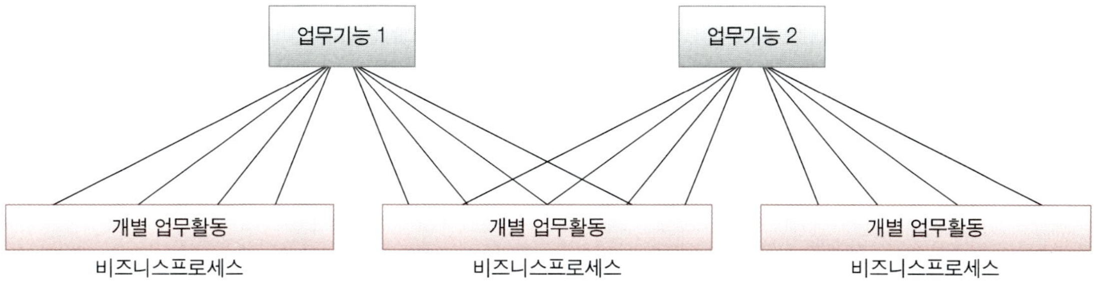

2) 역할설계

개별 업무활동들이 특정 업무기능으로 그룹화되고 나면, 그룹화된 업무기능별로 역할을 새롭게 설계하는 작업이 진행되는데, 업무기능의 역할이란 그룹화된 개별 업무활동을 수행하는 담당자의 구체적인 역할을 의미하는 것이 아니라, 업무기능이 어떤 역할을 하는지를 나타내는 일종의 업무기능 자체에 대한 역할을 의미한다. 일반적으로 분류되는 업무기능에 대한 역할은 다음과 같다.(www.valuebasedmanagement.net/methods_raci.html)

- (R)Responsibility : 업무기능을 책임지고 수행하는 주체는 누구인가?
- (A)Accountable : 해당 업무기능은 어떤 업무기능을 수행하는데 필요한가?
- (S)Supportive : 업무기능을 수행하는데 필요한 자료/정보를 누구로부터 전달받는가?
- (C)To be Consulted : 업무수행을 위해서 필요한 정보와 능력은 갖추고 있는가?
- (I)To be Informed : 업무기능을 수행하여 산출된 결과는 누구에게 전달되는가?

이와 같은 분류기준에 의한 업무 기능역할을 효율적으로 설계하기 위해서 사용되는

〈표 9-1〉 RASIC 모델의 예

	Position/Person	Position/Person	Position/Person	Position/Person
업무기능 1	R		A	
업무기능 2	A	R	S	C
업무기능 3	RA		I	I
업무기능 4	RA			C

그림 9-4 업무활동 정의 및 역할설계

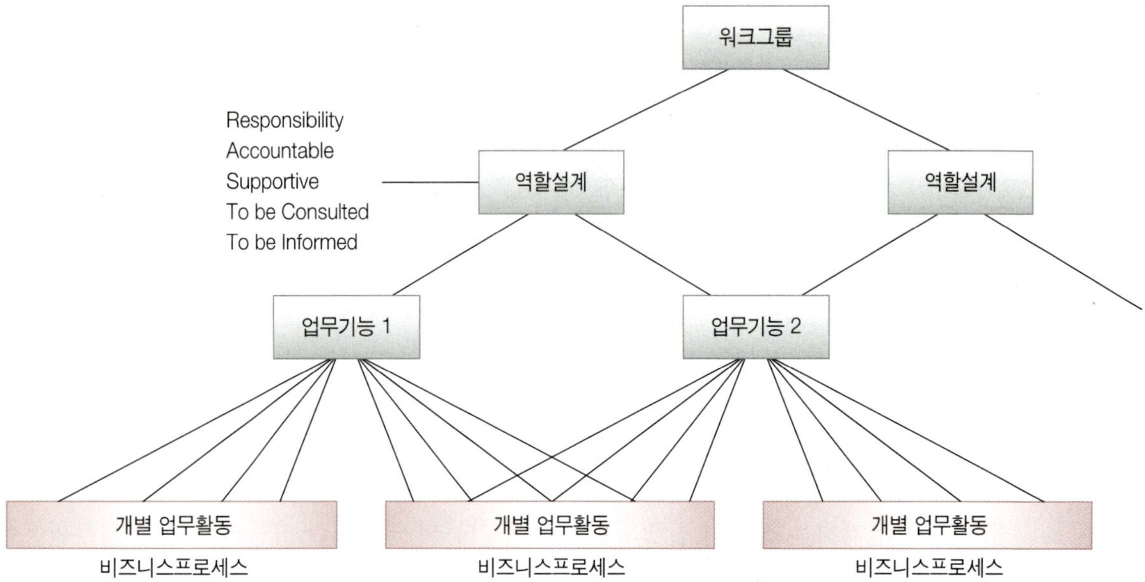

RASCI 모델은 일반적으로 〈표 9-1〉과 같은 매트릭스형태로 작성된다.

일반적으로 업무활동을 정의하는 작업과 정의된 업무활동을 그룹화한 업무기능에 대해서 역할을 설계하는 작업은 동시에 진행되며, 업무활동 정의와 역할설계 과정은 [그림 9-4]와 같이 정리될 것이다.

워크그룹은 개별 업무활동들이 포함된 업무기능들을 관리하고 평가하는 단위를 의미하며, 이는 일반적으로 종단간 비즈니스프로세스에 해당된다.

3) 담당자의 능력 차이분석

담당자의 능력 차이분석은, 비즈니스프로세스와 이에 속하는 개별 업무활동을 효율적으로 수행하기 위해서 필요한 자질과 능력은 무엇이며, 현재의 업무담당자는 어느 정도의 자질과 능력을 갖추고 있는지를 비교 · 검토하는 단계의 작업이다.

이는 비즈니스프로세스 수행을 위해서 특별한 자질이나 능력이 필요한 경우 요구되는 자질과 능력을 갖춘 담당자를 선발하여 비즈니스프로세스와 이에 속하는 세부업무활동들이 효율적으로 수행될 수 있도록 하기 위함이며, 다른 한편으로는 기존의 업무 담당자들이 요구되는 자질과 능력을 갖추지 못하고 있는 경우라면 요구되는 자질과 능력을 갖출 수 있도록 구체적인 교육훈련 계획을 수립하여 실행에 옮기기 위함이다.

4) 조직구조 설계 및 구현

조직구조 설계 · 구현 단계는 새롭게 정의된 업무활동과 기능, 업무기능에 대한 역할을 기반으로 새로운 조직구조를 설계하는 과정에 해당된다. 조직구조의 설계방법은 [그림 9-5]와 같으며, 기본적으로 비즈니스프로세스관리 프로젝트를 수행하는 접근방법(전략지향적, 운영지향적)과, 시나리오(일상적인 비즈니스 수행을 위한 프로젝트, 시범적용을 위한 프로젝트, 파일럿 프로젝트, 개선효과 탐지를 위한 프로젝트)에 따라 다르게 진행된다.

(1) 일상적인 비즈니스 수행을 위한 프로젝트와 시범적용을 위한 프로젝트의 경우

일상적인 비즈니스 수행을 위한 프로젝트와 시범적용을 위한 프로젝트의 경우 조직구조에 미치는 직접적인 영향범위가 유사하며, 주로 전략지향적 접근방법에 따라서 진행되기 때문에, 상향식 설계방법에 의해서 조직구조를 설계하고 구현한다.

그림 9-5 조직구조의 설계방법

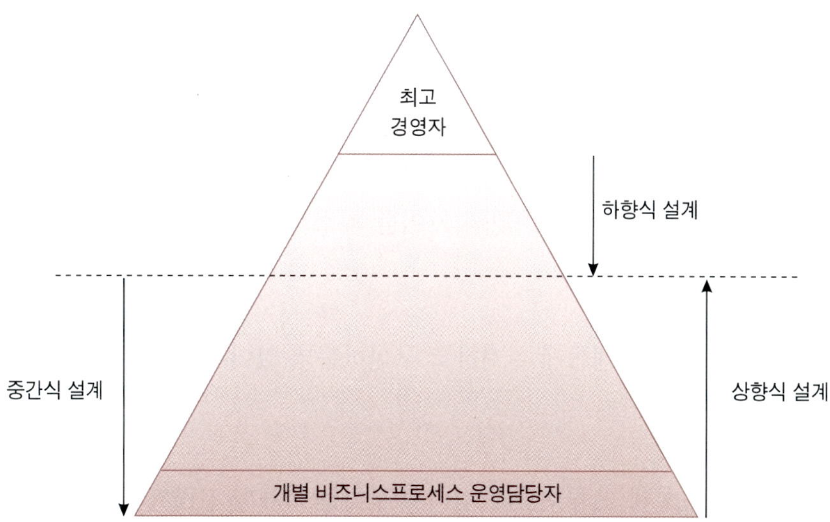

(출처: J.Jeston and J.Nelis, 2006)

하향식(top down) 조직구조 설계는 먼저 최고경영자에 의해서 최상위의 조직구조에 대한 결정이 내려지면 제품이나 고객, 분배 등과 같은 기준에 근거하여 점진적으로 조직구조를 구체적으로 상세화하는 방식이다.

(2) 파일럿 프로젝트와 개선효과 탐지를 위한 프로젝트의 경우

그러나 주로 운영지향적 접근방법에 의해서 진행되는 파일럿 프로젝트나 개선효과를 탐지하기 위해서 소규모로 진행되는 프로젝트의 경우에는 조직구조에 미치는 영향범위가 좁아서 해당 영역의 조직구조에만 영향을 미치기 때문에, 상향식(bottom up)과 중간식(middle down) 설계방법에 따르는 것이 보통이다.

프로세스 지향적 하위 조직구조에서는 주로 상향식 설계방법이 사용되고, 중간식 설계방법을 통해서는 새로운 조직구조로 개편하는 두 가지 방식이 사용된다. 그러나 하향식 설계에서는 달리, 근본적이고 대대적인 최상위 조직구조를 개편하고 이에 따라 하위의 모든 조직구조를 개편하는 것이 아니라, 최상위 조직구조는 그대로 둔 상태에서 핵심 프로세스만을 중심으로 새롭게 설계하게 된다.

(3) 조직구조 설계 · 구현 방법

비즈니스프로세스관리 프로젝트가 전략지향적 혹은 운영지향적으로 시작되거나, 다른 시나리오 배경하에서 시작되더라도 조직구조의 설계 · 구현의 근본적인 방법은 다음과 같다.

- 최상위 계층의 조직모델을 작성한다.
- 재설계하려는 조직구조를 점진적으로 구체화한다.
- 가능한 기존의 조직구조와의 차이를 최소화할 수 있도록 새로운 조직관계도를 작성한다.

또한 조직구조를 새롭게 설계하고 구현하는데 있어서 다음과 같은 점들을 주의해야 한다.

- 조직구조 설계 및 구현은 기업이 추구하는 목표와 전략에 부합되도록 한다.
- 현재의 변화된 환경을 고려해야 하지만, 조직구조를 수시로 변화시킬 수 없기 때문

에, 장기적인 관점에서 지속될 수 있도록 유연한 형태를 유지하도록 한다.

- 조직단위 간의 인터페이스를 최소화하도록 설계한다.
- 조직단위에서 수행하는 비즈니스프로세스의 효과와 효율성을 최대화할 수 있도록 한다.
- 비즈니스프로세스관리 계층을 최소화하도록 한다.
- 비즈니스프로세스의 중요도에 따라 구체화 정도를 달리한다. 예를 들어, 중요한 비즈니스프로세스일수록 명확하게 설계하고 구현한다.

5) 인적자원관리 전략수정

재설계된 비즈니스프로세스에 맞추어 조직구조가 새롭게 설계되고 나면, 다양한 인적자원관리 전략, 업무범위와 역할, 급여 등에 대한 전반적인 수정작업이 이루어지며, 수정되는 모든 내용들을 체계적으로 정리하여 문서로 작성한다. 인적자원관리에 대한 전략적인 내용과 최종결정은 비즈니스프로세스관리 프로젝트 이외에 기업에서 진행되는 수많은 프로젝트들뿐만 아니라, 기업과 비즈니스 환경 그리고 최고경영자의 의지와 계획에 의해서 결정될 문제이며, 또한 노사합의 등 비즈니스프로세스 이외의 복합적인 문제들과 연계되어 있기 때문에, 비즈니스프로세스 재설계 및 조직구조의 재설계에 따른 단순한 업무와 역할 조정만으로 결정될 것은 아니다.

2.2 기능관점의 비즈니스프로세스 구현

조직 관점의 비즈니스프로세스 구현이 비기술적인 구현이라면, 기능 관점의 비즈니스프로세스 구현은 비즈니스프로세스에 맞추어 실제로 업무를 처리하기 위한 시스템(자체적인 개발은 물론 표준 소프트웨어의 구입과 아웃소싱 등을 포함)을 개발하는 것을 의미하기 때문에, 기능 관점의 기술적인 구현이라 할 수 있다. 기능 관점의 비즈니스프로세스 구현은 전통적인 시스템 개발절차에 준하여 진행되기 때문에, 본 절에서는 전통적인 시스템 개발방법론 중의 하나인 SDLC(system development life-cycle)에 준하여 기능 관점의 비즈니스프로세스 구현 과정을 개괄적으로 살펴보기로 하며, 구체적인 내용에 대해서는 다음 장에서 살펴보도록 하겠다.

그러나 [그림 9-6]에서 보는 바와 같이 전통적인 시스템개발 방법론인 SDLC와 본 저서에서 소개하고 있는 비즈니스프로세스관리 방법론인 BPMLC 프레임워크 사이에는 상당한 유사관계가 존재하며, 초기단계에서의 조직의 목표와 전략을 고려하여 기업이 추구하는 목표를 달성하기 위한 효과적인 비즈니스프로세스 구축에 초점(비즈니스프로세스관리 프로젝트의 접근방법이나 시나리오에 따라서 다를 수도 있지만)을 맞추어 진행되는 반면, 전통적인 시스템개발은 기업이 추구하는 목표를 달성하기 위한 효과적인 비즈니스프로세스가 아닌 비즈니스프로세스 자체의 효율적인 수행에 초점을 맞추어 진행된다는 점과, 그 대상을 데이터와 조직과 기능에 맞추느냐? 기능(비즈니스프로세스)에 맞추느냐의 차이가 있을 뿐이다. 따라서 BPMLC 프레임워크에서 수행되었던 대부분의 작업 결과들은 전통적인 시스템 개발과정에서 그대로 활용될 수 있으며, 시스템을 개발하는데 필요한 추가적인 작업들을 추가함으로써 기능 관점의 비즈니스프로세스를 구현할 수가 있다.

기능 관점의 비즈니스프로세스 구현 차원에서 이루어지는 기술적인 구현 과정은 일반

그림 9-6 전통적 SDLC와 BPMLC 프레임워크와의 관계

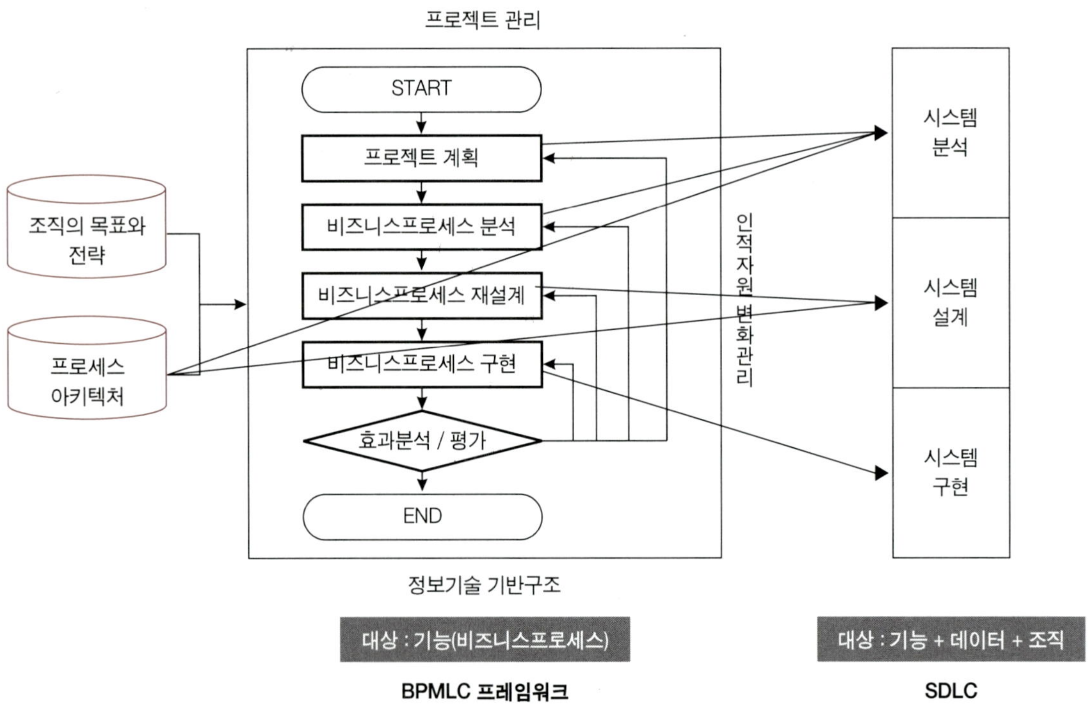

그림 9-7 기능 관점의 비즈니스프로세스 구현 세부절차

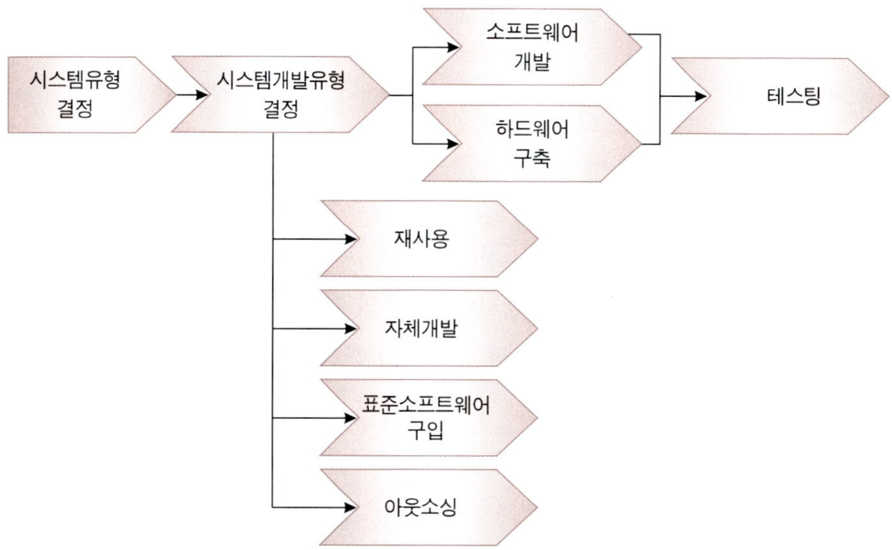

적으로 [그림 9-7]과 같은 절차에 의해서 진행되는 것이 일반적이다.

1) 시스템 유형 결정

기능 관점의 비즈니스프로세스 구현이라 함은, 비즈니스프로세스를 수행하는데 필요한 도구를 개발하는 것을 의미하며, 이에는 비즈니스프로세스의 유형과 프로젝트의 목적에 따라서 다음과 같은 다양한 시스템 유형들이 대상이 될 것이다.

- 비즈니스프로세스를 수행하는 자동화 시스템
- 비즈니스프로세스를 통합하여 업무를 처리하기 위한 EAI(enterprise application integration) 시스템
- 비즈니스프로세스 관련 문서관리 시스템
- 비즈니스프로세스를 관리하기 위한 시스템

물론 이외에도 비즈니스프로세스모델을 작성하기 위한 시스템, 기존의 비즈니스프로세스와 새롭게 설계한 비즈니스프로세스를 비교 · 분석하기 위한 시뮬레이션 시스템, 비즈니스프로세스 성과를 측정하기 위한 BSC시스템 등 다양한 유형의 시스템이 있을 것이

다. 그러나 기능 관점의 비즈니스프로세스 구현이라는 측면에서 볼 때 가장 핵심적인 것은 새롭게 설계한 비즈니스프로세스를 자동으로 수행하기 위한 자동화 시스템이라 할 수가 있다.

2) 시스템 개발 유형결정

시스템을 개발하는 작업은 프로젝트 비용이나 프로젝트 기간과 프로젝트 참여 인력의 능력에 따라서 달리 결정될 수 있지만, 기존의 시스템을 재사용하는 것 이외에 일반적으로 선택할 수 있는 시스템 개발유형은 다음과 같다.

- 표준소프트웨어의 구입
- 자체개발
- 렌탈방식의 구현
- 아웃소싱에 의한 구현

필요한 시스템을 어떤 방식으로 구현하느냐에 따라서 조직구조, 하드웨어 장비 구입 등과 같은 관련 작업의 내용과 범위가 달라지기 때문에, 필요한 시스템유형이 결정되고 나면, 필요한 시스템을 어떤 방식으로 구현할 것인가를 결정해야 한다.

그러나 개발유형마다 장 · 단점이 있으며, 또한 앞에서 설명한 것처럼, 프로젝트 비용이나 기간, 프로젝트에 참여하는 인력의 능력 그리고 개발될 시스템을 사용할 기업 내부의 최종사용자의 수준 등이 시스템 개발유형을 결정짓는 중요한 요인에 속한다. 일반적으로 비즈니스프로세스관리 프로젝트에서 새로운 시스템이 필요하다는 결정이 내려지면, 시스템 개발을 위한 별도의 프로젝트 팀이 구성되어 본격적인 시스템 개발작업이 시작되는 것이 보통이다. 따라서 본 절에서는 각각의 시스템 개발유형이 갖는 장 · 단점을 중심으로 살펴보기로 하겠다.

(1) 재사용

재사용은 새롭게 설계된 비즈니스프로세스와 기존의 비즈니스프로세스와의 차이가 크지 않아서 기존의 시스템을 이용하여도 새로운 비즈니스프로세스를 수행하는데 문제가 없다고 판단되는 경우에는 기존의 시스템을 사용할 수가 있다.

새로운 비즈니스프로세스에 맞추어 수정하는 경우를 포함하더라도 이는 최소한의 내용만이 수정되기 때문에, 기존의 시스템을 재사용하는 경우의 가장 큰 장점은 새로운 시스템 개발에 소요되는 비용 부담이 거의 없다는 것이다. 또한 기업 내부의 시스템 사용자들이 사용하던 시스템이 그대로 사용되는 것이기 때문에, 새로운 시스템을 학습하고 익히는데 소요되는 시간이 없어서 업무공백이 생길 위험이 없다는 것이다. 그러나 기존의 시스템을 그대로 사용하는 경우에는 기존의 비즈니스프로세스를 새롭게 재설계하였다면, 새롭게 재설계된 비즈니스프로세스를 완벽하게 충족시킬 수 없다는 것이다. 따라서 비즈니스프로세스의 효율성을 극대화시킬 수 없을 수도 있다는 것이 가장 큰 단점이다.

(2) 표준 소프트웨어 구입

표준 소프트웨어란, 소프트웨어 개발업체로부터 구입하여 자체의 환경과 상황에 맞도록 수정하여 사용할 수 있는 패키지를 의미한다. ERP시스템이나 회계처리시스템 등 대부분 기업에서 활용하고 있는 시스템들은 거의 표준 소프트웨어를 구입한 후 수정하는 방식으로 구현된 시스템들이다.

표준 소프트웨어 구입에 의한 구현방법은 기존의 시스템을 재사용하는 방법보다는 개발 비용이 소요되지만, 자체 개발하는 방법보다는 적은 비용으로 비즈니스프로세스를 수행할 자동화 시스템을 구축할 수도 있다는 장점이 있다. 또한 이미 검증된 시스템을 구입하는 것이기 때문에, 비즈니스프로세스 효율성에 대한 위험성이 없다는 것도 장점이라 할 수 있다.

그러나 표준 소프트웨어를 구입하는 경우는 새롭게 설계된 비즈니스프로세스와 완벽하게 일치되는 시스템이 아니라, 표준적인 비즈니스프로세스를 자동화환 시스템이기 때문에 다음과 같은 단점들이 존재한다.

- 시스템을 자체 개발하는 비용보다는 적게 소요되지만 재사용하는 것보다는 더 많은 추가 비용이 발생할 수 있다.
- 기존 시스템과의 복합 활용으로 호환성에 문제가 발생할 수 있다.
- 표준 소프트웨어가 요구하는 사양에 따라서 하드웨어 구축에 필요한 추가비용이 발생할 수 있다.
- 새로운 시스템에 대한 사용자의 교육훈련과정이 필요하다.

그러나 아무리 훌륭한 표준 소프트웨어라 하더라도 새롭게 설계된 비즈니스프로세스와 완벽하게 일치되는 것이 아니기 때문에 발생할 수 있는 단점은 다음과 같다.

- 최종사용자들이 표준 소프트웨어 개발 과정에 참여하는 것이 아니기 때문에, 새롭게 설계된 비즈니스프로세스가 요구하는 사항들과 비즈니스프로세스 관련 핵심 이해관계자들의 다양한 요구사항들을 충분하게 반영할 수 없다.
- 필요한 경우 표준 소프트웨어를 수정하는데 많은 시간과 비용이 소요될 수 있으며, 또한 필요없는 기능에 대한 추가비용 부담이 문제될 수 있다.

동일한 유사한 기능의 많은 제품들이 존재하듯이, 소프트웨어도 마찬가지로 같은 기능을 제공하는 다양한 표준 소프트웨어들이 존재하기 마련이다. 다양한 소프트웨어 중에서 자사가 추구하는 목표와 전략 그리고 비즈니스프로세스의 목표와 내용에 가장 잘 부합되는 소프트웨어를 선택하는 것은 매우 중요하며, 일반적으로 표준 소프트웨어를 선택하는 과정은 [그림 9-8]과 같다.

(3) 자체개발

이론적으로 다양한 이해관계자들의 다양한 요구사항과 비즈니스환경, 내부의 기업환경과 IT환경을 총체적으로 고려하여 필요한 시스템을 필요한 형태로 구현할 수 있는 가장

그림 9-8 표준 소프트웨어 선택 과정

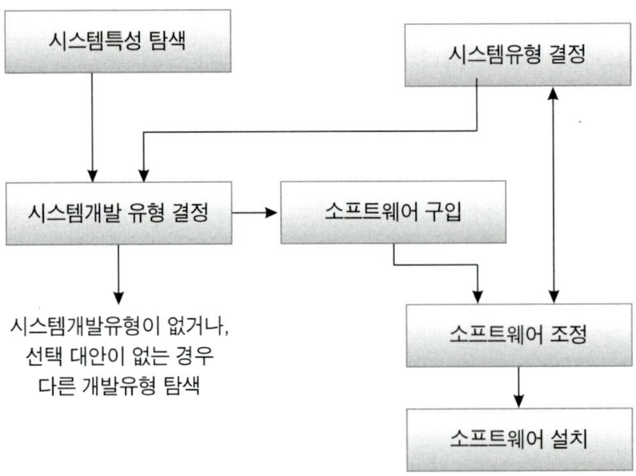

이상적인 방법이라 할 수 있다. 그러나 현실적으로 필요한 시스템을 비즈니스프로세스관리 프로젝트를 진행하면서 동시에 개발하는 경우는 거의 없으며, 별도의 개발프로젝트 팀을 구성하여 진행하는 것이 보통이다. 개발 작업 또한 그 전체와 일부를 아웃소싱하거나, 내부적으로 자체 인력이 참여한다고 하더라도 최소한의 공동작업을 통해서 필요한 시스템을 구현하는 방법이 일반적이다.

자체 개발하는 경우의 가장 큰 장점은 비즈니스프로세스 운영자가 실제로 필요한 기능과 다양한 요구사항들을 모두 반영하여 꼭 필요한 시스템을 개발할 수 있다는 것이다. 뿐만 아니라, 전체 개발작업에 사용자가 참여하기 때문에, 결과에 대한 통제 및 개발위험이 작다는 것이다. 그러나 모든 작업을 자체적으로 진행하기 때문에, 많은 시간과 비용이 소요된다는 단점과, 개발 후 최종 테스팅과정을 거친다 하더라도 시스템기능에 대한 위험부담이 크다는 것이다.

(4) 아웃소싱

아웃소싱(outsourcing)은 상호계약에 의해서 자사의 업무기능 중에 일부를 전문업체(vendor 혹은 outsourcer)에게 위임하는 것을 말한다. 그러나 업무영역을 아웃소싱 하는 경우는 일반적이지만, 기업 내부의 일부 비즈니스프로세스를 아웃소싱 하는 경우는 극히 이례적인 일이다. 특히 아웃소싱 업체의 업무기능 중에 일부를 위임한다는 것은 업무기능은 물론, 이를 위해서 투입되고 산출되는 핵심 데이터까지 필요 이상으로 노출되는 것이기 때문에, 독립적인 업무영역 전체가 아니라면 일부 비즈니스프로세스의 아웃소싱은 현실적으로 흔하지 않다.

그러나 기업의 일부 영역 중에서 비중이 낮거나 외부 경쟁업체에 공개되더라도 경쟁력 확보에 문제가 없다고 판단되는 영역을 외부에 위임하고 내부의 핵심역량을 강화하고자 하거나, 위험성 감소나 업무를 보다 유연하게 처리하고자 할 때 매우 유용한 전략적 의의를 갖는다.

그럼에도 불구하고 아웃소싱을 통해서 비즈니스프로세스를 구현하는 경우의 가장 큰 장점은 새로운 시스템을 개발하는 비용이 소요되지 않는다는 점에서 비용부담이 적다는 것이며, 그러나 적은 비용부담이 단점이 될 수도 있다. 즉, 경우에 따라서는 아웃소싱을 통해서 시스템 개발비용은 발생하지 않는다고 하더라도 다른 비용요인이 발생할 수 있다는 것이다.

3. 비즈니스프로세스 평가

비즈니스프로세스관리 프로젝트의 목표는 기존의 비즈니스프로세스가 기업이 추구하는 목표를 달성하는데 얼마나 효과적인가? 그리고 어떤 비즈니스프로세스의 어느 부분이 비효율적인지를 분석하여 효과적이고 효율적인 새로운 비즈니스프로세스를 재설계하는 것이다. 이러한 일련의 작업을 효율적으로 수행하기 위한 방법으로 본 저서에서는 BPMLC 프레임워크를 제시하였다. BPMLC프레임워크의 각 단계를 거치면서 비즈니스프로세스관리 프로젝트를 수행하기 위해서 기업이 추구하는 목표와 전략을 확인하였으며(제5장), 비즈니스프로세스를 분석하고 재설계하는데 필요한 프로세스아키텍처를 통해서 모델링 가이드라인과 모델링 원칙들을 확인하였다(제6장). 또한 비즈니스프로세스를 분석하고(제7장), 비즈니스프로세스를 재설계하는 작업을 수행하였다(제8장). 비즈니스프로세스 재설계 과정을 거쳐 새로운 조직구조와 업무 및 역할을 조정하거나, 경우에 따라서는 새로운 시스템을 구현하는 일련의 작업들이 종료되면 비즈니스프로세스관리 프로젝트는 형식적으로 종료된다.

그러나 비즈니스프로세스관리 프로젝트의 궁극적인 목표는 효과적이고 효율적인 모습으로 비즈니스프로세스를 새롭게 만드는 것은 물론 지속적인 성과를 창출하여 프로젝트의 의도대로 기업이 추구하는 목표를 효과적으로 달성할 수 있어야 하며, 또한 그러한 작업이 효율적으로 수행될 수 있어야 프로젝트의 목표가 달성되는 것이다. 그러나 BPMLC 프레임워크의 각 단계를 거치면서 비즈니스프로세스를 재설계하기 위한 작업 과정을 거쳐 새롭게 탄생한 비즈니스프로세스가 과연 얼마나 효과적이며, 얼마나 효율적인지는 실지로 비즈니스프로세스가 일상적인 비즈니스를 수행하는 과정을 통해서 검증된다. 이러한 의미에서 비즈니스프로세스관리 프로젝트의 성공여부는 새로운 비즈니스프로세스가 일상의 모습으로 돌아와 실제 운영되어야 확인 가능하다.

비즈니스프로세스 분석단계를 통해서 기존의 비즈니스프로세스 모델을 작성하였으며, 메인 활동(주기능) 별로 핵심평가 데이터를 입력하여 분석하는 작성을 했으나, 이는 기존의 업무 활동 단위별로 확인된 데이터를 입력한 것이다. 새롭게 설계된 비즈니스프로세스를 평가하기 위해서는 새롭게 설계된 비즈니스프로세스의 내부활동을 분석해야 하는데, 새롭게 설계된 비즈니스프로세스 내부의 활동들이 새롭게 추가되었거나 변화되었다면 이에 대한 구체적인 데이터를 입력할 수가 없기 때문에, 새롭게 설계된 비즈니스프로세스에 포함된 세부활동 단위별로 데이터를 입력하는 작업은 쉽지 않다. 이러한 작업은 형식적인 비즈니스프로세스관리 프로젝트 종료 후, 새롭게 설계된 비즈니스프로세스를 일상적인 모습으로 전환되어 실제 운영하는 과정에서 축적된 데이터를 통해서 비교 · 평가가 가능하다.

단원요약

비즈니스프로세스 재설계 작업을 통해서 비즈니스프로세스의 형태와 세부활동 그리고 이를 수행하는 조직구성원 그리고 투입되고 산출되는 데이터 구조와 형태가 바뀌었기 때문에, 새로운 모습의 비즈니스프로세스들이 정상적으로 작동하기 위해서는 새로운 조직구성원의 역할분담이 필요할 것이다. 따라서 새로운 조직구조와 조직구성원의 역할을 재조정하는 작업을 하기 위해서 이 단계가 필요하다. 또한 비즈니스프로세스가 어느 수준으로 재설계되었느냐에 따라서 기존의 비즈니스프로세스를 유지하거나 제거하는 수준으로 재설계되었다면 기존 운영도구를 수정하는 수준에서 끝나겠지만, 만일 새로운 비즈니스프로세스가 추가되거나 기존의 소프트웨어를 통해서 지원할 수 없는 새로운 내용들이 추가되었다면, 새롭게 설계된 비즈니스프로세스가 비즈니스 일상으로 전환하여 정상적으로 작동하도록 하기 위해서 새로운 어플리케이션 소프트웨어가 필요할 수도 있다. 이러한 경우에는 비즈니스프로세스 재설계 결과는 새로운 어플리케이션 소프트웨어 개발로 이어지는데, 이러한 경우에 새로운 도구로서의 어플리케이션 소프트웨어를 개발하거나, 표준 소프트웨어를 구입해야 하기 때문에, 이 단계의 작업은 필수적이라 할 수 있다.

비즈니스프로세스 재설계 단계의 작업결과 도출된 새로운 비즈니스프로세스를 구현하는 방법은 크게 두 가지로 구분된다. 첫번째는 새롭게 설계된 비즈니스프로세스를 정상적으로 운영하는데 필요한 기술적인 요인들을 구현하는 것과, 두번째는 새롭게 설계된 비즈니스프로세스를 정상적으로 운영하는데 필요한 비기술적인 기반을 구축하는 것이다. 첫번째의 경우는 비즈니스프로세스를 수행하는 자동화된 시스템을 구현하는 것이며, 두번째의 비기술적인 기반구조를 구현하는 것은 새롭게 설계된 비즈니스프로세스에 맞도록 업무와 역할을 재조정하며, 조직구조를 변경하는 것을 의미한다.

조직 관점의 비즈니스프로세스 구현은 새롭게 설계된 비즈니스프로세스에 맞도록 구직구조를 변경하고, 새로운 업무와 활동에 대한 역할을 재조정하는 것이며, 이러한 작업은 다음 절차에 따라서 진행된다.

① 업무활동 정의 및 역할 재설계
② 업무담당자의 능력 차이분석
③ 조직구조 설계 및 구현
④ 인적자원관리 전략수정

기능 관점의 비즈니스프로세스 구현은 비즈니스프로세스에 맞추어 실제로 업무를 처리하기 위한 시스템을 개발하는 것을 의미한다. 기능 관점의 비즈니스프로세스 구현은 전통적인 시스템 개발 절차에 준하여 진행되며, 가장 일반적으로 되는 방법은 SDLC(system development life-cycle) 모형에 의한다. 그러나 전통적인 SDLC 모형과 BPMLC 프레임워크의 세부단계는 매우 유사하며, 이미 분석 및 설계 과정이 종료되었기 때문에, 시스템 개발에 필요한 새로운 요구사항을 파악하여 정리하는 등의 추가적인 작업을 통해서 보완할 수 있다. 이 과정에서 먼저 결정해야 할 사항은 기존 시스템의 재사용 이외에 다음과 같은 다양한 시스템 개발유형을 결정하는 것이다.

① 표준 소프트웨어 구입
② 자체 개발
③ 렌탈 방식의 구현
④ 아웃소싱에 의한 구현

이러한 일련의 과정을 거쳐 새롭게 설계된 비즈니스프로세스가 구현되고 나면, 시스템 구현, 조직구조, 업무와 역할조정 등으로 일상적인 모습으로 전환된다. 이러한 일련의 작업과정이 종료되면, 비즈니스프로세스관리 프로젝트는 형식적으로 종료된다.

제9장

연습문제

01 비즈니스프로세스 구현 단계의 의미와 필요성에 대해서 설명하시오

02 비즈니스프로세스 구현 작업의 두 가지 유형에 대해서 설명하시오

03 조직 관점의 비즈니스프로세스 구현 과정에 대해서 설명하시오

04 조직구조 설계방법을 프로젝트 접근방법 그리고 프로젝트 시나리오와 연계하여 설명하시오

05 전통적인 시스템 개발 방법론인 SDLC 모형과 BPMLC 프레임워크의 차이점과 공통점에 대해서 설명하시오

06 전통적인 시스템 개발모형인 SDLC의 각 단계를 설명하시오

07 기술적인 측면의 비즈니스프로세스 구현에서 먼저 결정해야 할 시스템 개발 유형 중에서 자체개발과 표준 소프트웨어의 구입, 렌탈 방식의 구현방식에 대해서 설명하시오

08 문제 07에서 설명한 각 구현 방식의 근본적인 차이점과 장·단점에 대해서 설명하시오

09 표준 소프트웨어를 선택하고 구입하는 과정에 대해서 설명하시오

10 비즈니스프로세스 구현 후 비즈니스프로세스관리 프로젝트가 형식적으로 종료되는 시점에 비즈니스프로세스를 평가하는 것이 어려운 이유에 대해서 설명하시오

제10장 비즈니스프로세스와 정보시스템 개발

"비즈니스프로세스관리 프로젝트의 최종 목적은 기업이 추구하는 목표를 효과적으로 달성할 수 있는 비즈니스프로세스를 개발하고, 이를 효율적으로 수행할 수 있는 방법을 찾는 것이다. 비즈니스프로세스를 효율적으로 수행할 수 있는 가장 일반적이고 대표적인 수단은 정보시스템이다."

(손승희)

학습 개요 및 목표

비즈니스프로세스는 기업이 추구하는 목표를 달성하기 위해서 정의된 업무를 수행하기 위한 업무프로세스이다. 업무프로세스를 수행하는 여러 가지 방법 중에서 기존의 정보시스템이나 새로운 정보시스템을 개발하여 활용하는 것이 가장 일반적이기 때문에, 비즈니스프로세스관리 프로젝트는 자연스럽게 정보시스템 개발로 이어질 수 밖에 없다. 앞 장에서 비즈니스프로세스 구현을 조직관점의 구현과 기능관점의 구현으로 구분하여 설명하였다. 이 중에서 기능관점의 구현은 정보시스템 개발을 의미하며, 앞 장에서 개괄적인 정보시스템 개발에 대해서 설명하였다.

본 장에서는 기업의 비즈니스프로세스를 수행하는 도구로서 그리고 기업의 목표를 달성하기 위해서 절대적으로 필요한 정보시스템 개발 과정과 방법에 대해서 구체적으로 살펴보기로 하겠다. 그러나 앞 장에서 설명한 바와 같이 정보시스템 개발 과정의 상당부분이 비즈니스프로세스관리 작업과정 중에 포함되기 때문에, 중복성을 배제하고 실제로 정보시스템 개발과 관련된 내용만을 발췌하여 기술하기로 하겠다.

본 장의 학습목표는 다음과 같다.

1. 정보시스템 개발 방법론과 전반적인 과정을 이해한다.
2. 정보시스템이 갖추어야 할 요구 조건(시스템의 품질)을 이해한다.
3. 정보시스템 개발에 참여하는 이해관계자와 이들의 역할을 이해한다.
4. 정보시스템 개발을 위한 일반적인 세부단계의 작업내용을 이해한다.

1. 비즈니스프로세스와 정보시스템

1.1 기업과 정보시스템 그리고 비즈니스프로세스

1) 기업의 구성요소

기업은 일반적으로 **특정한 목적을 달성하기 위해 정의된 직무를 수행함에 있어서 상호작용하는 구성원들의 집단**이라 정의된다. 이같은 정의에 의하면, 기업의 주요 구성요소는 사람과 직무(업무)이며, 사람은 업무를 수행하는 주체로서의 역할을 하게 된다. 그러나 거의 모든 업무들이 시스템을 통해서 처리되는 현대 기업에서는 업무를 수행하는 주체는 사람뿐만 아니라 시스템도 포함되기 때문에, 기업을 시스템적 관점에서 이해하여야 한다. 기업을 시스템적 관점으로 이해할 때, 모든 기업은 다음과 같은 요소들로 구성되어 있다.

① **비즈니스프로세스**(business process)

비즈니스프로세스는 기업이 추구하는 목표를 달성하기 위해서 정의되는 업무처리 과정을 의미하며, 정보시스템의 처리대상이 된다. 비즈니스프로세스는 단순히 정보처리 기능만을 의미하는 것이 아니라, 정보처리 과정에서 투입되고 산출되는 모든 데이터는 물론, 정보처리 주체까지를 포함하며, 이를 통해서 정보흐름이 결정된다.

② **컴퓨터시스템**(computer system)

컴퓨터시스템은 정보처리 기술상의 기본구조를 이루는 응용시스템들과 이에 수반되는 시스템을 말하는데, 기업에서 활용되는 모든 정보시스템들이 이에 속하며, 구체적으로 하드웨어, 소프트웨어, 데이터베이스, 하드웨어를 연결하는 매개체 및 주변장치들이 이에 포함된다.

③ **구성조직**(structure)

정보처리 기능 자체는 기업의 조직부서와 조직구성원을 통해서 수행되기 때문에, 조직부서는 최소한의 조직단위를 이루며, 이들 부서들은 또 다시 상급부서에 소속되어 있다. 이러한 조직구성은 상급부서와 하급부서 사이의 정보처리 자체에 대한 책임과 지휘 감독이라는 관계로 서로 연결되어 있다. 정보처리 기능을 담당하는 부서와 이 부서가 어느 상급부서의 통제를 받느냐에 따라서 비즈니스프로세스에서 나타나는 정보흐름이 조직단위들 사이의 커뮤니케이션 흐름으로 전환되게 된다.

개별 정보시스템의 구성요소를 비즈니스프로세스, 컴퓨터시스템을 구성조직으로 보고, 기업을 개별 정보시스템의 집합으로 본다면, 결국 기업의 구성요소는 정보시스템의 구성요소와 마찬가지로 비즈니스프로세스, 컴퓨터시스템 그리고 구성조직으로 볼 수 있다.

2) 기업과 비즈니스프로세스

일반적으로 기업은 업무 영역별로 생성된 기능중심의 조직단위와 프로세스 별로 그룹화된 프로세스 중심의 조직단위로 설명된다. 기업을 설명하는 방법은 달라도 결국 기업을 설명하기 위한 핵심 키워드는 기능과 프로세스라 할 수 있다. 어떤 방법이 더 효율적인지에 대해서는 의견이 다르지만, 기업의 비즈니스프로세스는 자체적으로 평가되는 것이 아니라, 외부의 고객들에 의해서 평가된다. 외부고객들은 대부분 다양한 요구를 가지고 있으며, 이를 충족시켜 주기를 원하기 때문에, 고객의 다양한 요구를 충족시키기 위해서는 신속하고 유연한 업무처리가 요구된다. 그러나 기능중심의 업무처리 구조를 통해서는 고객의 요구에 신속하고 유연하게 대처하는 것이 어렵기 때문에, 현대 기업에서는 주로 비즈니스프로세스 지향적인 관점에서 기업의 업무처리 흐름을 이해한다. 따라서 기능중심이 아니라, 비즈니스프로세스 지향적인 관점에서 업무처리흐름을 이해해야 하며, 이를 근거로 비즈니스프로세스를 수행할 정보시스템이 구축되기 때문에 비즈니스프로세스를 먼저 이해하여야 한다.

비즈니스프로세스는 기업의 목표를 달성하기 위해서 필요한 업무처리 과정이며, 업무는 기업 내부의 조직단위와 외부개체로부터 야기된 이벤트(사건)에 의해서 시작된다. 예를 들어, 외부개체인 고객의 주문이 접수되면(이벤트), 고객주문 처리업무가 시작된다. 이처럼 이벤트는 기업 외부개체에 의해서 시작될 수도 있지만, 기업 내부의 조직부서에 의해서 시작될 수도 있다. 고객주문 처리업무가 완료되면, 주문 제품을 발송하거나, 주문 제품을 생산하는 업무가 이어진다. 이처럼 하나의 업무는 또 다른 업무를 시작하기 위한 이벤트를 야기시키기 때문에, 비즈니스프로세스는 이벤트와 업무의 연속으로 이해할 수 있다. 비즈니스프로세스를 수행하기 위해서는 이벤트와 개별 업무만이 필요한 것이 아니며, 이를 수행할 사람이 필요하고, 또 업무를 처리하는데 필요한 시스템자원이 필요하다. 예를 들어, 주문처리 업무를 담당하는 사람이 있어야 하며, 주문처리 업무를 수작업으로 하지 않고 시스템으로 처리한다면, 주문처리시스템을 활용해야 한다. 또한 업무를 처리하기 위해서 다양한 데이터나 정보가 필요하다. 예를 들어, 고객이 주문한 제품을 발송하기 위해서 고객정보가 필요하며, 또한 주문제품에 대한 재고는 충분한지에 대한 데이터도 필요하다. 이처럼 기업의 비즈니스프로세스를 이해하기 위해서는 업무는 물론, 이벤트, 조직단위와 조직구성원, 자원, 데이터의 유기적인 관계를 파악해야 하며, 이를 통해서 비로소 기업을 이해할 수가 있다.

3) 정보시스템과 비즈니스프로세스

정보기술에 기반을 두고 있는 기업의 전략적 목표(strategic company goals)를 달성하기 위해서 필요한 비즈니스프로세스(business process)는 정보기술(information technology)에 의해서 결정되고, 정보기술에 의해서 지원된다. 즉, 비즈니스프로세스는 전략적 목표를 달성하기 위해서 정의되고 실행되며, 정보기술은 기업의 업무처리 자체를 지원하는 도구로서의 역할을 하게 된다. 동시에 정보기술의 지원 가능성에 따라서 설정된 목표의 달

그림 10-1 정보기술과 비즈니스프로세스

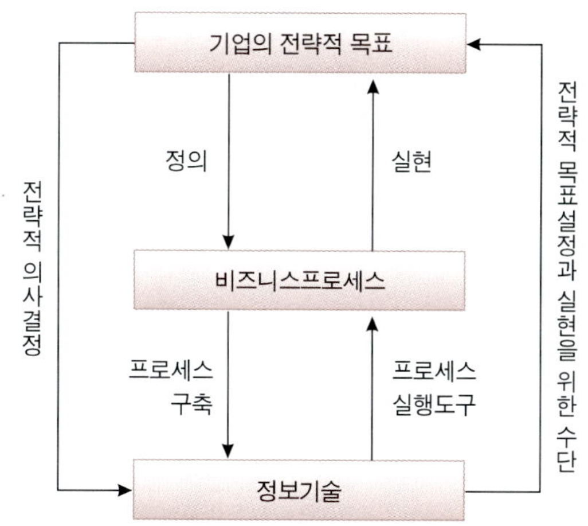

성 여부가 좌우되기 때문에, 전략적 목표 달성을 위한 결정요인과 제약조건으로서의 역할을 하게 된다. 정보기술은 전략적 목표를 달성하기 위해서 정의된 비즈니스프로세스를 수행하는 도구로서의 역할을 하며, 가장 기본적인 정보기술은 정보시스템이 될 것이다. 기업에서 일상적으로 사용되는 거래처리시스템(transaction processing system)에서부터 전사적 자원관리시스템(ERP: enterprise resources planning system)에 이르기까지 기업에서 사용되는 모든 정보시스템들이 이에 속한다.

1.2 새로운 정보시스템에 대한 요구

[그림 10-2]와 같이 정보시스템은 기본적으로 비즈니스프로세스를 수행하는 도구로서의 역할을 수행하며, 비즈니스프로세스는 기업이 추구하는 목표를 달성하기 위해서 정의된 업무들의 집합으로 이해할 수가 있다. 이는 기업이 추구하는 목표를 달성하기 위해서 정의된 업무자체의 변화는 물론 업무처리 방식의 변화까지를 수용해야 하며, 이를 통해서 추구하는 목표를 효율적, 효과적으로 달성할 수 있다는 것을 의미한다. 기업이 추구하는 목표를 효과적으로 달성할 수 있도록 기업 및 비즈니스환경과 이와 관련된 모든 변화의 내용을 비즈니스프로세스에 함축시켜 효율성을 증대시키고자 하는 것이 본 저서에서 핵

그림 10-2 새로운 정보시스템에 대한 요구

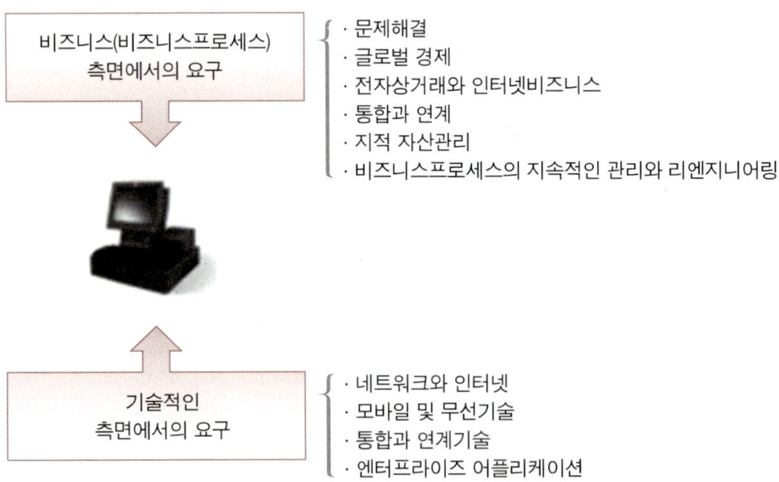

심으로 다루고 있는 비즈니스프로세스관리의 목표이기도 하다. 또한 이는 다음 절에서 설명하려고 하는 새로운 정보시스템에 대한 요구이기도 하다. 새로운 정보시스템에 대한 요구는 크게 두 가지 측면에서 대두되는데, 한 가지는 정보시스템이 수행할 비즈니스프로세스(넓게는 비즈니스 자체)로부터이며, 다른 한 가지는 정보시스템 자체의 기술적인 측면에서의 요구이다.

1) 비즈니스(비즈니스프로세스) 측면에서의 요구

(1) 문제해결

새로운 정보시스템 개발에 대한 첫번째 요구는 당연히 비즈니스프로세스의 변화를 수행할 새로운 도구의 필요성일 것이다. 이는 비즈니스프로세스관리 프로젝트를 통해서 추출한 문제를 해결하기 위해서(problems solving), 새로운 기회를 포착하기 위해서(opportunities gaining), 비즈니스 요구를 반영하기 위해서(requirements reflecting) 비즈니스프로세스를 새롭게 설계하였으나, 기존의 정보시스템을 이용하여 새롭게 설계한 비즈니스프로세스를 수행하는 것이 불가능하거나 비효율적이라는 판단하에 새로운 정보시스템을 구축하는 것을 의미한다.

(2) 글로벌 경제

1990년대 이후 세계경제의 글로벌화가 가속화되고 있는 가운데, 많은 기업들은 글로벌 경쟁을 위해서 경쟁기업을 인수 · 합병하거나, 세계 곳곳에 현지 법인이나 공장을 운영하고 있다. 이를 위해서 다국적 언어는 물론 다국적 통화를 반영할 수 있는 새로운 시스템이 필요하게 되고, 또 현지의 다른 회계기준이나 법률규정 등이 반영되어 처리될 수 있는 새로운 시스템이 필요하게 된다. 예를 들어, 비즈니스프로세스관리 프로젝트를 통해서 이와 같은 글로벌화에 대응하기 위한 대책이 필요하다면, 비즈니스프로세스의 통합은 물론 이를 수행할 새로운 정보시스템이 필요하게 될 것이다.

(3) 전자상거래 및 인터넷비즈니스

세계 경제의 글로벌화와 더불어 현재의 경제체제는 디지털 경제체제로 패러다임이 변하고 있는 가운데 많은 기업들은 거래형태의 다양화를 위해 노력하고 있다. 그 결과 기업간(B2B) 혹은 기업-소비자가 간(B2C) 거래규모가 비약적으로 확대되었다. 이는 거래형태의 다양화라는 단순한 의미만을 내포하는 것이 아니라, 이를 통해서 전통적인 비즈니스프로세스와는 구별되는 전자상거래 및 인터넷비즈니스를 위한 새로운 비즈니스프로세스가 필요하며, 이를 수행할 새로운 도구가 필요하다는 것을 의미한다. 비즈니스프로세스관리 프로젝트를 수행한 결과 현대 경제체제의 패러다임 변화에 맞추어 새로운 전자상거래 및 인터넷비즈니스 모델이 개발되고 이를 통해서 기업이 추구하는 목표를 보다 효과적으로 달성될 수 있다는 결론에 도달한 경우라면 이를 수행할 새로운 정보시스템을 개발하기 위한 프로젝트로 이어질 것이다.

(4) 통합과 연계

기업이 추구하는 목표를 효과적으로 달성하기 위해서 기업 내부의 부분 조직들이나 업무(기능) 혹은 기업 외부의 주체(공급업자와 소비자 등과 같은 업무파트너)들과의 통합과 연계는 필수적이다. 경우에 따라서는 경쟁업체와의 연계도 필요할 수 있다. 예를 들어, 마이크로소프트와 오라클의 경우 경쟁제품인 데이터베이스시스템 관리시스템을 판매하지만, 많은 오라클 어플리케이션 제품들이 마이크로소프트 데이터베이스 상에서 구동되는 것을 보면, 분명 마이크로소프트와 오라클은 경쟁자이면서 파트너이기도 하다는 사실을 알 수 있다. 이처럼 기업이 추구하는 목표를 위해서 업무기능과 조직 그리고 외부주체들을 연계하거나 이를 통합하여 처리할 수 있는 새로운 비즈니스프로세스가 필요한 경우 이를 수행할 새로운 도구가 필요한 것은 당연하다.

(5) 지적 자산관리

지식(knowledge)이란, 데이터를 가공하여 유용한 정보를 창출하고 이를 활용하는 가운데 축적된 모든 새로운 사실들을 의미한다. 따라서 지식관리(knowledge asset management)란, 원천데이터를 좀 더 유용한 형태의 정보로 가공하고 이를 전파하며 공유하기 위한 모든 과정을 의미한다. 기업이 목표를 효과적으로 달성하는데 이같은 지식관리가 요구된다면 이를 위한 새로운 비즈니스프로세스와 정보시스템이 필요하게 된다.

(6) 비즈니스프로세스의 지속적 관리 및 리엔지니어링

정보시스템의 역할은 비즈니스프로세스를 자동화하고 이를 지원하는 것이다. 이를 통해서 비용이 절감되거나 효율성이 증대되거나, 부가가치가 증대되어 기업이 추구하는 목표를 달성하는데 보다 효과적으로 작용하기 때문이다. 따라서 기업 입장에서는 비즈니스프로세스의 지속적인 관리가 필요하며, 경우에 따라서는 해당되는 비즈니스프로세스를 근본적이고 혁신적으로 변화시키기도 하는 것은 바로 이러한 이유 때문이다. 이처럼 비즈니스프로세스를 근본적으로 그리고 혁신적으로 새롭게 설계하는 것을 비즈니스프로세스 리엔지니어링(BPR: business process re-engineering)이라고 하는데, 이와 같은 혁신적이고 근본적인 비즈니스프로세스의 변화가 필요하다는 결론에 도달하게 되면, 이를 수행할 정보시스템이 필요하게 되며, 이러한 사실로부터 새로운 정보시스템을 개발하는 프로젝트가 시작될 수 있다.

2) 기술적인 측면에서의 요구

(1) 네트워크 및 인터넷

현대 기업의 복잡하고 방대한 양의 업무를 처리함에 있어서 네트워크와 인터넷을 제외하고는 설명할 수가 없다는데 이견을 가진 사람은 거의 없다. 효율적인 업무처리를 위해서 인트라넷과 엑스트라넷이 일반화되었으며, 많은 전용소프트웨어들이 클라이언트-서버 환경과 웹 기반으로 개발되어 활용되고 있다. 네트워크 및 인터넷은 정보화 사회의 변화를 주도하기도 하지만, 이는 변화된 기업 환경과 비즈니스 환경에 적응하기 위한 노력이기도 하다.

효과적이고 효율적인 업무처리를 위해서 기존의 비즈니스프로세스를 새롭게 재설계한 결과, 새로운 비즈니스프로세스를 수행할 도구가 네트워크와 인터넷 기반에서 운영되어야 한다면 이는 당연히 새로운 정보시스템 개발로 이어질 것이다.

(2) 모바일 및 무선기술

네트워크와 인터넷 기술은 이미 모바일과 무선기술(mobile and wireless technologies)로 발전되고 있으며, 활용범위가 점점 넓어져 이제는 일반화 수준에 도달하고 있다. 모바일과 무선기술을 활용한 많은 기기들이 개발되어 상용화되고 있다.

이러한 모바일과 무선기기들이 업무처리를 위해서 보다 효율적이고 효과적이라면, 이러한 기기들을 활용한 업무처리 프로세스에 맞는 새로운 정보시스템이 필요할 것이기 때

그림 10-3 모바일 및 무선기기(스마트 폰/PDA)

문에, 이러한 요구로부터 자연스럽게 새로운 정보시스템 개발 프로젝트로 연결된다.

(3) 통합 및 연계기술

기업에서 이메일이나 인스턴스 메시징, 그룹웨어와 워크플로우 등과 같은 통합과 연계 기술들은 비단 업무처리와 데이터 측면에서뿐만 아니라, 개인과 개인 그리고 부서와 부서 간의 원활한 커뮤니케이션을 위해서도 절대적으로 필요하다. 이러한 통합 및 연계기술들을 통해서 업무처리의 유연성과 효율성이 증대되고, 업무처리 속도가 빨라지며, 기업 구성원들 간의 정보전파와 정보공유가 원활하게 이루어지기 때문에, 기업이 추구하는 목표를 달성하는데 보다 효과적일 것이다. 새롭게 설계된 비즈니스프로세스를 보다 효율적으로 수행하는데 이러한 기술들이 요구된다면 시스템분석가(비즈니스프로세스분석)는 통합과 연계기술의 필요성에 대한 요구를 간과해서는 안되며, 이러한 기술들을 수용하는 새로운 정보시스템이 개발될 수 있도록 해야 한다.

(4) 엔터프라이즈 어플리케이션

네트워크와 인터넷, 모바일과 무선기술, 통합과 연계기술과 같은 기술적인 측면에 대한 요구도 중요하지만, 새롭게 설계된 비즈니스프로세스를 수행하는 수단으로서의 정보시스템에 대한 요구에 초점을 맞춘다면, 과거와 다른 다양한 엔터프라이즈 어플리케이션 – 예를 들어, 전사적 자원관리(ERP: enterprise resource planning), 공급사슬관리(SCM: supply chain management), 고객관계관리(CRM: customer relationship management) 그리고 통합어플리케이션(EAI: enterprise application integration)으로부터 새로운 정보시스템이 필요한 이유를 찾을 수가 있다.

기업규모와 상관없이 모든 기업들은 비즈니스 운영을 위해서 핵심적인 업무기능을 수행한다. 제조업의 경우, 예를 들면 구매/생산 및 운영관리, 마케팅, 인사관리, 재무/회계 관리 등이 이에 해당된다. 이들 핵심업무 기능을 수행하는 영역들은 대부분 기능과 데이터 측면에서 상호연결되어 있기 때문에, 이들 영역들에 속하는 업무기능들을 통합처리 하기 위해서 관련된 프로세스들이 상호연결된 하나의 통합비즈니스프로세스가 필요하다. 이는 단순히 관련된 비즈니스프로세스들의 통합만을 의미하는 것이 아니라, 관련된 모든 비즈니스프로세스들을 통합 처리할 수 있는 새로운 어플리케이션(전사적자원관리: enterprise resource planning)이 필요하다는 것을 의미한다. 이러한 요구로부터 새로운 정보시스템 개발에 대한 요구가 제기된다.

만일 핵심업무기능을 넘어서 기업이 수행하는 모든 비즈니스프로세스를 포괄하는 경우 통합어플리케이션(EAI: enterprise architecture integration)과 연계하여 확대될 것이며,

그림 10-4 엔터프라이즈 어플리케이션

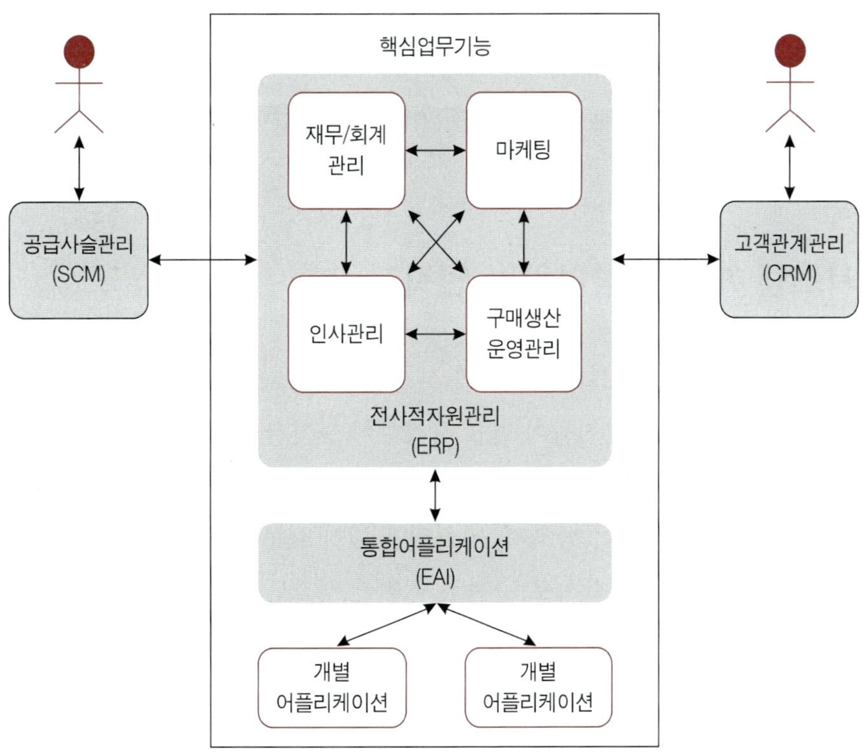

또한 기업이 추구하는 목표를 효과적으로 달성하기 위해서는 고객이나 공급업자와 같은 외부 주체와의 연계가 필요할 경우, 어플리케이션 영역은 고객관점과 공급업자 관점으로 확대될 것이다. 이처럼 어플리케이션의 확대 영역에 따라서 대상 비즈니스프로세스가 달라지기 때문에, 이를 수행할 새로운 도구가 필요하게 된다.

2. 정보시스템 개발 개요

정보시스템 개발은 새롭게 설계된 비즈니스프로세스를 수행하는데 필요한 새로운 시스템을 개발하는 것을 의미한다. 새로운 시스템을 개발하는 작업은 결국 9장에서 설명한 시스템개발 유형에 따라서 자체 개발할 것인지? 표준 소프트웨어의 구입을 통해서 구현할 것인지? 등에 따라서 결정된다. 또한 개발될 시스템의 품질은 시스템개발에 참여하는 사람들의 이해관계와 시스템개발을 위해서 사용되는 개발 방법론에 의해서 결정되기도 한다. 따라서 본 절에서는 정보시스템 개발에 참여하는 사람들과 이들의 이해관계 그리고 정보시스템 개발 방법론에 대해서 살펴보기로 하겠다.

2.1 시스템 개발에 참여하는 인력과 역할

개발하려는 정보시스템의 규모와 복잡도 그리고 신뢰성 정도에 따라 다르지만, 시스템 개발 작업은 여러 전문가들이 팀을 구성하여 장기간의 공동의 노력으로 완료되는 것이 보통이다. 일반적으로 시스템개발에 직 · 간접적으로 참여하는 인력은 개발을 의뢰하고 개발비용을 지불하는 시스템오너, 시스템에 대한 요구사항을 분석하는 시스템분석가, 요구사항을 충족하는 시스템으로 구현하기 위한 시스템설계자, 물리적인 시스템을 구현하는 개발자 이외에 시스템을 직접 사용하게 될 시스템사용자와 다양한 이해관계자이다. 그리고 시스템개발의 전체 과정이 원활하게 진행될 수 있도록 시스템개발 프로젝트 팀을 관리하고 통제하는 프로젝트 관리자도 포함된다. 시스템개발에 참여하는 전문가들은 한정된 예산 범위 내에서(예, 개발비용: 5억) 정해진 기간 내에(예, 2011년 1월 1일부터 10월 31일까지) 원하는 수준의 시스템을 개발한다는 목표를 달성하기 위해서 정보를 공유하며 협력해야만 한다.

① 시스템오너

시스템오너는 넓은 의미로 시스템개발을 의뢰하는 기업을 의미한다. 그러나 시스템개발에 필요한 경비를 지원하며, 시스템개발 작업의 지속여부를 결정하는 의사결정권자를 의미하는 것이 보통이다. 따라서 시스템오너는 대부분 개발작업의 초기단계에 참여하게 되며, 이들은 주로 개발비용과 개발효과에 관심을 가지게 된다.

② 시스템사용자

시스템사용자는 개발될 시스템을 직접 이용하여 업무를 처리하는 실무자를 의미한다. 시스템사용자는 대부분 기업 내부의 구성원들이지만, 경우에 따라서는 외부의 주체가 될 수도 있다. 예를 들어, 고객이나 공급업자 혹은 외부의 업무파트너들도 내부의 시스템을 이용하여 자신의 업무를 처리해야 하는 경우가 있다면, 이들도 시스템사용자에 포함된다. 대부분의 시스템개발 작업의 경우 이들 시스템사용자들이 겪는 문제점들을 해결함으로써 업무의 효율성을 높이기 위한 목적에서 시작되는 경우가 많기 때문에 시스템개발 프로젝트의 성공과 실패는 이들 시스템사용자의 요구를 어느 정도 충족시킬 수 있는 효율적인 시스템이 개발되느냐에 달려있다고 해도 과언이 아니다. 따라서 이들 시스템사용자들은 개발작업 자체에 대한 지속여부를 결정하는 단계 이외의 거의 모든 작업에 직 · 간접적으로 참여하게 된다. 그리고 시스템사용자들은 시스템오너와는 달리 개발이용이나 전체적인 개발효과보다는 시스템이 개발되어 자신의 업무가 얼마나 효율적으로 처리될 수 있는지에 관심을 갖는다.

③ 시스템분석가

시스템분석가는 시스템개발 대상영역의 문제가 무엇인지? 문제의 원인이 무엇인지? 어떻게 해결할 수 있는지? 사용자의 요구는 무엇인지를 파악하여 설계자 및 개발자가 원하는 형태로 전달해 주는 역할을 담당하는 사람을 말한다. 시스템분석가는 주로 사용자의 요구를 찾아내고 이를 정리하며 체계적으로 문서화하는 역할과, 개발에 참여하는 이해관계자마다 다른 시각을 가지고 있기 때문에, 시스템개발에 참여하는 이해관계자들의 견해를 중재하는 역할을 수행한다. 그러나 이러한 역할을 수행하는 것은 쉽지 않기 때문에, 다른 참여인력에 비해서 업무영역에 대한 전문적인 지식은 물론, 논리적이고 조직적인 사고능력, 문제해결을 위한 독창적인 아이디어, 풍부한 경험과 기술 그리고 원만한 인간관계까지를 겸비하는 능력들이 요구된다. 시스템분석가는 프로젝트관리자와 마찬가지로 시스템개발의 전체 과정에 참여하며, 일반적으로 프로젝트관리자로서의 역할을 병행하는 것이 보통이다.

④ 시스템설계자

시스템설계자는 시스템분석가로부터의 분석결과를 토대로 사용자의 요구와 이해관계자들의 요구를 충족시킬 수 있는 효율적인 시스템을 논리적으로 디자인하는 사람을 말한다. 시스템분석가가 기술적인 구현가능성의 방법과 무관하게 논리적인 해결방법이 무엇인가를 찾아내는 것이 목적이었다면, 시스템설계자는 이를 기술적으로 구현가능하며 효율적인 구조의 시스템으로 구현될 수 있도록 시스템개발에 대한 청사진(개괄적인 설계)과 설계도면(상세설계)을 작성하는 역할을 한다. 따라서 시스템설계자는 업무영역에 대한 지식과 함께 기술적인 전문지식도 함께 갖추어야 하는 것이 보통이다. 시스템설계자는 사용자의 요구를 분석하는 시스템 분석단계와 시스템의 물리적인 구현단계인 시스템개발 단계 사이에 참여하게 된다.

⑤ 시스템개발자

시스템개발자는 시스템설계자와 마찬가지로 해박한 기술적인 전문지식을 갖추고 시스템설계 결과를 물리적인 시스템으로 구현하는 사람을 말하며, 보통의 경우 프로그래머가 시스템개발자로서의 역할을 하게 된다. 시스템개발자는 물리적인 구현과 각종 테스트 과정을 거쳐 시스템사용자들이 자신의 업무에 직접 활용할 수 있는 상태로의 구현작업까지를 포함한다.

⑥ 프로젝트관리자

프로젝트관리자는 시스템개발 프로젝트를 정해진 기간 내에 한정된 개발비용을 초과하지 않는 범위 내에서 완료시키기 위해서 참여한 모든 인력과 투입된 모든 자원을 관리하고 통제하는 역할을 하는 사람을 말한다. 뿐만 아니라 개발 과정의 세부단계가 효율적으로 진행될 수 있도록 작업일정과 작업내용 등을 관리하고 조정하는 역할을 한다. 프로젝트관리자는 개발프로젝트에 참여하는 팀원일 수도 있으며, 프로젝트의 규모와 복잡도에 따라서 외부에서 영입된 전문 컨설턴트가 역할을 대신할 수도 있다. 프로젝트관리자는 개발작업 전체를 주도하고 이끌어 가는 역할을 하기 때문에, 개발프로젝트의 성공을 위해서 프로젝트관리자의 역량(업무지식, 단계별 작업능력, 추진력, 지도력과 의사소통능력, 개발경험 등)은 매우 중요하며, 개발프로젝트의 전체과정에 참여하는 것은 당연하다.

2.2 정보시스템의 품질(갖추어야 할 요구 조건)

공장에서 생산되는 제품과 달리 시스템의 품질은 시스템개발에 참여하는 모든 사람들에 의해서 평가된다. 그러나 시스템개발에 관여하는 사람들은 각자의 이해관계에 따라 서로 다른 시각을 가지고 있기 때문에, 일률적으로 시스템품질을 평가하기는 쉽지 않다. 따라서 시스템개발에 참여하는 주요 이해관계자들인 시스템사용자, 시스템관리자, 기업의 입장에서 시스템품질을 평가하는 요인들을 정리하는 것은 매우 중요하다.

그림 10-5 시스템 품질에 대한 이해관계자의 시각

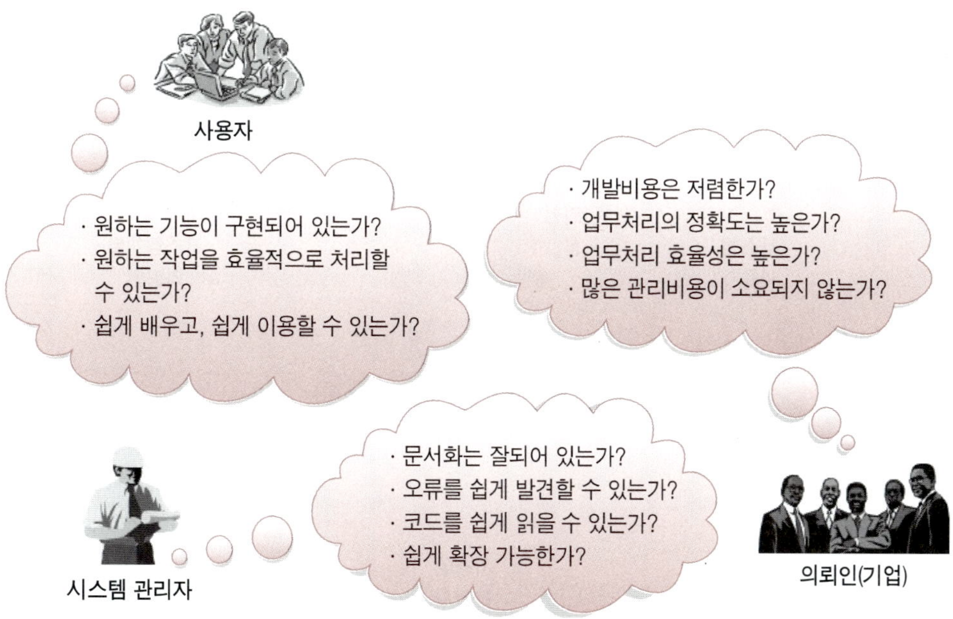

개발된 시스템을 실제로 사용하는 최종 사용자들은 개발비용이나 시스템 관리적인 측면보다는 자신의 업무를 처리할 수 있는 기능이 내장되어 있는지? 시스템을 이용하여 자신의 업무를 처리할 때 보다 쉽고 효율적으로 처리할 수 있는지? 그리고 쉽게 배울 수 있는지? 등을 중심으로 시스템의 품질을 평가할 것이다. 그러나 시스템관리자는 실제 활용적인 측면보다는 쉽게 관리할 수 있도록 잘 문서화되어 있는지? 시스템 오류를 쉽게 발견할 수 있는지? 시스템을 쉽게 수정하고 확장할 수 있는지? 등 시스템 아키텍처와 구현방법에 더 많은 관심을 가지게 되며, 자신의 시각에서 시스템의 품질을 평가하게 된다. 또한 시스템개발을 의뢰한 기업의 경우에는 시스템개발을 통해서 얻어지는 이익과 개발에 소요되는 비용적인 측면을 최우선으로 시스템을 평가한다. 즉, 시스템개발비용은 적정한가? 최소의 비용으로 시스템을 관리하고 유지 보수할 수 있는가? 시스템개발을 통해서 생산성 향상과 업무처리 효율성 증대에 어느 정도 기여할 수 있는가? 등의 기준으로 시스템 품질을 평가한다. [그림 10-5]는 이들의 시스템 품질에 대한 서로 다른 시각을 정리한 것이다.

[그림 10-5]와 같이 시스템사용자, 시스템관리자, 시스템개발 의뢰인의 시각이 다르기 때문에, 시스템품질을 평가하기 위한 평가요인도 서로 다르게 나타날 것이다. 그러나 이들의 관심사는 업무처리 효율성 증대와 생산성 향상 그리고 기업의 최종목표에 부합되기

그림 10-6 시스템 품질의 결정요인

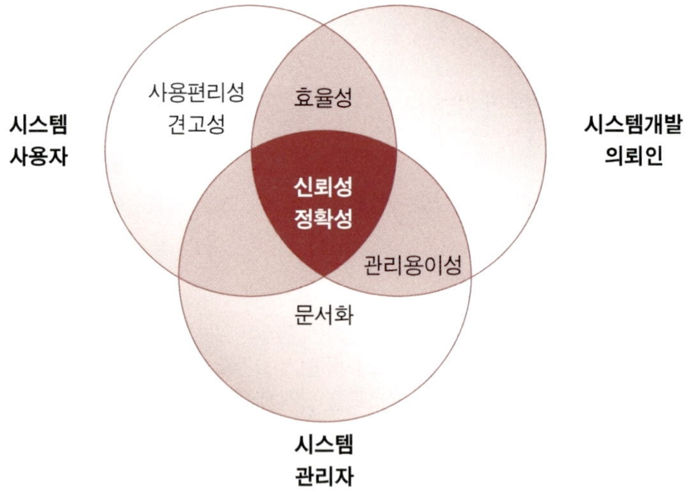

때문에, 이들의 시각이 언제나 다른 것만은 아니며, 공통적인 관심사도 존재하는 것을 알 수 있다. [그림 10-6]은 시스템사용자, 시스템관리자, 시스템개발 의뢰인의 시스템품질에 대한 공통적인 요인을 추출하여 재정리한 것이다.

시스템품질을 결정하는 요인은 외적 요인과 내적 요인으로 나눌 수 있는데, 외적 요인은 시스템활용에 관련된 요인으로 사용 편리성, 견고성, 신뢰성, 정확성, 효율성을 들 수 있으며, 내적 요인으로는 관리용이성과 문서화를 들 수 있다.

1) 신뢰성과 견고성 그리고 정확성

시스템의 견고성과 신뢰성 그리고 정확성은 시스템 실행 중 발생하는 다양한 형태의 오류에 관련된 요인으로 이는 업무처리의 효율성과 시스템관리에 치명적인 영향을 미치기 때문에, 개발될 시스템은 신뢰성과 견고성 그리고 정확성을 보장할 수 있어야 한다.

- 신뢰성 : 완벽하게 구현된 시스템이라 하더라도 시스템을 운영하는 과정에서 크고 작은 오류들이 발생할 수 있기 때문에, 시스템 오류가 발생하였다고 해서 시스템에 대한 신뢰가 없다고 할 수는 없다. 시스템의 신뢰성은 발생한 오류의 심각성과 발생빈도, 종류 그리고 오류의 여파를 분석하여 판단되어야 하지만, 기본적인 수준의 신뢰성은 보장되어야 할 것이다.
- 견고성 : 시스템을 실행하는 중에 외부와의 어떤 형태의 커뮤니케이션에 대해서도 제대로 작동할 때, 일반적으로 "시스템이 견고하다"고 말한다. 시스템의 견고성이 유지되는 시스템은 정확성을 유지할 수 있으며, 시스템의 작동중지로 이어지는 치명적인 오류를 미연에 방지할 수 있기 때문에, 시스템의 품질을 보장할 수 있다.
- 정확성 : 시스템의 정확성은 신뢰성이나 견고성과 마찬가지로 시스템의 오류와 관련된 요인이지만, 신뢰성이나 견고성과는 달리 구현된 세부적인 프로그램에 관련된 요인이다. 해결하려는 문제를 모순없이 정확하게 해결할 수 있을 때, 일반적으로 "프로그램이 정확하다"고 말하는데, 이는 문제해결의 효율성의 문제가 아니라 정확성 즉, 해결하고자 하는 문제를 원하는 형태로 해결하기 위해서 얼마나 완벽하게 그리고 논리적인 모순없이 프로그램으로 구현했느냐를 의미한다.

2) 사용편리성

사용편리성은 숙련되지 못한 시스템사용자라 하더라도 얼마나 쉽게 배울 수 있으며, 편리하게 사용할 수 있는지에 따라서 결정된다. 따라서 시스템사용자들이 쉽고 편리하게 사용할 수 있도록 시스템과 사용자를 연결하는 편리한 인터페이스가 형성되어야 하며, 어떠한 상황에서도 특히, 문제가 발생하는 경우 원하는 형태의 도움을 받을 수 있는 기능이 내장되는 등 사용자에게 친밀감을 제공해야 한다.

3) 효율성

시스템사용자는 자신의 업무를 보다 쉽고 효율적으로 처리하기 위한 수단으로 시스템을 이용하며, 시스템개발 의뢰인(기업)은 기업의 목표를 달성하기 위해서 필요한 전체 업무 프로세스를 수행하는 도구로 활용하기 위해서 시스템개발을 의뢰하는 것이기 때문에, 효율성은 시스템사용자와 시스템개발 의뢰인 모두에게 매우 중요한 요인이며, 업무처리 효율성과 시스템 효율성 그리고 시스템의 성능을 내포하는 넓은 의미의 개념이다. 그러나 시스템사용자의 입장에서 시스템 자체의 효율성과 시스템의 성능이 자신의 업무처리 속도에 영향을 미치는 것이 사실이지만, 이보다는 자신이 처리하려는 업무를 효율적으로 처리할 수 있도록 처리절차가 적절하게 구성되어 있는지? 자신의 업무처리 내용을 잘 구현하고 있는지? 등의 업무처리 효율성이 더욱 중요하며, 시스템의 성능과 시스템의 효율성은 하드웨어의 발전과 맥락을 같이 하기 때문에, 개발될 시스템에 대한 요구 조건으로서의 효율성을 좁은 의미로 이해함이 타당할 것이다.

4) 관리용이성

시스템이 개발되어 사용자에게 인도된 후 정상적인 시스템 사용 중에 발생하는 오류수정, 효율적인 문제해결을 위한 설계변경, 파일이나 데이터베이스 구조변경 또는 새로운 성능을 추가하기 위한 일련의 과정을 시스템의 유지보수라 한다. 모든 시스템은 어느 한 시점에 아무리 완벽하게 설계되어 사용자의 요구를 완벽하게 충족시켰다 하더라도 업무처리 환경이 변하기 때문에, 사용자의 요구는 변할 수밖에 없으며, 또한 처리할 자료와 파일 및 데이터베이스 구조 등이 변하기 때문에, 시스템의 수명연장을 위해서 필요한 경우마다 변경되고 수정되는 과정을 거쳐야만 한다. 이같은 시스템의 수정과 변경에 관련된 모든 관리작업은 시스템관리자의 임무이며, 이들의 관심은 오류를 쉽게 발견할 수 있는가? 프로그램 코드를 쉽게 해독할 수 있는가? 시스템구조를 쉽게 변경하고 확장할 수 있는가? 등이다. 시스템관리자에게 이러한 관리용이성은 매우 중요한 요인이며, 최소한의 관리용이성은 보장되어야 한다.

5) 문서화

일반적인 시스템 환경에서는 사용자와의 의사소통을 위한 시스템-사용자 인터페이스는 물론 다른 시스템과의 상호작용을 위해서 시스템-시스템 간의 다양한 인터페이스가 형성되어 있으며, 어떤 형식으로 인터페이스가 형성되어 있는지 문서로 작성되어 있는 것이 보통이다.

2.3 시스템 개발방법론

전체적인 시스템개발작업을 효율적으로 진행하기 위한 방법과 절차를 규정한 체계적인 프레임워크를 시스템개발방법론이라 하는데, 가장 전통적인 방법이면서 가장 보편적으로 사용되고 있는 시스템개발방법론은 폭포수형 모형이라고 불리는 SDLC(system development life-cycle) 방식 이외에, 프로토타이핑 방식, 나선형 방식과 구조적 개발방법, 객체지향적 개발방법 등 다양한 방법들이 있다.

1) 전통적인 폭포수 모형

폭포수형 모형은 가장 오래된 시스템개발방법론으로 개발의 전 과정이 순차적으로 이루어지는 모형이다. [그림 10-7]은 전통적인 폭포수 모형을 나타내며, 폭포수 모형이라는 표현은 한번 떨어진 폭포수는 위로 다시 거슬러 올라갈 수 없다는 의미에서 붙여진 것이다. 전통적인 폭포수 모형에 의하면, 시스템개발의 전 과정은 계획 → 분석 → 설계 → 구현 → 유지보수 단계로 나누며, 이들 작업이 순차적으로 이루어지기 때문에, 순차적 모델(sequential model)이라고 불리기도 한다.

그림 10-7 전통적인 폭포수 모형

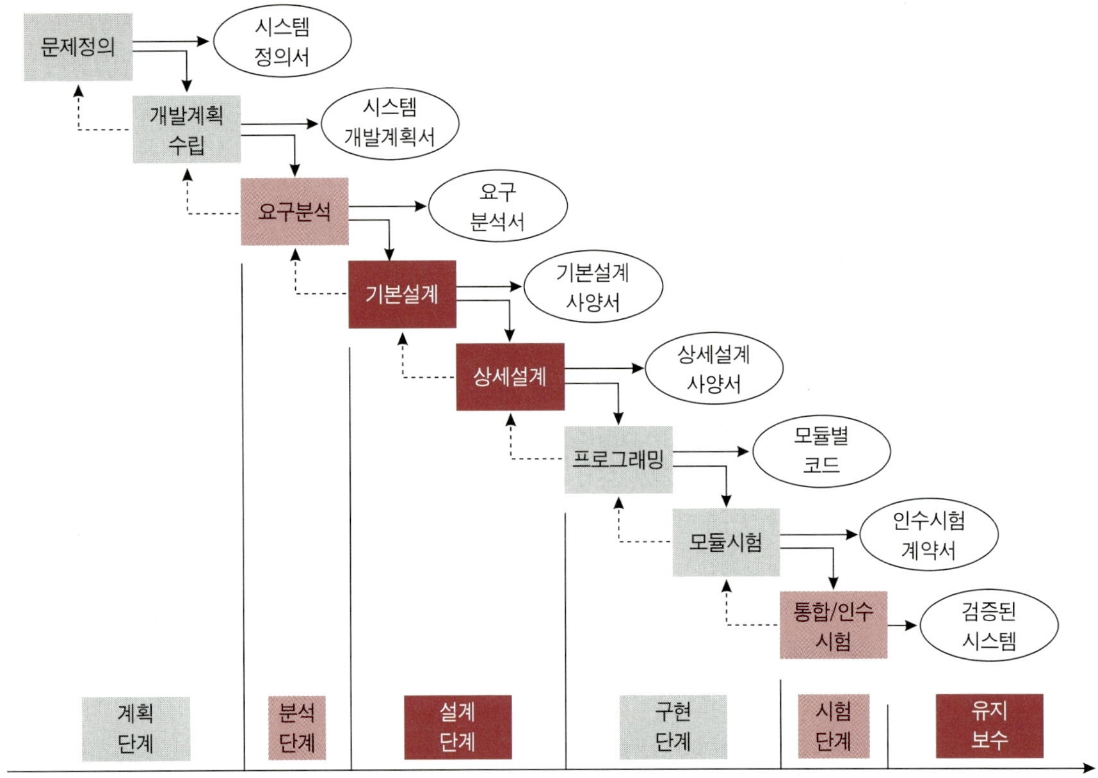

(1) 시스템 계획(system planning): 시스템정의 및 개발계획

시스템정의서(system definition)를 작성하는 목적은, 기존의 업무처리 방식 또는 기존 시스템의 문제가 무엇이고, 새로운 시스템을 개발해야 한다는 시스템개발의 당위성과 개발목적 그리고 시스템개발의 효과를 명확히 하려는데 있으며, 또한 문제해결을 위해서 새로이 개발할 시스템이 갖추어야 할 기능과 성능요건 등 개발할 시스템을 개괄적으로 정의하는 것이다. 시스템정의서를 통해서 개발하려는 시스템이 정의되면, 시스템개발계획을 수립하게 되며, 그 결과는 시스템개발계획서(project plan)라는 문서로 작성된다. 시스템개발계획서를 작성하는 목적은 시스템정의서를 통해서 정의한 시스템기능과 성능요건을 현재의 기술적 수준으로 구현할 수 있는지? 막대한 개발비용을 감수하면서 시스템을 개발할 필요가 있는지? 등을 분석하여 기술적으로 구현 가능하고 경제적 타당성이 있음을 입증하려는 것이다. 뿐만 아니라, 시스템개발 작업을 전담할 프로젝트 팀을 구성하고 개발에 참여할 인적자원, 개발일정과 개발비용, 개발방법론과 지원도구, 개발과정을 통해서 생성될 중간 산출물, 전체적인 문서화 등에 대한 개발계획을 구체화하는 것도 시스템 개발계획서를 작성하는 주요 목적이다.

시스템 계획단계에서 작성되는 시스템정의 및 개발계획은 비즈니스프로세스관리 프로젝트의 BPMLC 프레임워크의 초기단계에서 생성된 결과물들이 활용된다.

(2) 시스템 분석(system analysis): 사용자 요구분석

시스템 분석단계는 사용자가 원하는 시스템을 개발하기 위해서 기존의 업무처리 방식 또는 기존의 시스템을 이해하고 문제점을 찾아내는 단계이며, 시스템 분석결과는 요구분석서(requirements specification)라는 문서로 요약된다. 시스템정의서에서는 새로운 시스템이 갖추어야 할 기능들이 개괄적으로 정의되었지만, 요구분석 단계에서는 기능, 데이터, 조직구조 등 보다 구체적인 내용들이 파악된다.

시스템 분석단계의 요구분석 작업 또한 비즈니스프로세스관리 프로젝트의 **비즈니스 프로세스 분석**단계에서 이미 작업된 내용들을 활용할 수 있으며, 구체적인 시스템을 개발하기 위해서 별도로 필요한 요구사항들이 있다면 이를 정리하는 것으로 충분하다.

(3) 시스템 설계(system design)

시스템계획 및 분석단계에서는 어떤(what) 시스템을 개발할 것인가에 초점을 맞추어 사용자들이 요구하는 것을 파악하는 과정이라면, 이어지는 시스템 설계단계에서는 사용자 요구 분석결과를 토대로 어떤 정보기술을 이용하여 어떤 부분을 어떻게(how) 구현할 것인가를 구상하는 단계이다.

시스템설계는 개괄적인 설계와 상세설계로 나뉘어 지는데, 개괄적인 설계(기본설계)에서는 파일구조나 데이터베이스구조를 결정하고, 업무처리 방법 및 절차 등 기본적인 사항들을 결정하는 것을 주요 내용으로 하며, 상세설계에서는 사용자 인터페이스, 입출력 방식, 파일 및 데이터베이스의 물리적 설계 등을 골자로 한다. 기본설계와 상세설계의 내용은 설계사양서(design specifications)라는 문서로 요약된다.

시스템설계의 주요 내용은 BPMLC 프레임워크의 **비즈니스프로세스 재설계** 단계의 작업과 유사하다. 다만, 시스템설계에서는 비즈니스프로세스에 국한하지 않고 개발될 시스템에 관련된 기능과 조직과 데이터를 대상에 포함시키기 때문에, 비즈니스프로세스 재설계 단계의 작업결과와 조직과 데이터 부분의 분석결과에 따라서 조직구조와 데이터구조를 새롭게 설계하는 작업이 추가된다.

(4) 시스템 구현(system implementation) 및 시험

시스템 구현단계는 설계단계에서 설계된 내용을 모듈 별로 코딩하고 디버깅하는 과정을 반복하고 시스템을 완성하고 검증해 가는 과정이며, 검증과정을 거쳐 비로소 완성된 시스템의 모습을 갖추게 된다. 완성된 시스템은 최종 인수시험(acceptance test)을 거쳐서 개발의뢰인에게 인수 · 인계된다. 단위 모듈 별 검증과 시스템 테스트는 사용자의 요구를 충족시킬 수 있는 시스템의 모습을 갖추고 있는지 보다는 주로 설계단계에서 작성된 설계사양서의 내용을 구현했는지의 여부를 검증하게 된다. 구현단계에는 또한 구현한 시스템을 사용자들이 쉽고 편리하게 이용할 수 있도록 매뉴얼을 제공하고 교육하는 것도 포함된다.

(5) 시스템 운용(operation) 및 유지보수

시스템 운용 및 유지보수 단계는 최종 인수시험을 통과한 시스템이 설치되어 사용자들이 직접 이용하고, 이용 중에 작동오류나 시스템오류 등과 같은 문제점이 발견되면 이를 수정하고, 필요한 경우 새로운 기능을 추가하거나 불필요한 기능을 삭제하는 등 시스템을 발전시키고 또 생명을 연장시켜 나가는 과정이다. 시스템개발에 소요되는 노력과 비용에 비해 시스템 유지보수를 위한 노력과 비용이 갈수록 증가하고 있는 상황에서 시스템 유지보수를 위한 노력과 비용을 줄이기 위해서는 즉, 시스템의 생명주기를 더 연장시키기 위해서는 사용자의 요구를 보다 철저하고 정확하게 파악하여 시스템설계에 반영해야 하며, 설계된 내용을 완벽하게 그리고 유지보수 하기에 적절하게 구현되어야 한다는 것이 전제되어야 한다. 그러나 기업조직과 기업환경이 변함으로 인해 업무처리 방식이 달라지거나 또는 새로운 환경에 적응하려는 사용자의 다양한 요구가 지속적으로 발생하는 등 시스템 유지보수의 횟수가 많아지고, 과다한 유지보수 비용이 지출되며, 사용자의 불만이 늘어나면, 새로운 시스템개발에 대한 필요성이 제기될 것이다. 새로운 시스템개발에 대한 당위성이 인정되면 새로운 시스템을 개발하기 위한 순환과정이 다시 반복된다.

2) 프로토타이핑 모형

폭포수 모형의 단점인 사용자 요구분석의 어려움을 해결하기 위해서 개발된 방법이 프로토타이핑 모형이다. 최초의 사용자 요구분석을 통해서 개발하려는 시스템의 일부를 실제로 개발하여 사용자에게 검증 받고, 검증 받는 과정에서 추가로 발생하는 요구사항을 실제 개발작업에 반영하여 사용자의 요구에 맞는 시스템을 개발한다는 것이 프로토타이핑 모형의 목적이다. 프로토타입을 개발하는 또 다른 목적은 개발하려는 시스템의 기술적 구현가능성과 개발타당성을 평가하기 위한 목적으로 개발되기도 하며, 이 경우 개발된 프로토타입을 통해서 개발의 타당성이 입증되면, 본격적으로 개발작업에 착수한다. 대부분의 경우 프로토타입 개발 후 이어지는 개발단계는 대부분 전통적 폭포수 모형이나 반복적 폭포수 모형을 이용하여 개발작업이 이루어지기 때문에, 프로토타이핑 모형을 전통적 폭포수 모형에서 발전된 형태로 보기도 한다. [그림 10-8]은 전통적 폭포수 모형의 발전 형태인 반복적 폭포수 모형에 프로토타이핑 모형을 접목하여 나타낸 것이다.

프로토타이핑 모형은 계속적인 사용자의 요구를 수용할 수 있으며, 간이시스템을 미리 개발하여 사용자의 요구와 신뢰성을 검증 받을 수 있다는 특징은 전통적인 폭포수 모형의 단점을 보완하기에 충분하다. 프로토타이핑 모형이 전통적 폭포수 모형에서 갖는 의미는 요구분석 도구로서의 역할을 하며, 본격적인 시스템개발 작업으로 연결되지는 않는다.

그림 10-8 프로토타이핑 모형

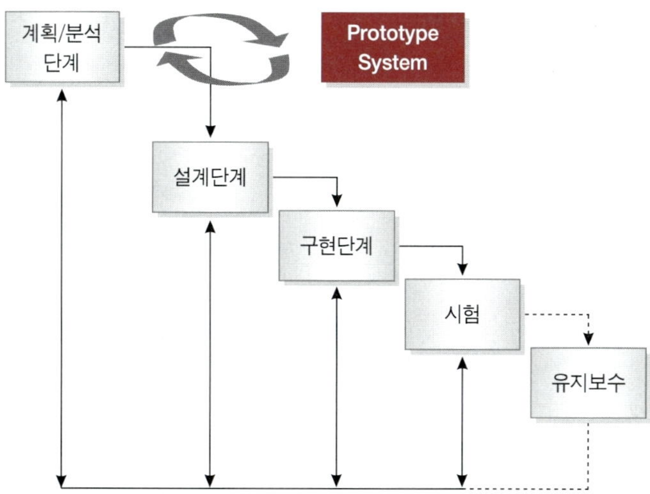

즉, 프로토타이핑 모형은 독자적인 개발방법론이 아니라, 프로토타입 개발 후 개발이 승인되면, 기존의 전통적인 개발방법론을 이용하여 작업하는 것이 보통이다.

3) 진화적 프로토타이핑 모형(evolutionary prototyping model)

프로토타이핑 모형은 다양하고 끈임없이 변화하는 사용자의 요구를 분석하기에는 유용하게 활용될 수 있으나, 본격적인 시스템개발작업으로 연결되지는 않는다. 그러나 진화적 프로토타이핑 모형은 프로토타이핑 모형의 한계점을 극복하고 개발된 프로토타입을 사용자의 평가를 통해서 지속적으로 수정하고 보완하여 최종 시스템으로 발전시켜 나갈 수 있도록 고안된 개발방법론이다. [그림 10-9]는 진화적 프로토타이핑 모형에 따른 시스템개발단계를 나타낸다.

전통적 폭포수 모형이나 프로토타이핑 모형은 모든 개발단계가 선형적 프로세스로 진행되는 반면, 진화적 프로토타이핑 모형은 순환적인 개발 사이클의 연속과정을 통해 진화적 프로토타입과 최종 시스템이 개발된다. 진화적 프로토타이핑 모형의 개발 과정은 다음의 순환과정을 거친다.

- 점진적 순환과정 : 최초로 개발된 프로토타입은 사용자의 모든 요구사항을 반영하지

그림 10-9 진화적 프로토타이핑 모형

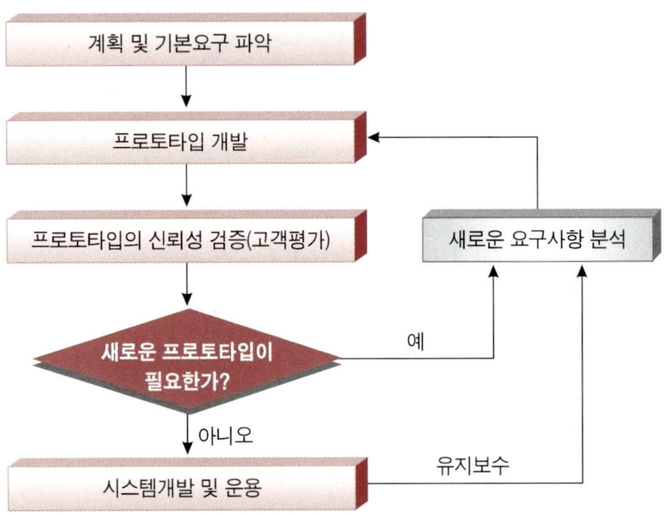

못한 상태에서 개발된 것이기 때문에, 불완전한 프로토타입이라 할 수 있는데, 점진적 순환과정은 이러한 불완전한 프로토타입 개발의 반복과정을 거치면서 완전한 상태로 만들어 가는 과정이다.

- **진화적 순환과정** : 진화적 순환과정은 반대로 한번의 순환과정을 거친 후 개발된 프로토타입을 완전성이 아니라, 프로토타입의 논리적 일관성이나 적정성에 초점을 맞추어 프로토타입을 발전시켜 나가는 과정이다.

4) 나선형 모형(spiral model)

나선형 모형은 진화적 프로토타이핑 모형의 대표적인 형태로 전통적 폭포수 모형과 프로토타이핑 모형의 장점을 수용하고 단점을 보완하기 위해서 Boehm에 의해서 개발된 개발방법론이다. Boehm의 나선형 모형에 의하면, 시스템개발은 다음과 같이 네 단계의 진화적 반복과정에 의해서 이루어진다.

- 계획(planning) : 시스템개발계획을 수립하고 제약조건을 정리하며, 초기의 사용자 요구를 분석한다.
- 위험분석(risk analysis) : 초기에 분석한 사용자 요구에 대해서 사용자의 위험을 분석

그림 10-10 나선형 모형

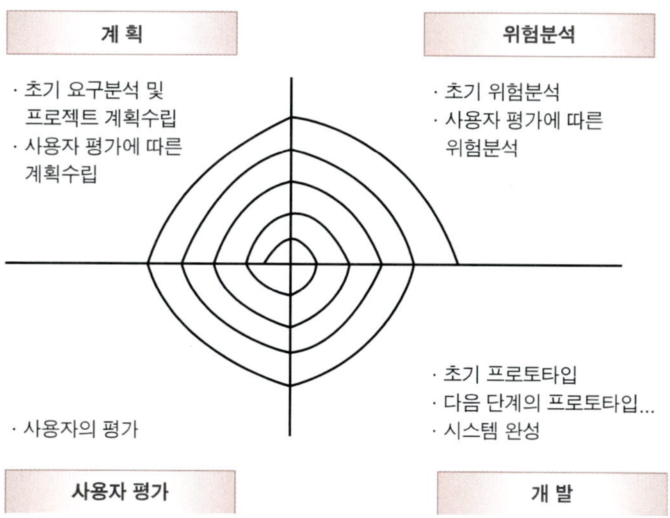

하고 시스템계획과 제약조건에 대한 위험을 분석하여 위험요소를 제거한다.

- 개발(development) : 프로토타입을 개발한다.
- 사용자 평가(customer evaluation) : 개발된 프로토타입에 대한 사용자의 평가 후, 다음 단계의 반복과정을 위한 계획을 수립한다.

대규모의 복잡한 시스템을 개발하는데 막대한 비용이 소요되며, 계획한 개발기간을 지키는 것도 어려운 것이 현실이다. 이는 시스템개발에 영향을 미치는 요인들이 다양하고 복잡하며, 모든 요인들을 충족시키기 힘들다는 것을 의미한다. 즉, 사용자의 요구를 만족하는 효율적인 시스템을 개발하는데 많은 위험요소들이 존재한다는 것을 나타낸다. 나선형 모형은 이와 같은 대규모의 복잡한 시스템을 개발하는데 시스템개발에 걸림돌이 되는 위험요소를 찾아 이를 단계적으로 제거해 감으로써 시스템개발 프로젝트를 성공적으로 수행할 수 있기 때문에, 대규모의 복잡한 시스템개발에 유리하다. 또한 나선형 모형의 개별단계는 전통적인 개발방법론처럼 이전 단계의 결과에 종속되어 수행되는 것이 아니라, 현 상태를 근거로 독립적으로 수행되기 때문에, 시스템 품질향상에 기여할 수 있는 것도 나선형 모형의 큰 장점이다.

5) 기타개발방법론

(1) 구조적 개발방법론

전통적인 폭포수 모형이나 반복적 폭포수 모형 또는 프로토타이핑 모형의 가장 큰 특징은 개발단계가 서로 독립적이며, 순차적으로 진행된다는 것이다. 이는 개발단계가 작업내용에 따라 명확하게 구별되며, 한 단계의 작업이 완료되어야 그 다음 단계로 이어짐을 의미한다. 시스템개발단계 사이의 관계가 일방적이지 않고 서로 피드백이 가능하다면, 시스템개발단계가 독립적이며 순차적으로 진행된다는 것 자체가 문제가 되지는 않는다. 그러나 전통적인 개발방법론에서는 개발단계 간의 연계성이 부족하다는 것이다. 즉, 전통적 개발방법론에서는 이전 단계의 산출물이 다음 단계에서 제대로 활용되지 못하거나 반대로 현재 단계의 작업결과가 이전 단계의 작업결과를 수정하는데 거의 영향을 미치는 못한다는 것이다. 전통적 개발방법론이 추구하는 상향식 구현방식은 단위 모듈들을 개별적으로 설계하고 개발하여 이들을 테스트 한 후, 최종적으로 전체 시스템에 대해서 통합시험을 거침으로 시스템을 완성하는 방식으로 이러한 상향식 구현방식은 최종 통합시험이 종료될 때까지 시스템에 대한 윤곽이 들어 나지 않으며, 개별 모듈 사이의 인터페이스에 대한 문제가 발생할 수 있다. 이러한 문제를 해결하기 위해서 구조적 개발방법론은 전통적인 개발방법론을 개선하여 시스템개발단계가 독립적이고 순차적으로 진행되지만, 개별 단계 사이의 연계성을 중시하며, 상향식 구현방식 보다는 하향식 방식으로 구현하는데 초점을 맞추고 있다.

① 구조적 시스템분석

구조적 시스템 분석기법은 기존의 방법론들이 가지고 있는 사용자 요구분석의 문제점들을 해결하고 사용자의 요구를 보다 쉽고 정확하게 파악하기 위해서 제안된 분석기법으로 다음과 같은 분석원리를 이용하고 있다.

- **추상화**(principle of abstraction) : 하향식 구현방식에 부합된 분석원리로서 먼저 최상위 단계에서 가장 추상적인 기능, 데이터, 프로세스, 조직개체 등을 추출하고, 하위단계로 내려갈수록 세부적이고 구체적으로 상세화해 나가는 기법이다.
- **정형화의 원칙**(principle of formality) : 시스템개발 프로젝트를 쉽게 관리하고 통제할 수 있도록 시스템개발단계마다 정형화된 형식에 근거하여 작업하도록 하는 원칙이다.
- **계층적 구조의 원칙**(principle of hierarchical structure) : 복잡하고 규모가 큰 시스템을 쉽게 이해할 수 있도록 분할의 개념(divide concept)을 이용하여 시스템을 작은 단위의 독립적인 서브시스템으로 나누는데, 문제는 여러 개의 작은 단위로 나눠진 모듈들을 어떻게 배열하는 것이 좋을 것인가 하는 문제가 발생한다. 이러한 문제를 해결하기 위해서 계층적 구조의 원칙을 적용하는데, 계층적 구조는 서로 독립적인 모듈들의 상호 연관관계 및 구조를 이해하기 위해서 필요하다.

② 구조적 시스템설계

구조적 시스템설계는 요구분석 결과에 부합한 시스템을 물리적으로 구현하기 위한 준비과정으로, 시스템분석이 기존의 사실을 있는 그대로의 모습으로 파악하는 것이라면, 시스템설계는 이를 바탕으로 새로운 실체를 만들기 위해서 구상하는 단계라 할 수 있다. 요구분석 결과에 부합한다는 것은 현재의 물리적 모델과 논리적 모델에 근거하고 사용자의 요구를 반영한 미래의 논리적 모델을 의미하며, 이는 주로 사용자들이 요구하는 중요한 기능적 요구들이다. 기능적 요구 이외의 기타 요구 사항들은 물리적으로 구현되는 것이 아니라, 물리적으로 구현할 때 고려해야 할 제약조건과 요구조건으로 이해할 수 있다.

(2) 객체지향 개발방법론(object-oriented methodology)

구조적 개발방법론의 핵심은 모든 시스템은 기능적으로 분할된 하부시스템들로 구성되어 있다고 보고 기능적 요구사항을 수행할 하부모듈들을 구성하고 이를 통합하여 전체 시스템을 개발하는 반면, 객체지향 개발방법론은 시스템을 기능적 패러다임으로 보는 것이 아니라, 객체지향적 패러다임으로 본다는데 있다. 즉, 객체지향 개발방법론의 핵심은 모든 시스템은 상호연결된 객체들로 구성되어 있으며, 데이터와 프로세스는 서로 분리되거나 어느 한쪽이 소외되는 것이 아니라, 모두 객체 내에 포함되어 있다고 보는 것이다.

① 객체지향의 기본개념

객체지향 개발방법의 핵심개념인 객체는"모델링 대상 영역을 설명하기 위해서 필요한 그 어떤 것"이라 할 수 있다. 예를 들어, 개념이나 실제로 존재하거나 또는 추상적인 것이라도 객체가 될 수 있다. 이러한 개념 정의로 볼 때, 객체는 전통적인 방법론에서의 개체에 해당되는 개념이라 할 수 있다. 그러나 개체는 단순히 자료에 국한되는 반면, 객체는 자료는 물론, 자료가 조작되는 방법까지를 내포하고 있다. 객체지향 방법론에서 동일한 자료와 자료조작 방법을 가진 객체들의 집합은 클래스라고 하며, 이는 전통적인 방법론에서 유사한 구조를 가진 개체들을 개체타입으로 정의하는 것과 같다. 따라서 객체지향 방법론의 객체-클래스의 개념은 전통적 방법론에서의 개체-개체타입과 유사하다. 물론 객체도 전통적인 개체와 마찬가지로 속성을 통해서 설명되며, 특정 시점에 특정 속성값을 가진다.

또한 전통적인 개발방법론에서 개체 사이에 존재하는 논리적 연관관계를 통해서 표시하듯이, 객체 사이에 존재하는 논리적 관계는 메시지를 전달하는 방식으로 표시한다. 객체들 사이에 존재하는 메시지는 객체의 상태를 변화시키거나 처리결과를 얻기 위해 특정 객체에게 보내는 요구사항이며, 메시지를 받는 객체에서 구체적으로 어떤 행동을 해야 하는지 지시하게 된다. 어떤 방법으로 행동하는지는 메시지를 받는 객체 내에서 정의되며, 객체 내에서 메시지의 요구사항을 어떻게 수행할 것인지를 결정하게 된다.

② 객체지향의 원리

객체지향 개발방법론의 핵심은 지금까지 설명한 객체, 클래스, 속성, 속성값, 객체 사이의 메시지 전달 등의 기본 개념을 통해서 설명되며, 이를 위해서 다음과 같은 원리를 이용한다.

- 캡슐화(encapsulation) : 자료와 행동방법이 패키지처럼 만들어져 정의된 객체(캡슐) 내에 들어 있음을 의미한다. 자료가 캡슐화 되어 객체 내에 들어 있기 때문에, 자료에 대한 무단접근이나 다른 객체들로부터 보호될 수 있으며, 필요하다면 캡슐화된 자료를 언제든지 재사용할 수 있다는 장점이 있다.
- 상속성(inheritance) : 상위클래스와 하위클래스 간의 자료와 행동방법을 공유하기 위해서 필요한 원리이다. 예를 들어, 상위클래스의 자료와 하위클래스의 자료가 거의 동일하다면, 하위클래스의 자료를 새로 작성하기 보다는 미리 정의된 상위클래스의 자료 중의 일부를 공유할 수 있도록 하는 것이다. 상속성의 원리는 자료의 중복성을 배제할 수 있으며, 자료 및 행동방법을 공유할 수 있다는 장점이 있다.
- 다형성(polymorphism) : 다형성의 원리는 메시지를 전달 받은 객체에 따라서 같은 메시지라 하더라도 다르게 해석할 수 있다는 것을 의미한다.

3. 시스템 개발계획

3.1 정보시스템 개발계획 수립

1) 문제의 이해와 시스템 정의

시스템개발 작업은 시스템개발에 대한 요구 즉, 새로운 시스템에 대한 필요성으로부터 시작된다. 새로운 시스템에 대한 필요성이 제기되면, 시스템개발을 위한 개발계획 수립단계에 들어가게 되는데, 시스템개발 계획수립의 첫단계의 핵심은 문제를 정확하게 이해하고, 개발하려는 시스템을 정의하는 일이다. 즉, 시스템개발 프로젝트의 시작은 대상 영역에서 제기되는 문제를 바로 이해하고, 어떤 시스템을 통해서 이 문제를 해결할 수 있는지? 즉, 제기되는 문제를 분석하고 문제해결 방안으로서 개발될 시스템의 윤곽을 파악하는 것이다. 따라서 시스템개발 프로젝트 계획수립의 첫 단계인 문제의 이해와 시스템 정의단계에서는 시스템을 구체적으로 어떻게 설계하고 구현할 것인가 보다는 문제를 해결하기 위해서 어떤 시스템을 개발할 것인가?에 초점을 맞추게 된다.

(1) 문제의 이해

시스템개발 대상영역은 어디인지? 현재의 시스템 상황은 어떤지? 현재의 상황에서 제기되는 문제점은 무엇인지? 새로이 개발된 시스템은 어떤 형태(기능)를 갖추어야 하는지를 바로 이해하지 못한 상태에서 아무리 훌륭한 시스템을 설계하고 구현한다 하더라도 문제해결에는 큰 도움이 되지 못할 것은 당연할 것이다. 따라서 현재의 문제를 올바로 이해하는 것이야말로 시스템개발에 있어서 가장 기본적이라 할 것이다. 시스템개발 대상영역의 문제의 이해는 단순히 문제점만을 나열하고 지적하는 것을 의미하는 것이 아니라, 문제의 영역과 문제의 원인 그리고 문제해결의 범위와 문제해결의 목표를 파악하는 것을 의미하기 때문에, 시스템개발영역의 문제를 정확하게 이해하기 위해서는 새로운 시스템에 대한 요구를 중심으로 철저한 사전연구가 필요하다.

사전연구의 첫 단계는 시스템오너, 시스템분석가 그리고 해당 영역의 실무자들의 협의를 통해서 이루어지는데, 사전연구에 참여하는 시스템분석가는 시스템개발의뢰인 측면에서 상황을 이해하고 평가할 수 있을 뿐만 아니라, 해당 영역의 문제점과 경우에 따라서는 어느 정도의 문제해결 방안을 제시할 수 있는 능력과 경험을 갖춘 사람이어야 한다.

문제를 이해하는 단계의 핵심은 문제를 해결할 수 있는 해결방안을 도출하기 위해서 정확한 문제점을 파악하는 것이 목적이기 때문에, 다양한 관점의 다양한 항목들을 확인하여야 하며, 일반적으로 PIECES 프레임워크가 사용된다. PIECES 프레임워크가 제안하는 체크리스트는 일반적으로 다음과 같다: 성능, 데이터와 정보, 경제성, 관리, 효율성, 서비스. 일반적인 시스템개발 프로젝트의 경우 위에서 제시한 카테고리의 일부와 카테고리의 조합에서 문제점들이 도출되며, 도출된 문제점들은 시스템오너와 IT전문가로 구성된 조정위원회의 심의를 거쳐 최종적으로 결정된다.

(2) 시스템정의

사전연구를 통해서 파악된 해당 영역에 대한 문제와 시스템분석가와 시스템오너와의 협의결과는 시스템정의서라는 문서로 구체화되며, 이에 포함될 내용들은 다음과 같다.

- 문제의 배경과 문제의 내용
- 시스템개발의 필요성과 개발목표

- 개발될 시스템이 갖추어야 할 기능과 기능의 우선순위
- 요구되는 성능수준과 사용자의 특성
- 추진전략

시스템정의서를 작성하는 것은 시스템개발의 필요성을 정당화하고, 개발될 시스템이 어떤 기능을 갖추어야 하는지? 어느 정도 수준의 사용자들이 사용하는지? 갖추어야 할 기능의 우선순위와 성능은 어느 정도인지를 개괄적으로 파악하여 문제를 해결하는데 시스템개발이 최선의 대안이 되는지를 타진해 보려는 것이 목적이기 때문에, 구체적이고 상세한 수준까지 기술하거나, 기능들 사이의 연관관계 등과, 시스템정의서를 통해서 정의된 시스템을 실지로 구현할 수 있는지? 만일 구현 가능하다면, 이를 위해서 어느 정도의 시간이 소요되며, 얼마의 비용이 소요되는지? 등과 같은 내용들은 기술할 필요가 없으며, 문제를 해결하기 위해서 어떤 시스템이 필요한지에 대한 내용을 중심으로 작성하면 된다. 그러나 시스템정의서를 작성함에 있어서 주의할 점은 시스템정의서의 타당성이 입증되는 경우 시스템개발 프로젝트 계획수립을 위해서 필요하며, 또한 이 과정에서 개발의뢰인과 또는 기업 내부의 타 조직부서 또는 경우에 따라서는 외부사용자와의 의사소통을 위한 도구로 사용될 것이기 때문에, 가능하면 개발자나 분석가의 입장에서 기술적이고 전문적인 용어를 사용하기 보다는 일반적인 수준에서 이해할 수 있는 문장으로 작성하는 것이 필요하다.

3.2 타당성 분석

시스템정의서가 작성되면, 이를 근거로 정의된 시스템의 구현가능성과 경제적인 효과 그리고 법적인 문제가 발생할 여지가 있는지를 검토하고, 시스템개발 이외의 다른 대안들과의 비교 · 분석을 통해서 시스템개발을 계속할 것인지를 검토하는 작업이 진행된다.

시스템정의서 작성 후 실시되는 본 타당성 분석의 대상이나 기술적인 방법은 일반적인 비즈니스프로세스관리 프로젝트에서의 타당성 분석과 유사하게 진행된다. 그러나 정보시스템 개발 과정에서 실시되는 타당성 분석은 정보시스템 개발과 관련되기 때문에, 시스템개발 효과분석과 개발비용, 개발가능성 그리고 개발과정에서 사용되는 하드웨어나 소프트웨어의 법적인 타당성을 중심으로 분석한다는 점에서 차이가 있다.

(1) 경제적 타당성 분석

시스템개발에 소요되는 비용과 시스템개발을 통해서 얻게 될 효과를 비교 · 분석하는 경제적 타당성 분석작업은 시스템개발 프로젝트의 지속여부를 결정할 의사결정의 중요한 판단근거가 된다. 또한 경제적 타당성 분석을 위해서 정의한 필요자원과 산정한 소요비용은 시스템개발계획서로 작성되기 때문에, 시스템개발 계획수립을 위해서도 필요하다. 우선 시스템개발에 소요되는 비용을 산정하기 위해서 고려해야 할 요인들은 다음과 같다.

- 문제의 유형과 복잡도
- 개발기간
- 개발시스템의 규모
- 개발시스템의 신뢰도
- 개발에 참여할 인원
- 개발자의 전문성
- 필요한 하드웨어 및 소프트웨어
- 개발방법론과 개발도구

위의 항목들에서 비용산정을 위해서 수치화할 수 없는 요인들이 많기 때문에, 정확한 비용을 산정하는 것은 현실적으로 어려운 일이지만, 일반적으로 사용되는 비용산정 방법은 하향식 비용산정 방법과 상향식 비용산정 방법이 이용된다.

① 하향식 비용산정 방법

개발비용 항목들은 수치화하지 않고 항목 전체에 대해서 주관적인 판단에 의해서 경험적으로 비용을 산정하는 방식

② 상향식 비용산정 방법

개발비용에 영향을 미치는 모든 요인들을 묶음으로 보지 않고 개별 요인 또는 항목별로 개별비용을 산정하고 이를 합산하여 전체 개발비용을 산정하는 방식

(2) 기술적 구현 가능성 분석

시스템정의서를 통해서 파악된 개발될 시스템이 갖추어야 할 기능과 성능조건들은 기

술적인 구현 가능성과 관계없이 문제를 해결하기 위해서 갖추어야 할 기능과 성능조건만을 열거한 것이기 때문에, 갖추어야 할 기능과 성능수준이 현재의 기술수준이나 경영층으로부터 제공받을 수 있는 자원을 통해서 실지로 구현될 수 있는지는 불확실하다. 따라서 시스템정의서의 내용대로 시스템을 구현할 수 있는지를 분석하는 기술적 구현 가능성 검토과정이 필요하며, 분석내용은 다음과 같다.

① 개발 위험분석

개발 위험분석은 시스템을 개발하는데 장애가 되는 제약요소들을 감안하여 시스템정의서에 포함된 기능들이 기술적으로 구현 가능한지? 구현되지 못했을 때의 위험이 어느 정도인지를 분석하려는 것이다. 이러한 개발위험을 분석하는 방법으로는 과거의 유사한 사례를 통한 사례연구나, 과거의 유사한 사례 중에서 실패한 사례를 비교함으로써 개발위험을 분석하는 최악사례연구와 시뮬레이션이나 프로토타이핑을 통한 분석방법들이 있다

② 자원가용성 분석

시스템정의서의 내용대로 시스템을 실제로 구현하기 위해서는 필요한 자원이 지원되어야 하기 때문에, 시스템을 개발하는데 필요한 자원을 지원받을 수 있는지의 여부 또한 주요 분석대상이다. 분석 대상자원은 시스템을 개발하는데 필요한 모든 인적자원, 기술적 자원, 물적자원 등이 포함되어야 한다

③ 개발 기술분석

개발 기술분석의 핵심은 시스템개발에 사용될 방법론과 기술들이 시스템정의서의 내용들을 현실적으로 구현할 정도로 발전되어 있는지를 검토하는 것으로 개발기술의 존재여부와 효율성 검증이 검토 대상이다. 만일 원하는 기능을 구현할 기술이 지원될 수 없다면, 문제해결의 도구로 사용될 수 없기 때문에, 개발기술의 분석결과도 개발작업을 계속 진행하느냐를 결정하는 중요한 근거가 된다.

3.3 시스템 개발계획

타당성 분석을 통해서 시스템개발에 대한 설득력과 경제적인 타당성과 기술적인 구현 가능성이 검증되면, 시스템개발 작업을 언제, 어떤 일을, 누가, 어떻게, 어떤 절차로 진행할 것이며, 개발기간은 얼마나 소요되고, 개발비용은 얼마나 소요되는지에 대한 구체적인 계획을 수립해야 한다. 이와 같이 시스템개발 프로젝트의 세부계획들을 종합하여 시스템개발계획서라는 문서로 작성하는데, 시스템개발 계획서를 작성하는 목적은, 시스템을 개발하는데 필요한 자원과 비용과 일정을 합리적으로 예측하여 시스템개발의 전 과정이 효율적으로 이루어질 수 있도록 하기 위함이다.

① 프로젝트 팀 구성 및 인적자원 계획

시스템개발 계획수립의 첫 단계는 개발작업을 수행할 팀을 구성하는 일이다. 시스템개발 프로젝트 팀은 단지 시스템개발에 참여하게 될 사람들의 모임이 아니라, 시스템개발이라는 목적을 가지고 각자에게 할당된 임무를 수행하며, 다른 작업자들과의 긴밀한 협조와 의사소통이 필요하기 때문에, 체계적인 형태를 가진 조직구조의 의미를 갖는다.

② 개발 절차계획

시스템개발 프로젝트 팀이 구성되면, 시스템개발 작업을 어떠한 방법과 절차에 따라서 수행할 것인가? 그리고 세부적인 단계에서는 어떠한 작업이 수행되어야 하며, 작업결과 어떤 산출물이 생성되어야 하는지에 대한 내용들이 결정되어야 한다. 절차에 따른 단계별 작업내용과 작업결과 생성되어야 할 산출물은 가능한 한 구체적으로 정의되어야 한다.

③ 프로젝트 일정계획 및 프로젝트관리

시스템개발 작업은 영역별, 세부단계별 구체적인 작업을 통해서 이루어지는데, 이러한 단계별 작업은 어떠한 절차모형을 이용하느냐에 따라서 약간의 차이는 있으나, 일반적으로 어느 한 단계의 작업이 이루어지기 위해서는 전 단계의 작업 종료를 전제로 하고 있다. 이는 어느 한 단계의 작업이 지연되면, 이어지는 다음 단계의 작업 또한 지연될 수밖에 없으며, 이는 결국 전체적인 개발일정이 지연됨을 의미한다. 따라서 시스템개발을 위한 모든 세부작업은 가능한 한 구체적으로 정의하며, 세부작업들이 언제까지 완료되어야 하는지 계획해야 한다.

④ 개발비용 계획

개발비용 계획은 개발될 시스템의 생산성에 절대적인 영향을 미치기 때문에, 시스템개발에 필요한 직접경비와 간접경비를 분석하여 철저한 계획이 수립되어야 한다. 시스템개발에 필요한 직접경비의 주 항목인 인건비는 시스템개발에 참여하는 인원계획에 따라서 결정되며, 인건비 이외에 개발에 필요한 소프트웨어 및 하드웨어 장비구입 및 사용료, 교육훈련비, 교통비, 통신비 등 각종 간접경비가 고려되어야 한다.

⑤ 문서화 계획

시스템개발과정에서는 각 영역별로 그리고 각 단계별로 다양한 산출물들이 생성된다. 또한 시스템개발단계마다 사용되는 도구가 다르며, 작업내용을 표기하는 방법이 다르기 때문에, 작업자에 따라서 다른 방식으로 산출물이 생성된다. 그러나 시스템개발의 전 과정에서 생성되는 산출물은 시스템개발에 참여하는 사람들 사이의 의사소통 도구로서의 역할을 하기 때문에, 문서작성의 일관성이 있어야 하며, 특히 작성된 산출물을 이용하여 작업해야 하는 다음 단계의 작업자가 이해할 수 있도록 체계적이고 일관성 있는 형식으로 작성되어야 하며, 체계적으로 관리되어야 한다.

4. 시스템 분석: 사용자 요구분석

4.1 사용자 요구분석의 이해

사용자 요구분석은 시스템정의서와 시스템개발계획서의 내용을 토대로 개발시스템에 대한 요구 조건을 파악하고 정리하여 시스템이 갖추어야 할 기능과 성능을 구체화하는 것이다. 시스템분석은 시스템개발 프로젝트의 성공과 실패로 직결되기 때문에, 현재의 시스템 혹은 업무처리 방식이나 사용자의 요구사항을 정확하게 파악하는 것은 대단히 중요하다. 따라서 이러한 작업을 수행하는 시스템분석가의 역할 또한 대단히 중요하며, 요구분석단계에서 구체화되어야 할 시스템에 대한 요구 조건들을 정리하면 다음과 같다.

- **시스템운영 상의 요구 조건** : 문제해결을 위해서 필요한 시스템 기능과 데이터의 구조와 흐름, 인터페이스
- **시스템품질 상의 요구 조건** : 해당 영역의 문제를 해결하는데 절대적으로 필요하지는 않지만, 개발될 시스템의 품질을 결정하는 시스템의 신뢰성, 유지보수 용이성, 효율성, 사용자 편리성
- **기술적인 요구 조건** : 시스템개발에 필요한 하드웨어나 사용하게 될 프로그래밍 언어, 운영체제 등
- **테스트 및 유지보수를 위한 요구 조건** : 시스템의 인수 · 인계를 위한 테스트나, 시스템 운영을 위한 교육 그리고 시스템 운영 중에 발생하는 문제에 대한 유지보수에 대한 요구 조건 등
- **시스템구현을 위한 요구 조건** : 기타 시스템구현을 위해서 필요한 요구 조건

요구 분석단계에서 구체화되어야 할 이러한 요구 조건들은 시스템품질을 결정하거나, 시스템의 유지보수 등 시스템개발 작업 자체에 영향을 미치기 때문에, 시스템분석가는 가능한 한 모든 요구 조건을 파악하고 체계적으로 정리하여야 한다. 또한 요구조건을 분석하는 과정에서 시스템분석가는 사용자의 요구를 찾아내고 일목요연하게 정리하며 기록하는 역할, 사용자와 의뢰인 그리고 개발자 사이의 중재자로서의 역할을 하게 된다.

시스템개발자는 요구 분석결과를 토대로 시스템으로 구현할 수 있도록 설계하는 기술을 습득하고 있다면 큰 어려움은 없을 것이지만, 시스템분석가는 해당 영역의 문제가 무엇인지? 문제의 원인이 무엇인지? 어떻게 해결할 수 있는지? 사용자의 요구가 무엇인지? 설계 및 개발자들이 필요로 하는 자료의 형태는 어떤 것인지? 등에 대한 내용을 파악해 내기는 쉽지 않기 때문에, 사용자의 요구를 찾아내고 이를 정리하며 체계적으로 문서화하는 역할과 시스템개발에 참여하는 사람들의 견해를 중재하는 중재자로서의 역할을 제대로 수행하기 위해서 업무영역에 대한 전문적인 지식과, 분석을 위한 전문기술과 풍부한 경험을 갖추어야 함은 물론, 문제해결을 위한 독창적인 아이디어와 논리적이고 조직적인 통찰력을 겸비해야 한다.

4.2 사용자 요구분석의 대상

시스템분석가는 기본적으로 사용자들이 요구하는 모든 내용들을 파악해야 하는데, 그들의 요구를 어느 정도 정확하게 파악하여 반영하느냐에 따라서 개발된 시스템 품질이 결정되기 때문에, 사용자의 요구파악은 특히 중요하다. 또한 최종 시스템이 설계된 내용대로 완벽하게 구현되었다 하더라도 분석내용이 부정확했다면, 최종적으로 개발된 시스템은 사용자로부터 외면당할 수밖에 없다. 그러나 어떤 요구사항은 문제해결을 위해서 절대적으로 필요한 것이 있는 반면에, 어떤 요구사항은 문제해결에 직접적으로 관련되지 않는 것도 있다. 요구사항의 우선순위에 따라서 요구사항을 분석하는 방법과 분석 정도가 다르기 때문에, 시스템분석가는 사용자의 요구사항을 [그림 10-11]과 같이 분리하여 파악할 필요가 있으며, 또한 중요성 정도에 따라서 요구사항들의 우선순위를 결정해야만 한다.

그림 10-11 사용자 요구의 종류

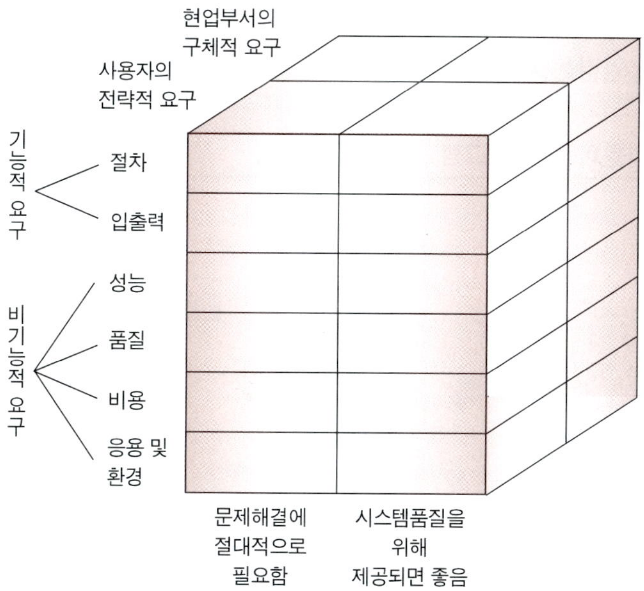

(출처: 시스템분석 및 설계, 손승희 2004)

5. BPMLC 시스템 설계 및 구현

5.1 기능뷰의 설계 및 구현

1) 설계의 원리

기능뷰의 요구분석을 통해서 정의된 기능들은 하위 단위프로그램의 구조를 통해서 실체화되기 때문에, 기능뷰의 설계를 프로그램 설계 또는 소프트웨어 설계라고 부르는데, 모든 시스템개발자의 관심은 프로그램 설계의 내용을 어떻게 명시적으로 나타낼 것인가이다. 많은 시행착오를 거치면서 끈임없이 새로운 프로그램 설계원리에 대한 연구를 계속하였으며, 그결과 다음과 같은 프로그램 설계원리들이 개발되어 사용되고 있다.

① 추상화

추상화의 원리는 직접적으로 필요하지 않는 요소들을 감추는 것을 의미하며, 복잡한 현

그림 10-12 구조화의 원리를 이용한 프로그램 구조화

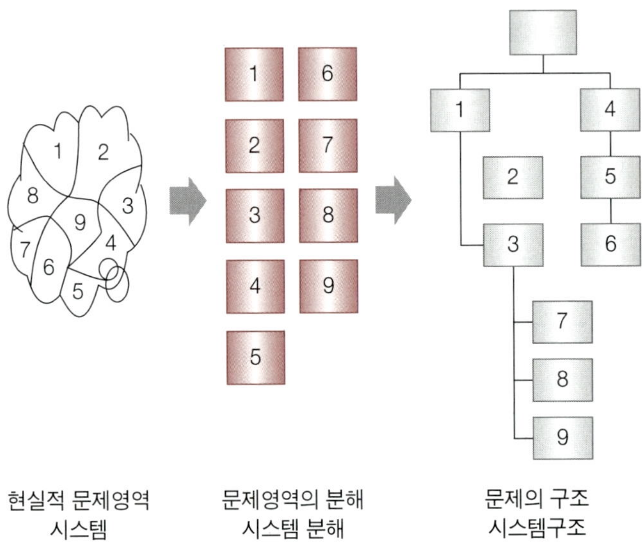

실적인 문제를 단계적으로 추상화함으로써 복잡한 문제를 쉽게 이해할 수 있기 때문에, 프로그램 설계시에도 이같은 기본원리를 이용한다.

② **구조화**

구조화의 원리는 시스템을 여러 개의 부분시스템으로 분해하여 체계적인 계층구조로 작성하여 전체 시스템구조 및 체계를 이해하려는 원리이다.

③ **모듈화**

모듈화의 원리는 전체 시스템을 여러 개의 부분모듈로 분할하고, 부분모듈을 다시 세분화하여 최하위 단위모듈들은 프로그램 설계의 대상으로 하는 설계원리이다.

2) 프로그램 설계 및 구현

프로그램 설계에 추상화의 원리가 적용되기 때문에, 모듈구성에서는 내부의 작동원리를 알 수 없지만, 프로그램 설계과정을 거치면서 모듈 내부의 작동원리가 구체화되는데,

그림 10-13 시스템 설계 및 구현과정

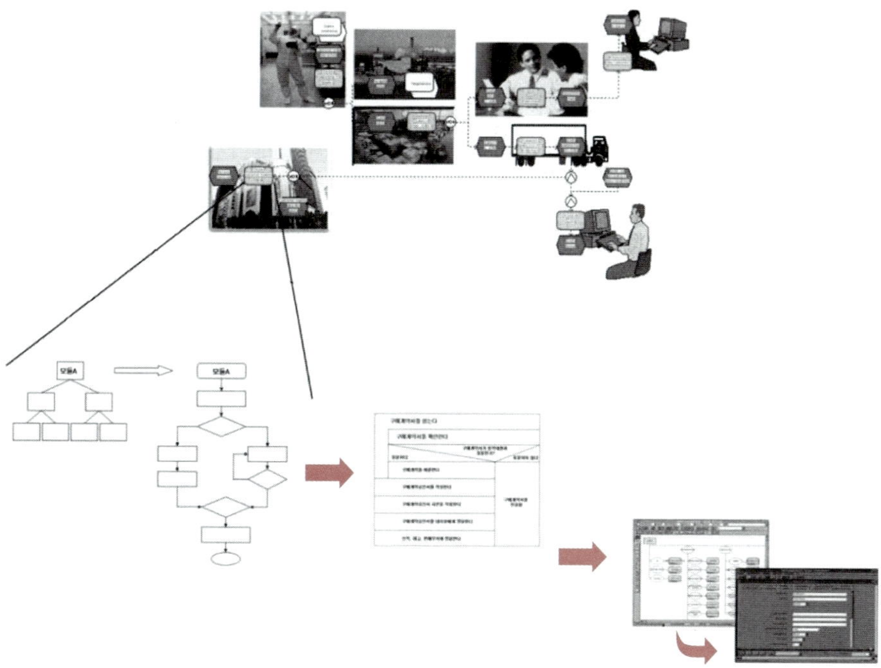

이처럼 모듈 내부의 데이터 변환과정을 구체화하는 작업을 프로그램 설계라 한다. 프로그램 설계 및 구현과정은 기능모델을 통해서 작성된 업무흐름도의 개별 기능들을 계층화하고 이를 프로그램 구조도로 전환하여 최종 시스템으로 구현하는 것이며, [그림 10-13]은 요구분석단계의 작업으로부터 최종 시스템으로 구현되기까지의 과정을 나타낸 것이다. 최종 시스템을 구현하는 방법은 직접 개발하는 방법 이외에 표준패키지를 구입하는 방법이 있는데, 이 경우에는 시스템 분석단계를 통해서 작성된 기능모델을 근거로 이를 효율적으로 지원할 수 있는 표준패키지를 선정하는 과정이 필요하다.

5.2 데이터뷰와 조직뷰의 설계 및 구현

데이터뷰의 설계는 논리적 데이터구조를 설명하는 것을 말하며, 이를 위한 첫번째 작업은 데이터베이스를 디자인하는 것이며, 두번째 작업은 데이터구조를 데이터모델로 전환하는 것이다. 데이터모델은 구체적인 데이터베이스시스템을 통해서 디자인되는데, 계층형 데이터베이스시스템을 택할 것인지? 네트워크형 혹은 관계형 데이터베이스시스템을 택할 것인지를 결정하여야 한다. 계층형, 네트워크형 그리고 관계형 데이터베이스시스템은 각각 장·단점이 있기 때문에, 개발하려는 시스템의 성격과 사용되는 데이터의 양과 특징 등을 고려하여 결정해야 한다. 실제 기업에서는 관계형 데이터베이스시스템 형태를 가장 선호하는 것으로 나타나고 있다. 그리고 데이터뷰의 구현작업은 데이터모델을 구체

그림 10-14 네트워크 토폴로지

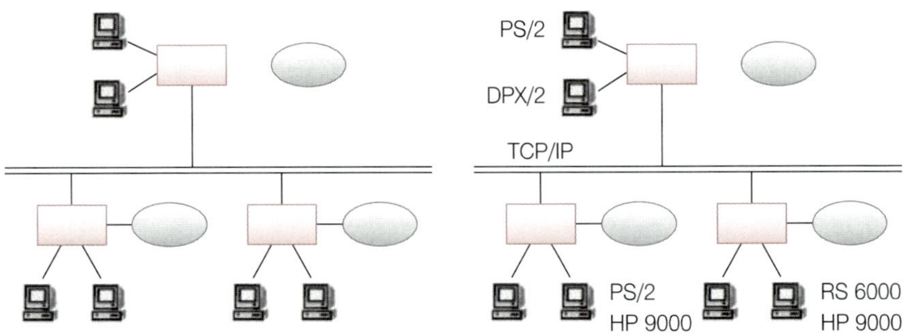

(a)네트워크 토폴로지 모형 (b)네트워크 토폴로지의 구현 사례

적인 데이터베이스시스템으로 전환하는 것이다. 데이터모델을 데이터베이스시스템으로 전환하기 위해서는 데이터베이스 정의어(DDL: data description language)가 필요한데, 관계형 데이터베이스 언어인 IBM의 DB/2 등이 주로 많이 사용되고 있다.

분석단계에서 작성된 조직모델은 정적인 구조만을 나타낸 것이기 때문에, 조직단위 사이의 커뮤니케이션이나 조정이 필요하다. 조직뷰의 설계단계에서는 조직단위 사이의 이러한 네트워크 토폴로지(network topology)를 설계하는 것이다. 네트워크 토폴로지란, 조직단위들이 업무처리를 위해서 어떻게 집중되고, 어떻게 분산되는지를 설명하는 것이라 할 수 있으며, 이는 개별 조직단위가 컴퓨터시스템에 배치되는 방식을 통해서 설명된다. 조직뷰의 구현이라 함은, 네트워크 토폴로지의 내용을 구체화하는 것이며, [그림 10-14]는 네트워크 토폴로지의 내용을 구체화한 예이다.

6. 시스템 테스팅

시스템 구현작업을 통해서 물리적인 시스템 형태는 갖출 수 있지만, 사용자가 원하는 업무를 언제나 효율적으로 수행할 수 있는 것은 아니다. 따라서 시스템이 구현되고 나면, 코드검사와 모듈 별 테스트 그리고 통합 테스팅 등 다양한 테스팅 과정을 거쳐 시스템의 신뢰성을 검증하고 설치, 운영하는 것이 바람직하다.

6.1 시스템 테스팅 단계

시스템 테스트 과정은 결국 구현된 시스템 품질을 향상 시키기 위해서 필요한 단계라고 할 수 있기 때문에, 단순히 시스템 오류만을 찾아내는 것이 아니라, 오류를 찾아내고 수정하여 사용자의 요구를 충족시켜 줄 수 있는 완전한 시스템을 만들어가는 과정이다. 따라서 테스트 방법과 유형 그리고 테스트 전략이 사전에 철저하게 계획되어야 하며, 최소한의 시간과 노력을 투입하여 여러 종류의 오류를 체계적으로 찾아내기 위해서 길잡이 역할을 할 수 있는 테스트 원칙을 수립하는 것도 중요하다. 일반적으로 시스템 테스트 단계는 다음과 같은 단계로 이루어진다.

① 테스트 계획

테스트 계획은 구현된 시스템의 어떤 부분에 대해서 어떤 유형의 테스트를 누가 할 것인가? 그리고 결과를 어떻게 평가할 것인가에 대한 구체적인 계획을 수립하는 단계이다. 테스트 결과를 평가하기 위해서 합격과 불합격이 되는 명확한 기준을 세우는 것도 포함된다. 또한 테스트 과정에서 발생하는 시스템 상의 오류나 사용자의 심각한 문제가 발생하지 않았다 하더라도 사용자의 요구에 근거하여 사용자의 요구를 충족시켜 줄 수 있는지 여부를 평가하는 기준이 마련되어야 한다.

② 모듈 테스트

수립된 테스트 계획에 의해서 모듈 별로 테스트하는 과정을 거치는데, 모듈 테스트 단계에서는 각 모듈에 오류가 존재하는지의 여부를 검사한다.

③ 통합 테스트

모듈 별 테스트가 완료되면, 모듈들을 통합하여 테스트하는 과정을 거치는데, 통합 테스트의 목적은 모듈 테스트에서 오류가 발견되지 않았다 하더라도 모듈이 결합된 프로그램은 개별 모듈 간의 상호작용 관계에 의해서 실행되기 때문에, 전체 모듈이 통합될 때 나타나는 오류를 방지하기 위함이다.

④ 시스템 테스트

시스템 테스트 단계에서는 하나의 시스템을 이루고 있는 전체 프로그램을 결합하여 테스트하는 단계이다.

6.2 시스템 테스팅 원리

시스템 테스팅 단계의 효과적인 작업을 위해서 다음과 같은 테스팅 원칙들이 필요하며, 이러한 원칙들은 테스팅 계획수립 단계에서 마련되어야 한다.

- 사용자의 요구를 충족시키기 위한 시스템을 완성하는 것이 목적이기 때문에, 사용자

의 요구를 철저하게 추적하여 사용자의 요구사항들이 모두 반영되었는지를 검사해야 한다.

- 효과적인 테스팅을 위해서 테스트 계획이 사전에 수립되어 있어야 한다.
- 80:20의 원칙에 따라서 모든 모듈과 모든 통합 모듈을 검사대상으로 하는 것이 아니라, 전형적인 오류를 찾아낼 수 있는 20%의 모듈을 테스트 대상으로 한다.
- 테스트 대상은 작은 부분부터 시작하여 큰 부분으로 진행한다.
- 모든 오류를 찾아내려고 애쓰기 보다는 사용자 요구의 반영 정도, 사용자 요구의 잘못된 이해 및 사용자 요구사항이 잘못 설계 구현된 경우를 찾는데 주력한다.
- 테스팅 작업은 개발자가 아닌 제3자가 수행하도록 한다. 개발자는 고정관념에 사로잡혀 오류를 쉽게 발견할 수 없기 때문이다.
- 테스팅 대상을 중복 체크하지 않으며, 중복 테스팅을 하지 않는다.

6.3 테스팅 방법

가장 일반적으로 사용되는 테스팅 방법으로는 다음과 같은 방법들이 사용된다.

① 검은 박스테스팅(black-box testing)

검은 박스테스팅은 시스템 기능에 초점을 맞추어 구현된 시스템이 사용자가 원하는 기능을 수행할 수 있는지의 여부만을 검사하는 방법이다. 따라서 검은 박스테스팅을 수행하는 검사자는 구현된 시스템에 대해서 자세하게 알 필요가 없으며, 단지 사용자가 원하는 기능이 수행되는지만을 검사하게 된다. 검사의 특성상 검은 박스테스팅을 통해서는 기능의 수행여부만을 테스팅 할 뿐, 기능수행의 효율성을 전혀 테스트 할 수 없다는 것이 단점이다. 그러나 검은 박스테스팅을 통해서 다음과 같은 오류들을 도출해 낼 수 있다는 장점이 있다.

- 부정확하거나 누락된 기능
- 기능들 사이의 인터페이스 기능
- 데이터 구조 상의 오류 또는 외부 데이터베이스 접근상의 오류
- 시스템 인터페이스의 오류

② **하얀 박스테스팅(white-box testing)**

검은 박스테스팅은 구현된 시스템의 효율성은 검사하지 않고 단지 사용자가 원하는 기능이 수행되는지만을 검사하는 반면, 하얀 박스테스팅은 프로그램 내부의 논리적인 모순들을 테스트 대상으로 하는 테스팅 방법이다. 하얀 박스테스팅은 기능 내부의 논리적인 구조 제어구조 등을 테스팅하는 것이기 때문에, 검은 박스테스팅에서 포착하지 못하는 기능의 효율성을 테스팅 할 수 있다는 장점이 있다.

③ **회색 박스테스팅(gray-box testing)**

검은 박스테스팅과 하얀 박스테스팅의 혼합 형태로 시스템 기능과 기능을 수행하는 프로그램 내부를 동시에 테스팅 하는 방법

7. 시스템 설치 운영 및 유지보수

시스템 테스팅 계획에 의해서 모듈테스팅, 통합테스팅 그리고 전체 시스템에 대한 테스팅 과정이 종료되면, 시스템을 설치하는 과정이 이루어진다. 새로 개발된 시스템은 사용자는 물론, 관리자나 기업 내부의 이해관계자들에게 생소한 것이어서 구현된 시스템에 대한 교육 또한 이루어져야 한다.

7.1 시스템 설치

시스템 설치란 기존의 시스템을 새로 구현된 시스템으로 전환하는 것을 말하는데, 이는 단순히 물리적인 시스템의 교체만을 의미하는 것이 아니라, 데이터의 전환까지를 의미한다. 기존의 시스템을 새로운 시스템으로 전환하여 전혀 새로운 방식으로 업무를 처리한다는 것은 시스템 테스팅 과정을 거쳤다 하더라도 위험이 따르게 마련이다. 따라서 위험을 최소화할 수 있는 방법을 선택해야 하는데, 일반적으로 시스템을 설치하는 방법에는 [그

그림 10-15 시스템 설치방법

림 10-15]와 같은 방법이 있다.

① 직접설치(빅뱅 방식의 설치)

새로운 시스템을 전환하기 위해서 특정 날짜를 정하고 정해진 날짜에 기존의 시스템 사용을 중지하고 새로운 시스템으로 일괄적으로 전환하는 방법이며, 특정 날짜에 모든 기존의 시스템 사용을 중지하고 새로운 시스템을 사용하게 될 때 나타날 수 있는 오류로 인해서 업무가 마비되는 사태가 발생할 수 있으므로 시스템 전환에 대한 위험성은 그 어느 방법보다 높다는 것이 단점이다.

② 병행설치

시스템을 전환하기 위해서 특정 날짜를 정하여 정해진 날짜에 새로운 시스템으로 전환하되, 일정기간을 정하여 기존의 시스템과 새로운 시스템을 동시에 운영하는 방법이다. 병행설치 방법은 결국 일정 기간동안 두 가지 시스템을 모두 운영하는 것이기 때문에, 두 가지 시스템을 동시에 운영하기 위한 인력낭비와 컴퓨팅 자원 활용 면에서 비효율적이라는 문제가 단점이다.

③ 파일럿 설치

새로운 시스템이 여러 곳에서 동시에 이용될 때 지역적으로 구분하여 일정 지역에서 먼저 새로운 시스템으로 전환하여 시험적으로 운영하고 시스템 운영에 문제가 발생하지 않으면 전 지역으로 확대하여 모든 시스템을 전환하는 방법이며, 새로운 시스템으로 전환이 기업에 미치는 부정적인 영향을 가장 최소화할 수 있는 방법이다.

④ 단계적 설치

새로운 시스템의 몇가지 기능만을 시험적으로 설치하여 운영한 후 문제가 발생하지 않으면 단계적으로 기능을 확대하고 설치하여 운영하는 방법으로 단계적 전환에 따르는 위험을 상당 부분 줄일 수 있다는 장점이 있지만, 전체 시스템을 전환하는데 상당한 시간이 필요하다는 단점이 있다.

7.2 사용자 교육

새로운 시스템으로의 전환은 업무처리 방식의 변화를 의미한다. 따라서 기존의 업무처리 방식에 익숙해져 있는 사용자들에게는 다소 생소하며, 특히, 수작업을 자동화 시스템으로 전환한 경우라면 더욱 그럴 것이기 때문에, 새로운 시스템에 대한 사용자들의 반응은 부정적인 경우가 대부분이다. 아무리 좋은 시스템이 개발되었다 하더라도 사용자들이 외면한다면, 시스템개발의 의미는 전혀 없는 것이다.

따라서 최종 사용자들로 하여금 시스템을 쉽고 편리하게 사용할 수 있는 환경을 마련하는 것이 중요하다. 한편으로는 사용자들 스스로 새로운 시스템을 이용하여 업무를 처리하겠다는 의지가 있어야 하며, 다른 한편으로는 사용자들로 하여금 시스템을 쉽고 편리하게 사용할 수 있도록 교육훈련이 필요하다. 사용자 교육훈련은 시스템 자체에 대한 교육은 물론, 시스템 사용환경에 대한 일반적인 내용까지를 포함하는 것이 좋다.

7.3 시스템 유지보수

시스템 유지보수란, 개발된 시스템을 운영하면서 또 다른 시스템으로 대체되는 순간까지의 수명을 연장시키기 위한 일련의 작업들을 말한다. 그러나 시스템 유지보수는 일단 시스템이 개발된 후의 일이기 때문에, 시스템을 개발하는 과정에서는 시스템 유지보수에

그림 10-16 유지보수를 위한 비용

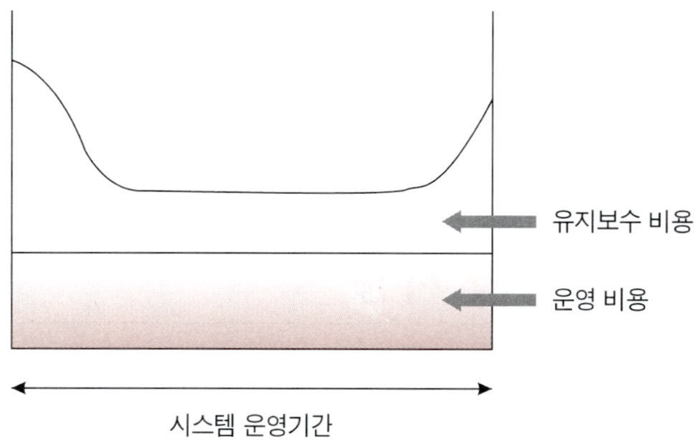

대해서 많은 주의를 기울이지 않는 것이 사실이다. 그러나 Putnam의 시스템 생명주기 예측모형에 의하면, 전체 시스템개발노력에서 시스템 정의 및 요구분석에 소요되는 노력이 약 20% 정도이며, 시스템개발이 차지하는 비중은 약 40% 정도인 반면, 시스템 운영 및 유지보수가 차지하는 비중은 약 60% 정도이다. 이는 시스템개발 못지않게 유지보수를 위한 작업이 더 중요하다는 것을 의미한다.

비용적인 측면에서도 일단 시스템이 개발되어 사용되기 시작하면 시스템 운영에 필요한 비용 이외에 추가적인 비용은 발생하지 않지만, 시스템이 폐기되어 새로운 시스템으로 대체되는 순간까지 유지보수 비용이 발생하게 된다. 특히, 시스템 운영 초기단계는 사용미숙으로 인한 오작동 및 오류가 빈번하게 발생하여 많은 비용이 발생하게 된다. 또한 시스템이 폐기되기까지 상당한 시간이 흘러 업무처리 환경이 변화되고 업무의 내용이 변함에 따라 지속적인 유지보수가 필요하기 때문에 추가적인 비용발생 요인이 나타난다. 즉, 시스템 운영말기에 가까울수록 유지보수의 내용이 많아지고 복잡해지며, 따라서 많은 비용이 요구된다.

시스템 유지보수는 목적에 따라 다음과 같이 구분된다.

- **수정적 유지보수** : 시스템 운영과정에서 발견된 결함이나 오류를 찾아내고 이를 수정하기 위한 작업
- **조정적 유지보수** : 시스템 자체의 결함이 아닌 새로운 환경변화에 적응하기 위해서 새로운 소프트웨어나 하드웨어를 사용하는데 현재의 시스템을 조정해야 하는 경우 이

를 조정하는 작업

- **예방적 유지보수** : 향후 예상되는 새로운 환경변화에 적응하기 위해서 데이터구조나 시스템 성능을 보완할 필요가 있을 때 이를 개선하는 작업

8. 시스템의 진화와 사망

시스템은 유지보수 과정을 거쳐 부분적으로 새로워지면서 수명이 다할때까지 진화한다. 시스템 진화의 의미는 시스템이 운영되면서 제기되는 다양한 사용자의 요구를 충족시키며 환경변화와 정보기술 변화를 수용하여 다른 시스템과의 연계 영역을 넓혀가는 등 지속적으로 변화함을 의미한다. 그러나 유지보수를 통해서 시스템이 끝없이 진화될 수는 없으며, 어느 순간 진화의 끝이 존재하게 된다. 시스템 진화의 끝은 시스템이 폐기되는 순간이다. 시스템 자체가 생명력을 가지지 못하지만, 다른 시스템으로 대체되는 순간까지를 시스템의 생명주기라 하며, 생명주기 동안 생명을 연장하기 위해서 다양한 유지보수 방법들이 동원된다. 시스템이 생명을 다하고 다른 시스템으로 대체되는 이유는 일반적으로 다음과 같다.

- 새로운 환경변화를 더 이상 수용할 수 없을 때
- 업무의 변화로 인해서 많은 시스템의 기능이 불필요하게 될 때
- 시스템 고장으로 기능을 상실할 때
- 비즈니스(비즈니스프로세스)의 변화에 따라 새로운 수행도구가 필요할 때
- 기술적인 환경변화로 인해서 새로운 시스템이 요구될 때

○ 단원요약 ○

비즈니스프로세스관리 프로젝트가 시스템개발로 연결되는 경우 전통적인 시스템개발 방법론에 따라서 구체적인 시스템개발 작업이 진행되며, 일반적으로 사용되는 시스템 개발방법론들은 다음과 같다.

- **전통적인 폭포수형 모형**: 모든 세부작업들이 순차적으로 진행되는 가장 일반적인 개발 방법론
- **프로토타이핑 모형**: 전통적인 폭포수 모형의 단점을 보완하기 위해서 개발대상 영역을 제한하여 핵심 기능들을 중심으로 미리 구현하여 사용자들로부터 검증을 받은 후 본격적인 개발작업을 수행하는 방법
- **진화적 프로토타이핑 모형**: 프로토타입을 개발함에 있어서 사용자들의 만족도 즉, 분석내용이 만족할 만한 수준에 도달할 때까지 작업과정을 반복하는 방법
- **나선형 모형**: 진화적 프로토타이핑 모형과 유사하게 전체 시스템개발 작업과정을 반복하면서 시스템을 완성해 가는 방법

시스템개발 방법론의 선택은 개발할 시스템의 규모와 복잡도, 요구되는 정확성, 자동화 정도, 방법론에 대한 인지도 등을 고려하여 결정해야 하며, 시스템개발 방법론은 전체 개발작업에 대한 프레임워크에 해당되기 때문에, 개발작업을 시작하기 전에 결정되는 것이 바람직하다.

시스템개발 작업에 참여하는 사람들은 시스템오너, 시스템사용자, 시스템분석가, 시스템개발자, 프로젝트관리자 등이며, 이들은 구체적인 시스템개발 과정에 주어진 역할을 담당하게 된다. 이들 시스템개발에 참여하는 사람들은 개발될 시스템에 대해서 서로 다른 이해관계를 가지는 사람들로서 이들은 시스템에 대해서도 서로 다른 평가를 한다. 이는 이해관계자마다 서로 다른 시스템품질에 대한 평가기준을 갖는 것을 의미한다. 그러나 새로이 개발된 시스템이 갖추어야 할 일반적인 요건들은 다음과 같다.

- 신뢰성과 정확성 그리고 견고성
- 사용편리성과 관리용이성
- 문서화

시스템개발 방법론에 따라서 진행되는 과정은 약간 다르지만, 기본적인 시스템개발 작업단계는 다음과 같다.

- 시스템개발 계획
- 시스템 분석
- 시스템 설계 및 구현
- 시스템 테스팅

시스템개발 작업의 첫 단계는 시스템개발 계획을 수립하는 것으로부터 출발하며, 시스템개발 계획 수립내용은 다음과 같다.

- **문제의 이해와 시스템 정의**: 개발될 시스템이 투입될 대상 영역에 대한 정확한 이해 즉, 무엇이 문제인가? 왜 문제인가? 개괄적인 해결방법은 무엇인가? 등을 정확하게 하고, 개발할 시스템을 기능 중심으로 정의하는 작업
- **타당성 분석**: 타당성 분석 작업은 비즈니스프로세스관리 프로젝트에서 진행된 타당성 분석과 유사한 방법으로 진행된다. 그러나 시스템개발 과정에서의 타당성 분석작업은 개발은 비즈니스프로세스관리 프로젝트에서와 달리 시스템이 수행할 프로세스의 효과성 보다는 효율성을 중심으로 분석하는 것이 다르다.
- **개발계획 수립**: 언제, 누가, 어떤 작업을 어떤 방법으로 언제까지 수행하며, 어떤 결과물을 도출해야 하는지? 그리고 전체 작업을 어떤 방법으로 누가 어떻게 문서화해야 하는지 등에 대한 계획을 수립하는 작업

두번째 단계의 작업은 시스템 분석작업이며, 이는 비즈니스프로세스의 분석 단계에서의 작업과 유사하다. 따라서 비즈니스프로세스 분석 단계에서 작성된 분석결과를 재 사용할 수 있으며, 이와 별도로 시스템으로 개발될 경우 시스템의 품질이나 성능 등을 고려하여 추가적으로 요구되는 요구조건 등을 구체적으로 분석대상으로 한다. 분석방법은 데이터 흐름 지향적 분석방법과 통합프로세스 지향적 분석방법이 주로 이용된다.

세번째 단계의 작업은 분석내용을 물리적인 시스템으로 구현할 수 있도록 설계하는 작업으로 다음과 같은 원리에 의해서 설계작업을 진행한다.

- 구조화
- 추상화
- 모듈화

이어지는 네번째 단계의 작업은 구현작업으로 이는 물리적인 시스템을 완성하는 작업이 이에 해당된다. 물리적인 시스템으로 완성하는 방법은 자체적으로 개발하는 방법이나 표준소프트웨어를 구입하는 방법 혹은 렌탈 방식의 구현도 이에 해당된다. 어떤 구현 방법이 효율적인지는 소요되는 비용 대비 효과를 분석한 경제적 타당성 분석결과와 기술적인 구현가능성에 대한 분석결과에 의한다.

시스템개발 작업이 비즈니스프로세스관리 프로젝트로부터 이어지는 경우 비즈니스프로세스관리 프로젝트 과정에서 생성된 결과물들을 재 사용하며, 시스템 테스팅 혹은 시스템 설치 등과 같이 비즈니스프로세스관리 프로젝트에서 수행되지 않은 작업들은 별도의 과정을 거치게 된다.

- **시스템 테스팅**: 사용자가 원하는 작업을 효율적으로 수행할 수 있도록 시스템의 개별 모듈과 통합 모듈을 대상으로 논리적인 모순을 제거함으로써 기능을 향상 시키기 위한 작업으로 체계적인 테스팅 계획에 의해서 작업이 진행된다. 테스팅 내용은 테스팅 내용에 따라서 기능이 제대로 작동하는지? 효율적으로 작동하는지? 등을 대상으로 한다.
- **시스템 설치 및 운영**: 전체 테스팅 과정을 거친 후 시스템이 설치되어 운영되는 과정으로 시스템을 설치하는 방법은 전체 데이터를 일괄적으로 이관하는 방법(빅뱅방식의 설치)이외에 새로운 시스템으로 전환 후 야기될 수 있는 위험성을 감소 시키기 위해서 단계적으로 설치하는 방법, 부분적으로 설치하는 방법 등이 사용된다.
- **사용자 교육**: 새로운 시스템에 대한 사용자 매뉴얼 작성이나 효율적으로 사용할 수 있는 방법 등을 교육하는 작업
- **시스템 유지보수**: 설치 후 실제 운영하는 중에 발생할 수 있는 다양한 문제들을 해결하기 위해서 수행되는 작업

제10장

연습문제

01 기업과 정보시스템 그리고 비즈니스프로세스와의 관계를 설명하시오

02 새로운 정보시스템에 대한 요구사항을 비즈니스 측면과 기술적인 측면으로 나누어 열거하고 간단하게 설명하시오

03 시스템개발에 참여하는 사람들을 구분하여 나누고 이들이 시스템에 대해서 갖는 시각을 설명하시오

04 시스템 품질을 결정하는 요인들에 대해서 설명하시오

05 다양한 시스템개발 방법론들에 대해서 장·단점을 중심으로 비교, 설명하시오

06 시스템개발 방법론을 요약하여 일반적으로 진행되는 시스템개발 작업(시스템개발 라이프사이클)을 단계별로 요약하여 설명하시오

07 비즈니스프로세스관리 프로젝트에서 수행되는 타당성 분석과 시스템개발 과정에서 수행되는 타당성 분석의 차이점에 대해서 설명하시오

08 시스템분석(사용자 요구분석)의 내용을 기능적 요구와 비 기능적 요구로 구분하여 설명하고, 시스템 품질과 시스템 효율과 어떤 관련성이 있는지 설명하시오

09 시스템을 개발하기 위해서 수행되는 시스템분석방법 중에 데이터흐름 지향적 분석방법과 통합프로세스 지향적 분석방법을 비교, 설명하시오

10 시스템을 설치하는(데이터 전환) 네 가지 방법을 열거하고 장·단점을 비교, 설명하시오

제3부 비즈니스프로세스관리 프로젝트

제11장 비즈니스프로세스관리 프로젝트 관리

1. 프로젝트 관리
2. 변화관리
3. 정보기술 기반구조

"Within a BPM Project, always remember that the project outcome is the goals, and any Cultural change that may be necessary is a result of the project goals. Some cultural change is essential as part of a successful project; however, cultural change is not an end in itself.

Good Companies react quickly to change; Great companies create change, Move before the wave; Change before you have to."

좋은 기업은 변화에 빠르게 대처하지만, 훌륭한 기업은 변화를 창조해내는 기업이다. 변화의 흐름을 인지하기 전에 움직여라! 어쩔 수 없이 변해야 하기 전에 변화하라!

(Hriegel and Brandt, 1996)

학습 개요 및 목표

계획된 시간과 비용 범위 내에서 기업이 추구하는 목표와 전략에 부합하는 효과적인 비즈니스프로세스를 개발하기 위해 프로젝트를 성공적으로 완료하기 위해서는 전통적인 개념의 프로젝트 관리 작업뿐만 아니라, 다양한 이해관계를 갖는 이해관계자들의 체계적인 관리, 비즈니스프로세스의 변화를 수용하도록 유도하는 변화관리 등 다양한 작업이 요구된다. 비즈니스프로세스관리 프로젝트는 새로운 비즈니스프로세스를 통해서 지속적인 성과가 도출될 때 의미가 있기 때문이다. 그러나 새로운 변화에 대해서 조직구성원들은 변화를 거부하는 것이 일반적이기 때문에, 비즈니스프로세스관리 프로젝트에서 프로젝트 관리자는 계획수립, 일정관리 등과 같은 일상적인 프로젝트 관리작업 이외에 추가적인 작업을 해야 한다.

본 장에서는 비즈니스프로세스관리 프로젝트를 성공적으로 수행하기 위해서 필요한 제반 사항들을 살펴보고자 한다. 먼저, 일반적인 프로젝트와 비즈니스프로세스관리 프로젝트와의 차이점을 도출하여 비즈니스프로세스관리 프로젝트를 수행하기 위한 프로젝트 관리자의 자질과 수행하는 구체적인 기능과 역할을 살펴보기로 하겠다. 이어서 프로젝트 수행관리의 핵심은 변화관리의 내용과 방법 그리고 절차에 대해서 살펴보기로 하겠다.

본 장의 학습목표는 다음과 같다.

1. 일반적인 프로젝트와 비즈니스프로세스관리 프로젝트의 차이점을 이해한다.
2. 비즈니스프로세스관리 프로젝트 관리자가 수행하는 기능과 역할을 이해한다.
3. 새롭게 설계된 비즈니스프로세스를 비즈니스 일상으로 전환하여 지속적인 성과를 도출하기 위한 변화관리 내용과 방법 그리고 변화관리 절차에 대해서 학습한다.

1. 프로젝트 관리

1.1 프로젝트 및 프로젝트 관리의 개념

1) 프로젝트의 개념

기업에서는 수없이 많은 크고 작은 프로젝트들이 수행되고 있는데, 프로젝트를 한마디로 정의하기는 쉽지 않다. 그러나 어떤 분야의 어떤 프로젝트라 하더라도 일반적으로 공통적인 특성들을 가지고 있기 때문에, 다음과 같은 설명을 통해서 정의하는 것이 보통이다.

> "A Project is a temporary sequence of unique, complex, and connected activities that have one goal or purpose and that must be completed by a specific time, within budget, and according to specification"
> (프로젝트란 구체적인 목표를 달성하기 위해서 수행하는 복잡하고 통일된 여러 가지 연속된 작업을 제한된 시간과 비용 범위 내에서 완수하기 위한 일련의 작업과정이다.)
> (Robert K et al. 1995)

프로젝트를 설명하기 위한 가장 핵심적인 용어들은 밑줄로 표시된 단어들이다. 이들 용어들이 포함하고 있는 의미는 다음과 같다.

① 연속된 행위 : 대부분의 프로젝트들은 많은 세부작업들을 통해서 수행된다.

② 일관된 행위 : 프로젝트마다 수행동기와 목적은 달라도 자체의 세부작업을 수행하기 위한 일련의 일관된 행위들로 이루어진다.

③ 복잡한 행위 : 프로젝트를 수행하기 위한 일련의 세부작업들은 단순행위들이 아니라, 복잡한 또 다른 하위행위들로 이루어진다.

④ 관련된 행위 : 프로젝트를 수행하는 동기와 목적에 따라서 계획된 프로젝트 목표를

달성하는 것과 관련된 행위들로 이루어진다.

⑤ 공통의 목표 : 프로젝트를 통해서 달성하려는 구체적인 목표가 언제나 존재한다.

⑥ 제한된 시간 : 프로젝트는 계획된 시간 내에 완수되어야 한다.

⑦ 제한된 비용 : 프로젝트를 수행하는데 소요되는 비용이 한정되어 있기 때문에, 제한된 비용 범위 내에서 완수되어야 한다.

⑧ 원하는 결과 : 프로젝트의 수행목표에서 정한 수준의 결과가 도출되어야 한다.

이와 같은 의미를 포함하는 프로젝트를 간단하게 요약 · 정리하면, 제한된 시간과 비용 범위 내에서 원하는 결과를 얻기 위한 복잡하고 일관된 일련의 작업의 연속이라 할 수 있다. 비즈니스프로세스관리 프로젝트인 경우에는 "기업이 추구하는 목표가 효과적으로 달성될 수 있도록 현재의 비즈니스프로세스를 효율적으로 재설계하는데 관련된 일련의 복잡한 구체적인 작업"이라 할 수 있다.

2) 프로젝트 관리의 개념

프로젝트는 일련의 복잡한 연속된 행위를 통해서 수행되며, 제한된 시간과 비용과 의도하는 수준의 결과(품질)가 도출되어야 프로젝트가 성공적이었다고 평가되기 때문에, 성공적인 프로젝트를 위해서는 다양한 기술과 방법들이 필요하며, 전체적인 세부과정을 관리하고 통제하는 작업이 필요하다. 그러나 가장 중요한 것은 정해진 시간과 비용 그리고 원하는 결과를 도출하는 것이다. 이처럼 비즈니스프로세스의 재설계 작업이 정해진 시간과 비용 범위 내에서 성공적으로 수행될 수 있도록 세부작업을 관리하고 통제하는 작업을 프로젝트 관리라 한다. 그러나 일반적인 프로젝트 관리와 비즈니스프로세스관리 프로젝트는 〈표 11-1〉과 같은 점에서 차이가 있다.

그러나 기업이 달성하려는 목표와 전략에 부합하여 효과적이고 효율적인 비즈니스프로세스를 재설계하려는 일련의 작업들이 계획된 시간과 비용을 벗어나지 않는 범위 내에서 성공적으로 수행될 수 있도록 관리하는 비즈니스프로세스관리 프로젝트 관리(project management)와, 프로젝트 수행과정의 세부단계의 작업들마다 일정을 관리하고 세부작업 결과를 관리하여 프로젝트 자체가 효율적으로 진행될 수 있도록 관리하는 프로세스관리(process management) 작업은 구분되어야 한다.

프로젝트 관리는 프로젝트 자체를 성공으로 유도하기 위한 총체적인 관리 · 통제작업

〈표 11-1〉 전통적인 프로젝트 관리와 비즈니스프로세스관리 프로젝트의 차이

	전통적인 프로젝트 관리	비즈니스프로세스관리 프로젝트
프로젝트 결과물	구체적이고 가시적인 프로젝트 결과물이 생성된다.	의미 있는 프로젝트 결과는 일상적인 비즈니스프로세스의 변화로 나타난다.
영향범위	전통적인 프로젝트의 수행결과는 특정한 일정 범위의 이해관계자들에게 한정되어 한시적으로 영향을 미친다.	프로젝트의 결과는 비즈니스를 수행하는 이해관계자 및 기업 구성원들에게 장기적이고 지속적으로 영향을 미친다.
프로젝트 결과에 따른 변화	프로젝트 결과가 미치는 영향이 제한적이기 때문에, 이어지는 후속작업 내용이 예측가능하며 쉽게 계획할 수 있다.	비즈니스프로세스관리 프로젝트 결과 조직구조와 업무, 역할, 경우에 따라서는 시스템적 요인들이 변하기 때문에, 조직문화 및 프로젝트 결과로부터 야기되는 위험성을 예측하기 힘들고 계획하기 힘들다.
책임과 역할	프로젝트를 수행하는 스폰서, 위원회, 프로젝트 팀 구성원이 담당하는 구체적인 업무와 역할이 정의되기 때문에, 구체적인 결과들이 도출된다.	프로젝트의 최종결과는 지속적인 성과도출을 통해서 평가되기 때문에, 프로젝트를 수행하는 스폰서, 위원회, 프로젝트 팀 구성원의 업무와 역할이 정의되어 있다고 하더라도 그들에 의해서 구체적인 프로젝트 결과물이 도출되지 않는다.
평가지표	프로젝트의 성공은 주로 시간과 비용 등과 같은 정량적인 지표에 의해서 결정된다.	프로젝트의 성공은 정량적인 평가지표와 정성적인 평가지표에 의해서 결정된다.

이라면, 프로세스관리는 프로젝트 내부의 과정을 관리하고 통제하는 작업이다. 일반적으로 프로젝트를 효율적으로 수행하기 위해서 정형화된 방법론에 따르는 것이 보통이다. 방법론이란 실무에서 솔루션(solution)이라고 표현하기도 하는데, 이는 비즈니스프로세스관리 프로젝트를 수행하는 과정과 절차를 정의한 일종의 프레임워크라고 할 수 있다. 본 저서에서 소개하고 있는 BPMLC 프레임워크 또한 일종의 방법론이라 할 수 있을 것이다. 어떠한 방법론이라 하더라도 구체적인 세부단계와 세부단계에서의 구체적인 작업내용 그리고 각각의 작업에서 누가 언제 어떤 형태의 산출물을 생성해야 하는지를 정의하고 있으며, 이러한 산출물들이 생성될 수 있도록 각각의 작업과정을 관리하고 통제하는 작업이 프로세스관리이다.

1.2 프로젝트 관리자의 자질과 역할

1) 프로젝트 관리자의 자질

비즈니스프로세스관리 프로젝트의 성공과 실패는 형식적인 프로젝트 종료 후 변화된 비즈니스프로세스가 구현되어 일상적인 비즈니스를 수행하면서 어느 정도의 성과를 도출해 내느냐에 달려 있지만, 형식적인 프로젝트 성공 또한 중요하기 때문에, 계획된 시간과 비용을 고려하여 프로젝트를 성공적으로 종료시키는 것도 중요하다. 형식적인 프로젝트 성공은 물론, 장기적인 관점에서의 비즈니스프로세스 재설계 효과를 거두기 위해서는 프로제트 수행 과정에서 프로젝트 관리자의 역할은 무엇보다 중요하다. 프로젝트 관리자에게 요구되는 자질을 정리하면 다음과 같다.

(1) 비즈니스 및 업무 배경지식

비즈니스프로세스관리 프로젝트는 대상 영역 내의 종단간 비즈니스프로세스는 물론 이에 속하는 개별 비즈니스프로세스의 효과성과 효율성을 검증하고 이를 개선하는 것이기 때문에, 대상 영역에 대한 전문적인 배경지식을 갖지 않고는 성공할 수가 없다. 대상 영역에 대한 비즈니스프로세스를 모델링하고 이를 개선하는 작업은 단독으로 수행하는 것은 아니지만, 이러한 작업을 총체적으로 관리하고 통제하는 관리자는 대상 영역의 모든 업무에 대한 전문적인 배경지식을 소유해야 한다. 또한 이러한 작업은 기업이 추구하는 목표와 전략에 부합되어야 하기 때문에, 조직의 목표와 전략을 바르게 이해하여야 하며, 모든 이해관계자들의 요구와 기대수준 등을 구체적으로 이해하고 있어야 한다. 이러한 비즈니스 배경지식은 실무경험을 통해서 얻을 수 있기 때문에, 프로젝트 관리자는 또한 실무에 대한 풍부한 경험을 갖추고 있어야 한다는 의미이기도 하다.

(2) 문제해결 능력

그러나 프로젝트 관리자는 무엇보다 문제해결 능력을 갖추어야 한다. 비즈니스프로세스 재설계 작업은 비즈니스 및 프로세스 이해관계자 그리고 프로세스 실제 운영자들이 공동으로 참여한 가운데 문제점들을 도출하고 해결방법을 찾아가는 것이 보통이지만, 프로젝트 관리자는 문제점을 도출하고 근본적인 해결방법을 독자적으로 제시할 수 있는 능력을 갖추고 있어야 한다. 이와 같은 근본적인 문제해결은 물론, 프로젝트에 참여하는 이해관계자들의 이해와 요구사항들이 상반되는 문제가 발생할 때에는 이러한 문제까지도 해결할 수 있는 능력을 갖추어야 한다. 이를 위해서는 다음과 같은 자질이 요구된다.

- 통찰력과 독창성
- 정보수집 능력
- 분석능력
- 개념적인 사고 능력
- 위기관리 능력

(3) 설득력

다른 프로젝트와 마찬가지로 비즈니스프로세스 또한 다양한 집단의 이해관계자들이 참여하는 공동의 작업으로 진행되며, 또한 참여자들의 이해관계가 다르기 때문에, 이들을 이해하고 조정해야 하는 작업이 많다. 이러한 경우에 프로젝트 관리자는 서로 다른 요구와 기대수준을 가진 이해관계자들을 이해하고 설득해야 하기 때문에, 프로젝트 관리자는 이해관계자와 특정 상황을 인지하는 측면의 이해력과 설득력을 갖추고 있어야 한다. 이러한 이해력과 설득력은 다음과 같은 것들이 있다.

- 이해관계자의 요구 및 기대 그리고 이들 사이의 이해관계를 인지하고 이해하는 능력
- 조직적인 측면에서 기업을 이해하고 인지하는 능력
- 의사결정에 대한 결과 및 위험에 대해서 이해하고 인지하는 능력

(4) 인적 · 변화관리 능력

비즈니스프로세스관리 프로젝트 관리자는 프로젝트에 참여하는 다양한 사람들이 자신의 임무와 역할을 다하여 프로젝트 목표가 달성될 수 있도록 하기 위해서 다른 사람들에게 동기를 부여해야 하며, 서로 다른 수준의 배경지식을 가진 이해관계자들과의 원활한 의사소통을 위해서 의사소통 능력 또한 갖추어야 한다. 인적자원의 관리 측면에서 프로젝트를 수행하는 구성원에 대한 교육, 프로젝트 업무할당, 감독, 성과에 대한 피드백, 진행과정에 대한 관리 · 감독 등을 수행할 수 있는 능력과 기술들을 습득하고 있어야 한다.

(5) 자기관리 능력

프로젝트 관리자는 또한 자기 자신에 대한 자신감을 가지고 있어야 한다. 자기 스스로 프로젝트에 대한 성공 확신을 갖지 못한다면 구성원들을 설득하거나, 이해를 조정하는 등의 자신의 역할을 다할 수 없기 때문이다. 또한 자기 스스로의 스트레스를 관리하는 능력, 프로젝트의 성공적인 수행을 위해서 유연한 사고능력이 필요하다.

2) 프로젝트 관리자의 역할과 기능

프로젝트 관리자는 계획된 시간과 비용 범위 내에서 원하는 프로젝트 결과를 얻기 위해서 다음과 같은 기본기능을 수행한다.

① 범위설정

프로젝트 관리자의 첫번째 임무는 프로젝트 범위를 설정하는 것이다. 물론 프로젝트 범위는 단독으로 결정되는 것이 아니라, 프로젝트 팀 그리고 프로젝트에 관련된 이해관계자들과의 워크샵 등을 통해서 그룹의사결정에 의해서 결정되지만, 프로젝트 관리자는 프로젝트 범위를 설정하는데 주요한 역할을 담당한다. 프로젝트 범위에 따라서 프로젝트에 소요되는 비용과 시간 그리고 필요한 자원에 대한 개괄적인 계획을 수립할 수가 있기 때문이다.

② 계 획

프로젝트는 수많은 부분작업을 통해서 이루어지며, 각각의 작업마다 시간과 비용이 소요되기 때문에, 프로젝트를 성공적으로 이끌어 가기 위해서 요구되는 부분작업 및 전체작업에 소요되는 시간과 비용, 프로젝트 수행에 필요한 인적자원, 물적자원, 기술적 자원에 대한 체계적인 계획을 수립한다.

③ 평 가

프로젝트 관리자의 중요한 임무 중에 하나는 프로젝트가 계획대로 수행되고 있는지를 평가하는 것이다. 이는 단순한 부분작업의 진행상황이나 비용 등만을 평가하는 것이 아니라, 각각의 작업마다 산출되는 결과물이나 결과물의 품질(활용가치 등) 그리고 필요한 자원의 효율적인 활용 등과 같은 정성적인 평가까지를 포함한다.

④ 스케쥴링

프로젝트의 성공과 실패를 판단하는 중요한 기준 중에 하나가 정해진 시간 내에 프로젝트를 완료하느냐? 못하느냐?이기 때문에, 프로젝트 관리자는 모든 부분작업과 전체작업에 대한 스케쥴링 작업을 수행한다. 특히 프로젝트를 위한 부분작업들은 순차적으로 수행되기도 하지만, 병행해서 수행되는 경우도 있으며, 이어지는 작업이 완료되기 이전에 다음 작업이 수행되기도 한다. 이는 각각의 작업마다 여유시간이 존재하기도 하며, 경우에 따라서는 여유시간이 전혀 없어서 해당 작업의 지연은 곧 프로젝트 전체의 지연으로 이어지는 경우도 있다. 따라서 프로젝트 관리자는 모든 작업이 순조롭게 진행될 수 있도록 계획하는 것도 중요하지만, 부분작업들이 계획대로 진행되는 것을 확인하고 관리하기 위해서 자동화된 전문도구를 활용하는 것이 필요하다.

⑤ 조직화

모든 필요한 자원이 지원되고 팀워크가 잘 이루어진다고 해서 언제나 프로젝트가 성공하는 것은 아니지만, 많은 성공 사례를 통해서 보면, 팀 구성원들의 팀워크 그리고 필요자원의 지원은 프로젝트 성공을 위한 필수조건이다. 프로젝트 관리자는 부분작업이 효율적으로 수행될 수 있도록 팀 구성원들에게 그들의 자질과 능력에 따라 적절한 작업을 할당하고 필요한 자원을 조달하여 지원될 수 있도록 프로젝트와 관련된 모든 인적자원, 물적자원 그리고 기술적 자원을 조직화하고 할당하는 작업을 수행한다.

⑥ 지휘 및 감독

일단 프로젝트가 시작되면 프로젝트 관리자는 모든 작업과 작업자들에 대한 지휘 및 감독권을 갖는다. 이는 어느 정도 강제적인 성격을 띠는 것이 사실이지만, 프로젝트 관리자의 지도력과 리더십을 발휘하여 자율적으로 모든 작업이 이루어질 수 있도록 하는 능력이 필요하다.

⑦ 통 제

프로젝트 관리자가 수행하는 가장 힘들고 어려운 기능은 프로젝트를 통제하는 것이다. 어떤 작업은 아무런 문제없이 예정대로 진행되기도 하지만, 어떤 작업은 중간에 예기치 못한 문제들이 발생하기도 하고, 필요한 자원의 지원이 어려워지기도 한다. 이로 인해서 전체 프로젝트 일정이 위협받기도 한다. 따라서 프로젝트 관리자는 프로젝트가 진행되는 동안 모든 상황에 대해서 언제나 모니터링하고 있어야 할 뿐만 아니라, 시간과 비용과 프로젝트 결과에 따라서 적절한 조치를 취할 수 있어야 한다. 이는 프로젝트 관리자의 문제해결 능력과 관련이 있기도 하지만, 오랫동안 수많은 프로젝트를 수행하면서 쌓은 노하우가 없다면 쉽지 않은 일이다.

⑧ 프로젝트 종료

프로젝트 관리자에 대한 평가는 프로젝트가 종료되는 시점에 내려지게 된다. 계획된 시간이 지나면 원하든 원하지 않든 프로젝트 관리자에 대한 평가가 내려지는데, 프로젝트 관리자에 대한 평가는 정확하게 말하면 프로젝트의 성공과 실패를 의미하는 것이다. 어떤 프로젝트는 성공적으로 평가되기도 하고, 어떤 프로젝트는 실패라고 평가되기도 한다.

프로젝트의 성공과 실패는 같은 프로제트 결과 상황에도 불구하고 비용이나 시간 혹은 품질(원하는 결과)에 대한 우선순위에 따라서 다르게 평가되기도 한다. 일반적으로 실패라고 평가되는 프로젝트에 대해서 시간이 준수되지 못한 원인이 무엇이며, 비용이 초과된 원인이 무엇이며, 또는 원하는 결과를 도출하지 못한 원인에 대해서 나름대로 분석 · 평가하여 동일한 실수를 반복하지 않기 위해서 실패로부터 배우는 자세를 갖는 것이 중요하다.

1.3 프로젝트 관리를 위한 사전작업

비즈니스프로세스관리 프로젝트는 전통적인 프로젝트 관리와 다르기 때문에, 본격적인 프로젝트 관리작업을 수행하기 전에 성공적인 프로젝트 관리를 위한 사전 준비작업이 필요하다. 비즈니스프로세스관리와 프로젝트 관리 사전 준비작업이란, 비즈니스프로세스관리 프로젝트를 성공으로 이끌기 위해서 필수적인 성공요인들에 대한 분석작업을 의미하며, 프로젝트 관리자가 사전에 분석해야 할 대상과 내용 그리고 절차는 다음과 같다.

1) 이해관계자 분석

프로젝트 관리 사전작업의 첫번째 절차는 프로젝트 관련 이해관계자 집단을 이해하고 이들을 분석하는 것이다. 프로젝트 이해관계자 집단의 분석은 프로젝트에 관련된 이해관계자가 누구이며 그들이 어떤 이해관계를 가지고 있는지?와 같은 단순한 내용의 분석이 아니라, 프로젝트의 성공적인 수행을 위해서 필요한 모든 내용들을 포함해야 한다. 예를 들어, 이해관계자 분석내용은 다음과 같다.

- 조직구조와 조직의 계층구조 내에서의 내부 이해관계자의 위치
- 이해관계자 개개인의 업무역량, 프로젝트 수행 능력
- 이해관계자 개개인의 내부 업무내용과 개인적인 성향

이해관계자들의 이러한 성향이나 업무역량 그리고 조직 내에서의 위치 등은 프로젝트에 투입될 경우 프로젝트 수행 능력과 직결될 뿐만 아니라, 프로젝트 수행 과정에서의 적절한 업무 및 역할분담을 위해서도 모든 이해관계자들을 분석해야 하는 것은 절대적이다. 더 나아가서는 이들이 실제 프로젝트를 수행하는 동안 할당된 업무와 역할을 제대로 수행하지 못할 경우 이들을 관리하고 통제하는 적절한 방법을 찾는데도 매우 유용하다.

2) 변화에 대한 태도분석

프로젝트 팀 구성원이 될 이해관계자 개개인들이 변화에 대해서 어떠한 태도를 갖느냐는 매우 중요한 문제이며, 특히 프로젝트 성공을 위해서 결정적인 작용을 한다. 예를 들어, 비즈니스프로세스관리 프로젝트가 전략지향적이냐? 운영지향적이냐에 따라서 조직구조에 대한 변화의 정도가 다르며, 프로젝트 시나리오에 따라서 조직에 미치는 영향범위가 다르다. 경우에 따라서는 조직구조가 변경될 수도 있으며, 이해관계자가 속한 조직이 없어질 수도 있다. 이러한 변화에 대해서 이해관계자 개개인들이 어떤 성향을 갖느냐는 매우 중요할 것이다.

따라서 프로젝트 관리자는 프로젝트 성격을 미리 파악하고 어느 정도의 변화가 요구되는지? 즉, 변화의 범위와 변화가 미칠 영향범위를 미리 예상하고 프로젝트 팀을 구성해야 함에도 불구하고, 미래의 프로젝트 팀 구성원이 될 이해관계자들의 변화에 대한 태도를 모른 상태에서 프로젝트 팀을 구성한다면, 최악의 경우 전체 프로제트가 실패로 이어질 수도 있다.

3) 변화에 대한 조직의 의지분석

변화에 거부감을 갖는 것은 이해관계자 개개인 뿐만 아니라, 조직 차원에서도 마찬가지

이다. 조직은 결국 조직구성원의 집단이기 때문에, 개개인의 변화에 대한 태도는 곧 조직의 변화에 대한 태도라고도 볼 수 있다. 그러나 조직의 대표가 변화에 대해서 어떤 태도를 갖는지? 어느 정도까지 변화를 수용할 수 있는지? 미리 분석하는 작업이 필요하다. 이는 단순히 변화에 대한 수용의지만을 나타내는 것이 아니라, 프로젝트 결과에 조직의 변화가 요구되는 경우 이를 관철시킬 의지가 얼마나 있느냐의 문제이기도 하다. 프로젝트 관리자는 프로젝트를 수행하기 전에 조직의 변화에 대해서 다음 중 어떤 태도를 갖고 있는지 정확하게 분석해야 한다.

(1) 변화에 대한 확고한 의지

변화를 위한 조직의 의지가 얼마나 있으며, 실제 상황은 어떤지를 정확하게 분석해야 하며, 어느 정도까지 변화시킬 수 있는 의지를 가지고 있는지 분석해야 한다.

(2) 변화에 대한 의지의 부족

조직은 비효율성을 제거하고 목표 달성에 효과적인 형태의 조직구조와 비즈니스프로세스의 형태로 변화시키고자 함에도 불구하고 대부분 스스로 자신의 변화의지와 스스로 변화시킬 수 있는 능력을 판단하지 못하는 경우가 많기 때문에, 프로젝트 관리자는 조직과 프로세스의 변화를 관철시키기 위해서 조직에 부족한 것이 무엇인지를 정확하게 이해해야 한다.

4) 프로젝트 결과의 수용의지

조직이 프로젝트 결과를 어느 정도까지 수용하느냐는 조직의 성숙도와 관련되어 있는데, 조직의 성숙도는 조직이 비즈니스프로세스의 중요성을 어느 정도 이해하고 있느냐? 비즈니스프로세스 개선이 조직이 추구하는 목표를 달성하는데 장기적으로 매우 큰 효과가 있다는 확신을 어느 정도 갖느냐?에 달려 있다. 만일 조직이 비즈니스프로세스의 중요성이나, 장기적인 관점의 비즈니스프로세스 개선효과에 대해서 인지하지 못하는 경우라면, 조직은 변화에 대해서 소극적일 수밖에 없으며, 변화의 당위성이 있음에도 결국에는 변화를 거부하게 될 것이다. 이러한 관점에서 프로젝트 관리자는 조직이 프로젝트 결과에 대해서 어느 정도까지 수용할 것인지? 즉, 조직의 수용의지를 정확하게 이해하고 있어야 한다.

5) 조직의 기술기반 이해

비즈니스프로세스를 개선하려는 프로젝트는 새로운 시스템을 개발하는 것이 최종 목적이 아니기 때문에, 기술적인 측면에서 접근하지는 않는다. 그러나 프로젝트 수행과정에서 기술기반구조에 따라 프로젝트가 영향을 받기도 하며, 최종적으로 개선된 비즈니스프로세스는 기술적인 도구(비즈니스프로세스를 수행하는 정보시스템)를 이용하여 수행되기 때문에, 기존의 기술적 기반구조들을 살펴볼 필요가 있다.

1.4 이해관계자 관리

프로젝트를 수행하기 전에 필요한 모든 사전 분석작업이 완료되면, 본격적으로 프로젝트 계획이 수립되고, 수립된 계획에 의해서 구체적인 세부작업들이 수행되기 시작한다. 일단 프로젝트가 진행되고 나면 프로젝트 관리자의 핵심 임무는 우선 순위에 따라서 비용과 시간(일정)을 고려하여 최상의 프로젝트 결과가 도출될 수 있도록 프로젝트를 계획하고 진행과정과 결과를 관리 · 감독하며 통제하는 것이다. 이러한 프로젝트 관리자의 본질적인 임무에 대해서는 이미 설명하였기 때문에, 여기에서는 프로젝트 수행 주체인 인적자원 즉 이해관계자의 관리에 대해서 살펴보기로 하겠다.

1) 이해관계자 관리의 필요성

이해관계자라 함은 이미 설명한 것처럼, 프로젝트에 긍정적 · 부정적인 영향을 미치는 모든 개인과 집단을 의미한다. 따라서 좁은 의미의 이해관계자는 프로젝트를 지원하는 최고경영자 및 프로젝트의 세부작업을 수행하는 구성원들을 의미하지만, 넓은 의미의 이해관계자는 프로젝트 팀 구성원을 포함하여 프로젝트 대상과 관련된 비즈니스프로세스를 수행하는 프로세스 운영자, 고객, 공급업체, 시스템 제공업체, 자원공급경로, 커뮤니티, 시장, 프로젝트 환경까지를 의미하는 매우 광범위한 개념으로 이해할 수가 있다. 이처럼 이해관계자를 넓은 의미로 이해할 때, 프로젝트의 성공과 실패는 매우 다양한 이해관계자 집단에 의해서 결정되며, 이는 프로젝트의 성공을 위해서 프로젝트 관리자는 매우 다양한 이해관계자 집단들을 관리해야 한다는 것을 의미한다.

프로젝트 관리자가 이처럼 다양한 이해관계자 집단을 체계적으로 관리해야 하는 이유는 다음과 같다.

① 내부의 핵심 이해관계자의 지원없이는 프로젝트 자체가 성공적으로 수행될 수가 없기 때문이다.

② 비즈니스프로세스 분석 및 재설계 단계의 작업은 종단간 비즈니스프로세스와 이에 속하는 개별 비즈니스프로세스를 대상으로 하며, 이는 일반적으로 조직 부서의 경계를 넘나들 정도로 매우 광범위 하기 때문에, 내 · 외부의 핵심 이해관계자의 지원없이는 그 어떤 해결방법도 제시할 수가 없기 때문이다.

③ 프로젝트가 성공적으로 종료되었다 하더라도 프로젝트의 실질적인 성공은 장기적으로 지속적인 성과를 도출할 수 있고, 이를 통해서 기업이 추구하는 목표가 효과적으로 달성될 수 있어야 한다. 그런데 이는 프로젝트 결과를 제시한 새로운 비즈니스프로세스를 실무에 적극 수용하여 비즈니스 일상으로 전환되어야 가능하기 때문에, 프로젝트의 실제적인 완료를 위해서 이해관계자들의 적극적인 지원은 필수적이라 할 수 있다.

④ 프로젝트에 직 · 간접적으로 영향을 미치는 다양한 이해관계자 집단의 열정과 노력과 지원없이 프로젝트를 이끌어간다는 것은 매우 힘든 여정이 될 것이기 때문에, 프로젝트의 효율적인 수행을 위해서 다양한 이해관계자들을 체계적으로 관리해야 한다.

⑤ 외부의 이해관계자 집단들도 프로젝트에 결정적인 영향을 미칠 수 있기 때문에, 외부의 어떤 이해관계자들이 프로젝트에 영향을 미치는지? 어떤 영향을 어느 정도 미치는지? 철저하게 분석하고 관리해야 프로젝트를 성공적으로 마무리할 수가 있다.

2) 이해관계자 관리 방법

이해관계자는 프로젝트에 영향을 미치는 사람을 의미하기 때문에, 이해관계자 관리는 결국 이해관계자 관계관리(management of stakeholders relationship)라고 할 수 있다. 비즈니스프로세스관리 프로젝트는 다른 프로젝트에 비해서 다양한 이해관계자 집단이 존재하기 때문에, 체계적인 관계관리방법이 요구되는데, 일반적으로 다음과 같은 방법에 의해서 이해관계자 관계관리를 수행하는 것이 보통이다.

- 이해관계자들의 산출물을 통한 관계관리
- 이해관계자들의 이해관계를 중심으로 한 관계관리

이해관계자들의 산출물을 통한 관계관리는 프로젝트를 수행하는데 있어서 정해진 역할에 따라서 제공해야 하는 정확한 산출물을 이해관계자들이 제공하도록 함으로써 이해관계자들을 관리하고 통제해가는 방법이며, 이해관계자들의 이해관계를 중심으로 한 관계관리는 다양한 이해관계를 가진 다양한 이해관계자들에게 자율성을 부여하여 자신의 이해관계를 협상하고 조율하도록 함으로서 이해관계들을 관리하고 통제해가는 방법이다.

그러나 자율성이 부여된 이해관계자들의 이해관계를 중심으로 한 관계관리는 다양한 이해관계자들의 의견을 조율하고 협상하는데 많은 시간을 요구하기도 하고, 서로 타협점을 찾지 못하는 경우가 많기 때문에, 프로젝트 일정에 차질이 생기기도 한다.

따라서 정해진 시간과 비용 범위 내에서 프로젝트를 완수하기 위해서는 이해관계자들의 산출물을 통해서 프로젝트 및 이해관계자들을 관리하고 통제하는 것이 바람직하다. 이해관계자들의 산출물을 통한 관계관리는 [그림 11-1]과 같은 과정으로 진행된다.

(1) 내부 이해관계자 팀 구성

가장 중요한 내부 이해관계자는 비즈니스프로세스를 실제로 운영하는 프로세스 운영책임자와, 프로젝트를 지원하는 오너와 비즈니스프로세스 분석단계로부터 재설계 및 구현단계에 이르는 전 과정들에 참여하는 내부의 핵심 이해관계자들이기 때문에, 이들로 구성된 내부 이해관계자와 팀을 구성한다. 이해관계자 관리에 대한 총체적인 책임은 프로젝트 관리자와 이들 내부의 핵심 이해관계자들에게 있다.

프로젝트 관리자 이외의 내부 이해관계자 팀 구성원은 프로젝트 관리자를 보조하는 임무를 수행하며, 이들의 임무는 다양한 이해관계자들의 지원을 이끌어내고, 그들이 자신의 역할을 제대로 수행하는지를 관리하고 감독하는 것이다.

그림 11-1 이해관계자 산출물관리를 통한 관계관리 절차

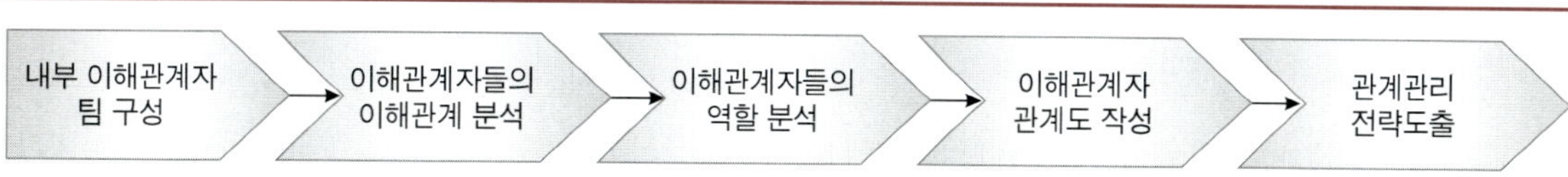

(2) 이해관계자들의 이해 관계분석

내부 이해관계자 팀의 첫번째 임무는 프로젝트에 영향을 미치는 이해관계자 집단을 파악하는 것이다. 이해관계자 리스트는 이미 프로젝트 계획수립 단계에서 도출된 바 있지만, 새롭게 구성된 내부 이해관계자 팀에서는 단순한 이해관계자 리스트만이 아니라, 프로젝트와의 연관관계 및 이들 이해관계자들이 어떤 이해관계를 가지고 있는지? 프로젝트와 어떤 관계가 있는지? 이들이 역할을 수행해야 하는지? 그리고 그들이 자신의 역할을 제대로 수행했는지를 어떻게 평가할 것인지에 대해서 구체적으로 분석해야 한다.

(3) 이해관계자들의 역할분석

프로젝트에 영향을 미치는 다양한 이해관계자 리스트가 작성되고 나면, 이해관계자 개개인에 대한 평가와 이들이 수행하게 될 구체적인 역할, 특히 프로젝트에 작용하는 긍정적인 면과 부정적인 면의 약점과 강점들을 확인하는 작업이 이어진다.

이해관계자들이 다양한 만큼 모든 이해관계자 개개인들에 대한 평가결과를 프로젝트

〈표 11-2〉 이해관계자 분석결과

	프로젝트 명 : BPM Project **프로젝트 관리자 : 손 승 희**
이해관계자 성명 : 프로젝트에서의 위치 :	
프로젝트에 미치는 영향 정도 (최상 - 상 - 보통 - 하 - 최하) 프로젝트 성공을 위해서 작용할 수 있는 강점: 프로젝트 성공을 저해할 수 있는 단점: 프로젝트에 대해서 선호하는 점: 프로젝트에 대해서 꺼려하는 점: 프로젝트에서의 역할: 이해관계자의 개인적인 성향 및 열정: 타 이해관계자와의 배타적 혹은 동질적인 이해관계:	프로젝트에 미치는 영향의 방향 (매우 긍정 - 긍정 - 보통 - 부정 - 매우 부정)
이해관계자의 행동에 대한 관리자의 적절할 대처 방안 :	

관리자가 기억할 수가 없기 때문에, 이해관계자 개인별로 평가표를 작성하는 것이 필요하며, 예를 들어, 〈표 11-2〉와 같은 분석결과표는 매우 유용하게 사용될 것이다.

(4) 이해관계자 관계도 작성

〈표 11-2〉와 같이, 프로젝트 수행과정에서 일정 역할을 수행하지만, 이해관계자 개개인은 타 이해관계자들과 동질적 · 배타적인 이해관계를 갖기도 한다. 프로젝트에 미치는 영향 정도가 다르고 미치는 영향도 긍정적, 부정적으로 작용할 수도 있다. 또한 프로젝트 성공을 위해서 도움이 되는 장점이 있는 반면, 성공을 저해하는 단점도 선호하거나 꺼려하는 점이 다르다.

그림 11-2 이해관계자 관계도

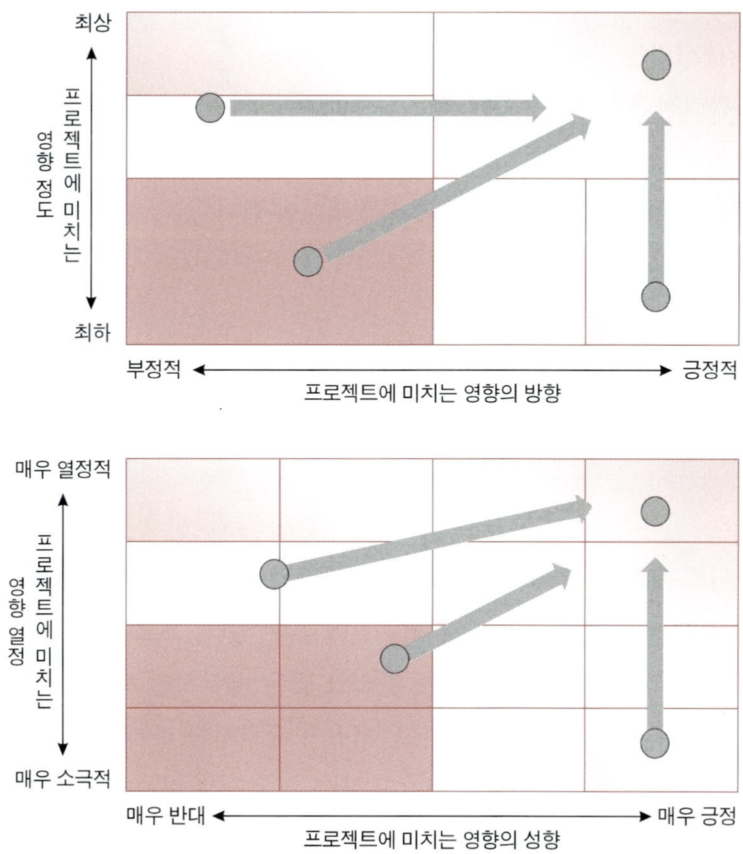

(출처: J.Jeston and J. Neilis, 2006)

이해관계자관리의 목적은, 각기 다른 강점과 단점, 각기 다른 영향 정도와 방향, 각기 다른 성향과 열정을 가진 이해관계자들은 차별화된 방법으로 관리하면서 프로젝트를 성공으로 이끄는 것이기 때문에, 이해관계자 전체에 대한 관계도를 작성할 필요가 있다. 이해관계자 관계도는 각각의 이해관계자들의 영향 정도와 방향, 그리고 프로젝트에 대한 열정과 개인적인 성향의 위치를 나타내며,이로부터 [그림 11-2]와 같이 적절한 전략을 도출할 수가 있다.

(5) 관계관리 전략 도출

이해관계자 관계도를 작성하는 목적은 [그림 11-2]에서 보는 것처럼, 프로젝트에 미치는 영향 정도를 강하게 그리고 프로젝트에 미치는 영향의 방향을 정의 방향으로 유도하고 프로젝트에 대해서 매우 열정적으로 참여할 수 있는 방향으로 유도하기 위한 전략을 도출하기 위한 것이다. 물론 프로젝트 자체에 대한 성향이 반대인 경우에는 지속적으로 설득하고 이해시키는 전략이 요구된다.

관계관리전략의 핵심은 프로젝트를 통해서 얻게 될 이점을 중심으로 상호 WIN-WIN 전략을 도출하는 것이며, 그러나 모든 관계관리전략은 이해관계자의 이해관계를 수용하되, 기업이 추구하는 목표와 전략에 부합되어야 한다.

2. 변화관리

비즈니스프로세스관리 프로젝트는 장기간의 시간을 요구하는 작업이기 때문에, 프로젝트가 진행되는 중에 수많은 일들이 일어날 수 있다. 프로젝트가 취소되는 경우가 가장 극단적인 변화이겠지만, 프로젝트 취소와 같은 극단적인 변화는 아니더라도, 프로젝트 규모가 확대되거나 축소되기도 하고, 사용자 요구사항 추가, 새로운 문제해결 방법 도입 등으로 프로젝트의 내용이 수정되기도 한다. 프로젝트 팀이 확대 보강되기도 하고 축소되기도 한다. 프로젝트가 완료되기 전에 발생하는 모든 변화는 프로젝트 계획의 수정을 요구하고, 이는 비용과 일정에 영향을 미치게 된다. 변화된 모든 내용에 대해서 프로젝트 관리가 얼마나 효율적으로 대처하고 변화된 내용에 맞게 관리해 나가느냐에 따라서 프로젝트의 성공과 실패를 좌우된다.

또한 프로젝트가 완료된 후에도 작게는 업무처리 방식의 변화에서부터 크게는 조직구조 및 조직구성원의 업무와 역할 변화 등 대대적으로 변화가 일어나기도 한다. 프로젝트가 종료되고 변화되는 모든 내용들에 대해서 조직구성원들은 대부분 거부감을 갖는다. 이를 '변화에 대한 조직의 저항(resistance to change)'이라고 표현하는데, 이는 기존의 업무처리 방식이나 기존의 조직구조와 임무의 역할에 안주하려는 본능으로부터 기인한 것으로 어찌보면 당연할지도 모른다. 그러나 프로젝트의 실질적인 성공과 실패는 프로젝트 종료 후의 이러한 변화를 어떻게 일상적인 모습으로 되돌려 비즈니스가 수행되도록 하느냐에 달려있다.

비즈니스프로세스관리 프로젝트의 성공을 위해서 프로젝트 중간에 그리고 프로젝트 종료 후에 변화된 모든 내용을 어떻게 관리해 나가느냐에 달려있다고 해도 과언이 아니다. 그런데 이 모든 변화의 중심에는 언제나 사람이 있기 때문에, 인적자원의 변화관리를 중심으로 살펴보되 특히 프로젝트 종료 후의 새로운 비즈니스프로세스 구현관점에서 살펴보기로 하겠다.

"Good Companies react quickly to change;
Great companies create change,
Move before the wave; Change before you have to."
좋은 기업은 변화에 빠르게 대처하지만, 훌륭한 기업은 변화를 창조해내는 기업이다.
변화의 흐름을 인지하기 전에 움직여라! 어쩔 수 없이 변해야 하기 전에 변화하라!
(Hriegel and Brandt, 1996)

2.1 변화에 대한 저항 완화

비즈니스프로세스 구현 관점에서 비즈니스프로세스관리 프로젝트 결과는 많은 변화를 요구한다. 새로운 기업환경 및 비즈니스 환경에 맞은 새로운 업무처리 방식으로의 변화를 요구하기도 하고, 새로운 업무처리 방식에 따른 새로운 조직구조를 요구하기도 한다. 새로운 조직구조에 따른 새로운 조직구성원 배치, 업무 및 역할분담 등 많은 변화가 요구된다. 그러나 이러한 변화에 대해서 조직구성원들은 어떻게 생각할까?

> "the only person who likes change is a wet baby"
> 변화를 좋아하는 유일한 사람은 젖은 기저귀를 차고 있는 아이일 것이다.

변화를 싫어하는 것은 동 · 서양을 막론하고 인간의 가장 원초적인 본성이기 때문에, 젖은 기저귀를 차고 있는 갓난아이 이외에 변화를 좋아할 사람은 많지 않다. 물론 변화를 좋아하고 모험을 즐기는 위험지향적인 성향을 얼마나 가지고 있느냐? 혹은 최고경영자이냐? 또는 현장의 실제 작업자이냐?에 따라서 차이가 있는 것이 사실이다. 그러나 비즈니스프로세스관리 프로젝트 결과 변화될 비즈니스프로세스와 직접적인 관련이 있는 조직구성원은 주로 실제 작업현장의 실무자 및 이를 관리하는 중간관리자의 위치에 있는 사람들이기 때문에, 대부분 변화를 거부한다 해도 무리는 아닐 것이다.

그럼 실제 작업자 및 중간관리자들이 비즈니스프로세스관리 프로젝트 종료 후 일어나게 될 업무의 변화 및 비즈니스프로세스의 변화에 대해서 거부감을 갖는 이유는 무엇일까?

(1) 변화에 대한 두려움

변화에 대해서 저항하는 가장 큰 이유는 변화에 대한 두려움 때문이다. 비록 비효율적이라고는 하지만, 현재의 비즈니스프로세스는 작동하고 있는데, 비즈니스프로세스가 변화되었을 때 새로운 비즈니스프로세스에 대한 적응 등에 대한 막연한 두려움이 가장 크게 작용하는 것이다. 변화에 대한 두려움은 표현 그대로 막연한 두려움에서 나타나는 것이기 때문에, 이를 극복할 수 있는 유일한 방법은 변화 자체가 없는 것이 아니면, 변화에 대한 적응이 필요한 것은 사실이지만, 상호의사소통을 통해서 이러한 변화의 내용은 충분히 극복할 수 있으며, 이를 통해서 장기적으로 시간과 비용과 노력을 줄일 수 있다는 점을 이해시키는 것이다.

(2) 소외감

이는 프로젝트에 적극적으로 참여하지 않았기 때문에, 변화의 중심에서 소외되었다는 느낌도 변화에 저항하는 한 요인으로 작용한다. 소외감은 단지 부정적인 느낌에서 출발하기 때문에, 비즈니스프로세스를 실제로 운영하는 담당자로서 어떤 형태로든 프로젝트에 참여할 수 있는 기회를 제공함으로써 프로세스를 변화시키는데 동참했다는 느낌을 부여하는 것이 필요하다.

(3) 변화에 적응하기 위한 노력

새로운 비즈니스프로세스에 적응하는 것은 물론, 기존의 비즈니스프로세스에서와 같은 성과를 내기 위해서는 많은 시간과 노력이 필요하다. 대부분의 사람들은 이러한 노력과 시간을 투자하는 것에 대해서 부정적이다. 이러한 이유로 인해서 변화에 저항하게 된다. 이 또한 프로젝트 관리자는 목표달성을 위해서 이러한 노력이 필요하다는 것을 지속적으로 설득하는 것이 필요하다.

(4) 상반된 자신의 이해관계

모든 변화에 대해서 사람들은 자신에게 어떤 영향을 미치는지를 먼저 생각하는데, 비즈니스프로세스의 변화에 대해서도 비즈니스프로세스 실제 운영자들은 가장 민감하게 반응하며 자신의 이해관계에 비추어 자신에게 어떤 영향이 미치는지를 생각하게 된다. 비즈니스프로세스의 변화가 자신의 이해관계에 상반되는 경우, "왜 바꾸려는 것일까?"라는 근본적인 질문부터 하게 된다. 이러한 문제를 해결하기 위해서 프로젝트 관리자는 변화의 이유에 대해서 합리적이고 구체적인 근거를 제시할 필요가 있다.

2.2 변화의 근거 제시

변화에 대한 저항이 있음에도 기업이 추구하는 목표 달성을 위해서 효과적이고 목표를 달성하기 위한 효율적인 방법이라면 비즈니스프로세스는 필연적으로 변화되어야 하는 것이 사실이다. 프로젝트 관리자는 변화에 대한 저항을 완화시키기 위해서 변화에 대한 필연성을 제시하고 이해관계자들을 이해시키기 위해서 변화에 대한 합리적이고 구체적인 근거를 제시할 필요가 있다.

새로운 정보시스템 개발 프로젝트의 경우, 새로운 기업 및 비즈니스 환경, 업무처리 환경 변화 등과 같은 비즈니스 측면의 근거, 새로운 기술 기반구조 등과 같은 기술적인 측면에서의 근거를 제시하기도 한다. 그러나 비즈니스프로세스관리 프로젝트의 경우 비즈니스프로세스의 변화에 대한 구체적인 근거를 제시하기는 쉽지 않다. 그럼에도 불구하고 비즈니스프로세스가 바뀌어야 하는 근거를 제시하기에 가장 좋은 방법은 다음과 같은 내용을 중심으로 한 의사소통이다.

- WHAT : 목표를 달성하기 위해서 바뀌어져야 할 것이 무엇인가?
- WHY : 왜 바꾸어져야 하는가?
- WHICH : 기존의 비즈니스프로세스가 바뀌어지는 경우 개인이나 기업에 어떤 영향이 어떻게 미치는가?

변화의 필연성과 동시에 변화하지 않았을 때의 결과에 대해서도 근거를 제시하는 것이 필요하다. 프로젝트 관리자에게 요구되는 가장 큰 자질 중에 리더십이 필요한 이유는 바로 변화를 거부하는 대부분의 구성원들에게 변화의 필연성을 납득시켜 비즈니스 일상으로 되돌리기 위함이다. 프로젝트 관리자의 리더십에 근거하여 변화에 대한 동기가 부여되면 비즈니스 현실의 모습을 보여주는 것이다. 이는 프로젝트가 종료되어 새로운 비즈니스프로세스에 따라서 업무가 처리될 때 나타날 효과를 미리 확인해 볼 수 있다는 점에서 변화에 대한 저항을 완화시키고 변화를 수용하려는 의지를 갖게 할 수 있는 매우 유용한 방법이다.

2.3 의사소통

변화관리는 프로젝트 세부작업과 달리 프로젝트의 시작시점부터 형식적인 종료시점 그리고 비즈니스 일상으로 전환되어 비즈니스프로세스가 운영되는 모든 과정에서 필요하다. 그리고 변화관리는 구체적인 작업결과를 도출해야 하는 것이 아니라, 프로젝트를 성공적으로 마무리 하고 새로운 비즈니스프로세스를 일상적인 모습으로 정착시키기 위한 것이기 때문에, 변화관리의 핵심은 의사소통이라 할 수 있다. 따라서 누구와 언제, 어떤 방법으로 의사소통 할 것인가에 대한 구체적이고 체계적인 전략이 필요하다. 효율적인 의사소통을 위한 방법은 다음과 같다.

① 의사소통 할 대상을 명확히 한다.
② 대상에 따라서 적절한 의사소통 채널을 이용한다.
③ 대상에 따라서 적절한 의사소통 방법과 내용을 달리한다.
④ 의사소통 내용은 가능한 한 간단하고 명료하게 한다.
⑤ 전달하고자 하는 핵심 내용을 요약 · 정리하여 전달한다.
⑥ 모든 의사소통 내용은 과장되거나 꾸밈없이 사실에 근거하여야 한다.
⑦ 논리적이고 합리적인 방법 이외에 감성적인 방법도 적절하게 사용한다.
⑧ 변화는 쉽지 않지만, 변화했을 때의 효과는 매우 크다는 점을 강조한다.
⑨ 변화의 내용은 가능한 한 구체적으로 명시되어야 한다.
⑩ 의사소통의 기본은 청취하는 것이다.

의사소통 도구는 대상과 규모에 따라서 그리고 내용에 따라서 다르지만 일반적으로 정기 뉴스레터, 인트라넷, 포스트 캠페인, 비디오 자료, 개인적인 프레젠테이션과 브리핑, 워크샵 등이 사용된다.

3. 정보기술 기반구조

비즈니스프로세스관리는 정보시스템 개발을 전제로 하는 것이 아님은 설명한 바와 같다. 그러나 비즈니스프로세스관리 프로젝트는 대상 영역에 따라 차이는 있지만, 전사적인 비즈니스프로세스관리 프로젝트의 경우 수십에서 수백에 이르는 종단간 비즈니스프로세스와 수백에서 수천에 이르는 개별 비즈니스프로세스를 모델링 해야 하는 작업이다. 또한 프로젝트의 세부작업들은 수많은 프로젝트 팀 구성원들이 부분적으로 수행되고 이를 통합해야 한다. 더 나아가서는 정보시스템 개발을 전제로 시작하지는 않았지만, 새로운 비즈니스프로세스를 수행하는 도구가 필요하고, 기존의 시스템을 수행도구로 더 이상 활용할 수가 없다면 새로운 정보시스템 개발로 이어질 수밖에 없다. 따라서 정보기술을 전제로 하지 않는다 하더라도 기업이 추구하는 목표를 효과적으로 달성하기 위한 효율적인 비즈니스프로세스를 개발하려는 비즈니스프로세스관리 프로젝트와 정보기술은 전혀 무관하지 않다. 이는 기업의 전략적 목표와 비즈니스프로세스 그리고 정보기술과의 관계를 통해서 설명한 바 있다([그림 10-1] 참조).

비즈니스프로세스관리 프로젝트에서 새롭게 설계된 비즈니스프로세스 수행도구는 결국 정보시스템이기 때문에, 기존의 정보시스템을 포함하여 전체적인 정보기술 기반구조를 이해하여야 한다. 비즈니스프로세스관리 프로젝트에서 이해해야 할 정보기술의 범주는 다음과 같다.

(1) 비즈니스프로세스관리 프로젝트 수행에 직접적으로 관련된 정보기술

이는 비즈니스프로세스관리 프로젝트를 수행하는데 직접적으로 사용되는 정보기술로서 프로젝트 관리도구, 비즈니스프로세스 모델링 도구들이 이에 해당된다. 프로젝트 관리도구 및 비즈니스프로세스 모델링 도구에 대해서는 다음 장에서 구체적으로 살펴보기로 하겠다.

(2) 시스템 기반구조

현재의 비즈니스프로세스를 수행하는데 사용되고 있는 시스템 기반구조에 해당되는 것으로 예를 들어, 하드웨어 및 소프트웨어구조, 통신시스템, 그리고 전사적 자원관리시스템, 공급사슬관리, 고객관계관리시스템 등 현재 사용하고 있는 다양한 애플리케이션 시스템들에 대한 이해도 필요하다.

단원요약

프로젝트란 일반적으로 "제한된 시간과 비용 범위 내에서 원하는 결과를 얻기 위한 복잡하고 일관된 일련의 작업의 연속"과 같이 정의되며, 이와 같은 개념 정의에 비추어 비즈니스프로세스관리 프로젝트는 "기업이 추구하는 목표가 효과적으로 달성될 수 있도록 현재의 비즈니스프로세스를 효율적으로 재설계하는데 관련된 일련의 복잡한 구체적인 작업"이라 정의된다. 또한 다음과 같은 의미를 내포하고 있다.

- 연속된 행위
- 일관된 행위
- 복잡한 행위
- 관련된 행위
- 공통의 목표
- 제한된 시간
- 제한된 비용
- 원하는 결과

비즈니스프로세스관리 프로젝트 관리자는 계획된 시간과 비용 범위 내에서 프로젝트를 완수하는 것도 중요하지만, 장기적인 관점에서 비즈니스프로세스 재설계 효과를 거둘 수 있도록 효과적이고 효율적인 비즈니스프로세스 개발에 초점을 맞추어야 한다. 그러기 위해서는 다음과 같은 자질을 갖추고 역할을 수행해야 한다.

갖추어야 할 자질

- 비즈니스 및 업무배경 지식
- 문제해결 능력
- 설득력
- 인적 · 변화관리 능력
- 자기관리 능력

수행 역할

- 범위설정
- 계획 및 평가
- 스케쥴링
- 조직화
- 지휘 · 감독 및 통제
- 프로젝트 종료

비즈니스프로세스관리 프로젝트는 기존의 전통적인 프로젝트와는 달리 본격적인 프로젝트 관리작업을 수행하기 전에 성공적인 프로젝트 관리를 위한 사전 준비작업이 필요한데, 이는 프로젝트 성공을 위해서 필수적인 성공 요인분석에 해당되는 작업이다. 구체적으로 사전작업에 해당되는 내용은 다음과 같다.

- 이해관계자 분석
- 이해관계자들의 변화에 대한 태도분석

- 변화에 대한 조직의 의지분석
- 프로젝트 결과에 대한 수용의지
- 조직의 기술기반 구조의 이해

프로젝트 관리자가 수행하는 가장 중요한 역할 중에 하나는 이해관계자 관리이다. 이해관계자 관리가 필요한 이유는 다음과 같다.

- 내부의 핵심 이해관계자의 지원없이는 프로젝트 자체를 수행하는 것이 어려우며 성공할 수 없기 때문이다.
- 프로젝트 대상 영역 내의 모든 이해관계자들의 협조가 필요하기 때문이다.
- 프로젝트 종료 후에 일상적인 비즈니스로 정착되기 위해서는 실제 담당자의 지원이 절대적으로 필요하기 때문이다.
- 이해관계자들의 이해관계는 매우 다양하며 서로 상반되기 때문에 이를 체계적으로 관리해야 하기 때문이다.

이해관계자들을 효율적으로 관리하는 방법은 이해관계자들의 산출물을 관리함으로써 관리하는 방법과, 이해관계자들의 이해관계를 중심으로 한 관계관리가 있다. 일반적으로 사용되고 있는 이해관계자들의 산출물 관리를 통한 관계 관리절차는 다음과 같다: 내부 이해관계자 팀 구성 → 이해관계자들의 이해 관계분석 → 이해관계자들의 역할분석 → 이해관계자 관계도 작성 → 관리전략 도출

비즈니스프로세스관리 프로젝트를 통해서 기존의 비즈니스프로세스는 보다 효과적이고 효율적인 모습으로 재설계되는데, 이러한 변화에 대해서는 이해관계자의 위치나 개인적인 성향에 따라 다르지만 일반적으로 변화에 대한 강한 거부감을 갖는다. 변화에 대한 거부감을 갖는 이유는 다음과 같다.

- 변화에 대한 두려움
- 소외감
- 변화에 적응하기 위한 노력
- 상반된 자신의 이해관계

이러한 변화에 대한 거부감에도 불구하고 비즈니스프로세스관리 프로젝트 결과 새롭게 설계된 비즈니스프로세스는 도입될 수밖에 없다. 그러나 새롭게 설계된 비즈니스프로세스를 강제로 도입하는 것보다 이해관계자들이 적극적으로 활용할 때 효과가 극대화되기 때문에, 프로젝트 관리자는 변화의 필요성에 대한 합리적이고 구체적인 근거를 제시해야 한다.

- WHAT : 효과적인 목표 달성을 위해서 바꾸어져야 할 것이 무엇인가?
- WHY : 왜 바뀌어져야 하는가?

- WHICH : 기존의 비즈니스프로세스가 바뀌어지는 경우 개인이나 기업에 어떤 영향이 어떻게 미치는가?

변화할 수밖에 없는 근거는 일방적인 전달 형식이 아닌 상호 쌍방간의 원활한 의사소통을 통해서 이루어져야 하며, 일반적인 의사소통방법은 다음과 같다.

① 의사소통 할 대상을 명확히 한다.
② 대상에 따라서 적절한 의사소통 채널을 이용한다.
③ 대상에 따라서 적절한 의사소통 방법과 내용을 달리한다.
④ 의사소통 내용은 가능한 한 간단하고 명료하게 한다.
⑤ 전달하고자 하는 핵심 내용을 요약 정리하여 전달한다.
⑥ 모든 의사소통 내용은 과장되거나 꾸밈없이 사실에 근거하여야 한다.
⑦ 논리적이고 합리적인 방법 이외에 감성적인 방법도 적절하게 사용한다.
⑧ 변화는 쉽지 않지만, 변화했을 때의 효과는 매우 크다는 점을 강조한다.
⑨ 변화의 내용은 가능한 한 구체적으로 명시되어야 한다.
⑩ 의사소통의 기본은 청취하는 것이다.

비즈니스프로세스관리 프로젝트는 정보시스템 개발을 전제로 하는 것은 아니지만, 정보기술에 기반을 두고 있는 지식정보화시대의 현대기업이 전략적 목표를 달성하기 위해서 필요한 비즈니스프로세스는 정보기술에 의해서 결정되고, 정보기술에 의해서 지원된다. 즉, 비즈니스프로세스는 전략적 목표를 달성하기 위해서 정의되고 실행되며, 정보기술은 기업의 업무처리를 지원하는 도구로서의 역할을 담당하는 동시에, 정보기술의 지원정보에 따라서 설정된 목표의 달성여부가 좌우되며, 전략적 목표의 달성을 위한 중요한 결정요인과 제약조건으로서의 역할을 하기 때문에, 비즈니스프로세스관리 프로젝트와 정보기술 기반구조는 전혀 무관하지 않다.

제11장

연습문제

01 일반적인 의미의 프로젝트와 비즈니스프로세스관리 프로젝트의 개념을 구별하여 설명하고, 프로젝트 개념정의가 내포하고 있는 의미를 설명하시오

02 전통적인 개념의 프로젝트와 비즈니스프로세스관리 프로젝트의 차이점에 대해서 설명하시오

03 비즈니스프로세스관리 프로젝트 관리자가 갖추어야 할 자질과 수행하는 구체적인 기능과 역할에 대해서 설명하시오

04 비즈니스프로세스관리 프로젝트 관리를 위한 사전 분석작업이 필요한 이유와 사전에 분석해야 할 내용이 무엇인지 구체적으로 설명하시오

05 비즈니스프로세스관리 프로젝트의 핵심 관리내용은 이해관계관리라고 하는 이유에 대해서 설명하시오

06 이해관계자를 관리하는 방법 중에 이해관계자의 산출물 관리를 통한 관계관리 방법에 대해서 설명하시오

07 비즈니스프로세스관리 프로젝트를 통해서 새롭게 설계된 비즈니스프로세스의 변화에 대해서 거부감을 갖는 이유에 대해서 설명하시오

08 비즈니스프로세스의 변화에 대한 거부감을 없애기 위한 가장 이상적인 방법에 대해서 거부감을 갖는 요인별로 구별하여 설명하시오

09 프로젝트 관리자가 이해관계자들과 의사소통 하기 위한 10계명에 대해서 설명하시오

10 비즈니스프로세스관리 프로젝트가 정보기술과 무관하지 않는 이유에 대해서 설명하시오

제12장 프로젝트 관리 도구: Microsoft Project 2007

1. 마이크로소프트 프로젝트(Microsoft Project 2007) 개요
2. 마이크로소프트 프로젝트 2007을 이용한 비즈니스프로세스관리 프로젝트 관리
3. 프로젝트 관리

"A Project is a (temporary) sequence of unique, complex, and connected activities that have one goal or purpose and that must be complete by a specific time, within budget, and according to specification.

Project Management is the process of scoping, planning, staffing, organizing, directing, and controlling the phases of project at a minimum cost within a specified time frame."

학습 개요 및 목표

프로젝트의 규모에 따라서 다르지만, 기업에서 수행되는 대부분의 프로젝트의 목표는 수없이 많은 복잡한 세부활동들을 수행함으로써 달성된다. 프로젝트 목표를 달성하기 위한 세부활동들은 대부분 연속해서 수행되는 것이 보통이지만, 경우에 따라서는 다른 작업과 동시에 수행되기도 한다. 어떤 세부활동은 시간적인 여유가 있기도 하지만, 어떤 세부활동의 지연은 전체 프로젝트 일정에 부정적인 영향을 미치기도 한다. 그런데 모든 세부활동들은 계획된 시간 범위 내에서 수행되어야 하며, 또한 이를 위해서 투입되는 인적자원과 물적자원 그리고 시스템 자원들은 대부분 제한적이다. 이처럼 제한된 시간과 자원의 제약 속에서 추구하는 목표를 효과적으로 달성하기 위해서는 프로젝트에 속하는 모든 세부활동들은 시간과 자원 측면에서 관리하고 통제되어야 한다. 전반적인 프로젝트 수행과정을 관리하고 통제하는 역할은 프로젝트 관리자가 수행하며, 프로젝트 관리자는 이러한 역할을 효율적으로 수행하기 위해서 자동화된 프로젝트 관리도구를 활용한다.

본 장에서는 대표적인 프로젝트 관리도구인 마이크로소프트 프로젝트(Microsoft Project)를 통한 비즈니스프로세스관리 프로젝트 관리방법에 대해서 살펴보고자 한다. 먼저 마이크로소프트 프로젝트의 기본 기능을 소개하고, 본 저서에서 소개한 BPMLC 프레임워크에 준하여 진행되는 비즈니스프로세스관리 프로젝트에 활용하는 방법에 대해서 살펴보기로 하겠다. 특히, 본 장에서 소개하는 마이크로소프트 프로젝트 2007은 제04장과 제05장의 프로젝트 계획수립 및 일정관리 부분의 실습교육에 효과적으로 활용할 수가 있다.

본 장의 학습목표는 다음과 같다.

1. 마이크로소프트 프로젝트의 기본기능을 숙지한다.
2. 마이크로소프트 프로젝트의 기본사용법을 숙지한다.
3. 마이크로소프트 프로젝트를 이용하여 새 프로젝트 파일을 생성하고 기본 데이터를 입력하는 방법을 숙지한다.
4. 마이크로소프트 프로젝트를 이용하여 작업의 진행과정을 관리하고 통제하는 방법을 숙지한다.

1. 마이크로소프트 프로젝트(Microsoft Project 2007) 개요

서로 다른 시간프레임을 가진 수없이 많은 복잡한 세부활동들이 수행되는 프로젝트의 전 과정을 관리하고 통제한다는 것은 아무리 경험이 많은 프로젝트 관리자라 하더라도 쉽지 않은 일이다. 각각의 세부활동들은 연속해서 이루어지기도 하고, 또 경우에 따라서는 동시에 병행되기도 하며, 세부활동을 수행하는 담당자와 지원되어야 할 자원까지를 지속적으로 모니터링하면서 관리 · 감독한다는 것은 현실적으로 쉽지 않기 때문에, 프로젝트 관리자들은 전문적인 자동화 도구를 이용한다.

지금까지 알려진 프로젝트 관리 도구들은 수없이 많다(www.userstories.com/products). 그 중에서 Windows 환경에 익숙한 일반사용자들이 가장 쉽게 접할 수 있는 것이 마이크로소프트 프로젝트이다. 마이크로소프트 프로젝트의 가장 큰 특징은 일반사용자들이 보편적으로 사용하고 있는 Microsoft Office 유틸리티 소프트웨어들과의 호환성이 뛰어나며, 인터페이스가 친숙하여 쉽게 배울 수 있으며, 쉽게 활용할 수 있다는 점이다. [그림 12-1]은 마이크로소프트 프로젝트 2007 초기 실행화면으로 기본 메뉴구성과 각종 도구모음을 나타낸다.

1.1 작업도구

마이크로소프트 프로젝트 2007 작업도구들은 [그림 12-1]과 같이 구성되어 있다.

Microsoft Office 유틸리티 소프트웨어들처럼 도구들을 활성화시키거나 감출 수 있기 때문에, 작업에 필요한 도구들만으로 구성된 최적화면을 구성하여 효율적으로 작업하는 것이 가능하며, 대표적인 도구모음은 다음과 같다.

① **표준도구모음** : 표준도구모음은 새 프로젝트 파일 만들기, 기존의 프로젝트 파일 열기, 저장하기, 삭제하기, 출력하기 등과 같은 표준도구들과, 프로젝트의 세부작업 활동을 연결하고 끊기, 자원배정 등과 같은 프로젝트 관리를 위한 가장 기본적인 작업을 수행하

그림 12-1 마이크로소프트 프로젝트 2007 초기화면 구성

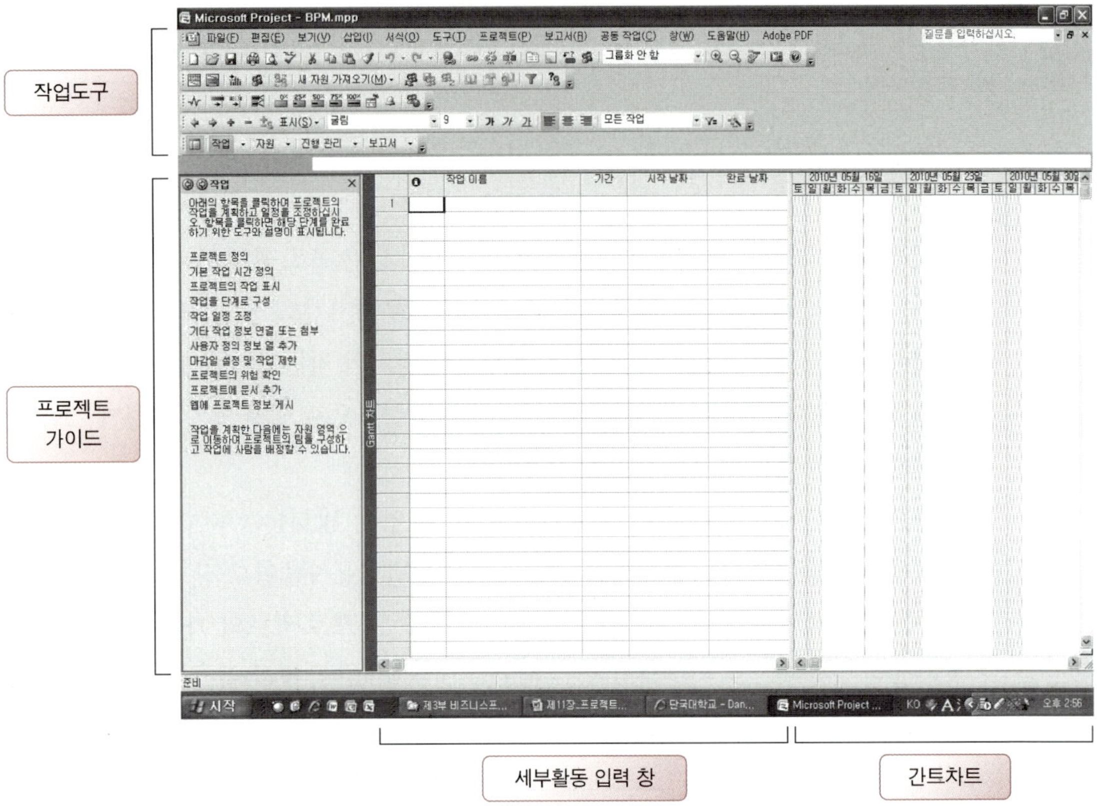

기 위한 도구모음들이 포함되어 있다.

② **서식도구모음** : 서식도구모음은 기본적인 포맷관련 도구모음들과, 작업단계 수준 올리기와 내리기, 하위작업 표시하기 및 숨기기, 그리고 자동필터와 간트차트 마법사 등이 포함되어 있다.

③ **자원관리 도구모음** : 자원관리 도구모음은 프로젝트의 세부활동 단위별로 자원을 배정하거나, 자원을 할당하거나, 자원을 공유하기 위한 작업 등 프로젝트 자원관련 작업을 효율적으로 수행하기 위한 도구들이 포함되어 있다.

④ **작업진행 관리도구모음** : 작업진행 관리도구모음에는 프로젝트 통계 및 작업진행 정도 입력, 작업 재조정 등과 같은 작업진행 상황을 관리하기 위한 도구모음들이 포함되어 있다.

⑤ **분석도구모음** : 분석도구모음은 주로 PERT차트분석과 같이 프로젝트 진행 관련 데

그림 12-2 마이크로소프트 프로젝트 2007 메뉴구성

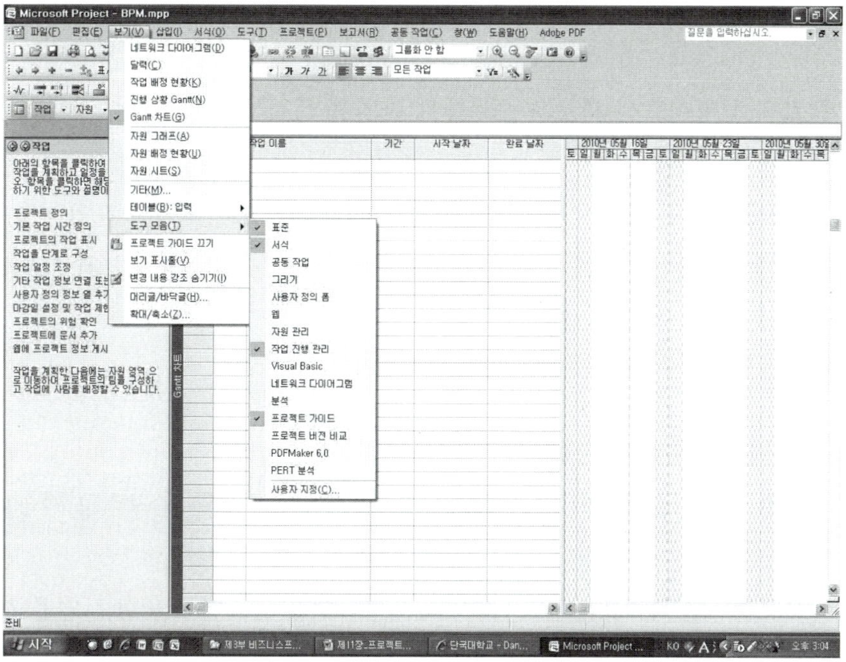

이터를 분석하기 위한 작업을 지원하는 도구들이 포함되어 있다.

⑥ **프로젝트 가이드** : 프로젝트 가이드 도구모음은 주로 새 프로젝트 파일을 생성하는데 필요한 전 과정의 작업을 수행하는 도구들이 포함되어 있으며, 그 내용은 1.2절에서 설명하는 바와 같다.

⑦ **프로젝트 버전 비교** : 프로젝트를 수행하는 과정에 프로젝트 계획이 수정되는 경우, 수정된 작업일정과 시간, 자원배분 등이 달라질 수 있기 때문에, 프로젝트 초기 버전과 수정된 버전 사이의 차이점을 분석하는 작업을 지원하기 위한 도구들이 포함되어 있다.

⑧ **PERT 분석** : PERT 분석은 다양한 상황에서의 예상 간트차트와 최적의 간트차트 그리고 최악의 간트차트 등 PERT 분석작업을 할 수 있는 작업도구들이 포함되어 있다.

1.2 프로젝트 가이드

프로젝트 가이드는 새로운 프로젝트 파일을 생성하는데 필요한 모든 작업을 지원하는 기능들이 포함되어 있으며, 프로젝트 파일을 생성하는 초기단계에 주로 활용된다. 그러나 프로젝트가 진행되는 중에서도 기본 작업시간을 조정하거나 작업일정을 조정할 필요가 있을 때에는 언제든지 활용 가능하다. 프로젝트 가이드에 포함된 세부작업 메뉴는 다음과 같은 주요 작업내용을 지원한다.

- 프로젝트 정의 : 프로젝트의 예상 시작 날짜와 공동 작업여부 기타 기본정보를 입력하기 위한 작업을 지원한다.
- 기본 작업시간 정의 : 기본 작업시간과, 가능한 작업요일 그리고 가능한 일일 작업시간 등을 입력하기 위한 작업을 지원한다.
- 프로젝트의 작업표시 : 프로젝트의 세부작업을 입력하기 위한 작업을 지원한다.
- 작업을 단계로 구성하기 : 입력된 작업수준을 한 단계 올리거나 내리는 등 작업단계를 구성하는 작업을 지원한다.
- 작업일정 조정 : 입력된 세부작업사의 의존관계(동시 시작, 동시 완료, 완료 후 시작, 시작 후 완료 등)를 정의하고 입력하기 위한 작업을 지원한다.
- 작업정보 연결 또는 첨부 : 메모를 추가하거나 하이퍼링크 삽입 작업 등을 지원한다.
- 사용자 정의 정보열 추가 : 사용자의 정보를 추가할 수 있는 작업을 지원한다.
- 마감일 설정 및 작업제한 : 마감일을 설정하여 입력하거나, 특정 날짜를 설정하여 특정 날짜를 기준으로 다양한 작업 제한 조건을 입력하는 작업을 지원한다.
- 프로젝트 위험 확인 : 프로젝트 서버에 연결된 경우에만 활성화되며, 프로젝트 위험요인을 확인하고 분석하는 작업을 지원한다.
- 프로젝트에 문서 추가 : 프로젝트에 기존의 문서를 추가하는 작업을 지원한다.
- 웹에 프로젝트 정보 게시 : 웹 사이트에 프로젝트 관련 정보를 게시하는 작업을 지원한다.

그림 12-3 마이크로소프트 프로젝트 2007을 이용한 프로젝트 파일 작업화면(예시)

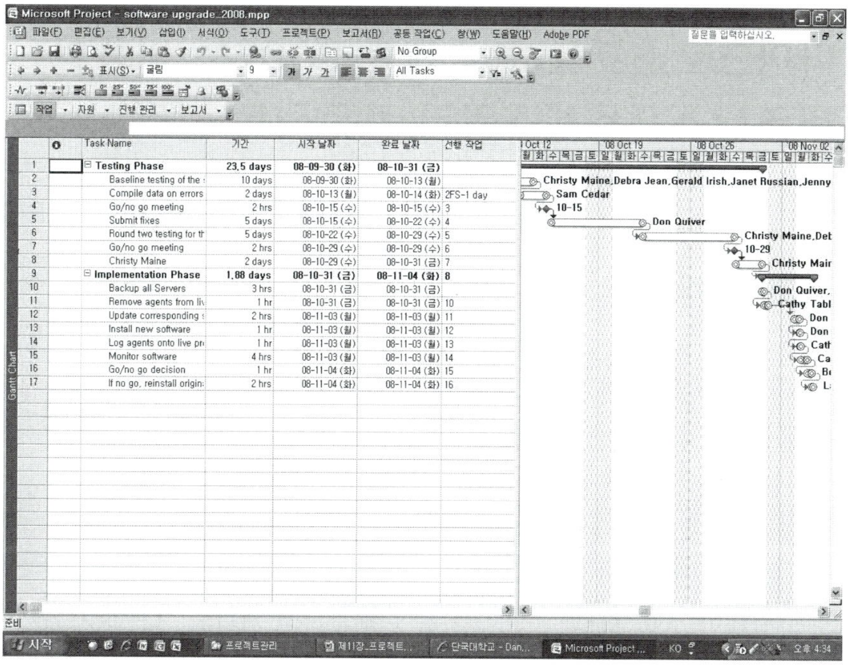

1.3 세부활동 입력과 간트차트

프로젝트의 세부활동 입력창은 프로젝트 수행에 필요한 세부작업 활동들을 입력하는 창이며, 입력된 세부활동의 수준을 조정하여 그룹 항목으로 묶어서 각 단계를 표시하며, 각 단계에 속하는 세부작업들을 입력한다. 입력된 세부작업 활동은 작업에 따라서 연속된 흐름으로 연결하거나 병행하여 수행되도록 연결방식을 조정한다. 세부작업 활동들이 입력되고, 수준과 연결방식이 입력되면 초기화면의 간트차트 창에 자동으로 간트차트가 생성되어 표시된다.

2. 마이크로소프트 프로젝트 2007을 이용한 비즈니스프로세스관리 프로젝트 관리

2.1 프로젝트 개요

본 저서에서 소개한 BPMLC 프레임워크에 근거하여 수행되는 다음과 같은 비즈니스프로세스관리 프로젝트를 가정해 보자

- 프로젝트 명 : DAN_BPM
- 프로젝트 목표 : 비즈니스프로세스관리 작업을 효율적으로 수행하기 위해서 세부작업에 대한 소요시간과 필요한 자원을 배분하여 계획된 시간과 자원을 활용하여 작업이 이루어질 수 있도록 관리하고 통제한다.
- 인적자원(이니셜) : 손승희(SH), 백민정(MJ), 이병석(BS), 안정임(JI)
- 공간자원(물적자원) : 전용PC실(전용서버)
- 세부작업과 작업별 소요시간 그리고 세부작업 간의 의존관계 : 〈표 12-1〉 참조

2.2 BPM 프로젝트 파일 생성

1) 프로젝트 정의

프로젝트 파일 생성의 첫번째 작업은 작성할 프로젝트에 적용될 기준정보를 정의하는 것이다. 마이크로소프트 프로젝트 2007을 실행한 후 프로젝트를 정의하는 과정은 다음과 같다.

① 프로젝트 가이드의 '프로젝트 정의'에서 프로젝트 시작날짜를 다음과 같이 결정한다 : 2010년 05월 20일

〈표 12-1〉 비즈니스프로세스관리 단계별 활동리스트

일련번호	활동		소요시간 (단위 : 일)	선행활동 (일련번호)	작업자
	단 계	세부활동			
1	사전준비	조직의 목표와 전략 리뷰	2	-	SH, MJ, BS, JI
2		핵심 이해관계자 워크샵	3	1	SH, MJ, BS, JI
3	프로젝트 계획수립	이해관계자와의 인터뷰	2	2	SH, MJ, BS, JI
4		상위 레벨의 프로세스 파악	4	3	SH, MJ
5		계획수립을 위한 워크샵	3	4	SH, MJ, BS, JI
6		프로젝트 수행전략	2	5	SH, MJ
7		프로젝트 팀 구성	1	3,5	SH, MJ
8		프로젝트 계획서 작성	4	7	SH, MJ
9	비즈니스 프로세스 분석	프로젝트 대상영역 리뷰	1	8	SH, MJ, BS, JI
10		프로세스 이해를 위한 워크샵	3	8	SH, MJ, BS, JI
11		프로세스 분석	20	8	SH, MJ
12		프로세스 평가	2	11	SH, MJ
13		프로세스 문제분석	4	11,12	SH, MJ
14	비즈니스 프로세스 재설계	사전회의	1	13	SH, MJ, BS, JI
15		재설계를 위한 워크샵	3	14	SH, MJ, BS, JI
16		프로세스 재설계	24	15	SH, MJ
17		프로세스 검토	4	16	SH, MJ
18		프로세스 차이분석	4	17	SH, MJ
19	비즈니스 프로세스 구현	구현내용 확인	1	16,18	SH, BS, JI
20		조직관점의 프로세스 구현	10	16,19	BS, JI
21		기술관점의 프로세스 구현	20	16,19	BS, JI

② 두번째 단계로 이동하여 공동작업이 필요한지에 따라서 다음을 선택한다 : '예' 또는 '아니오'. 이 경우에는 공동작업으로 이루어지는 것이 아니기 때문에, '아니오'를 선택한다.

③ 추가로 입력할 정보가 없을 경우, 프로젝트 정의 작업을 종료한다.

그림 12-4 작업시간 정의

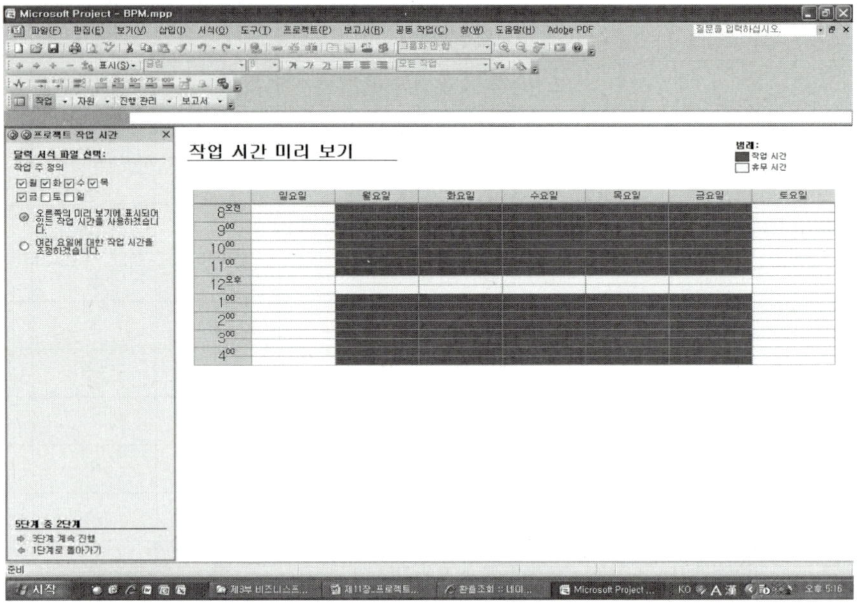

2) 기본 작업시간 정의

프로젝트 가이드의 두번째 항목으로 이동하여 프로젝트에 적용될 기본 작업시간을 정의한다. 기본 작업시간을 정의하는 과정은 다음과 같다.

① 프로젝트 표준달력으로 사용할 표준달력 서식을 다음과 같이 선택한다 : 표준

② 두번째 단계로 이동하여 주당 작업시간을 정의하여 [그림 12-4]와 같이 입력한다.

③ 세번째 단계로 이동하여 하루 작업시간과 일주일 작업시간 그리고 한달 작업시간을 확인한 후, 추가 입력할 사항이 없으면 저장한다.

2.3 프로젝트 단계 및 세부활동 입력

1) 세부작업 활동과 소요시간 입력

프로젝트 정의단계에서 프로젝트 시작 날짜와 작업 가능한 요일, 시간 등을 정의하여

기본적인 시간프레임을 결정하였다. 이어지는 작업은 프로젝트의 세부작업 활동들을 입력하여 간트차트를 생성하는 작업으로 이어진다. 세부작업 활동을 입력하기 위해서 우선 프로젝트 가이드를 숨겨서 작업창을 확대하여 세부작업 활동과 소요시간을 입력해 보기로 하겠다. 프로젝트 세부작업들은 〈표 12-1〉에서 정의하였으며, 세부작업마다 소요되는 시간을 입력한다. [그림 12-5]는 프로젝트 단계(사전준비, 프로젝트 계획수립, 비즈니스 프로세스 분석, 비즈니스프로세스 재설계, 비즈니스프로세스 구현)와 이들 단계에 속하는 세부 활동과 소요시간을 입력한 결과이다.

2) 세부작업 단계 및 활동의 수준

[그림 12-5]와 같이 프로젝트 단계와 각 단계에 속하는 세부작업 활동들을 입력하였지만, 세부작업 활동들 사이의 연관관계를 정의하지 않았기 때문에, 간트차트는 프로젝트 시작 날짜에 해당되는 특정 일에 모두 시작하는 것으로 표시되어 있다. 따라서 각 단계에 속하는 세부작업 활동들을 그룹화하는 작업이 수행되어야 한다. 각 단계에 속하는 세부작업 활동은 다음과 같이 그룹화한다.

그림 12-5 프로젝트 세부작업 활동 입력

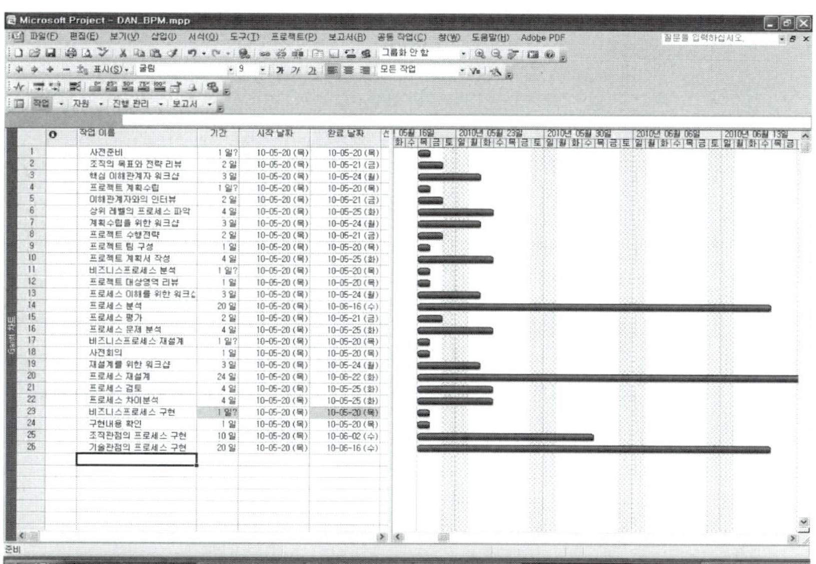

① 프로젝트 사전준비 단계에 속하는 **조직의 목표와 전략 리뷰**' 및 **핵심 이해관계자 워크샵**을 선택한다.

② 서식도구모음의 한 수준 내리기를 선택한다.

③ 프로젝트의 두번째 단계부터 마지막 단계까지에 속하는 세부작업 활동을 차례로 선택하여 차례로 서식도구모음의 한 수준 내리기를 실행한다. [그림 12-6]은 각 단계별로 세부작업 활동을 그룹화하여 수준 내리기를 실행한 결과이다.

3) 세부작업 활동의 연결

프로젝트 각 단계에 속하는 세부작업 활동은 대부분 단순 선 · 후행 관계로 연속적으로 수행되지만, 경우에 따라서는 동시에 병행하여 수행되기도 한다. 이제 이러한 세부작업 활동 간의 선 · 후행 관계는 다음과 같이 입력한다.

① 프로젝트 단계에 속하는 세부작업 활동을 선택한다.

② 표준도구모음의 연결 탭을 클릭하여 세부작업 활동을 연결한다.

그림 12-6 세부작업 활동의 수준 내리기

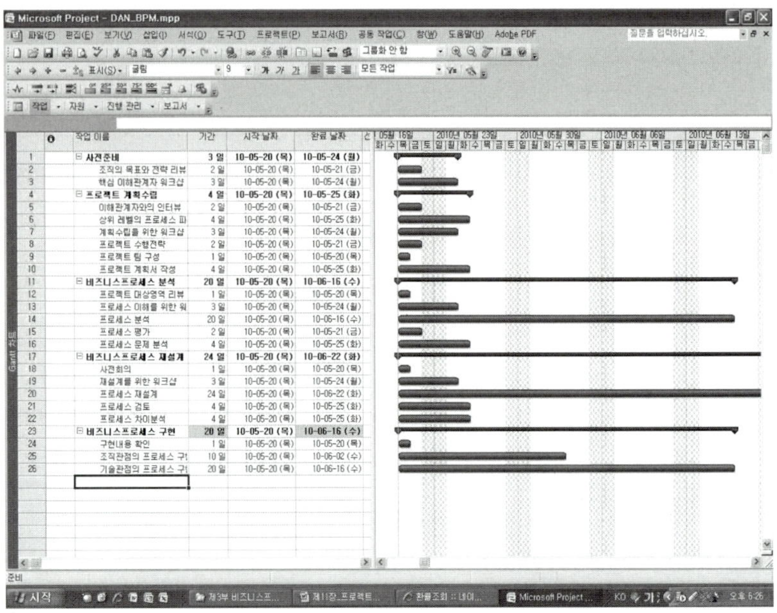

그림 12-7 세부작업 활동의 연결

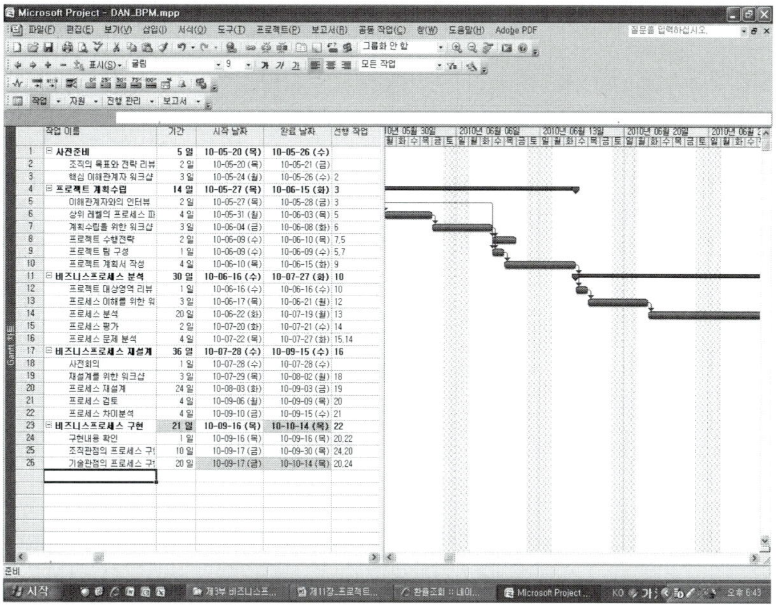

③ 프로젝트 단계에 속하는 모든 세부작업 활동들을 동일한 방법으로 연결한다. [그림 12-7]은 각각의 단계에 속하는 모든 세부작업 활동들을 연결한 화면이다.

프로젝트 단계에 속하는 세부작업 활동들을 연결함으로써 간트차트의 형태는 연속적인 흐름으로 연결되었다. 그러나 실제 프로젝트에서 선 · 후행 관계에 의해서 동시에 수행되는 프로젝트 세부활동을 표시하기 위해서는 선 · 후행 관계가 정확하게 표시되어야 한다.

2.4 자원등록 및 입력

기업 내에서는 보통 많은 프로젝트들이 동시에 수행되기 때문에, 특정 프로젝트 수행을 위해서 보유하고 있는 모든 인적자원과 물적자원 그리고 공간자원을 투입할 수가 없다. 따라서 프로젝트 수행을 위해서 필요한 자원을 등록하고 자원을 할당하는 작업이 필요하다. 자원등록 과정은 다음과 같다.

그림 12-8 자원등록

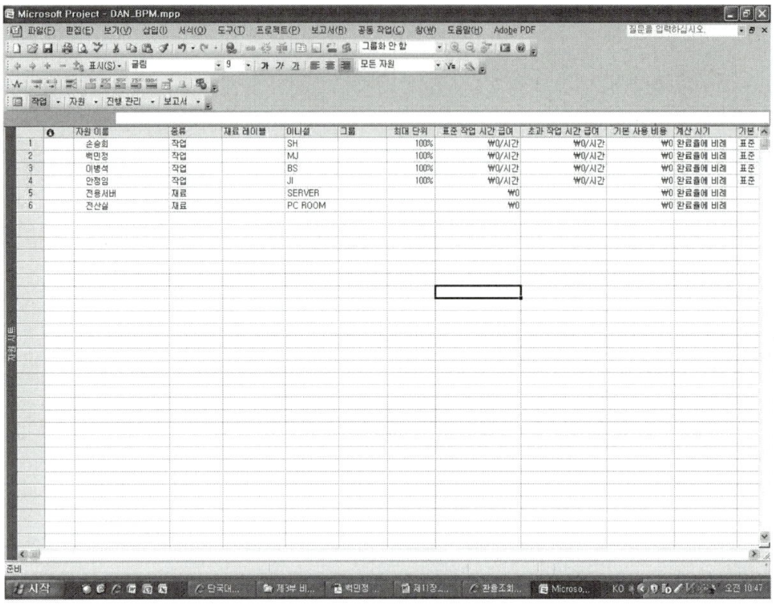

그림 12-9 자원할당

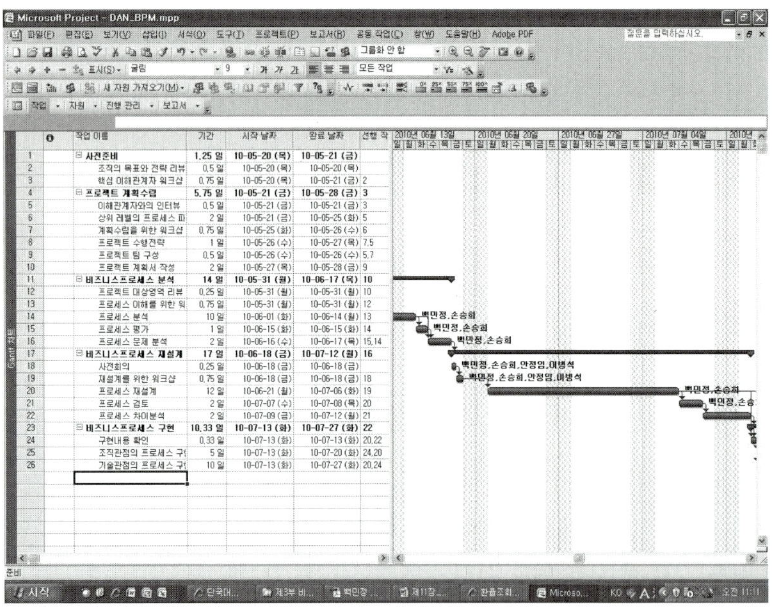

① 도구모음의 자원관리 도구모음을 활성화한다.

② 자원관리 도구모음의 자원시트를 클릭한 후, 보유하고 있는 자원을 입력한다. [그림 12-8]은 자원을 입력한 결과이다.

③ 자원관리 도구모음의 자원배정을 클릭하거나 단축키 (Alt+F10)를 이용하여 자원을 배정한다. 자원배정 후 간트차트에는 세부작업별로 할당된 자원이 표시되며 이를 통해서 구체적인 세부작업별로 담당자가 누구이며, 어떤 자원이 필요한지를 확인할 수가 있다. [그림 12-9]는 할당된 자원이 표시된 간트차트를 나타낸다.

3. 프로젝트 관리

3.1 초기계획 설정

프로젝트 세부작업을 입력하고 입력된 세부작업 활동의 소요시간과 필요한 자원할당이 할당되고 나면, 프로젝트 관리자는 먼저 향후 진행될 프로젝트의 모든 진행상황을 관리하기 위해서 기준이 되는 기준파일을 생성한다. 기준파일을 생성하는 과정은 다음과 같다.

① 표준도구모음의 보기 메뉴에서 테이블: 입력 메뉴를 선택한다.

② [그림 12-10]과 같이 표준도구모음의 도구 메뉴에서 작업진행관리 → 초기계획설정을 클릭한다.

③ 대상을 프로젝트 전체를 선택하고 초기계획을 설정한다. 초기계획 설정의 의미는 프로젝트가 진행되면서 변화되는 모든 내용의 비교와 기준으로서의 의미를 가지며, 이는 이후의 모든 프로젝트 진행상황의 기준점이 된다.

그림 12-10 기준파일 생성

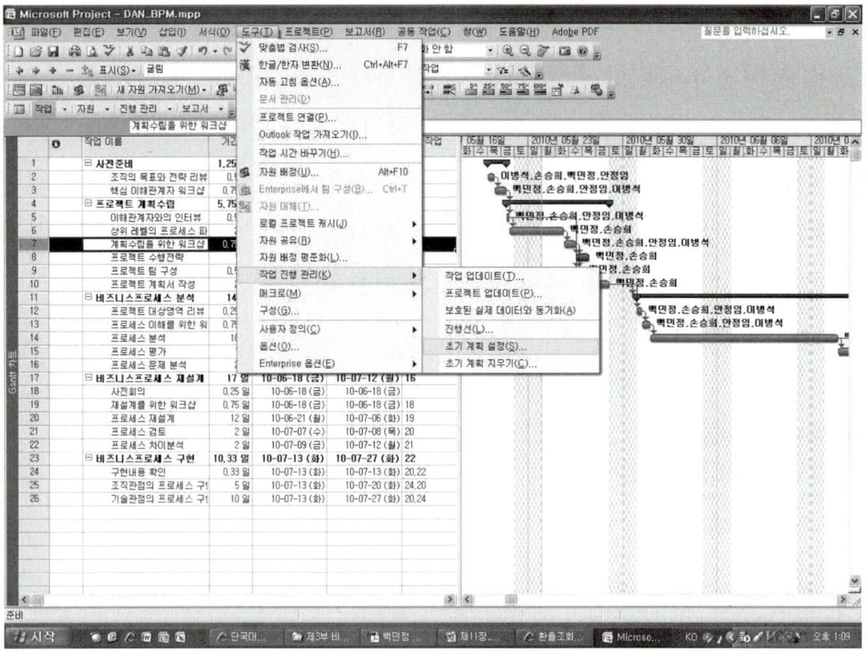

3.2 작업진행관리

프로젝트 관리자의 주요 임무 중에 하나는 계획된 시간 내에 프로젝트를 종료하는 것이다. 물론 프로젝트의 성공과 실패를 나누는 또 다른 기준인 비용과 품질을 동시에 고려해야 하지만, 이 또한 제한된 시간 범위 내에 프로젝트가 종료되어야 의미가 있기 때문에, 가장 중요한 임무에 속한다. 프로젝트 관리자는 이를 위해서 시간이 지나면서 세부작업들이 수행되기 시작하면 구체적으로 해당 작업이 어느 정도 진행되고 있는지를 파악하고 해당 정보를 입력하고 관리하는 작업진행관리를 해야 한다. 작업진행관리의 주요 내용은 작업진행상황을 입력하고 계획대비 진행상황을 점검하는 일이다. 먼저 작업진행상황을 입력하는 과정은 다음과 같다.

① 간트차트의 해당 세부작업을 더블 클릭하여 작업정보 창을 연다.

② 작업정보 창에 현재 진행된 완료율을 입력한다.

③ 표준도구모음에서 진행상황을 나타내는 간트차트로 전환하여 확인한다.

그림 12-11 작업 진행상황 입력 및 진행관리

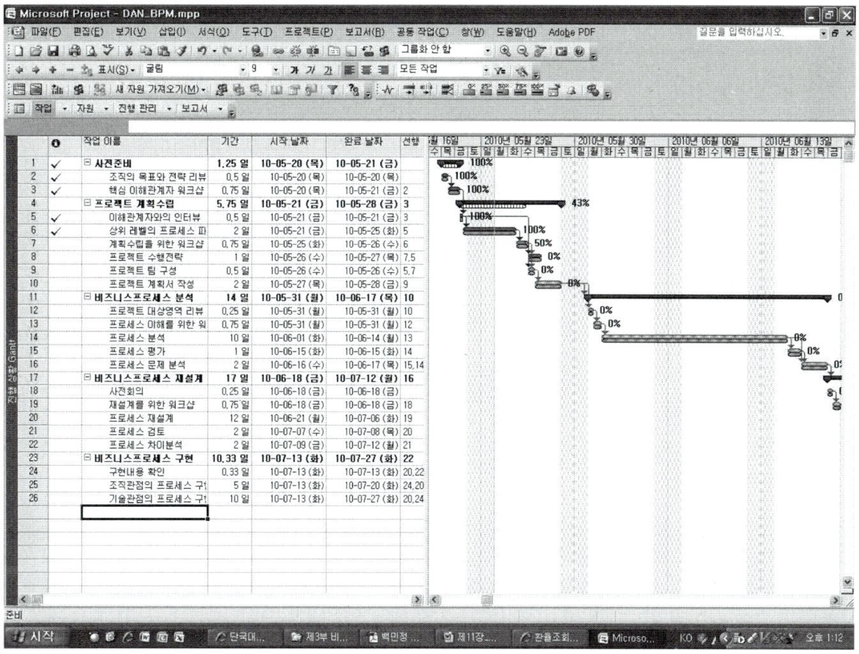

[그림 12-11]은 현재의 진행상황이 표시된 간트차트를 나타낸다.

3.3 보고서 작성

프로젝트 관리자는 초기 프로젝트계획을 기준으로 작업진행 정도, 소요시간 변경, 자원할당 조정 등 프로젝트를 수행하면서 발생할 수 있는 모든 상황들을 입력하고 지속적으로 점검하면서 필요한 시점에 필요한 형태의 다양한 보고서를 작성하는 것이 가능하다. 예를 들어, 가능한 보고서의 종류는 다음과 같으며, [그림 12-12]와 [그림 12-13]은 작업 및 자원관련 보고서의 예이다.

- 작업관련 보고서
- 비용관련 보고서
- 자원관련 보고서
- 작업량관련 보고서
- 기타 프로젝트 관리자의 필요에 의한 보고서

그림 12-12 작업관련 보고서: (위)완료된 작업 (아래)시작해야 할 작업

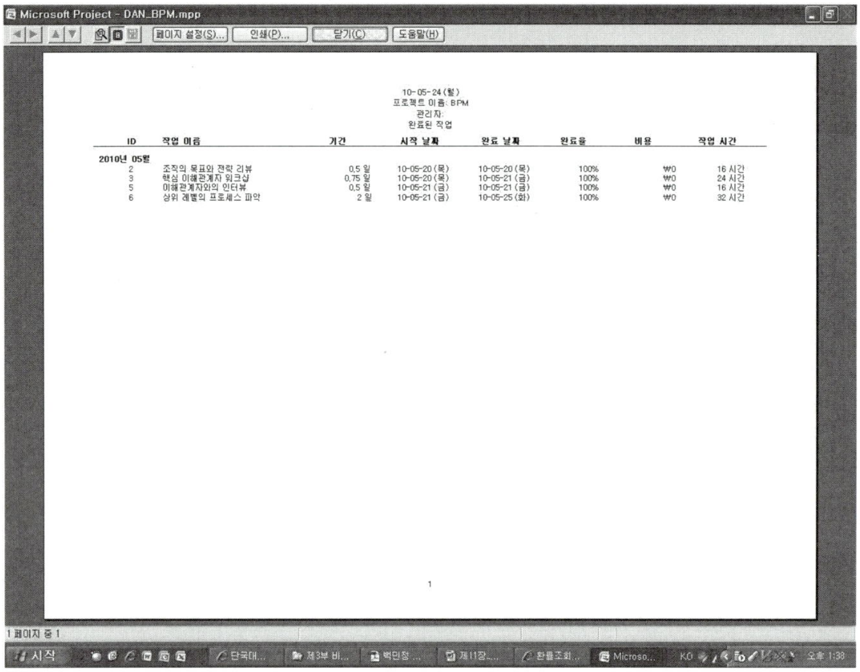

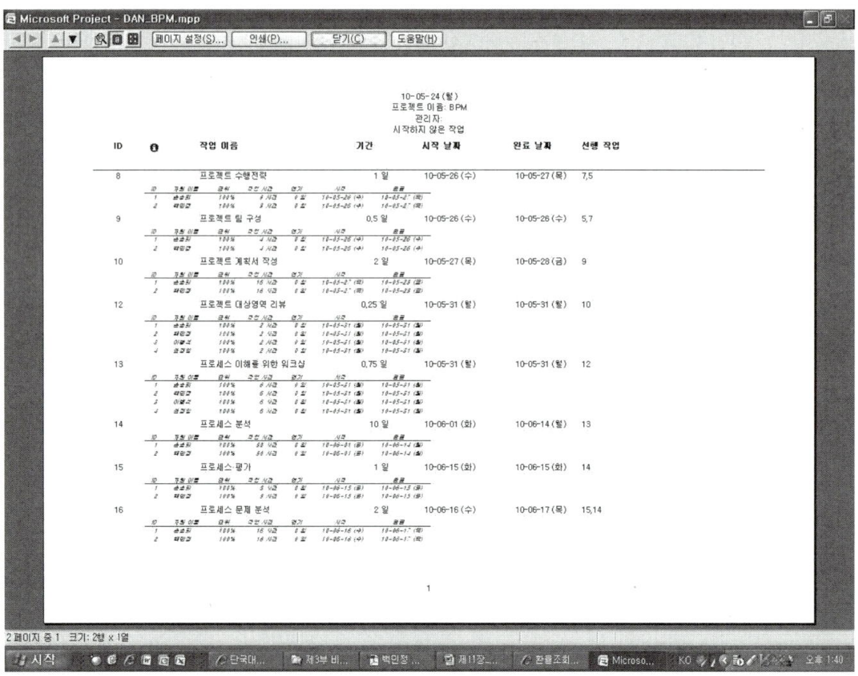

그림 12-13 자원관련 보고서: (위)자원배정과 업무 (아래)자원배정과 업무시간

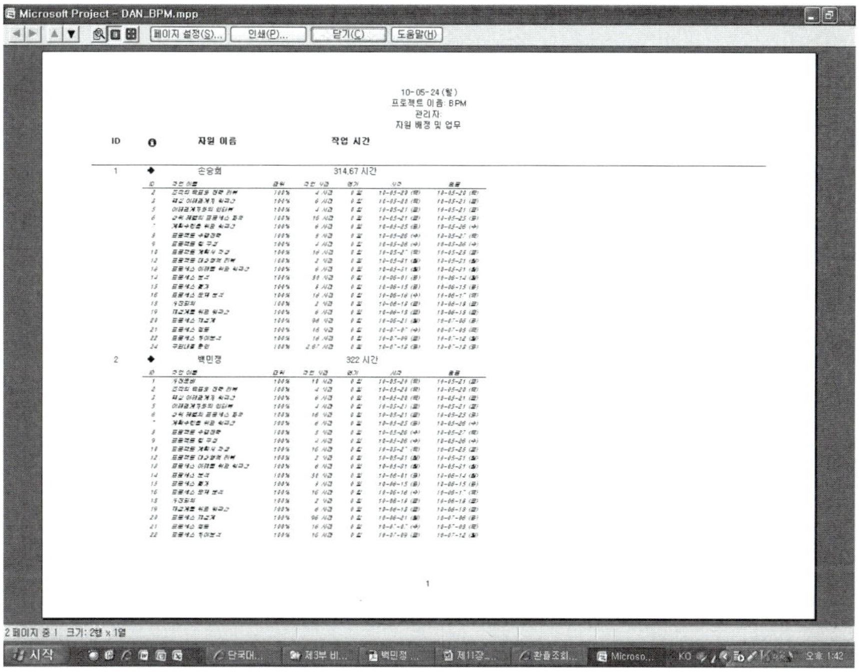

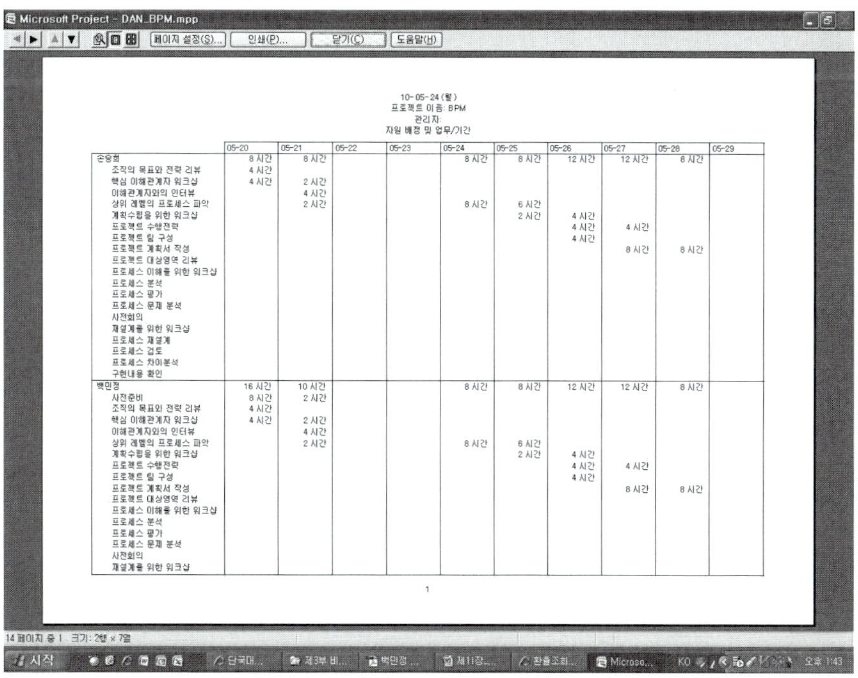

제13장 비즈니스프로세스관리 사례 프로젝트

1. 프로젝트(GERMAN ELECTRONICS: GE_BPM) 개요
2. 프로젝트 대상 영역의 개괄적인 이해:
   GERMAN ELECTRONICS의 부가가치흐름
3. 프로젝트 대상 종단간 비즈니스프로세스 및
   개별 프로세스 리스트
4. 비즈니스프로세스 분석(AS·IS 프로세스)
5. 비즈니스프로세스 재설계(TO·BE 프로세스)

"백문(百聞)이 불여일견(不如 一見)이라!
IT분야에서의 실제 프로젝트들은 대부분 정형화된 틀 속에서 수행되기 때문에, 많은 전문서적을 탐독하거나 이론적 배경지식을 쌓는 것도 중요하지만, 한 번의 프로젝트를 수행해 보는 것이 더 낫다."

(손승희)

학습 개요 및 목표

사회과학분야도 타 학문영역에서와 마찬가지로 IT분야의 이론들을 이해하기란 쉽지 않다. 이는 이론 자체의 어려움보다는 대부분 전문용어와 난해한 문장수식으로 기술된 전문서적 때문인 경우가 많다. 비즈니스프로세스관리분야에서도 마찬가지로 지금까지 설명한 비즈니스프로세스관리 프레임워크, 프레임워크의 단계별 작업방법과 작업내용, 단계별 산출물들을 이해하기란 쉽지 않다. 비즈니스프로세스관리에 대한 이론적 배경과, 전체 프레임워크, 프레임워크 내의 단계별 작업방법과 작업내용들을 쉽게 이해할 수 있을까? 가장 효율적인 방법 중에 한 가지는 실제 프로젝트를 수행해 보는 것일 것이다. 이론 강의나 전문서적을 탐독하면서 이해하기 어려웠던 사실들이 단 한 번의 프로젝트 경험을 통해서 쉽게 이해될 수 있기 때문이다. 이는 IT분야에서의 많은 프로젝트들처럼, 비즈니스프로세스관리 프로젝트 또한 정해진 틀 속에서 유사한 형태로 진행되는 것이 보통이기 때문에, 프로젝트의 규모와 복잡도에 관계없이 간단한 사례 프로젝트만으로도 충분하다.

이에 본 장에서는 지금까지 설명한 비즈니스프로세스관리에 대한 전반적인 배경이론들과 작업단계 및 작업내용들을 쉽게 이해할 수 있도록 간단한 사례 프로젝트를 수행해 보고자 한다. 먼저 사례 프로젝트에 대해서 간단하게 설명한 후, 본 저서에서 기본으로 하고 있는 BPMLC 프레임워크의 작업단계에 맞추어 구체적인 작업을 수행해 보기로 하겠다.

본 장의 학습목표는 다음과 같다.

1. 사례 프로젝트를 통해서 BPMLC 프레임워크의 작업단계를 정확하게 이해한다.
2. BPMLC 프레임워크의 작업결과들을 이해한다.
3. 비즈니스프로세스관리 프로젝트의 전체적인 흐름과 내용을 이해한다.
4. 제한된 사례 프로젝트를 통해서 실제 복잡한 프로젝트 수행능력을 갖추도록 한다.

1. 프로젝트(GERMAN ELECTRONICS:GE_BPM) 개요

1.1 사례기업 개요 및 프로젝트 배경

GERMAN ELECTRONICS사는 가전제품을 생산하여 판매하는 업체로서 독일 Dresden에 위치하고 있다. 최근 들어 GERMAN ELECTRONICS 사는 글로벌 금융위기와, 유가 및 원자재 가격상승, 유로화의 불안 등의 여파로 재정적 위기를 맞고 있는 가운데, 설상가상으로 지금까지 확보하고 있던 경쟁적 우위마저 잃어가고 있다. GERMAN ELECTRONICS 사는 재정적 위기 극복과 경쟁력 확보를 위해서 비상대책회의를 소집하여 논의한 결과, 자체의 노력으로 경제 외적인 부분에 대한 해결책을 찾기는 어렵지만, 자체의 노력으로 최소한 시장에서의 경쟁우위는 되찾을 수 있다는 결론에 도달하였다. GERMAN ELECTRONICS 사의 경영진은 경쟁력 확보 방안을 찾기 위해서 SWOT분석을 실시하였으며, 이를 통해서 10년 전 구축한 전산시스템에 문제가 있으며, 특히, 내부의 업무활동들이 경쟁업체에 비해서 비효율적으로 수행되고 있다는 결과를 도출되었다.

이러한 분석결과를 토대로 기존의 기능 중심의 전산시스템을 대체할 프로세스 중심의 새로운 시스템을 구축할 프로젝트 팀을 구성하고 구체적인 작업을 착수하였다. 그러나 시스템개발에 경험이 풍부한 프로젝트 매니저는 최근 기업환경과 비즈니스환경이 변했음에도 불구하고 지난 10년 동안 거의 변하지 않고 있는 비즈니스프로세스에 더 큰 문제가 있음을 간파하고 먼저 기존의 비즈니스프로세스를 분석하여 효율적으로 재설계함으로써 비즈니스프로세스 재설계 효과를 검증해 보기로 하였다. 기존의 비즈니스프로세스 재설계를 통한 효율성과 비용절감 효과를 검증하기 위해서 우선 영업부분 중에서 판매프로세스를 재설계하는 파일럿 프로젝트를 수행하기로 결정하였다. 이러한 결정은 판매프로세스가 효율성과 비용 측면에서 가장 심각한 문제이며, 이 부분에서의 잠재적 개선 가능성이 가장 클 것이라는 자체 분석결과에 의한 것이다.

1.2 프로젝트 대상(판매프로세스)

영업부문의 비즈니스프로세스는 크게 판매프로세스, 납품프로세스, 대금정산프로세스로 구성되어 있으며, 그 중에 파일럿 프로젝트 대상 범위로 설정된 판매프로세스를 수행하는 팀의 핵심업무는 다음과 같다.

- 고객문의처리(customer inquiry processing)
- 고객제안처리(customer offer processing)
- 고객주문처리(customer order processing)

1.3 판매담당자와의 인터뷰 결과

판매부분의 업무는 크게 잠재적인 고객과의 접촉을 시도하여 고객을 개발하여 구체적인 고객문의를 유도한다. 발굴한 고객의 문의를 포함해서 자발적인 고객의 문의 내용을 토대로 고객에게 제안서를 작성하여 보내서 고객의 구체적인 주문을 유도하여 매출로 연결시키는 것이 판매부분의 주된 업무라 할 수 있다.

(1) 고객문의처리 프로세스

전화나 우편을 통해서 고객문의가 접수되면 영업 팀의 보조 요원이 고객문의를 확인한 후 문의한 제품에 대한 내용을 확인한다. 이어서 제품에 대한 가격과 판매가격에 대한 세금을 계산한다. 만일 할인가격이 적용되는 경우 할인율을 결정한다. 판매가격과 세금계산이 끝나면, 문의한 제품이 배송가능한지 여부를 검토하여 배송가능 한 제품인 경우에는 고객문의서를 작성한다. 작성된 고객문의서를 근거로 연속작업이 필요한지? 즉, 고객에게 제안을 할 것인지? 아니면 고객이 단지 제품에 대한 문의를 한 것으로 끝낼지를 검토한다. 만일 연속작업이 필요한 경우라면 고객문의 결과 작성된 고객문의서가 고객제안처리 담당자에게 전달된다.

(2) 고객제안 처리프로세스

고객문의 처리작업이 마무리되어 고객문의서가 부서로 전달되면 고객에게 보낼 제안서를 작성하는 것이 핵심업무이다. 먼저 고객문의서가 완전하게 작성되어 있는지를 확인한 후, 완전하게 작성되어 있다면 제안작업 담당자는 고객문의서와 고객데이터 그리고 고객의 구매조건 등과 같은 데이터를 입력한다. 고객제안서 작성작업은 워드프로세서를 이용하여 작성된다. 고객제안서를 작성하면서 문의한 제품의 재고가 충분한지 검토하게 된다. 만일 재고가용성에 문제가 있어서 부분적으로 배송하는 것이 불가능하다면, 전체 재고가 충당될 때를 고려하여 새로운 배송날짜를 제안한다. 고객이 새로운 배송날짜에 동의하면 부족한 재고가 충당될 때까지 해당 제품을 예약하여 다른 곳으로 배송되지 못하도록 한다. 그러나 만일 고객이 새로운 배송날짜에 동의하지 않는다면, 더 이상의 작업이 진행되지 않는다. 제품재고에 대한 예약이 완료되면 제안 담당자는 워드프로세서를 이용하여 최종 고객제안서를 완성한다. 고객제안서가 정확하게 작성되었는지 확인하고 정확하게 작성되었다면 고객제안서가 고객에게 발송되며, 이후의 모든 과정은 판매팀장에 의해서 모니터링 된다.

(3) 고객주문 처리프로세스

고객주문이 도착하면 고객주문 데이터를 고객제안서와 비교하는 작업을 거치며, 고객주문의 수락 여부를 결정한다. 만일 고객주문이 받아들여지게 되면 주문품목이 가용한지를 검토한다. 만약 모든 주문품목들에 대한 재고가 충분하면 주문품목들이 예약되고 재고창고에서 주문 물량이 출하된다. 동시에 출하된 재고 물량에 대한 자료를 회계처리 부서로 전달한다. 만약 재고 수준이 충분하지 않다면 생산주문서가 발행된다. 가용성 검토를 통해서 재고가 출하되거나 생산 주문서가 발행되면 납기일을 결정하고, 납기가 결정되고 나면 고객주문에 대한 고객주문서가 발행된다.

1.4 프로젝트의 목표

프로젝트 배경에서 밝힌 바와 같이 GERMAN ELECTRONICS사는 10년 전 정보시스템을 개발한 당시의 비즈니스프로세스에 근거하여 업무를 처리하고 있기 때문에, 업무환경과 비즈니스환경의 변화를 수용하지 못하고 있는 것이 가장 큰 문제점으로 지적되고 있다. 이는 업무처리 시간과 업무처리 비용 면에서 상당한 개선의 여지가 있다는 것을 의미하기 때문에, 이로부터 프로젝트 목표를 추출할 수가 있다.

제4장에서 밝힌 바와 같이 프로젝트의 목표를 설정하기 위해서는 SWOT분석이나 기타 조직 분석방법을 이용하여 기업의 내부와 외부의 강점과 약점 그리고 기회요소와 위험요소를 구체적으로 분석하여 명확하고 구체적인 목표를 설정하는 과정이 필요하다. 그러나 본 프로젝트는 파일럿 형태의 가상의 프로젝트이기 때문에, 프로젝트의 목표를 가장 큰 문제로 지적되고 있는 업무처리 시간 단축과 업무처리 비용을 절감하는데 목표를 두고 프로젝트를 수행하기로 한다.

- 업무처리 시간 단축
- 업무처리 비용 절감

1.5 프로젝트 일정 및 규약

대부분의 프로젝트는 서로 다른 이해관계와 서로 다른 배경지식을 가진 많은 사람들의 참여 속에서 수행되는 것이 보통이다. 실제로 프로젝트를 수행하는 사람들이 있으며, 프로젝트 수행 도중에 산출되는 결과물들을 문서화하는 사람들과 프로젝트 중간 결과를 보고 받는 사람들이 있다. 이들은 각기 다른 작업관행에 의해서 자신의 임무를 수행하기 때문에, 이들 사이에 프로젝트 수행에 관한 모든 내용들이 명확하게 정의되어 있어야 한다. 예를 들어, 어떤 결과물들이 언제까지 산출되어야 하는지? 누가 문서화 할 것인지? 어떤 형태로 문서화 할 것인지? 공동작업을 통해서 중간 결과가 산출된다면, 공동작업에 참여하는 사람들의 책임과 권한은 어떻게 규정할 것인지? 등과 같은 일반적인 내용들은 물론, 실제 프로젝트에 착수하여서는 어떤 방법론에 의해서 모델링 할 것인지? 어떤 툴을 이용할 것인지? 등등 프로젝트에 관한 많은 내용들이 프로젝트 착수 전에 규명되어야 한다.

그러나 본 프로젝트는 파일럿 프로젝트 형태로 진행되기 때문에 구체적이고 명확한 프로젝트규약은 필요치 않으며, 다만 프로젝트 진행과 관련된 아래 사항들을 프로젝트 규약으로 정의하기로 한다.

프로젝트 명	GE_BPM (Pilot)
프로젝트 목표	업무처리 시간단축과 업무처리 비용 절감을 통한 프로세스 효율성 증대
프로젝트 기간	· 3개월 : 해당 단원의 이론 강의와 실습을 병행하여 진행하는 경우 · 1개월 : 한 한기 2/3 강의 후 별도의 1/3 실습시간을 이용하여 진행하는 경우 본 프로젝트는 교육용으로 재구성한 것으로 이론강의 후 별도의 실습시간을 할애하여 프로젝트를 수행하도록 하고 많은 창의적인 재설계결과들이 도출될 수 있도록 유도하는 것이 바람직 하기 때문에, 1개월의 프로젝트 수행기간을 권장함
프로젝트 도구	(사례 프로젝트의 목적은 프로젝트의 흐름과 핵심 작업내용을 이해 시키기 위한 것이므로 본 장에서 사용하는 프로젝트 도구가 구비되지 않은 경우에는 예를 들어, 비즈니스프로세스 분석 및 재설계 도구의 경우 VISIO나 파워포인트와 같은 전통적인 도구를 활용하여도 무방하다) · 프로젝트 관리도구 : MS Project 2002 · 비즈니스프로세스 분석도구 : ARIS 6.23 · 비즈니스프로세스 재설계도구 : ARIS 6.23 · 문서화 도구 : MS Word 2007
프로세스 아키텍처	비즈니스프로세스 모델은 ARIS Toolset에서 제공하는 방법론에 의하여 작성함을 원칙으로 한다 (모델작성 방법과 모델작성에 필요한 표기방법 등은 제4장(프로세스 아키텍처)과 제7장(비즈니스프로세스 분석)에서 기술한 설명에 따른다).
기타 프로젝트 규약	비즈니스프로세스관리 프로젝트의 핵심을 기존의 비즈니스프로세스를 분석하여 문제점을 도출하고 이를 개선하여 효율적인 비즈니스프로세스로 재설계하는 것이기 때문에, 다음 내용에 초점을 맞추어 진행하도록 한다. 1. 사례기업의 부가가치흐름 2. 프로젝트 대상영역의 종단간 비즈니스프로세스 리스트 도출 3. 종단간 비즈니스프로세스에 속하는 개별 비즈니스프로세스 리스트 도출 4. 비즈니스프로세스 분석(AS-IS분석): ① 종단간 비즈니스프로세스 모델 작성 및 활동단위 별 시간/비용분석 ② 개별 비즈니스프로세스 모델 작성 및 활동단위 별 시간/비용분석 ③ 분석결과 도출: WHERE(어디가 문제인가?) / WHAT(무엇이 문제인가?) / WHY(왜 문제인가?) / HOW(어떻게 개선할 수 있는가?) 5. 비즈니스프로세스 재설계(TO-BE 설계): ① 종단간 비즈니스프로세스 모델 제시 ② 개별 비즈니스프로세스 모델 제시 6. 프로젝트 최종결과 보고

2. 프로젝트 대상 영역의 개괄적인 이해 : GERMAN ELECTRONICS의 부가가치 흐름

가치사슬이란 용어를 처음으로 소개한 마이클 포터에 의하면, 가치사슬이란, 제품 디자인으로부터 구매-생산-마케팅-판매로 이어지는 주 활동과 주 활동을 지원하기 위해서 필요한 인사-재무/회계-기술지원-연구개발-기반 인프라와 같은 모든 지원활동을 포괄하여 기업이 추구하는 목표를 달성해가는 과정의 모든 업무의 흐름으로 정의된다. 이러한 개념 정의에 기초하여 수행되는 업무에 따라서 창출되는 가치가 부가되는 업무의 연속된 흐름을 부가가치흐름이라 정의할 수가 있다. 이처럼 부가가치흐름은 한 기업이 추구하는 목표를 달성해가는 과정을 나타내는 것이기 때문에, 프로젝트를 수행함에 있어서 프로젝트 대상영역을 가장 포괄적으로 이해하기 위해서는 부가가치흐름도(value-added chain diagram)가 필요하다.

본 장에서 소개한 GERMAN ELECTRONICS 사는 가전제품을 생산하고 소비자에게 판매를 하여 기업의 이윤을 창출하는 전형적인 제조기업에 해당된다. 구체적인 업무흐름은 먼저 마케팅 부서에서 수행되는 다양한 형태의 마케팅 활동을 통해서 자사의 제품을 고객에게 적극적으로 알리고 구매를 유도하며, 그 결과는 영업부서의 판매실적으로 나타나게

그림 13-1 GERMAN ELECTRONICS사의 부가가치흐름도

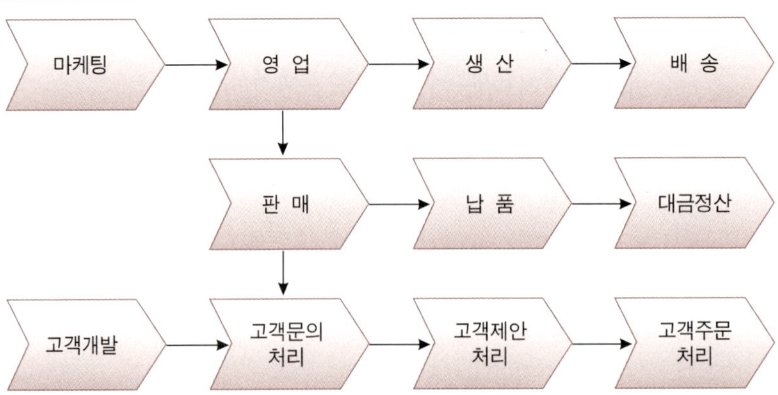

된다. 판매실적에 따른 구체적인 고객주문이나 계획된 주문에 따라서 생산부서에서는 필요량 만큼 제품을 생산하게 되고 제품의 생산이 완료되면 소비자에게 제품을 배송하고 배송 후의 다양한 지원활동으로 이어진다. 영업부서의 구체적인 업무내용은 판매-납품-대금정산이며, 판매활동의 구체적인 내용은 다음과 같다.

- 고객개발
- 고객문의처리
- 고객제안처리
- 고객주문처리

GERMAN ELECTRONICS사의 전체의 부가가치흐름으로부터 프로젝트 대상에 해당되는 판매영역의 부가가치흐름은 [그림 13-1]과 같이 작성된다. 본 저서에서 소개한 BPMLC프레임워크에 의하면, 부가가치흐름도의 작성은 **프로젝트 계획수립** 단계에서 프로젝트를 수행하기 전에 프로젝트 대상 영역을 개괄적으로 이해하는 과정에 해당된다.

3. 프로젝트 대상 종단간 비즈니스프로세스 및 개별 프로세스 리스트

부가가치흐름도를 통해서 프로젝트 대상영역을 개괄적으로 이해한 후 이어지는 작업은 대상 영역에 포함된 종단간 비즈니스프로세스와 이에 속하는 개별 비즈니스프로세스를 확인하는 작업이 이어진다. 본 장의 제1절에서 GERMAN ELECTRONICS사에 대한 소개와 함께 기업의 업무가 구체적으로 정리되어 있기 때문에, 이를 통해서 대상 영역의 종단간 비즈니스프로세스와 이에 속하는 개별 비즈니스프로세스를 쉽게 확인할 수 있다. 그러나 실제 프로젝트에서는 대상 영역에 속하는 업무를 구체적으로 파악하고 정리하는 작업부터 수행되기 때문에, 대상 영역에 속하는 종단간 비즈니스프로세스를 확인하고 이에 속하는 개별 비즈니스프로세스들을 확인하는 작업은 쉽지 않다. 본 절에서는 이러한 작업을 생략하고 곧바로 종단간 비즈니스프로세스와 이에 속하는 개별 비즈니스프로세스를 정리하기로 하겠다.

프로젝트 대상 영역은 GERMAN ELECTRONICS사의 전체 업무영역 중에서 영업에 해

〈표 13-1〉 대상영역 내의 종단간 비즈니스프로세스와 개별 비즈니스프로세스 리스트

업무영역	프로젝트 대상 및 종단간 비즈니스프로세스	개별 비즈니스프로세스
마케팅	…	…
생 산	…	…
영 업	판매프로세스	고객개발프로세스
		고객문의처리프로세스
		고객제안처리프로세스
		고객주문처리프로세스
	납품/대금정산 프로세스	…

당되는 영역 중에서 판매에 해당되는 영역만을 프로젝트 대상으로 하며, 이에 속하는 종단간 비즈니스프로세스는 판매프로세스이며, 이에 속하는 개별 비즈니스프로세스는 〈표 13-1〉과 같이 네 개의 개별 프로세스로 구성되어 있다.

4. 비즈니스프로세스 분석(AS-IS 프로세스)

비즈니스프로세스 분석의 핵심은 기존의 비즈니스프로세스를 정확하게 이해하고 미리 정의한대로 활동단위 별로 시간 및 비용을 분석하는 작업이며, 이러한 작업을 통해서 구체적으로 어느 곳이 문제인지? 구체적으로 어떤 문제인지? 그리고 그 문제의 원인은 무엇인지? 더 나아가서는 어떻게 그 문제를 해결할 수 있는지에 대한 개괄적인 제안까지 제시하는 것을 의미한다. 이러한 작업을 현행분석(AS-IS)이라 하는데, 현행분석의 핵심은 종단간 비즈니스프로세스 모델과 이에 속하는 개별 프로세스 모델을 작성하고, 작성된 모델을 근거로 활동단위 별로 시간과 비용을 분석하는 것을 핵심 내용으로 한다.

그림 13-2 종단간 비즈니스프로세스 모델: 판매 프로세스(AS-IS)

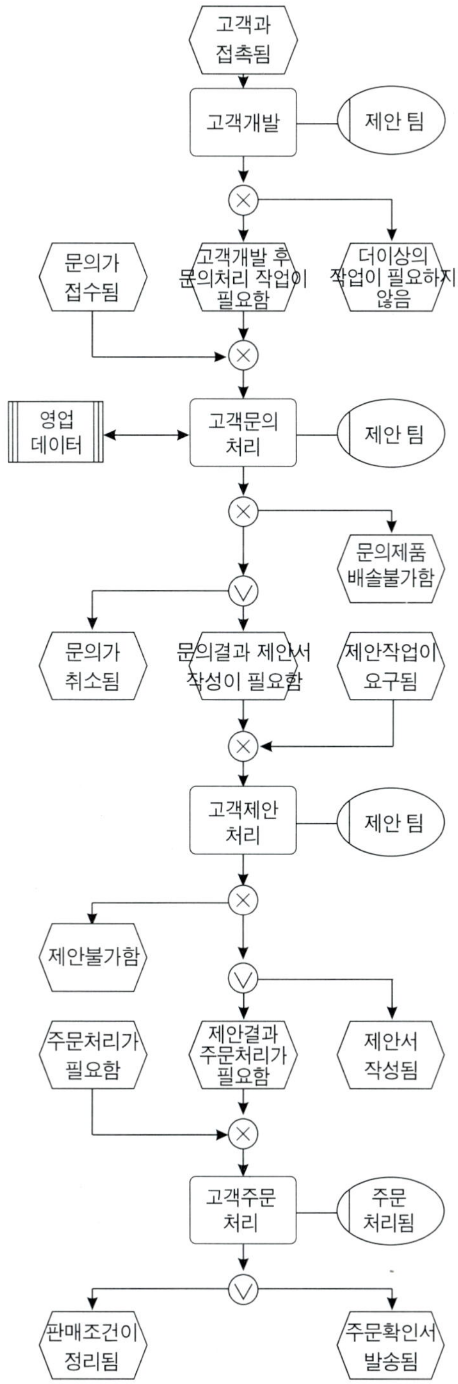

4.1 종단간 비즈니스프로세스 분석

1) 종단간 비즈니스프로세스 모델(AS-IS)

종단간 비즈니스프로세스인 판매프로세스는 고객개발 → 고객문의처리 → 고객제안처리 → 고객주문처리작업이 순차적으로 연결된 흐름으로 작성된다. 모델작성 방법과 모델에 포함된 표기방법은 제5장의 프로세스 아키텍처에서 기술한 방법론에 준한다.

비즈니스프로세스 모델은 모델링 방법에 따라서 그리고 모델링 작업을 수행하는 사람에 따라서 다른 형태로 작성될 수 있다. [그림 13-2]의 모델링 결과는 저자의 주관적인 판단에 따라서 모델링 한 결과이다. 따라서 사례 프로젝트를 수행하는 사람에 따라서 각기 다른 모델링 결과가 도출될 수 있다.

2) 종단간 비즈니스프로세스의 활동단위 별 비용 및 시간분석

제7장에서 설명한 것처럼 비즈니스프로세스에 대한 평가는 비즈니스프로세스 자체가 기업이 추구하는 목표달성에 얼마나 효과적으로 기여하는지에 대한 정도와, 비즈니스프로세스가 얼마나 효율적으로 수행되는지를 중심으로 이루어진다. 그리고 가장 일반적으로 사용되는 방법은 비용대비 효과분석이다. 또한 비즈니스프로세스의 효과성과 효율성을 총체적으로 분석하기 위해서는 비즈니스프로세스 운영과 관리 측면의 다양한 평가기준에 의한 분석작업이 요구된다. 그러나 본 사례 프로젝트에서는 비즈니스프로세스가 실제로 운영되는데 필요한 활동단위 별로 시간 및 활동단위 별로 요구되는 비용을 중심으로 분석하기로 하겠다.

(1) 활동단위 별로 소요되는 비용 및 시간

종단간 비즈니스프로세스를 분석하기 위해서는 종단간 비즈니스프로세스에 포함된 주활동(종단간 비즈니스프로세스에 속하는 개별 프로세스에 해당됨) 별로 소요되는 시간과 비용이 먼저 도출되어야 한다. 일반적인 프로젝트에서 이러한 비용과 시간에 대한 구체적인 데이터는 제7장에서 소개한 담당자와의 회의와 업무관찰 등 다양한 방법을 통해서 도출될 수 있으며, GERMAN ELECTRONICS사의 판매프로세스에 속하는 주활동 별로 소요되는 시간과 비용은 다음과 같다.

[판매 부분 업무처리 요약]

판매업무는 크게 잠재적인 고객과의 접촉을 시도하여 **고객을 개발(16/3/2/21)(16/270/2/300)** 하여 구체적인 **고객문의(21/0.3/1/22.3)(18/115/18/287)**를 유도한다. 발굴한 고객의 문의를 포함해서 자발적인 고객의 문의 내용을 토대로 **고객의 제안서를 작성하여(16/1/1/18)(13/93/2/108)** 보내서 고객의 **구체적인 주문을(24/0.2/0.2/24.4) (2/4/0.5/12)** 유도하여 매출로 연결시키는 것이다.

개별활동(시간)(비용)
(대기시간/준비시간/처리시간/총시간, 단위: 시간)
(활동기반 재료비/인건비/기타비용/총비용, 단위: 달러)
(총 시간은 대기시간, 준비시간, 처리시간 이외의 시간요소도 포함되기 때문에, 개별시간의 합계가 아니며, 마찬가지로 총 비용 또한 개별 비용의 합계와 다를 수 있음)

(2) 활동단위 별 시간 및 비용분석을 위한 양식

또한 활동단위 별 시간 및 비용분석결과를 요약 정리하기 위한 기본양식이 필요한데, 이러한 양식의 형태는 일정한 형식이 있는 것은 아니지만, 시간 및 비용데이터를 〈표 13-2〉와 같은 양식으로 정리하기로 한다.

〈표 13-2〉 시간 및 비용데이터 분석을 위한 양식

시간단위 : 시간(혹은 분)
비용단위 : 달러
총비용 : 활동기반 비용 + 비 활동 기반 비용

활 동	시간 (평균 소요시간)				비용 (평균 소요비용)			
	대기시간	준비시간	처리시간	총시간	재료비	인건비	기타비용	총비용
개별 활동1								
개별 활동2								
개별 활동3								
개별 활동4								
합 계								

〈표 13-3〉 종단간 비즈니스프로세스 활동단위 별 시간 및 비용분석 결과표(AS-IS)

시간단위 : 시간
비용단위 : 달러
총비용 : 활동기반 비용+비 활동 기반 비용

활 동	시간 (평균 소요시간)				비용 (평균 소요비용)			
	대기시간	준비시간	처리시간	총시간	재료비	인건비	기타비용	총비용
고객개발	16	3	2	21	16	270	2	300
고객문의처리	21	0.3	1	22.3	18	115	18	287
고객제안처리	16	1	1	18	13	93	2	108
고객주문처리	24	0.2	0.2	24.4	2	4	0.5	12
합 계	77	4.5	4.2	85.7	49	482	22.5	707

(3) 활동단위 별 시간 및 비용분석 결과

비즈니스프로세스 분석단계에서 이루어지는 가장 기본적인 작업은 활동단위 별로 소요되는 시간과 비용을 도출하여 〈표 13-2〉에서 제시한 양식으로 정리하는 것이다. 다음은 담당자와의 회의와 실제 업무관찰을 통해서 도출한 소요시간과 비용을 제시한 양식으로 정리한 것이다.

〈표 13-3〉 양식에 정리된 활동단위 별 시간요소와 비용요소를 근거로 어느 부분이 문제인지? 왜 문제인지? 그리고 어떻게 해결할 수 있는지 등을 분석하면 다음과 같다.

① 활동단위 별 평균 소요시간 및 평균 소요비용 분석

활동단위 별 평균 소요시간과 평균 소요비용은 비즈니스프로세스 내의 주활동의 중요성과 기업의 목표달성에 기여하는 정도에 비해서 각각의 활동단위의 평균 소요시간과 평균 소요비용이 어느 정도를 차지하고 있는지? 그리고 이러한 시간 및 비용배분이 적절한지를 파악할 수 있는 척도가 되기 때문에, 활동단위 별 평균 소요시간과 평균 소요비용에 결과를 정리하는 것이 필요하다. [그림 13-4]와 [그림 13-5]는 활동단위 별로 소요되는 평균시간과 평균비용 분포를 차트로 나타낸 것이다.

활동단위 별 평균 소요시간과 평균 소요비용 분포는 종단간 비즈니스프로세스에 속하는 주활동들 사이에 시간과 비용이 어떻게 분포되어 있는지를 알 수 있다. 시간과 비용 분포도와 주활동이 목표달성을 위해서 얼마나 중요한지에 따라서 시간과 비용이 제대로 분배되어 있는지? 즉, 시간과 비용이 효율적으로 투입되고 있는지를 확인할 수가 있다.

• **시간배분의 적절성** : GERMAN ELECTRONICS의 판매프로세스에 속하는 주활동단위들에 투입되는 시간은 [그림 13-4]와 같이 고객개발(25%), 고객문의처리(26%), 고객제안처리(21%) 그리고 고객주문처리(26%)에 고르게 분포되어 있다. 그러나 분포도의 형평성은 활동단위가 기업의 부가가치창출에 얼마나 기여하고 중요한지에 따라서 달라져야 한다. 부가가치 창출에 직접적으로 관련된 고객주문처리작업이 중요하다 하겠지만, 고객의 주문을 이끌어내기 위해서 제안처리 혹은 문의처리가 주문처리 작업에 못지 않게 중요하다. 다만, 구체적인 주문으로 연결시키기 위해서 잠재적인 고객과의 접촉을 통해서 고객을 개발하는 작업은 일반제조기업에서 흔히 볼 수 있는 작업이 아니기 때문에, 고객개발 작업의 의미를 간과해도 괜찮을 것이다. 그러나 GERMAN ELECTRONICS의 경우 경제위기를 겪고 있는 상황에서 잠재적인 고객

그림 13-4 활동단위 별로 소요되는 평균 소요시간 분포

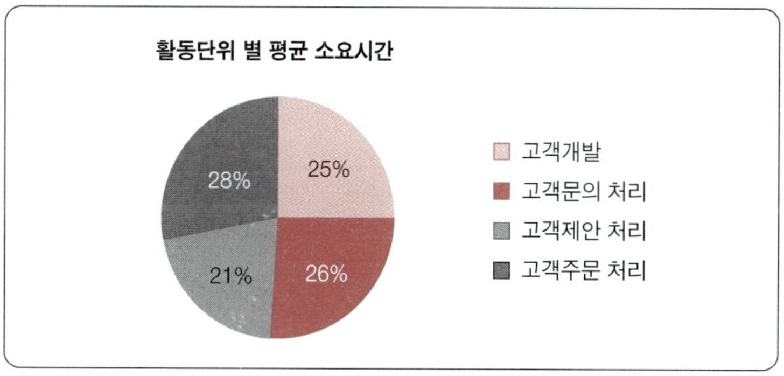

그림 13-5 활동단위 별로 소요되는 평균 소요비용 분포

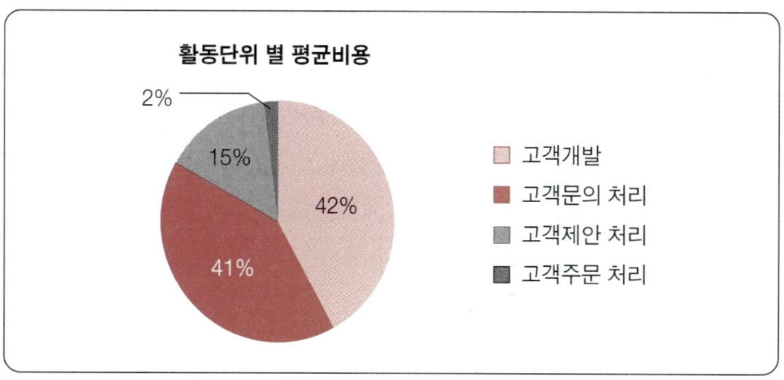

을 개발하는 작업이 현재의 위기를 타개하는데 중요한 역할을 할 수도 있다는 관점에서 고객개발 작업 자체의 의미는 충분하다고 보여진다. 다만 전체 소요시간의 25%을 투입했음에도 불구하고 현재의 상황을 타개할 만큼의 성과를 거두지 못하고 있다는 점에서는 분명 개선의 여지가 있음을 알 수 있다.

- **비용배분의 적절성 :** 비용배분의 적절성을 평가하는데 있어서도 시간배분의 적절성과 마찬가지로 활동단위들의 중요도에 따라 평가되는 것이 마땅하다. 일반적으로 기업의 부가가치를 창출하는데 직접적으로 관련된 주문처리비용은 전체 소요비용의 2% 정도로 상대적으로 적은 편이다. 반면에 고객개발과 고객문의처리 작업에 각각 42%와 41% 정도의 소요비용이 구체적인 부가가치 창출에 얼마나 기여하는지? 즉, 고객의 문의내용이 구체적인 주문으로 얼마나 연결되는지에 따라서 고객문의처리 비용의 적절성이 평가되어야 한다. 고객제안 처리비용의 적절성도 고객문의에 따라서 고객에게 제안한 내용이 고객주문으로 얼마나 이어지는지에 따라서 평가하는 것이 타당하다. 그럼에도 불구하고 직접적인 부가가치 창출과 관련된 활동단위 이외의 활

그림 13-6 시간요소 별 분포상태

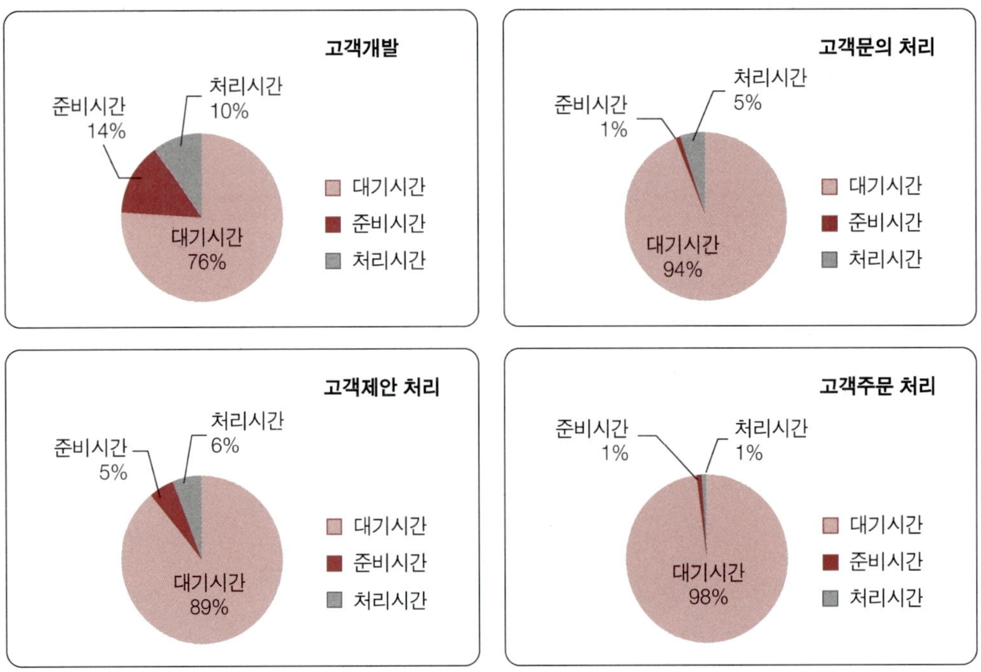

동단위들에 투입되는 비용이 상대적으로 너무 높다는 것은 분명 문제점으로 지적될 수가 있다.

② 개별 시간요소 분석

활동단위 별로 소요되는 시간은 작업을 위해서 대기하는 시간(대기시간), 작업을 준비하는데 소요되는 시간(준비시간) 그리고 실제로 작업을 수행하는데 소요되는 시간(처리시간)으로 구분된다. 전체 활동단위를 기준으로 개별 시간요소가 어떻게 구성되어 있는지를 정리하면 [그림 13-6]과 같다. [그림 13-6]과 같이 판매프로세스에 속한 네 개의 주활동마다 너무 많은 대기시간이 소요되고 있음을 알 수 있다. 특히, 고객주문 처리작업을 위한 대기시간은 다른 활동단위에 비해서 상대적으로 높아서 전체 소요시간의 98%에 해당되는 것으로 나타났다. 고객주문 처리작업을 위한 대기시간이 길다는 것은 고객이 요청한 작업을 하는데 소요시간이 길다는 것을 의미하며, 이는 고객만족도에 상당히 부정적인 영향을 미치게 된다. 뿐만 아니라, 고객주문 처리시간의 지연은 고객의 재 구매의사에도 부정적인 영향을 미칠 수 있을 것이다. 고객주문 처리작업뿐만 아니라 고객개발, 고개문의처리 및 고객제안 처리작업에서 대기시간이 차지하는 비중의 높은 문제를 해결하기 위해서는 다음과 같은 다양한 해결 방법이 제시될 수 있을 것이다.

첫째, 개별 작업을 처리하는 담당자에 대한 주기적인 교육을 통해서 대기시간을 단축한다. 그러나 대기시간이 긴 이유가 작업 담당자의 안일한 업무태도로부터 기인한 것이 아니라면, 담당자의 교육강화는 큰 효과를 거두지 못할 것이다.

둘째, 판매프로세스에 속한 개별 업무처리 내용으로 볼 때, GERMAN ELECTRONICS의 업무처리 구조는 기능중심으로 구성되어 있음이 분명하다. 기능중심의 업무처리 구조는 업무영역 사이의 커뮤니케이션에 문제가 있을 수 있는데, 이 경우에는 업무영역 사이의 데이터의 흐름이 원활하지 못하기 때문에, 대기시간은 물론 이어지는 모든 후속작업들이 지연될 수밖에 없다. 따라서 이러한 문제를 해결하기 위해서 업무처리 구조를 프로세스 흐름 지향적 구조로 개편하는 것을 해결 방안으로 제시할 수도 있다.

셋째, 대기시간이 긴 이유는 업무처리 구조로부터 기인할 수도 있지만, 프로세스 운영상의 문제일 가능성도 배제할 수가 없다. 예를 들어, 업무처리 담당자의 업무태도에 아무런 문제가 없으며, 업무영역 사이에 원활한 커뮤니케이션이 이루어지고 있다면, 문제의 원인은 실제로 필요한 데이터를 확보하는데 소요되는 단순한 기다림일 수도 있다. 만일 이러한 경우라면 실제 데이터의 흐름을 원활하게 할 수 있는 해결방안이 강구되어야 한다. 예를 들어, 필요한 데이터를 이전 작업담당자에게 요구하고 소극적으로 기다리는 것이 아니라, 적극적으로 직접 확보하는 방법으로 판매프로세스에 속하는 모든 작업에 필요한 데이터를 포괄하는 통합데이터베이스를 구축하는 것이다. 이를 통해서 모든 작업담당자는 필요한 데이터를 필요한 시점에 언제나 확보할 수 있기 때문에, 불필요한 대기시간을 단축시킬 수가 있다.

넷째, 기타 해결방법은 비즈니스프로세스 분석가와 프로젝트 매니저의 경험과 노하우에 의해서 근본 원인으로 분석된 결과에 따라서 다양하게 제시될 수가 있다.

③ 개별 비용요소 분석

판매프로세스에 속한 업무를 처리하는데 소요되는 비용은 인건비와 재료비 그리고 업무처리에 직접적으로 관련된 기타 비용항목으로 구성되어 있으며, 이들 개별 비용요소들이 어떻게 구성되어 있는지 도식으로 나타내면 [그림 13-7]과 같다.

개별 시간요소 분석과 마찬가지로 판매프로세스 과정에 속한 각각의 메인 활동들을 대

그림 13-7 비용요소 별 분포상태

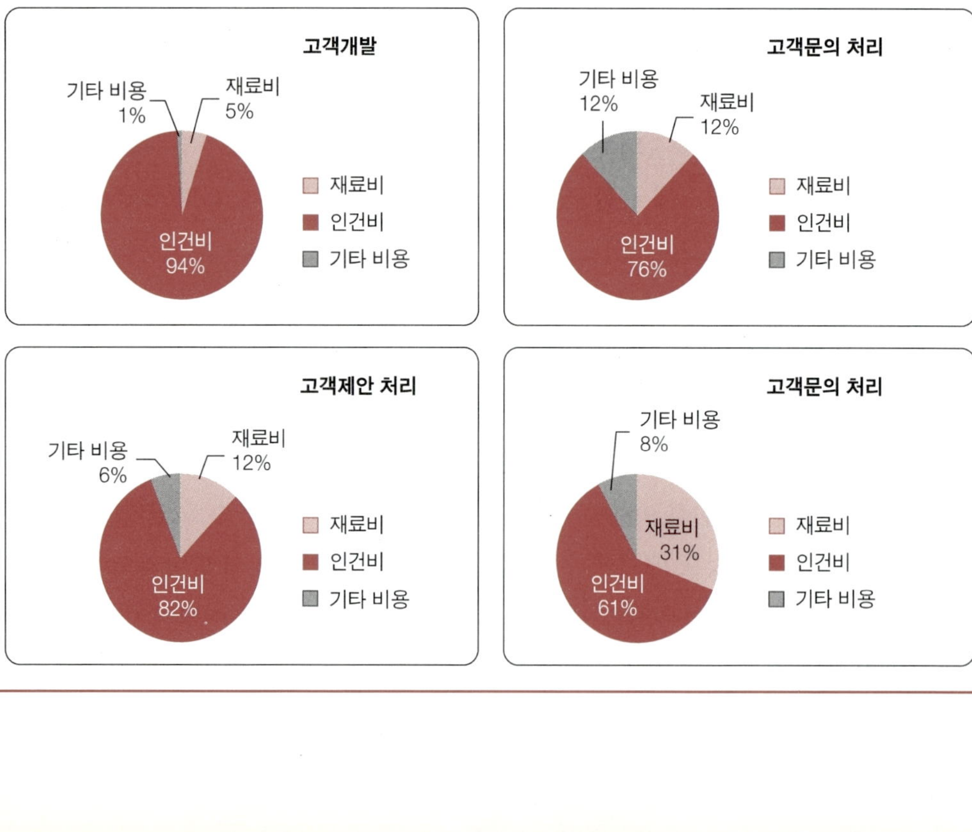

상으로 분석한 결과는 기본적으로 인건비에 대한 비중이 너무 높다는 것이다. 특히 고객개발의 경우 인건비에 대한 비율이 94%에 이르러 다른 활동들의 인건비 비중에 비해서 상대적으로 너무 높다는 것이 문제로 지적될 수 있다.

잠재적인 고객을 개발하고 자사의 제품을 홍보하는 활동은 굉장히 중요한 부분이기 때문에 활동 자체가 무의미하다는 것은 아니지만, 고객개발활동을 함에 있어서 전체비용 중 94%에 육박하는 많은 비용을 인건비로 사용했음에도 불구하고 현재의 경제위기 상황이 극복되지 못했다는 점에서 분명히 문제인 것만은 사실이다. 그렇다면 인건비의 비중을 줄일 수 있는 방법은 무엇일까?에 관심이 모아질 수밖에 없다.

고객을 개발하는 과정에서 소요되는 총 비용 중 인건비가 차지하고 있는 비중을 줄일 수 있는 한 가지 방법은 보다 효율적이고 체계적인 홍보활동을 하거나 새로운 시스템을 도입하여 고객개발활동을 보다 효율적으로 지원하는 것이다. 자사 제품에 대한 고객의 관심을 끌기 위해서는 사람과 사람이 직접 만나 제품에 대한 설명과 홍보를 하는 것이 효과적인 고객개발 방법일 수 있으나, 현대인의 생활패턴이나 구매행태를 정확하게 분석하여 인력을 이용한 활동보다는 효과적인 프로모션 전략을 수립하고 이에 맞는 적절한 활동을 함으로써 기존의 인력을 줄여서 인건비를 줄일 수 있을 것이다. 단기적인 측면에서 전략을 수정하고 새로운 시스템을 구축하는데 초기 비용이 소요되기는 하지만, 장기적인 관점에서 더욱 효과적일 것이다.

4.2 개별 비즈니스프로세스 분석

1) 개별 비즈니스프로세스 모델(AS-IS)

개별 비즈니스프로세스 분석작업은 종단간 비즈니스프로세스 분석작업과 유사하게 진행된다. 먼저 종단간 비즈니스프로세스에 속한 개별 비즈니스프로세스 모델을 작성한 후, 개별 프로세스 별로 시간과 비용을 분석하여 어느 부분이 문제인지? 왜 문제인지? 그리고 어떻게 해결할 수 있는지에 대한 해결 방법을 제시하는 것이다.

[그림 13-8~10]은 판매프로세스에 속한 고객문의처리 프로세스, 고객제안 처리프로세스 그리고 고객주문 처리프로세스를 ARIS 방법론에 의해서 모델링 한 결과이다. 본 장

그림 13-8 고객문의처리 프로세스(AS-IS)

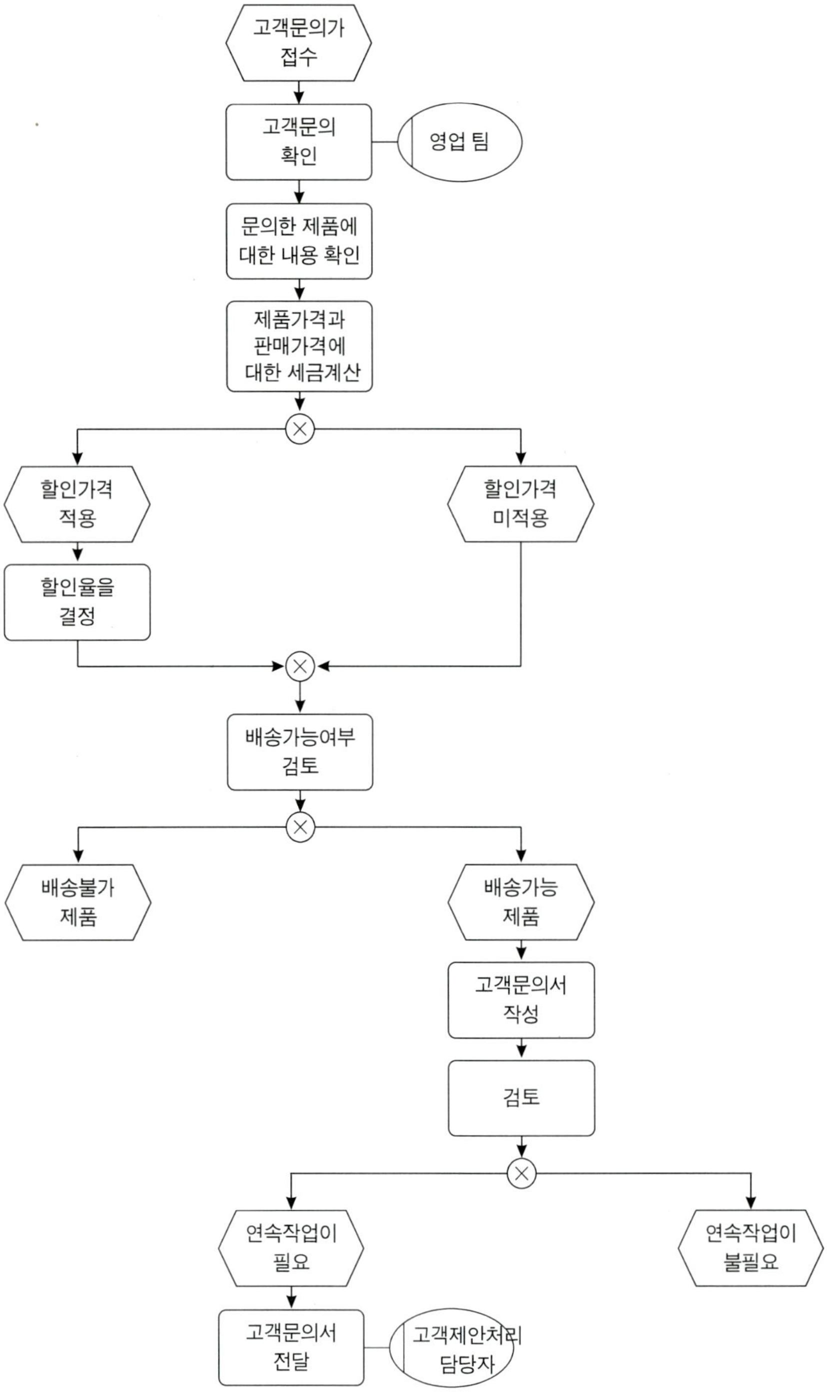

그림 13-9 고객제안 처리프로세스(AS-IS)

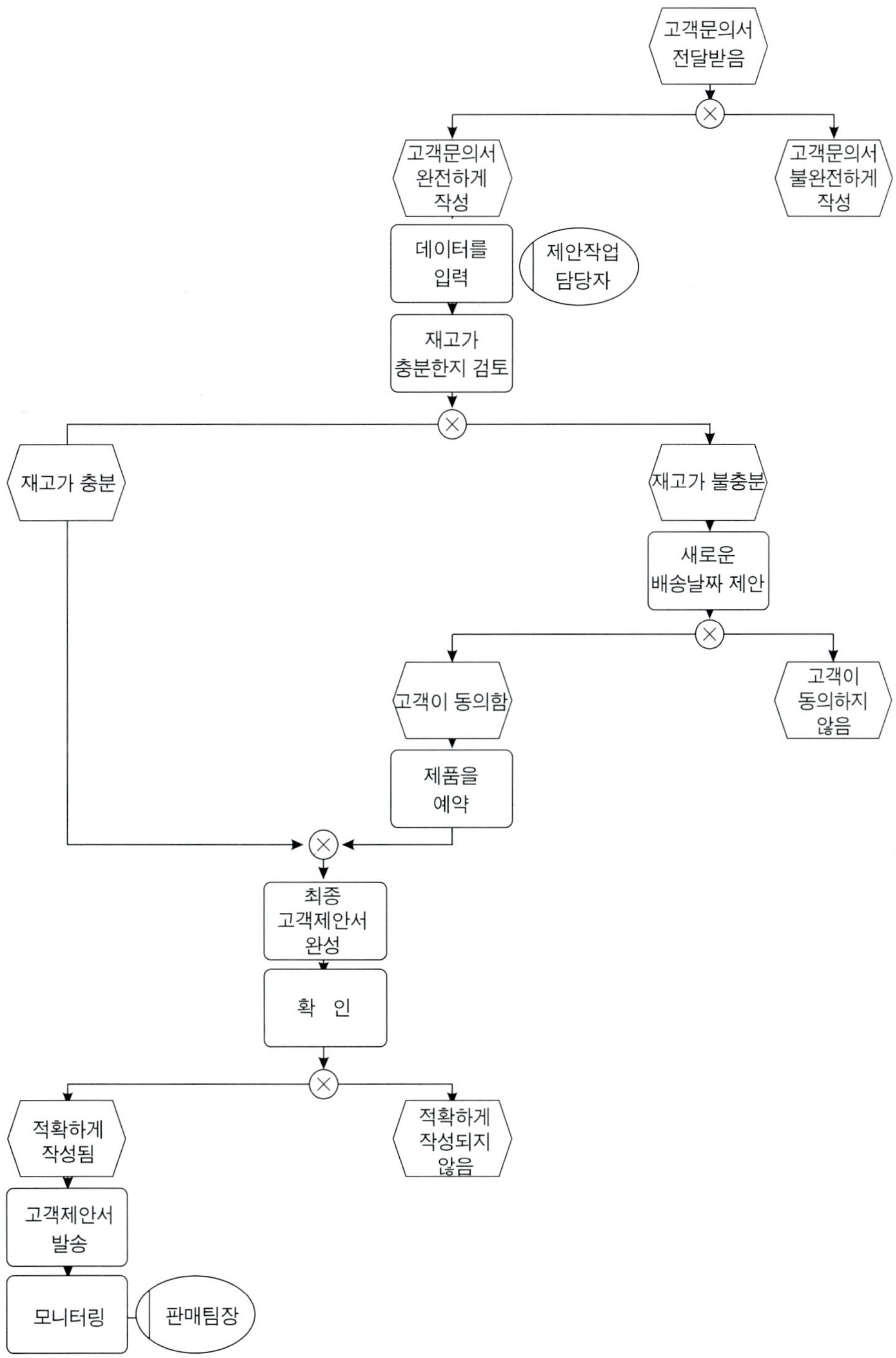

그림 13-10 고객주문 처리프로세스(AS-IS)

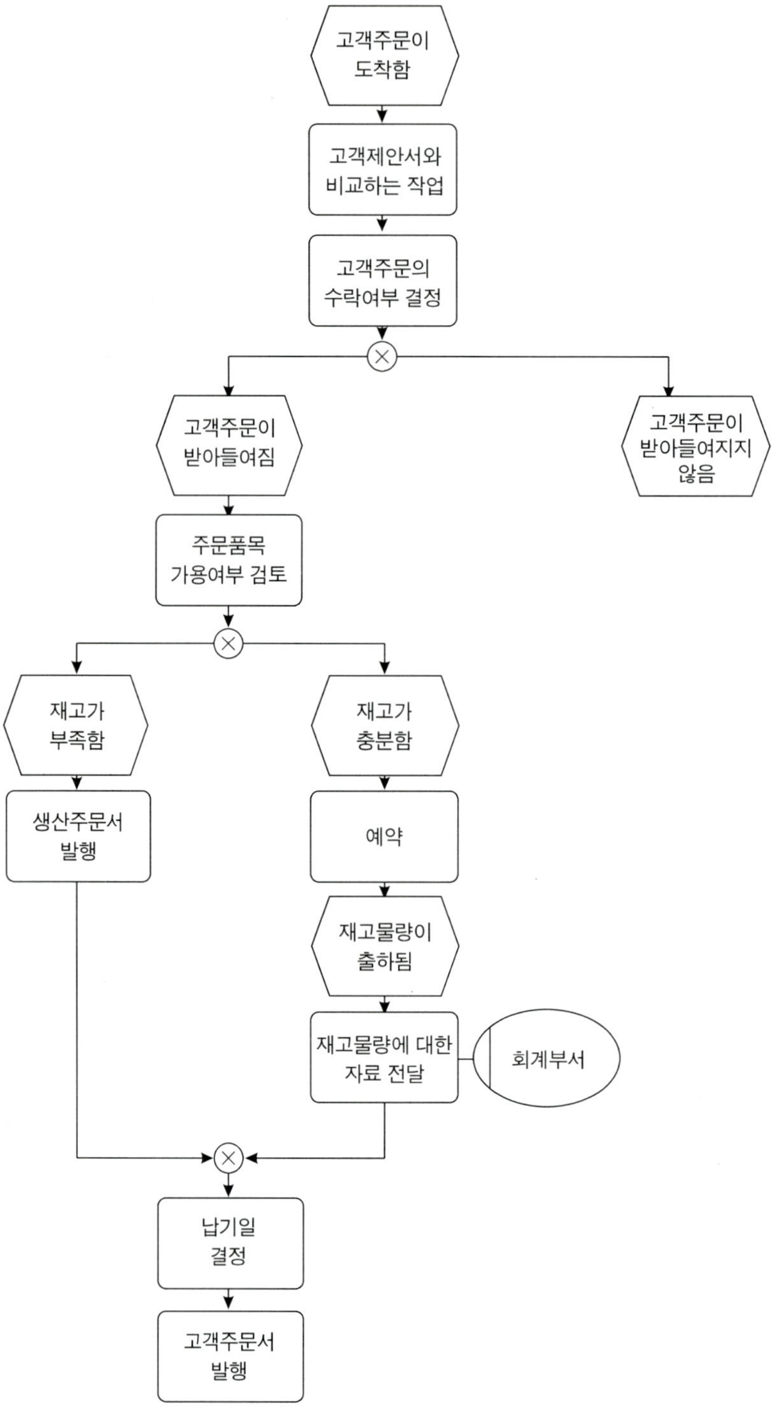

의 서두에서 밝힌 바와 같이 비즈니스프로세스 모델링 결과는 작업자에 따라서 그리고 사용하는 모델링 도구에 따라서 다를 수밖에 없다. 따라서 본 저서에서 소개하는 모델링 결과가 절대적이지 않으며, 교수자의 경험과 사고 그리고 사용하는 방법론에 따라서 다르게 표현될 수 있다.

2) 개별 비즈니스프로세스의 활동단위 별 비용 및 시간분석

분석작업의 일관성을 유지하기 위해서 개별 비즈니스프로세스를 분석함에 있어서도 종단간 비즈니스프로세스를 분석할 때와 마찬가지로 시간과 비용 관점에서 분석하기로 하며, 종단간 비즈니스프로세스를 분석할 때 사용하였던 비용 및 시간분석표를 그대로 사용하기로 한다.

(1) 개별 활동단위별로 소요되는 비용과 시간

개별 비즈니스프로세스에 속한 개별 활동단위 별로 소요되는 비용과 시간을 분석한 결과 다음과 같이 요약되었다.

[고객문의 업무처리 요약]

전화나 우편을 통해서 고객문의가 접수되면 영업 팀의 보조 요원이 **고객문의를 확인(60/1/6/67)(3/4/3/10)**한 후 **문의한 제품에 대한 내용을 확인(20/1/15/36)(3/30/3/36)**한다. 이어서 제품에 대한 **가격과 판매가격에 대한 세금을 계산(20/1/5/26)(3/12/3/18)**한다. 만일 할인가격이 적용되는 경우 **할인율을 결정(60/1/4/65)(3/4/3/10)**한다. 세금계산이 끝나면, 문의한 제품이 **배송가능한지 여부를 검토(60/5/20/85)(3/25/3/31)**하여 배송가능 한 제품인 경우에는 **고객문의서를 작성(60/1/4/65)(3/4/3/10)**한다. 작성된 고객문의서를 근거로 연속작업이 필요한지? 즉, 고객에게 제안을 할 것인지? 아니면 고객이 단지 제품에 대한 문의를 한 것으로 **끝낼 지를 검토(960/5/4/969)(3/30/3/36)**한다. 만일 연속작업이 필요한 경우라면 고객문의 결과 작성된 고객문의서가 고객제안 처리담당자에게 전달된다.

개별활동(시간)(비용)
(대기시간/준비시간/처리시간, 단위: 분)
(활동기반 재료비/인건비/기타비용, 총비용: 287, 단위: 달러)

[고객제안 업무처리 요약]

고객문의 처리작업이 마무리 되어 고객문의서가 부서로 전달되면 고객에게 보낼 제안서를 작성하는 것이 핵심업무이다. 먼저 고객문의서가 완전하게 작성되어 있는지를 확인한 후, 완전하게 작성되어 있다면, 제안작업 담당자는 고객문의서와 고객데이터 그리고 고객의 구매조건 등과 같은 **데이터를 입력한다(60/10/10/80)(1/20/0/21)**. 고객제안서 작성작업은 워드프로세서를 이용하여 작성된다. 고객제안서를 작성하면서 문의한 제품의 **재고가 충분한지 검토(220/5/5/230)(2/10/1/13)**하게 된다. 만일 재고가용성에 문제가 있어서 부분적으로 배송하는 것이 불가능하다면, 전체 재고가 충당될 때를 고려하여 **새로운 배송날짜를 제안(200/5/4/209)(1/12/1/14)**한다. 고객이 새로운 배송날짜에 동의하면 부족한 재고가 충당될 때까지 해당 **제품을 예약(120/10/1/131)(1/5/0/6)**하여 다른 곳으로 배송되지 못하도록 한다. 그러나 만일 고객이 새로운 배송날짜에 동의하지 않는다면, 더 이상의 작업이 진행되지 않는다. 제품재고에 대한 예약이 완료되면 제안 담당자는 워드프로세서를 이용하여 **최종 고객제안서를 완성(70/10/20/100) (3/10/0.5/13.5)**한다. 고객제안서가 정확하게 작성되었는지 **확인(30/5/5/40)(1/5/0/6)**하고 정확하게 작성되었다면 고객제안서를 고객에게 **발송(230/5/10/245) (3/5/0.5/8.5)**하며, 이후의 모든 과정은 판매팀장에 의해서 **모니터링 된다(30/5/5/40)(1/25/0/26)**.

개별활동(시간)(비용)

(대기시간/준비시간/처리시간, 단위: 분)

(활동기반 재료비/인건비/기타비용, 총비용: 108, 단위: 달러)

[고객주문 업무처리 요약]

고객주문이 도착하면 고객주문 데이터를 고객제안서와 **비교하는 작업(200/2/3/205)(0/10/1/11)**을 거치며, **고객주문의 수락 여부를 결정(200/1/5/206)(0/10/1/11)**한다. 만일 고객주문이 받아들여지게 되면 주문품목이 **가용한지를 검토(300/3/20/323)(0/10/0/10)**한다. 만약 모든 주문품목들에 대한 재고가 충분하면 주문품목들이 **예약(100/1/2/103)(0/15/0/15)**되고 재고창고에서 주문 물량이 출하된다. 동시에 출하된 재고 물량에 대한 자료를 **회계 처리부서로 전달(30/1/3/34)(1/5/2/8)**한다. 만약 재고 수준이 충분하지 않다면 **생산주문서가 발행(150/2/2/154)(1/15/2/ 18)**된다. 가용성 검토를 통해서 재고가 출하되거나, 생산 주문서가 발행되면 **납기일을 결정(200/1/4/205)(1/10/0/11)**한다.

납기가 결정되고 나면 고객주문에 대한 **고객주문서가 발행(200 /1/4/205)(1/15/2/18)**된다.

개별활동(시간)(비용)

(대기시간/준비시간/처리시간, 단위: 분)

(활동기반 재료비/인건비/기타비용, 총비용: 102, 단위: 달러

(2) 개별 비즈니스프로세스 별 시간 및 비용 분석결과

① 고객문의 처리프로세스에 대한 시간 및 비용분석 결과

고객문의 처리프로세스에 속한 개별 활동단위 별로 소요되는 시간과 비용을 정리하면 〈표 13-5〉와 같다.

고객문의 처리프로세스에 대한 시간 및 비용분석 결과표에 의하면, 평균 소요시간 측면에서 가장 심각하게 나타난 문제는 검토단계의 대기시간이 검토 단계의 다른 시간요소 보다 그리고 다른 활동의 대기시간보다 너무 길다는 것이다.

고객문의 처리업무에서 문의고객과 문의제품을 확인하는 작업은 구체적인 주문으로 연결될지가 아직은 불투명한 상태이며, 배송 가능여부를 검토하는 작업 이외에 이어지는 단계의 모든 작업은 비교적 빠른 처리시간과 이를 위한 대기시간 또한 빨리 진행되는 반면 고객문의 작업의 핵심인 검토단계에서 막대한 시간을 소요한다면 전체적으로 고객문의를 해결하는데 걸리는 시간이 길어지게 되어 고객의 관심도 줄어들 수 있어 고객제안과 고객주문으로 이어질 가능성이 낮아지기 때문에, 검토 단계의 대기시간이 길다는 것은 심각한 문제라고 할 수 있다.

이러한 문제의 원인을 규명하기 위해서 고객문의 처리과정의 흐름을 살펴보면 다음과

〈표 13-5〉 고객문의처리 프로세스 활동단위 별 시간 및 비용분석 결과표(AS-IS)

시간단위 : 분
비용단위 : 달러
총비용 : 활동기반 비용 + 비 활동 기반 비용

활 동	시간 (평균 소요시간)				비용 (평균 소요비용)			
	대기시간	준비시간	처리시간	총시간	재료비	인건비	기타비용	총비용
고객문의확인	60	1	6	67	3	4	3	10
문의한 제품에 대한 내용확인	20	1	15	36	3	30	3	36
가격과 가격에 대한 세금계산	20	1	5	26	3	12	3	18
할인율 결정	60	1	4	65	3	4	3	10
배송가능여부 검토	60	5	20	85	3	25	3	31
고객문의서 작성	60	1	4	65	3	4	3	10
검 토	960	5	4	969	3	30	3	36
합 계	1240	15	58	1313	21	109	21	287

그림 13-11 검토단계의 대기시간 비중

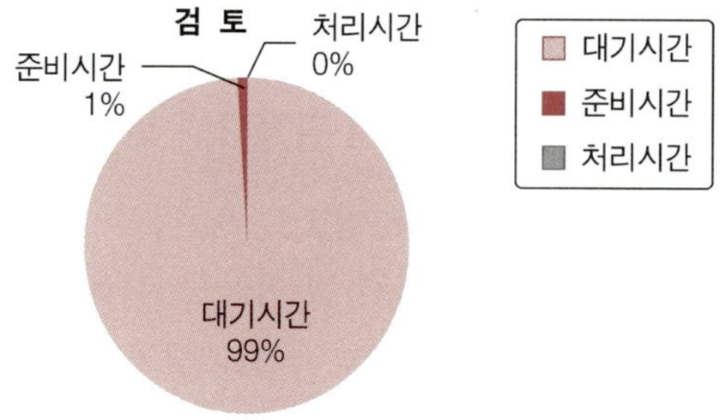

같다.

고객문의 처리과정의 전체적인 흐름은 우선 고객으로부터 문의가 접수되면 이를 확인하고 가격과 할인율을 결정하고 배송 가능여부를 검토하여 고객문의서가 작성되는 과정으로 이어지며, 최종적으로 검토단계를 거치게 된다. 검토과정에서는 이전에 발생하였던 모든 활동이 제대로 처리되었는지를 전체적으로 점검하는 활동이라 할 수 있다. 검토단계의 작업을 수행하기 위해서는 논리적으로 이전에 수행되어야 할 활동들이 모두 끝났다는 전제 하에 가능하다. 그런데 검토단계에 이르기까지 다양한 활동들이 이미 수행되었으며, 각각의 활동마다에 긴 시간이 소요되었음에도 불구하고 구체적인 검토를 위해서 다시 한번 이미 진행된 작업을 확인하는 것은 한편으로는 중복작업일 뿐만 아니라, 검토과정에서 작업내용에 심각한 오류가 있거나 수정해야 할 필요가 있는 경우에는 이를 수정하는데 더 많은 시간과 비용이 소요될 것이기 때문에, 그 이전의 작업내용을 일회성으로 최종 확인하는 작업은 모순이 아닐 수 없다.

이러한 문제를 해결하기 위한 가장 단순한 방법은 프로세스의 후반부에 별도의 검토작업을 거치도록 하는 것이 아니라, 고객문의 처리작업의 중간 과정마다 해당 활동이 끝날 때마다 처리내용을 확인하는 것이다. 그러나 이는 문제의 원인이 검토작업을 위한 이전 작업결과와 검토를 위해서 필요한 데이터를 확보하는데 시간이 소요되는 경우라면(물론 개별 작업을 수행하는 작업자가 다르다는 전제 하에), 개별 작업내용을 검토자가 확인할 수 있도록 한다면 대기시간을 줄일 수 있을 것이다. 이를 위해서 별도의 데이터베이스를 구축하는 작업이 필요할 것이다.

평균 소요비용 측면에서 나타난 가장 큰 문제는 전체 종단간 비즈니스프로세스 분석결

그림 13-12 고객문의처리 작업에서의 인건비 비중

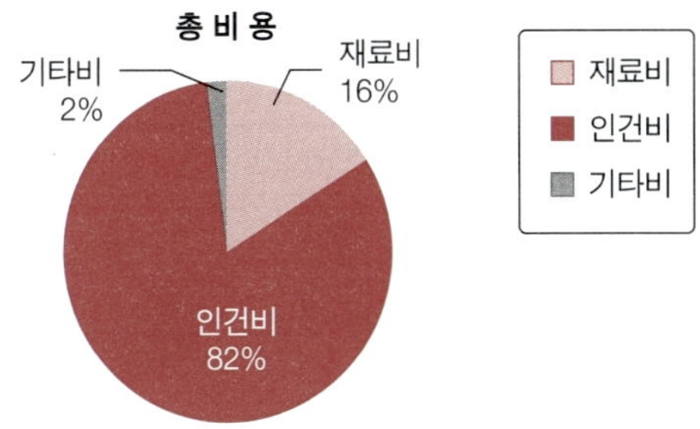

과에서 나타난 것처럼, 고객문의 처리과정에 소요되는 인건비 비중이 너무 높다는 것이다.

고객문의를 처리하는 과정에서의 인적자원에 대한 필요성은 생산과 관리와 같은 다른 영역에서보다 상대적으로 낮다는 사실을 감안하면, 고객문의 처리작업에서의 인건비 비중을 대폭 줄일 필요가 있다. 인건비를 줄일 수 있는 가장 단순한 방법은 고객문의 처리작업을 담당하는 인적자원을 줄이는 것이다. 그러나 이는 고객의 문의에 응대하는데 있어서 질적 저하를 야기 시킬 수 있기 때문에, 다른 대안없이 감원과 같은 방법으로 단순하게 인적자원을 줄이는 것은 바람직하지 않은 방법이다.

단순한 인적자원의 감원보다는 고객들이 문의하는 모든 가능한 내용을 분석하여 유형별로 구분하고 유형별로 구체적인 내용을 파악하여 다양한 매체를 통하여 고객들이 직접 확인할 수 있도록 하는 자체적인 검증단계를 거치도록 하는 것도 훌륭한 해법이 될 것이다. 이러한 방법을 이용하는 경우 일차적으로 고객 스스로가 자체적으로 궁금증을 해소할 수 있을 것이며, 이 과정을 거쳐 직접 문의하는 경우가 발생한다면, 이 경우에는 구체적인 주문으로 이어질 가능성이 높을 것으로 예상하여 직접 문의에 응대하는 별도의 담당자를 두는 것이다. 자체 검증단계는 시스템적 해결방법이기 때문에, 시스템을 구축하거나 다양한 커뮤니케이션 매체를 도입하는데 초기 비용이 소요되겠지만, 장기적으로 볼 때 상당한 인건비 절감효과를 거둘 수 있을 것이다.

② 고객제안 처리프로세스에 대한 시간 및 비용분석 결과

고객제안 처리작업에 속한 개별 활동 단위 별로 소요되는 평균시간과 평균비용을 요소별로 정리하면 〈표 13-6〉과 같다.

고객제안 처리프로세스의 경우에도 가장 문제점은 각 활동단위마다에 소요되는 대기

〈표 13-6〉 고객제안 처리프로세스 활동단위 별 시간 및 비용분석 결과표

시간단위 : 분
비용단위 : 달러
총비용 : 활동기반 비용 + 비 활동 기반 비용

활 동	시간 (평균 소요시간)				비용 (평균 소요비용)			
	대기시간	준비시간	처리시간	총시간	재료비	인건비	기타비용	총비용
데이터 입력	60	10	10	80	1	20	0	21
재고검토	220	5	5	230	2	10	1	13
새로운 배송날짜 제안	200	5	4	209	1	12	1	14
제품 예약	120	10	1	131	1	5	0	6
최종 고객제안서 완성	70	10	20	100	3	10	0.5	13.5
확인	30	5	5	40	1	5	0	6
고객제안서 발송	230	5	10	245	3	5	0.5	8.5
모니터링	30	5	5	40	1	25	0	26
합 계	960	55	60	1075	13	92	3	108

그림 13-13 고객제안 처리프로세스에서의 대기시간 비중

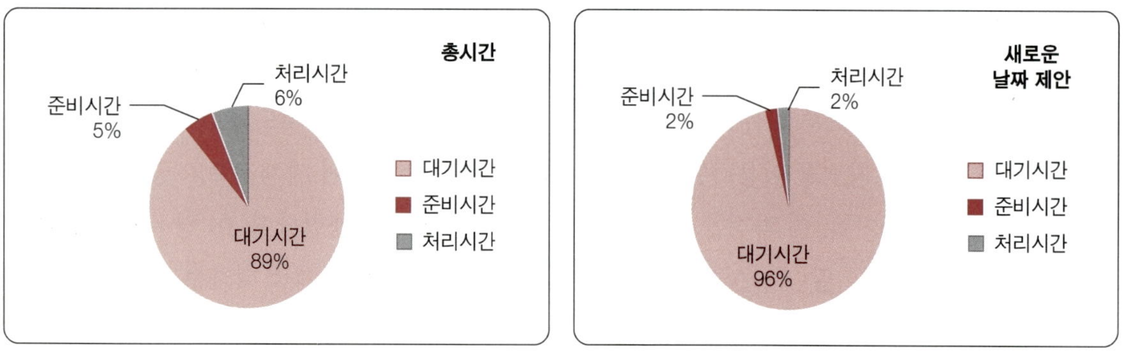

시간이 상대적으로 너무 높다는 것이다. 특히 새로운 배송날짜를 제안하는 과정에서 소요되는 평균 대기시간은 [그림 13-13]에서 보는 바와 같이 전체 처리시간의 96%를 차지하는 것으로 나타났다.

고객에게 발송할 제안서를 작성하는 과정에서 재고부족으로 인하여 고객이 원하는 날짜에 배송이 불가능 할 경우 고객에게 새로운 배송가능날짜를 제시해야 할 것이다. 그런

데 새로운 배송 가능날짜를 산정하는데 대기시간이 길다는 것은 새로운 배송날짜에 맞추어 이루어지는 후속 작업 예를 들어, 배송날짜에 맞추어 자체 생산계획을 수립하는 작업 등이 자연적으로 지연될 수밖에 없다. 이는 전체적인 제안처리작업의 지연을 의미하고, 이는 고객주문을 이끌어내는데 부정적으로 작용할 수가 있기 때문에, 새로운 배송날짜를 산출하는 작업에 많은 시간을 허비하는 문제는 반드시 해결되어야 한다.

문제해결의 시작은 정확한 문제의 원인을 규명하는데 있다. 문제의 원인이 어디에 있는지 생각해 보아야 할 것이다. GERMAN ELECGTRONICS의 고객제안 처리작업에서 담당자는 새로운 배송날짜를 산정하기 위해서 이전의 활동인 고객문의 처리작업 결과를 전달받아 이를 근거로 데이터를 입력한 후 새로운 배송날짜를 산정하는 방식으로 이루어진다. 그 과정에서 결과를 전달받고, 전달받은 데이터를 입력하고 해당 제품에 대한 재고상태를 확인하는 과정에서 많은 시간적 낭비요소가 발생하고 있다.

따라서 이 문제를 해결할 수 있는 한 가지 방법은 고객제안 처리작업에서 해당 제품의 재고상태를 확인하는 것이 아니라, 이전 활동인 고객문의처리에서 이미 재고상태까지를 확인할 수 있기 때문에, 재고상태를 확인하는 작업을 이전 단계에서 수행하도록 한다면 고객제안 처리작업에서는 데이터를 입력하거나 재고상태를 확인하는 번거로운 과정을 거칠 필요가 없이 곧바로 배송날짜를 산정할 수 있을 것이다. 새로운 배송날짜를 산정한 후에는 해당 제품에 대한 예약과 필요한 경우에는 생산주문서를 작성하는 작업을 진행하면서 한편으로 고객제안서를 완성하여 고객에게 발송함으로써 많은 시간적 낭비요소를 제거할 수가 있을 것이다.

고객제안 처리프로세스의 비용측면을 분석하기 위해서 먼저 전체 고객제안 프로세스

그림 13-14 고객제안 처리프로세스의 총비용

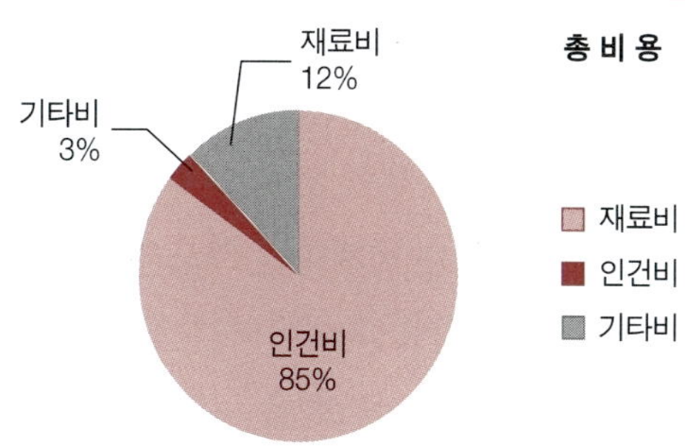

그림 13-15 고객제안 프로세스의 데이터입력과 모니터링에서의 비용요소

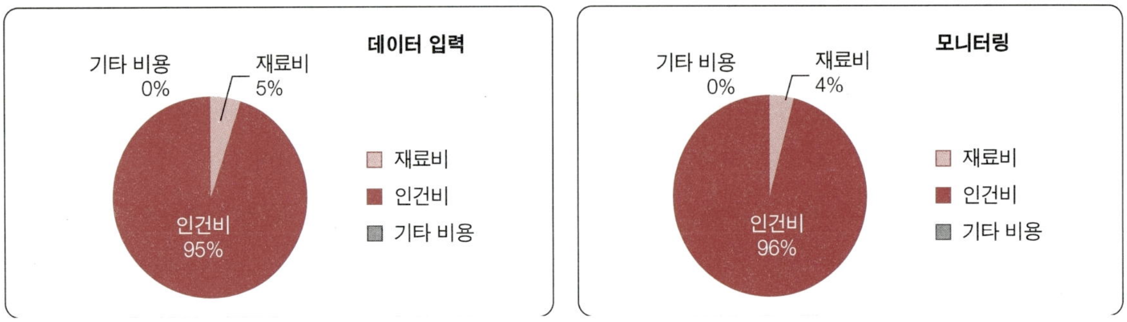

의 총비용을 항목별로 정리하면 [그림 13-14]와 같다.

고객제안 프로세스의 가장 큰 문제 역시 다른 비용요소에 비해서 인건비가 차지하는 비중이 큰 것이다. 특히, [그림 13-15]에서 보는 것처럼 데이터입력 작업과 모니터링 작업에서의 인건비 비중은 95%와 96% 정도를 차지하고 있는 것으로 나타났다.

고객제안 처리작업 중에서 데이터입력 작업과 모니터링 작업의 인건비가 다른 작업에 비해서 높은 이유는 일차적으로 작업에 필요한 데이터를 입력해야 하고, 모니터링 작업에서는 실시간은 아니더라도 지속적인 관리 및 통제를 위해서 모니터링 요원이 필요하기 때문이다. 데이터 입력작업이나 모니터링 작업을 위한 인적자원의 필요성에도 불구하고 너무 높은 인건비 비중은 분명 해결해야 할 문제인 것만은 사실이다.

높은 인건비에 대한 가장 큰 문제의 원인은 단순한 데이터 입력 작업을 위해서 높은 인건비를 지불해야 하는 전문인력을 투입하는 것이다. 또한 실시간 감시와 같은 정밀을 요하는 모니터링 작업이 아님에도 불구하고 상시 모니터링 요원을 투입한다는 것이다.

데이터를 입력하는 작업은 고도의 기술력을 필요로 하는 작업이 아닐 뿐만 아니라, 컴퓨터시스템을 이용하여 충분히 대처할 수 있을 것이다. 예를 들어, 바코드나 RFID 태그와 같은 인식장치를 부착하여 필요할 때에 필요한 정보를 언제나 자동으로 입력 받는 것처럼, 고객제안서를 작성하기 위해서 필요한 입력 데이터들을 이전 프로세스로부터 부여된 문의번호와 임시 제안번호 등과 같은 체계화된 코드와 연동시켜 자동으로 인식하도록 한다면 고객제안서를 작성할 때마다 필요한 데이터를 입력하는 작업을 거치지 않고 자동으로 입력 받을 수 있을 것이다. 이러한 시스템을 구축함으로써 데이터입력 작업을 위한 시간과 높은 인건비를 절감할 수 있을 것이다.

모니터링 작업은 모니터링 결과에 따라 적절히 대처하는(의사결정) 등의 통제 작업까지를 포함하기 때문에, 데이터 입력 작업과는 달리 전문성이 요구되는 작업이다. 그럼에도 불구하고 모니터링 작업에 대한 높은 인건비 문제는 한편으로는 모니터링 작업의 성격과 역할을 조정함으로써 그리고 모니터링 작업 자체는 시스템을 통해서 대체함으로써 줄일 수 있을 것이다. 예를 들어, 고객제안 처리프로세스에서의 모니터링의 의미를 제안 고객으로부터 실제 주문으로 연결되기까지의 과정을 추적하고 관리하는 것으로 역할을 규정한다면, 고객제안서를 발송하고 난 후에는 상시적인 모니터링이 아닌, 주기적 모니터링과 보고서를 작성하는 것으로 충분할 것이며, 이를 통해서 상당 부분 인건비를 절감할 수 있을 것이다.

③ 고객주문 처리프로세스에 대한 시간 및 비용분석 결과

고객주문 처리작업에 소요되는 평균시간과 평균비용을 요소 별로 정리하면 〈표 13-7〉과 같다.

고객주문 처리프로세스에 소요되는 총시간은 1,435분 정도가 소요되는 것으로 나타났

〈표 13-7〉 고객주문 처리프로세스 활동단위 별 시간 및 비용분석 결과표

시간단위 : 분
비용단위 : 달러
총비용 : 활동기반 비용 + 비 활동 기반 비용

활 동	시간 (평균 소요시간)				비용 (평균 소요비용)			
	대기시간	준비시간	처리시간	총시간	재료비	인건비	기타비용	총비용
고객제안서와의 비교작업	200	2	3	205	0	10	1	11
고객주문의 수락여부 결정	200	1	5	206	0	10	1	11
주문품목 가용여부 검토	300	3	20	323	0	10	0	10
예약	100	1	2	103	0	15	0	15
재고물량에 대한 자료전달	30	1	3	34	1	5	2	8
생산주문서 발행	150	2	2	154	1	15	2	18
납기일 결정	200	1	4	205	1	10	0	11
고객주문서 발행	200	1	4	205	1	15	2	18
합 계	1380	12	43	1435	4	90	8	102

다. 구체적인 작업 별로는 고객의 주문여부를 결정하는데 가장 많은 시간이 소요되는 것으로 나타났으며, 다음으로는 고객제안서와 고객주문서를 비교하는 작업, 납기일을 결정하는 작업 그리고 고객주문서를 발행하는 작업에 각각 205분 정도의 시간이 소요되는 것으로 나타났다. 시간 요소 별로는 대기간이 전체 1,435분 중에서 1,380분 정도가 소요되는 것으로 나타나 전체 소요시간의 96%가 작업을 시작하기 전 단계인 대기시간으로 필요한 것으로 나타났다. 고객주문 처리프로세스에 소요되는 총 비용은 102달러로 고객주문서를 발행하는 작업에 가장 많은 18달러가 소요되는 것으로 나타났으며, 다음으로는 주문제품을 예약하는 작업에 15분이 소요되는 것으로 나타났다. [그림 13-16]은 고객주문 처리프로세스에 소요되는 전체 시간과 생산주문서를 발행하는데 소요되는 시간을 요소 별로 정리하여 도식화한 것이다.

고객주문 처리프로세스에서도 고객문의 처리프로세스와 고객제안 처리프로세스에서와 마찬가지로 대기시간에 대한 비중이 높다는 것이며, 특히 생산주문서를 발행하는데 소요되는 평균 대기시간이 상대적으로 높다는 것이 가장 심각한 문제로 대두되고 있다. 생산주문서가 발행되어야 부족한 제품에 대한 생산계획이 수립될 수 있기 때문에, 생산주문서를 발행하는데 시간이 지연되면 이어지는 모든 업무의 지연을 의미하기 때문에, 가장 시급하게 해결해야 할 문제로 파악된다.

생산주문서를 발행하는데 소요되는 시간을 단축시킬 수 있는 방법은, 고객제안 처리프로세스에서 배송날짜를 신속하게 결정하기 위해서 이전의 작업 단계에서 이미 문의한 제품에 대한 재고상태를 파악하고 배송 가능한 날짜를 기록하도록 하여 전달받았던 것과 마찬가지로 해결할 수가 있을 것이다. 예를 들어, 고객문의 처리프로세스 혹은 고객제안 처

그림 13-16 고객주문 처리프로세스에서의 총시간과 생산주문서 발행 시간요소 비중

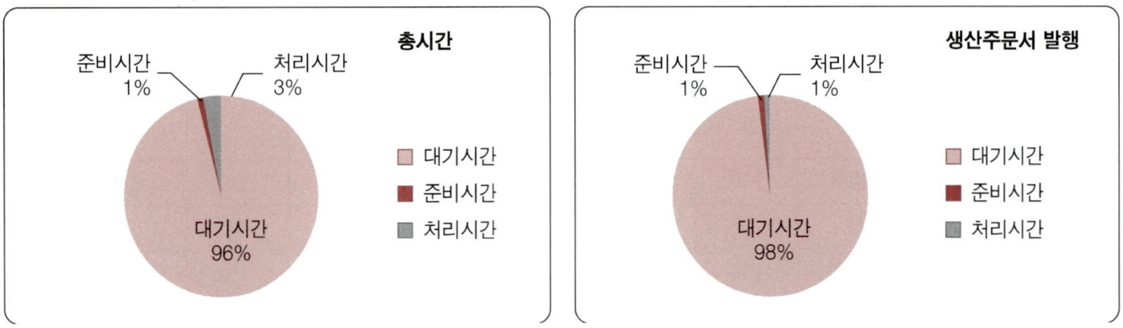

리프로세스에서 문의한 제품이나 제안할 제품에 대한 내용을 파악하는 과정에서 재고상태까지를 파악하도록 한다면 고객주문 처리프로세스에서는 주문제품에 대한 가용성 여부를 검토하는 과정을 생략하고, 곧바로 기록된 재고상태만을 확인하고 그 결과에 따라서 즉시 생산주문서를 발행하거나 예약을 확정할 수 있을 것이다. 그러나 이러한 작업이 가능하기 위해서는 모든 단계에서의 작업내용들이 체계화되고, 통합적으로 관리되어야 가능하기 때문에, 모든 작업데이터를 통합 관리할 수 있는 시스템기반 구조를 갖추는 것이 전제되어야 할 것이다.

고객주문 처리프로세스에 소요되는 총비용은 102달러이며, 이 중에서 인건비는 90달러로 전체비용의 약 85% 정도를 차지하며, 기타 비용은 8% 그리고 재료비는 4%를 차지하는 것으로 나타났다. 고객주문 처리프로세스에서도 역시 마차간지로 높은 인건비가 심각한 문제로 대두되고 있는데 특히, 주문제품에 대한 가용성 여부를 검토하는 작업과 주문제품을 예약하는 작업의 경우 순수하게 인건비만이 소요되는 것으로 나타나 가장 심각한 부분이며, 우선적으로 해결해야 할 부분으로 지적된다.

순수하게 인건비만이 소요되는 주문제품 가용성 검토 및 주문제품 예약 작업은 이미 앞에서 설명한 것처럼, 이전 단계에서의 포괄적으로 처리하고 작업 결과가 통합 관리되도록 한다면 생략 가능하거나, 간단한 확인 작업만으로 대체한다면, 전체 주문처리 작업에 소요되는 시간(1,435분) 중에서 약 30% 정도를 차지하는 두 작업에 소요되는 시간(426분-주문제품 가용성 검토에 소요되는 시간: 323분, 주문제품을 예약하는데 소요되는 시간: 103분)을 현저하게 단축시킴으로써 소요되는 인건비를 줄일 수 있을 것이다.

그림 13-17 주문품목 가용성 검토 비용

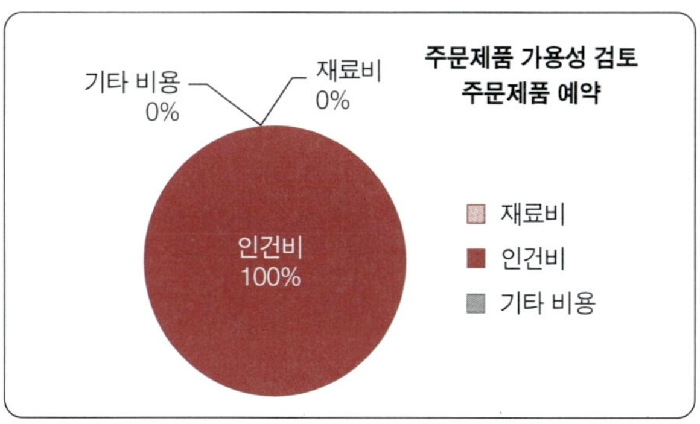

5. 비즈니스프로세스 재설계(TO-BE 프로세스)

비즈니스프로세스를 재설계하는 작업은 작업자의 창의성과 문제해결 능력, 배경지식과 경험 등에 따라서 작업결과가 달라질 수 있으며, 또한 작업을 관리하는 프로젝트관리자의 역량에 따라서 다른 결과가 도출될 수 있기 때문에, 작업결과에 대한 평가는 정답이 아닌 문제해결 정도와 효율성과 경제성에 의해서 평가되어야 할 것이다. 따라서 앞 절의 분석 결과는 물론 본 절에서 제시한 재설계 결과 또한 정답이 아닌 프로젝트 배경에서 밝힌 문제들이 어느 정도 해결될 수 있는지를 기준으로 평가하여야 할 것이다.

5.1 종단간 비즈니스프로세스의 재설계

종단간 비즈니스프로세스의 가장 큰 문제점은 개별 비즈니스프로세스에 속한 활동들에 소요되는 대기시간이 지나치게 높다는 것과, 시간 대비 소요되는 인건비가 너무 높다는 것이었다. 특히 고객개발과 고객문의 처리업무의 경우, 고객제안 처리업무와 고객주문 처리업무에 비해서 부가가치 창출에 기여하는 정도가 낮음에도 불구하고 전체 시간의 51%에 달하며, 소요 비용의 경우 83%에 달하는 것으로 나타나 심각한 문제로 지적되었다. 이러한 문제를 해결하기 위한 방법으로 업무처리 담당자의 교육, 프로세스지향적 구조로의 업무처리 구조의 개선, 통합데이터베이스 구축을 통한 원활한 데이터의 흐름, 불필요한 업무의 제거와 통합 등을 제시하였다. 본 절에서는 새로운 종단간 비즈니스프로세스를 재설계함에 있어서 효율적인 업무처리 시스템 구축, 새로운 업무활동의 추가, 통합데이터베이스 구축을 중심으로 살펴보고자 한다.

1) 종단간 비즈니스프로세스 모델(TO-BE)

새롭게 설계될 종단간 비즈니스프로세스에서도 고객개발과, 고객문의처리, 고객제안처리 그리고 고객주문 처리업무는 모두 필요한 것으로 보인다. 그러나 고객개발 업무의 경우 이어지는 고객문의나 고객제안 그리고 고객주문으로 연결될 때만이 의미가 있기 때

그림 13-18 종단간 비즈니스프로세스 모델: 판매프로세스(TO-BE)

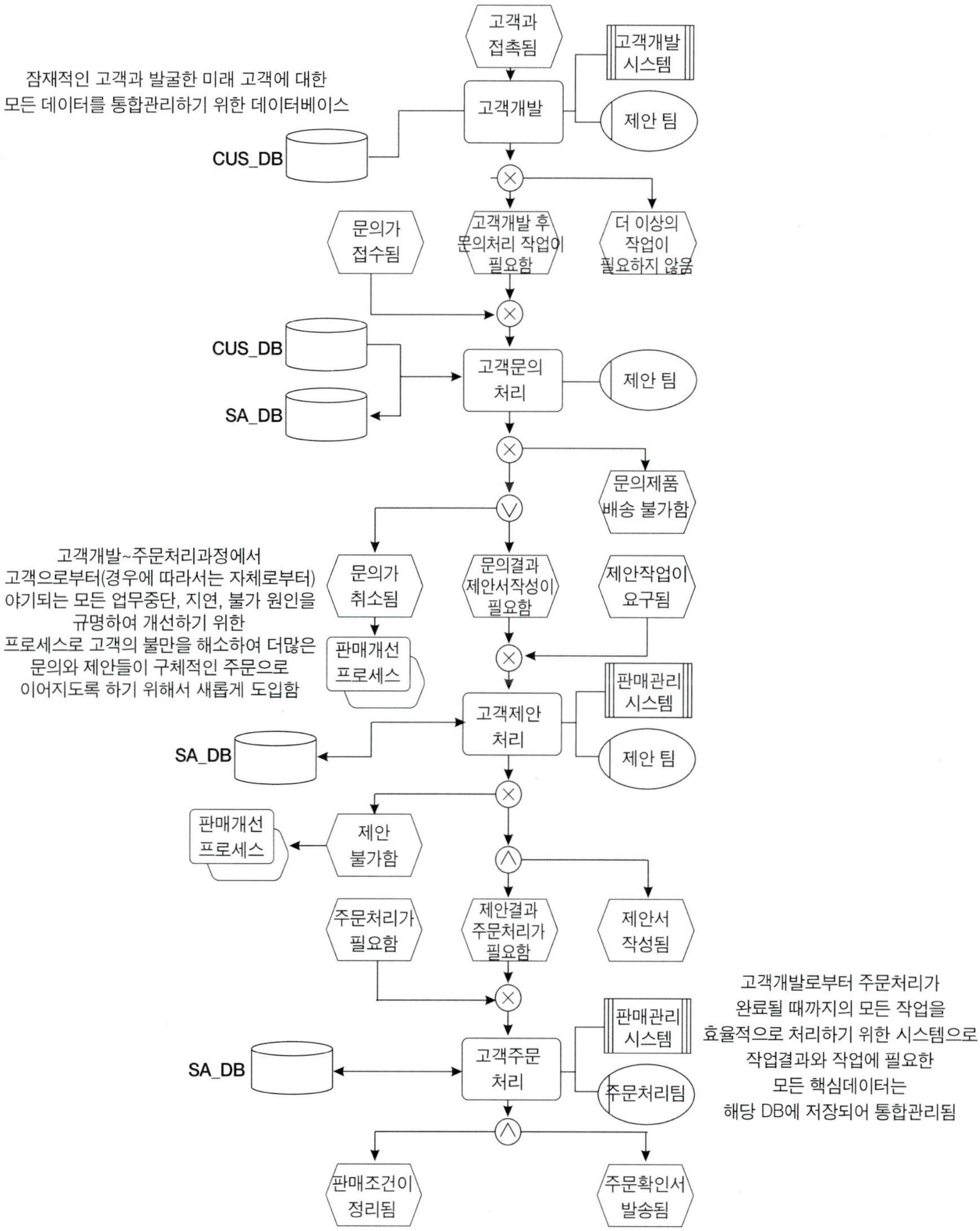

문에, 단순한 고객개발활동으로 끝나는 것이 아니라, 고객문의처리와 고객제안 처리과정에서 문의가 철회되거나 제안을 수락되지 않는 경우 등과 같이 중도에 업무가 중단되는 경우 그 원인을 규명하고 개선함으로써 향후 고객의 문의가 제대로 처리되고 제안이 수락될 수 있도록 하기 위해서 고객불만 처리업무를 수행하는 것을 제안해 볼 수 있다. 이 경우 고객불만 처리업무를 위해서 시간과 비용이 소요되기 때문에 단기적으로 경제적 손실을 가져올 수 있으나 장기적인 측면에서 긍정적인 효과로 이어질 것이기 때문이다.

또한 업무의 원활한 진행 즉, 데이터의 흐름을 원활하게 함으로써 대기시간을 줄이기 위해서 데이터베이스를 구축하는 것을 제안할 수가 있다. 초기 고객개발 단계에서의 고객데이터베이스와 고객문의처리, 고객제안처리, 고객주문 처리과정에서의 모든 데이터를 통합하고 관리하며, 원하는 시간에 원하는 형태의 데이터를 활용하기 위해서 통합데이터베이스를 구축하는 것이다.

개별 업무의 효율성을 증대시키기 위해서 고객문의처리, 고객제안처리, 고객주문처리업무를 통합하는 시스템을 구축하는 것도 고려할 필요가 있을 것이다. 물론 새로운 시스템을 구축하고 데이터베이스를 구축하는데 개발비용과 같은 초기 비용이 문제가 될 수 있으나, 개발비용 대비 단축할 수 있는 시간 그리고 시간 단축에 따른 인건비 절감효과 등을 검토한 후, 경제적 타당성이 있다고 판단되면 통합시스템 구축이 가장 이상적인 해결 방법일 것이다.

[그림 13-18]은 종단간 비즈니스프로세스(판매프로세스)를 새롭게 재설계한 모델을 도식화한 것이다. 외형적으로 볼 때 기존의 판매프로세스와 큰 차이가 없는 듯 보인다. 이는 기존의 업무활동 중에서 불필요하거나 제거해야 할 부분이 없음을 의미하며 오히려 판매개선프로세스가 추가됨으로 인해서 업무흐름이 더 복잡해져 더 많은 시간과 비용이 소요될 것으로까지 보인다. 그러나 개별 활동들이 어떻게 수행되느냐에 따라서 소요되는 시간과 비용이 달라지기 때문에, 전체적인 시간단축과 비용절감 효과는 개별 비즈니스프로세스의 재설계 결과를 통해서 구체적으로 설명될 수 있기 때문에, 구체적인 설명은 개별 프로세스들을 재설계한 후 살펴보기로 하겠다.

2) 종단간 비즈니스프로세스의 시간 및 비용분석

종단간 비즈니스프로세스에 속한 주활동 단위 별로 어느 정도의 시간이 소요되는지?

〈표 13-8〉 종단간 비즈니스프로세스 활동단위 별 시간 및 비용분석 결과표(TO-BE)

시간단위 : 시간
비용단위 : 달러
총비용 : 활동기반 비용 + 비 활동 기반 비용

활 동	시간 (평균 소요시간)				비용 (평균 소요비용)			
	대기시간	준비시간	처리시간	총시간	재료비	인건비	기타비용	총비용
고객개발	10	3	3	16	16	50	2	68
고객문의처리	15	0.3	1	16.3	18	130	18	151
고객제안처리	12	1	1	14	13	113	2	108
고객주문처리	17	0.2	0.2	17.4	2	30	0.5	6.5
고객불만처리	9	1	1	11	10	40	1	51
합 계	63	5.5	6.2	74.4	59	363	25.5	447.5

그리고 어느 정도의 비용이 소요되는지는 전적으로 주활동이 어떤 방식으로 수행되느냐에 달려있다. 〈표 13-8〉에서 정리한 종단간 비즈니스프로세스 활동 단위 별 시간 및 비용 분석결과는 주활동들에 대한 개별 프로세스를 재설계한 결과를 요약한 것이기 때문에, 구체적인 데이터의 산출근거 및 내용은 새롭게 설계된 개별 프로세스의 시간 및 비용분석 결과에서 찾아볼 수 있다.

기존의 종단간 비즈니스프로세스와 비교할 때, 새로이 추가된 고객불만 처리활동과 새롭게 구축된 시스템 등으로 인해서 작업을 위한 준비시간과 실제 처리시간은 약간 증가한 측면이 있으나 평균 소요시간 단축과 평균 소요비용 절감 효과가 큰 것으로 나타났다. 특

그림 13-19 종단간 비즈니스프로세스 재설계에 따른 대기시간 단축 및 인건비 절감 효과

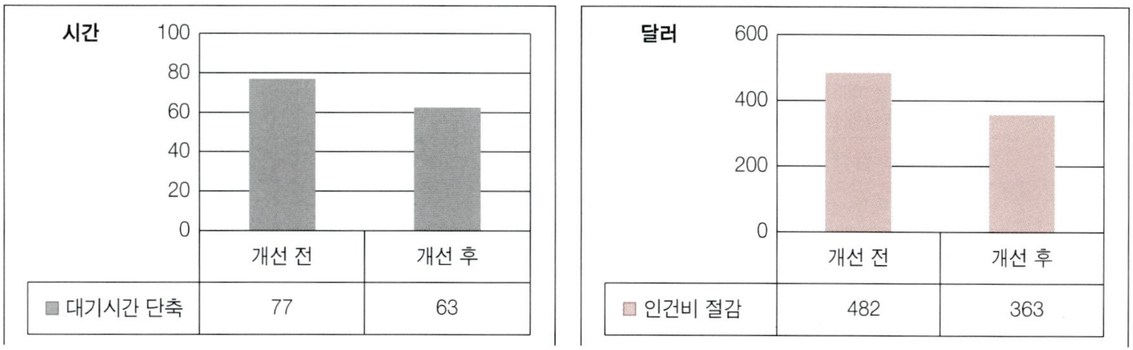

히 [그림 13-19]와 같이 대기시간 단축과 인건비 절감이 크게 작용한 것이다. 그러나 대기시간 단축과 인건비 절감에도 불구하고 총 시간과 총 비용에서 차지하는 비중이 여전히 높기 때문에, 본 파일럿 프로젝트 종료 후 본격적인 프로젝트를 수행할 때에는 반드시 해결해야 할 문제로 지적된다.

5.2 개별 비즈니스프로세스 재설계

1) 고객문의 처리프로세스 모델(TO-BE)

고객문의 처리프로세스를 재설계한 결과와, 재설계 후 개선된 소요 시간 및 비용에 대한 결과는 각각 〈표 13-9〉와 [그림 3-20]과 같다.

고객문의 처리프로세스의 가장 큰 문제점은 고객문의서를 작성하고 이를 검토하는 작업이 960분에 달하는 과다한 대기시간이 소요된다는 것이었다. 이는 전체 대기시간

〈표 13-9〉 고객문의 처리프로세스 활동단위 별 시간 및 비용분석 결과표(TO-BE)

시간단위 : 분
비용단위 : 달러
총비용 : 활동기반 비용 + 비 활동 기반 비용

활 동	시간 (평균 소요시간)				비용 (평균 소요비용)			
	대기시간	준비시간	처리시간	총시간	재료비	인건비	기타비용	총비용
고객문의 확인	35	1	6	42	3	4	3	10
문의한 제품에 대한 내용확인	20	1	15	36	3	15	3	21
문의한 제품에 대한 재고확인	32	2	13	47	3	16	3	22
제품가격과 판매가격에 대한 세금계산	20	1	5	26	3	12	3	18
할인율 결정	60	1	4	65	3	4	3	10
배송가능여부 검토	60	5	20	85	3	25	3	31
고객문의서 작성	60	1	4	65	3	4	3	10
검 토	300	5	10	315	3	35	3	41
합 계	587	17	77	681	24	115	24	155

그림 13-20 고객문의 처리프로세스(TO-BE)

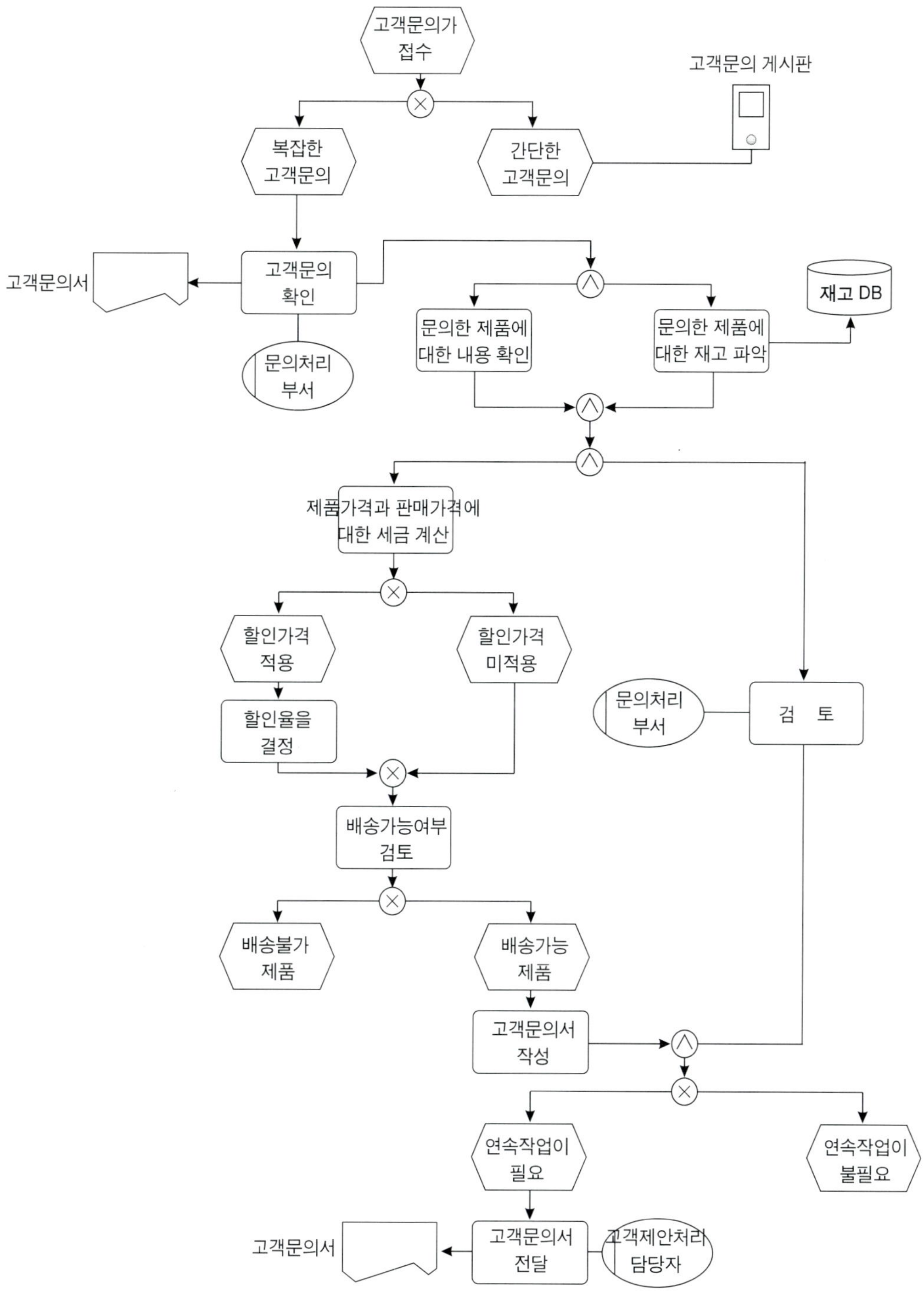

그림 13-21 고객문의 처리프로세스 재설계에 따른 시간단축 및 비용절감 효과

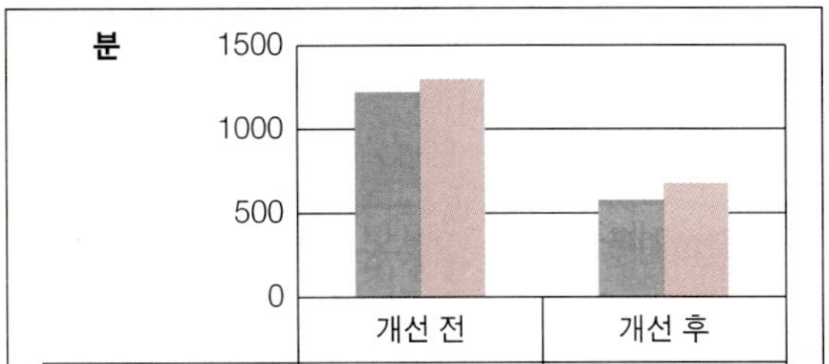

	개선 전	개선 후
대기시간	1240	587
총시간	1313	681

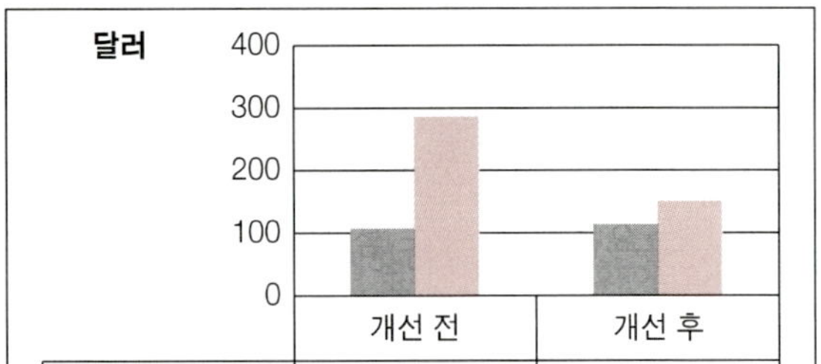

	개선 전	개선 후
인건비	109	115
총비용	287	155

1,240분 중에서 약 78% 정도를 차지하는 것으로 가장 시급하게 해결해야 할 문제로 지적되었다. 이러한 문제를 해결하기 위해서 고객문의 처리과정마다 문의제품을 확인하고, 검토하도록 함으로써 전체 검토를 위해서 모든 필요한 데이터가 도착할 때까지 대기하는 시간을 줄이도록 하였다. 또한 문의한 내용에 따라서 담당직원이 직접 응대하여 문의를 처리하는 부분과 고객문의 게시판에서 해결하도록 하여 고객문의에 소요되는 시간과, 담당자가 직접 응대할 필요가 없도록 하여 인건비를 효율적으로 재 조정하였다. [그림 13-21]은 전체적인 시간단축 및 비용절감 효과를 그림으로 나타낸 것이다.

그리고 기존에 없던 문의제품에 대한 재고를 파악하는 작업을 통해서 더 많은 시간과 비용이 소요되지만, 문의한 제품이 구체적인 제안이나 주문으로 이어지는 경우 재고상태를 미리 확인함으로써 반복해서 재고를 확인하는 작업에 대한 시간과 비용을 줄이기 위해서이다. 이는 시간 단축이나 비용 절감 이외에 전체 프로세스의 효율성 측면에서 상당한 효과가 있을 것으로 판단된다.

2) 고객제안 처리프로세스 모델(TO-BE)

고객제안 처리프로세스를 재설계한 결과와, 시간과 비용에 대한 개선결과는 [그림 13-22]와 〈표 13-10〉과 같다.

고객제안 처리프로세스에서 가장 큰 변화는 기존의 중복된 작업들을 생략한 것이다. 구체적으로 개선 전 프로세스에서는 데이터를 입력한 후 제안제품에 대한 재고를 확인하는 작업, 재고가 부족한 경우에는 새로운 배송날짜를 산정하는 작업 그리고 제안제품에 대한

그림 13-22 고객제안 처리프로세스(TO-BE)

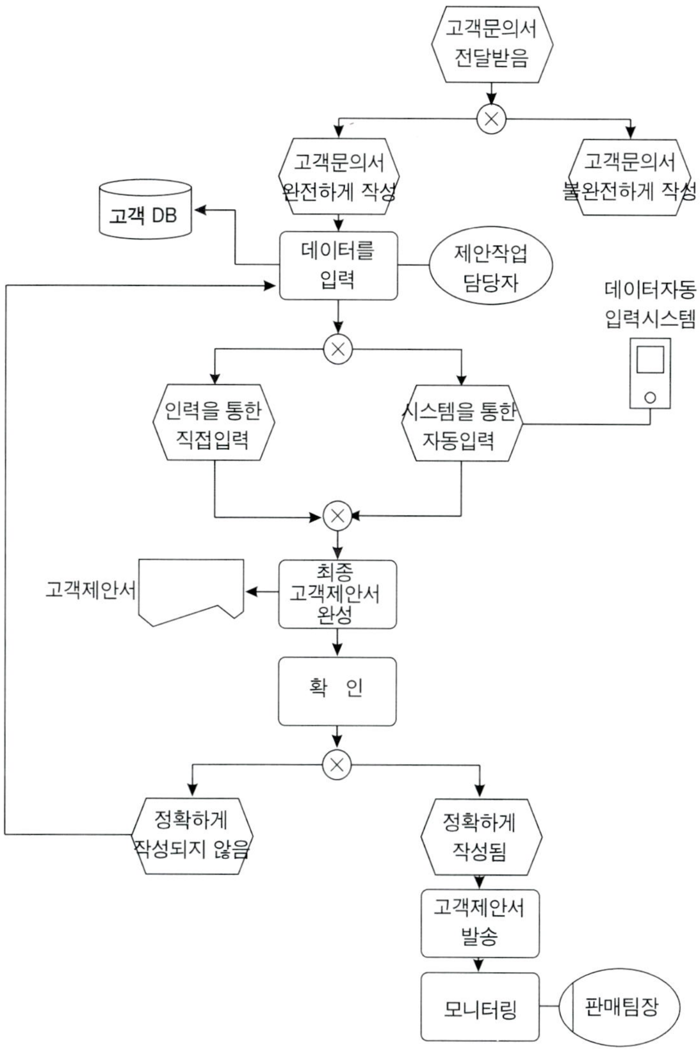

예약 작업 등을 거치도록 되어 있었지만, 새로운 고객제안 처리프로세스에서는 이 같은 불필요하고 이전 단계에서 처리할 수 있는 작업들을 생략한 것이다. 어떠한 작업을 생략한다는 것은 해당 작업이 불필요하거나 비효율적인 경우도 있지만, 고객제안 처리프로세스에서는 이전 단계에서 처리 가능하기 때문에, 중복작업을 제거하는 차원에서 재고검토, 새로운 배송날짜 제안, 제품예약 확인 등의 작업을 생략하거나 이전 단계로 그 수행위치를 바꾸었다. 이를 통해서 얻을 수 있는 가장 큰 효과는 물론 시간단축과 비용절감 효

〈표 13-10〉 고객제안 처리프로세스 활동단위 별 시간 및 비용분석 결과표(TO-BE)

시간단위: 분
비용단위: 달러
총비용: 활동기반 비용+비 활동 기반 비용

활 동	시간 (평균 소요시간)				비용 (평균 소요비용)			
	대기시간	준비시간	처리시간	총시간	재료비	인건비	기타비용	총비용
데이터 입력	20	5	6	31	10	5	1	16
최종 고객제안서 완성	70	10	20	90	3	10	0.5	13.5
확 인	30	5	5	40	1	5	0	6
고객제안서 발송	230	5	10	245	3	5	0.5	8.5
모니터링	30	5	5	40	1	25	0	26
합 계	380	30	46	456	18	50	2	70

과이며, 더 나아가서는 고객제안 작업의 효율성이 제고되는 것이다. 예를 들어, 데이터를 입력하는 작업에 상당 시간을 투자하고서도 재고부족으로 인하여 작업이 중단되거나, 데이터를 재 입력해야 하는 등 비효율적인 작업처리 문제가 발생하지 않기 때문이다.

또 다른 변화는 데이터를 입력하는 과정에 있어서 기존방식을 탈피하여 데이터 자동입력시스템을 도입함으로써 이 과정을 자동화하는 방법을 제시하였다. 물론 담당자가 직접 입력해야 하는 부분이 있을 수 있으나, 고객제안서를 작성하는데 필요한 양식과 핵심 데이터를 호출하여 자동 입력되도록 하는 시스템을 이용한다면 데이터입력에 소요되는 시간과 인건비와 같은 비용을 상당부분 절감할 수 있기 때문이다. 시간과 비용측면의 구체적인 개선효과는 [그림 13-23]에서 보는 바와 같이 다음과 같다.

그림 13-23 고객제안 처리프로세스 재설계에 따른 시간단축 및 비용절감 효과

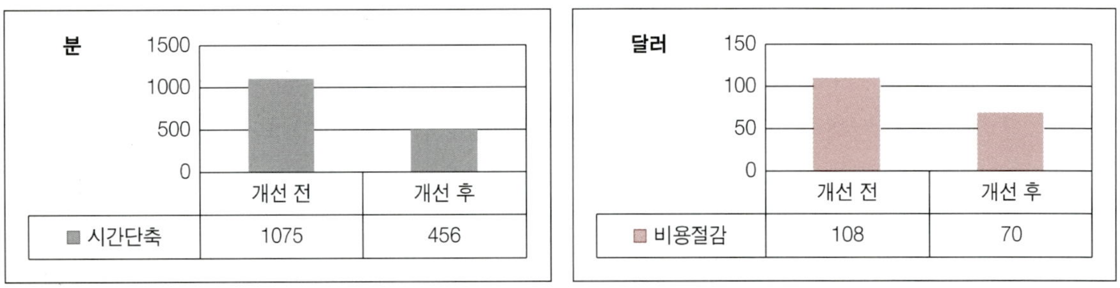

- 시간단축: 1,075분 → 456분
- 비용절감: 1,08달러 → 70달러

3) 고객주문 처리프로세스 모델(TO-BE)

고객주문 처리프로세스를 재설계한 결과와, 재설계 후 개선된 소요 시간 및 비용에 대한 결과는 각각 〈표 13-11〉과 [그림 3-24]와 같다.

고객주문 처리프로세스에서도 주문제품에 대한 가용성 검토와 같은 불필요한 중복 작업의 제거와, 생산주문서의 작성에 필요한 데이터 자동입력 등 업무처리 방식을 조정함으로써 업무처리에 소요되는 시간과 비용을 절감하는데 초점을 맞추었다. 이를 통해서는 시간과 비용요인이 더 발생하기도 하였으나 전체적으로 불합리한 시간과 비용과 노력은 상당부분 줄어든 것으로 파악되었다.

기존에는 고객의 주문조건에 만족하지 않은 경우 그대로 거래가 종료되었으나 새롭게 설계된 고객주문 처리프로세스에서는 고객의 주문조건을 충족시키지 못하는 부분에 대해서 다시 한번 고객에게 새로운 내용으로 제안서를 발송하고 협상한다면, 더 많은 주문을 확보할 수 있기 때문에, 새롭게 설계된 고객주문 처리프로세스에서는 이와 관련된 새

〈표 13-11〉 고객주문 처리프로세스 활동단위 별 시간 및 비용분석 결과표(TO-BE)

시간단위: 분
비용단위: 달러
총비용: 활동기반 비용+비 활동 기반 비용

활 동	시간 (평균 소요시간)				비용 (평균 소요비용)			
	대기시간	준비시간	처리시간	총시간	재료비	인건비	기타비용	총비용
고객제안서와 비교하는 작업	200	2	3	205	0	10	1	11
고객주문의 수락여부 결정	200	1	5	206	0	10	1	11
주문제품에 대한 자료전달	30	1	3	34	1	5	2	8
고객제안서 반송	20	1	1	22	0	2	0	2
납기일 결정	200	1	4	205	1	10	0	11
고객주문서 발행	200	1	4	205	1	15	2	18
합 계	850	7	20	877	3	52	6	61

그림 13-24 고객주문 처리프로세스(TO-BE)

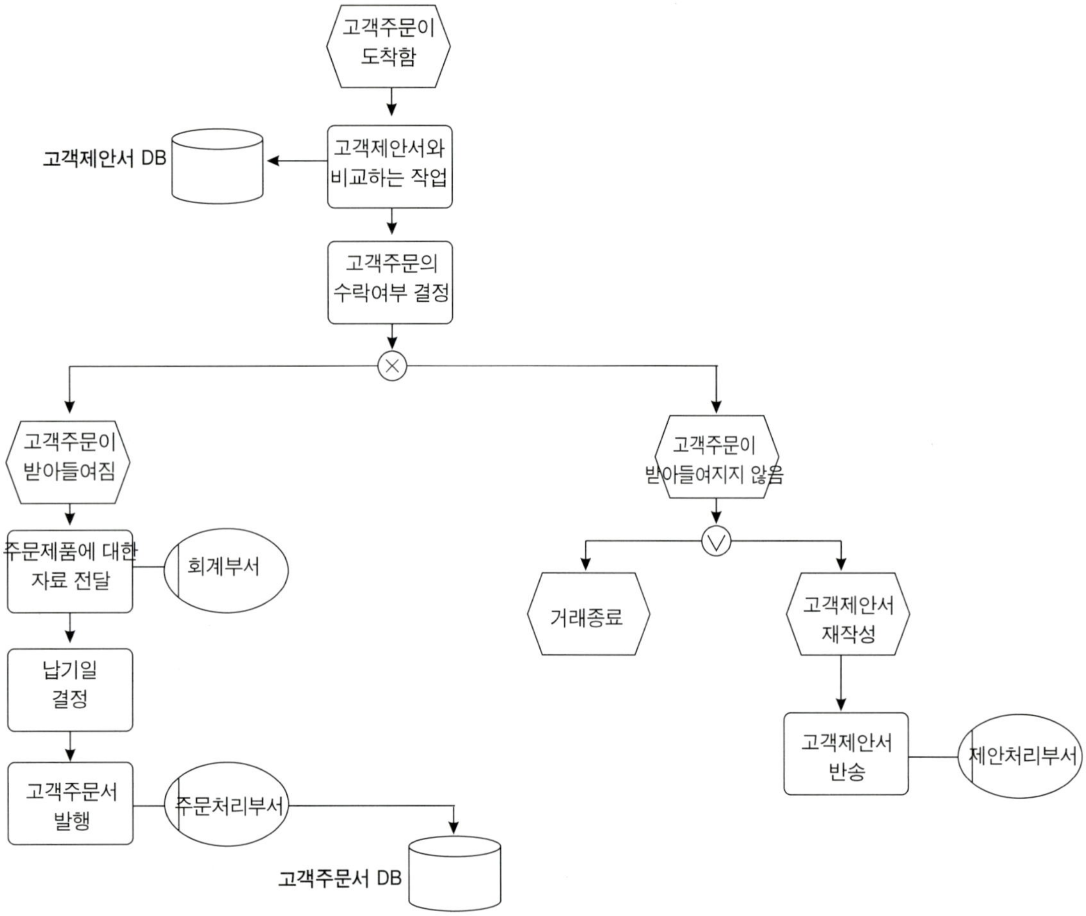

로운 업무를 추가하였다. 물론 새로운 업무를 추가함으로써 더 많은 시간과 비용이 소요되는 문제가 있으나, 주문확보와 잠재고객의 효율적인 관리 그리고 고객서비스의 질적 수준향상 측면에서 상당한 긍정적인 효과가 있을 것으로 판단된다. 고객주문 처리프로세스 재설계 효과를 정리하면 [그림 13-25]와 같다.

그림 13-25 고객주문 처리프로세스 재설계에 따른 시간단축 및 비용절감 효과

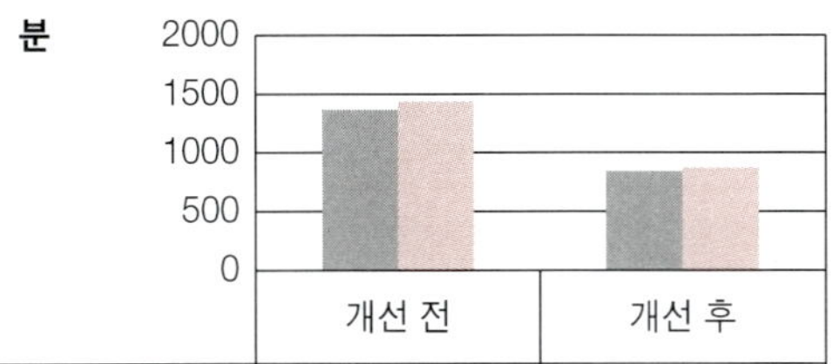

	개선 전	개선 후
대기시간	850	587
총시간	1435	877

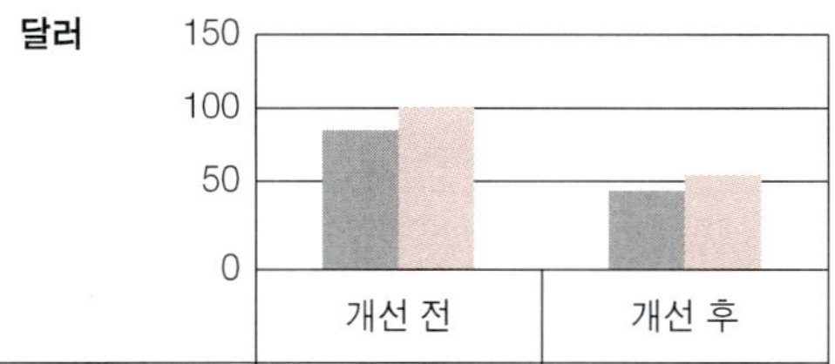

	개선 전	개선 후
인건비	109	115
총비용	287	155

6. 프로젝트 요약 및 최종 결과 보고

동종업계에서 경쟁적 우위를 점하고 있던 GERMAN ELECTRONICS사는 글로벌 금융위기와 원자재 가격상승, 환율 불안 등의 외적 요인으로 인한 재정위기와, 낙후된 업무처리 방식 등의 내적 요인으로 인한 고비용 저효율의 구조적인 문제를 해결하기 위해서 현재의 비즈니스프로세스에 대한 총체적인 분석 및 설계 작업이 필요하다는 결론에 도달하였다. 우선 비즈니스프로세스 재설계를 통해서 어느 정도의 비용절감 효과를 얻을 수 있는지를 검토하기 위해서 파일럿 프로젝트를 수행하기로 결정하였다.

파일럿 프로제트의 대상은 잠재적인 개선 가능성이 가장 클 것으로 예상되는 판매프로세스의 고객개발, 고객문의처리, 고객제안처리 그리고 고객주문 처리업무를 대상으로 하며, 다음과 같은 구체적인 프로젝트의 목표를 달성하기 위한 프로젝트를 진행하였다.

① 시간단축

- 업무처리에 필요한 평균 소요시간 단축
- 업무처리에 필요한 시간요소(항목) 배분의 효율화
- 업무처리를 위한 대기시간 단축

② 비용절감

- 업무처리에 필요한 평균 소요비용 절감
- 업무처리에 필요한 비용요소(항목) 배분의 효율화
- 업무처리를 위한 인건비 절감

③ 업무처리 방식의 효율화

- 불필요한 업무의 제거
- 중복업무의 제거 혹은 통합

위의 세 가지 관점에서 기존의 비즈니스프로세스를 종단간 비즈니스프로세스와 이에 속하는 개별 비즈니스프로세스들로 나누어 업무처리에 필요한 평균 소요시간과 비용이 높은 이유 특히, 대기시간과 인건비가 과다하게 높은 원인을 규명하는데 주력하였다. 그 결과 효율적인 업무처리에 부정적으로 작용하는 중복업무들이 발견되었으며, 이로 인해서 업무처리에 필요한 시간과 비용이 높을 수밖에 없는 이유를 발견하였다. 또한 업무처리를 위해서 필요한 데이터를 조회하고 확인하는데 많은 시간을 낭비하는 경우도 발견되었으며, 자동화된 시스템으로 대체될 수 있지만 낙후된 시스템으로 과다한 인력이 장시간 투입됨으로써 인건비가 낭비되고 있는 부분들도 발견되었다.

어느 정도의 개선효과가 있는지를 검토하기 위해서 분석결과를 모델과 평균 소요시간 및 평균 소요비용 분석결과표로 요약하였으며, 구체적으로 시간항목은 대기시간, 준비시간 그리고 실제 처리시간으로 구분하였으며, 비용항목은 재료비, 인건비 기타비용으로 구분하여 요약하였다.

파일럿 대상 프로세스 재설계 기준은 앞에서 밝힌 세 가지 프로젝트 목표를 달성하는데 긍정적으로 작용할 수 있는 요인들을 반영하는데 초점을 맞추었다. 이는 본서의 8장에서 소개한 재설계 패턴(유형) 중에서 중복성 제거와 프로세스의 슬림화 그리고 기업이 추구하는(이 경우에는 프로젝트를 통해서 달성하려는) 목표와의 연계를 통한 업무처리 효율성을 강화하는 방식으로 진행하였다. 그결과 비효율적인 업무처리 방식의 조정, 중복업무의 제거 및 통합, 업무의 효율성 제고를 위한 새로운 업무추가, 그리고 데이터입력 자동화 시스템, 통합데이터베이스구축 등과 같은 다양한 시스템적 해결방안을 반영하여 새로운 비즈니스프로세스로 재설계되었다.

이와 같은 비즈니스프로세스 재설계 결과가 어느 정도 효과가 있는지를 검증하기 위해서 재설계된 모델마다 분석단계에서 사용했던 소요시간 및 소요비용 분석결과표를 이용하여 재설계된 상황에서의 데이터를 요약하여 재설계 전과 재설계 후의 결과표를 비교 분석하였으며, 그 결과 평균 소요시간을 단축하고 평균 소요비용 절감하는데 상당한 효과가 있는 것으로 나타났다. 파일럿 프로젝트의 최종 결과를 요약하면 다음과 같다.

A. 프로젝트 대상 : GERMAN ELECTRONICS의 판매프로세스

B. 프로제트 목표 : 비즈니스프로세스 재설계를 통한 평균 소요시간 단축 및 평균 소요비용 절감

C. 프로젝트 기간 : 1개월 혹은 3개월

D. 프로젝트 투입인력 : 4명(각 업무처리 담당자 3명과 프로젝트관리자 1명)

E. 프로젝트 결과

① 대상프로세스의 문제점 : 높은 평균 대기시간과 평균 인건비

② 문제의 원인 : 불필요한 중복업무, 자동화된 시스템 지원 미비, 업무연계 부족으로 인한 데이터 흐름의 마비

③ 재설계 : 불필요한 중복업무의 제거 및 통합, 대기시간 단축을 위한 업무연계 강화, 데이터의 흐름을 원활하게 하기 위한 자동화 시스템 구축, 데이터의 통합관리를 위한 통합데이터베이스 구축

④ 파일럿 프로젝트 이후 활동제안 : 파일럿 프로젝트를 통해서 개선효과가 입증되었기 때문에, 프로젝트 대상영역을 전체 비즈니스프로세스로 확대하여도 무방할 것으로 보이며, 전체 비즈니스프로세스를 대상으로 프로젝트를 수행하는 경우 현재의 재정적 위기와 경쟁력 상실 위기를 극복할 수 있을 것으로 판단됨. 그러나 자동화 시스템 구축 및 통합데이터베이스 구축 등과 같은 제안 사항을 이행하는데 어느 정도의 초기 비용이 소요되는지에 따라서 추가적인 경제적 타당성 분석 작업이 필요함

REFERENCE

참 고 문 헌

강재정 외 공역 (2005), 정보시스템의 이해, 한경사.

권영오 외 (2003), 시스템 분석 및 설계, 양서각.

권윤태 (2007), 비즈니스프로세스 재설계를 위한 실천적 방법론, 길잡이미디어.

김우주 외 역 (2006), 경영정보시스템-디지털 기업경영, 사이텍미디어.

류명재 외 역 (2004), BPM-프로세스 경영과 정보기술의 미래, SIGMA INSIGHT.

박광호 (2004), uniERP를 이용한 ERP 운영, 명경사.

박형일 역 (2003), IT를 넘어 BPM으로, ITC.

서영호 외 (2007), e-비즈니스 시대의 경영정보시스템, 한경사.

손승희 (2001), ARIS Tool을 이용한 업무처리재설계 방법론에 관한 연구, 경영정보학회 2001년도 경영학 관련 공동국제학술대회 논문집, 583-595.

손승희 (2004), 시스템 분석 및 설계, 도서출판 그린.

손승희 외 공역 (2009), 정보시스템의 이해, 4판, 한경사.

오영석 외 (2007), 차세대 경영혁신에 대한 고찰, 삼성컨설팅리뷰, 제13호, 3-24.

유인섭 외 옮김 (2002), ARIS 비즈니스프로세스 프레임웍스, 지식공작소.

유인섭 외 옮김 (2002), ARIS 비즈니스프로세스 모델링, 지식공작소.

임규건 외 (2007), 디지털 경제시대의 e-비즈니스 경영, 2판, 이프레스.

이동길 (2002), ERP 전략과 실천, 대청.

이동훈 (2006), 전자상거래와 e-비즈니스의 이해, 한빛미디어.

이재규 역 (2002), IT경영, 더난출판.

정대율 외 (2007), 정보시스템 분석 및 설계, 컴원미디어.

최재화 외 (2009), 글로벌 경영을 위한 정보시스템, 북넷.

허원실 (2006), 시스템 분석과 설계-효과적인 비즈니스 정보시스템 개발, 한빛미디어.

홍일유 (2005), 디지털 기업을 위한 경영정보시스템, 법문사.

Armistead, C., Machin, S. and Pritchard, J. (1998), Approaches to Business Process Management, 4th International Conference of the European Operations Management Association, Barcelona, Spain.

Burlton, R.T. (2001), Business Process Management, Sams Publishing.

Carr, N. (2003), IT doesn't Matter?, Harvard Business Review.

Davenport, Th.H. (2005), The comingcommoditization of processes, Havard Business Review, June 83(6), 100-108.

Davis, R. (2001), Business Process Modelling with ARIS, A Practical Guide, Springer.

Gartner (2005), Delivering IT's Congtribution: The 2005 CIO Agenda. EXPPremier Report, January.

Grover, V., Jeong, S.R., Kettinger, W.J., Teng, J.T.C. (1995), The Implementation of Business Process Reengineering, Journal of MIS, Summer, 109-144.

Hammer, M. (1993), Fortune, 4 October.

Hammer, M. (1995), Fortune, 12 April.

Hammer, M. and Champy, J. (1990), Reengineering work: don't automate, obliterate. Harvard Business Review, July.

Harmon, P. (2003), Business Process Change. Morgan Kaufmann.

Harmon, P. (2005), BPM governance. Business Process Trends, 8 February.

Hill, F. and Collins, L. (1998), The Positioning of BPR and TQM in Long-Term Organizational Change Strategies, The TQM Magazine, 10(6). 438-446.

Jeston, J. and Nelis, J. (2006), Business Process Management, Elsevier..

Kaplan, R. and Norton, D. (1996), The Balanced Score Card, Translating Strategy into Action. Harvard Business School Press.

Kaplan, R. and Norton, D. (2004), Strategy Maps: Converting Intangible Assets into Tangible Outcomes. Harvard Business School Press.

McAdam, R. and McCormark, D. (2001), Integrating Businesses for Global Alignment and Supply Chain Management, Business Process Management Journal, 7(2), 113-130.

Mutafelija, B. and Stromberg, H. (2003), Systematic Process Improvement using ISO 9001:2000 and CMMI. Arten House.

O'Brien, J.A. (2005), Introduction to information systems, ed. 12th, McGraw-Hill.

Porter, M. (1980), Competitive Strategy: Techniques for Analyzing Industries and Competitors, Free Press.

Porter, M. (1985), Value Chain, Competitive Analysis: Creating and Sustaining Superior Performance. Free Press.

Pritchard, J.-P. and Armistead, C. (1999), Business Process Management-Lessons from European Business. Business Process Management Journal, 5(1), 10-32.

Rosemann, M. and de Bruin, T. (2005), Towards a Business Process Management Maturity Model. Proceedings of the 13th European Conference on Information Systems (ECIS 2005),

Regensburg, 26–28 May, ECIS.

Ross, D.T. (1997), Structured Analysis (SA): A Language for Communicating ideas, IEEE Transactions on Software Engineering, SE–3, 16–24.

Rumbaugh, J., Blaha, M., Premerlani, W., Eddy, F. and Lorensen, W. (1991), Object–Oriented Modelling and Design, Prentice Hall, Englewood Cliffs, NJ.

Scheer, A.–W. (1992), ARIS–Business Process Framework, Springer–Verlag.

Scheer, A.–W. (1994), Business Process Engineering–Reference Models for Industrial Enterprise, 2nd Ed., Springer–Verlag.

Scheer, A.–W., Abolhassan, F., Jost, W. and Kirchmer, M. (2003), Business Process Change Management, Springer–Verlag.

Spanyi, A. (2004), Business Process Management is a Team Sport: Play it to Win!, Meghan Kiffer.

Shelly, G.B.; Cashman, T.J. and Rosenblatt, H.J. (2006), System Analysis and Design, Thomson .

Stair, R. and Reynolds, G. (2008), Fundamentals of information systems, ed.4th, Thomson.

Taylor, F.W. (1998), The Principles of Scientific Management. Dover Publications (reprint of 1991original).

Tracy, M. and Wiersma, F. (1997), The Discipline of Market Leaders. Perseus Books.

Van de Berg, H. and Franken, H. (2003), Handbook Business Process Engineering. BizzDesign B.V.

Vernadat, F.B. (1997), ICEIMT97 Enterprise Integration–International Consensus EI–IC ESPRIT Project 21–859, London.

Whitten, J.L.and Bently, L.D. (2008), Introduction to System Analysis and Design, McGraw–Hill.

Wisner, J. D. and Stanley, L. L. (2008), Process Management–creating value along the supply chain, Thomson .

Zachman, J.A. (1987), A Framework for Information Systems Architecture, in IBM Systems Journal 26(3), 276–292.

Zairi, M. (1997), Business Process Management: A Boundaryless Aproach to Modern Competitiveness, Business Process Re–Engineering & Management Journal, 24(2), 64–80.

국 문 색 인

ㄱ

ㄴ

ㄷ

ㄹ

ㅁ

ㅅ

ㅇ

ㅊ

ㅋ

ㅌ

ㅍ

ㅎ

영 문 색 인

A

B

C

D

E

F

G

H

I

J

K

L

M

N

O

T

U

V

W

Y

Z

저 자 소 개

■ **손 승 희**

- (독일) Mannheim 대학교 경영학사
- (독일) Mannheim 대학교 경영학석사
- (독일) Halle-Wittenberg 대학교 경영정보학박사
- 단국대학교 정보기술연구소장
- 단국대학교 경상대학 경영학부장
- (독일) Dresden 대학교 교환교수
- 현재, 단국대학교 경상대학 경영학부 교수
- E-mail: shsohn@dankook.ac.kr

저자와의
협의하에
인지생략

비즈니스프로세스관리

2011년 1월 25일 1쇄 인쇄
2011년 1월 31일 1쇄 발행

저 자 손 승 희
발행인 류 재 식 · 조 승 옥
발행처 도서출판 북 넷

서울시 용산구 효창동 5-3 대신빌딩 2층
등 록 2010년 6월 7일(제2010-000069호)
전 화 (02) 395-2341
팩 스 (02) 395-2303

정가 27,000원

ISBN 978-89-964646-8-6 (93320) e-mail : book2341@naver.com